서구의 몰락

O. 슈펭글러 지음 / 박광순 옮김

범우사

차 례

제5장 혼의 상(像)과 생명 감정―――5
   Ⅰ 혼의 형태에 대하여―――5
   Ⅱ 불교, 스토아주의, 사회주의―――72

제6장 파우스트적 자연 인식과 아폴론적 자연 인식―――130

제2권 세계사적 전망

제1장 기원과 토지―――219
   Ⅰ 우주적인 것과 소우주―――219
   Ⅱ 고도 문화군―――246

Ⅲ 여러 문화 사이의 관계――――292

제2장 도시와 민족――――338

   Ⅰ 도시의 혼――――338

   Ⅱ 민족, 인종, 언어――――375

   Ⅲ 원시 민족, 문화 민족, 펠라흐 민족――――444

제5장 혼의 상(像)과 생명 감정

I. 혼의 형태에 대하여

1

　철학을 직업으로 삼고 있는 자는 누구나 자기의 의견 속에 오성적으로 취급되는 무엇인가가 있다는 것을 조금도 진지하게 검토하지 않고, 믿지 않으면 안 되는 양 믿고 있다. 그 이유는 그의 지적 존재 전체가 그 무엇인가의 가능성에 의존하고 있기 때문이다. 거기에서 아무리 회의적인 논리학자나 심리학자라도 비평이 침묵하고 신앙이 시작되는 한 지점이 있다. 극히 엄밀한 분석학자도 자기의 방법을――즉 자기의 뜻에 반해 가면서까지, 또 자기의 문제가 풀릴 수 있을지 어떨지, 아니 자기의 문제가 존재하느냐 어떠냐 하는 의문에조차――응용하길 중단하는 지점이다. "사고(思考)에 의해 사고의 형식을 확정하는 것이 가능하다"는 명제는, 비철학자에게는 의심스럽게 보일지라도 칸트는 의심하지 않았던 것이다. "과학적으로 알 수 있는 구조를 지니는 하나의 혼이 있다. 내가 의식적인 존재 행위를 비판적으로 해부하고 그것을 심적 '요소', '작용', '복합'의 형태로 확정하는 것, 그것이야말로 나의 혼이다"라는 명제――이것은 어떤 심리학자든 의심하지 않는 것이다. 그래도 여기에 아주 강한 의문을 품지 않으면 안 되었던 것이다. 심적인 것에 대한 추상적인 과학이 대체 가능할까. 이 방법 속에서 발견되는 것이 탐구되는 것과 동일한 것일까. 인간 지식과 생활 경험을 의미하지 않고 단지 과학을 의미하는 모든 심리학은, 왜 예로부터 모든 철학적인 학문 속에서 가장 천박하고 가장 무가치한 것으로 남아 있었을까. 왜 완전히 텅 빈 채 범용(凡庸)한 두뇌와 아무것도 산출하지 못하는 체계학자의 사냥터가 되어 있었을까. 그 이유는 간단하다. '경험적'인 심리학자는 불행하게도 한 번도 뭔가 과학적인 기술이라는 의미에서 말하는 대상을 갖지 못했기 때문이다. 이 심리학이 문제를 연구하고 이것을 해결하는 것은 그림자와 망령을 상대로 하는 싸움이다——이것은 대체 무엇인가? 혼이라고? 만약 단순한 오성이 하나의 답을 얻는다면, 과학이라는 것은 처음부터 이미 쓸모 없는 것이었으리라.

현대의 무수한 심리학자 가운데 누구 하나 '의지', '회한(悔恨)', '불안', '질투', '변덕', '예술적인 직관' 등을 진실로 분석하거나 혹은 이것을 정의내릴 수 있는 사람이 없다. 그것은 당연히 그럴 것이다. 왜냐하면 분해될 수 있는 것은 체계적인 것뿐이고, 개념에 의해 정의될 수 있는 것은 개념뿐이기 때문이다. 개념적인 구별을 농락하는 모든 교묘한 지적 유희, 즉 '내적 과정'과 감각적이고 육체적인 상태와 관련된 이른바 모든 관찰은 여기에서 문제되고 있는 사항과 아무런 관련도 없다. 의지——이것은 개념이 아니라 하나의 이름이며, 신(神)이라는 말과 마찬가지로 하나의 근원어이고, 우리가 내적으로 직접적으로 확신하고 있지만 아직 한 번도 서술할 수 없었던 무엇인가의 기호이다.

여기에서 논해지고 있는 것은 학자적인 연구가 영원히 접근할 수 없는 것이다. 어떤 국어(國語)도 혼적(魂的)인 것을 이론적으로 분할하거나 체계적으로 순서지우거나 하지 않도록 수천 번이나 곤혹스런 말로 경고하고 있는데, 이것은 이유가 없는 것이 아니다. 여기에는 순서지우는 것이 아무것도 없다. 비판적인——'분할적인'——방법과 관련 있는 것은 단지 자연으로서의 세계뿐이다. 혼을 추상적인 사고 방법으로 분석하기보다는 베토벤의 하나의 주제를 해부용 칼이나 산(酸)으로 분해하는 쪽이 좋을 정도이다. 자연 인식과 인간 지식 사이에는 목표, 도정, 방법에 있어서 아무런 공통점도 없다. 원시인은 numina(갖가지 신의 뜻)를 외계 속에서 인식하듯이 '혼'을 처음에는 타인 속에서, 그리고 자신 속에서 numen(신의 뜻)으로 체험하고 그 인상을 신화적으로 해석한다. 이러한 것을 나타내는 언어는 상징이고 울림이며, 이것은 두뇌로 이해하는 자에게는 설명할 수 없는 무엇인가를 의미하고 있다. 그 언어가 불러일으키는 심상(心象)은 비유이고, 그 이외의 언어로는 오늘날에도 아직 심적인 것에 대해 다른 사람에게 전할 수가 없다. 렘브란트는 자기와 내적으로 가까운 자에게는 자화상을 통해, 혹은 풍경화를 통해 자기 혼에 대해 무엇인가를 나타낼 수 있다. 그리고 하나의 신은 괴테에게 그 고뇌를 말하는 것을 허락했다. 말로 표현할 수 없는 어떤 혼의 감동에 대한 감정을 다른 사람에게 눈으로, 약간의 선율로, 눈에 보이지 않는 그런 움직임으로 전할 수 있다. 이것이 혼의 참된 언어이며, 관계없는 자는 이해할 수 없는 것이다. 음성으로서의 언어, 시적 요소로서의 언어는 여기에서 그 관계를 분명히 드러낼 수 있다. 그러나 개념으로서의 언어, 과학적인 산문의 요소로서의 언어는 결코 그럴 수 없다.

　인간에게 있어 '혼'은 그 인간이 단지 생활하고 느낄 뿐만 아니라 주의 깊어지고 관찰하게 되었을 때 곧 가능한 하나의 심상이다. 이 심상은 삶과 죽음에 대한 완전히 본원적인 경험에서 나오는 것이다. 그것은 말이라는 언어에 의해 시각에서 분리된 것이고, 뒤에 오는 사고와 마찬가지로 오래 된 것이다. 우리에게는 외계가 보인다. 그리고 자유로이 움직일 수 있는 생물은 어느 것이나 멸망하지 않기 위해서는 그 외계를 이해하지 않으면 안 된다. 거기에서 일상의 작고 기술적인, 손으로 접하는 경험에서 많은 불변적인 특징이 발전하고, 그것이 말을 습관적으로 쓰는 인간을 위해 이해된 사항의 상으로 정리된다. 그것이 자연으로서의 세계이다. 외부의 세계가 아닌 것은 우리에게 보이지 않는다. 그러나 우리는 그것이 실제로 존재한다는 것을 타인, 또 우리 자신 속에서 느낀다. '그것'은 관상적으로 자신이 주목하도록 하는 방법을 통해 공포와 지식욕을 불러일으킨다. 이리하여 명상적인, 하나의 반대 세계의 상이 생긴다. 우리는 육안에 영원히 미지의 상태인 것을 이 상을 통해 표상하고 눈앞에 분명히 그려 낸다. 자연의 상이 종교적으로 간파되고 있는 동안은 혼의 상은 신화적이고, 그리고 혼의 종교의 대상이다. 그러나 그 혼의 상은 '자연'이 비판적으로 관찰되자마자 과학적인 표상으로 바뀌어 가고, 학자적인 비판의 대상이 된다. '시간'이 공간의 반대 개념인 것과 마찬가지로 '혼'은 '자연'의 반대 세계이고, 그리고 그 해석은 순간순간의 자연에 대한 해석에 따라 달라진다. 앞에서 말했듯이 '시간'은 영원히 움직여진 생명이라는 방향의 감정에서, 운명이라는 내적 확실성에서, 플러스의 크기에 대한 사고적(思考的)인 마이너스로서 생기고, 확대가 아닌 것의 화신(化身)으로서 생겼다. 그리고 철학자는 추상적으로 해부하기만 하면 시간 문제는 해명할 수 있다고 믿고 있지만, 그 시간의 모든 '성질'은 공간의 여러 성질의 전도(顚倒)로서 지성(知性) 속에 점차 형성되고 순서 지워지는 것이다. 마찬가지로 혼적인 것에 대한 표상은 세계 표상의 전도로서, 마이너스로서 '외부―내부'라는 공간적인 극성(極性)의 도움을 받아 생기고, 또 그에 따라 그 특징들이 다시 수정되어 생긴 것이다. 어떤 심리학도 하나의 전복된 반대 물리학이다.

　영원히 비밀이 되어 있는 혼에 대해 '정확한 지식'을 가지려는 것은 무의미하다. 그러나 여전히 추상적으로 생각하려는 후기 도시적인 충동은 '내부 세계의 물리학자'를 강제해 표상으로 이루어지는 가상계(假象界)를 언제나 새로운 표상으로, 개념을 개념으로 설명하려 한다. 거기에서 그는 확대되지 않은 것을 확대된 것으로 고쳐 생각하고, 단지 관상적으로 나타나는 것의 원인으로서 하나의 체계를 세우고, 그 체계 속에서 '혼'의 구조를 여러 가지로 보고 있다고 믿는다. 그러나 어떤 문화에서도 이들 학자적인 작업의 결과를 전하기 위해 선택된 말이 이미 그 내막을 폭로하고 있다. 거기에서 논하고 있는 것은 기능, 감정 복합, 주동기(主動機), 의식의 한계이고, 혼적 과정, 그 넓이, 강도, 평행론이다. 그러나 이런 말들은 모두 자연과학의 표상 방법에서 비롯되고 있다. '의지는 대상과 관계하고 있다'——이것도 완전히 공간상(空間像)이다. 의식과 무의식——여기에서는 너무 명료할 정도로 지상과 지하라는 공식이 기초가 되어 있다. 근대의 의지 이론 속에서는 전기역학(電氣力學)의 모든 형태어가 발견되고 있다. 우리는 힘의 체계적인 작용에 대해 논하는 것과 똑같은 의미에서 의지의 작용과 사고 작용에 대해 논하고 있다. 감정을 분석한다는 것은, 감정 대신 공간적인 영상을 수학적으로 취급해 이것을 한정하고 분할하고 계측하는 것이다. 이런 종류의 심리 연구는 어느 것이나 대뇌 해부와 관련해서는 아무리 뛰어나다고 생각되더라도 위치에 대한 기계적인 해석일 뿐이고, 상상적인 심리 공간 속에 있는 상상적인 좌표계를 그것인 줄 모르고 사용하는 것이다. '순수한' 심리학자는 자신이 물리학자를 모방하고 있는 것을 전혀 깨닫지 못한다. 그의 방식이 실험심리학의 하찮은 방법과 무서울 정도로 잘 일치하고 있다는 것은 이상한 일이 아니다. 뇌색(腦索)과 연합섬유는 표상 방법에 따라 '의지의 경과' 혹은 '감정의 경과'라는 시각적인 도식과 완전히 일치하고 있다. 그것들은 양쪽 모두 똑같은 종류의 환영(幻影), 즉 공간적인 환영을 다루는 것이다. 내가 심적 능력을 개념적으로 한정하든, 혹은 대뇌피질의 이에 해당되는 부분을 도형적으로 한정하든 별로 큰 차이가 없다. 과학적인 심리학은 정리된 심상(心象)의 체계를 만들어 내고, 그리고 당연한 일처럼 그 안에서 일을 하고 있다. 개개의 심리학자의 각기 다른 발언을 정밀하게 조사해 보면, 이 체계가 그때그때 외계 양식에 따라 변하고 있을 뿐이라는 것을 알 수 있을 것이다.

보는 것에서 추상된 명료한 사고는 그 수단으로서 문화 언어의 지성을 가정한다. 이 수단이라는 것은 하나의 문화 표현의 부분과 담당자로서 그 문화의 정신태에서 만들어진 것으로,[1] 이제는 말의 의미라는 하나의 '자연', 즉 하나의 언어적인 우주를 만들고, 그리고 그 우주 속에서 추상적인 개념, 판단, 결론──이것이 수(數), 인과 관계, 운동의 모사(模寫)이다──이 그 기계적으로 확정된 현존재를 만들어 내고 있는 것이다. 거기에서 혼의 그때그때에 따른 모습은 말의 사용 방식과 그 깊은 상징적인 의의에 의존하고 있다. 서구의──파우스트적인──문화 제언어는 모

---

[1] 원시 언어는 추상적인 사상 과정의 기초는 되고 있지 않다. 그러나 모든 문화의 초기에는 존재하고 있던 언어체에 내적인 변화가 생겨, 그것이 이 언어체에 문화 발전의 최고의 상징적인 임무를 행할 수 있는 능력을 부여한다. 이런 식으로 로마네스크 양식과 동시에 프랑크 시대의 게르만어에서 독일어와 영어가 생기고, 옛 로마 각 주의 lingua rustica(시골 말)에서 프랑스어, 이탈리아어, 스페인어가 생겼다. 그 기원은 아주 다르지만 완전히 같은 형이상학적인 내용을 지니는 언어이다.

두 '의지'라는 개념을 갖고 있다. 이것은 동사(動詞)의 개조에 의해 각국어에 같은 시기에 상징화된 신화적인 크기이고, 그리스·로마의 언어 용법에, 따라서 또 그리스·로마의 정신상에 결정적으로 대립하고 있다. feci(〔내가〕 했다) 대신 ego habeo factum(내가 했다──여기에 내적 세계의 numen이 나타나고 있다. 거기에서 모든 서양 심리학의 과학적인 혼상(魂像) 속에서 의지의 모습이 언어에 의해 정의되고, 분명한 능력으로서 나타난다. 이 능력은 각각의 학파에 따라 전혀 다르게 정의되고 있지만, 그것이 있다는 것 자체에는 조금도 비판의 여지가 없다.

2

따라서 내가 주장하는 바는, 학자적인 심리학은 혼의 본질을 밝힐 수 없을 뿐만 아니라 그것에 손을 댈 수조차 없다는 것이다. 덧붙여 두지만 우리는 누구나 자기 자신, 혹은 타인의 혼의 감동을 '표상하려' 할 때에는 자신도 모르게 이런 종류의 심리학을 행하고 있다. 거기에서 문화 인간의 대우주를 조립하고 있는 모든 상징에 또 하나 덧붙일 뿐이다. 그것은 완성되고 있는 것이 아니라, 모든 완성된 것과 마찬가지로 하나의 유기체 대신 하나의 기구(機構)를 보인다. 이 상에서는 우리의 생활 감정을 채우는 것, 확실히 '혼'이어야 하는 것이 사라진다. 즉 운명적인 것, 현존재의 필연적인 방향, 생명이 그것이 경과하는 사이에 실현할 수 있는 것, 그런 것이 사라지는 것이다. 어떤 심리학적인 체계 속에도 운명이라는 말이 나타나 있다고 나는 생각지 않는다. 그리고 이런 체계가 세계 속에서 어떤 것과도, 더욱이 현실의 생활 경험과 인간 지식과 인연이 먼가 하는 것은 누구나 다 알고 있는 사실이다. 관념 연합, 통각(統覺), 정서, 동기, 사고, 감정, 의지

──이것은 모두 죽은 기구이고, 이 국소기재학(局所記載學)은 정신과학의 하찮은 내용을 꾸미고 있을 뿐이다. 생명을 발견하려고 하고 있지만, 발견한 것은 개념의 장식이었다. 혼은 본래 그대로였다. 생각될 수도 없고, 표상될 수도 없는 것이며, '비밀'이고, '영원히 이루어지는 것'이며, '순수한 체험'인 것이다.

이 상상적인 심리체(心理體)──이것이 바로 여기에서 비로소 하고 싶은 말이다──는 형태이고, 성숙된 문화 인간은 그 형태 속에서 그의 외계를 보는 것인데, 이 심리체는 그 형태의 충실한 거울의 상에 다름 아니다. 깊이의 체험은 내적이든 외적이든 확대된 세계를 실현한다. 시간이라는 근원어가 암시하는 비밀은 외부의 감각으로부터도, 내부의 표상으로부터도 '공간'을 창조한다. 혼의 상도 그 깊이의 방향, 그 시야, 그 한계 혹은 무한계를 지니고 있다. '내적인 눈'은 보고, '내적인 귀'는 듣는다. 내적인 질서의 분명한 표상이 있다. 그것은 외적인 질서와 마찬가지로 인과적인 필연이라는 특징을 지닌다.

그와 함께 이 책 안에서 고도의 여러 문화의 현상에 대해 쓴 것에서 혼의 연구가 극히 확대되고 풍부해져 간다. 현대의 심리학자가 말하고 또 쓴 것──단지 체계적인 과학에 대해 말할 뿐만 아니라, 가장 넓은 의미에서의 관상적인 인간 지식에 대해서도 말하는 것이다──은 서구의 혼의 현재 상태를 말할 뿐이다. 그렇지만 지금까지 이들 경험이 '인간적인 혼' 일반에 타당하다는 의견이 당연하게 여겨지고, 이것이 조금도 검토되지 않았다.

하나의 혼의 상이란 언제나 완전히 확정되어 있는 혼의 상에 다름 아니다. 어떤 관찰자도 결코 자기 시대와 범위라는 여러 조건에서 벗어나지 못할 것이다. 그리고 그가 '인식'하는 것이 무엇이든 이 인식은 어느 것이나 선택, 방향 및 내적 형식에 따르고, 그의 고유한 혼의 표현인 것이다. 원시인도 이미 자기의 생명이라는 사실에서 하나의 혼의 상을 해석하고 있다. 이 혼의 상에서는 '나'와 세계의 구별, '나'와 '너'의 구별이라는 그런 각 성존재의 근원 경험, 신체와 혼의 구별, 감각 생활과 깊은 생각의 구별, 성생활과 감정의 구별이라는, 현존재의 근원 경험이 형태를 이루면서 활동하고 있다. 그런데 이러한 것들에 대해 생각하는 사람이라면 그는 생각하는 인간이기 때문에, 언제나 혼, 로고스, 카, 루아흐와 같은 내적 누멘(numen)이 그 밖의 누멘과 대립하여 생겨난다. 그러나 이 누멘이 개개의 사상가 사이에 배분되어 관계하고 있기 때문에, 그리고 또 심리적인 모든 요소가 층, 힘, 실체로서 통일, 극성(極性) 혹은 복수(複數)로서 표상되고 있기 때문에 그것이 이미 사고하는 자에게 어떤 일정한 문화의 구성원인 특징을 부여한다. 그리고 누구든 미지의 문화의 혼을 그 외적 활동에서 안다고 믿고 있다면, 그는 그 문화의 혼에 자신의 상을 맞추고 있는 것이다. 그는 새로운 경험을 이미 존재하고 있는 체계에 동화시키고 있다. 거기에서 그가 결국 영원한 형식을 발견했다고 믿고 있다 해도 이상한 일이 아니다.

사실상 각각의 문화는 그 특유한 체계적 심리학을 지니고 있다. 이것은 인간 지식과 생활 경험에 대해 자기 특유의 양식을 갖고 있는 것과 똑같다. 그리고 스콜라 철학 시대, 소피스트 시대, 계몽 시대와 같은 개개의 각 단계조차 단지 자기에게만 적합한 수(數)의 상, 사고상(思考像), 자연상을 그리고 있는데, 그와 마찬가지로 결국 각각의 세기도 하나의 특유한 혼의 상 속에 반영되어 있는 것이다. 서유럽 최량의 인간지(人間知)를 지니고 있는 사람은 아라비아인 혹은 일본인을 이해하려고 노력할 때 착각을 한다. 그 반대의 경우도 그러하다. 그러나 마찬가지로 학자도 아라비아 혹은 그리스 체계의 근원어를 자기의 근원어로 번역할 때에는 착각을 한다. nephesch는 amimus가 아니고, atman은 혼이 아니다. 우리가 의지라 이름붙이고 어디에서나 발견하고 있는 것은, 그리스·로마의 인간이 그 혼의 상 속에서는 결코 발견하지 못했던 것이다.

요컨대 사고(思考)의 세계사 속에 나타나는 개개의 혼의 상의 높은 의의는 의심할 여지도 없다. 그리스·로마의——점의 형태를 취한 에우클레이데스적인 현존재에 몸을 맡긴 아폴론적인——인간은 자기의 혼을, 마치 아름다운 부분의 군(群)에 배열된 우주를 본 것처럼 보았다. 플라톤은 이 혼을 νοῦς(이성), θυμός(심정), ἐπιθυμία(욕망)이라 명명하고, 이것을 인간, 동물 및 식물과 비교하고, 어떤 때는 남방인, 북방인 및 헬라스인과도 비교했다. 여기에 모사되어 있는 것은 그리스·로마인의 눈앞에 확대된 자연이다. 즉 잘 배열된 만질 수 있는 사물 전체이며, 이에 대해 공간은 비유(非有, 존재하지 않는 것)로 느껴지는 것이다. 이 상에서 '의지'가 어디에 있는가. 기능적인 관련의 표상이 어디에 있는가. 우리의 심리학이 의지 이외에 창조한 것이 어디에 있는가. 우리는 플라톤과 아리스토텔레스의 분석에 대한 이해가 우리보다 떨어진다고 믿고, 그리고 그들이 우리 속의 어떤 속인(俗人)에도 나타나는 것을 보지 못했다고 믿고 있는 것인가. 아니면 그리스·로마의 수학에 공간이 빠져 있고, 그리스·로마의 물리학에 힘이 빠져 있기 때문에 여기에도 의지가 빠져 있는 것인가.

그 반대로 어떤 서양의 심리학이든 좋으니 마음대로 골라서 보라. 그러면 언제나 기능적이고 결코 체구적이지 않은 질서가 존재하는 것을 알 수 있을 것이다. $y=f(x)$, 이것이 우리의 내부에서 받는 모든 인상의 근원 형태이다. 그 이유는 이것이 우리 외계의 기초를 이루고 있기 때문이다. 사고, 감정, 의지——서구의 심리학자는 아무리 이 삼위일체에서 벗어나려고 해도 벗어날 수 없다. 그러나 여기에서 힘과 힘 사이의 관계를 보아야 한다는 것은, 의지의 우위나 이성의 우위에 대한 고딕 사상가의 논쟁이 이미 가르쳐 주고 있는 것이다——이들 여러 이론이 그들 독자의 인식으로서 제출된 것인가, 혹은 아우구스티누스와 아리스토텔레스를 읽고 만들어 낸 것인가 하는 것은 전혀 문제가 되지 않는다. 관념 연합, 통각, 의지 과정, 그 밖에 무엇이라 이름지어도 좋지만, 상의 요소는 예외 없이 수학적·물리학적인 함수의 유형의 것이고, 그 형식으로 말하자면 완전히 비그리스·로마적이다. 관상적으로 해석하지 않으면 안 되는 생명의 특징을 다루지 않고 물리적으로 '혼'을 대상으로 다루기 때문에, 여기에서도 또 심리학자가 운동 문제로 당황하고 있는 것이다. 그리스·로마에 있어서도 또한 내적인 엘레아 학파의 문제(제논의 아킬레우스와 거북의 경주 같은)가 있다. 그리고 이성과 의지, 어느 쪽이 기능적으로 우월한가 하는 스콜라 학자의 논쟁 속에 바로크 물리학의 위험한 약점——힘과 운동 사이에서 명백한 관계를 발견할 수 없다는 약점——이 나타나 있다. 방향적인 에너지는 그리스·로마와 인도의 혼의 상에서는 부정되고——그곳에서는 모든 것이 안정되고 완성되어 있다——파우스트적인, 또 이집트적인 혼의 상에서는 긍정되지만——그곳에는 활동 관념과 힘의 중심이 있다——이 내용이 시간적이기 때문에 시간과 관계없는 사고가 자기 모순에 빠지고 있다.

 파우스트적인 혼의 상과 아폴론적인 혼의 상은 서로 노골적으로 대립하고 있다. 모든 이전의 대립이 또다시 나타난다. 상상의 단위를 후자에 있어서는 혼의 체구라 이름짓고, 전자에 있어서는 혼의 공간이라 이름지어도 좋을 것이다. 체구는 여러 부분을 갖고 있지만, 공간 속에서는 과정이 행해진다. 그리스·로마인은 자기의 정신계를 조소적(彫塑的)으로 느낀다. 호메로스의 말투 속에 아주 오래 되었을 법한 신전 전설이 가끔 나오는데, 그것이 이미 이것을 밝혀 주고 있다. 지옥에 있는 혼은 특히 뚜렷히 분간할 수 있는 체구의 모사(模寫)이다. 소크라테스 이전의 철학 또한 그것을 조소적으로 보고 있다. 그들의 아름답게 배치된 세 부분——λογιστικόν(이성적), ἐπιθυμητικόν(욕망적), θυμοειδές(심정적)——은 라오콘 군상을 상기시킨다. 우리는 음악적인 인상 아래 있다. 내생활(內生活)의 소나타는 의지를 제1주제로, 사고와 감정을 제2주제로 하고 있다. 악장(樂章)은 혼적인 대위법의 엄중한 규칙에 따르고 있고, 이 규칙을 발견하는 것이 심리학의 임무이다. 가장 단순한 요소가 그리스·로마적인 수(數)와 서구적인 수가 구별되는 것과 마찬가지로 구별된다. 전자에 있어서는 크기이고, 후자에 있어서는 관계이다. 아폴론적인 현존재의 심리적 정력학——σωφροσύνη과 ἀταραξία라는 입체기하학적인 이상——에 대립하는 것은 파우스트적인 현존재의 심리적인 동력학이다.

아폴론적인 혼의 상——νοῦς(이성)을 마부로 삼고 있는 플라톤의 쌍두마차——은 아라비아 문화의 마기적인 정신태에 접근하자마자 곧 날아 흩어지고 만다. 그리고 그것은 주로 아람 동부 지방 출신의 교사를 장(長)으로 하는 후기 스토아주의 속에서 이미 소멸하고 있다. 그리고 초기 제정 시대에는 수도 로마의 문화에 있어서조차 단지 추억에 불과하게 되어 있었다.

마기적인 혼의 특징은 정령(精靈)과 혼이라는 두 가지의 신비적인 실체의 엄밀한 어원론이다. 이 두 개의 실체 사이에는 그리스·로마적인 정력학적 관계도 없고 서구적인 함수적 관계도 없으며, 다만 마기적이라고밖에 표현할 수 없는 전혀 다른 형태의 관계가 있을 뿐이다. 데모크리토스의 물리학과 갈릴레이의 물리학에 대해 연금술과 현자(賢者)의 돌을 생각하면 알 수 있다. 이 동방적으로만 한정된 정신상은 내적인 필연성으로 아라비아 문화의 '고트적' 초기(0~300년)를 가득 채우고 있는 모든 심리학적인, 특히 신학적인 고찰의 기초가 되고 있다. 요한 복음서가 이에 속함은 물론이고, 마찬가지로 그노시스파와 교회 교부(教父), 신플라톤파와 마니교의 문서, 탈무드와 아베스타의 교설적인 원문(原文), 또 그 철학에 있어서의 약간의 생명력을 젊은 동방, 즉 시리아와 페르시아에서 빌려 와 그것을 완전히 종교적으로 나타내고 있는 로마 제국의 노년 기분도 그러하다. 해박한 지식이 있고, 겉으로 보면 그리스·로마적인데도 순수한 셈족이며, 초기 아라비아적인 지능이 있는 대(大)포세이도니오스는, 아폴론적인 생명 감정에 진정으로 반대하고 이 혼의 마기적인 구조를 참된 것으로 느꼈다. 육체 속에 골고루 스며들어 있는 실체는 제2의 실체, 즉 추상적으로 신성하게 세계 공동(世界空洞)에서 인간성 속으로 내려와 그 참가자 모두의 consesus(일치)의 토대가 되고 있는 실체와 분명한 가치의 차이를 만들어 내고 있다. 이 '정령'은 보다 높은 세계를 불러일으킨다. 그리고 그 삶에 의해 단순한 생명, '육(肉)', 자연에 대해 승리를 차지하는 것이다. 이것이야말로 어떤 때는 종교적인, 또 어떤 때는 철학적인, 어떤 때는 예술적인 형태를 취하며——나는 꼼짝도 하지 않는 채 무한 속을 들여다보는 눈이 있는 콘스탄티누스 시대의 초상을 상기한다. 이 시선은 πνεῦμα(신령)를 나타내는 것이다——모든 자기 감정의 모태가 되고 있는 원상(原像)이다. 플로티노스와 오리게네스는 이것을 느꼈다. 바울로(예를 들어 〈고린도 전서〉 15장 44절)는 σῶμα ψυχικόν(혼적인 몸)과 σῶμα πνευματικόν(영적인 몸)을 구별한다. 그노시스파에 있어서는 육체적 혹은 혼적이라는 이중의 황홀한 표상도, 인간을 비천한 자와 고귀한 자, 즉 혼적인 자와 영적인 자로 나누는 것도 당연한 일이었다. 플루타르코스는 후기 그리스·로마의 문학 속에 널리 퍼져 있었던 심리, 즉 νοῦς(이성)와 ψυχή(영혼)의 이원론을 동방의 모범에 따라 썼다. 이 이원론은 곧 그리스도교적과 비그리스도교적, 지능과 자연이라는 대립과 연관된다. 그리고 이 대립에서 그노시스파, 그리스도교도, 페르시아인, 유태인 사이에 아직도 극복되지 않은 세계사의 도식, 신의 간섭을 중심으로 한 창조와 최후의 심판 사이의 인류의 하나의 극으로서의 세계사의 도식이 생긴 것이다.

마기적인 혼의 상은 바그다드와 바스라의 학교에서 엄밀히 과학적으로 완성되었다. 알파라비와 알킨디는 이 마기적인 심리라는 복잡하고, 게다가 우리가 거의 다가갈 수 없는 문제를 철저히 다루었다. 그것이 서구의 젊고 완전히 추상적인 혼의 이론(자아감정이 아니라)에 미친 영향을 가볍게 봐서는 안 된다. 스콜라적이며 신비적인 심리학은 고딕 예술과 마찬가지로 무어화된 스페인, 시칠리아 및 동방에서 많은 형식 요소를 받아들였다. 잊어서는 안 되는 것은, 아라비아 문화가 모두 이원론적인 혼의 상을 전제로 하는 기성의 여러 계시 종교의 문화라는 점이다. 카발라를 생각하고, 이른바 중세 철학(중세란 처음에는 후기 아라비아 문화이고, 뒤에는 초기 고딕 문화이다)에 유태 철학자가 가담하고 있었다는 것을 생각하면 분명하다. 나는 단지 주목해야 하면서도 거의 주의를 기울이지 않았던 마지막 실례로서 스피노자의 이름을 꺼낸다. 스피노자는 게토에서 나오고, 동시대인인 시라지와 나란히 마기적인 세계감정의 최후의 시대에 뒤떨어진 대표자이고, 파우스트적인 세계감정의 형식계에 속한 이방인이다. 스피노자는 바로크 시대의 현명한 학생으로서 자기의 체계에 서구 사상의 색깔을 덧붙일 수 있었다. 그러나 근본적으로는 완전히 두 개의 혼의 실체라는 아라비아적인 이원론의 상(相) 밑에 서 있다. 이것이 그에게 갈릴레이와 데카르트의 힘의 개념이 결여되어 있는 참된, 또 내적인 이유이다. 이 개념이야말로 동력적인 우주의 중심이고, 따라서 마기적인 세계감정이 모르는 것이다.

현자의 돌의 이념――이것은 스피노자의 신성(神性)한 이념 속에 causa sui(자기 원인)으로서 숨겨져 있다――과 우리의 자연상의 인과적인 필연 사이에는 아무런 관계도 없다. 거기에서 그의 의지 결정론은 바로 바그다드에 있어서의 정통주의에 의해 옹호된 것――'키스메트'――이고, 그리고 거기에서야말로 more geometrico(기하학적인 방법)의 고향이 찾아져야 한다. 이 방법은 탈무드, 아베스타 및 아라비아의 칼람에 공통된 것이지만, 그러나 스피노자에 있어서는 우리의 철학 내의 윤리학으로서는 기괴한 변종이다.

그리고 다시 한 번 이 마기적인 혼의 상을 일시적으로 불러일으킨 것은 독일 낭만주의이다. 마술과 고트 철학자의 복잡한 사상에 대한 취미는 승원(僧院)과 기사 성채의 십자군의 이상에 대한 취미와 같고, 특히 사라센의 예술과 시에 대한 취미와 같았다(물론 그런 먼 사상을 충분히 이해하지는 못했지만). 셸링, 오켄, 바더, 괴레스 및 그 동료들은 아라비아·유태적인 양식의 무익한 명상에 빠져 있었다. 그들은 이 명상을 어두운 것, '심오한 것'으로(오리엔트인에게는 결코 그렇지 않았다) 느끼고 만족했다. 그러나 그것을 부분적으로도 충분히 이해하지 못했다. 그리고 그것에 대해 청강자도 완전히는 이해되지 않기를 희망했던 것이다. 이 삽화에서 주목되는 것은 단지 이 사상이 패거리가 미친 난삽한 매력뿐이다. 감히 결론을 내려도 좋다고 생각하는데, 데카르트나 칸트의《프롤레고메나》에 있는 그런 파우스트적인 사상의 가장 명료하고 접근하기 쉬운 구상이 마찬가지로 아라비아의 형이상학자에게는 안개 같은 난해한 인상을 준 것이다. 우리의 진리는 그들에게는 허위이다. 그리고 또 그 반대도 그러하다. 이것은 개개의 문화의 정신상에 적용되지만, 마찬가지로 과학적 사고의 모든 다른 결과에도 적용되는 것이다.

3

고딕 양식의 세계관과 철학에서 최후의 요소를 분리시키는 것은, 대성당의 장식과 그 당시의 원시적인 회화에 있어서와 같이 미래가 어떻게든 행하지 않으면 안 되는 곤란한 과제이다. 이 회화는 평탄한 금색 바탕과 넓은 풍경적인 배경——자연 속에서 신을 보는 마기적인 방법과 파우스트적인 방법——사이에 있고, 아직 어떻게 결정할지 모른다. 이 철학 속에 나타나 있는 초기의 혼의 상에 있어서는 정령(精靈)과 혼의 이원론이라는 그리스도교적·아라비아적인 형이상학의 특징이 망설이면서 미숙한 채 아직 자각하지 않은 함수적인 혼의 힘이 있는 북방적인 예감과 서로 섞여 있다. 이 분열이 의지의 우위냐, 이성의 우위냐 하는 논쟁의 토대가 되고 있고, 어떤 때는 옛 아라비아적인 의미로 해석되고, 어떤 때는 새로운 서구적인 의미로 해석되는 고트적인 철학의 근본 문제의 토대인 것이다. 같은 개념적인 신화가 끊임없이 형태를 새로이 하며 우리의 철학 전체의 나아갈 길을 규정하고, 그리고 이 철학을 다른 어떤 철학으로부터도 엄밀히 구별하는 것이다.

후기 바로크의 합리주의는, 칸트의 경우든 자코뱅당의 경우든 자신 있는 도시적 지능의 긍지를 가지고 여신(女神) '이성'의 보다 큰 힘이 가세한 것이다. 그러나 이미 19세기는 특히 니체에 있어서 Voluntas superior intellectu(지능보다 뛰어난 의지)라는 우리 모두의 피 속에 숨어 있는 보다 강한 법식(法式)을 선택했다.[2] 최후의 위대한 체계 조직자 쇼펜하우어는 이것을 '의지와 표상으로서의 세계'라는 법식으로 만들었다. 그리고 의지에 반대하는 것은 그의 형이상학이 아니라 그의 윤리학뿐이다.

여기에 하나의 문화 안에 있는 모든 철학 사색의 가장 깊은 근원과 의미가 직접적으로 나타나 있다. 왜냐하면 파우스트적인 혼은 몇 세기에 걸쳐 노력을 하며 하나의 자화상을 그리려 시도하고 있기 때문이다. 이 자화상은 세계의 상과 함께 깊이 느껴진 조화를 나타내는 것이다. 고딕적인 세계관은 의지와 이성의 논쟁에 의해 사실상 저 십자군 사람들이나, 슈타우펜 시대의 사람들이나, 대성당 건축의 사람들의 생활 감정을 표현하고 있다. 사람들이 혼을 그렇게 보는 것은 사람들이 그랬기 때문이다. 혼의 상에 있어서의 의욕과 사고──이것이 외부 세계의 상에 있어서의 방향과 확대, 역사와 자연, 운명과 인과 관계이다. 우리의 근원 상징이 무한한 확대라는 것이 이 기본적인 특징의 두 가지 상(相) 속에 나타나 있다. 의지는 미래를 현재에 결합시키고, 사고는 무한계를 '여기'에 결합시킨다. 역사적인 미래는 이루어지는 멂이고, 무한한 세계 시야는 이루어진 멂이다. 이것이 파우스트적인 깊이의 체험 의의이다. 방향 감정은 '의지'로서, 공간 감정은 '오성'으로서 본질적으로 거의 신화적으로 표상된다. 이리하여 우리의 심리학자가 내생활에서 필연적으로 추상하는 상이 생기는 것이다.

파우스트적인 문화가 의지의 문화라는 것은 이 혼의 우수한 역사적 소질을 바꾸어 표현한 것일 뿐이다. 언어 용법에 있는 '나'──ego habeo factum──즉 동력학적인 구문(構文)은 이 소질에서

---

2) 거기에서 이 책에서도 마찬가지로 또 시간, 방향 및 운명이 공간과 인과 관계에 대해 우월을 지키고 있는데, 그것은 오성의 증명이 확신시켰기 때문이 아니라, 생명의 경향이──전혀 무의식적으로──증명을 했기 때문이다. 철학 사상의 기원에는 이 밖의 종류는 없다.

나오는 행동의 양식을 완전히 모사하고, 그리고 그 방향의 에너지로 '역사로서의 세계'의 상뿐 아니라 우리의 역사 자체도 지배한다. 이 '나'는 고딕 건축으로 우뚝 서 있다. 첨탑과 부벽은 '나'이다. 거기에서 파우스트적인 윤리는 모두 '위로!'이다. '나'의 완성, '나'에 대한 윤리적인 일, 신앙과 좋은 작품에 의한 '나'의 시인, 나의 '나'와 그 행복을 위해 이웃 사람인 '너'에 대한 존경, 그리고 마지막으로 최고의 것, 즉 '나'의 불멸, 토마스 아퀴나스에서 칸트에 이르기까지 모두 그러하다.

    이것이야말로 정확히 순수한 러시아인이 공허하다고 느끼며 경멸하는 것이다. 무한한 평원을 근원 상징으로 삼고 있는 러시아의 무의지적인 혼은 봉사하면서 이름도 없이 무사(無私) 그대로 평면적인 형체의 세계 속으로 올라가려고 애쓴다. 자기를 중심으로 이웃을 생각하는 것, 자기를 이웃 사랑에 의해 도덕적으로 높이는 것, 자기를 위해 속죄하는 것, 이것은 러시아인의 입장에서 보면 서구적인 허영의 표지이고, 러시아 교회의 둥근 지붕을 올려놓고 있는 평평한 지붕과는 정반대되는, 우리의 대성당이 '하늘 속으로 돌진해 가려 하는 것'과 마찬가지로 신을 모독하는 것이다. 톨스토이의 주인공 네플류도프는 자기의 손톱 손질을 하듯이 자기의 도덕적인 '나'를 애호한다. 바로 그 때문에 톨스토이는 베드로파의 가상(假象)에 속하고 있다. 라스콜리니코프는 하나의 '나' 속에 있는 무엇인가에 불과하다. 그의 죄는 모든 사람의 죄이다. 그의 죄과를 그 자신만의 것으로 보는 것은 오만이고 허영이다. 이런 무엇인가가 마기적인 혼의 상의 토대도 되고 있다. "누구든지 내게 올 때 자기 부모나 처자나 형제 자매, 특히 자기 자신의 나(τὴν ἑαυτοῦ ψυχὴν)마저 미워하지 않으면 내 제자가 될 수 없다"고 예수는 말하고 있다(〈누가복음〉 14장 26절). 이 감정에서 그는 자신을 사람의 아들로 명명하고 있다.[3] 정교(正敎)

신자의 Consensus(일치)도 또한 비인격적으로 '나'를 죄로 벌한다. 마찬가지로——순수히 러시아적인——진리의 개념은 사명이 있는 사람들의 이름 없는 일치이다.

완전히 현재라는 것에 속해 있는 그리스·로마적인 인간은 마찬가지로 방향의 에너지가 결여되어 있다. 이 방향의 에너지는 우리의 세계상과 혼의 상을 지배하고, 모든 감각적 인상을 멂으로의 길로 모으고, 모든 내적 체험을 미래의 방향에 모으는 것이다. 그는 '무의지(無意志)'이다. 이 점에 대해 그리스·로마의 운명 관념도, 도리스식 기둥이라는 상징도 의심의 여지를 허용치 않는다. 사고와 의지의 다툼은 얀 반 아이크에서 마레까지의 모든 중요한 초상화의 비밀스런 주제이지만, 그리스·로마의 초상은 전혀 이것을 지닐 수 없다. 왜냐하면 그리스·로마의 정신상 속에는 동물적과 식물적(θυμός와 ἐπιθυμία)이라는 비역사적인 단위가 내적 제우스인 사고(νοῦς)와 병존하고 있어 완전히 소마(체구)적이며, 목표로 향하는 의식적인 방향과 추진이 전혀 없기 때문이다.

우리에게 속하고, 그리고 우리에게만 속하고 있는 파우스트적인 원리를 뭐라 이름짓든 그것은 아무래도 좋다. 이름은 공허한 울림과 연기[煙]에 불과하다. 공간이라는 것도 또한 하나의 말이고, 이 말은 수학자, 사상가, 시인, 화가가 서술할 수 없는 똑같은 것을 수천 가지의 말투로 표현하기 위해 사용하는 것이고, 표면상으로는 전 인류에 속하는 듯이 보이지만 사실은 이 형이상학적인 배후의 의미가 있기 때문에 서양 문화의 내부에서만 타당성을 지니는 말이다. 그 타당성은 우리가 내적으로 필연적으로 그

---

3) '사람의 아들'은 barnasha의 뜻을 오해시키는 번역이다. 그 본뜻은 친자 관계가 아니라 인간계로의 비인격적인 등장이다.

의미에 붙이는 것이다. 커다란 상징의 의미를 지니고 있는 것은
'의지'라는 개념이 아니라, 그리스인이 이것을 전혀 몰랐던 데
반해 우리에게만 존재하고 있다는 상태가 지니고 있는 것이다.
근본적으로 말하면 깊이의 공간과 의지 사이에는 아무런 구별도
없다. 그리스·로마어에는 공간을 나타내는 명칭이 없고, 또 당
연히 의지를 나타내는 명칭도 없다.[4] 파우스트적인 세계상의 순
수 공간은 단지 확대가 아니라 작용으로서, 단순한 감각적인 것
의 정복으로서, 긴장과 경향으로서, 지능적인 권력의지로서 멂으
로 향하는 확대이다. 나는 이런 해석들이 얼마나 불충분한지 잘
알고 있다. 우리가 공간이라 이름붙이고 이 말로 사고하고 느끼
고 상상하는 것과, 아라비아 문화 혹은 인도 문화의 인간이 그렇
게 하는 것은 정확한 개념을 가지고 구별하기가 전혀 불가능하
다. 그것이 전혀 다른 것이라는 것을 증명하는 것은 각각의 수
학, 각각의 조형미술의 극히 다른 근본 개념이며, 특히 생활의

---

4) εθέλω와 βούλομαι는 '의사를 지닌다', '욕망을 지닌다', '경향이 있
다'는 뜻이다. 그 명사 βουλή는 '충고'를 의미하고, '안(案)'을 의미한다.
εθέλω에 대응하는 명사는 없다. voluntas(의지)는 심리학적 개념이 아니라 순
수하게 로마적인 사실감에 있어서 potestas(힘)와 virtus(덕)와 같이 실제적이
고 외적인 눈에 보이는 자질에 대한 명칭이고, 인간으로서의 개적 존재의
무게에 대한 명칭이다. 우리는 이 경우에는 에너지라는 외래어를 사용한다.
나폴레옹의 의지와 나폴레옹의 에너지, 이것은 예컨대 부양력과 중량처럼
아주 다른 것이다. 문명화된 인간으로서의 로마인을 그리스적인 문화 인간
과 구별시키고 있는, 외부로 향해진 지능과 여기에서 의자라 명명되어 있는
것을 혼동해서는 안 된다. 카이사르는 나폴레옹의 의미에서 의지의 인간이
아니다. 로마법에 있어서의 언어 용법이 시와 비교해 로마 정신의 근본 감
정을 쭉 근원적으로 나타내고 있다. 그 용법은 주목할 만하다. 의사(意思)는
법률어로는 animus(animus occidendi, 살인의 의사)이고, 범죄를 위한 원망(願
望)은 무의식적인 법률 위반범(culpa)과 달리 dolus이다. voluntas는 술어로서
는 전혀 나타나지 않고 있다.

직접적인 표현이다. 우리는 공간과 의지의 일치가 코페르니쿠스와 콜럼버스의 사적(事蹟) 속에, 그리고 호엔슈타우펜과 나폴레옹의 행동 속에——세계 공간의 지배——어떤 식으로 나타나 있는지 보게 될 것이다. 그러나 이 일치는 다른 쪽에서 말하면 힘의 장(場)과 포텐셜(잠재)이라는 물리학적인 개념 속에도 존재하고 있다. 이 개념을 어떤 그리스인에게도 이해시킬 수 없을 것이다. 직관의 아 프리오리 형식으로서의 공간, 즉 바로크 철학이 끊임없이 추구한 것을 칸트가 결정적으로 말한 법식——이것은 미지의 것에 대해 혼이 지배하기를 요구하는 의미이다. '나'는 형식을 통해 세계를 제어한다.[5]

이것은 유화의 깊이의 원근법 속에 나타나 있다. 이 원근법은 무한으로 생각된 화상(畵像) 공간을 관람자에게 의존시킨다. 관람자는 그 화상 공간을 자기가 선택한 거리에서 말 그대로의 의미에서 지배하기 때문이다. 그 멂으로의 견인(牽引)이 바로크 시대의 공원(公園)에 있어서와 마찬가지로 회화에 있어서의 장대한, 역사적으로 느껴진 풍경의 유형이 된다. 이것이 즉 벡터라는 수학적·물리학적인 개념이 표현하는 것이다. 이 커다란 상징 속에는 공간, 의미, 힘 등의 말이 표현하려고 하는 모든 것이 있

---

[5] 중국의 혼은 '세계 속을 편력하고 있다'. 이것이 동아시아의 회화 원근법의 의미이고, 그 초점이 있는 곳이 그림의 중심이고 안쪽이 아니다. 원근법은 '나'로 하여금 사물에 따르게 한다. 그 '나'는 사물을 배열하고 그것으로 그 사물을 파악하는 것이다. 원근법적 배경을 그리스·로마가 부정하는 것은 따라서 의지의 결핍을 의미하고, 세계를 지배하는 요구의 결핍도 의미하고 있다. 중국의 원근법에는 방향 에너지가 결핍되어 있는데, 이것은 중국의 기술에 그것이 결여되어 있는 것과 똑같은 것이다. 바로 그렇기 때문에 나는 우리의 풍경화가 특징으로 삼는 깊이에의 강한 추진에 대해, 동아시아인의 '도(道)'의 원근법에 대해 논해도 좋을 것이다. 이 '도'는 그림 속에서 활약하고 있고, 오해되는 일 없는 세계감정을 암시하고 있다.

다. 회화는 수백 년에 걸쳐 열정적으로 이 상징을 얻으려고 노력했다. 이에 해당하는 것이 형이상학의 부단한 경향이다. 즉 모두 것이 순수하게 동력학적인 내용으로 이루어지는 현상과 물자체, 의지와 표상, 자아와 비아(非我) 등 한 쌍의 개념에 의해 사물을 기능적으로 지능에 의존시키는 것을 공식화하려는 경향이다. 이것은 만물의 척도로서의 인간, 따라서 만물의 창조자가 아닌 인간에 대한 프로타고라스의 설과는 정반대이다. 그리스·로마의 형이상학은 인간을 체구 속의 체구로 간주하고 있다. 그리고 인식하는 것은 이 형이상학에 있어서는 인식되는 것에서 인식하는 자에게로 옮아가는 일종의 접촉이고, 그 역(逆)이 아니다. 아낙사고라스와 데모크리토스의 광학 이론은 감각적 지각에 있어서의 활동을 인간에 대해 승인하지 않았다. 플라톤은 한 번도 '나'를 초월적인 활동 분야의 중심으로 느낀 일이 없었다. 그러나 그것은 칸트에 있어서는 내적 요구였다. 플라톤의 유명한 동굴 속의 포로는 현실적으로 포로이고, 외적 인상의 노예이며, 그 주인이 아니고, 공통의 태양에 비쳐지는 존재이며, 그 자체가 누구든 빠짐없이 비추는 태양이 아니다.

공간 에너지라는 물리적인 개념——이 공간 에너지는 완전히 비그리스·로마적인 개념이고, 공간적인 거리가 이미 에너지 형식이며 모든 에너지의 원형이기도 하다. 왜냐하면 이것이야말로 용량과 강도라는 개념의 기초이기 때문이다——은 의지와 상상적인 혼의 공간과의 관계도 또한 명백히 드러낸다. 우리가 느끼는 바로는 이 양쪽, 즉 갈릴레이와 뉴턴의 동력학적인 세계상과, 의지를 중심(重心)과 관계의 중심(中心)으로 하는 동력학적인 마음의 상은 완전히 동일한 것이다. 그것들은 양쪽 모두 바로크의 창조이고, 충분히 성숙된 파우스트 문화의 상징이다.

'의지'의 숭배를 설혹 일반 인간적인 것으로 보지 않더라도 적어도 일반 그리스도교적인 것으로 보고, 그리고 초기 아라비아 여러 종교의 에토스에서 그 기원을 찾는 것을 종종 보았는데, 이 것은 잘못 알고 있는 것이다. 이 관련은 단지 역사적인 피상적인 것에 불과하다. 그리고 Voluntas 같은 말의 운명을 말의 의미와 관념의 역사와 혼동하는 것이다. 이런 말의 깊은 상징적인 의미 변화를 사람들은 깨닫지 못하고 있다. 예컨대 무르타다와 같은 아라비아의 심리학자가 많은 '의지'의 가능성에 대해, 행위와 관련된 '의지'에 대해, 독립하여 행위에 선행하는 다른 '의지'에 대해, 행위와 아무 관련도 없고 단지 '의욕'을 낳는 '의지'에 대해(이 경우 아라비아어의 깊은 의미가 문제가 되는 것이다) 논할 때에는, 우리는 그 구조가 파우스트적인 혼의 상과 전혀 다른 하나의 상을 분명히 보게 된다.

혼의 요소는 어떤 문화에 속하는 인간에 대해서도, 어떤 인간에 있어서도 내적 신화의 신(神)이다. 제우스가 외계 세계의 올림포스의 주신(主神)이라면, 그것은 내적 세계에 있어서의 νοῦς 이고, 이것이 혼의 다른 모든 부분 위에 군림하고 있는 것이다. 이 누스는 어떤 그리스인에게나 충분히 확실하게 존재하고 있다. 우리에게 있어서의 '신', 세계의 호흡으로서, 우주의 힘으로서 항상 존재하고 있는 작용과 섭리로서의 신은 세계 공간에서 상상적인 혼의 공간에 반영되고, 그리고 우리가 필연적으로 현실에 존재한다고 느낀 '의지'이다. 마기 문화의 소우주적 이원론(ruach와 nephesch, pneuma와 psyche)에 필연적으로 속하고 있는 것은 신과 악마의 대우주적 대립이고, 페르시아에서는 오르마즈드와 아리만, 유태에서는 야훼와 바알세불, 이슬람에서는 알라와 이블리스의 대립이고, 요컨대 절대 신과 절대 악의 대립이다. 그리고 뒤에 말하겠지만 서구의 세계감정에 있어서는 이 두 대립은 동시에 엷어진다. intellectus(지성)의 우월이냐, voluntas(의지)의 우월이냐에 관한 고딕적인 논쟁에서 혼적인 일신론의 중심으로서의 의지가 형성됨에 따라 악마의 모습이 현실의 세계에서 소멸한다. 바로크 시대에는 외계의 범신론(汎神論)은 직접적으로 내계의 범신론이 되었다. 그리고 신과 세계의 대립이 표시해야 하는 것은——그 해석은 어떻든——언제나 혼 일반에 관련된 의지라는 말이 의미하는 것이다. 그것은 혼의 영역 내에 있는 것 모두를 움직이는 힘이다.[6] 종교적인 사고가 엄밀한 과학적 사고로 옮아가자마자 이중(二重)의 개념의 신화도 또한 물리학과 심리학에 나타난다. 힘, 질량, 의지, 정열과 같은 개념은 객관적인 경험에 기초해 생긴 것이 아니라 생활 감정에 기초해 생긴 것이다. 다윈설은 이 감정의 뛰어나고 천박한 형태에 다름 아니다. 어떤 그리스인도 자연이라는 말을 근대 생물학이 사용하고 있는 그런 절대적이며 계획적인 활동이라는 의미로는 쓰지 않았을 것이다. '신의 의지'란 우리의 입장에서 보면 중복어(重複語)이다. 신(또는 '자연')은 의지 외의 다른 것이 아니다. 신의 개념은 르네상스 이후 깨닫지 못하는 사이에 무한한 세계 공간의 개념과 일치하게 되고, 그리고 감각적인 인격적 요소를 잃는 동시에——상재(常在)와 만능(萬能)은 거의 수학적인 개념이 되었다——비직관적인 세계 의지가 되고 있다. 바로 그 때문에 순수한 악기가 1700년경에 회화를 정복하고, 이 신의 감정을 밝히는 유일하면서도 마지막 수단이 되는 것이다. 이에 대해 호메로스의 신들을 생각해 보라. 제우스는 세계에 대해 전혀 완전한 힘을 갖고 있지 않다. 올

---

[6] 무신론이 예외가 아님은 말할 것도 없다. 무엇인가를 합목적적으로 질서지우고 도태시키고, 무엇인가를 산출하거나 없애거나 하는 자연에 대해 유물론자 또는 다윈주의자가 논하고 있지만, 그것은 18세기의 자연신교에 대해 단지 한마디의 말을 바꾼 것일 뿐이고, 세계감정은 불변인 채 그대로 남아 있었던 것이다.

림포스에서조차──아폴론적인 세계감정이 요구하듯이──primus inter pares(같은 동료 중의 제1인자)이고, 체구 속의 체구이다. 그리스·로마적인 각성존재가 코스모스 속에서 인식하는 맹목적인 필연, 즉 아난케는 결코 제우스에 종속되어 있지 않다. 그 반대로 신들은 이 필연에 따르고 있다. 이것은 아이스킬로스가 〈프로메테우스〉의 힘찬 부분에서 분명히 말하고 있는 것이지만, 그것은 이미 호메로스에서도 신들의 다툼 속에 나오는 것이고, 제우스가 헥토르의 운명을 결정하기 위해서가 아니라 그것을 알기 위해 운명의 저울을 집어드는 저 결정적인 부분에서 보이는 것이다. 이리하여 그리스·로마의 정신은 그 모든 부분, 성질과 함께 작은 신들의 올림포스로서 나타난다. 이 작은 신들을 평화 속에 화합시키는 것은 Sophrosyne(절제)과 Ataraxia(평정)라는 그리스적인 생활 방법의 이상이다. 많은 철학자가 최상의 혼의 부분인 νοῦς(이성)를 제우스라 명명하며 이 관련을 잘 나타내고 있다. 아리스토텔레스는 자기의 신의 유일한 기능으로서 θεωρία, 즉 정관(靜觀)을 들고 있다. 이것은 디오게네스의 이상이다. 즉 18세기의 생활 이상에 있어서의 완전한 동력학에 상대되는, 마찬가지로 완전히 성숙된 생활의 정력학이다.

의지라는 말이 표시하고 있는 혼의 상 속의 수수께끼 같은 것, 즉 제3차원의 정열이라는 것은 이리하여 유화의 원근법, 근대 물리학의 힘의 개념, 순수 악기의 음의 세계와 마찬가지로 완전히 바로크 특유의 창조이다. 어떤 경우에도 고딕은 이들 이지화(理智化)가 몇 세기 동안에 성숙할 것을 예감하고 있었다. 여기에서는 어떤 다른 생활 양식과도 다른 파우스트적인 생활 양식이 문제가 되고 있는데, 여기에서 우리가 굳게 주장하는 것은 파우스트적인 의미 감정을 지니고 있고, 또 그것이 스며들어 있는 의지, 힘, 공간, 신 등 그런 근원어가 상징이고, 이 존재가 나타내고 있는 상호 근친적인 커다란 여러 형식계의 창조적인 원형이라는 것이다. 오늘날까지 믿어지고 있던 것은, 비판적인 연구를 진행해 가는 사이에 언젠가 한 번은 결정적으로 확인되고 '인식되고' 증명되는 그런 '그 자체로 존재하고 있는' 영원한 사실이 손에 잡힌다는 것이었다. 이 자연과학의 환영(幻影)은 마찬가지로 심리학의 환영이었다. 그러나 이것들의 '보편 타당한' 원리가 단지 직관과 이해의 바로크 양식에 속한다는 것만으로 표현 양식으로서는 일시적인 의미를 지니는 것이고, 지성의 서유럽형에 있어서만 '진리'라는 견해가 이들 과학의 의미를 밑바닥에서부터 바꾸는 것이다. 즉 이들 과학은 체계적인 인식의 주체일 뿐만 아니라 극히 높은 차원에서 관상적인 고찰의 객체인 것이다.

바로크 건축이 시작된 것은, 앞에서 보았듯이 미켈란젤로가 르네상스의 건축적 요소인 지주와 무게를 동력학적인 요소인 힘과 질량으로 바꾸었을 때이다. 브루넬레스코의 파치 성당은, 쾌활한 침착성을 보이는 비뇰라의 '일 제주(Il Gesù, 예수)'의 정면은 돌로 된 의지이다. 이 새로운 교회적인 특징이 있는 양식은 특히 비뇰라와 델라 포르타가 마무리한 완성 뒤에 '예수회' 양식으로 명명되었다. 사실상 이 양식과 이그나시오 데 로욜라의 창설 사이에는 내적인 관계가 있다. 로욜라의 교단은 교회의 순수한 추상(抽象) 의지[7]를 대표하고, 그 무한 속에 펼쳐 가는 은폐된 행동은 해석(解析)과 푸가의 기술의 반대물이다.

앞으로 심리학, 수학 및 이론 물리학에 있어서의 바로크 양식,

---

7) 학식 있는 예수회 수도사가 이론 물리학의 발전에 기여한 커다란 역할을 간과할 수 없다. 신부 보스코비치는 뉴턴을 넘어 중심력의 체계를 창조한(1759년) 제일인자였다. 예수회파에서는 신과 순수 공간을 동일한 것으로 보는 견해가 수학자 데카르트와 파스칼이 속해 있던 포르 루아이얄의 얀센파보다 더 뚜렷이 느껴진다.

아니 예수회 양식에 대해 논해도 더 이상 별로 이상하게 느껴지지 않을 것이다. 질료(質料)와 형식이라는 소마적·무의지적인 대립 대신 용량과 강도라는 에너지적인 대립을 두는 동력학의 형태어는 이 몇 세기의 모든 지적 창조에 공통되는 것이다.

4

그런데 문제는 이 문화의 인간이 자기 자신이 창조한 혼의 상이 기대하는 것을 어느 정도까지 실현하느냐 하는 것이다. 서양 물리학의 주제가 오늘날 완전히 일반적으로 활동적인 공간이라고 해도 좋다면, 동시대의 인간의 존재 방법, 존재의 내용도 그대로라고 해도 좋을 것이다. 우리가 파우스트적 인간으로서 개인을 문제 삼는 것은, 그가 우리의 생활 경험 속에 활동적으로 나타날 때이고, 조소적·정적으로 나타날 때는 아니다. 그 인간이 무엇이냐 하는 것을 판단하기 위해서는 외부로도, 내부로도 향해질 수 있는 그의 활동에 바탕을 둔다. 그리고 모든 개개의 의도, 이유, 힘, 확신, 습관을 완전히 이 견해에 따라 가치지운다. 이 외견(外見)을 요약하는 말은 성격이다. 우리는 성격이 있는 두부(頭部)에 대해, 성격이 있는 풍경에 대해 말하고 있다. 장식, 붓놀림, 필적(筆跡)의 성격, 전 예술, 시대와 문화의 성격, 이것은 우리가 습관적으로 쓰는 문구이다. 바로크의 음악은 참으로 성격적인 것의 음악이다. 이것은 선율에도, 기악법에도 똑같이 적용된다. 이 말은 또 표현할 수 없는 어떤 것을 표시하고, 파우스트적인 문화를 모든 다른 문화에서 구별시키는 무엇인가를 표시하고 있다. 게다가 이 말과 '의지'라는 말의 깊은 관계는 잘못 보는 일이 없을 정도로 분명하다. 혼의 상에 있어서의 의지는 생활의 상에 있어서의 의지이고, 그 생활이란 우리에게 있어서만, 다만 우리 서양의 인간에 있어서만 자명하게 나타나는 것이다.

　인간은 성격을 지녀야 한다는 것은 설사 형이상학적인, 또는 실제적인 법식이 서로 다르다 하더라도 우리의 모든 윤리적 체계의 근본적인 요구이다. 성격——이것은 세계의 흐름 속에서 형성되는 것이고 '인격'이며 생명과 행위의 관계이다——은 인간에 대한 파우스트적인 인상이다. 그리고 물리학적인 세계상과 의미 깊은 유사성을 지니고 있다. 벡터의 힘의 개념이 방향의 경향을 지니기 때문에 극히 엄밀한 이론적인 연구에도 불구하고 운동의 개념에서 분리할 수 없는 것과 마찬가지로, 의지와 혼, 성격과 생명은 엄밀히 구분할 수 없는 것이다. 우리는 이 문화의 정상에서 명백히 17세기 이래 생명이라는 말을 간단히 의욕과 동의어로 느끼고 있다. 생명력, 생명 의지, 활동적인 에너지라는 그런 표현은 자명한 것으로서 우리의 윤리학적인 문헌을 풍부히 채우고 있지만, 페리클레스 시대의 그리스어로는 결코 번역되는 일이 없었을 것이다.

　각각의 문화는 모두 고도의 통일적인 생물로서 그 자체에 특유한 도덕적 형태를 지니고 있다. 이것은 모든 도덕이 시간적으로나 공간적으로 보편 타당하다는 것을 주장하기 때문에 오늘날까지 사람들이 깨닫지 못했던 것이다. 문화가 존재하는 숫자만큼 도덕이 있다. 니체는 이것을 깨달은 최근의 사람인데도——모든 선과 모든 악을 뛰어넘었다——도덕의 참으로 객관적인 형태학에서 완전히 멀리 떨어져 있었다. 니체는 그리스·로마, 인도, 그리스도교, 르네상스의 모든 도덕을 특유의 규준에 따라 평가했지만, 그 도덕들의 양식을 상징으로서 이해하는 일을 하지 못했다. 그러나 우리의 역사적인 안목과 식견이라는 것, 그것이야말로 도덕의 근원 현상 그 자체를 찾아내야 했던 것이다. 그러나 우리는 오늘날에 이르러서야 비로소 그것이 가능할 정도로 성숙한 듯이

제5장 혼의 상(像)과 생명 감정 33

보인다. 우리에게 있어서는 인류를 활동적이고 전투적이며 진보적인 전체로 생각하는 것이, 특히 플로렌스의 요아킴과 십자군 뒤에는 완전히 필연적인 것이 되고 있다. 그래서 우리에게는 이 특히 서양적인 한 관찰 방법이 일시적인 타당성과 수명을 지니는 데 불과하다는 것을 인식하는 것이 곤란한 것이다. 그리스·로마의 지성에 있어서는 인류는 언제나 변하지 않는 대중으로 보였다. 그리고 이에 해당하는 도덕은 우리와 전혀 다른 종류의 도덕이고, 그 흔적은 호메로스의 초기에서 로마 제정 시대에 이르기까지 남아 있다. 최고도로 적극적인 파우스트적인 문화의 생활 감정에 가까운 것은 중국과 이집트 문화이고, 극히 소극적인 그리스·로마의 생활 감정에 가까운 것은 인도 문화라는 것이 일반적으로 인정될 것이다.
 옛날에 생존경쟁을 끊임없이 자기 눈앞에 갖고 있던 일군의 제국민이 있었다고 한다면, 그것은 그리스·로마 문화의 일군이었다. 그리스·로마 문화에 있어서는 제도시나 소도시가 완전히 반역사적인 본능에서 계획도 없이, 의미도 없이, 자비심도 없이 몸과 몸으로 서로 부딪치며 서로 절멸할 때까지 싸우고 있었다. 그러면서도 그리스의 윤리는 헤라클레이토스를 제외하고는 싸움을 하나의 윤리적 원리로 삼게 되지는 않았다. 스토아파나 에피쿠로스파 모두 싸움의 포기를 이상으로 생각하고 있었다. 이에 반해 반항을 극복한다는 것은 서구의 혼의 전형적인 충동이다. 활동, 결단, 자기 주장이라는 것이 요구된다. 생활의 표면적인 쾌적에 대한 싸움, 순간, 가까운 것, 잡을 수 있을 만한 것, 쉬운 것의 인상에 대한 싸움. 일반성과 영속을 지니는 것, 과거와 미래를 혼에 연결시키는 것, 그런 것을 철저히 완수하는 것. 이것은 고딕의 가장 이른 시기에서 칸트와 피히테에 이르기까지, 그리고 그것을 좀더 넘어 현대의 제국가와 경제력과 현대의 기술에 나타나 있는 거대한 권력과 의지의 에토스에 이르기까지 모든 파우스트적인 명령법의 내용이다. carpe diem(오늘의 해를 즐겨라)은 그리스·로마적인 입장에서 말하면 만족스런 존재 방식이다. 이것은 괴테, 칸트, 파스칼, 또 교회 및 자유 사상가가 유일한 가치 있는 것으로 느낀 존재 방식, 즉 활동적이고 전투적이며 정복적인 존재 방식에 대한 완전한 반박이다.[8]

동력학의 모든 형식──회화, 음악, 물리학, 사회, 정치의 모든 형식──은 무한의 관계를 완성하고, 그리고 그리스·로마 물리학이 행했듯이 개개의 경우와 그 총계를 관찰하지 않고 전형적인 경과와 그 기능적인 규칙을 관찰하는데, 그와 마찬가지로 성격이라는 것은 생활의 완성에 있어서의 원칙적으로 불변적인 것으로 해석되지 않으면 안 되는 것이다. 그렇지 않을 경우에는 무성격(無性格)이라 불린다. 성격이란 움직여진 실존의 형성으로서 괴테의 《시와 진실》과 같은 의미 있는 전기(傳記)를 일반적으로 가능케 하는 것이다. 그것은 세부적인 면에 있어서는 최대의 가변성이 있고, 본질적인 점에 있어서는 최고의 불변에 도달할 수 있는 것이다. 이에 반해 플루타르코스의 그리스·로마적인 전기

---

8) 루터는 실제적인 활동──괴테가 그날그날의 요구라고 이름지은 것──을 도덕의 중심에 두었다. 이것이야말로 프로테스탄트주의가 좀더 심오한 사람들에게조차 영향을 끼쳤던 근본적인 이유의 하나이다. 방향 에너지(여기에서 정한 의미에서의)가 없는 '경건한 노동'은 무조건적으로 물러간다(이것을 높이 평가한 것은 르네상스에 있었던 그런 남방적인 잔존물이었다). 그 뒤에 승원 제도는 큰 경멸을 받았는데, 그 깊은 윤리적 이유는 여기에 있다. 고트 시대에는 승원에 들어가는 것은 즉 배려, 행위, 의욕의 포기이고 최고의 윤리적 행위였다. 그것은 생각할 수 있는 한 최대의 희생이었다. 바로크 시대에는 카톨릭 교도조차 이미 그렇게 느끼지 않게 되었다. 출가인의 장소가 아니게 되고, 소극적인 자들의 위안의 장소가 된 승원은 계몽적 지성의 희생물이 된 것이다.

(傳記)는 단지 연대적으로 배열된 일화를 모은 것일 뿐이고, 발전의 역사가 아니다. 그리고 알키비아데스든 페리클레스든 누구든 일반적으로 순수하게 아폴론적인 인간의 전기가, 단지 이런 종류의 것일 뿐이고 괴테적인 것이 아니라는 것을 곧 알 수 있을 것이다. 그들의 체험에 결여되어 있는 것은 양이 아니라 관계이다. 그들이 갖고 있는 것은 원자(原子) 같은 것이다. 물리적 세계상에 대해 말하면 그리스인은 일반적인 법칙을 자기 경험의 총계 속에서 찾는 것을 잊지 않았다. 그것을 그 코스모스 속에서 발견하는 것은 완전히 불가능했던 것이다.

그 결과 성격 연구에 대한 모든 학문, 특히 관상학과 필적 감정학은 그리스·로마의 세계에 있어서는 극히 빈약한 것이었으리라. 이것을 증명하는 것은 (그들의 필적은 우리가 모르기 때문에 제외하지만) 그리스·로마의 장식이다. 이 장식은 고딕적인 장식에 비교하면 성격의 표현에 있어서 믿을 수 없을 정도로 단순하고 또 약하다(소용돌이 무늬와 아칸서스 덩굴을 생각하면 알 수 있다). 그 대신 무시간적인 의미에 있어서는 도저히 못 미칠 정도로 균형이 잡혀 있다.

당연한 일이지만 그리스·로마의 생활 감정에 눈을 돌려 보면, 우리는 거기에서 윤리적 평가에 있어서의 하나의 근본 요소── 조상(彫像)이 푸가에, 에우클레이데스 기하학이 해석에, 체구가 공간에 대립하고 있듯이 성격에 대립하는 하나의 근본 요소──를 틀림없이 발견할 것이다. 그것은 몸짓이다. 그것에 의해 혼적인 정력학의 근본 원리가 부여되는 것이다. 그리고 그리스·로마에 있어서 우리의 '인격'을 대신하는 말은 πρόσωπον, persona, 즉 역할, 가면이다. 후기 그리스·로마의 언어 용법으로 그것은 공적인 얼굴과 태도를 말하는 것으로, 요컨대 그리스·로마적인 인간의 참된 본질을 말하고 있는 것이다. 어떤 웅변가는 승려의 프로소폰으로서 말하거나, 혹은 군인의 프로소폰으로서 말한다고 일컬어졌다. 노예는 ἀπρόσωπος(프로소폰이 없는 자)였지만, ἀσώματος(체구가 없는 자)가 아니었다. 즉 노예는 공적 생활의 요소로 생각되는 태도를 지니고 있지 않았지만, 하나의 '혼'은 지니고 있었던 것이다. 운명이 누군가에게 왕 또는 장군의 역할을 할당하는 것을 로마인은 persona regis, imperatoris역(왕의 역할, 장군의 역할)이라는 말로 나타냈다.[9] 여기에 아폴론적인 생활 양식이 나타나 있다. 이것은 내적 가능성을 활동적인 노력에 의해 전개하는 것이 아니라 어떤 경우에도 완성된 태도이고, 이른바 조소적(彫塑的)인 존재 이상에 엄밀히 들어맞는 것이다. 미(美)의 어떤 개념은 그리스·로마 윤리 속에서만 역할을 하고 있는 데 불과하다. 이 이상은 σωφροσύνη이라 명명되든, καλοκἀγαθία라 명명되든, 혹은 ἀταραξία라 명명되든 언제나 자기 자신의 '나' 때문이 아니라 타인 때문에 확정된 특징의 잘 정리된 군(群)이다. 이 특징은 감각적으로 파악할 수 있는 것이고, 완전히 공적으로 나타나는 것이다. 사람은 외적 생활의 주체가 아니고 그 객체이다. 전경(前景), 순수하게 현재적인 것, 순간적인 것은 극복되지 않고 만들어졌다. 이 관계에 있어서는 내생활은 불가능한 개념이다. 아리스토텔레스의 ζῶον πολιτικόν은 번역될 수 없는 말이고, 서양적인 의미로는 언제나 오해된 것인데, 인간은 개별적이고 혼자서는 '무(無)'이며, 다만 다수가 되어야 비로소 무엇인가 의미가 있는 것——로빈슨 크루소가 된 아테네인이란 얼마나 기괴한 관념인가——이며, Agora, forum(시장)에서 각각 서로 타

---

9) 프로소폰은 고대 그리스어로는 얼굴을 의미하고, 뒤에 아테네에서는 가면을 의미했다. 아리스토텔레스는 이 말의 '사람'의 의미를 아직 몰랐다. 본래 연극의 가면을 의미하는 Persona는 법률상의 술어가 되고 나서야 비로소 제정 시대에 그리스어로 프로소폰에 중요한 로마적 의미를 부여한 것이다.

인 위에 반영되고, 그리고 그 덕택으로 겨우 참된 실재를 보유하는 것이다. 이 의미는 모두 αώματα πόλεως, 즉 도시의 시민이라는 표현 속에 내포되어 있다. 바로크 예술의 견본인 초상에서는 인간의 성격과 그 인간의 묘출이 일치하고 있지만, 아테네 전성시대에는 인간의 묘출은 그 태도와 관련하여 '페르소나'로서의 인간에 관한 한 나체상이라는 형식 이상으로 끝나 버리지 않으면 안 되었던 것이다. 이것은 곧 알 수 있는 것이다.

5

이 대립은 어떤 점에서 말해도 근본적으로 다른 두 가지 비극의 형식을 낳았다. 성격극인 파우스트적 비극과 숭고한 몸짓의 극인 아폴론적인 비극은 사실상 그 '비극'이라는 명칭 외에는 공통점이 없다.

특히 주목하지 않으면 안 되는데, 바로크 시대의 극은 아이스킬로스와 소포클레스에서 나온 것이 아니라 세네카에서 나오고 있기 때문에―이것은 당시의 건축이 파이스톰의 신전과는 관계없이 황제 시대의 건축물과 관계하고 있었던 것과 정확히 일치하고 있다―점점 분명히 사건 대신 성격이 전체의 중점이 되고, 이른바 혼적인 좌표계의 중심이 되게 했다. 이 좌표계는 모든 무대 위의 사실에 각각의 위치, 의미 또 가치를 부여하는 것이다. 이후 생긴 비극이라는 것은 의지의 비극, 작용하는 힘의 비극, 반드시 보여진다고 할 수 없는 내적인 움직임의 비극이다. 한편 소포클레스는 사건을 되도록 줄이고, 특히 사자(使者)의 보고라는 기교에 의해 무대 뒤로 이것을 옮겼다. 그리스·로마의 비극은 일반적인 위치에 관한 것이고, 특수한 인격에 관한 것은 아니다. 아리스토텔레스는 이것을 분명히 μίμησις οὐκ ἀνθρώπων ἀλλὰ πράξεως καὶ βίου(인간의 모방이 아니라 사건과 생활의 모방이다)라고 말하고 있다. 그가 《시학》(확실히 우리의 시작〔詩作〕에서 가장 숙명적인 책)에서 ἦθος라고 명명하는 것, 즉 고뇌로 가득 찬 위치에 놓여진 이상적인 그리스인의 이상적인 태도라는 것, 그것이 우리의 개념에 있어서의 성격(사건을 결정하는 '나'의 성질)과 거의 관계없는 것은, 마치 에우클레이데스 기하학에 있어서의 평면이 예컨대 리만의 대수방정식 이론에 있어서의 같은 이름의 개념과 관계없는 것과 같다. 에토스를(정확히 번역하기란 거의 불가능하지만) 역할, 태도, 몸짓으로 바꾸어 쓰는 대신 성격으로 번역한 것, 무시간적인 사건인 μῦθος를 연기로 본 것, 이것은 '행위'에서 δρᾶμα라는 말을 끌어내 온 것과 마찬가지로 몇 세기에 걸쳐 유해한 것이 되고 있었다. 오셀로, 돈 키호테, 인간 혐오, 베르테르, 헤다 가블러는 성격이다. 비극적인 것이라는 것은 그런 성질이 있는 인간이 자기의 세계 내에 단지 존재하고 있다는 것이다. 싸움은 이 세계에 대한 것이든, 자기에 대한 것이든, 타인에 대한 것이든 성격이 부과하는 것이고, 외부에서 오는 무엇인가가 부과하는 것이 아니다. 그것은 깨끗이 결말지을 수 없는 모순된 관계 속으로 혼을 빠뜨리는 것이고 끼워 넣는 것이다. 그러나 그리스·로마의 무대 위의 인물은 역할이지 성격이 아니다. 무대 위에 나타나는 것은 언제나 같은 인간이고, 노인, 영웅, 살인자, 연인이며, 모든 장화를 신고 가면을 쓰고 엄숙하게 움직이는 같은 체구이다. 거기에서 그리스·로마 극에서의 가면은 뒤의 시대가 되어서도 깊은 상징적인 의미가 있는 내적 필연이었다. 그러나 우리의 극은 연기자의 표정이 없으면 '상연되지'도 않은 것이다. 그리스 극장이 크다는 데 이의를 제기할 자는 없을 것이다. 뜨내기 배우도──초상 조각조차도──가면을 쓰고 있었다. 그리고 만약 내면적인 무대가 정신적으로 좀더 필요했다

면 그런 건축적인 형식은 저절로 생겼을 것이다.

성격과 관련된 비극적인 사건은 오랜 내적 발전에서 나온다. 그러나 아이아스, 필로크테스, 안티고네 또 엘렉트라의 비극적인 경우에는 내적인 그 이전의 이야기는——그것이 그리스·로마의 인간이었다고 가정해도——그 결과와 아무 관계도 없다. 결정적인 사건은 갑자기, 또 완전히 우연히, 또 외적인 그들의 신상(身上)에서 생긴다. 그리고 그것들이 아니더라도 다른 누군가의 신상에서든 일어날 것이고, 게다가 같은 결과가 될 것이다. 그것은 반드시 동성(同性)의 인간일 필요도 없었다.

그리스·로마 비극과 서양 비극의 대립을 충분히 명확하게 하기 위해서는 행위 혹은 사건을 논하는 것만으로는 아직 충분치 않다. 파우스트적인 비극은 전기적(傳記的)이고, 아폴론적인 비극은 일화적(逸話的)이다. 즉 전자는 하나의 생애 전체의 방향을 포괄하고, 후자는 독립되어 있는 순간을 포괄하고 있다. 오이디푸스 혹은 오레스테스의 내적 과거 전체가 갑자기 그들을 방해하는 절멸적인 사건과 무슨 관계가 있는가. 그리스·로마 양식의 일화에 대비시켜도 좋은 것은 성격적이고 인격적이며 반(反)신화적인 일화의 유형이다——이것은 단편소설이고, 그 대가는 세르반테스, 클라이스트, 호프만, 슈토름이다. ——그리고 그 일화는 그 주제의 가능성이 단 한 번에 한정되고, 게다가 단지 이때에만 한정되어 있으며, 더욱이 이 사람들에게서만이었다는 것을 알 때 마침내 의미 있는 것이 된다. 그러나 신화적인 일화——우화(寓話)——의 가치는 그 반대의 모든 성질이 분명하면 할수록 높아져 간다. 따라서 우리는 거기에서 하나의 운명을 지닌다. 그것은 번개처럼 누구에게든 상관없이 무차별적으로 떨어지는 운명이다. 또 다른 하나의 운명이 있는데, 그것은 눈에 보이지 않는 실처럼 하나의 생애 동안을 누비고, 그리고 이 생애를 다른 모든 생애와 구별하는 운명이다. 저 심리 해부의 걸작인 오셀로, 그 오셀로의 과거 존재 속에는 파국과 뭔가 관계없는 것은 조금도 없다. 인종적인 증오, 귀족 사이에 들어간 벼락 출세한 자의 고립, 병사로서, 자연인으로서 고독해진 노인으로서의 무어인──이러한 계기 어느 하나도 무의미한 것은 없다. 소포클레스의 작품과 비교해 햄릿이라든가 리어 왕의 전개를 보면 알 수 있는데, 그것은 완전히 심리적이며 외적 사실의 집적이 아니다. 그리스인은 우리가 오늘날 심리학자라 이름짓는 자에 대해, 내적인 신기원을 형성하는 식자(즉 우리에게 있어서는 거의 시인이라는 개념과 일치하고 있는 자)에 대해서는 조금도 아는 바가 없었다. 그들은 수학에 있어서와 마찬가지로 정신계에 있어서도 해석학자(解析學者)가 아니었다. 그리고 그리스·로마적인 혼에서 말하면 그것은 완전히 쓸모 없는 것이었다. '심리학'──이것은 완전히 인간 형성에 대한 서양적인 방법에 이름붙인 말이다. 이 말은 렘브란트의 초상에도, 〈트리스탄〉의 음악에도, 스탕달의 줄리앙 소렐에도, 단테의 《신생》에도 해당된다. 다른 어떤 문화도 그것을 모른다. 이것이야말로 그리스·로마 예술군에서 엄중히 제외되고 있는 것이다. '심리학'은 의지를, 즉 소마로서의 인간이 아니라 체현된 의지로서의 인간을 예술적으로 가능케 하는 그런 형태이다. 여기에서 에우리피데스라는 이름을 꺼내는 자는 심리학이 무엇인지를 전혀 모르는 자이다. 북방 신화 속에는 얼마나 풍부한 성격이 있는가. 교활한 소인이 있고, 우둔한 거인이 있으며, 시끄러운 작은 요정이 있고, 로키(Loki), 발드르(Baldr), 그 밖의 모습이 있다. 이에 비하면 호메로스의 올림포스는 얼마나 유형적으로 느껴지는가. 제우스, 아폴론, 포세이돈, 아레스는 그냥 '남자'이고, 헤르메스는 '청년'이며, 아테네는 성숙한 아프로디테이고, 작은 신들은──후기의 조소가 보여 주듯이──단지 이름에 의해 구별될 뿐인 존재에 불과하다. 이것은 넓게 아테네 극에도 적용된다. 볼프람 폰 에셴바흐, 세르반테스, 셰익스피어, 괴테에 있어서는 개인의 생애의 비극은 내부에서 바깥을 향해 동적으로, 기능적으로 발전해 간다. 그리고 그 생애의 발전 과정은 그 세기의 역사적 배경에서 보지 않으면 전혀 이해할 수가 없다. 아테네의 3대 비극시인에 있어서는 비극은 외부에서 정적으로, 에우클레이데스적으로 온다. 앞에서 세계사에 대해 말한 구절을 되풀이해 말하면, 파괴적인 사건은 전자에서는 신기원을 만들고, 후자에서는 삽화를 낳는다. 죽음의 종말조차 우연 그대로의 현존재의 최후의 삽화에 다름 아니다.

바로크의 비극도 또한 지도적(指導的) 성격 이외의 것이 아니고, 육안이라는 빛의 세계 속에 전개된 것이며, 방정식이 아니라 곡선으로서, 위치의 에너지가 아니라 운동 에너지로서의 성격이다. 눈에 보이는 인물은 잠재적인 성격이고, 동작은 실현되고 있는 성격이다. 이것이 비극에 관한 우리 이론의 참된 의의인데, 이 의의가 오늘날에도 아직 그리스·로마의 추억과 오해 속에 매몰되어 있다. 그리스·로마의 비극적인 인간은 하나의 에우클레이데스적인 체구이다. 이 체구는 자기가 선택한 위치가 아니고, 또 자기 멋대로 바꿀 수 없는 위치이며, 헤이마르메네(운명)에 당한 것이고, 외적인 돌발 사건에 의해 자기의 표면이 빛에 비쳐져 그대로 나타나는 것이다. 이 의미에서 〈코에포로이〉의 아가멤논은 '함대를 이끄는 왕의 체구'로 불리고, 콜로노스의 오이디푸스는 신탁이 그의 '체구'에 적용되었다고 말하고 있다. 알렉산드로스에 이르기까지 그리스사에 나오는 모든 저명한 인물은 몹시 굳어져 움직일 수 없는 것을 알 수 있다. 나는 루터와 로욜라에서 인지되듯이 인생의 싸움에서 내적 변화를 완성한 자는 한 사람도 모른다. 우리가 너무나도 경솔하게 그리스인에 있어서의 성격 묘사라 명명하는 것은 영웅의 에토스 위에 반사된 사건에 다름 아니고, 사건에 반사된 인격이 결코 아니다.

거기에서 우리 파우스트적인 인간은 가장 필연적으로 극(劇)을 최고도의 활동으로 해석하지만, 그리스인은 똑같은 필연성으로[10] 최고도의 인종(忍從)으로 해석한다. 일반적으로 아테네 비극에는 어떤 '행위'도 없다. 그리스·로마의 밀의(密儀)——엘레우시스 출신의 아이스킬로스는 운명의 격변이 따르고 있는 밀의 형식을 이입하고, 그것으로 비로소 고급스런 극을 창조했던 것이다——는 모두 δράματα 또는 δρώμενα, 즉 종의적(宗儀的) 제례였다. 아리스토텔레스는 비극을 사건의 모방으로 보았다. 이것, 즉 모방은 이따금 이야기되듯이 밀의의 모독과 같은 것이다. 그리고 아이스킬로스가 엘레우시스 승려의 신성한 의복을 언제나 아테네 무대 의상으로 사용해서 고발당한 것은 사람들이 잘 알고 있는 바이다.[11] 사실 비탄에서 환희로 옮아가는 격변이 있는, 본래의 δρᾶμα는 무대에서 펼쳐지는 이야기 속에는 존재하지 않고 그 배후에 숨어 있는 종의적 행위 속에 존재하고 있고, 관중은 이것을

---

10) 이에 상응하는 것은 pathos와 passio라는 그리스어와 로마어의 의미 변화이다. '파시오'는 제정 시대가 되고 나서야 비로소 '파토스'에서 만들어진 것이고, 그 본래의 의의는 그리스도 수난 속에 포함되어 있다. 초기 고트 시대에 특히 프란체스코 교단의 열렬한 신자, 또 플로렌스의 요아킴의 문인(門人)의 언어 용법 속에서 의미 감정의 변화가 생겼다. '파시오'는 방산(放散)되어야 할 깊은 흥분의 표현으로서 마침내 정신적 동력학 일반의 이름이 되었다. 그리고 이 의지의 강도와 방향 에너지라는 의미에서 1647년에 체젠에 의해 Leidensohaft(정열)로서 독일어화되었다.

11) 엘레우시스의 밀의(密儀)는 전혀 비밀을 담고 있지 않았다. 거기에서 집행되고 있는 것을 누구나 알고 있었다. 그러나 그것은 신자에게 신비로운 감동을 주었다. 그리고 그 신성한 형식을 신전 밖에서 모방할 때에는 '비밀을 누설하는 것', 즉 이것을 모독하는 것이다.

가장 깊은 의미에서 상징적인 것으로 이해하고 또 느낄 것이다. 이 비(非)호메로스적인 초기 그리스·로마의 종교의 요소와 결합되어 있던 것은 데메테르와 디오니소스의 봄의 제례에 나타나는 농민적인 익살스런──양물 숭배적인, 주신(酒神) 송가적인──무대이다. 동물 무용[12]과 그 반주가(伴奏歌)에서 발달한 것은 비극의 코로스(합창 무용단)이고, 배우 앞에, 즉 테스피스(534년)의 〈답하는 사람〉(배우) 앞에 나타나는 것이다.

진짜 비극은 장중한 만가(naenia)에서 생겼다. 어느 사이에 쾌활한 디오니소스 제례의 연극──이것은 또 영혼의 제사이기도 했다──이 사람들의 만가 합창이 되고, 그리고 사티로스극이 끝으로 밀려났다. 494년에 프리니코스는 〈밀레토스의 함락〉을 상연했다. 이것은 역사극이 아니라 밀레토스 여인의 비극이었지만, 프리니코스는 이 시(市)의 고뇌를 상기시킨다는 이유로 심한 벌을 받았다. 아이스킬로스는 제2의 배우를 무대 위에 받아들이고, 그것으로 그리스·로마 비극을 완성시켰다. 즉 실제로 존재하는 주제로서의 위대한 인간적인 고뇌가 시각적으로 연출되고, 주어진 주제로서의 비탄에 맞추어지게 되었다. 겉에 나와 있는 대략의 줄거리(μῶθος)는 행위가 아니라 코로스의 노래를 위한 계기이다. 그 노래는 뒤에 가서도 아직 전과 똑같이 참된 tragodia를 조립하고 있다. 사건이 입으로 말해지든, 눈앞에서 상연되든 별로 중요한 것이 아니다. 이 제례의 날의 의미를 충분히 알고 있는 관중은 자기와 자기의 운명이 감동적인 언어로 이야기되고 있는 것을 느꼈던 것이다. 운명의 격변이 이 관중의 마음속에 생긴다.

---

12) 사티로스는 수산양이었다. 실레노스는 무용의 선배로서 말 꼬리를 지니고 있었다. 그러나 아리스토파네스의 〈새〉, 〈개구리〉, 〈벌〉은 아마도 아직 다른 동물의 분장이 있는 것을 암시하는 것이리라.

이것이 신성한 연출의 참된 목적인 것이다. 인류의 고뇌에 대한 기도적인 비탄은 언제나 통지(通知)와 이야기에 감싸여 있었지만, 전체의 중심으로 남아 있었다. 이것은 〈프로메테우스〉, 〈아가멤논〉 그리고 〈오이디푸스왕〉 속에서 가장 분명히 알 수 있다. 그러나 비탄을 타고 넘어 높이 올라가는 것은 여기에서는 인내[13] 하는 자의 위대함, 그 숭고한 태도, 그 $\eta\theta o\varsigma$이다. 이것은 장대한 광경 속에서 합창부와 합창부 사이에 상연되는 것이다. 그 주제는 자신의 의지가 외부의 여러 가지 힘의 저항에 부딪치거나, 혹은 자기의 가슴 속에 있는 영(靈)에 부딪쳐 파괴되어 버리는 의지를 지닌 영웅적인 행동자가 아니라, 자기의 체구적 존재가——아무런 깊은 이유도 없이——부서져 버리는, 의지를 갖지 못하고 고뇌하는 자이다. 아이스킬로스의 프로메테우스 3부작은 확실히 괴테라면 아마도 끝나게 하려 했을 그런 데에서 시작되고 있다. 리어 왕의 광기는 비극적인 행위의 결과이다. 이에 반해 소포클레스의 아이아스는 극이 시작되기 전에 아테네 신에 의해 광기에 사로잡혔다. 이것이 성격과 움직여진 모습의 구별이다. 사실 공포와 동정은 아리스토텔레스가 말하고 있듯이 비극의 그리스 관객에게, 게다가 그리스 관객에게만 미치는 필연적인 영향이다. 이것은 급격한 운명의 변화의 장면과, 그리고 인지(認知)라는 장면, 그 어느 장면을 아리스토텔레스가 가장 효과적인 것으로 쓰고 있는지를 보면 곧 분명해질 것이다. 전자에 속하는 것은 특히 $\varphi o\beta o\varsigma$(공포)의 인상이고, 후자에 속하는 것은 $\dot{\epsilon}\lambda\epsilon o\varsigma$(연민)의 인상이다. 카타르시스(정화)는 단지 아타락시아라는 존재 이상에서만 체험되어야 하는 것이다. 그리스·로마의 '혼'은 순수한 현재

---

13) 이것은 폴리클레이토스에 의해 조소가 프레스코화를 압도했을 때 그와 동시에 생긴 것이다.

제5장 혼의 상(像)과 생명 감정 45

이고, 순수한 σῶμα이며, 움직여진 점의 형태를 취한 존재이다. 이 존재가 신들의 질투에 의해, 혹은 이 사람 저 사람 구별도 없이 번갯불처럼 떨어지는 맹목적인 우연에 의해 위험해진 것을 보는 것이 가장 두려운 일이다. 이것은 그리스·로마 존재의 근원을 동요시키지만, 한편 무슨 일이든 감행하는 인간인 파우스트적 인간으로 하여금 용감하게 뛰어나가게 하는 것이다. 그런데──뇌운(雷雲)이 지평선 위에 암담한 층을 이루고 있는데 태양이 다시 빛나기 시작하듯이, 자기가 해방되는 것을 보는 것, 커다란 몸짓을 사랑하고 이것을 기뻐하는 깊은 감정, 괴로워하던 신화적인 혼의 숨돌림, 균형이 회복되었다는 쾌감──이것이 카타르시스이다. 그러나 이 카타르시스는 우리가 전혀 모르는 생활 감정조차 예상하고 있다. 이 말은 우리의 언어로도, 우리의 감각으로도 거의 번역할 수 없는 것이다. 바로크와 고전주의는 그리스·로마의 문서에 대해 한없는 외경심을 마음속 깊이 품고 있었다. 거기에서 우리로 하여금 이 정신적인 기초가 우리의 비극에서도 그러하다고 믿게 하기 위해 온갖 미학적인 노력을 하고 독단(獨斷)을 주장했는데, 이것은 완전히 어쩔 수 없었던 일이다──사실상 우리의 비극의 감정은 완전히 그 정반대이고, 인종적, 정력학적인 체험에서 우리를 해방하는 것이 아니라 활동적, 동력학적인 체험을 불러일으키고, 이것을 자극하고 이것을 극도로 높이고, 긴장, 위험, 폭행, 승리, 범죄 등의 잔인성과 희열이라는 정력적(精力的)인 인간 존재의 원감정(原感情), 정복자와 파괴자의 행복 감정──이 감정이라는 것은 바이킹 시대 이래, 호엔슈타우펜의 행동 이래, 십자군 이래, 모든 북방의 혼의 밑바닥에 잠자고 있는 감정이다──을 깨우는 것이다. 이것은 셰익스피어가 미치는 작용이다. 어떤 그리스인도 맥베스에는 전혀 참고 견딜 수 없었을 것이다. 특히 방향 경향이 있는 이런 커다란 전기적(傳記

的)인 예술의 의미를 이해하지 못했을 것이다. 리처드 3세, 돈 후안, 파우스트, 미카엘 콜하스, 골로 같은, 머리에서 발끝까지 비그리스·로마적인 인물이 불러일으키는 것은 동정이 아니라 깊은 불가사의한 질투이고, 공포가 아니라 신비적인 고뇌의 기쁨이며, 전혀 다른 종류의 공통의 괴로움을 바라는 애태울 정도의 소원이다. 이것은 파우스트적인 비극이 그 가장 후기적 형식, 독일적 형식에서조차 결정적으로 죽어 버린 오늘날, 알렉산드리아의 주제와 비교되는 서유럽의 세계도시적 문학의 부당한 주제가 무엇인지를 우리에게 보여 주고 있다. '신경을 긴장시키는' 모험 이야기와 탐정소설 속에서, 극히 최근에는 완전히 후기 그리스·로마의 무언극을 상기시키는 영화극 속에서 파우스트적인 정복자와 발견자의 억제하기 어려운 동경의 자취가 느껴진다.

시인이 구상한 예술 작품을 실현시키는 무대면, 즉 아폴론적인 무대면과 파우스트적인 무대면 사이에는 이와 정확히 일치하고 있는 차이가 있다. 그리스·로마의 극은 한 조각의 조소이고, 부조로서의 성질이 있는 일군의 감상적인 무대이며, 극장의 평평한 뒷벽 앞에서 행해지는 거대한 인형극의 공연이다.[14] 이것은 아주 야단스럽게 느껴지는 몸짓이지만, 줄거리의 빈약한 내용이 상연된다기보다 오히려 장중히 낭송되었다. 서양극의 기교는 그 반대되는 것을 노리고 있다. 즉 끊임없는 움직임이고, 행위가 적은 정적인 순간을 가차없이 제거한다. 아테네에서는 공식화되지 않았지만 무의식적으로 완성되고 있던 유명한 장소, 시간, 줄거리의 세 통일은 그리스·로마의 대리석상의 유형을 고쳐 쓴 것이다. 따라서 부지불식간에 폴리스, 순수 현재, 몸짓이라는 것에

---

14) 3대 비극인의 마음에 비친 무대면은 아마도 양식사에 연속해 있는 아이기나, 올림피아와 파르테논의 박공벽과 비교될 수 있을 것이다.

결부된 그리스·로마적인 인간의 생활 감정도 보여 준다. 세 통일은 모두 부정(否定)의 의미를 지니고 있다. 즉 공간이 부인되고, 과거와 미래가 부정되고, 모든 뭂에 대한 혼적 관계가 배척되는 것이다. 아타락시아(마음의 평정)——이 말 속에야말로 이것들을 요약할 수 있을 것이다. 이것들의 통일의 요구가 로마 민족의 극 속에서 외양만 비슷한 요구와 섞여서는 안 된다. 16세기의 스페인 극은 '그리스·로마적인' 규칙의 제약에 굴복하고 있었다. 그러나 펠리페 2세 시대의 카스틸랴적인 자존심이 이 규칙들의 본래의 정신을 모르고 또 알려고도 하지 않으면서도 이 규칙에 마음이 끌린다고 느꼈던 것은 곧 알 수 있는 일이다. 위대한 스페인인들, 특히 티르소 다 몰리나가 바로크의 '세 통일'을 창조했지만, 그러나 형이상학적인 부정으로서가 아니라 단지 상류의 궁정적 풍습의 표현으로서였다. 스페인적인 Grandezza(위대함)의 기억력이 좋은 제자였던 코르네유는 이것을 이 의미 그대로 거기에서 빌려 왔던 것이다. 이와 함께 숙명이 시작되었다. 그리스·로마의 조소가 지나치게 칭송되었지만, 그러나 누구도 최후의 의미에 있어서는 이해하지 못했다. 그 그리스·로마 조소를 피렌체가 모방할 때에는 이로 인해 해를 입은 것이 아무것도 없었다. 왜냐하면 그 당시에는 해를 입을지 모르는 조소가 북방에는 아직 존재하고 있지 않았기 때문이다. 그러나 예상도 되지 못했던 형식의, 어떤 대담하고 순수한 파우스트적 대비극이라는 가능성은 있었다. 그런 비극이 태어나지 않았다는 것, 게르만 극이 셰익스피어의 위대함을 가지고도 오해된 상태 그대로의 전통의 속박을 결코 극복하지 못했다는 것, 이것은 아리스토텔레스의 권위에 대한 맹목적인 신앙의 죄이다. 그리스 극에 대해 아무것도 몰랐다면, 기사 서사시, 고딕 부활 여러 극과 기적극(奇蹟劇)의 영향을 받고, 그리고 교회의 성담극(聖譚劇)과 밀접한 관계를 갖고 있는 바로크의 극에서 무엇이 생길 수 있었을까. 자기에게 아무런 의미도 없는 조소적인 속박이 없고, 대위법적인 음악의 정신에 바탕을 둔 비극, 오를란도 라소와 팔레스트리나에서 시작되고, 그리고 하인리히 쉬츠, 바흐, 헨델, 글루크, 베토벤과 나란히 완전하게 자유롭고 독특한 순수 형식으로 발전했을 무대시(舞臺詩)——이것이 가능했을 것이다. 그런데도 그것이 나타나지 않았다. 우리의 유화가 내적으로 자유롭다는 것은, 그리스의 모든 프레스코화가 사라져 버렸다는 다행한 사정에 의한 것이다.

6

아테네 극에 있어서는 세 통일로는 불충분했다. 아테네 극이 요구하는 것은 표정극이 아니라 고정된 가면이었다——거기에서 우상적인 조상(彫像)의 진열이 금지되었듯이, 정신적인 성격 묘사가 금지되었던 것이다. 그것이 요구하는 것은 장화이고, 질질 끌리는 의상을 입은 유별나게 큰, 움직일 수도 없는 상태로 불룩해진 인물이다. ——이것으로 외모의 개성을 제거한 것이다. 마지막으로 요구하는 것은 대롱 모양을 한 피리의 숨구멍에서 단조롭게 울려 퍼지는 표어이다.

오늘날 우리가 읽고 있는——괴테와 셰익스피어 정신을, 그리고 우리의 원근법적인 시각의 모든 힘을 무의식 속에 부어 넣으면서 읽고 있다——단순한 대본은 아테네 극의 깊은 의미에 대해 거의 가르치는 것이 없다. 그리스·로마의 예술 작품은 완전히 그리스·로마의 눈을 위해, 게다가 육안을 위해 창조된 것이다. 그 참된 비밀은 연출이라는 감각적인 형태에 의해 처음으로 분명히 드러나게 된다. 거기에 주목해야 하는 한 가지 점이 있다. 그것은 파우스트적인 양식의 참된 비장극(悲莊劇)에 있어 참을 수 없는 것, 즉 코로스(합창 무용단)가 언제나 눈앞에 있는 것이다. 코로스는 원시 비극이다. 왜냐하면 그것이 없으면 ἦθος는 불가능했을 것이기 때문이다. 성격은 누구든 일생을 통해 지니는 것이다. 태도는 단지 타인에 관계되었을 때만 존재하는 것이다.

군집(群集)으로서의 코로스. 서양 무대의 고독한 인간, 내적인 인간에 대해, 독자(獨自)에 대한 이념적인 대립으로서의 코로스, '혼잣말'이 펼쳐지고 있는 면전에 언제든지 있고, 무대에 있어서조차 무한계적인 것, 공허한 것에 대한 공포를 쫓아내는 코로스——이것이 아폴론적인 것이다. 공적 활동으로서의 자기 관찰. 쓸쓸한 사실(私室)에서의 고뇌(——번민이 많은 밤에 울지 않고 자기 침상에 앉아 있었던 자——)가 아니라 화려한 세계적인 비탄. 〈필록테테스〉나 〈트라키스의 여인〉과 같은 일련의 극에서 보이는 눈물에 가득 찬 괴로운 외침. 단 한 사람 있을 수 없는 것. 폴리스의 의미. 벨베데레의 아폴론의 이상형에서 다루어지고 있는 이 문화의 여성적인 것. 이것들이 코로스의 상징 속에 나타나 있는 것이다. 이런 종류의 극에 비하면, 셰익스피어의 극은 단 하나의 독백(獨白)이다. 대화조차도, 군중 무대조차도 이런 인간 사이의 커다란 내적인 거리를 느끼게 한다. 그 인간에 대해 누구나 단지 자기 자신과만 이야기하고 있는 것이다. 어떤 것도 이 혼적인 넓을 돌파할 수 없다. 이 넓은 햄릿에서도 타소에서도, 돈 키호테에서도 베르테르에서도 느껴지는 것이지만, 그러나 그것은 이미 볼프람 폰 에셴바흐의 파르치팔 속에서 무한 속에 나타나 있다. 이것이 서양 시가(詩歌) 전체를 그리스 시가 전체와 구별하는 것이다. 우리의 서정시는 발터 폰 데어 포겔바이데에서 괴테에 이르기까지, 죽어 가기 시작하고 있는 세계도시의 서정시에 이르기까지 모두 독자적이다. 그리스·로마의 서정시는 코로스의 서정시이고, 청중을 앞에 두는 서정시이다. 전자는 말도 없이 읽혀지고, 들을 수 없는 음악으로 내적으로 받아들여지고, 후자는 공공연히 낭송된다. 전자는——어디에나 있는 책으로서——침묵하고 있는 방의 것이고, 후자는 광장의 것이고 거기에서 울려 퍼지고 있다.

거기에서 테스피스의 예술은 엘레우시스의 비교(秘敎)와 디오니소스 현현(顯現)의 트라키스의 제례가 밤의 것이 되었음에도 불구하고, 극히 깊은 필연성으로 오전과 한낮의 햇빛의 무대가 되었다. 이에 반해 서양의 민간극과 수난극으로부터는 부지불식간에 해질녘과 밤의 예술이 생겼다. 이런 극들은 역할을 분담한 설교에서 생기고, 그리고 처음에는 승려에 의해 교회 속에서, 뒤에는 속인(俗人)에 의해 광장에서, 게다가 성대한 제례〔大市〕의 오전에 상연되었다. 셰익스피어의 시대에조차 극은 늦은 오후에 상연되었다. 그리고 예술품을 그 특유한 조명도에 맞추려는 이 신비적인 경향은 괴테 시대에 이르러 그 목적을 달성했다. 일반적으로 모든 예술, 모든 문화는 그 중요한 하루의 어느 시각을 지니고 있다. 18세기의 음악은 내적인 눈이 뜰 무렵의 것, 암흑의 예술이고, 아테네의 조소는 구름이 없는 빛의 예술이다. 이 관계가 얼마나 깊은지는 영원히 희미한 빛에 감싸여 있는 고딕의 조소와 한낮의 악기인 이오니아의 피리가 증명하고 있다. 촛불은 사물을 향해 공간을 긍정하고, 햇빛은 그것을 부정한다. 밤에는 세계 공간이 물질에 승리를 거두고, 낮의 빛 속에서는 가까운 사물이 먼 공간을 부정한다. 아티카의 프레스코와 북방의 유화의 차이가 이것이다. 거기에서 헬리오스와 판이 그리스·로마의 상징이 되고, 별이 빛나는 하늘과 저녁놀은 파우스트적인 상징이 된다. 사자(死者)의 혼도 밤중에, 특히 크리스마스 뒤의 긴 열두 밤에 걸어 나온다. 그리스·로마의 혼은 낮의 것이다. 초기의 교회조차 δωδεκαήμερον, 즉 열두 개의 바쳐진 날에 대해 말했는데, 서양 문화의 자각과 함께 그것은 '십이절(十二節)의 밤'이 되었다.

그리스·로마의 병 그림과 프레스코화――이것은 결코 인지되지 않았던 것인데――는 전혀 낮의 시간을 몰랐다. 그림자는 태양의 위치를 나타내지 않고, 하늘은 별을 보이지 않는다. 아침도 없고 저녁도 없으며, 봄도 없고 가을도 없다. 여기에 있는 것은 순수한 무시간적인 눈부심이다.[15] 고전 유화의 아틀리에의 갈색은 마찬가지로 분명히 그 반대되는 것으로 발전하고, 파우스트적인 혼의 공간의 참된 분위기인 상상적인, 낮의 시간과는 무관계한 암흑으로 발달했다. 이것은 화면이 처음부터 풍경을 어떤 하루의 시각과 일 년의 계절의 빛 속에, 즉 역사적으로 두려 하기 때문에 점점 중요해진다. 그러나 아침놀, 저녁놀의 구름, 먼 산들의 산등성이 위의 잔광(殘光), 촛불에 비쳐진 방, 봄의 목장과 가을의 숲, 풀숲과 이랑의 길고 또 짧은 그림자는 완화된 어둠이 골고루 스며드는 것이 되고 있다. 이 어둠은 천체의 운행에서 생긴 것이 아니다. 언제나 존재하는 눈부심과 언제나 존재하는 희미한 빛은 사실상 그리스·로마의 회화와 서양의 회화를 서로 분리시키고, 그리스·로마의 무대와 서양의 무대를 서로 분리시킨다. 그리고 에우클레이데스 기하학을 낮의 수학이라 이름짓고, 해석(解析)을 밤의 수학이라 이름지으면 안 될까.

장면의 변화는 우리에게 있어 거의 종교적인 필요이고, 우리의 세계감정의 요구이다. 그러나 그리스인의 입장에서 보면 확실히

---

15) 다시 강조되지 않으면 안 되는데, 제욱시스와 아폴로도로스의 헬레니즘적인 '실루엣'은 개개의 체구를 모상(模像)하고 있기 때문에 그 체구가 육안에 대해 조소적인 감명을 준다. 그림자를 비쳐진 공간의 재현으로서 다루는 것은 전혀 몰랐다. 체구가 음영지워지고 있다. 그러나 체구 자체는 아무 그림자도 던지고 있지 않다.

일종의 불경(不敬)이다. 〈타소〉의 불변의 무대 속에는 그리스·로마적인 것이 있다. 우리는 원근법의 어떤 넓은 배경이 있는 극을, 즉 모든 감각적인 제한을 없애 버리고 전세계를 자기 안에 끌어들이는 무대를 내적으로 필요로 하고 있다. 미켈란젤로가 죽었을 때 태어나고, 렘브란트가 세상에 나올 때 쓰는 것을 중지한 세익스피어는, 무한성의 최고도에 도달하고 정력학적인 제한을 열정적으로 극복했다. 그의 숲, 바다, 소로, 뜰, 전장(戰場)은 먼 쪽으로, 광대무변한 저쪽으로 가로놓여 있다. 몇 년이라는 것은 순간 속에 지나간다. 폭풍이 부는 밤의 황야에, 바보와 미치광이 같은 거지 사이에 있는 광기의 리어 왕, 공간 속의 극히 깊은 고독 속으로 사라진 '나'——이것이 파우스트적인 생활 감정이다. 그리고 이것은 이미 1600년경의 베네치아 음악의 내적으로 보이고 또 느껴진 풍경과 상통하는 것이 있다. 엘리자베스 시대의 무대는 모두 이런 경치를 단순히 써서 내붙이고 있었을 뿐이지만, 내적인 눈은 언제나 먼 사건에서 취한 장면, 그 장면이 상연되고 있는 세계의 상을 약간의 암시에서 그려 낸다. 이런 장면은 그리스·로마 무대가 결코 연출할 수 없었던 것임에 틀림없다. 그리스의 장면은 한 번도 풍경이었던 적이 없다. 일반적으로 말해 장면이라는 것이 없다. 그것은 기껏해야 걸어다니는 조상(彫像)의 토대라고 말해도 좋을 것이다.

  무대든 프레스코든 자세가 전부이다. 그리스·로마의 인간에게는 자연 감정이 없다고 이야기되고 있지만, 그것은 파우스트적인 자연 감정이고, 그것은 공간에 붙어 있고, 그 때문에 풍경이 공간인 한 그 풍경에 붙어 있는 파우스트적인 자연 감정인 것이다. 그리스·로마의 자연은 체구이다. 그리고 한번이라도 이 느끼는 방식에 몰입할 때에는 그리스인이 어떤 눈을 가지고 나체의 근육 부조(浮彫)의 움직임을 좇고 있었던가 돌연 이해하게 될 것이다.

그의 살아 있는 자연이라는 것은 이것이고, 구름도 아니고 별도 아니며 지평선도 아니다.

7

그러나 모든 감각적인 가까운 것은 누구나 알 수 있는 것이다. 거기에서 이전에 존재했던 모든 문화 가운데서 그리스 · 로마 문화는 그 생활 감정의 표현 방식에서 가장 통속적이고, 서양 문화는 가장 비통속적이다. 쉽다는 것은 보는 자 모두에게 한눈에 자기가 지니고 있는 모든 비밀을 털어놓는 창조물——그 의의를 외부와 표면에 구체화하고 있는 창조물——의 특징이다. 쉬운 것이라는 것은 어떤 문화에 있어서도 원시적인 상태와 형태를 그대로 남기고 있는 것이고, 어른이 전혀 새로운 관찰 방법을 노력해서 얻을 필요도 없이 아이 때부터 줄곧 이해하고 있는 것이며, 일반적으로 말해 노력해서 얻을 필요가 없는 것, 자연히 얻어지는 것이고, 감각적인 사실 속에 나타나 있는 것이며, 이 사실은 암시되어 있을 뿐 아니라, 단지——소수의 사람들에 의해, 경우에 따라서는 극히 소수의 사람들에 의해——발견될 수 있는 것이다. 통속적인 사상, 작품, 인간, 지방이 있다. 각각의 문화에는 어느 정도의 심오한 의미 또는 통속성이 있다. 그 정도라는 것은 그 문화의 일(그것이 상징적인 의미를 지니고 있는 한)에 내재하고 있는 것이다. 쉬운 것이라는 것은 인간과 인간 사이의 차이를 없애고, 그 혼의 넓이와 깊이의 차이를 없애는 것이다. 그러나 심오한 의미라는 것은 이 차이를 강조하고, 이것을 역설한다. 마지막으로 각성하여 자기 의식에 도달한 인간의 본원적인 깊이의 체험에 대해 말하면, 요컨대 그의 존재의 근원 상징과 그의 외계의 양식에 대해 말하면, 체구적인 것의 근원 상징에 속하는 것은 문화 창조물과 그 문화의 인간 사이에 있어서의 순수하게 통속적인 '소박한' 관계이고, 무한 공간의 상징에 속하는 것은 분명한 비통속적인 관계이다.

그리스·로마의 기하학은 아이의 기하학이고, 어느 것이나 모두 속인(俗人)의 기하학이다. 에우클레이데스의 《기하학 원리》는 오늘날에도 여전히 영국에서 교과서로 사용되고 있다. 보통 인간의 두뇌는 언제나 이것을 단 하나의 올바르며 참된 기하학이라고 생각할 것이다. 그 밖의 모든 가능한, 그리고——통속적인 외관을 대단한 노력으로 정복한——우리가 발견한 자연적인 기하학은 소수의 전문 수학자에게만 이해될 수 있는 것이다. 유명한 엠페도클레스의 사원소(四元素)는 모두 소박한 인간의 것이고, 또 '그의 타고난 물리학'의 원소이다. 방사능 연구에서 발달한 동위원소에 대한 관념은 이미 그에 가까운 모든 과학자들에게도 이해되지 못하고 있다.

모든 그리스·로마적인 것은 도리스 신전이든 조상(彫像)이든, 폴리스든 신의 숭배든 간에 한눈에 알 수가 있다. 배경이라는 것도 없고, 비밀이라는 것도 없다. 그러나 고딕식 대성당의 정면과 그리스의 프로필라이아(앞문)를 비교해 보라. 에칭과 병 그림을 비교해 보라. 아테네 국민의 정책과 현대의 내각 정책을 비교해 보라. 우리의 시가(詩歌), 정치, 과학 등의 획기적인 모든 저작물이 얼마나 방대한 해설적인 문헌을 산출해 냈는지 생각하고, 게다가 그 결과가 반드시 정확한 것은 아니었다는 것을 생각해 보라. 파르테논의 조각은 모든 그리스인을 위해 존재했다. 바흐와 그 시대의 음악은 음악가를 위한 음악이다. 우리는 렘브란트 전문가, 단테 전문가, 대위법 음악의 대가라는 유형을 지니고 있다. 그리하여 바그너파의 패거리가 너무도 널리 확산될 수 있었던 데 반해 그의 음악이 극소수의 단지 뛰어난 음악가에게만 이해된다는 것, 이것이 바그너에 대한 비난이며, 게다가 정당한 비난이다. 그러나 일군의 페이디아스 전문가라는 것이 있었던가, 혹은 호메로스 전문가라는 것이 있었던가. 그렇게 생각해 보면 지금까지 도덕적으로, 좀더 정확히 말하면 멜로드라마적으로 일반 사람들이 공통으로 지닌 편협성으로 해석되고 있던 일련의 현상이 실은 서양의 생명 감정의 징후라는 것을 알 수 있다. '이해되지 않는 예술가', '기아에 직면한 시인', '경멸받은 발명가', '몇 세기 뒤에야 겨우 이해되는 사상가'——이것은 심오한 의미를 지닌 문화의 유형이다. 무한을 지향하는 해묵은 버릇이 잠재하고, 따라서 권력을 지향하는 의지가 잠재해 있는, 거리라는 정감이 이런 종류의 운명의 기초를 이루고 있다. 이런 운명은 파우스트적인 인간태 사이에서는 고딕 시대부터 현대에 이르기까지 필연이지만, 마찬가지의 의미에서 아폴론적인 인간 사이에서는 생각할 수 없는 것이다.

서양의 뛰어난 모든 창조자가 본래의 목적으로 삼는 것은 처음부터 끝까지 소수에게만 이해된다. 미켈란젤로는 자기의 양식은 어리석은 자들을 훈육하는 사명을 띠고 있다고 말했다. 가우스는 자신의 비(非)에우클레이데스 기하학의 발견에 대해 30년이라는 긴 세월 동안 한마디도 하지 않았다. 그것은 '보이오티아인의 헛소동'을 두려워했기 때문이다. 고딕 대성당의 조소의 대가는 오늘에 이르러서야 비로소 하찮은 무리보다 뛰어났다는 것이 인정되었다. 이것은 모든 화가, 모든 정치가, 모든 철학자에 적용된다. 게다가 두 문화의 사상가, 아낙시만드로스, 헤라클레이토스, 프로타고라스를 조르다노 브루노, 라이프니츠 혹은 칸트와 비교해 보면 알 수 있다. 일반적으로 거론할 만한 독일 시인을 평범한 사람들이 이해하지 못한다는 것, 호메로스 같은 품격이 있고, 동시에 단순한 작품이 어떤 서양의 언어에도 존재하지 않는다는 것, 이것을 생각하면 된다. 니벨룽겐의 시는 친숙해지기 어렵고 또 쉽게 마음이 통할 수 없는 시이며, 단테를 이해한다고 자칭하는 것은 적어도 독일에서는 문학적인 거드름 이상의 것이 아니다. 그리스·로마에서는 한 번도 보이지 않지만, 서양에서는 언제나 존재하고 있었던 것은 배타적인 형식이다. 프로방스 문화 시대와 로코코 시대 같은 시대 전체는 최고도로 정선된 것이며 거부적인 것이다. 그 이념, 그 형태어는 오직 고차원적인 소수의 무리를 위해서만 존재하고 있다. 르네상스, 이른바 그리스·로마──물론 배타적인 것도 없고, 공중(公衆)의 마음에 들려고까지 하는──의 부활도 예외는 아니다. 르네상스는 철두철미 일단의, 또 개개의 선택받은 두뇌의 창조이고, 본래 처음부터 군중을 포함시키지 않은 취미였다. 그와 반대로 피렌체의 민중은 무관심한 채 혹은 놀라고, 혹은 분개하며 걸작품을 방관하고, 때로는 사보나롤라의 경우처럼 불만을 가지고 이것을 부수거나 또는 불태웠다. 이것은 이 정신의 거리가 얼마나 깊은지를 보여 주는 것이다. 그 까닭은 아테네 문화를 소유하고 있었던 것은 모든 시민이었기 때문이다. 아테네 문화는 누구 한 사람 제외하지 않았다. 그 때문에 우리에게 있어 결정적인 의미가 있는 깊이와 천박의 구별을 전혀 몰랐던 것이다. 우리의 입장에서 보면 통속과 천박은 예술에 있어서도, 과학에 있어서도 동의어이다. 그리스·로마인의 입장에서 보면 그렇지 않다. '근본적으로 피상적'이라고 니체는 언젠가 그리스인을 불렀다.

  우리의 과학을 보면 알 수 있다. 그것은 모두 예외 없이 그 초보적인 원론 외에 '고차원적인', 속인이 이해할 수 없는 분야를 갖고 있다. 이것 또한 무한과 방향 에너지의 상징이다. 오늘날 이론 물리학의 마지막 장을 이해하는 사람은 세계에 기껏해야 천 명뿐이다. 근대 수학의 약간의 문제는 좀더 소수의 사람 손에 들어 있다. 모든 통속적인 과학은 오늘날엔 처음부터 무가치한, 잘 못되고 왜곡된 학과이다. 우리는 예술을 지니고 있을 뿐만 아니라 수학자를 위한 수학, 정치가를 위한 정치를 지니고 있다——신문 독자라는 Profanum Vulgus〔俗衆〕는 이에 대해 조금도 아는 바가 없다.[16] 하지만 그리스・로마의 정치는 시장(아고라)의 지적 수준을 결코 앞지른 적이 없었다. ——'종교적 천재'를 위한 종교, 또 철학자를 위한 시(詩)조차 지니고 있다. 서양 과학의 쇠퇴가 똑똑히 느껴지고 있는데, 그것은 보급화의 효과를 요구하는 데서 짐작할 수 있다. 바로크 시대의 엄중한 심오한 의미를 중압으로 느끼는 것은 힘이 저하된 것을 나타내고, 이 제한을 외경심을 가지고 인정하는 거리 감정의 쇠미를 나타내는 것이다. 오늘날에도 결론과 추론의 모든 정묘함, 깊이 그리고 에너지를 보유하고 있고, 저널리즘의 해독을 입지 않은 소수의 과학——그것은 다수가 아니다. 이론 물리학, 수학, 가톨릭 교의, 아마도 법학을 집어넣어도 좋을 것이다——이 있다. 그것은 극히 좁은, 선택받은 소수의 식자(識者)에게 호소하고 있다. 그러나 식자라는 것은 그 대립자인 속인을 포함해서 그리스・로마에는 없는 것이다. 그리스・로마에서는 누구나 모든 것을 알고 있었기 때문이다. 우리에게 있어서는 이 식자와 속인이라는 극성은 커다란 상징적인 의의를 지니고 있다. 그리고 이 거리의 긴장이 이완되기 시작하면 파우스트적인 생활 감정이 소멸한다.

  그 결과 서양의 과학 연구의 최근의 진보에 대해——즉 다음 두 세기에 대해(아마도 두 세기는 되지 않을 것이지만)——얻을

---

  16) 사회주의 대중은 오늘날 사회주의의 극도로 역사적인 귀결을 이해하고, 아홉 명이나 열 명쯤 되는 사람의 사회주의를 적어도 이해할 수 있을 때에는 곧 사회주의자임을 포기할 것이다.

수 있는 결론을 말하면, 세속적이 되고 '실용적'이 된 예술과 과학이 세계도시적이 되고 점점 공허해지며 하찮아질 것이다. 그와 함께 문화가 죽은 뒤의 지성은 점점 더 엄중히 좁은 범위 속으로 도피해 버리고, 그리하여 세상과 아무런 교섭도 없이 극소수의 우수한 인간에게만 무엇인가를 전할 수 있는 사상과 형식에 힘쓸 것이다.

8

그리스·로마의 예술 작품은 보는 사람과의 관계를 추구하지 않는다. 그러는 것은 개개의 작품을 빨아들이는 무한 공간을 그 작품의 형태어를 통해 긍정하고 이것을 활동시키기 때문이다. 아티카의 조상은 완전히 에우클레이데스적인 체구이고, 시간을 갖지 않으며, 또 관계도 갖지 않고, 혼연일체로 완성되어 있다. 이 조상은 침묵하고 있다. 그것은 아무것도 보고 있지 않다. 그것은 보는 자에 대해 아무것도 아는 바가 없다. 그것은 다른 모든 문화의 조소적인 형성물과 달리 완전히 그 자체로 서 있고, 어떤 건축 양식에도 맞지 않는다.

그러므로 그리스·로마의 인간과 마찬가지로 독립해 있고, 다른 체구와 나란히 서 있는 체구이다. 그리스·로마인은 그 조상이 단지 가깝다는 것만 느끼고 있으며, 그 육박해 오는 힘도 느끼지 않고, 공간에 삼투해 있는 작용도 느끼지 않는다. 아폴론적인 생활 감정은 이렇게 표출되어 있다.

깨어 있는 마기적인 예술은 곧 이런 형식의 의미를 뒤엎었다. 콘스탄티누스 양식에 의한 조상과 초상은 크게 눈을 뜨고 구경꾼을 주시하고 있다. 그것은 두 개의 정신 본체 속의 고도의 것, 즉 프네우마를 나타내는 것이다. 그리스·로마는 눈을 장님으로 만들었다. 지금 동공이 도려 내어져 있기 때문에, 눈은 부자연스럽게 확대되고 공간 안쪽으로 향해져 있다. 그러나 이 공간이라는 것은 아티카 예술에서는 존재하는 것으로 인정되지 않았던 것이다.

그리스·로마의 프레스코화에서 두부는 서로 마주 보고 있었다. 이제는 라벤나의 모자이크든, 또 초기 그리스도교적·후기 로마네스크적인 석관의 부조조차도 모두 구경꾼 쪽을 향하고, 그리고 영화(靈化)된 눈으로 구경꾼을 응시하고 있다. 신비하게 침입해 오는 원격 작용은 완전히 비그리스·로마적이고, 예술 작품의 세계에서 구경꾼의 영역으로 옮아간다. 초기 피렌체의, 또 초기 라인 회화의 금 바탕에서는 아직도 이 마술의 무엇인가가 인지된다.

그런데 레오나르도 이후 자기의 사명을 충분히 의식한 서양 회화를 고찰해 보는 것이 좋다. 공간적인 동력학의 단지 중심으로서의 두 작품, 그리고 구경꾼을 감싸는 하나의 무한 공간을 서양 회화는 어떻게 해석할까. 충분히 파우스트적인 생활 감정, 즉 제3차원의 열정은 '화면'(즉 색채로 다루어진 표면)의 형태를 포착하고, 그리고 이것을 지금까지 없었던 방식으로 그 형태를 바꾼다. 회화는 회화 자체가 아니게 되고, 구경꾼을 보지 않는다. 그것은 구경꾼을 자기 범위 안에 받아들이는 것이다. 액자로 한정된 부분——무대면의 충실한 복사물인 요지경의 화면——은 세계 공간 자신을 나타내고 있다. 전경과 배경은 그 물질적인 가까움이라는 의도를 잃어버리고, 뚜렷이 구획되는 대신 용해되어 버린다.

먼 지평선은 화면을 심화시키고 무한 속으로 밀어 넣는다. 근경(近景)을 색채적으로 다루는 것은 화면 앞에 있는 공상적인 거리를 제거하고 그림의 공간을 확대하며, 그것으로 구경꾼을 그림 속에 붙박아 두는 것이다. 구경꾼이 그 그림이 효과를 가장 잘 발휘할 장소를 선택하는 것이 아니라, 그림 쪽이 구경꾼에게 위치와 거리를 지시하는 것이다. 액자의 범위를 넘어 확대되는 것이 1500년 이래 점점 더 격화되고 또 대담해지고 있는데, 이것이 측면의 한계조차 쓸모 없는 것으로 만든다. 폴리그노토스의 프레스코화를 보는 그리스인은 화상(畫像) 앞에 서 있었다. 우리는 그림 속에 '잠겨 간다'. 즉 우리는 공간을 다루는 힘 때문에 그림 속에 끌어넣어진다. 그래서 세계 공간의 통일이 만들어지는 것이다. 이 그림이 사방팔방에 펼친 무한한 공간을 지배하는 것은 여기에서는 서양의 원근법이고, 거기에서 무한한 공간 거리를 열정적으로 뚫고 나가려는 우리의 천문학적인 세계상을 이해하는 길이 열리는 것이다.

아폴론적인 인간은 넓은 공간을 결코 인정하려 하지 않았다. 그 철학 체계는 어느 것이나 모두 공간에 대해 말하는 것이 없다. 그것이 아는 것은 단지 손으로 만질 수 있는 현실적인 사물이라는 문제뿐이고, '사물 사이'에 있는 것은 적극적이고 의미 있는 것을 인정하지 않는다. 이 철학 체계는 자신이 그 발 밑에 밟고 있는 지구, 그리고 히파르코스에 있어서조차 고정된 천구(天球)로 덮여 있는 지구를 단지 이미 주어진 전세계로 생각하고 있다. 그리고 여기에서도 가장 내적이고 또 가장 비밀스런 동기를 볼 수 있는 인간의 입장에서 보면, 이론적으로 이 천구를 지구에 부속시키면서도 그것이 상징적으로 갖고 있는 우위라는 것에 손가락도 대어서는 안 된다는 그런 기도가 몇 번인가 되풀이되었다는 것은 실로 기괴하다고밖에 할 수 없는 일이다.

이것을 피타고라스와, '동시대인'인 코페르니쿠스 그 사람의 발견이 서양의 정신에 스며들게 한, 세계를 뒤엎게 하는 그런 열렬함과 비교해 보라. 또 이것을 케플러로 하여금 신의 직접적인 계시로서의 행성 궤도의 법칙, 그것을 발견케 한 깊은 외경과 비교해 보라(케플러는 누구나 알고 있듯이 그 궤도가 원형임을 의심하지 않았다. 왜냐하면 그 이외의 형태는 너무나 무가치한 상징을 나타내는 것처럼 생각되었기 때문이다). 여기에서 고대 노르만의 생활 감정, 즉 무한계로 향하려는 바이킹의 동경이 자기의 본질을 얻고 있었다. 이것이 망원경이라는 진실로 파우스트적인 발명에 깊은 의의를 주는 것이다. 망원경이란 것은 보통 육안에서 떨어져 있는 공간 속으로 들어가고, 또 세계 공간을 지배하는 권력의지의 한계가 되고 있는 공간 속으로 들어가 이것으로 우리가 '소유하고 있는' 우주를 확대하는 것이다. 참된 종교적인 감정, 처음으로 별 세계를 꿰뚫어 보려는 오늘날의 인간을 매혹시키는 셰익스피어의 위대한 비극이 불러일으키려고 하는 저 권력 감정은 소포클레스의 입장에서 보면 모든 불신앙 중에서도 불신앙으로 생각되었을 것이다.

바로 그렇기 때문에 꼭 알아야 하는 것은, '천구'의 부정이 하나의 결심이고 감각적인 경험이 아니라는 것이다. 별로 가득 차 있는 공간(좀더 주의 깊게 말하면 빛의 신호에 의해 암시된 확대)의 본질에 대한 모든 근대적인 관념은, 망원경을 통해 본 육안이 주는 하나의 확실한 지식과는 아무런 관계도 없다. 왜냐하면 우리가 망원경 속에서 보는 것은 여러 가지 크기를 지니고 있는 작고 빛나는 원판에 지나지 않기 때문이다. 사진판에 보이는 상은 완전히 다른 상으로 육안의 상보다 날카로운 그런 것이 아니다. 그리하여 우리가 필요로 하는 하나의 완성된 세계상을 얻으려면 이 양자를 결합하고 아주 대담한 많은 가설을 통해, 즉 거리, 크기와 운동처럼 우리 자신이 만든 상요소(像要素)를 통해 새로운 해석을 내리지 않으면 안 된다. 이 상의 양식은 우리의 정신의 양식과 일치하고 있다. 사실상 우리는 많은 별의 광력이 어떻게 다른지도 모르고, 또 그 광력이 방향을 달리함에 따라 변하는지 어떤지도 모른다. 우리는 빛이 광대한 공간 속에서 변화하는지, 약해지는지, 사라지는지도 모른다. 우리는 빛의 본질에 관한 이 지구상의 관념과, 이 관념에서 도출된 모든 이론과 법칙이 지구 둘레 바깥에 나가도 여전히 유효한지 어떤지도 모른다. 우리가 '보는' 것은 단지 빛의 신호에 불과하고, 우리가 '이해'하는 것은 우리 자신의 상징이다.

코페르니쿠스적인 세계 의식의 격정은 우리의 문화에만 속하고 있는 것이며——오늘날 아직 모순된 것으로 보일지도 모르는 주장을 여기에서 말하는 것인데——미래의 문화의 정신에 있어 위험한 것이라고 생각되자마자 이 발견은 강제적으로 망각될 것이고, 망각될 것이 틀림없다. 이 격정은 체구적·정력학적인 것이, 즉 조소적인 지구 체구의 상징적인 우위가 앞으로는 우주에서 제거된다는 확신에 기초하는 것이다. 그때까지 지구와 똑같이 실체적인 크기로 생각되고, 적어도 그렇게 느껴졌던 하늘이 지구와 극성적인 균형을 유지하고 있었다. 그러나 이제 우주를 지배하는 것은 공간이다. '세계'는 공간을 의미한다. 그리고 별은 수학적인 점에 다름 아니고, 광대한 것 속에 있어서의 작은 공에 다름 아니며, 그 물질성은 이미 세계감정이 관여하지 않는 것이다. 아폴론적인 문화 때문에 여기에서 체구적 한계를 정하려 하고, 또 정하지 않으면 안 되었던 데모크리토스가 상상한 것은, 피부처럼 코스모스를 감싸는 갈고리 형태의 원자층이다. 이에 반해 우리의 치유할 수 없는 갈망은 점점 더 새로운 세계 거리를 추구한다. 코페르니쿠스의 체계는 우선 첫째로 조르다노 브루노에 의해서 바로크의 몇 세기를 통해 측정할 수 없을 정도로 확대되었다. 브루노는 수천 가지의 이런 체계가 무한 속에 떠 있는 것을 본 것이다. 오늘날 우리가 '알고 있는' 것은 모든 태양계——대략 3천

5백만——의 총계가 유한하다고 증명되는 하나의 통일된 별의 체계를 이루고,[17] 그리고 은하대와 거의 일치하는 천구 적도를 지니는 자전 타원체의 형태를 취하고 있다는 것이다. 여러 태양계의 대군은 철새가 이동하듯이 같은 속도로 같은 방향을 향해 이 공간을 통과한다. 헤라클레스자리에 향점을 지니는 그런 일군은 카펠라, 직녀성, 아타이르, 오리온 성좌의 알파성 등 빛나는 별이 있는 우리 태양계를 조성한다. 현재는 우리 태양에서 그리 멀지 않은 곳에 중심이 있는 이 거대한 체계의 축은 태양과 지구의 거리보다 4억 7천만 배나 크다고 생각되고 있다. 밤에 보이는 하늘의 별들이 주는 인상은 동시적이지만, 그 시간적인 기원은 서로 3천7백 년이나 떨어져 있는 것이다. 가장 외부의 한계에서 지구에 이르는 빛이 요구하는 세월은 그토록 크다. 우리의 눈앞에 전개되어 있는 역사상에 있어서는 이것은 그리스·로마와 아라비아 문화 전체를 넘어 이집트의 문화의 정점으로, 12왕조 시대로 거슬러올라가는 기간에 필적한다. 이 상(相)——반복해서 말하지만 이것은 심상이며 경험이 아니다——은 파우스트적인 지성에 있어서는 숭고한 것이다.[18] 아폴론적인 지성에 있어서는 무서운 것이고, 그 존재의 가장 깊은 여러 조건의 완전한 파멸이었을 것이다. 우리에게 있어서의 이루어진 것과 존재하는 것의 마지막 한계가 성체(星體)의 가장자리를 가지고 확정되고 있는 것이 그리스인에게는 구원으로 보였을 것이다. 그러나 우리는 가장 깊은

---

17) 망원경의 강도가 높아짐에도 불구하고 새로 나타나는 별의 수는 끝으로 향함에 따라 급격히 감소한다.

18) 이 거대한 수의 도취는 서양인만 아는 독특한 체험이다. 현대의 문명에서는 이 상징, 즉 거대한 액수에 대한 열정, 무한히 크고, 또 무한히 작은 계측에 대한 열정, 기록과 통계에 대한 열정이 지대한 역할을 수행하고 있다.

내적 필연을 가지고 이 체계 바깥에 무엇이 존재하는가, 이러한 체계의 여러 집합이 여기에서 확정된 넓이조차 극도로 작게 느끼게 할 정도로 아득히 저 멀리 존재하는가 하는 새로운 의문에 부딪치지 않을 수 없다. 감각적인 경험에 관한 한 절대적인 한계는 도달된 것이다. 우리에게 있어 단순한 사고의 필연에 불과한 이 질량 없는 공간을 통해서는 빛도 중력도 존재의 증인(證印)을 주지 않는다. 그러나 우리의 존재 이념을 철저하게 상징으로 실현하려고 하는 욕구인 혼적 정열은 우리의 이 감각적 지각의 한계에 억제되어 괴로워하고 있는 것이다.

9

그 때문에 북방 고대 여러 종족의 원시인적인 혼 속에서 이미 파우스트적인 것이 태동하기 시작하고 있었다. 먼 옛날부터 범선 항해를 발명함으로써 대륙으로부터 자유롭게 멀어졌던 것이다.[19] 이집트인은 범주(帆走)를 알고 있었다. 그러나 그들은 단지 노동을 절약하기 위해 그것을 이용한 데 불과하다. 그들은 이전과 같

---

19) 그들은 기원전 2천 년에 아이슬란드와 북해에서 피니스터 곶을 거쳐 카나리아 제도와 서아프리카에 도착했다. 그리스인의 아틀란티스 전설이 그 흔적이다. 과달키비르 하구의 타르테소스 제국이 이 교통의 중심지였다고 생각된다. '바다의 민족' 바이킹과 이들은 무슨 관계가 있었음에 틀림없다. 바이킹은 오랫동안 북쪽에서 남쪽으로 지상을 이동한 끝에 흑해 또는 에게 해에서 다시 배를 만들고, 그리고 람세스 2세(1292~1325년) 이후 이집트를 향해 돌진해 갔다. 이집트의 부조에 남아 있는 그들의 배의 형태는 그 이집트 또는 페니키아의 형태와 전혀 다른데, 카이사르가 브리타니아의 베네티족에서 발견한 형태와 아마 비슷했을 것이다. 후세에 있어서의 이러한 돌진의 실례는 러시아와 콘스탄티노플에 있어서의 왈리야그이다. 이 이동의 흐름에 관한 설명은 가까운 시일 내에 기대해도 좋을 것이다.

은 요선(橈船)으로 해안을 따라 푼트나 시리아로 향했지만, 원양 항해의 이념, 즉 그 안에 포함되어 있는 해방과 상징을 느끼지 못했던 것이다(왜냐하면 범주는 육지라는 에우클레이데스적 개념을 극복하기 때문이다). 14세기 초엽을 맞이하여 거의 그와 동시에──그리고 또 유화와 대위법의 완성과 동시에──화약과 나침반, 즉 원거리 무기와 원거리 교통이 발명되었다. 이 두 가지는 깊은 필연을 가지고 중국 문화에서도 마찬가지로 발명되었던 것이다. 이것은 바이킹의 정신이고, 한자 동맹의 정신이며, 저 거대한 무덤을──헬라스인의 가족적인 뼈항아리 대신──고독한 혼의 묘비로 삼아 넓은 평야에 쌓아올리고, 죽은 왕을 불타 오르는 배에 싣고 대양으로 보낸 원시 민족의 정신이다. 이것은 저 무한에 대한 어두운 동경의 격정적인 징후이다. 이 동경은 서양 문화의 출생을 알린 900년경 그들로 하여금 작은 배를 이용해 아메리카에 이르게 했다. 하지만 그리스·로마의 인간은 이집트인과 카르타고인이 옛날부터 실행해 오고 있던 아프리카의 주항(周航)을 완전히 무관심한 상태로 방관하고 있었다. 그들의 존재가 교통과 관련해서 또 얼마나 조상적(彫像的)이었는가 하는 것을, 그리스·로마사의 가장 중요한 사건인 제1차 포에니 전쟁에 관한 소식이 단지 막연한 소문으로 시칠리아에서 아테네에 전달된 것으로도 알 수 있다. 그리스인의 혼조차 그림자(εἴδωλα)로서 움직이지도 않고, 힘도 바람도 감정도 없이 하이데스(지하계)에 집합한다. 그러나 북방의 혼은 지칠 줄 모르고 서로 모여 공중에서 방황하는 '미친 듯이 날뛰는 군대'를 이룬다.

  14세기의 스페인인, 포르투갈인의 발견과 같은 문화 단계에서 생긴 것은 기원전 8세기 헬라스인의 대식민이었다. 그러나 전자가 헤아릴 수 없는 멂과 모든 미지의 것과 위험에 대한 모험자의 동경에 사로잡혀 있었던 데 반해, 그리스인은 페니키아인, 카르타고인, 에트루리아인이 나아간 흔적을 따라 주의 깊게 점에서 점으로 나아갔다. 그리고 그 호기심은 헤라클레스의 기둥 혹은 수에즈 지협을 넘은 저쪽에 있는 것에는 이르지 않았다. 그곳은 그리스인이 아주 쉽게 도달할 수 있는 곳이었다. 아테네에서는 북해에 이르는 길, 콩고, 잔지바르, 인도에 이르는 길을 알고 있었던 것이 확실하다. 헤론 시대에는 인도의 남단과 순다 열도의 위치가 분명히 알려져 있었다. 그러나 옛 동방의 점성학에 관한 지식에 눈을 감았던 것과 마찬가지로 이런 사실에도 눈을 감았다. 오늘날의 모로코와 포르투갈이 로마의 속주가 되었을 때조차도 대서양의 해양 교통이 새로 생기지 않았고, 카나리아 제도는 잊혀진 채 방치되어 있었다. 콜럼버스적인 동경은 아폴론적인 인간에 있어서는 코페르니쿠스적인 동경과 마찬가지로 미지의 것이었다. 돈벌이에 열중했던 헬라스의 상인들조차 이 지리적 시야를 넓히는 것을 형이상학적으로 깊이 두려워했다. 이 점에서도 가까움과 전경(前景)을 고집하고 있었던 것이다. 그 조상(彫像)으로서의 국가 이상인 폴리스라는 현존재는 저 해양 민족의 '넓은 세계'로부터의 도피에 다름 아니었다. 그리고 이 점에서 그리스·로마는 오늘날까지 나타난 모든 문화 가운데서 그 모국을 대륙의 지상에 두지 않고 다도해의 해안 주위에 두고 바다를 사실상의 중심으로 둘러싸고 있었던 유일한 문화였다. 그런데도 기술적 유희에 빠지는 경향이 있는 헬레니즘조차 노의 사용을 중단한 적이 전혀 없었다. 노는 배를 해안에 묶어 두기 때문이다. 당시의 조선술은──알렉산드리아에서──전장 80미터의 거선을 건조했다. 그리고 기선조차도 원리로서 발명되고 있었다. 그러나 발견에는 극히 내적인 것을 나타내는 것, 크고 또 필연적인 상징의 파토스를 지니는 것이 있고, 또 단지 지적 유희에 불과한 것이 있다. 기선은 아폴론적인 인간에게는 후자에 속하고, 파우스트적인 인간에게는 전자에 속한다. 대우주 전체에 있어서의 가치만이 하나의 발명과 그 응용을 깊게도, 천박하게도 만드는 것이다.

콜럼버스와 바스코 다 가마의 발견은 지리적 시야를 측정할 수 없을 정도로 확대했다. 세계의 바다는 대륙에 대해 세계 공간이 지구에 대해 갖는 관계와 똑같은 관계를 지니게 되었다. 여기에서 비로소 파우스트적인 세계 의식의 정치적 긴장이 이완된 것이다. 그리스인에게 있어서 헬라스는 처음부터 일관해서 지표상의 본질적인 부분이었다. 아메리카의 발견과 함께 서양은 거대한 전체 속에 있어서의 주(州)가 되었다. 이때부터 서양 문화의 역사가 행성적(行星的) 성격을 띠게 되었던 것이다.

각 문화는 각각 고향과 조국에 대해 그 특유한 개념을 갖고 있다. 이것은 이해하기 어렵고 말로 거의 표현할 수 없으며 어두운 형이상학적인 관계가 있지만, 그러나 뚜렷한 경향을 지닌다. 그리스·로마의 고향 감정은 개인을 육체적으로, 또 에우클레이데스적으로 폴리스와 결합시키고 있었기 때문에 음악적이고 방황적이며 초세속적인 무엇인가가 있는 북방인의 저 신비적인 향수와는 정반대이다. 그리스·로마의 인간은 자기 조국의 성채에서 바라다볼 수 있는 것만을 고향으로 느낀다. 아테네에서 시야가 끝나는 곳에서 시작되는 것은 미지의 것이고 적이며 '타인'의 조국이다. 로마인은 후기 공화 시대에 있어서도 patria(조국)를 한 번도 이탈리아라고 생각지 않고, 라티움이라고도 생각지 않았으며, 언제나 단지 Urbs Roma(로마 시)라고만 생각했다. 그리스·로마의 세계는 성숙함에 따라 해체되어 조국이 무수한 여러 점이 되고, 그리고 이러한 여러 점 사이에서는 체구적인 분리 요구가 증오라는 형태를 취하기에 이른다. 이 증오는 비그리스인에 대해서는 결코 이 정도로 강하게 나타나지 않는다. 그리하여 카라칼라가 로마 시민권을 모든 주민(州民)에게 주었다(212년)는 것은, 그리스・로마적 세계 감정의 결정적인 소멸과 이에 대한 마기적 세계 감정의 승리를 극히 날카롭게 표시하는 것이다. 이것에 의해 시민이라는 그리스・로마적인 조소적 개념이 버려졌다. 하나의 '제국(帝國)'이 생기고, 거기에서 당연히 새로운 종류의 구성원이 생겼다. 이에 상당하는 군대의 로마적 개념이 주목할 만하다. 순수한 그리스・로마에 있어서는 프로이센 군대라는 의미에서의 '로마 군대'는 없었다. 존재하는 것은 단지 여러 군대뿐이다. 즉 부(副)사령관의 임명에 의해 확실히 현재하고, 제한된 체구로서의 일정한 군대 구분('군대의 체구')인 exercitus Scipionis, Crassi(스키피오의 군대, 크라수스의 군대)이지 exercitus Romanus(로마 군대)는 아니었다. 위에서 말한 칙령에 의해 civis Romanus(로마 시민)를 사실상 폐지하고, 도시의 신들과 타국의 신들을 동일화시킴으로써 로마 국교를 소멸시킨 카라칼라가, 처음으로 제국 군대라는──비그리스・로마적인 마기적 개념을 만들어 냈던 것이다. 그런데 옛 로마 군대는 아무것도 의미하지 않는다. 단지 그 무엇인가이다. 이 제국 군대는 개개의 군단(軍團)이라는 형태를 취해 나타나는 그 무엇인가이다. 이때부터 비명상(碑銘上)의 fides exercituum(제군대의 충성)이라는 글귀가 fides exercitus(한 군대의 충성)로 바뀌었다. 체구적으로 느껴졌던 개개의 신들(군단의 충실한 신, 행복의 신)──부사령관은 이 신들에게 희생을 바쳤다──대신 일반 정신적 원리가 나타났다. 이런 의미의 변화가 제정 시대의 동방인──단지 그리스도 교도뿐만 아니라──의 조국 감정 속에서도 일어났다. 고향이란 아폴론적인 인간에게는 그 세계감정의 흔적이 여전히 살아 있는 한, 완전히 그 고유한 체구적 의미에서 자기 도시가 세워져 있는 땅이다. 여기에서 아테네 비극의 '장소의 통일'과 조소를 상기해야 한다. 마기적 인간에 있어서는, 즉 그리스도 교도, 페르시아인, 유태인, '그리스인',[20]

마니교도, 경교도(景敎徒), 회교도에 있어서는 이것은 지리적 현실과 관계 있는 것이 아니다. 우리에게 있어서는 그것은 자연, 언어, 기후, 풍속 혹은 습관, 역사 등으로 이루어지는 파악하기 어려운 통일이다. 땅이 아니라 '나라'이고, 점 상태의 현재가 아니라 역사적인 과거와 미래이며, 인간, 신들 그리고 집으로 이루어지는 단위가 아니라 부단한 유랑과 깊은 고독과 그 원시 독일적인 남방으로의 동경과 일치하는 하나의 이념이다. 작센의 여러 황제에서 횔덜린과 니체에 이르기까지의 최우수자는 이 동경의 희생물이 되어 몰락했던 것이다.

그런 까닭에 파우스트적인 문화는 정치적인 것이든, 경제적인 것이든, 이지적인 것이든 극단적일 정도로까지 확대에 기울어져 있었다. 파우스트적 문화는 모든 지리적·물질적 제한을 정복하고, 아무런 실제적인 목적도 없이 단지 상징을 위해서만 북극과 남극에 도달하려고 시도하고, 마지막으로는 지구의 표면을 하나의 식민 지역으로 삼고 경제 제도화했다. 마이스터 에카르트에서 칸트에 이르기까지의 모든 사상가는 '현상으로서'의 세계를 인식하는 자아의 권력 요구에 굴복시키려 하고, 그리고 오토 대제에서 나폴레옹에 이르기까지의 모든 지배자는 이것을 행동에 옮겼다. 무한계적인 것이 그들 야심의 본래 목표이고, 위대한 프랑크 왕조와 슈타우펜 가의 세계 왕국이며, 그레고리우스 7세와 인노켄티우스 3세의 계획이고, '해가 지는 일이 없는' 스페인의 합스부르크 제국이며, 그리고 오늘날 아직도 오래도록 끝나지 않는 세계 전쟁, 그것의 목적인 제국주의이다. 그리스·로마의 인간은 내적인 이유에서 정복자일 수 없었다. 다만 알렉산드로스의 원정은 낭만적인 예외이지만, 그 이상으로 그 부하들의 내면적인 반

---

20) 즉 혼효교적 여러 종파의 귀의자이다.

항이 도리어 이 원칙의 정당성을 증명할 뿐이다. 북방의 혼은 억누를 수 없는 동경을 가지고 속박적인 요구에서 해방되려고 하는 생물을 난쟁이, 물의 요정, 산의 요정과 같은 형태로 만들어 냈다. 이 동경은 멂과 자유를 그리는 것이고, 그리스의 드뤼아데스(나무 요정)와 오레아데스(산의 요정)는 전혀 모르는 것이다. 그리스인은 수백 개의 식민도시를 지중해 해안에 건설했다. 그러나 그 배후지를 정복하고 이곳에 침입하려는 시도는 전혀 하지 않았다. 해안에서 멀리 내륙 쪽에 정착하는 것은 고향을 시계(視界)에서 잃어버리는 일이다. 아메리카 평원의 사냥꾼이 이상으로 삼고, 또 이미 훨씬 전에 아이슬란드 신화의 영웅들이 이상으로 삼고 있었듯이 홀로 정착하는 것은, 그리스·로마의 인간이 전혀 할 수 없는 일이었다. 아메리카 이주──각 개인이 자기 책임으로, 그리고 혼자 머물려고 하는 깊은 요구에 의한──. 스페인 정복자. 캘리포니아의 골드 러시. 자유와 고독과 커다란 독립을 바라는 통제하기 어려운 원망(願望). 이것은 아직 뭔가 한정된 것이 있는 고향 감정을 대규모적으로 부정하는 것이고, 또 파우스트적이며, 단지 파우스트적이라고만 불리는 것이다. 이것은 다른 문화는 모르는 것이고, 중국 문화도 모르는 것이다.

 헬라스 이주민은 어머니의 앞치마에 착 달라붙어 있는 아이와 비슷하다. 모두 같은 시민, 같은 신들, 같은 풍속을 갖고 있고, 정확하게 옛 도시를 꼭 닮은 새 도시를 건설하고, 그리고 함께 항해한 바다를 눈앞에 두고 그곳의 아고라에서 ζῷον πολιτικόν(사회적 동물)이라는 예로부터의 존재를 다시 반복하는 것──아폴론적인 현존재의 무대의 전환은 그 이상으로 나가지 않았던 것이다. 이것은 이주의 자유를 적어도 인간의 권리와 이상으로 간주하는 우리의 눈으로 보면 가장 심한 노예 상태로 해석될 것이다. 자칫하면 오해되기 쉬운 로마의 팽창은 이런 견지에서 이해되지 않으면 안 된다. 로마의 팽창은 조국의 확대와 전연 다른 것이다. 그것은 다른 문화의 인간이 이미 소유하고 있었던 것이고, 이제는 전리품으로서 로마인의 손에 떨어진 영토 내에서만 행해졌던 것이다. 호엔슈타우엔풍의, 혹은 합스부르크풍의 동력학적인 세계 정책, 현대의 제국주의와 비교해도 좋은 제국주의는 문제도 되지 않았다. 로마인은 아프리카의 내륙 깊숙이 침입하려는 시도를 하지 않았다. 그들이 행한 후기의 여러 전쟁은 자기의 소유를 확보하기 위한 것으로, 아무런 야심도 없고, 상징적인 확장 충동도 없었다. 그리고 그들은 게르마니아와 메소포타미아를 아쉽게 여기지 않고 포기했다.

이런 모든 것——즉 코페르니쿠스의 세계상이 확대되어 생긴 별의 공간의 상(相), 콜럼버스 발견의 결과로서의 서양적 인간에 의한 지구 표면의 지배, 유화, 비극 무대의 원근법 및 영화(靈化)된 고향 감정을 요약하고, 이것에 고속도의 교통이라는 문명화된 정열, 공중의 지배, 북극 탐험 및 거의 접근하기 어려운 산악의 등반을 덧붙일 때, 그 어느 것으로부터도 파우스트적인 근원 상징인 무한 공간이 나타나는 것을 알 수 있다. 혼 신화의 특수한, 이 형태에 있어서 순수한 서양적 형성물인 '의지', '힘', '행위'는 그 파생물로 이해되어야 하는 것이다.

II. 불교, 스토아주의, 사회주의

10

거기에서 마침내 도덕이라는 현상[21]──생활 자신에 의한 생활의 지적 해석으로서의──을 분명히 알게 되었다. 여기에서 비로소 인간적인 사고의 모든 분야 중에서 이 가장 넓고, 또 가장 중요한 부분을 자유롭게 전망할 수 있는 정상에 도달한 것이다. 그러나 여기에서야말로 이제까지 그 누구도 진지하게 이해하지 못했던 객관성이 필요하다. 우선 도덕이라는 것은 어떤 것이든 좋다. 그것을 분석하는 것은 하나의 도덕, 그것의 다른 일부분일 수도 없다. 이 문제를 푸는 것은 우리가 무엇을 해야 하는가, 무엇을 향해 노력해야 하는가, 얼마나 가치 부여를 해야 하는가 하는 것이 아니라, 이런 형식에 의한 문제 제기가 이미 본래 처음부터 서양적인 세계감정의 징후라는 견해이다.

이 점에서 서구의 인간은 누구 하나 예외 없이 커다란 시각적인 환영(幻影)의 영향을 받고 있다. 모든 사람이 타인에게 무엇

---

21) 여기에서 논해지지 않으면 안 되는 것은 인식되고 가르쳐지고, 그리고 지켜져야 하는, 의식적이고 종교적이며 철학적인 도덕이고, 무의식적으로 존재하고 있는 생명의 혈통적인 박자도 아니고, '습속'도 아니다. 전자는 덕과 죄, 선과 악 등과 같은 지적 개념을 취급하고, 후자는 명예, 충성, 용감 등과 같은 피의 이상을 논하고, 고귀와 비천을 결정하는 박자의 감정을 논한다.

인가를 요구하고 있다. "너는 마땅히 행해야 한다"는 것이 발언되면, 이 때문에 무엇인가가 실제로 통일적인 의미로 바뀌고 형성되고 질서지워질 수 있다고 믿고, 또 얻어져야 한다고 믿어지고 있기 때문이다. 이 신념, 그리고 그 권리가 있다고 보는 신념은 움직일 수 없는 것이다. 여기에 명령이 있고, 그리고 복종이 요구된다. 이것이야말로 우리의 도덕인 것이다. 서양의 윤리는 모든 것이 방향, 권리의 요구, 멀리 작용하는 의지이다. 이 점에서 루터와 니체, 교황과 다윈주의자, 사회주의자와 예수회 수도사는 서로 완전히 똑같다. 그들의 도덕은 보편적이고 영속적인 타당성을 요구하는 데서 시작된다. 이것은 파우스트적인 존재의 필연성이다. 이와 다르게 생각하고 가르치고 바라는 자는 죄인이고 배신자이며 적이다. 그런 것은 거리낌없이 극복된다. 인간은 행해야 하고, 국가도 행해야 하며, 사회도 행해야 한다. 도덕의 이 형식은 우리의 입장에서 보면 당연한 것이다. 그것은 우리의 입장에서 보면 모든 도덕의 참된, 또 단 하나의 의의를 표명하고 있기 때문이다. 그러나 이것은 인도에서도, 중국에서도 그리고 또 그리스·로마에서도 그렇지 않았다. 불타(佛陀)는 취사(取捨)의 자유라는 모범을 보여 주었다. 에피쿠로스는 좋은 충고를 주었다. 이것도 또한 고도의——그러나 의지에서 벗어난——도덕인 것이다.

 우리는 도덕적인 동력학이라는 것의 유일성을 전혀 인정하지 않았다. 경제적으로 이해된 것이 아니라 윤리적으로 이해된 사회주의라는 것이 만인을 위해 자기 자신의 의견을 수행하는 세계감정이라고 한다면, 우리는 알고 있든 모르고 있든 상관없이, 또 바라든 바라지 않든 상관없이 모두 사회주의자이다. 모든 '가축떼의 도덕'의 열렬한 반대자인 니체조차도 그리스·로마적으로 자기의 열정을 자기 자신 안에 전혀 한정시킬 수 없다. 니체가 생각하는 것은 단지 '인류' 뿐이다. 그리고 자기와 다른 사고방식을 지닌 사람을 공격하고 있다. 그러나 에피쿠로스는 타인이 어떻게 생각하고, 어떻게 행동하든 진정으로 무관심했다. 인류의 개조――에피쿠로스는 이 문제에 대해 아무 생각도 하지 않았다. 에피쿠로스와 그 동료들은 자기들이 자신이고 그 이외의 것이 아닌 데 만족하고 있었다. 그리스·로마의 생활 이상은 세계의 행정(行程)에 대한 무관심, 즉 파우스트적인 인간이 그 전체의 생활 내용으로 삼고 있는, 정복해야 할 대상에 대한 무관심(ἀπάθεια)이다. ἀδιάφορα(차별받지 않는 것)라는 중요한 개념이 이것이다. 그리스에는 도덕적 다신교조차 존재하고 있다. 에피쿠로스파, 견유파, 스토아파의 평화로운 병존이 이것을 증명하고 있다. 그러나 차라투스트라 전체는――표면상으로는 선악의 피안에 있지만――그렇게 있어서는 안 되는 인간을 보는 고뇌를 나타내고, 그리고 자기 특유의 의미에서, 물론 단 하나의 의미에서 인간의 개선에 생애를 바치려는 완전히 비그리스·로마적인 깊은 열정을 나타내고 있다. 그리고 이 일반적인 가치의 변경이야말로 윤리적 일신론이며――새로운 깊은 의미에 있어서의――사회주의이다. 모든 세계 개량가는 사회주의자이다. 그래서 그리스·로마적인 세계 개량가라는 것은 존재하지 않는 것이다.

 도덕 형식으로서의 도덕적인 명령은 파우스트적이며, 파우스트적 이외의 것이 아니다. 쇼펜하우어가 살려는 의지를 이론적으로 부정하든, 니체가 이것을 긍정하든 전혀 아무래도 좋은 것이다. 이런 구분은 표면적인 것이고, 개인적인 취미라든가 기질을 나타내고 있는 것이다. 중요한 것은, 쇼펜하우어도 전세계를 의지로 느끼고, 운동, 힘, 방향을 느낀다는 것이다. 이 점에서 쇼펜하우어는 모든 윤리적 근대성의 선조이다. 이 근본 감정이 이미 우리의 전 윤리이다. 다른 모든 것은 변종이다. 우리가 단지 활동이라고 이름붙일 뿐만 아니라 행위라고 이름붙이는 것은[22] 처음부터 끝까지 역사적인 방향 에너지로 채워진 개념이다. 그것은 미래로 향하는 경향이 있는 '나'를 지니고, 그리고 현재를 만족된 존재로 느끼지 않고, 개인적인 생활에 있어서도, 전역사의 생활에 있어서도 그 현재를 언제나 이루어지는 것의 커다란 관련 속에 있는 신기원으로 느끼는 그런 인간, 그런 인간의 현존재의 확증이고, 그 현존재의 성별(聖別)이다. 이 의식의 강도와 명료함이 파우스트적 인간의 가치를 정하는 것이다. 그러나 그 파우스트적 인간 중에서 가장 무의미한 자조차 그 극히 사소한 생활 행위를 종류와 내용에 의해 모든 그리스·로마인의 생활 행위에서 구별시키는 무엇인가를 지니고 있다. 이것이 성격과 자세의 차이이고, 의식적인 이루어지는 것과 단순히 인종(忍從)하는 조소적인 이루어진 것의 차이이며, 비극적인 의욕과 비극적인 감수(甘受)의 차이이다.

파우스트적인 인간의 눈에 비치는 세계에서는 모든 것은 하나의 목표로 향하는 움직임이다. 그 자신 이런 조건 밑에서 살아가고 있다. 살아가는 것이 그에게는 싸우는 것이고 정복하는 것이며 의지를 관철하는 것이다. 현존재의 이상적인 형식으로서의 생존경쟁은 이미 고딕 시대부터 시작된 것이고, 명백히 그 건축의 기초를 이루고 있다. 19세기는 이 생존경쟁에 단지 기계적·공리적(功利的) 형태만을 부여한 것이다. 아폴론적인 인간의 세계에는 목표 있는 '운동'도 없고——헤라클레이토스의 생성, 즉 지향도 목적도 없는 유희, ἡ ὁδὸς ἄνω κάτω(오르막길과 내리막길)은 여

---

22) 그리스·라틴어에 '의지'와 '공간'을 나타내는 적확한 말이 없는 것에 대해, 또 이 결함의 깊은 의미에 대해서는 위에서 말했는데, 행위와 활동의 구별도 또한 그리스어로도, 라틴어로도 정확히 재현될 수 없다는 것은 놀랄 일이 못 된다.

기에서는 문제도 되지 않는다──'프로테스탄티즘'도 없고, '슈투름 운트 드랑(Sturm und Drang)'도 없고, 현존하고 있는 것과 싸우고 이것을 파괴하려는, 윤리적이고 지적이며 예술적인 '혁명'도 없다. 이오니아 양식과 코린트 양식은 자기만의 타당성을 요구하는 일 없이 도리스 양식과 서로 병행해 나타나고 있다. 그러나 르네상스는 고딕 양식을, 고전주의는 바로크 양식을 거부했다. 그리고 서양의 모든 문학사를 가득 채우고 있는 것은 형식 문제과 관련된 몹시 거친 싸움이다. 승려 생활조차도 기사단, 프란체스코파, 도미니크파가 보여 주듯이 고행이라는 초기 그리스도교적인 은둔적인 형식과 극히 다른 승단 운동의 형태를 취해 나타나고 있다.

파우스트적인 인간에 있어서는 자기 현존재의 이 근본 형태를 부정하는 것이 전혀 불가능하다. 변하는 것은 더욱 그렇다. 이에 반항하는 것조차 이미 이 근본 형태를 전제로 하고 있다. '진보'와 싸우는 것은 이 싸우는 활동 자체를 하나의 진보로 간주하고 있다. "본원으로 돌아가라"고 말하는 것은 그런 식으로 말함으로써 그 이상의 발전을 생각하고 있는 것이다. '반(反)도덕'──이것은 일종의 신(新)도덕에 불과하다. 게다가 다른 모든 도덕에 대해 똑같은 우월을 주장하고 있다. 권력의지는 다른 것을 허용하지 않는다. 파우스트적인 것은 모두 독재만을 바란다. 아폴론적인 세계감정──많은 것의 개별적인 병존──의 입장에서 보면 관용은 당연한 것이다. 관용은 의지가 없는 아타락시아의 양식에 속한다. 서양의 세계──하나의 무한계의 혼의 공간, 긴장으로서의 공간──의 입장에서 보면 관용은 자기 기만이거나, 아니면 자기 소멸의 증인(證印)이다. 18세기의 계몽은 관용이었다. 즉 그리스도교의 여러 가지 신조의 차별에 대해 무관심했다. 그러나 교회 전반에 대한 관계에 이르면 힘을 얻게 되자마자 그렇지 않게 되었다. 활동적이고 의지가 강하며, 고딕식 회당의 수직적인 경향이 있고, feci(했다)를 ego habeo factum(내가 했다)으로 만드는 중요한 변화를 행하고, 삶과 미래로 방향지워진 파우스트적인 본능은 자기의 활동을 위해서는 관용을, 즉 공간을 요구하지만, 그러나 단지 관용을 위해서만 요구하는 것이다. 예컨대 대도시적인 민주주의가 종교적 권력의 행사에 대해 어느 정도의 관용을 교회에 허용하려 하는지를 생각하면 알 수 있다. 하지만 민주주의 자신은 자기를 위해서는 자기의 권력의 무제한적인 행사를 요구하고, 그리고 가능하면 어떤 경우에도 '보통' 법이 종교에까지 미치게 하려 한다. 모든 '운동'은 이기려고 한다. 모든 그리스·로마적인 '태도'는 단지 존재하는 것만을 바라기 때문에 타인의 에토스에 무관심하다.

시대 사조 때문에 싸우고, 혹은 그에 반대해 싸우는 것, 개혁을 행하거나 혹은 반동을 촉진하는 것, 건설하고 가치를 전도시키고 혹은 파괴하는 것——이것은 비그리스·로마적임과 동시에 비인도적이다. 그리고 이것이야말로 소포클레스 비장극과 셰익스피어 비장극의 차이이고, 단순히 존재하는 인간의 비장극과 승리를 얻으려는 인간의 비장극의 차이이다.

'그리스도교'를 도덕적인 명령과 결부시키는 것은 잘못이다. 그리스도교가 파우스트적인 인간을 개조한 것이 아니라, 파우스트적인 인간이 그리스도교를 개조한 것이다. 게다가 이것을 새종교로 만들었을 뿐만 아니라 새로운 도덕의 방향으로 개조한 것이다. '그것'은 하나의 세계 중심이라는 모두의 감정을 가지고 '나'가 되고, 개인적 참회라는 성례의 전제가 되고 있다. 자기의 도덕을 보편적인 진리로 높이고, 이것을 인류 일반에 강요하고, 모든 다른 성질을 지닌 것을 다시 해석하고 정복하고 파괴하려는 열정——윤리에조차도 존재하는 권력의지——은 우리에게만 특유한 소유물이다. 이런 의미에서——너무 깊어서 아직 이해되지 않는 것이지만——예수의 도덕(평정하고 지적인 태도이고, 마기적인 세계감정에 바탕을 두고 구제력이 있는 것으로서 맞아들여진 태도이며, 그 지식은 특수한 은총으로서 주어지고 있다)은 고딕 초기에 내적으로 명령적 도덕으로 다시 만들어졌던[23] 것이다.

거기에서 어떤 윤리 체계도 종교에서 오든 철학에서 오든 모두 대예술, 특히 건축과 관련되어 있다. 그것은 인과적인 성질이 있는 명제로 이루어지는 건물이다. 실용적으로 사용되는 진리는 모두 '왜냐하면', 혹은 '그렇기 때문에'로 규정되어 있다. 불타의 사성제(四聖諦)에도, 칸트의 실천이성 비판에도, 또 어떤 민중적인 교리문답에도 수학적인 논리가 있다. 진리로서 인식된 이 교설과 가장 인연이 없는 것은 무비판적인 피의 논리이다. 이 피의 논리는 십자군 시대 기사의 예의범절에 가장 분명하게 나타나 있는데, 계급과 사실인의 풍습이고, 배반했을 때 비로소 의식되는 모든 성숙된 풍습이다. 체계적인 도덕은 장식이며, 교훈으로서 나타날 뿐 아니라 비극적인 양식으로서, 예술적인 동기로서도 나타난다. 예컨대 파도 모양의 무늬는 스토아적 동기이다. 도리스

---

23) "들을 수 있는 귀를 지닌 자는 들어라." 이 속에는 아무런 힘의 요구도 없다. 하지만 서양의 교회는 그 사명을 그렇게 해석하지 않았다. 예수의 '복음', 조로아스터, 마니, 마호메트, 신플라톤파 및 이에 속하는 모든 마기적 제종파의 복음은 표명되어 있을 뿐이고 강요되고 있지 않은 신비적 은혜이다. 젊은 기독교는 그리스·로마에 유입된 뒤에 마찬가지로 이미 마기적이 되어 있던 후기 스토아주의의 전도를 단지 모방했을 뿐이다. 바울로는 억지가 심했는지도 모른다. 그리고 스토아파의 순회 전도사는 그 시대의 문헌이 보여 주듯이 억지가 심했다. 그러나 그들은 명령적이지는 않았다. 또 다른 예를 덧붙이면 신비로운 비약을 권유하는 마기풍의 의사는 자기의 지식에 법적 강제를 부여시키려고 하는(강제 종두, 선모충 검사 등) 서양의 의사와 반대이다.

식 기둥은 그리스·로마의 생활 감정을 체현하고 있다. 따라서 그것은 그리스·로마의 기둥의 양식 중에서 유일한 것이며, 바로크 양식이 무조건적으로 제외하지 않으면 안 되었던 것이다. 그것은 극히 깊은 정신적인 이유에 바탕을 두고, 르네상스 예술에 있어서조차 회피되고 있다. 마기적인 둥근 천장 건축이 평평한 지붕의 상징을 갖고 있는 러시아적인 천개(天蓋) 건축으로 변한 것, 꼬불꼬불 구부러진 오솔길이 있는 중국의 토지 건축, 대성당의 고딕적인 탑, 이것들은 하나의 특수한 문화의 각성존재에서 태어난 도덕 각각의 상징이다.

11

여기에서 아주 오래 된 수수께끼와 곤혹이 해명된다. 도덕의 숫자는 문화가 존재하는 숫자만큼 있고, 그 이상도 없으며, 그 이하도 없다. 이 점에서는 자의적인 선택이 허용되지 않는다. 모든 화가와 음악가는 내적인 힘의 결과로 전혀 의식에 나타나지 않는 무엇인가를 갖고 있다. 그것은 그의 작품의 형태어를 처음부터 지배하고, 이것을 모든 다른 여러 문화의 예술적인 작업과 구별하는 것이다. 그와 마찬가지로 한 사람의 문화 인간의 어떤 생활 이해에도 처음부터, 즉 칸트가 가장 엄밀한 의미에서 말하는 아 프리오리적으로 하나의 상태가 있다. 이 상태는 모든 순간적인 판단과 노력보다 더 깊은 것이고, 그리고 그 양식들을 어떤 일정한 문화의 양식으로 인식케 하는 것이다. 개인은 자기 문화의 근원 감정에 바탕을 두고 도덕적으로도 혹은 비도덕적으로도, '선'하게도 '악'하게도 행위할 수 있다. 그러나 그의 행위의 이론은 단지 주어진 것이다. 각 문화는 이에 대해 각각 특유한 표준을 갖고 있다. 그 표준의 타당성은 그 문화와 함께 시작되고 또 끝난다. 보편적인 인간적 도덕이라는 것은 없다.

 따라서 가장 깊은 의미에서는 결코 참된 개종이라는 것은 없고, 또 있을 수 없다. 신념에 바탕을 두는 모든 의식적인 태도는 하나의 근원 현상이고, 현존재의 '무시간적인 진리'가 된 근본 경향이다. 그것을 표현하는 데 있어 어떤 말과 모습을 사용하든 별로 문제가 되지 않는다. 신의 규정이든 혹은 철학적인 사고의 결과이든, 명제 혹은 상징이든, 자기의 확신의 공표 혹은 타인의 확신의 반박이든 별로 문제가 안 된다. 그것이 존재하고 있다는 것, 그것만으로 충분하다. 사람은 그것을 자극하고, 이론적으로 하나의 교설로 정리하고, 그 지적 표현을 바꾸고 그리고 그것을 명확히 할 수 있다. 그러나 그것을 산출할 수는 없다. 우리는 자기의 세계감정을 바꿀 수 없는 것과 마찬가지로——그것이 불가능함은 이것을 바꾸려는 기도조차 그 양식을 통해 행해질 정도이고, 그리고 그 세계감정을 정복하는 대신 이것을 확증할 정도이다——자기의 각성존재는 윤리적인 근본 형식에 대해 지배력을 갖고 있지 않다. 우리는 말 사이에 약간의 차별을 두고, 그리고 윤리학을 과학이라 이름짓고, 도덕을 의무라고 명명했다. 그러나 이런 의미에서는 의무가 아니다. 르네상스가 그리스·로마를 부활시킬 수 없었고, 그리고 모든 그리스·로마적인 주제를 이용했음에도 불구하고 아폴론적인 세계감정의 반대물, 즉 남방화된 고딕, '반고트적인 고딕'을 표현한 데 불과했듯이, 한 사람을 본질적으로 미지의 도덕으로 전향시키기는 불가능하다. 오늘날 모든 가치의 변경에 대해 논한다면 논해도 좋다. 근대적 대도시인으로서 불교로, 비그리스도교로, 혹은 낭만적인 카톨릭으로 '복귀'한다면 해도 좋다. 무정부주의자가 개인주의적인 윤리에 열중하고, 사회주의자가 사회윤리에 열중한다면 해도 좋다. 좌우간 그들은 같은 일을 하고, 같은 것을 바라고, 같은 것을 느끼는 것이다.

접신론(接神論) 혹은 자유 사상 주의로의 전향, 현대에 있어서의 이른바 그리스도교에서 이른바 무신론으로의 추이 및 그 역(逆)은 말과 개념의 변화이고, 종교적 혹은 지적 표면의 변화이지 그 이상은 아니다. 우리의 '운동'은 그 무엇 하나 인간을 바꾸지는 못했다.

모든 도덕의 엄밀한 형태학은 미래의 임무로 삼는 것이다. 니체는 여기에서도 또한 본질적인 작업을 하고, 새로운 견해에 있어서 결정적인 최초의 한걸음을 내디뎠다. 그러나 그 자신 선악의 피안에 몸을 두는 그런 사상가에 대한 요구, 그것을 달성하지는 못했다. 니체는 회의가인 동시에 예언자이려 하고, 도덕 비평가인 동시에 도덕 고지자(告知者)이려 했다. 이것은 일치해야 하는 것이 아니다. 사람은 낭만주의자인 한 제일의 심리학자일 수 없다. 그리하여 니체는 여기에서도 모든 그의 결정적인 견해에서와 마찬가지로 문간까지는 도달했지만 그 앞에서 멈추고 말았다. 그럼에도 불구하고 이 일에서 다른 어떤 사람도 니체 이상 해내지 못했다. 우리는 오늘날까지 측정할 수 없을 정도로 풍부한 도덕적인 형태어에 대해 눈을 감고 있었다. 우리는 그것을 보지도 않고, 이해도 하지 못했다. 회의가조차 자기의 임무를 이해하지 못했다. 그는 근본적으로는 개인적인 소질에서 사적(私的)인 취미에 의해 정해진 자기 특유의 도덕적 견해를 규범으로 높이고, 그리고 이것에 의해 타인을 다루었던 것이다. 근대의 혁명가인 슈티르너, 입센, 스트린드베리, 쇼의 일은 그 이상이 아니었다. 그들은 단지 이 사실을──자기 자신에게조차도──새로운 법식과 표어의 배후에 숨겼을 뿐이다.

그러나 도덕은 조소, 음악 혹은 회화와 마찬가지로 그 자체로 통일되어 있는 형식계이다. 이 형식계는 하나의 생활 감정을 표현하고 있는 것이고, 단지 주어진 것이며, 근본적으로는 변할 수 없는 것이고, 내적으로 필연적인 것이다. 도덕은 자기의 역사적 범위 안에서는 언제나 진리이고, 그 밖에서는 언제나 진리가 아니다. 위에서 말했듯이 문화라는 커다란 개체에 대해 유기적인 단위로서의 예술종, 즉 유화 전체, 나체 조소 전체, 대위법적 음악, 운율 서정시는 신기원을 만들고, 그리고 생명의 커다란 상징이라는 위치를 얻고 있는데, 그것은 개개의 시인, 화가, 음악가에 대해 그 개개의 작품이 행하고 있는 것과 마찬가지이다. 하나의 문화의 역사에 있어서도, 개개의 존재에 있어서도 문제는 가능한 것의 실현이다. 내적으로 혼적인 것은 하나의 세계 양식이 된다. 이 커다란 형식의 여러 단위는 이루어지고 완성되고 종결되고, 그것으로 여러 세대의 미리 규정된 한 계열을 포괄하고, 그리고 몇 세기 동안 영속한 뒤에 되돌이킬 수 없이 죽어 버린다. 이 커다란 형식 여러 단위와 나란히 똑같이 고차적인 질서 단위로 인정되고 있는 파우스트적 제도덕의 군(群), 아폴론적인 제도덕 전체가 존재하고 있다. 그것이 존재하고 있다는 것은 감수하지 않으면 안 되는 운명이다. 다만 의식된 형태라는 것만이 계시의 결과이거나 혹은 과학적 견해의 결과인 것이다.

 서술하기 곤란하지만 그런 무엇인가가 있고, 이 무엇인가가 헤시오도스와 소포클레스에서 플라톤과 스토아주의에 이르기까지의 모든 설을 요약하고, 그리고 이것을 아시시의 프란체스코와 아벨라르에서 입센과 니체에 이르기까지 그들에게 가르쳐진 모든 것에 대립시키고 있다. 그리고 예수의 도덕도 또한 하나의 일반적인 도덕의 가장 귀중한 표현에 불과하다. 그 도덕은 마르키온과 마니, 필론과 플로티노스, 에픽테토스, 아우구스티누스 그리고 프로클로스에서 다른 형태를 취해 나타나고 있다. 어떤 그리스·로마의 윤리도 자세의 윤리이고, 어떤 서양의 윤리도 행위의 윤리이다. 그리고 최후로 모든 중국의 체계와 모든 인도의 체계 전체는 별도로 그 자체로 하나의 세계를 건설하고 있다.

12

　일반적으로 생각될 수 있을 정도의 그리스·로마의 윤리도 모든 개개의 정적인 인간을 수많은 체구 속의 체구로 만들어 낸다. 서양의 모든 평가는 무한한 일반성의 작용의 중심으로서의 인간과 관련되어 있다. 윤리적인 사회주의는 공간을 통해 멀리멀리 작용하는 행위의 주의이고, 제3차원의 도덕적 파토스이다. 동시대에 살아가고 있는 자와 미래에 태어날 자에 대한 배려라는 근원 감정이 그 상징으로 이 문화 전체 위에 떠돌고 있다. 거기에서 이집트 문화를 보면 우리가 말하는 사회주의적인 어떤 것이 존재하고 있는 것을 알 수 있다. 다른 한편으로 개인의 조용한 태도, 무욕, 정적인 완성 등으로 향하는 경향에는 인도 윤리와, 그리고 이 윤리에 의해 형성된 인간을 상기시키는 것이 있다. '배꼽을 응시하고 있는' 불타의 좌상을 생각하면 알 수 있다. 이것은 제논의 아타락시아와 인연이 없는 것은 아니다. 그리스·로마의 인간의 윤리적 이상은 그 비극이 이끌어 온 것이었다. 카타르시스는 아폴론적이 아니기 때문에, 즉 '앎'과 방향에 속박되어 있기 때문에 아폴론적인 혼을 해방시키는 것이며, 비극 속에 그 가장 깊은 의미를 나타내고 있다. 그것은 단지 스토아주의야말로 그 성숙된 형식이라고 인식하기만 하면 이해되는 것이다. 극이 장엄한 시각에 올린 효과를 스토아주의는 생활 전체에 미치게 하려 했다. 그것은 조상적인 평정함이고 무의지적인 에토스이다. 그뿐만이 아니다. 극히 후기의 법식인 저 열반(니르바나)이라는 불교적인 이상은 순수하게 인도적인 것이고, 이미 일찍이 베다시대에 나타나고 있었던 것인데, 이 이상이야말로 카타르시스에 극히 가까운 것이 아닐까. 이 개념에서 보면 이상적인 그리스·로마인과 이상적인 인도인은 파우스트적인 인간(그 윤리는 셰익스피어의 비극과 그 동적인 발전과 파국으로 명료하게 이해된다)과 비교할 때는 서로 밀접하게 이웃해 있지 않을까. 사실상 갠지스 강에 있는 소크라테스, 에피쿠로스, 특히 디오게네스——이것을 충분히 상상할 수 있을 것이다. 그러나 서유럽의 세계도시에 있어서의 디오게네스——이것은 무의미한 바보일 것이다. 다른 한편으로 넓은 의미에 있어서의 사회주의자의 원형인 프리드리히 빌헬름 1세는 나일 강의 국가 제도 속에서도 아무튼 생각되지 않는 것은 아니다. 페리클레스 시대의 아테네에 있어서는 결코 그렇지 않다.

만약 니체가 편견에서 자유로워지고, 또 약간의 윤리적 창조에 대한 낭만적인 열광을 버리고 자기 시대를 똑똑히 관찰했다면, 그랬다면 그가 의미하는 그런, 이른바 특히 그리스도교적인 동정의 도덕이 서유럽의 지상에는 전혀 존재하지 않는다는 것을 깨달았을 것이다. 인정미 있는 법식의 글귀 때문에 그 사실상의 의미를 오해해서는 안 된다. 자기가 지니고 있는 도덕과, 자기가 지니고 있다고 믿고 있는 도덕 사이에는 극히 분간하기 어렵고, 또 극히 동요하고 있는 관계가 있다. 여기에서야말로 때묻지 않은 심리학이 필요했을 것이다. 동정은 위험한 말이다. 니체가 아무리 뛰어나다 해도 다른 시대에 있어서의 이 말의 의미와 사실에 대한 탐구는 아직 부족하다. 오리게네스 시대의 그리스도교적인 도덕은 아시시의 프란체스코 시대의 도덕과 전혀 다르다. 여기에는 파우스트적인 동정이 희생 혹은 변덕으로서, 그리고 또 기사 사회의 혈통 감정으로서 마기적이고 그리스도교적이며 숙명적인 동정과 달리 무엇을 의미하고 있는지 논할 여지가 없다. 또한 그것이 어느 정도까지 몸으로의 작용으로서, 실제적인 동력학으로서 이해되어야 하는지, 그리고 또 다른 한편으로 어느 정도까지 긍지 높은 혼의 극기(克己)로서, 혹은 또 뛰어난 거리 감정의 표현으로서 이해되어야 하는지를 논할 여지도 없다. 르네상스 이래 서양이 지니고 있는 윤리적인 어구의 고정된 보고(寶庫)는 극히 다른 내용이나 또 무한히 풍부한 여러 가지 의견을 표현하는 데 충분하다. 우리는 역사적이고 또 회고적인 천성을 지닌 인간이기 때문에, 그 믿고 있는 표면적 의미, 혹은 이상에 대한 단순한 지식은 과거에 대한 외경의 표현이고, 이 경우에 있어서는 종교적 전통에 대한 외경의 표현이다. 그러나 확신에 대한 글귀는 확신의 사실에 대한 표준이 아니다. 인간이 자기의 신앙에 대해 아는 것은 아주 조금밖에 없기 때문이다. 표어와 학설은 언제나 통속적인 것이고, 어떤 지적 현실의 깊이에도 이를 수 없다. 신약성서의 교의에 대한 이론적인 존경은, 사실상 르네상스와 고전주의가 그리스·로마 예술을 이론적으로 극히 높게 평가한 것과 거의 같은 정도의 것이다. 전자가 인간을 바꾸지 않은 것과 마찬가지로, 후자도 작품의 정신을 바꾸지 않았다. 걸식 종단, 헤른후트파, 구세군의 이름은 언제나 마음이 끌리지만, 그것이 소수이기 때문에, 또 그 세력이 약하기 때문에 그것들이 전혀 다른 것(참된 파우스트적·그리스도교적인 도덕)의 예외라는 것을 증명하고 있다. 이 도덕의 법식화는 루터도, 트리엔트 종교회의도 하지 않았던 것이다. 그러나 인노켄티우스 3세와 칼뱅, 로욜라와 사보나롤라, 파스칼과 테레사 성녀와 같은 모든 대규모의 그리스도 교도는 자기 안에 있는 교설과 모순됨에도 불구하고 그 법식을 지니고 있었다. 그러면서도 이 모순을 깨닫지 못했던 것이다.

니체의 '여성적 도덕에 속박되지 않은 덕(moralinfreie)', 즉 virtù라는, 저 남성적 도덕이라는 아주 순수한 서양적인 개념, 즉 스페인 바로크의 grandezza, 프랑스 바로크의 grandeur를, 실천에 즈음해서는 언제나 쾌락(ἡδονή), 마음의 평정(γαλήνη, ἀπάθεια), 무욕으로서, 그리고 특히 몇 번이나 ἀταραξία로 나타나는 저 헬라스적인 개념인 극히 여성적인 ἀρετή와 비교하기만 하면 그것으로 충분하다. 니체가 금발의 야수라 이름붙인 것, 또 그가 과도하게 평가한 르네상스 인간의 유형(이것은 슈타우펜 시대의 위대한 독일인의 맹수적인 모형에 불과했다) 속에 체현되었다고 본 것은, 모든 그리스·로마 윤리가 예외 없이 원한 유형, 그리고 모든 중요한 그리스·로마의 인간에게 체현된 유형, 그 유형의 정반대적인 것이다. 화강암 같은 완강한 인간이야말로 그런 자이고, 이런 종류의 인간은 파우스트적인 문화로 충만되어 있는데, 그리스·로마 문화에는 단 한 사람도 없었던 것이다. 예컨대 페리클레스와 테미스토클레스는 아테네적인 칼로카가티아의 의미에서 말하는 유연한 인물이고, 알렉산드로스는 결코 자각하지 못한 열광자이며, 카이사르는 현명한 계산가였다. 외국인인 한니발은 그들 사이에서 유일한 '남아(男兒)'였다. 호메로스의 말로 추측해 보면 초기의 인간, 예컨대 저 오디세우스와 아이아스는 십자군의 기사와 비교할 때 두드러진 예외였을 것이다. 그리고 극히 여성적인 성질의 반동으로서의 야수성이 있다. 그리스적인 잔인은 확실히 이것이다. 하지만 북방의 유럽에서는 그 초기에는 하인리히 사자공(獅子公)이나 그레고리우스 7세와 같은 거대한 일군의 인간에게 둘러싸인, 위대한 작센, 프랑켄 또 슈타우펜 가의 여러 황제가 나타나고 있다. 이에 뒤이어 르네상스나 장미전쟁이나 위그노 전쟁의 인간이 나타나고, 스페인의 정복자, 프로이센의 선제후나 여러 국왕, 나폴레옹, 비스마르크, 세실 로즈 등이 나타나고 있다. 이에 비견할 수 있는 다른 문화가 어디에 있었던가. 슈타우펜과 벨펜 당원의 투쟁이 일어났을 때의 레냐노 전투 같은 거대한 광경이 헬라스사 전체를 통해 어디에 있었을까. 민족 이동 시대의 영웅혼, 스페인의 기사도, 프로이센의 훈련, 나폴레옹의 정력——이것은 모두 그리스·로마적인 것이 아니다. 그리고 십자군에서 제1차 세계대전에 이르기까지의 파우스트적인 인간태의 정상에서 저 '노예의 도덕', 저 섬약한 체념, 저 자선(慈善) 부인회원의 의미에서 말하는 '자비(caritas)'가 어디에 있는가. 말 속에 있을 뿐이고, 사람들은 그 말을 존경하고 있지만 그 밖의 어디에도 없다. 내가 여기에서 또 생각하는 것은 파우스트적인 승려의 유형이고, 말 위에 높이 걸터앉아 그 인민을 격전으로 내몬 독일 황제 시대의 당당한 주교들이며, 하인리히 4세와 프리드리히 2세를 굴복시킨 교황이고, 오스트마르크에 있어서의 독일 기사단이며, 고대 북방의 비그리스도교주의를 가지고 옛 로마의 그것에 대해 반기를 들었던 루터의 도전이고, 프랑스를 창조한 리슐리외, 마자랭, 또 플뢰리와 같은 위대한 추기경들이다. 이것이 파우스트적 도덕이다. 만약 이 분방한 생명력이 서양사의 전모 속에서 활동하고 있는 것을 보지 못한다면 장님임에 틀림없다. 이러한 현세적인 열정의 커다란 실례 속에 사명 의식이 나타나 있다. 이런 실례에서 비로소 대규모적인 종교적 열정의 예가 이해되는 것이다. 이것은 어떠한 자도 저항하기 어려운 숭고한 카리타스이고, 그 동적인 점에서 그리스·로마의 단정(端正)과 초기 그리스도교의 온화와는 전혀 다른 것이다. 독일 신비가, 독일과 스페인의 종단 기사, 프랑스와 영국의 칼뱅주의자가 행한 그러한 공고(共苦, 동정) 속에는 견고함이 있다. 라스콜리니코프의 동정과 같은 러시아적인 동정 속에서는 정신은 형제의 무리 속으로 사라져 버린다. 파우스트적인 동정에서는 거기에서 나아가 자신을 높인다. "Ego habeo factum"——이것은 신의 면전에서 개인을 변명하는 이 인격적인 카리타스의 법식이기도 하다.

　보통 의미에서 말하는 '동정의 도덕'이 우리 사이에서 존중되고, 사상가에 의해 공격당하거나 기대되거나 하는데도 불구하고 지금까지 한 번도 실현되지 않은 이유는 이것이다. 칸트는 이 도덕을 분명히 부정했다. 실제로 동정의 도덕은 지상 명령과 근본적으로 모순되고 있다. 지상 명령은 생명의 의의가 행위 속에 있다고 보고, 연약한 기분에 굴복하는 것에 있다고 보지 않기 때문이다. 니체의 '노예의 도덕'은 환상이다. 주인의 도덕은 현실이다. 이것은 구상될 필요조차 없는 것이다. 그것은 오래 전부터 존재하고 있었던 것이다. 낭만적인 보르지아의 가면과, 저 초인이라는 몽롱한 환영을 제거한 자리에 남는 것은 정력적이고 명령적이며 동적인 문화의 유형으로서 오늘날 실제로 존재하고, 그리고 아이슬란드의 신화 시대에 이미 존재하고 있던 파우스트적 인간 자체이다. 그것이 그리스·로마에서 어떠했든 간에 그것은 아무래도 좋다. 우리의 위대한 선행자는 수백만 명이 관계된 깊은 생각과 배려를 지닌 위대한 행동가이고, 대정치가와 대조직자이다. "자기가 지닌 의지, 지식, 부 그리고 세력의 우월에 의해 민주주의적 유럽을 자기의 가장 유순하고 또 가장 다루기 쉬운 도구로 사용하여 지구의 운명을 자기의 손안에 움켜쥐려 하고, 예술가로서 '인간' 자신을 형성하려고 하는 고도의 인간, 그것으로 충분하다. 때가 온다. 그때 사람들은 정치에 대해 다시 배울 것이다" 하고 니체의 유고(遺稿) 속에 씌어 있다. 이것은 완성된 작품보다 훨씬 구체적이다. "우리는 정치적 능력을 배양하든가, 그렇지 않으면 실패한 옛 양자택일에 의해 강요된 민주주의에 의해 몰락하지 않으면 안 된다"라고 버나드 쇼(《사람과 초인(超人)》)는 말한다. 철학적인 시야에서는 제한되어 있었지만, 실제적 훈련이란 점에서, 또 관념태가 적다는 점에서 니체보다 뛰어났던 쇼는 《바바라 소령》에서 억만장자 언더샤프트란 형태를 빌려 초인 이상(理想)을 신시대의 비낭만적인 언어로 표현했다(이 초인 이상은 니체에 있어서도 또한 맬서스와 다윈이라는 우회로를 거쳐 신시대에서 시작되고 있다). 이 대규모적인 실제인은 오늘날 타인의 운명을 지배하는 권력의지를 대표하고, 따라서 파우스트적인 윤리 일반을 대표하는 것이다. 이런 종류의 인간은 자신의 수백만 원을 한도 끝도 없는 선행을 만족시키려고 몽상가, '예술가', 약자, 영락자(零落者)를 위해 뿌리지는 않는다. 이것을 미래를 위한 재료로 생각되는 자를 위해 사용한다. 그들은 이런 인간과 함께 목표를 추구하며 나아간다. 그들이 만드는 것은 개인적 존재를 넘어 영속한다. 몇 세대에 걸친 현존재를 위한 힘의 중심이다. 금전조차 이념을 발전시키고 역사를 만들 수 있다. 그래서 21세기의 극히 중요한 유형을 예시하고 있는 로즈는 자기 재산을 이렇게 처분하도록 유언했다. 통속적인 사회윤리가와 인도(人道)의 사도의 문학적 요설(饒舌)을 서양 문명의 깊은 윤리적 본능과 구별하지 못하는 것은 천박함과 동시에 역사를 내적으로 이해하는 능력이 없다는 것을 증명하는 것이다.

사회주의——시정(市井)에 나도는 의미가 아니라 그 최고의 의미에서의——는 모든 파우스트적 이상과 마찬가지로 배타적 이상이다. 이 이상이 통속화된 것은 그 대변자조차 이것을 완전히 오해했기 때문인 것이다. 즉 사회주의가 의무의 합계가 아니라 권리의 합계로 여겨지고, 칸트적 지상 명령의 강화가 아니라 그 폐기로 여겨지고, 방향 에너지의 긴장이라고 여겨졌기 때문이다. 예의 복지, '자유', 인도, 대다수의 행복 등을 지향하는 평범한 피상적인 경향은 행복한 상태가 실로 모든 윤리의 중핵이고 합계라고 보는 그리스·로마의 에피쿠로스주의와는 정반대이고, 파우스트적 윤리의 소극적인 면에 불과하다. 여기에는 확실히 외면적으로 극히 유사한 분위기가 있는데, 이 분위기는 한 경우에는 무를 의미하고, 다른 경우에는 전(全)을 의미하는 것이다. 이런 견지에서 그리스·로마의 윤리의 내용을 개인이 자신에, 자기의 소마에 주는 박애라고 보아도 좋다. 이 점에서 정확히 이런 의미로 φιλάνθρωπος라는 말을 사용하고 있는 아리스토텔레스의 권위가 채용된다(이 말은 고전주의 시대의 최량의 두뇌, 특히 레싱을 당황시켰다). 아리스토텔레스는 아테네 비극이 아테네의 관중에게 미친 영향을 박애적이라고 보았다. 비극의 페리페테이아는 관중을 자기 자신에 대한 동정에서 구제하는 것이다. 일종의 주인의 도덕과 노예의 도덕이라는 이론은 초기 헬레니즘에 있어서도 또한(예컨대 칼리클레스에 있어서) 엄밀히 체구적·에우클레이데스적 의미로 이해되며 존재하고 있었다. 주인의 도덕의 이상은 알키비아데스이다. 알키비아데스는 순간적으로 자기 '사람'에게 유리하다고 생각되는 것을 올바르게 행했던 것이다. 그는 그리스·로마적 칼로카가티아의 유형으로 느껴지고 칭송받았다. 프로타고라스는 저 사람은――각 개인은 자신에게 있어――사물의 척도라는 유명한, 완전히 윤리적 의도가 들어 있는 명제에서 더욱 분명히 하고 있다. 이것은 조상적(彫像的)인 혼의 주인의 도덕이다.

13

니체가 '모든 가치의 변경'이라는 구절을 처음으로 썼을 때, 우리를 중심으로 생활하고 있는 이 몇 세기의 혼의 운동이 마침내 자신의 법식을 발견했던 것이다. 모든 가치의 전환은 모든 문명의 가장 본질적인 성격이다. 이것에 의해 문명은 선행한 문화의 모든 형식을 개조하고, 이것을 다른 양식으로 이해하고, 이것을 별도로 취급하기 시작한다. 문명은 더 이상 태어나지 않는다. 그것은 해석을 바꿀 뿐이다. 여기에 존재하는 것은 모든 이런 종류의 시대의 부정성이다. 이들 시대는 참된 창조 행위를 이미 있는 것으로 가정한다. 그것은 단지 커다란 현실의 제상(諸相)을 상속할 뿐이다. 후기 그리스·로마를 회고해 보면 이에 해당하는 사건이 헬레니즘·로마적 스토아주의 속에서, 즉 아폴론적인 혼의 긴 단말마적인 고통 속에서 일어나고 있었던 것을 알 수 있다. 에픽테토스와 마르쿠스 아우렐리우스에서 대도시적이 되고 지적이 된 그리스·로마 생활의 내적 빈약화를 최초로 체현한 스토아의 정신적 아버지인 소크라테스에 이르기까지 회고해 보면 그들 사이에는 모든 그리스·로마적 존재 이상의 전환이 존재하고 있다. 인도는 어떤가 보면 기원전 250년경 아소카 왕이 살아 있을 때 브라만적 생활의 전환이 행해졌다. 베단타(Vedanta)의 불타 이전에 씌어진 부분과 이후에 씌어진 부분을 비교해 보면 알 수 있다.

그러면 우리는 어떤가. 여기에서 확정된 의미에서 말하는 윤리적 사회주의에 있어서 대도시의 돌덩어리 속에 갇힌 파우스트적인 혼의 근본적 기분으로서 이 전환이 바야흐로 이제 막 행해지고 있는 것이다. 루소는 이 사회주의의 선조이다. 루소는 대문명의 각각의 윤리적 대변자로서 소크라테스와 불타와 병존하고 있다. 모든 문화의 대형식과 모든 의의 있는 전통의 거부, 유명한 '자연으로 돌아가라', 실천적 합리주의, 이것들은 루소가 문명의 대변자임을 추호도 의심하지 못하게 한다. 그 어느 것이나 각각 천 년에 걸친 내적 정신을 무덤으로 보냈다. 그것들은 인류의 복음을 말한다. 그러나 이 인류는 후기의 도시에 염증을 느끼고, 또 문화에 아주 싫증을 느끼는 지적인 도시인의 것이며, 그 '순수' 이성, 즉 혼 없는 이성은 문화와 그 문화의 지배적 형식에서, 그 견고함에서 해방되고, 내적으로 이미 체험하지 않고, 따라서 혐오하고 있는 상징적 의의에서 해방되길 바라고 있다. 문화는 변증법적으로 파괴된다. 쇼펜하우어, 헤벨, 바그너, 니체,

입센, 스트린드베리와 같은, 이 위대한 극과 결부되어 있는 19세기의 위대한 이름을 쭉 훑어보면, 니체가 그 미완성의 저서의 단편적인 서문에서 분명히 허무주의의 도래라고 명명한 것을 인정할 수 있다. 이것은 위대한 어떤 문화에서도 보이는 것이고, 가장 깊은 필연을 가지고 이 커다란 유기체들의 종결을 이루는 것이다. 소크라테스는 허무주의자였다. 불타도 그랬다. 인간으로서의 혼의 상실은 서양에 있어서와 마찬가지로 이집트에서도, 중국에서도 일어나고 있다. 이것은 정치적·경제적 변화의 문제가 아니고, 또 본래 종교적 혹은 예술적 변화의 문제도 아니다. 그것은 결코 구체적인 것의 문제도 아니고, 사실의 문제도 아니다. 자기의 가능성을 남김없이 실현한 혼의 본질의 문제이다. 헬레니즘과 근대 서구의 대사업을 들어 그것으로 이것을 반박해서는 안 된다. 노예 경제와 기계공업, '진보'와 아타락시아, 알렉산드리아 상황과 근대 과학, 페르가몬과 바이로이트, 아리스토텔레스의 《폴리테이아》와 마르크스의 《자본론》이 가정하고 있는 그런 사회 상태, 이것들은 단지 역사적 표면상에 나타나는 징후에 불과하다. 문제는 외적 생활이 아니고, 생활 태도, 제도, 풍속이 아니며, 가장 깊은 최후적인 것이고, 세계도시인의――그리고 시골 사람의――내적 종료이다. 그리스·로마에서 그것은 로마 시대에 나타났다. 우리에게 있어서는 2천 년 이후의 시대에 속한다.

  문화와 문명――이것은 하나의 정신태의 살아 있는 몸과 그 미라이다. 따라서 서양의 존재는 1800년 이전과 이후로 구별된다. 즉 충실한 자명적인 생활과, 저 우리 대도시의 인공적인 뿌리 없는 후기의 생활이다. 전자는 고딕의 아이 시대에서 괴테와 나폴레옹에 이르는 하나의 커다란 선을 이루고, 내부에서 발전하는 모습을 보이며, 후자의 제형태는 지능이 그려 내는 것이다. 문화와 문명――이것은 땅에서 태어난 유기체와 그 응결에서 생긴 기구이다. 문화의 인간은 안을 향해 살고, 문명화된 인간은 밖을 향해 공간 속에서 체구와 '사실' 사이에서 산다. 전자가 운명이라고 느끼는 것을 후자는 원인과 결과의 관련으로 해석한다. 사람은 이때부터 바라든 바라지 않든 상관없이, 또 불교, 스토아주의, 사회주의의 제교설이 종교적 형태를 취하든 취하지 않든 그것과는 별도로 문명에만 타당한 의미에서 유물주의자이다.

고딕과 도리스의 인간, 이오니아와 바로크의 인간에게 있어서는 예술, 종교, 습관, 국가, 지식, 사회 등의 거대한 전 형식계는 손쉬운 것이다. 이런 인간은 이 형식계를 '인식'하지 않은 채 지니고 이것을 실현한다. 그는 문화의 상징적 의의에 대해 모차르트가 그 예술에서 지니고 있었던 것과 같은 꾸밈없는 숙련성을 지니고 있다. 문화는 자명한 것이다. 이들 모든 형식이 미지라는 감정. 창조의 자유를 잃어버리게 하는 무거운 짐이라는 감정. 존재하고 있었던 것을 의식적으로 이용하기 위해 오성적으로 조사하려는 유혹. 신비적인 창조적인 것에 있어 치명적이 되고 있는 사고(思考)의 강제. 이것들이 피로한 혼의 최초의 징후이다. 병이 들어야 비로소 손발의 존재를 알 수 있다. 비형이상학적인 종교를 구성하고, 그리고 종의(宗儀)와 교설에 반항하는 것. 자연법을 역사법에 대립시키는 것. 예술에서 '양식'이 더 이상 유지되지 않고 자유로이 구사되지 않게 되기 때문에 다양한 양식을 '고안'하는 것. 국가를 바뀔 수 있음은 물론 도리어 바뀌지 않으면 안 되는 '사회 질서'로 해석하는 것(루소의 《사회 계약론》과 완전히 같은 의의를 지닌 저작이 아리스토텔레스 시대에 존재한다). 이것들은 모두 무엇인가가 결정적으로 붕괴했다는 것을 나타내고 있는 것이다. 세계도시 자체는 극도로 무기적인 것으로서 문화의 땅 속에 존재하고 있다. 그리고 세계도시는 그 문화의 땅의 주민을 그 뿌리에서 잘라 내고 자기 쪽으로 끌어당기려고 이것을 다 써버리는 것이다.
　과학적인 세계는 표면적인 세계이고, 실제적이고 혼이 없는 순수한 외연적인 세계이다. 이들 세계가 불교, 스토아주의 및 사회주의 사상의 기초를 만들고 있다.[24] 생활을 이미 거의 의식하지 않고 선택이 없는 자명함을 가지고 생활하지 않는 것, 생활을 신이 바란 운명으로서 감수하지 않고 문제로 보는 것, 이것을 지적인 견해에 바탕을 두고 '공리적으로', '이성적으로' 등장시키는 것——이것이 이들 세 경우의 배경이 되고 있는 것이다. 혼이 퇴장했기 때문에 두뇌가 지배한다. 문화의 인간은 무의식적으로 생활하고, 문명의 인간은 의식적으로 생활한다. 이제는——회의적으로, 실제적으로, 인위적으로——홀로 문명을 대표하는 대도시, 그 대도시의 면전에 서 있는 땅에 뿌리를 내린 농민은 더 이상 돌아보지 않는다. '민중' 은——이것은 이제는 도시의 민중이고, 무기적인 대중이며, 불안정한 무엇인가이다.
　농민은 민주주의자가 아니다——왜냐하면 이 민주주의라는 개념도 또한 기계적·도시적 개념이기 때문이다. ——따라서 농민은 무시되고 조롱당하고 경멸당하고 증오당하고 있다. 농민은 옛 계급, 즉 귀족과 승려가 소멸된 뒤에는 유일한 유기적 인간이고 초기 문화의 유물이다. 스토아주의에도, 사회주의 사상에도 농민이 파고들 여지가 없다.
　당연한 결과로 쓸쓸한 한밤중에 있어서의 열정적인 연구자인 비극 제1부의 파우스트는 제2부와, 또 새로운 세기의 파우스트가 된다. 이것은 순수하게 실제적인, 멀리 보고 외부로 향해진

---

　24) 불교는 수론파(數論派)의 무신교적 사상에 바탕을 두고, 스토아주의는 소크라테스를 매개로 궤변주의에 바탕을 두고, 사회주의는 영국 감각론에 바탕을 두고 있다.

제5장 혼의 상(像)과 생명 감정 95

활동의 유형이다. 여기에서 괴테는 심리적으로 서유럽의 미래 전체를 예언했던 것이다. 이것은 문화 대신 문명이고, 내적 유기체 대신 외적 기구이며, 소멸한 혼 자체 대신 혼의 화석으로서의 지능이다. 파우스트극 서두에서의 파우스트와 끝의 파우스트가 서로 마주 보고 있듯이, 그리스·로마에서는 페리클레스 시대의 헬라스와 카이사르 시대의 로마인이 서로 마주 보고 있다.

14

완성되려고 하고 있는 문화의 인간이 자연적으로 또 자명하게 극히 단순하게 계속 살아가는 한, 그 생활에는 불가피한 태도가 있다. 이것이 저 본능적 도덕이다. 이 도덕은 수천 가지의 의론의 여지가 있는 법식 속에 감싸일 수 있지만, 사람은 스스로 이 도덕을 지니기 때문에 굳이 논쟁하지 않는다. 생활이 피곤해지자마자, 사람이――이미 자기에게 지적 세계가 되고 있는 대도시의 인공적인 땅 위에서――이 생활을 형편에 맞게 해나가기 위해 이론을 필요로 하기에 이르자마자, 생활이 관찰의 대상이 되자마자, 도덕이 문제로 화한다. 문화의 도덕은 사람이 지니는 도덕이다. 문명화된 도덕은 사람이 탐구하는 도덕이다. 전자는 너무 깊기 때문에 논리적인 방법을 통해 끝까지 밝힐 수 없다. 후자는 논리의 작용이다. 칸트와 플라톤에 있어서조차 윤리학은 단순한 변증법이고 개념의 유희이며 형이상학 체계의 완성이다. 그것은 근본적으로 말하면 필요 없는 것이었으리라. 지상 명령은 칸트에게 있어 전혀 문제로 존재하고 있지 않았던 것을 단지 추상적으로 만들어 낸 것에 불과하다. 그러나 제논과 쇼펜하우어 이후에는 더 이상 그렇지 않게 되었다. 여기에서는 이미 본능적으로 확신되지 않게 된 것이 존재의 규칙으로서 발견되고 발명되고 강하게 추구되지 않으면 안 되게 되었다. 여기에서 생활을 인식에 반영시키는 윤리학이 없어지고, 인식을 생활에 반영시키는 문명화된 윤리학이 시작된다. 모든 이런 사고에 의해 얻어진 체계가 모든 문명 초기의 몇 세기를 가득 채우고 있으며, 그 속에서는 혼이 없는 것, 또 반(半)진리적인 것이 느껴진다. 이것은 이미 대예술에 필적하는, 가장 깊고 거의 초현세적인 창조가 아니게 되었다.

이제는 모든 대규모적인 형이상학, 모든 순수한 직관이 갑자기 느껴지게 된 유일한 필요 앞에서 소멸하고, 생활이 스스로를 규정하지 않기 때문에 이것을 대신해서 생활을 규정해야 하는 실제적 도덕의 제도 앞에서 소멸한다. 철학은 칸트, 아리스토텔레스에 이르기까지, 그리고 요가(Yoga)와 베단타의 설에 이르기까지는 강대한 일련의 세계 체계이고, 형식적 윤리학은 그 속에서 극히 작은 위치를 차지하고 있었던 데 불과했다. 이제 그것이 형이상학을 배경으로 하는 도덕 철학이 되고 있다. 인식론적 열정이 실제상의 요구에 굴복했다. 사회주의, 스토아주의, 불교는 이런 종류의 철학이다.

아이스킬로스, 플라톤, 단테, 괴테가 세계를 높은 곳에서 본 데 반해 이것을 급박한 현실과 일상의 요구의 견지에서 보는 것은 생활의 새의 시야를 개구리의 시야로 바꾸는 것이다. 그리고 이것이야말로 문명으로의 하강(下降)이다. 모든 윤리학이라는 것은 혼이 자기의 운명을 보는 것을 법식화하는 것이다──비장하게도 실제적으로도, 위대하게도 평범하게도, 장년적으로도 노년적으로도, 거기에서 나는 비극적 도덕과 천민 도덕을 구별한다. 한 문화의 비극적 도덕은 존재의 중압(重壓)을 알고 이것을 이해한다. 그러나 그 중압에서 이것을 견딘다는 긍지의 감정을 이끌어 낸다. 이렇게 느낀 것이 아이스킬로스, 셰익스피어 및 바라문 철학의 사상가이고, 단테와 게르만적 카톨릭교였다. 이것은 "Ein, feste Burg ist unser Gott(견고한 성이야말로 우리의 신일지니)"라는 루터파의 격렬한 군가(軍歌) 속에 있고, 내려와서는 마르세예즈 속에조차 여운을 남기고 있다. 에피쿠로스와 스토아, 불타 시대의 제종파, 19세기 철학 등의 천민 도덕은 운명을 회피하기 위해 전투 계획을 세운다. 아이스킬로스가 위대하게 행한 것을 스토아파는 작게 행했다. 이것은 이미 생명의 충실이 아니고 그 빈곤, 냉각과 공허이다. 그리고 로마인은 이 지적인 냉각과 공허를 단지 대규모적으로 과장한 데 불과하다. 셰익스피어, 바흐, 칸트, 괴테 등과 같은 바로크의 위대한 거장의 윤리적 열정, 즉 자기 밑에 낮게 있다고 믿는 자연적 사물을 내적으로 지배하려고 하는 남성적 의지와, 그 사물들이 자기와 동일 평면상에 있기 때문에 이것을——배려, 인도, 세계 평화, 대다수의 행복이라는 형태를 취해——외적으로 제거하려는 유럽적 근대성의 의지 사이에 이 동일 관계가 존재하고 있다. 이 외적 제거 역시 불가피한 것에 인종하는 그리스·로마적 의지와 반대되는 권력의지이다. 이 속에도 무한에 대한 열정과 경향이 존재하기 때문이다. 그러나 이것은 정복에 있어서의 형이상학적 위대함과 물질적 위대함의 차별이다. 이것에는 깊이가 결여되어 있고, 초기의 인간이 신이라 명명한 것이 결여되어 있다. 슈타우펜과 벨펜 당에서 프리드리히 대왕, 괴테와 나폴레옹에 이르는 모든 위대한 인간 속에서 활동하고 있었던 행위라는 파우스트적 세계감정이 천박화하여 노동의 철학이 된다. 이 철학에서 노동이 변호되든 비판되든 내적 가치와는 아무런 관계도 없다. 행위라는 문화 개념과 노동이라는 문명 개념은 아이스킬로스의 프로메테우스의 태도와 디오게네스의 태도의 관계와 같은 관계를 지니고 있다. 한쪽은 인종하는 자이고, 다른 한쪽은 게으름을 피우는 자이다. 갈릴레이, 케플러,

뉴턴이 한 것은 과학적인 행위이지만, 근대의 물리학자가 하는 것은 학구적 노동이다. 일상생활과 '건전한 인간 오성'에 바탕을 둔 천민 도덕이 쇼펜하우어에서 쇼에 이르는 모든 위대한 말에도 불구하고 모든 인생 관찰의 기초를 이루고 있다.

15

따라서 각 문화에는 각각 정신적인 혼으로서 소멸하는 특유한 방식이 있다. 그것은 가장 깊은 필연을 가지고 그 생활 전체에서 생겨 나오는 유일한 방식이다. 그래서 불교, 스토아주의, 사회주의는 형태학적으로 동일한 가치를 지니는 종말 현상이다.

불교 또한 그러하다. 오늘날에 이르기까지 불교의 마지막 의미가 오해되고 있었다. 이것은 예컨대 이슬람 혹은 얀센주의와 같은 청교도적 운동도 아니고, 아폴론주의에 대한 디오니소스 운동과 같은 개혁도 아니며, 새로운 종교가 아님은 물론 일반적으로 베다와 사도 바울로의 종교 같은 종교도 아니고,[25] 완결된 문화를 배후에 지님과 동시에 내적 미래를 더 이상 전방에 갖지 않는, 피로에 지친 대도시 인간의 순수한 최후의 실제적 세계 기분이다. 불교는 인도 문명의 근본주의이다. 그래서 스토아주의 및 사회주의와 '동시적'이며 또한 같은 가치를 지닌다. 형이상학적이 아니고 완전히 세속적인 이 사상의 정수는 사색에 잠긴 태자가 그 최초의 귀의자를 얻은 유명한 베나레스의 설교, '사성제'에 관한 설교 속에 있다. 그 근원은 합리주의적 · 무신론적인 수론

---

[25] 신도, 형이상학도 인정하지 않는 불교의 생활 관찰은 몇 세기 뒤에 이르러 비로소 하나의 펠라흐 종교를 탄생시켰는데, 이것은 이미 오래 전에 응결된 바라문 신학으로 되돌아오고, 나아가 민중 종교로 돌아온 결과에 따른 것이다.

(數論) 철학(Sankhya) 속에 있고, 암암리에 그 세계관을 전제로 하고 있다. 그것은 19세기의 사회윤리학이 18세기의 감각주의와 유물론에서 비롯되고 있는 것과 같고, 스토아주의가 헤라클레이토스를 천박하게 이용하고 있음에도 불구하고 프로타고라스와 궤변론자에서 비롯되고 있는 것과 같다. 어느 경우에도 이성의 만능력이 모든 도덕적 고찰의 출발점이다. 종교가 형이상학적인 것의 신앙으로 해석되는 한 문제가 될 수 없다. 이들 체계의 근원적 형태야말로 모든 것 속에서 가장 종교와 무관한 것이다. 이들 체계에서 나와 문명의 후기 단계에 속하기에 이른 것은 여기에서는 문제가 되지 않는다.

불교는 신과 우주적인 온갖 문제에 관한 사색을 모두 거부한다. 불교에 있어서 중요한 것은 단지 '나' 뿐이고 현실 생활의 처리뿐이다. 혼조차 인정하지 않는다. 현대의 서구 심리학자가——그와 함께 '사회주의자'가——내면적 인간을 감각의 묶음으로, 또 화학적·전기적 에너지의 퇴적으로 해결짓듯이, 불타 시대의 인도의 심리학자도 그렇게 하고 있다. 설법자 나가세나(Nagasena)는 아란타 왕에게 그가 타고 있는 수레의 부분은 수레 자체가 아니고, 그리고 '수레'는 단지 말에 불과하다고 증명했다——혼에 대해서도 마찬가지이다. 정신적 요소는 skandhas, 즉 퇴적물화되어 있고 덧없는 것이다. 그것은 연상심리학(聯想心理學)의 생각과 완전히 일치하고 있다. 불타의 가르침에는 많은 유물론이 있다.[26] 스토아주의가 로고스라는 헤라클레이토스적인 개념을 자기 것으로 하여 이것을 유물적으로 천박화시켰듯이, 다원주의에 바탕을

---

26) 각 문화가 그 특유한 유물론을 지니고 있는 것이 분명하다. 그것은 이 문화의 세계감정에 의해 세세한 지점에 이르기까지 규정되어 있는 그런 유물론이다.

두는 사회주의가 발전이라는 괴테의 깊은 개념을 (헤겔의 중개를 거쳐서) 기계적으로 표명했듯이, 불교도 마찬가지로 karman(업)이라는 활동적으로 완성되어야 하는 존재에 관한 (우리의 사상이 거의 실현될 수 없는) 범적(梵的) 개념을 변화하고 있는 세계 원소로서 종종 완전히 유물론적으로 다루었다.

니체의 의미로 사용된 허무주의(니힐리즘)에는 세 가지 형태가 있다. 어떤 경우에도 몇 세기 동안 성장해 온 종교적, 예술적, 정치적 형식이라는 어제의 이상이 버려졌다. 그럼에도 불구하고 문화의 최후 행위인 이 자기 부정 속에조차 여전히 그 문화의 전 존재의 근원 상징이 표현되어 있다. 파우스트적 허무주의자인 입센 및 니체, 마르크스 및 바그너는 이러한 이상을 파괴했다. 아폴론적인 허무주의자인 에피쿠로스 및 안티스테네스와 제논은 이러한 이상이 자기의 눈앞에서 붕괴되는 것을 방관했다. 인도적 허무주의자는 이러한 이상을 피해 자기 안으로 후퇴했다. 스토아주의는 미래와 과거와 관계없이, 혹은 타인과 관계없이 개인의 태도로 향해지고, 조상적이고 순수한 현재적 존재로 향해졌다. 사회주의는 이 같은 주제를 동력학적으로 취급한다. 똑같은 방어이지만, 태도의 방어가 아니라 생활의 달성의 방어이다. 멂으로 향하는 강력한 공격적 추진력을 가지고 미래 전체에 확대되고, 유일한 방법에 복종해야 하는 전 인간 대중에게 확대되어 가는 방어이다. 불교와 그리스도교[27]를 비교할 수 있다고 하는 것은 종교 연구의 딜레탕트에 불과하다. 불교란 서양의 어떤 언어로도 거의 재현할 수 없는 것이다. 단지 스토아적 열반에 대해 논하

---

27) 교부의 그리스도교와 비교하는 것인지, 아니면 십자군의 그리스도교와 비교하는 것인지가 먼저 이야기되어야 할 것이다. 왜냐하면 이것은 동일 교의와 동일 종의를 통합한 두 개의 다른 종교이기 때문이다. 현대 사회주의의 원시 그리스도교의 비교에도 같은 심리적 민감성이 결여되어 있다.

고, 디오게네스의 모습을 예로 드는 것만은 허용된다. 사회주의적 열반의 개념 역시 유럽적 피로가 생존경쟁으로부터의 도피를 지향하고, 이것을 세계 평화, 인도 및 사해 동포 등과 같은 모토에 맡기는 한 시인되어야 한다. 그러나 이 개념으로부터는 불교적 열반이라는 으스스하고 심오한 개념에는 결코 도달할 수 없다. 옛 제문화의 혼은 그 최후의 세련됨에서 죽음에 다가가면서도 자기 본래의 소유, 자기의 형식의 내용, 자기와 함께 태어난 근원 상징을 질투하여 놓아주지 않는 것 같다. 불교 속에는 '그리스도교적'이라고 지목될 만한 것이 전혀 없고, 스토아주의 속에는 서기 1천 년 이래 이슬람 속에 존재하는 것이 전혀 없고, 공자에게는 사회주의와 공통되는 것이 아무것도 없다. 모든 역사 고찰은 살아 있고 결코 되풀이되지 않는 이루어지는 것을 다루고, 논리적으로, 인과적으로, 또 수적으로 포착할 수 있는 이루어진 것을 다루지는 않는다. 이런 역사 고찰의 서두에 올려놓아져야 하는 si duo faciunt idem, non est idem(설사 두 가지가 같은 일을 했다 해도, 그것은 같지 않다)라는 구절이 특히 이 하나의 문화 운동들을 종결시키는 표현에 딱 들어맞는다. 어떤 문명에 있어서도 혼으로 충만된 존재는 지능으로 충만된 존재로 대체된다. 그러나 이 지능은 경우에 따라 다른 구조를 이루고 있고, 다른 상징적 의의의 형태어에 속해 있다. 무의식 속에서 작용하고 있는 역사적 표면에 이들 후기의 형성물을 만드는 존재, 그 존재가 특수한 것이기 때문에 역사적 단계에 따른 상호 유사가 결정적 의의를 지니는 것이다. 이들 형성물이 표현하는 것은 다르다. 이것들이 그처럼 표현한다는 사실이 이것들을 서로 '동시적'이라고 주목시키는 것이다. 화려한 모든 생활을 불타가 단념하는 것은 스토아적이고, 이것을 스토아파가 단념하는 것은 불교적이다. 아테네 극의 카타르시스와 열반의 이념의 관계에 대해서는 위에 제시된 것 그대로이다. 윤리적 사회주의의 완성을 위해 한 세기 전체가 이미 소비되었음에도 불구하고 그것이 오늘날에도 여전히 아직 그 최후적 형식이어야 할, 명료하고 견고하며 분명히 드러낸 형태를 취하고 있지 않다는 것은 누구나 느끼고 있는 것이다. 다음 수십 년 동안에는 크리시포스가 스토아주의에 부여한 그런 성숙된 법식이 사회주의에 부여될 것이다. 그러나 오늘날에 있어서조차──고도의 극히 좁은 범위에 있어서는──대사명의 의식에 기초를 두는 자기 훈련과 극기의 경향(즉 사회주의 속에 있는 로마적·프로이센적인 완전히 비민중적인 요소)은 스토아적인 느낌을 주고 있는 동시에, carpe diem(그날을 즐겨라)라는 순간적인 위안의 경시는 불교적인 느낌을 주고 있다. 오로지 아래 방향을 향해 널리 영향을 미치고 있는 그 민중적 이상, 요컨대 개인 자신의 ἡδονή(쾌락)이 아니라 전체 이름에서의 개인의 ἡδονή 숭배는 명백히 에피쿠로스적이라고 생각된다.

어떤 혼도 각각 종교를 지닌다. 이것은 그 혼의 현존재를 다른 언어로 표현한 데 불과하다. 이 혼을 나타내고 있는 모든 살아 있는 형태, 즉 모든 예술, 교설, 습관, 모든 형이상학적 및 수학적 형식계, 모든 장식, 모든 기둥, 모든 시가(詩歌), 모든 사상은 궁극적으로 종교적이고, 또 종교적이지 않으면 안 된다. 그러나 오늘 이후에는 더 이상 종교적일 수 없다. 모든 문화의 본질은 종교이다. 따라서 모든 문명의 본질은 무종교이다. 이것 또한 동일 현상에 대한 다른 말이다. 벨라스케스에 대한 마네, 하이든에 대한 바그너, 페이디아스에 대한 리시포스, 핀다로스에 대한 테오크리토스의 창작 속에서 이것을 느끼지 못하는 자는 예술의 정수를 모르는 자이다. 로코코의 건축조차도 가장 세속적인 창조이면서도 종교적이다. 하지만 로마의 건축은 신전조차 무종교적이다. 고대 로마에 있어서의 순수한 종교적 건축의 유일한 예는 그 내부 공간에 강렬한 마기적 신(神) 감정이 있는 회교 사원의 원형인 판테온이었다. 세계도시 그 자체는 옛 문화 도시에 비하면──아테네와 알렉산드리아, 브루게와 파리, 뉘른베르크와 베를린──도로, 언어, 얼굴의 마른 지적인 선[28]에 이르기까지 모든 세부적인 면에 걸쳐 무종교적(이것을 반종교적이라고 착각해서는 안 된다)이다. 따라서 완전히 세계도시의 형태어의 일부를 이루는 이 윤리적 세계 기분도 무종교적이고 무정신적이다. 사회주의는 무종교적이 된 파우스트적 생활 감정이다. 이것은 또한 영국의 사회주의자가 즐겨 입에 담고, 그리고 '교설 없는 도덕'으로 해석하는 이른바 ('참된') 그리스도교를 의미한다. 스토아주의와 불교는 오르페우스교와 베다교에 비하면 무종교적이다. 그리고 로마의 스토아주의자가 황제 숭배를 승인하고 집행하든, 후기의 불교도가 이 무신론을 확신적으로 부정하든, 사회주의자가 스스로 자유 종교라고 칭하거나 혹은 '신을 줄곧 믿든', 그것은 별로 중요한 것이 아니다.

살아 있는 내적 종교성은 인간 존재의 가장 무의미한 사항조차도 서서히 형성하고, 그리고 그 속에 가득 차 있다. 그 소멸은 역사적 세계상에 있어서는 문화에서 문명으로의 전환으로서, 이미 말한 것과 같은 문화의 갱년기로서, 시대 전환으로서 나타나고 있다. 이러한 시대에 있어서는 하나의 인간종의 혼의 다산성(多產性)이 영원히 사라지고, 그리고 '낳는' 것 대신 '조립하는 것'이 생긴다. 불출산이라는 말은 그 본래의 의미로 해석해 보면 세계도시적 두뇌인의 전 운명을 한마디로 말한 것이다. 그리고

---

[28] 수많은 로마인의 두부상이 놀랄 만큼 오늘날의 아메리카풍의 실제인의 두부와 비슷하다는 점에 주목하라. 그리고 그리 명료하지는 않더라도 이집트 신제국의 많은 초상화의 두부와 비슷한 것에 주목하라.

이 전환이 다시 대예술, 사회 형식, 대사상 체계, 대양식 일반의 소멸로서 나타나고 있을 뿐만 아니라, 완전히 육체적으로 문명화된, 땅에서 유리된 층의 인종 자살로서의 무아(無兒)로서도 나타나고 있다는 것이, 역사적 상징의 가장 중대한 것 가운데 하나이다. 이 현상은 로마와 중국의 제정 시대에 일찍부터 인식되고 가슴 아프게 몹시 한탄되고 있었던 것이지만, 그러나 도저히 개선되지 않았던 현상이다.

16

이 새로운, 순수한 지적 교양의 살아 있는 대표자들이 모든 몰락기의 희망을 가지고 환영하는 '신인(新人)'이라는 것은 의심할 여지도 없다. 그것은 민족이 아니라 형태가 없는 채 모든 대도시에 넘쳐흐르고 있는 천민이고, 자연과 결부되어 있고 도시에서조차 아직 문화의 땅의 농민임을 잃지 않고 있는 인간이 아니라 아테네에서 칭송되고 있었던 οἱ πολλοί, 즉 뿌리 없는 도시적 대중이다. 그것은 알렉산드리아와 로마 시장을 어정거리는 무리이고, 그리고 그 '동시대인'인 현대의 신문 독자이다. 그것은 당시에도, 오늘날에도 '교양 있는 자'이고, 저 지적 범용(凡庸)의 숭배자이며 대중문화의 추종자이다. 그것은 그리스·로마에 있어서도, 서양에 있어서도 극장과 오락장, 스포츠와 현대문학의 인간이다. 스토아주의와 사회주의가 선전의 목표로 삼는 것은 이 후기에 나타나는 대중이지 '인류'가 아니다. 그리고 이와 비교되어야 하는 것은 이집트의 신제국, 불타 시대의 인도, 공자 시대의 중국의 현상일 것이다.

이에 해당하고 있는 것이 선전적인 효과를 노리는 특징적인 형식인 디아트리베(diatribe, 선전 논박 문학)이다. 그것은 처음에는 헬레니즘적인 현상으로 보였지만, 실은 모든 문명의 활동 형태이다. 그것은 철두철미 변증법적, 실제적, 천민적이고, 의미 깊은 영향을 미치는 대인물의 모습 대신 교활한 소인의 방종한 선동을 가지고, 이념 대신 목적을 가지고, 상징 대신 강령을 가지고 활동한다. 모든 문명에 존재하는 확대적인 것, 내적·혼적 공간 대신 외적 공간을 지닌 제국주의적 경향, 이것이 또한 그것을 특징으로 삼고 있다. 양이 질을 대신하고, 확장이 심화를 대신한다. 이 성급하고 천박한 성질을 파우스트적인 권력의지로 혼동해서는 안 된다. 이런 활동은 단지 창조적 내면 생활이 끝난 것을 알리고, 그리고 지적 존재가 단지 외부를 향해서만, 도시의 공간 속에서 단지 물질적으로만 유지되어야 한다는 것을 나타낼 뿐이다. 디아트리베는 필연적으로 '무종교자의 종교'이고, 이 무종교자의 참된 영혼 구제이다. 그것은 인도에 있어서는 설교로, 그리스·로마에 있어서는 수사학으로, 서양에 있어서는 저널리즘으로 나타나고, 그것이 호소해야 하는 상대는 다수이지 최량자는 아니다. 그것은 성공한 숫자를 가지고 자기의 수단을 평가한다. 그것은 세계도시의 모든 회장(會場)과 가두에 넘쳐흐르고 있는 연설과 문서의 형태를 취한 지적·남성적 매음(賣淫)을 가지고 초기 시대의 사상가 기질을 대신한다. 헬레니즘 철학은 모두 수사학적이고, 졸라의 소설과 입센의 극과 같은 사회윤리적 체계는 저널리즘적이다. 이 지적 매음을 그리스도교 최초의 발흥과 혼동해서는 안 된다. 그리스도교의 전도는 그 핵심에서 거의 언제나 오해되고 있었다. 그러나 원시 그리스도교는 마기적 종교이고, 그 개척자의 혼은 이 박자도 깊이도 없는 야만적인 활동을 할 수 없었던 것이다. 이 원시 그리스도교는 바울로의 헬레니즘적 실천에 의해 비로소——사람들이 알고 있듯이 원시 교단의 격렬한 반대 끝에——로마 제국의 소란스런, 도시적이고 선동적인 선전의 한

가운데로 끌려들어 간 것이다. 바울로의 헬레니즘적 교양이 설사 하찮은 것이었다 해도 그 교양 때문에 그는 외부로 향하고, 그리스·로마 문명의 일원이 되었던 것이다. 그리스도는 어부와 농민을 자기 쪽으로 끌어당겼다. 바울로는 대도시의 시장(市場)에 의지하고, 따라서 선전이라는 대도시의 형식에 의존했다. 이교도(paganus, 시골 사람)라는 말이, 그 선전이 마지막으로 누구를 목적으로 삼고 활동했는지 오늘날에도 그대로 밝혀 주고 있다. 바울로가 보니파티우스와 얼마나 다른가. 보니파티우스는 그 파우스트적 열정에서, 숲과 쓸쓸한 골짜기에서 바울로와 정반대적이다. 마찬가지로 농사를 짓는 쾌활한 키스테르키움(시토) 교단 승려와 슬라브 동부에 있어서의 독일 승단 기사도 그렇다. 이것은 재차 농민의 땅에 있어서의 청춘, 전성(全盛), 동경이었다. 19세기에 이르러 비로소 디아트리베는 대도시를 기초로 하고, 대중을 상대로 하는 그 모든 본질을 치켜들고 이 늙어빠진 땅 위에 나타난다. 순수한 농민은 사회주의에서 보아도, 불교와 스토아주의에서 보아도 거의 고려할 필요가 없는 존재이다. 여기에 이르러 비로소 바울로형이 그리스도교적 혹은 반교회적 사조의 형태를 이루고, 사회적 혹은 접신론적인 이해 관계의 형태를 이루며, 자유 사상의 형태를 이루고, 종교적 직업 예술의 창설의 형태를 이루며 이 유럽적 서양의 모든 도시에 그 모습을 나타내는 것이다.

사람이 소화, 영양, 위생의 철학에 기울이는 윤리적 경향이야말로 마지막으로 남은 유일한 외적 생활, 즉 운명이 인과 관계라는 형태를 취해 나타나고 있는 생물학적 사실이라는 이 외적 생활, 그것으로의 결정적인 전환을 나타내는 것이다. 알코올 문제와 채식주의가 종교적 진지함으로 다루어진다. 이것은 '새로운 인간'이 직면할 수 있는 가장 중대한 문제이고, 정말로 이 시대의 개구리의 시야에 알맞은 것이다. 커다란 문화의 초기에 즈음해서 태어나는 종교, 즉 오르페우스교와 베다교, 예수의 그리스도교와 기사적 게르만인의 파우스트적 그리스도교는 이런 종류의 문제에 잠깐 동안이라도 몸을 낮추어 언급한다면 자기의 품위를 손상시키는 것으로 보았을 것이다. 하지만 오늘날에는 사람들은 이 문제로 올라간다. 불교는 그 정신적 식양(食養)과 함께 육체적 식양이 없으면 생각할 수 없다. 궤변학자인 안티스테네스의 무리, 스토아주의 및 회의론자 패거리에 있어서는 이러한 것이 점점 더 중대한 의의를 지니고 있다. 이미 아리스토텔레스는 알코올 문제에 대해 쓰고, 모든 철학자는 채식주의에 대해 썼다. 그리고 아폴론적인 방법과 파우스트적인 방법의 차이는, 견유파는 자기의 소화를 이론적인 흥미 속에서 문제삼고, 쇼는 '모든 인간'의 소화를 문제삼는다는 것뿐이다. 하나는 단념하고, 다른 하나는 금지한다. 니체까지도 《이 사람을 보라》에서 얼마나 이런 종류의 문제에 파고들었는지는 누구나 알고 있는 사실이다.

17

또다시 사회주의를 같은 의미를 지니는 경제 운동에서 분리하고 문명화된 윤리의 파우스트적 실례로서 훑어보자. 사회주의의 지지자는 사회주의가 미래의 형태라고 말하고, 사회주의의 적은 쇠퇴의 징후라고 말하고 있는데, 이것은 모두 옳다. 우리는 알든 모르든 간에, 바라든 바라지 않든 간에 모두 사회주의자이다. 사회주의에 대한 반대조차 사회주의의 형태를 구비하고 있다.

후기 시대의 모든 그리스·로마적 인간은 스스로 모르는 사이에 같은 내적 필연성으로 스토아주의자였다. 로마 국민 전체는 전반적으로 스토아적인 혼을 지닌다. 순수한 로마인은 단호히 스토아주의에 항쟁한 자조차 일찍이 그리스인이 스토아주의자였던 것보다 더 엄밀하게 스토아주의자이다. 기원 직전의 몇 세기의 라틴어는 스토아주의의 가장 커다란 창조였다.

　윤리적 사회주의는 목적이라는 점에서 말하면 하나의 생활 감정이 도달될 수 있는 한의 최고 한도이다. 왜냐하면 시간과 운명이라는 말 속에서 느껴지는 현존재의 움직여진 방향은 응결하고 의식되고 인식되자마자 수단과 목적이라는 지적 기구에 개조되기 때문이다. 방향은 살아 있는 것이고, 목적은 죽은 것이다. 일반적으로 파우스트적인 것은 전진의 정열이고, 특히 사회주의적인 것은 그 기계적 잔존물이며 '진보'이다. 그것들 사이의 관계는 육체와 해골의 관계이다. 동시에 이것은 사회주의와 불교 및 스토아주의의 차이이다. 즉 불교와 스토아주의는 열반과 아타락시아의 이상을 가지고 사회주의자와 마찬가지로 기계적인 기분으로 가득 차 있지만, 확대라는 동적인 정열, 무한으로 향하는 의지, 제3차원의 정열을 모른다.

　윤리적 사회주의는——그 표면적인 환영은 어떻든——동정, 인도, 평화 또는 배려의 체계가 아니라 권력의지의 체계이다. 그 이외에는 자기 기만이다. 그 목표인 복지는 철저하게 제국주의적이다. 즉 그 복지라는 것은 확장적인 의미에서의 것이고, 병자의 복지가 아니라 소유, 출생 및 전통의 장애에 방해받지 않고 억지로 활동의 자유를 부여받을 수 있는 행동력이 있는 자의 복지이다. 감정적 도덕, 즉 '행복'과 공리를 지향하는 도덕은 우리 사이에서는 결코 최후의 본능이 아니다(설사 이런 본능을 지니고 있다고 설득당했다 해도). 이 도덕적 근대성의 정상에 서는 것은 (이 경우에는 루소의 제자로서) 칸트이지 않으면 안 된다. 그 윤리는 동정의 동기를 배척하는 것이고, 그 법식은 '……가 된 듯이 행동하라'는 것이다. 이 양식의 윤리는 모두 무한으로의 의지의 표현이 되려고 한다. 그리고 이 의지는 순간, 현재, 생활 전경(前景)을 정복할 것을 요구한다. "지식은 덕이다"라는 소크라테스의 법식 대신, 이미 베이컨은 지식은 힘이라는 격언을 말했다. 스토아주의는 세계를 있는 그대로 받아들인다. 사회주의자는 세계를 형식, 내용에 따라 조직하고 개조하고, 자기의 정신을 가지고 채우려 한다. 스토아주의자는 순응한다. 사회주의자는 명령한다. 전세계는 그의 직관의 형식을 지녀야 한다——'순수이성비판'의 이념은 이처럼 윤리 속에 이입되었다. 이것은 지상 명령의 의미이고, 칸트는 이 의미를 정치, 사회, 경제에 적용하여 너의 행위의 격률(格率)이 너의 의지에 의해 보편적 법칙이어야 하듯이 행동하라고 말한다. 그리고 이 전제적(專制的) 경향은 시대의 가장 피상적인 현상에조차 존재하고 있다.

형태를 부여받아야 하는 것은 태도와 몸짓이 아니라 활동이다. 중국과 이집트에 있어서와 마찬가지로 생활은 행위일 때에만 고찰된다. 이리하여 행위라는 유기적 개념을 기계화함으로써 파우스트적 활동의 문명화된 형식으로서의 (오늘날의 어법으로 말하는) 노동이 생기는 것이다. 이 도덕, 즉 생각될 수 있는 한 활동적인 형식을 생활에 부여하려는 충동이 이성보다 강하다. 이 이성의 도덕 강령은 아무리 신성화되고 열렬히 믿어지더라도, 또는 정열적으로 변호되더라도 이 충동의 방향 속에 존재하는 한, 혹은 그 방향 속에 존재한다고 오해되는 한에 있어서만 효과를 거둔다. 그렇지 않을 경우에는 그것은 단지 말에 불과하다. 모든 근대성 중에서 통속적인 측면(즉 유쾌한 무위, 건강과 행복과 안락에 대한 배려, 일반적 평화, 요컨대 이른바 그리스도교적인 것)과, 행위만을 중시하고——모든 파우스트적인 것과 마찬가지로——대중이 이해하지 못하고 또 바라지 않는 고도의 에토스(대규모적인 목적의 이상화, 따라서 노동의 이상화)를 구별해야 한다. 에피쿠로스적·스토아적인, 그리고 근본적으로는 또 인도적이기도 한, 최종적 생활 상징인 로마의 '빵과 서커스'에 대응하는 북방 상징, 그리고 또 고대 중국과 이집트의 상징을 대비시키려고 한다면, 그것은 노동의 권리임에 틀림없다. 이 노동의 권리는 일찍부터 철두철미 프로이센적이라고 생각되고 있고, 오늘날에는 유럽적이 된 피히테의 국가사회주의의 기초를 이루고 있는 것이다. 그리고 이 발전의 최후의 무서운 단계에 있어서는 노동의 의무라는 정점에 이를 것이다.

　마지막으로 오는 것은 사회주의에 있어서의 나폴레옹적인 것, aere perennius(청동[青銅]보다 영속하는 기념비), 영속의 의지, 이것이다. 아폴론적인 인간은 황금 시대를 뒤돌아보았다. 이것은 미래를 고려하는 번잡함을 제거한 것이다. 사회주의자──제2부의 죽음에 처한 파우스트──는 역사적 배려의 인간이고, 미래를 자기의 임무와 목표로 느끼고, 이에 비하면 현재의 행복과 같은 것은 경멸해야 하는 것에 불과하다고 느끼는 인간이다. 그리스·로마의 지성은 그 신탁과 새점을 가지고 미래를 단지 알려고 하는 데 불과하다. 서양의 지성은 미래를 창조하려고 한다. 제3제국이란 게르만적 사상이고, 플로렌스의 요아킴에서 니체 및 입센에 이르는 모든 위대한 인간──차라투스트라가 말하듯이 다른 강변으로의 동경의 화살이다──이 그 생명을 연결시키고 있는 영원한 내일이다. 알렉산드로스의 생애는 기적으로 가득 찬 도취이고, 호메로스의 시대를 재차 출현시키는 하나의 꿈이다. 나폴레옹의 생애는 자기를 위한 것도 아니고 프랑스를 위한 것도 아니며, 미래 일반을 위한 커다란 작업이었다.

　이 기회에 다시 한 번 대문화가 생각하는 세계사가 어떻게 달랐는지 상기해 보기로 하자. 그리스·로마의 인간은 자기 자신만을 보고, 자기의 운명을 정지하고 있는 가까움으로 보고, '어디에서'와 '어디로'에 대해 의문을 품지 않았다. 그리스·로마인에 있어서는 세계사란 생각할 수 없는 개념이다. 이것은 정력학적인 역사관이다. 마기적 인간은 역사를 창조와 몰락의 커다란 세계극으로 보고, 혼과 지성, 선과 악, 신과 악마의 싸움으로 보고, 구제자의 출현이라는 단 한 번의 운명의 격변을 종국으로 하는 엄밀히 한정된 사건으로 보고 있다. 파우스트적 인간은 역사를 목표로 향하는 긴장된 발전으로 본다. 그리스·로마──중세──근대라는 계열은 동력학적인 상이다. 파우스트적 인간은 역사를 그 이상으로는 전혀 생각할 수 없다. 그리고 이 상은 세계사 자체가 아니라 서양 문화의 각성존재와 처음과 끝을 같이하고, 진리와 존재를 같이하는 파우스트 양식의 세계사의 상이다. 그렇다면 최고의 의미에 있어서의 사회주의는 논리적으로나 실제적으로 이 표상의 절정이다. 이 상은 고딕 이래 줄곧 일어나고 있었던 종말을 사회주의 속에 지니는 것이다.

여기에서 사회주의는──스토아주의와 불교와 달리──비극적이 된다. 니체는 무엇이 파괴되어야 하는지, 무엇이 가치 전환되어야 하는지를 문제로 삼는 한 완전히 명료하고 확실하다. 하지만 '어디로'를, 즉 목표를 논하자마자 막연한 일반론 속으로 잠겨 버린다. 이것은 극히 깊은 의미가 있는 일이다. 그의 데카당스에 대한 비평에는 손가락 하나 댈 만한 것이 없다. 그의 초인설은 공중누각이다. 입센에 있어서도──〈브란트와 로스메르스홀름〉, 〈황제와 갈릴레이인〉, 〈건축사 졸네스〉──헤벨에 있어서도, 바그너에 있어서도, 그 밖의 어떤 사람에 있어서도 마찬가지이다. 그리고 그 속에야말로 깊은 필연이 존재하고 있다. 왜냐하면 루소 이래 파우스트적 인간에게 있어 생활의 대양식과 관련하여 기대할 만한 것이 이미 없어졌기 때문이다. 여기에서 무엇인가가 끝나고 있다. 북방의 혼은 그 내적 가능성을 다 써버렸다. 그리고 남아 있는 것은 수천 년에 걸친 세계사의 미래의 환영 속에 나타나고 있는 슈투름 운트 드랑이고 단순한 충동이며, 창조를 동경하는 정열이고 내용 없는 형식이다. 이 혼은 의지이고, 그 이외의 무엇도 아니다. 이 혼은 자기의 콜럼버스적 동경 때문에 목표를 필요로 했다. 그리고 자기의 활동에 의미와 목적이 있다는 것을 적어도 가장하지 않으면 안 되었다. 때문에──뛰어난 관찰자는 모든 근대성 속에서, 그 최고의 현상 속에서 히야르마르 에크달의 유형을 발견하고 있다. 입센은 이것을 생명의 허위라고 명명했다. 그런데 이 허위의 얼마간이 종교적, 예술적, 철학적인 미래로 향해지고, 사회윤리적인 목표로, 제3제국으로 향해지고 있는 한, 서양 문명의 지성 전체 속에 존재하고 있다. 하지만 그 깊은 근저에는 암흑의 감정이 있어, 이 숨이 끊일락말락하게 된 열정은 쉬어서도 안 되고, 쉴 수도 없는 혼의 그 절망적인 자기 기만이라고 말하려 하고 있다. 이 비극적인 위치──햄릿의 동기의 역전(逆轉)──에서 니체의 영원 회귀라는 강제적 사상이 생겼다. 니체는 결코 이 관념을 안심하고 믿고 있었던 것은 아니지만, 그럼에도 불구하고 자기 속의 사명의 감정을 잃지 않기 위해 이것을 고집했던 것이다. 바이로이트는 이 생명의 허위에 바탕을 두고 있다. 바이로이트는 무엇인가였던 페르가몬과는 반대로 무엇인가이려고 했던 것이다. 그 이 허위의 실이 정치적, 경제적, 윤리적 사회주의 전체를 누비고 있다. 이 사회주의는 자기의 존재가 역사적 필연이라는 환영을 남겨 두기 위해 자기의 맨 마지막 견해의 파괴적 진지함과 관련하여 입을 꽉 다물고 침묵하고 있다.

18

또 철학사의 형태학과 관련하여 한마디 해야 할 것이 있다.

철학 일반적인 것은 없다. 각 문화는 각각 고유한 철학을 지니고 있다. 이 철학은 그 문화의 상징적인 모든 표현의 일부이고, 문제 제기와 사고 방법에 의해 건축과 조형미술의 장식과 밀접한 관계를 맺고 있는 지적 장식을 이루고 있다. 높은 곳과 먼 곳에서 보면 이들 사상가가 자기 학파 내에서 어떤 '진리'를 언어로 표현하는가는 극히 하찮은 것이다. 왜냐하면 학파, 전통과 형식재(形式財)야말로 사상에서나 각 대예술에서 근본적인 요소이기 때문이다. 답보다 더 중요한 것은 물음이다. 게다가 그 물음의 선택과 내적 형식과 관련된 것이 중요하다. 왜냐하면 어떤 일정한 문화의 이해력 있는 인간의 눈앞에 대우주를 현출(現出)시키는 특수한 방법이 물음의 필연과 종류를 사전에 구성하기 때문이다.

그리스·로마 문화와 파우스트 문화는 인도와 중국 문화와 마찬가지로 그 고유한 의문 방법을 지니고 있고, 더욱이 그 커다란 물음들은 모두 처음에 제기되고 있었던 것이다. 근대의 문제로 고트 시대에 존재하지 않고 형태를 취하기에 이르지 않은 것은 없다. 옛 오르페우스의 신전교(神殿敎) 속에 처음부터 나타나 있지 않았던 헬라스적 문제는 없다.

이 공론적(空論的)인 사색의 결과가 입에서 입으로 전해지든 혹은 책의 형태를 취해 표현되든, 이들 저작이 우리의 문헌에서와 같이 하나의 '나'의 인격적 창작이든 혹은 인도 문학에서와 같이 무명(無名)의 끊임없이 동요하는 글귀의 덩어리이든, 일련의 개념적 체계로서 생기든 혹은 이집트에서와 같이 최후의 견해가 예술과 종교의 형태를 취하고 있든, 요컨대 사소한 것에 불과하다. 사고 방법의 발전 과정은 어디에서나 마찬가지이다. 각 초기 시대의 초엽에 즈음해서는 철학은 대건축과 종교와 밀접한 관계를 지니고 있고, 강대한 형이상학적 체험의 지적 반향이 되고 있다. 그리고 그 부과된 사명은 신앙의 눈으로 보면 세계상의 신성한 인과 관계를 비판적으로 증명하는 것이다. 근본적 차별은 자연과학적 차별이든 철학적 차별이든 그것이 속하는 종교의 제요소에 의거하고 있으며, 그리고 그 요소들에 의해 분리되고 있다. 이들 초기 시대의 사상가는 승려이다. 지능에 의해 그럴 뿐 아니라 신분에 의해서도 그러하다. 고트 시대와 베다 시대, 호메로스 시대와 초기 아라비아 시대의 스콜라주의와 신비주의에서는 바로 그랬다. 후기 시대가 시작됨과 동시에 비로소 철학이 도시적이 되고 속세적이 된다. 철학이 종교의 예속에서 해방되고, 그리고 이 종교 자체도 인식 비평적 방법의 대상으로 삼으려 하고 있다. 왜냐하면 바라문 철학, 이오니아 철학과 바로크 철학의 커다란 주제는 인식 문제이기 때문이다. 도시적 지능은 지식에 있어 지능 이상의 상급 재판소가 없다는 것을 확정하기 위해 자기 자신의 상(像)으로 향한다. 때문에 사고가 이제 고등수학과 서로 이웃하기에 이른다. 따라서 승려 대신에 높은 위치와 커다란 임무에서 수완을 보인 속계의 사람들, 즉 정치가, 시인, 발견자들이 나타난다. 그들의 '사상 이상의 사상'은 깊은 인생 경험 위에 세워져 있는 것이다. 이것이 탈레스에서 프로타고라스에 이르고, 베이컨에서 흄에 이르는 일련의 대인물들이며, 그들이 존재했다는 것 외에는 아는 바가 거의 없는 공자 이전과 불타 이전의 일련의 사상가들이다.

이들 계열의 마지막에 위치하는 인물이 칸트와 아리스토텔레스이다.[29] 그들 이후에 시작되는 것은 문명의 철학이다. 모든 대문

---

29) 이것은 후기 시대의 스콜라적 측면이다. 프로타고라스와 라이프니츠와 그리 멀지 않은 신비적 측면은 플라톤과 괴테에서 정상에 이른다. 그리고 괴테에서 낭만주의자인 헤겔과 니체를 거쳐 계속되고 있다. 그런데 자기의 임무를 다해 버린 스콜라 철학은 칸트——그리고 아리스토텔레스——이후에는 전문적인 일만 하는 강단철학으로 전락했다.

화에는 상승하는 사고와 하강하는 사고가 있다. 이 상승하는 사고는 처음에 근본 문제를 제출하고, 그리고 증대하는 지적 표현의 힘으로 언제나 새로운 생각——이미 말했듯이 장식적인 의미가 있는 답——을 주고 이것을 다 써버린다. 하강하는 사고에서의 인식 문제는 완성된 것, 지나가 버린 것, 무의미한 것이 되고 있었다. 형이상학적 시기와 윤리적 시기가 있다. 형이상학적 시기의 초기에는 종교적 형태를 취하고 최후에는 합리적 형태를 취하고 있지만, 그 형태에 있어서는 사고와 생활이 여전히 자기 속에 혼돈을 지니고, 그리고 그 과잉 때문에 세계를 형성하는 힘을 지닌다. 윤리적 시기의 대도시적인 생활은 자연히 의문스러워지고, 그리고 철학적 형성력의 잔재를 자기 자신의 태도와 유지를 위해 소비하지 않으면 안 된다. 전자에 있어서는 생활이 나타나고 있고, 후자는 생활을 대상으로 갖는다. 전자는 커다란 의미에 있어서 직관하는 것, 즉 '이론적'이고, 후자는 도리 없이 실제적이다. 칸트의 체계조차도 그 근본적 특질에서는 직관된 것이고, 그 뒤에 비로소 논리적, 또는 체계적으로 법식화되고 순서지워진 것이다.

그 예증은 칸트의 수학에 대한 관계이다. 수의 형식계에 정통하지 않은 자, 이것을 상징으로서 자기 안에서 체험하지 못한 자는 참된 형이상학자가 아니다. 사실상 해석을 창조한 것은 바로크의 위대한 사상가였다. 그리고 소크라테스 이전의 철학자도, 플라톤도 마찬가지이다. 데카르트와 라이프니츠는 뉴턴과 가우스와 나란히, 피타고라스와 플라톤은 아르키타스, 아르키메데스와 나란히 수학적 발달의 정점이다. 그러나 칸트조차 수학자로서는 무의미하다. 칸트는 그 당시 미적분의 최후의 정치(精緻)함에 정통해 있지 않았던 것과 마찬가지로 라이프니츠의 원리도 받아들이지 않았다. 이 점에서 칸트는 그 '동시대인'인 아리스토텔레스와 같다. 그리고 이때부터 철학자는 더 이상 수학자 틈에 끼지 않게 되었다. 피히테, 헤겔, 셸링, 또 그 밖의 낭만주의자는 제논과 에피쿠로스와 같이 완전히 비수학적이다. 쇼펜하우어는 이 영역에 있어서는 우매하다고 말해도 좋을 정도로 미숙했다. 니체는 말할 나위도 없다. 수의 형식계가 사라짐과 동시에 하나의 위대한 전통이 사라져 버렸다. 이때부터 체계의 구조가 없어져 버렸을 뿐만 아니라, 사상의 대양식이라고 칭해져야 할 것도 없어졌다. 쇼펜하우어는 스스로 즉흥적 사상가라고 칭하고 있었다.

윤리학은 추상적 이론의 일부인데도 그 가치 이상으로 너무 성장했다. 이때부터 윤리학은 다른 분야를 병합하고 있는 '철학'이다. 실제 생활이 고찰의 중심점이 된다. 순수한 사고의 열정이 쇠퇴한다. 어제는 여왕이었던 형이상학이 오늘은 하인이 된다. 그것은 단지 실제적인 견해에 기초를 주기만 하면 되는 것이다. 게다가 그 기초는 점점 더 쓸모 없는 것이 되어 간다. 형이상학적인 것, 비실제적인 것, '빵 대신의 돌'이 소홀히 되고 경시된다. 쇼펜하우어에게 있어서는 제4권을 위한 최초의 제3권이 존재하는 것이다. 칸트는 단지 자기에게 있어서도 마찬가지라고 믿었다. 사실상 칸트에게 있어 창조의 중점이 되는 것은 역시 순수이성이지 실천이성은 아니다. 아리스토텔레스 이전과 이후의 그리스・로마 철학도 마찬가지로 구별된다. 전자는 대규모적으로 파악된 코스모스로 형식적 윤리학이 거의 아무것도 덧붙인 바가 없는 것이고, 후자는 적당히 구상된 형이상학에 기초를 두는 강령이자 필요로서의 윤리학 자체이다. 그리고 예컨대 니체는 논리적으로 양심 없게도 이런 이론을 곧 미련 없이 버렸는데, 이런 논리적 무양심을 이유로 하여 그 고유의 철학의 가치를 깎아내릴 수 없다는 것은 분명하다.

주지하듯이 쇼펜하우어는 자신의 형이상학에서 비관주의가 된 것이 아니라, 17세 때 덮쳐 온 비관주의에서 자기의 체계를 만들어 낸 것이다. 아주 유력한 증인으로서 쇼는《입센주의의 정수》에서 쇼펜하우어의 철학은 받아들여지는 데 반해 그의 형이상학은 부인된다고 보고, 그런 까닭에 쇼펜하우어로 하여금 신시대의 일류 사상가처럼 느껴지게 한 것과, 그리고 낡아빠진 전통에 따라 그 당시 아직 완전한 철학의 일부를 이루고 있었던 것은 완전히 별개라고 지적하고 있다. 이것은 옳다. 칸트에 있어서는 이 구별이 이루어지지 않을 것이다. 그리고 이런 구별을 한다 해도 성공하지 못했을 것이다. 하지만 니체의 경우에 그의 '철학'은 완전히 내적인, 극히 이른 시기의 체험이었는데도, 그는 자기의 형이상학적 요구를 약간의 책에 의해 급속히, 또 종종 불완전하게, 또 그 윤리학설을 한 번도 정확히 표현할 수 없었다. 그것은 쉽게 알 수 있는 일이다. 살아 있는, 때를 얻은 윤리적 사상과, 인습에 의해 요구된, 없느니만 못한 형이상학적 사상이 똑같은 층에 존재하고 있는 것이 에피쿠로스와 스토아파에 있어서도 지적된다. 이 현상은 문명화된 철학의 본질과 관련하여 의심할 여지가 없게 한다.

　엄밀한 형이상학은 그 가능성을 다 사용했다. 세계도시는 시골을 결정적으로 정복했다. 그리고 그 지능은 이제는 필연적으로 외부로 향해진, 기계적인 혼 없는 자기의 독특한 이론을 형성하고 있다. 앞으로는 혼이라 하는 대신 두뇌라 해도 큰 잘못은 없다. 그리고 이 서양의 '두뇌'에서는 권력의지가, 즉 미래를 지배하고 전체의 조직을 지배하려는 경향이 실제적인 표현을 원하기 때문에, 윤리학은 자기의 형이상학적 과거를 안계(眼界)에서 잃어버리면 잃어버릴수록 사회윤리적이고 경제적인 성격을 띠게 된다. 헤겔과 쇼펜하우어에서 시작되는 현대 철학은 시대정신을 대표하고 있는 한――예컨대 로체와 헤르바르트는 이것을 행하고 있지 않다――사회 비판이다.
　스토아주의는 자기 체구로 주의를 돌렸지만, 서양의 사상가는 사회 체제에 주의를 기울이고 있다. 헤겔파 안에서 사회주의(마르크스, 엥겔스), 무정부주의(슈티르너)와 사회극의 문제(헤벨)가 생긴 것은 우연이 아니다. 사회주의는 윤리적인 것으로 전환된, 뿐만 아니라 명령법적인 것으로 전환된 경제학이다. 대양식의 형이상학이 존재하고 있는 한(칸트에 이르기까지), 경제학은 하나의 과학에 머무르고 있었다. 그런데 그것이 '철학'이 실제적 윤리학과 같은 의의를 지니게 됨과 동시에 수학을 대신해 세계에 관한 사고의 기초가 되어 나타났다. 이 점에 쿠쟁, 벤담, 콩트, 밀 및 스펜서의 의의가 있다.
　철학자에게는 자기의 재료를 선택할 자유가 없다. 마찬가지로 철학의 재료는 언제나 같지 않고, 또 어디에서도 같지 않다. 영원한 문제라는 것은 없다. 있는 것은 일정한 현존재에 바탕을 두고 느껴지고, 그리고 제출되는 문제뿐이다. "모든 덧없는 것은 비유에 불과하다"――이것은 이 현존재의 지적 표현으로서 모든 순수한 철학에 들어맞는다. 이들 철학은 혼의 가능성이 개념, 판단과 사상 구조로 이루어지는 한 형식계 속에서 실현된 것이고, 그 창시자의 몸 속에 체현된 것이다. 이런 철학은 모두 최초의 언어에서 최후의 언어에 이르기까지, 가장 추상적인 주제에서 가장 개인적인 특징에 이르기까지 하나의 이루어진 것이고, 혼에서 세계에, 자유 영역에서 필연의 영역에 직접적으로 살아 있는 것이기 때문에 공간적이고 논리적인 것에 반영된 것이다. 따라서 변하는 것이고, 일정한 속도를 지니고, 일정한 수명을 지니는 것이다. 때문에 주제의 선택에는 엄밀한 필연이 있다. 각 기원에는 자기에게만 의미가 있고, 그리고 다른 기원에는 의미가 없는 독특한 주제가 있다. 생래적인 철학자는 이 점에서 실수하는 일이 없다. 그 외의 철학적 생애는 하찮고 단순한 전문 과학이고, 체계적 또는 개념적인 궤변을 지루하게 쌓아올린 것이다.

그러므로 19세기의 특색 있는 철학은 생산적인 의의 면에서 말하면 단순한 윤리학에 불과하고, 단순한 사회 비평에 불과하며, 그 이상으로 나가지 않는다. 때문에 현실적으로 활약하는 자를 제외하면 극작가――이는 파우스트적 활동에 상응하고 있다――야말로 그 가장 중요한 대표자이고, 이에 비하면 윤리학과 심리학, 또는 체계학을 일로 삼는 강단철학자는 누구 한 사람 문제가 되지 않는다. 오늘날 철학사가 무엇이고, 또 무엇이지 않으면 안 되는지를 아무도 모르는 것은, 단지 이 가장 하찮은 무리, 단순한 학자들이 철학사――그리고 어떤 역사인가? 사실과 '결과'를 이것저것 끌어 모아 놓은 것에 불과하다――를 몇 번인가 썼다는 사정에만 기초하는 것이다.

그 때문에 이 시기의 사상에 있어서의 깊은 유기적 통일은 아직껏 전혀 인식되고 있지 않다. 그 철학적 중핵은, 쇼가 어느 정도까지 니체의 제자이고 완성자인가를 물음으로써 밝혀질 수 있다. 이 관계는 조금도 아이로니컬한 의미를 지니지 않는다. 쇼는 서양 도덕의 생산적 비평가로서 니체가 취한 참된 방향으로 철저하게 나아간 유일하게 뛰어난 사상가이다. 또 다른 한편으로 시인으로서 입센의 최후의 논리를 철저히 다듬고, 그리고 자기의 작품 속에 있는 모든 예술적 창조력을 실제적 논의를 위해 포기했다.

니체 철학의 양식, 울림, 태도는 니체 속에 있는, 시대에 뒤떨어진 낭만주의자가 결정한 것이다. 그 이외에는 니체는 모든 점에서 수십 년에 걸쳐 유물론의 제자가 되고 있다. 니체를 쇼펜하우어로 열정적으로 끌어당긴 것은 (그에게 있어서는 물론, 그 밖의 누구에게도 의식되지 않았던 것이지만) 쇼펜하우어가 대양식의 형이상학을 파괴하고 그의 스승인 칸트를 본의 아니게 희화화한 그 학설 속의 요소이며, 바로크의 모든 깊은 개념을 구체적인 것, 기계적인 것으로 바꾼 일이다. 칸트는 아주 불충분한 언어로 현상으로서의 세계를 말하고 있지만, 그 언어의 배후에는 접근할 수 없는 위대한 직관이 숨겨져 있다. 쇼펜하우어는 이것을 뇌수 현상으로서의 세계라고 이름짓고 있다. 쇼펜하우어에게 있어 완성된 것이란, 비극적 철학이 철학적 천민주의로 변한 것이다. 이것을 증명하는 데는 한 구절을 인용하기만 해도 충분하다.《의지와 표상으로서의 세계》(제2권, 제19장)에서 "의지는 물자체로서 인간의 내적인 파괴될 수 없는 참된 본질을 구성한다. 그럼에도 불구하고 의지는 그 자체에 있어서는 무의식이다. 왜냐하면 의식은 지능에 의해 결정되는 것이지만, 이 지능이라는 것은 우리 본질의 단순한 우연사에 불과하기 때문이다. 즉 지능은 뇌수의 하나의 기능이다. 이 뇌수라는 것은 이에 부속된 신경과 척추와 함께 단지 과실(果實)에 불과하고, 산물에 불과하다. 아니, 직접적으로 유기체의 내부 활동과 교섭을 갖지 못하고 단지 외계에 대해 갖는 관계를 규정함으로써 자기 보존에 도움을 주는 한에 있어서는 다른 기관의 기생물이기조차 하다." 이것은 바로 가장 천박한 유물론의 근본적인 견해이다. 쇼펜하우어가 예전의 루소가 그랬듯이 영국 감각론자의 설을 배운 것은 무익하지 않았다. 거기에서 쇼펜하우어는 공리성으로 향해진 대도시적 근대성의 정신을 가지고 칸트를 오해하는 것을 배운 것이다. 살려는 의지의 도구로서의 지능,[30] 생존경쟁에 있어서의 무기로서의 지능(쇼가 기

---

30) 무의식적이고 또 충동적인 생활 행위가 완전한 작용을 하고 있는 데 반해, 지능이 이것을 단지 졸렬한 일로 만들고 있는 그런 근대 사상 또한 쇼펜하우어 속에 존재하고 있다(제2권, 제30장).

괴한 극적 형식[31]으로 만든 것), 이 쇼펜하우어의 세계관이야말로 다윈의 주저(1859년)의 출현과 함께 쇼펜하우어로 하여금 일약 유행 철학자가 되게 했던 것이다. 쇼펜하우어는 셸링, 헤겔, 피히테와 달리 지적 중류 계급이 극히 쉽게 매달릴 수 있는 형이상학적 법식을 지닌 유일한 철학자였다. 그가 자랑하고 있던 명료함에는 언제나 하찮은 것으로 보이기 쉬운 위험이 있다. 그러나 이 점에서 심오함과 배타성의 분위기를 넓히는 법식을 지닌 채 문명화된 세계관을, 세상 사람들이 소유할 수 있게 된 것이다. 쇼펜하우어의 체계는 앞선 다윈주의이고, 칸트와 인도 철학의 여러 개념은 단지 장식의 역할을 하고 있었던 데 불과하다. 쇼펜하우어의 《자연에 있어서의 의지에 대하여》(1835년) 속에서는 이미 자연에서의 자기 보존을 위한 투쟁, 그 투쟁에 있어서의 가장 유효한 무기로서의 인간의 지능, 생물학적 이해에 바탕을 두는 무의식적 도태[32]로서의 성애(性愛)가 인지된다.

이것은 다윈이 맬서스(Malthus)의 우회로를 거쳐 동물계에 적용하고, 그리고 저항하기 어렵게 얻은 견해이다. 고등동물과 인간의 유사성에서 착안한 이 체계를 그 의지 경향(자연도태, 의태)과 함께 원시적인 유기적 형태에도 진지하게 적용하려 할 때에는 이 체계가 식물계에조차 이미 적합하지 않고 횡설수설이 된다는 사실이, 다윈설이 경제학에서 유래하는 것을 명확히 보여 주고 있다. 다윈주의자가 말하는 증명은 자기의 역사적으로 동력학적 근본 감정인 '진화'에 일치되게 사실을 선택해 이것을 배열하고 그림처럼 설명하는 것이다. '다윈설'은 아주 종류가 다른, 또 서

---

31) 《사람과 초인》.
32) 《성애의 형이상학에 대하여》의 장(제2권, 제44장)에서 종족 유지의 수단으로서의 자연도태라는 사상이 이미 일찍이 전체적으로 나타나 있다.

로 모순되는 견해의 합계이고, 이 견해에 공통되는 것은 단지 인과율을 살아 있는 것에 응용했다는 것에 불과하고, 따라서 방법이지 결과가 아니다. 이 다윈설은 이미 18세기에 세부적인 면에 이르기까지 알려져 있었다. 루소는 이미 1754년에 원숭이설을 변호했다. 다윈에서 유래하는 것은 단지 맨체스터 체계에 불과하고, 그 통속성은 잠재해 있는 정치적 내용에서 설명된다.

　이 세기의 지적 통일은 여기에 나타나 있다. 쇼펜하우어에서 쇼에 이르기까지 모든 사람이 그런 줄 모르는 채 같은 원리를 형태로 나타냈다. 그들은 모두 헤벨처럼, 다윈에 대해 아무것도 아는 바가 없는 사람조차 진화 사상의 지배를 받게 되어 있었다. 게다가 그들은 경제학적 각인을 띠고 있든, 생물학적 각인을 띠고 있든 저 깊은 괴테적인 형태가 아니라 천박한 문명화된 형태로 지배받고 있었다. 이 진화 이념 속에서조차도 문화의 문명으로의 전환이 행해졌다. 이 진화 이념은 완전히 파우스트적이고, 무시간적인 아리스토텔레스의 엔텔레키아와는 정반대로 무한한 미래로 향하는 열정적인 충동을 나타내며, 하나의 의지, 하나의 목적을 나타내는 것이다. 그리고 그것은 파우스트적 지능에——그리고 그것에만——내재하고 있기 때문에 우리의 자연관의 형식을 선천적으로 나타내는 것으로, 굳이 원리로서 발견될 필요가 없었던 것이다. 이 진화 이념은 괴테에게는 숭고이고 다윈에게는 천박이며, 괴테에게는 유기적이고 다윈에게는 기계적이며, 전자에서는 체험과 상징이고, 후자에서는 인식과 법칙이다. 전자에서는 진화는 내적 완성을 의미하지만, 후자에서는 진보를 의미한다. 다윈의 생존경쟁은 다윈이 자연에서 간파한 것이 아니라 자연 속에 이름을 지어 넣은 것이고, 이것은 셰익스피어의 비극에서 커다란 현실을 서로 움직이고 있는 원감정(原感情)을 천민적으로 형성한 것에 불과하다. 셰익스피어에서 운명으로서 내적으로 직관되고 느껴지고, 그리고 인물 속에 실현된 것이 다윈에게는 인과 관계로 이해되고, 그리고 공리성으로 이루어지는 피상적인 체계가 된 것이다. 그리고 차라투스트라의 설화, 《유령》의 비극, 니벨룽겐의 반지의 문제를 기초지우고 있는 것은 이 체계이지 저 원감정은 아니다. 다만 바그너가 의지하고 있었던 쇼펜하우어만이 이 계열의 제일인자로서 자기 자신의 인식을 공포심을 가지고 인식——이것이 그의 비관주의의 근원이고, 〈트리스탄〉 음악은 그 최고의 표현이었다——한 데 반해, 후계자는 니체를 선두로 하여 때로는 무리하게도 그 인식에 감격하고 있었던 것이다.

위대함으로 뒤덮여 있는 독일 정신 최후의 사건인 니체와 바그너의 결렬 속에 숨어 있는 것은 니체의 그 스승의 변경이고, 쇼펜하우어에서 다윈으로의, 같은 세계감정의 형이상학적 법식화에서 그 생리학적 법식화로의, 쇼펜하우어와 다윈과 함께 승인한 상(즉 살려고 하는 의지는 생존경쟁과 동일하다)의 부정에서 긍정으로의 무의식적인 한걸음이다. 《교육자로서의 쇼펜하우어》에서는 진화는 아직 내적 성숙을 의미하고 있다. 하지만 초인은 기계적 '진화'의 산물이다. 따라서 차라투스트라는 윤리적으로는 〈파르치팔〉에 대한 무의식적인 반항에서 생긴 것이지만, 예술적으로는 완전히 그에 지배되고 있는 것이고, 한 예언자의 다른 예언자에 대한 질투에서 생긴 것이다.

그러나 니체 자신은 몰랐지만, 그는 사회주의자이기도 했다. 그의 본능은 그 표어와 반대로 사회주의적이고 실제적이며, 괴테와 칸트가 꿈에도 생각지 못했던 생리적인 '인류의 구제'로 향해졌다. 하지만 그의 표어는 그렇지 않았다. 유물론, 사회주의, 다윈설로 나누는 것은 단지 인위적으로만 가능하고, 표면적으로만 가능하다. 거기에서 쇼는 이 기원의 종말에 있어서 가장 중요하고, 그리고 가장 주목해야 할 작품의 하나인 〈사람과 초인〉 제3

막에서 주인의 도덕 경향과 초인의 사육에 단지 짧고, 게다가 모순 없는 글귀만 부여하기만 하면 그것으로 자기의 사회주의의 독특한 격언을 얻을 수 있었던 것이다. 쇼가 거기에서 조심성 없게 명료하게 충분히 평범함을 의식하고 쓴 것은, 본래 차라투스트라의 미완성 부분에서 바그너의 작극술과 낭만주의의 애매함을 가지고 씌어져야 했던 것이다. 니체의 사상 경과의 필연적이고 실제적인——현재의 공생활의 구조에서 생기는——전제와 결과만이 발견되어야 한다. 니체는 '새로운 가치', '초인', '지구의 의의' 등과 같은 불확실한 표현 속에서 동요하고 있고, 이것을 가지고 정확히 파악하는 것을 두려워하거나 혹은 주저하고 있다. 이것을 해낸 것이 쇼이다. 니체는 초인이라는 다원주의적 이념이 사육의 개념을 불러일으킨 것을 인식하고 있지만, 그러나 뉘앙스가 좋은 표현 속에 머무르고 있었다. 쇼는 좀더 물음을 전진시켜——왜냐하면 어떤 일도 행할 의지가 없을 때에는 논해야 할 목적이 없기 때문이다——이것이 어떻게 행해져야 하는지를 묻고, 이렇게 하여 인류를 바꾸고 종마장(種馬場)으로 만들 것을 요구하기에 이르는 것이다. 그러나 이것은 단지 차라투스트라의 결론에 불과한 것이고, 니체 자신은 이런 결론에 도달할 용기——설사 그 용기가 속악(俗惡)한 용기였다 해도——가 없었을 뿐이다. 만약 계획적 사육(완전히 유물론적이고 또 공리주의적인 개념이다)을 논한다면, 누가 누구를, 어디에서, 또 어떻게 사육할 것인가에 대해 대답해야 할 책임이 있다. 그러나 니체의 낭만주의는 극히 산문적인 사회적 결론을 이끌어 내는 것을 혐오하고, 또 시적인 사상을 몰취미한 사실의 시금석으로 가늠하는 것을 두려워하고 있다. 그 때문에 니체는 다원설에 바탕을 두는 자기의 모든 설이 사회주의를 전제로 하고, 나아가 수단으로서의 사회주의적 강제조차 전제로 하고 있다는 것에 대해 입을 다물고, 고도 인류종의 조직적 사육에 선행되어야 하는 것이 엄밀히 사회주의적 사회 질서이지 않으면 안 된다는 것에 대해서 입을 다물고, 이 '디오니소스적' 이념이 공동의 행위를 문제삼고, 유리시키는 사상가의 개인적인 사건을 문제삼고 있지 않기 때문에 아무리 바꾸어 보았자 민주주의라는 데 대해 입을 다물고 말하지 않는 것이다. 이것에 의해 '너는 해야 한다'는 윤리적 동력학이 그 정점에 이른 것이다. 즉 파우스트적 인간은 세계에 자기 의지의 형식을 부과하기 위해서는 자기 자신조차 희생으로 바치는 것이다.

초인의 사육은 도태의 개념에서 생긴다. 니체는 경구를 쓴 이후에 무의식적으로 다윈의 제자가 되어 있었다. 그러나 다윈 자신은 18세기의 진화 사상을 자기의 스승인 맬서스에게서 받아들인 경제적 경향에 의해 개조하고, 그리고 이것을 고등동물계에 투사한 것이다. 맬서스는 랭커스터의 공장 공업을 연구했다. 그리고 이 전 체계는 이미 버클(H. T. Buckle)의 《영국 문명사》(1857년)에서 동물 대신 인간에 응용되고 있었다.

이리하여 이 최후의 낭만주의자의 '주인의 도덕'은, 기묘하기는 하지만 시대적 의미에서 중요한데, 모든 지적 근대성의 원천인 영국 기계공업의 분위기에서 유래하고 있는 것이다. 니체가 르네상스 현상으로서 칭송했던 마키아벨리즘이 다윈의 의태(擬態) 개념과 가깝다는 것이 간과되어서는 안 된다. 그리고 그것은 사실상 마르크스──마찬가지로 맬서스의 유명한 제자──의 《자본론》에서 다루어졌던 것이다. 그리고 이 1867년 이래 나타나기 시작한 정치적(윤리적이 아니라) 사회주의의 기본적 문헌의 서론인 이 《경제학 비판》은 다윈의 주저(主著)와 동시에 나타났다. 이것이 주인의 도덕의 계도(系圖)이다. 현실계로, 정치계로, 경제계로 옮겨진 '권력의지'는 쇼의 《바바라 소령》에 가장 강하게 표현되어 있다. 니체가 개인으로서 이 일련의 윤리학자의 정상임은 물론이지만, 정당 정치가인 쇼는 사상가로서 니체의 영역에 도달해 있다. 권력의지는 오늘날에는 공적 생활의 양극인 노동계급과 자본가 계급 및 지식인에 의해 대표되고 있으며, 일찍이 일개 보르지아인에 의해 대표되었던 것보다 훨씬 결정적이다. 쇼의 이 최량의 희극에서 억만장자 언더샤프트는 초인이다. 다만 낭만주의자인 니체는 그 이상을 이런 형태로 인정하려 하지 않았을 것이다. 니체는 끊임없이 모든 가치의 전환에 대해 말하고, 미래의 (물론 우선 서양의 미래이고, 중국 또는 아프리카의 미래는 아니다) 철학에 대해 말했다. 그러나 언제나 디오니소스적인 멂 속에서 변천하고 있는 그의 사상이 일단 응축되어 현실적으로 구체적인 형태를 취했을 때에는 권력의지는 그에게는 파업과 황금력으로 나타나지 않고, 단검과 독약의 형태를 취해 나타난다. 그럼에도 불구하고 그의 말에 따르면 이 사상은 1870년의 전쟁시 전장을 향해 진군하는 프로이센 군대를 볼 때 비로소 태어났다는 것이다.

이 신기원의 극은 이미 낡은 문화적 의의에서의 시가 아니라 선동, 토론, 증명의 한 형식이다. 따라서 무대는 완전히 '도덕적 기관으로서 간주되었다'. 니체 자신도 몇 번이나 자기의 사상을 극적 형식으로 표현하려 했다. 리하르트 바그너는 사회 혁명적 이념을 그 니벨룽겐의 시 속에, 특히 1850년경의 가장 초기의 초고 속에 담았다. 그리고 예술적 영향과 예술 이외의 영향을 받아 우여곡절 끝에 완성된 〈반지〉에 있어서도 지그프리트는 제4계급의 상징으로서, 파프니르의 재보(財寶)는 자본주의의 상징으로서, 브룬힐데는 '자유 부인'의 상징으로서 남겨졌다. 자웅(雌雄)도태(그 이론인 《종의 기원》은 1859년에 나타났다)로의 음악은 마침 그 당시 〈지그프리트〉의 제3막과 〈트리스탄〉에 나타나고 있다. 바그너, 헤벨, 입센이 거의 동시에 니벨룽겐의 재료를 희곡화하려고 시도한 것은 우연이 아니다. 헤벨은 파리에서 프리드리히 엥겔스의 저작을 알게 되었을 때 매우 놀라며 자기는 그 시대의 사회 원리를 마침 그 당시 〈옛날 옛날 어느 날〉이라는 극으로 표현하려 했는데, 이것은 공산주의 선언의 저자와 똑같이 구상한 것이라고 말하고 있다(1844년 4월 2일자 편지). 그리고 쇼펜하우어와 처음으로 알게 되었을 때(1857년 3월 29일자 편지), 홀로페르네스와 〈헤로데스와 마리암네〉의 기초를 이룬 중요한 경향이 《의지와 표상으로서의 세계》와 유사한 데 놀랐다. 헤벨의 일기 속에서 가장 중요한 부분은 1835년과 1845년 사이에 씌어진 것인데, 이것은 헤벨 자신은 모르지만 이 세기의 가장 깊은 철학적 업적 가운데 하나이다. 그의 문장 전체가 니체 속에 그대로 있었다 해도 놀랄 것이 못 된다. 게다가 니체는 헤벨을 몰랐고, 반드시 헤벨의 높이에 이르지도 않았던 것이다.

나는 여기서 19세기의 현실의 철학과 관련하여 개관을 해보고자 한다. 이 철학의 유일한 본래의 주제는 권력의지이고, 문명화된 지적, 윤리적 혹은 사회적 형태를 이루고, 살려는 의지로, 생활력으로, 실제적·동력학적 원리로, 개념으로 혹은 극적 형태로 나타나고 있다. 쇼와 함께 끝난 시기는 그리스·로마에 있어서는 350년에서 250년에 이르는 시기에 해당한다. 이 이외의 철학은 쇼펜하우어의 말을 빌려 말하면 철학 교수의 교수 철학이다.

1819년, 쇼펜하우어, 《의지와 표상으로서의 세계》. 즉 살려는 의지를 유일한 현실('원동력')로서 중심에 둔 최초의 것이다. 그럼에도 불구하고 여전히 이전의 이상주의의 영향을 받아 부정에 기울어져 있다.

1836년, 쇼펜하우어, 《자연에 있어서의 의지에 대하여》. 다윈설의 선구이지만 형이상학적인 분장을 하고 있다.

1840년, 프루동, 《재산(財産)이란 무엇인가》. 무정부주의의 원리. ──콩트, 《실증철학》. 그 법식은 '질서와 진보'이다.

1841년, 헤벨, 《유디트》. 새로운 여자와 초인(홀로페르네스)에 관한 최초의 극적 구상. ──포이어바흐, 《그리스도교의 본질》.

1844년, 엥겔스, 《경제학 비판》. 유물사관의 기초. ──헤벨, 〈마리아 막달레나〉. 최초의 사회극.

1847년, 마르크스, 《철학의 빈곤》(헤겔과 맬서스의 종합). 이 몇 년간은 경제학이 사회윤리학과 생물학을 지배하기 시작한 결정적인 기원이다.

1848년, 바그너, 〈지그프리트의 죽음〉. 지그프리트는 사회윤리적 혁명가이고, 파프니르의 재보(財寶)는 자본주의의 상징이다.

1850년, 바그너, 〈예술과 기후〉. 성문제.

1850~1858년, 바그너, 헤벨, 입센의 니벨룽겐 시.

1859년, 상징적인 우연한 일치의 해이다. 즉 다윈, 《자연도태에 의한 종의 기원》(경제학의 생물학에의 적용), 바그너, 〈트리스탄과 이졸데〉. ──마르크스, 《경제학 비판》.

1863년, J. S. 밀, 《공리주의》.

1865년, 뒤링, 《생활의 가치》. 그 이름이 거론되는 일은 적지만, 다음 시대에 지대한 영향을 끼쳤다.

1867년, 입센, 〈브란트〉, 마르크스, 《자본론》.

1878년, 바그너, 〈파르치팔〉. 유물론이 붕괴하고 신비주의가 된 최초의 것.

1879년, 입센, 〈노라〉.

1881년, 니체, 《새벽》. 쇼펜하우어에서 다윈에 이르는 과도기. 생물학 현상으로서의 도덕.

1883년, 니체, 《차라투스트라》. 권력의 의지. 그러나 낭만적인 분장을 하고 있다.

1886년, 입센, 〈로스메르스홀름〉('귀족인') 및 니체, 《선악의 피안》.

1887~1888년, 스트린드베리, 〈아버지〉와 〈영양 율리아〉.

1890년, 다가오고 있는 신기원의 종말. 스트린드베리의 종교적 작품, 입센의 상징주의적인 작품.

1896년, 입센, 〈존 가브리엘 보르크만〉. 즉 초인.

1898년, 스트린드베리, 〈다마스커스로〉.

1900년 이후는 종말적 제현상.

1903년, 바이닝거, 《성(性)과 성격》. 바그너와 입센과 관련하여 칸트를 이 기원 속에 부활시키려는 유일한 진지한 시도.

1903년, 쇼, 《사람과 초인》. 다윈과 니체의 최후의 종합.

1905년, 쇼, 《바바라 소령》. 초인의 유형이 경제 정책적 기원으로 환원된 것.

이와 함께 형이상학적 시기가 끝난 뒤에 윤리적 시기도 끝났다. 피히테, 헤겔, 프루동이 배양하고 있었던 윤리적 사회주의는 19세기 중에 그 열정적 위대함의 시기에 이르렀다. 19세기 말엽에 이르러서는 이미 반복의 단계에 도달했다. 그리고 20세기는 사회주의라는 말을 보존한 채 말류만이 미완성적이라고 보고 있는 윤리적 철학 대신 경제적인 일상 문제를 실천에 옮겼다. 서양의 윤리적 세계 기분은 '사회주의적'이 되어 남을 것이지만, 그러나 그 이론은 문제삼을 만한 것이 못 되게 되었다. 아직도 존재하는 가능성은 서양 철학의 제3의, 그리고 최후의 단계의 가능성이고 관상학적 회의주의의 철학이다. 세계의 비밀은 인식 문제, 가치 문제, 형식 문제로 잇달아 나타난다. 칸트는 윤리학을 인식의 대상으로 보고, 19세기는 인식을 가치 결정의 대상으로 보았다. 회의론자는 양자를 단지 한 문화의 역사적 표현으로밖에 보지 않을 것이다.

제6장 파우스트적 자연 인식과
아폴론적 자연 인식

1

    1869년에 헬름홀츠(H. L. F. Helmhltz)는 뒤에 유명해진 연설 속에서 "자연과학의 최후 목적은 모든 변화의 기초가 되고 있는 운동과 그 운동의 원동력을 발견하는 것이다. 즉 역학이 되는 것이다"라고 말했다. 역학이 된다는 것은 모든 질적인 인상을 불변의 양적 기본 가치로 돌리는 것, 즉 확대된 것으로, 또 그 위치의 변화로 돌리는 것이다. 나아가 그것은 이루어지는 것과 이루어진 것, 체험된 것과 인식된 것, 형태와 법칙, 상과 개념의 대립을 상기해 보면, 보인 자연상을 측정할 수 있는 구조로 이루어지는, 통일적, 수적 질서의 표상된 상으로 돌리는 것을 의미한다. 모든 서양 역학에 고유한 경향은 계량에 의한 지적 획득을 지향하고 있다. 때문에 그것은 현상 본질을 철저하게 계량될 수 있는 항상적인 요소의 체계 속에서 구하지 않으면 안 된다. 이 요소의 가장 중요한 것은 헬름홀츠의 정의에 따르면——일상의 생활 경험에서 빌려 온——운동이라는 말로 표현된다.
    이 정의는 물리학자에게는 의문의 여지가 없는 것이고, 또 모든 것을 다 표현하고 있는 것으로 보인다. 그러나 이 과학적 확신의 심리를 추구하는 회의론자의 입장에서 보면 전혀 그렇지 않다. 전자에 있어서는 현재의 역학은 명료한 일의적(一義的)인 개념과 마찬가지로 단순한 동시에 필연적인 여러 관계로 이루어지는 체계이다. 후자에 있어서는 서구 지능의 구조를 밝히는 하나의 상이고, 물론 최고도로 수미 일관되고 있는 구조가 가장 깊은 확신력으로 이루어지는 상이다. 어떤 실제적인 결과도 발견도 이론의 '진리', 상의 '진리'와 관련하여 그 무엇도 증명할 수 없다는 것은 자명한 일이다. 대부분의 사람에게는 '역학'은 아무튼 자연 인상의 당연한 파악인 것처럼 보인다. 그러나 그것은 단지 그렇게 보일 뿐이다. 그렇다면 운동이란 무엇인가. 질적인 것은 불변의 동질적인 집합점의 운동으로 돌아가야 한다──이것이 이미 일반 인간적 공준(公準)이 아니고 순수한 파우스트적 공준이 아닌가. 예컨대 아르키메데스는 역학적 견해를 운동에 관한 표상으로 바꿀 필요를 전혀 느끼지 않았다. 운동이 일반적으로 순수한 역학적인 양인가. 운동이 육안의 경험을 의미하는 말인가. 아니면 그 경험에서 추상된 개념인가. 운동은 실험적으로 일어나게 한 사실을 계량하고, 이것에 의해 확인된 숫자를 말하는 것인가. 아니면 그 숫자에 수반되는 상을 말하는 것인가. 그리고 만약 물리학의 경우에도 언젠가 실제로 이른바 목표라는 것에 도달하고, 그리고 모든 감각적으로 파악할 수 있는 것을, 법칙에 의해 확정된 '운동'이 그 운동의 배후에서 작용하고 있다고 생각되는 힘과의 완전한 체계로 만들 수 있다면, 물리학이 이것에 의해 일어나고 있는 '인식' 속에서 한 걸음의 전진이라도 이룬 것이라고 할 수 있을까. 역학의 형태어가 그 때문에 독단적이 아니게 된 것일까. 오히려 그것은 경험에서 생기는 것이 아니고, 경험을 구성하는 근원어의 신화를 그 가장 엄밀한 형태 속에 보유하고 있는 것은 아닐까. 힘이란 무엇일까. 원인이란 무엇일까. 과정이란 무엇일까. 아니――물리학은 자기 자신의 정의에 바탕을 두고 있을 때조차 그 특유한 임무를 지니고 있는 것일까. 물리학은 모든 세기에 걸쳐 타당한 하나의 목표를 지니고 있는 것일까. 물리학은 그 결과를 표현하는 데 있어 비난의 여지가 없는 사상량(思想量)조차 지니고 있는 것일까.

그 대답은 이미 예상될 수 있다. 현대 물리학은 과학으로서는 이름과 숫자로 이루어지는 거대한 기호의 체계이고, 이 체계는 자연도 기계처럼 다룰 수 있다. 이러한 물리학은 정확히 정할 수 있는 목적을 지닐 수 있다. 그러나 물리학은 역사의 한 단편으로서는 이에 참여하는 사람들의 생애와 연구의 행정 자체 속에 모든 운명과 우연을 지니고 있으며, 임무, 방법, 결과에서 말하면 한 문화의 표현과 실현이고, 그 문화의 본질이 유기적으로 발전하는 요소이며, 그리고 그 각각의 결과는 하나의 상징이다. 살아 있는 문화 인간의 각성존재 속에만 존재하는 물리학이 발견했다고 믿고 있는 것이, 이미 그 연구 방법과 종류의 기초를 이루고 있는 것이다. 그 모든 발견은 상상적 내용이란 점에서 보면 법식 밖으로 벗어난 것이고, J. R. 마이어(Mayer), 패러데이(Faraday), 헤르츠(Hertz)와 같은 아주 신중한 연구자의 두뇌 속에서조차 순수한 신화적 성질을 지니는 것이다. 물리학적으로 아무리 정확하다 하더라도 모든 자연법칙에서 무명수(無名數)와 그 명명(命名)을 구별하고, 단순한 한계 설정과 그 이론적 해석을 엄중히 구별해야만 한다. 법식은 일반적으로 논리적 가치, 순수한 수, 즉 객관적인 공간 요소 및 한계 요소를 대표한다. 그러나 법식은 벙어리이다. $f = \frac{1}{2}gt^2$와 같은 표현은 이들 문자 속에서 일정한 말과 그 말의 의의를 생각할 수 없다면 아무 의미도 없는 것이다. 그러나 내가 죽은 기호를 이런 말로 표현하고 이것에 살과 몸과 생명을 부여하고 감각적인 세계의 의미 일반을 부여할 때에는, 나는 단순한 질서의 한계를 넘어선 것이다. θεωρία는 상, 환영을 의미한다. 이것이야말로 수학적 법식에서 현실의 자연법칙을 만들어 내는 것이다. 모든 정확함 자체는 무의미하다. 모든 물리학적 관찰은, 그 결과가 약간의 상상적 추정을 전제로 하고 있는 한, 무엇인가를 증명하는 성질을 지니는 것이다. 그리고 이들 추정은 그 결과가 옳으면 점점 더 설득적인 효과를 보인다. 이 점을 제외하면 결과라는 것은 단지 공허한 숫자로 이루어지는 것에 불과하다. 그런데도 우리는 이러한 추정을 전연 도외시할 수 없다. 연구자가 모든 가설을 이러한 것으로 간주하고 이것을 돌아보지 않을 경우에도, 사고함으로써 이들 문제에 다가가자마자 그 연구자는 그 사고의 무의식적 형식을 통제할 수 없다──반대로 그 형식이 그를 통제한다.──왜냐하면 연구자는 언제나 한 문화의 인간으로서, 한 시대의 인간으로서, 전통이 풍부한 한 학파의 인간으로서 생활하면서 활동하고 있기 때문이다. 신앙과 '인식'은 단지 내적 확신의 두 종류에 다름 아니다. 그러나 신앙은 보다 오래 된 것이고, 아무리 정확한 지식이라 해도 그 지식의 모든 조건을 지배한다. 그러므로 모든 자연 인식의 지주가 되고 있는 것은 이론이지 순수한 숫자가 아니다. 다만──다시 한 번 말한다면──문화인의 지능 속에만 존재하고 있는 모든 순수한 과학의 무의식적인 동경은 자연의 세계상을 이해하려 하고, 이에 침투하려 하고, 이것을 포괄하려 하며, 계량적 활동 그 자체에는 향해지지 않고 있다. 이 계량적 활동은 언제나 무의미한 두뇌의 기쁨이었던 것에 불과하다. 수는 언제나 비밀을 푸는 열쇠에 불과할 뿐이다. 의의 있는 인간은 숫자 그 자체를 위해서는 한 번도 희생을 치르지 않았을 것이다.

사실 칸트조차도 어느 유명한 부분에서 "나는 주장한다. 어떤 특수한 자연과학에 있어서도 그 안에 존재하고 있는 수학의 숫자만큼 참된 과학이 존재할 수 있을까"하고 말했다. 그 의미는 이루어진 것의 영역에서의 순수한 한계 설정을 말하는 것이지만, 그 한계 설정이 법칙, 법식, 수, 체계로 나타나는 한에서이다. 그러나 말이 없는 법칙, 즉 계량 기구가 나타내는 것을 단지 읽어 낸 것에 불과한 수의 계열은, 지적 작업으로서도 한 번도 완전한 순수 상태에서 마무리될 수 없다. 모든 실험, 모든 방법, 모든 관찰은 단순한 수학적 이상(以上)의 전체 직관에서 생기고 있다. 학자적인 경험은 어떤 것이든 그 관념의 상징적인 종류의 실례이기조차 하다. 말로 표명된 모든 법칙은 하나의, 단 하나뿐인 문화의 가장 깊은 내용으로 채워진 질서이고, 살아 있는 혼이 들어 있는 질서이다. 필연성은 모든 정확한 연구가 요구하는 것이기 때문에, 이중의 필연성이 존재하게 마련이다. 즉 정신적인 것과 살아 있는 것의 필연성(왜냐하면 모든 개개의 연구의 역사가 행해지는지, 언제인지, 또 어떻게 하고 있는지는 운명이기 때문이다)과, 인식된 것에 있어서의 필연성(이 필연성에 우리 서양인은 인과 관계라는 이름을 부여하고 있다)이다. 물리학적인 법식의 순수한 수가 인과적 필연을 나타낸다면, 하나의 이론의 존재, 발생, 수명은 운명이다.

  모든 사실은 가장 단순한 것이라 해도 이미 하나의 이론을 포함하고 있다. 하나의 사실은 각성하고 있는 생물에게 주는 단 한 번만의 인상이다. 그리고 이 사실이 존재하거나 혹은 존재하고 있었던 것이 그리스·로마의 인간을 위해서인가, 서양의 인간을 위해서인가, 고딕의 인간을 위해서인가, 바로크의 인간을 위해서인가에 모든 것이 달려 있는 것이다. 번개가 어떻게 한 마리의 참새에게, 혹은 그때 마침 관찰하고 있던 자연 연구자에게 작용할까 생각해 보는 것이 좋다. 그리고 후자에 대한 '사실' 속에 포함되어 있는 것이 전자에 대한 '사실' 속에 포함되어 있는 것보다 훨씬 많다는 것을 생각하는 것이 좋다. 오늘날의 물리학자는 양, 위치, 과정, 상태의 변화, 물체 등과 같은 말이 언어에 담을 수 없는 의미 감정을 가지고 오로지 서양적인 영상을 나타내고 있다는 것을 너무나 쉽게 잊고 있다. 이 의미 감정은 그리스·로마 혹은 아라비아의 사상과 감정에 있어 전혀 미지의 것이지만, 그럼에도 불구하고 과학적 사실 자체의 성격을(즉 '인식된 것'의 종류를) 완전히 지배하고 있다. 하물며 각각 스스로 참된 자연 신화를 지니고 있는 일, 장력(張力), 작용, 양자, 열량, 확률[1] 등과 같은 극히 복잡한 개념은 더욱 그러하다. 우리는 이런 종류의 사고적 영상을 편견 없는 연구의 결과로 느끼고, 경우에 따라서는 최종적인 것으로 느낀다. 아르키메데스 시대의 뛰어난 두뇌는 근대의 이론 물리학을 연구한 뒤에 다음과 같이 확언할 것이다. 즉 어째서 이런 방종하고 기괴한, 그리고 혼란스런 관념을 과학이라 주장하고, 게다가 바로 눈앞에서 일어나고 있는 사실로부터의 필연적 귀결이라고 주장할 수 있는지 전혀 이해할 수 없다. 과학적으로 시인된 결론은 오히려 그 반대일 것이라고——그리고 그는 같은 '사실'에 기초하여, 즉 자기의 육안으로 보고 자기의 지능 속에 형성된 사실에 기초하여 모든 이론을 발전시킬 것인데, 우리 물리학자는 멍하니 미소를 띠고 그 이론을 경청할 것이다.

그렇다면 현대 물리학의 전체상에서 내적으로 일관해서 발전해 온 근본 표상은 무엇일까. 편광(偏光), 부동하는 이온, 기체 운동론에서의 날아가거나 또는 충돌하는 가스 분자, 자기장, 전류,

---

[1] 예컨대 볼츠만(L. Boltzmann)의 법칙에서의 동력학 제2주법칙은 "하나의 상태의 공산(公算)의 대수(對數)는 이 상태의 엔트로피에 비례한다"이다. 여기에서 각 단어는 완전한 자연 직관을 포함하고 있는데, 그 직관은 단지 동감되어야만 하고, 서술되어서는 안 되는 것이다.

전파──이것들은 모두 파우스트적 환영, 파우스트적 상징이고, 로마네스크 장식, 고트 건축의 높은 비상, 미지의 바다를 향한 바이킹의 항해, 콜럼버스와 코페르니쿠스의 동경과 가장 밀접한 관계를 지니고 있는 것이 아닐까. 이들 형식계와 심상계(心象界)는 그 동시대의 여러 예술, 즉 원근법적 회화와 기악과 완전히 일치하여 성장하지 않았을까. 이것은 우리의 열정적인 방향지워짐이 아닐까. 정신상에 있어서도 그렇지만, 자연의 표상된 상에 있어서도 상징적 표현이 된 제3차원의 격정(激情)이 아닐까.

2

거기에서 모든 자연에 관한 지식은 가장 정확한 지식이라 해도 종교적 신앙에 기초하고 있는 것이다. 서양 물리학은 자연을 순수 역학으로 환원하는 것을 그 최종 목적으로 삼고, 이 영상어가 봉사해야 할 목적으로 삼고 있는데, 이 순수 역학은 하나의 교의(즉 고트 시대의 종교적 세계상)를 전제로 하고 있는 것이다. 순수 역학은 이 교의에 의해 서양의──그리고 서양만의──문화 인간의 지적 소유가 되고 있다. 연구자의 지배력이 미치지 않는 이런 종류의 무의식적인 전제가 없으면, 게다가 자각하고 있는 문화의 가장 초기의 시대에까지 거슬러올라갈 수 있는 전제가 없으면, 과학이라는 것은 없다. 선행하는 종교가 없으면 자연과학은 없다. 이 점에서 칸트적 자연관과 유물론적 자연관 사이에는 아무런 구별도 없다. 그것들은 별개이면서도 같은 것을 다른 말로 말하는 것이다. 무신론적인 자연 연구조차도 종교를 갖고 있다. 근대 역학은 신앙적 직관의 모상(模像)이다.

탈레스에 의해 이오니아의 정상에, 베이컨에 의해 바로크의 정상에 이른 도시적 인간의 선입견은 대단한 자부심을 가지고 비판

제6장 파우스트적 자연 인식과 아폴론적 자연 인식　137

적 과학을 아직 도시가 없는 시골의 초기 종교에 대립시키고, 그리고 그것이 사물에 대해 우월한 위치를 차지하는 것으로 보고, 참된 인식 방법을 지니고 있는 것으로 보고, 이리하여 종교 자체를 경험적으로 또 심리학적으로 설명하고, 이것을 '정복하는' 것을 허용한다. 그런데 고도 문화의 역사가 보여 주는 바에 따르면, '과학'은 후기의 일시적인 극이고, 이 문화라는 커다란 생애의 가을과 겨울에 속하고, 그리스·로마 사상에서도, 인도, 중국, 아라비아 사상에서도 몇 세기를 거치는 동안에 그 가능성을 다 써버린다. 그리스·로마 과학은 칸나이 전투와 악티움 전투 사이에 소멸하고, 그리고 다시 '제2종교성'이라는 세계상에 위치를 양보했다. 이 예에 따르면 서양의 자연 사상력(思想力)이 언제 그 발전의 극한에 도달할 것인지 예견할 수 있다.

　이 지적 형식계가 그 밖의 형식계보다 뛰어나다는 증거는 어디에도 없다. 모든 비판적 과학은 모든 신화, 모든 종교적 신앙 일반과 마찬가지로 내적 확신에 바탕을 두고 있다. 그 형태가 구조를 달리하고 울림을 달리하고 있지만, 근본적으로는 다른 것이 없다. 자연과학이 종교를 비난하는 것은 하늘을 향해 침을 뱉는 것이다. 한 번이라도 '의인적(擬人的)' 표상 대신 '진리'를 가지고 할 수 있다고 생각하는 것은 커다란 편견이다. 그런 '의인적' 표상 이외의 표상은 결코 존재하지 않기 때문이다. 일반적으로 가능한 표상 속에 반영되어 있는 것은 그 저자의 존재이다. "인간은 신을 자기의 모습과 비슷하게 만들었다"——이것은 모든 역사적 종교에 있어 진실임과 동시에 확고하게 근거지워져 있다고 칭해지는 물리학적 이론에 있어서도 진실이다. 그리스·로마의 연구자는 빛은 광원에서 육안에 오는 체구적 모사로 성립되고 있다고 생각하고 있었다. 아라비아의 사고로 보면(에데사, 레사이나, 품바디타 등 페르시아·유태 여러 대학에 있어서조차 이미 의심할 나위 없이), 또 포르피리오스의 눈으로 보면 사물의 색채와 형태는 마술처럼('지적으로') 안구 내에 존재하는 실체라고 생각된 시력으로 귀착된다. 이븐 알 하이탐, 아비센나와 '순정동맹(純正同盟)'이 가르친 것은 이런 것이었다. 빛이 힘——impetus——이라는 것은 이미 1300년경의 뷔리당, 작센의 알베르트와 좌표기하학의 발견자인 N. 오렘을 둘러싼 파리 오캄 학파의 관념이었다. 각 문화가 창조한 그 특유의 과정의 상의 일군은 그 문화에 있어서만 진리이고, 그리고 살아서 그 내적 가능성을 실현하고 있는 동안에만 진리인 것이다. 하나의 문화가 종결되고, 따라서 창조적 요소, 형성력, 상징적 의의가 소멸할 때에는 죽은 체계의 해골인 '공허'한 법식만이 남는다. 이 해골은 다른 문화 인간에 의해 완전히 문자 그대로 무의미하고 또 무가치한 것으로 느껴져 기계적으로 보존되든가, 혹은 경멸되고 망각된다. 수, 법식, 법칙은 아무런 의미도 없고, 또 아무것도 아니다. 그것들은 살아 있는 인류만이 주는 하나의 육체를 지니지 않으면 안 된다. 인류는 그것들 속에서, 또 그것들에 의해 생활하고, 이것에 의해 자기를 표현하고 내적으로 이것을 소유한다. 그러므로 절대적인 물리학이라는 것은 존재하지 않는다. 존재하는 것은 단지 개개의 여러 문화 속에서 생멸하는 개개의 물리학뿐이다.

그리스·로마적 인간의 '자연'은 나체상을 그 최고의 예술적 상징으로 삼고 있었다. 거기에서 생기는 것은 당연히 체구의 정력학, 즉 가까움의 물리학이다. 아라비아 문화에 속하는 것은 아라베스크와 회교 사원의 공동상(空洞狀)의 둥근 천장이다. 이 세계감정으로부터는 '철학자의 수은'과 같은 신비적 작용이 있는 본질에 관한 관념과 함께 연금술이 생겼다('철학자의 수은'은 물질도 아니고 성질도 아니며, 마술적으로 금속이라는 색채적 존재의 기초를 이루고, 그리고 한 금속을 다른 금속으로 변화시키는 힘을 지니는 것이다). 마지막으로 파우스트적 인간의 '자연'은 무한계 공간의 동력학, 즉 몫의 물리학을 탄생시켰다. 이리하여 그리스·로마에 속하는 것은 질료와 형상의 관념이고, 아라비아의 문화에 속하는 것은 완전히 스피노자적으로 실체와 그 현재적(顯在的) 혹은 비밀스런 속성의 관념[2]이며, 서양 문화에 속하는 것은 힘과 질량의 관념이다. 아폴론적인 이론은 조용한 명상이고, 마기적 이론은 연금술이라는 '은총의 수단'——여기에서도 마찬가지로 역학의 종교적 기원이 인정될 수 있을 것이다——에 관한 침묵의 지식이며, 파우스트적 이론은 처음부터 작업 가설이다. 그리스인은 눈에 보이는 존재의 본질을 묻고, 우리는 '이루어지는 것'이라는 눈에 보이지 않는 원동력을 지배할 수 있는 가능성을 묻는다. 전자는 조심스럽게 외모 속에 침잠하고, 우리는 억지로라도 자연에 묻는다. 즉 방법적 실험을 하는 것이다.

그리고 문제 제기와 그 방법과 마찬가지로 근본 개념도 한 문화, 게다가 다만 그 문화만의 상징이다. ἄπειρον, ἀρχή, μορφή, ὕλη와 같은 원어는 다른 언어로 옮길 수 없다. 아르케(arkhe)를 원료로 옮기는 것은 아폴론적인 내용을 제거하고, 그 잔존물인 단순한 말로 하여금 타국의 의미 감정의 여운을 남기게 하는 것이다. 그리스·로마적 인간은 공간에 있어서의 '운동'으로서 그 눈앞에서 본 것을 ἀλλοίωσις, 즉 물체의 위치의 변화로 이해했다. 우리는 운동을 보고 체험하는 방법에서, 즉 procedere(앞으로 나아가는 것)에서 '과정'이라는 개념을 추상했다. 이것에 의해 방향 에너지(우리의 입장에서 보면 이것이 없이는 자연 과정에 관한 고찰은 존재하지 않는다)가 남김없이 표현되고 있는 것이

---

[2] 금속으로서는 '수은'은 실체적 성질의 원리이다(광휘, 신장성, 용융성). '유황'은 연소와 변화의 이런 속성적 산출의 원리이다.

다. 그리스·로마의 자연 비평은 보일 수 있는 취합(聚合) 상태를 근원적 차이로 간주했다. 엠페도클레스의 유명한 사원소가 이 것이다. 즉 딱딱한 물체적인 것(흙), 딱딱하지 않은 물체적인 것(물), 그리고 비물체적인 것[3](공기) 등이다. (그리스·로마인의 입장에서 보면 불은 제4의 원소이다. 불은 가장 강한 시각적 인상을 주므로, 따라서 그리스·로마의 지성은 그 유체성에 대해 의심할 바가 없는 것이다.) 아라비아의 '원소'는 눈에 대해 사물의 현상을 한정하는 비밀스런 구조와 성좌(星座)의 표상 속에 포함된다. 느끼는 이런 방식을 이해할 때 고체와 유체의 대립이 아리스토텔레스 일파의 입장에서 보는 것과 전혀 다른 의미라는 것을 알 수 있을 것이다. 즉 전자에 있어서는 유체성의 정도이고, 후자에 있어서는 마술적 속성이다. 이리하여 생기는 것이 저 마술적 실체의 일종인 화학적 원소의 상인데, 이 마기적 실체는 신비적인 인과 관계에 의해 사물에서 나타나고, 그리고 다시 사물 속으로 사라져 가고, 게다가 별의 영향까지도 받는다. 연금술은 사물(즉 그리스의 수학자, 물리학자와 시인의 somata)의 조소적 현실에 대해 깊은 과학적 의혹을 품고, 그 사물의 본질의 비밀을 발견하려고 이것을 용해하고 이것을 파괴한다. 이것은 이슬람의 우상 파괴와 비잔티움의 보고밀의 우상 파괴와 마찬가지로 진짜 우상 파괴이다. 여기에 나타나 있는 것은 자연의 파악할 수 있는 형태, 그리스인에게 신성했던 형태에 대한 깊은 불신이다. 경교(景教)와 단성설(單性說)을 분열시킨, 모든 초기의 종교회의에 있어서의 그리스도의 몸에 관한 논쟁은 연금술적 문제이다. 사물의

---

3) 화학은 스페인의 도미니크파의 빌라노바의 아르날드(1311년 사망)와 같은 인물의 존재에도 불구하고 수학적·물리학적 연구에 비하면 고트 여러 세기를 통해 어떤 창조적 의미도 지니고 있지 않다.

직관적 형식을 부정하거나 혹은 파괴하여 그 사물을 탐구하려는 것은 그리스·로마의 물리학자로서는 생각도 못 한 일일 것이다. 그러므로 그리스·로마적인 화학이라는 것이 존재하지 않는 것은 아폴론(그 출현 방식이 아니라)의 실체의 그리스·로마적 이론이 존재하지 않는 것과 마찬가지이다.

아라비아 양식의 화학적 방식은 새로운 세계의식의 징후이다. 이 화학적 방법의 발견은, 플로티노스와 대수학의 건설자인 디오판토스와 같은 시대에 알렉산드리아에 살고 있었다고 추정되는 저 수수께끼와 같은 헤르메스 트리스메기스토스의 이름과 결부되어 있다. 아폴론적 자연과학인 기계적 정력학은 곧 종말을 고했다. 그리고 파우스트적 수학이 뉴턴과 라이프니츠에 의해 결정적으로 해방됨과 동시에, 서양 화학도 또한 슈탈(Stahl, 1660~1734년)과 그의 플로지스톤설에 의해 아라비아 형태에서 해방되었다. 수학도 화학도 순수한 해석이 된다. 이미 파라셀수스(Paracelsus, 1493~1541년)는 황금을 만들려는 마기적 의도를 약학으로 변형시켰다. 이 점에서 세계감정의 변화의 흔적이 보인다. 그 뒤 로버트 보일(Robert Boyle, 1626~91년)은 분석적 방법을, 그와 함께 원소에 대한 서유럽적 개념을 창조했다. 슈탈은 라부아지에의 이름으로 한 기원을 그었다. 근대 화학의 건설이라 불리고 있는 것은 '화학적' 사상을 연금술적 자연관으로 보는 한 결코 화학적 사상의 완성은 아닐 것이다. 이와 관련하여 실수해서는 안 된다. 근대 화학은 본래의 화학의 종말이고, 순수한 동력학의 포괄적 체계로의 융합이며, 바로크 시대의 갈릴레이와 뉴턴이 건설한 역학적 자연관으로의 병합이다. 엠페도클레스의 원소는 체구의 태도를 말하고, 산소의 발견(1771년)에 뒤이은 라부아지에의 연소설(1777년)의 원소는 인간 의지가 접근할 수 있는 에너지 체계이다. 고체와 유체는 분자 사이의 긴장 상태의 명칭이 된다. 자연은 우리의 분석과 종합에 의해 단지 물어지거나 혹은 설득당할 뿐만 아니라 정복된다. 근대 화학은 근대의 행위 물리학의 한 장(章)이다.

우리가 정력학, 화학, 동력학이라 부르는 것은 현대 자연과학의 입장에서 보면 아무 깊은 의미가 없는 역사적 명칭에 불과한 것이며, 아폴론적, 마기적, 파우스트적 정신 등 세 가지의 물리학적 체계이다. 그것들은 각각 자기의 문화 속에서 성장하고, 각각 하나의 문화에만 타당한 것이다. 이에 대응하는 것이 에우클레이데스적 기하학, 대수학, 고등해석의 모든 숫자이고, 그리고 조상(彫像), 아라베스크, 푸가 곡의 모든 예술이다. 물리학의 세 종류——다른 문화는 각각 다른 종류를 탄생시킬 것이고, 또 탄생시키지 않으면 안 될 것이다——를 운동 문제의 파악에 의해 구별하려고 할 때에는 상태, 비밀의 힘, 과정이라는 기계적 순서를 얻게 될 것이다.

3

그런데 언제나 인과적 천성이 있는 인간 사고의 경향은 자연의 상을 되도록이면 단순한 양적 형식 단위, 즉 인과 추리, 계측, 계산(한마디로 말하면 기계적 구별)을 받아들이는 형식 단위로 환원하려고 하고, 그리스·로마 물리학, 서양 물리학, 그 밖의 일반적으로 가능한 물리학에서 필연적으로 원자론이 된다. 인도와 중국의 물리학에 대해서 우리는 단지 그것들이 일찍이 존재했다는 것만 알 뿐이다. 아라비아의 물리학은 오늘날에도 여전히 완전히 서술하기 어렵다고 생각될 정도로 복잡하다. 그러나 아폴론적 물리학과 파우스트적 물리학 사이에는 깊은 상징적인 대립이 있다.

그리스·로마의 원자는 미세한 형태이고, 서양의 원자는 최소량, 그것도 에너지의 최소량이다. 이 관념의 근본 조건은 전자에 있어서는 실견성(實見性), 즉 감각적인 가까움이고, 후자에 있어서는 추상성이다. 전자론과 열역학의 양자론까지도[4] 포함하는 근대 물리학의 원자에 관한 표상은 저——순수한 파우스트적인——내적 직관을(비〔非〕에우클레이데스 기하학 혹은 무리론과 같은 고등수학의 많은 분야에서 요구되고 있고, 속인의 손이 닿을 수 없는 내적 직관을) 점점 더 많이 전제로 하고 있다. 동력학적 양자는 모든 감각적 성질에서 벗어난 하나의 확대된 것이고, 시각과 촉각의 관계를 모두 피하고, 형태라는 표현은 아무런 의미도 갖지 않는다. 즉 그리스·로마의 자연 연구자는 전혀 생각할 수 없는 무엇인가이다. 이것은 이미 라이프니츠의 모나드(monad)에 대해서도 말할 수 있는 것이고, 이어서 최고도에 있어서 러더퍼드(E. Rutherford)가 원자의 정묘한 구조——한 개의 양전자를 중핵으로 하는 음전자의 유성 조직을 지닌다——에 대해 그린 상, 닐스 보어가 플랑크의 기본적 작용 양자를 가지고 하나의 새로운 상에 결합시킨 상에 대해서도 말할 수 있는 것이다. 레우키포스(Leukippos)와 데모크리토스의 원자는 형태와 크기를 달리하고 있었다. 따라서 순수한 조소적 단위이고, 단지 이 조소적이라는 의미에서만 그 이름이 나타내듯이 '분할할 수 없는 것'이다. 서양 물리학의 원자는 음악의 음형과 주제와 비슷하다. 그 '불분할성'은 전혀 의미를 달리하고 있으며, 그 '본질'은 파동과 방사에 있다. 그것의 자연 과정에 대한 관계는 동기의 악장에 대한 관계와 같다. 그리스·로마의 물리학자는 이루어진 것으로서의 이들 최

---

[4] 이미 헬름홀츠조차 전해(電解)의 현상을 전기의 원자적 구조의 가설에 의해 설명하려고 시도했다.

후의 상원소의 외모를 조사하고, 서양의 물리학자는 그 작용을 조사한다. 이것을 밝히는 것은 전자에 있어서는 질료와 형상의 기본 개념이고, 후자에 있어서는 용량과 강도의 기본 개념이다.

원자의 스토아주의와 원자의 사회주의가 있다. 모든 법칙, 모든 정의의 끝에 이르기까지 각각 그 대응하는 윤리학의 소산에 대한 관계를 고려하여 정력학적·조소적 원자 표상과 동력학적·대위법적 원자 표상을 정의하면 이렇게 된다. 데모크리토스의 혼란된 원자군은 가로놓이고 인종(忍從)하고, 그와 소크라테스가 ἀνάγκη(필연)이라 명명한 맹목적인 우연에 의해 타도되고 추방된다──오이디푸스처럼. 이에 반해 단위로서 작용하는 추상적인 힘의 점의 체계는 공격적으로, 공간을 에너지적으로 ('장(場)'으로서) 지배하고 저항을 이겨 낸다──맥베스처럼. 이 근본 감정에서 두 개의 역학적 자연상이 생긴다. 레우키포스에 따르면 원자는 '자기 스스로' 공허 속을 날아다닌다. 데모크리토스는 충돌과 반충돌을 단지 위치의 변화의 형식으로 간주하고 있다. 아리스토텔레스는 개개의 운동을 우연적인 것으로 설명하고, 엠페도클레스에 있어서는 사랑과 증오로 칭해지고, 아낙사고라스에 있어서는 회합(會合)과 분리로 칭해지고 있다. 이것은 모두 그리스·로마 비극의 요소이기도 하다. 아테네 극장의 무대에서의 인물의 상호 관계는 이러한 것이다. 따라서 이것은 또한 그리스·로마 정치의 존재 형식이기도 하다. 거기에 존재하는 것은 섬들과 해안을 따라 가로놓인 정치적 원자인 저 작은 여러 도시이고, 그 각각은 서로 질투하고 배척하며, 자기만으로 존재하면서도 끊임없이 지지자를 필요로 하고, 우스울 정도로 자기 안에 틀어박히고, 변덕스러우며, 그리스·로마사의 계획도 없고 순서도 없는 사건에 의해 이리저리 충돌하고, 오늘 흥륭하는가 싶으면 내일은 쇠망하고 있다──그리고 이와 반대로 정치적인 힘의 장인 17세기, 18세기의 왕조적 여러 국가는 내각과 대외교가라는 작용의 중심에서 멀리 바라보고, 그리고 이것에 의해 계획적으로 조종되고 지배된다. 그리스·로마사와 서양사의 본질은 이 두 개의 정신의 대립으로만 이해되고, 두 개의 물리학의 원자에 관한 근본 개념도 이 비교로만 이해된다. 힘의 개념을 창조한 갈릴레이와, αρχη의 개념을 창조한 밀레토스인, 데모크리토스와 라이프니츠, 아르키메데스와 헬름홀츠, 이들은 동시대인이고, 전혀 다른 문화의 동일한 지적 단계에 있어서의 일원이다.

그러나 원자론과 윤리학의 내적 근친 관계는 더 멀리 미친다. 외모의 극복을 존재로 삼고, 고독을 감정으로 삼고, 무한을 동경으로 삼는 파우스트적인 혼이 고독, 거리, 격리에 대한 이 필요를 어떻게 그 모든 현실 속에 두고, 그 공적·지적, 예술적 형식계 속에 두고 있는지는 이미 말한 그대로이다. 이 거리의 파토스(니체의 표현을 사용하면)야말로 모든 인간적인 것이지만, 가까움, 의존, 공동을 필요로 하고 있었던 그리스·로마에서는 특히 미지적인 것이다. 이것에 의해 바로크의 정신과 이오니아 양식의 정신이 구별되고, 앙시앵 레짐(ancien régime)의 문화와 페리클레스의 아테네의 문화가 구별된다. 이 영웅적 행위자와 영웅적 인종자를 나누는 파토스가 서양 물리학의 상에서는 긴장으로 다시 나타나고 있다. 데모크리토스의 직관 속에 포함되어 있지 않았던 것은 이 긴장이다. 충돌과 반충돌의 원리는 공간을 지배하는 힘, 공간과 일치하는 힘을 부정하기 때문이다. 이에 상응하여 그리스·로마의 정신상에서는 의지의 요소가 결여되어 있다. 그리스·로마의 인간, 국가, 세계관 사이엔 다툼, 질투, 증오가 있음에도 불구하고 내적 긴장이 없고, 거리, 고독, 우월에 대한 깊은 요구가 없다——따라서 그리스·로마의 코스모스의 원자 사이에도 그것이 없다. 긴장의 원리——포텐셜론으로서 전개되었다——

는 그리스·로마 언어에, 따라서 그리스·로마 사상에 전혀 이입될 수 없는 것이지만, 근대 물리학에 있어서는 기본적인 것이 되고 있었다. 그것은 자연에 있어서의 권력의지인 에너지라는 개념으로부터의 당연한 귀결이다. 그러므로 우리에게 필연인 것과 마찬가지로 그리스·로마의 인간에 있어서는 불가능한 것이다.

4

그러므로 모든 원자론은 신화이지 경험이 아니다. 문화는 그것이 지니는 위대한 물리학자의 이론적 형성력에 의해 그 가장 신비적인 본질, 즉 자기 자신을 신화로서 시현(示現)한다. 확대가 그 자체로서 인식하는 자의 형식감정과 세계감정과 관계없이 존재한다는 것은 비판적 편견이다. 이에 의하면 생명은 제외할 수 있다고 믿어진다. 거기에서 '인식하는 것'과 '인식된 것'의 관계가 방향과 확대의 관계와 같다는 것이 잊혀지고, 또 살아 있는 방향에 의해 비로소 '느껴진 것'이 깊이와 멂 속에 확대되고 공간이 된다는 것이 잊혀졌다. 확대된 것의 '인식된' 구조는 인식하는 존재의 상징이다.

깊이의 체험은 하나의 혼의 자각과 동일하고, 따라서 이 혼에 속하는 외계의 창조와 동일하다. 이 깊이의 체험의 결정적인 의의에 대해서는 이미 말한 바 있다. 이에 따르면 단순한 감관(感官)의 인상 속에는 길이와 폭만이 존재할 뿐이다. 해석(解釋)이라는 가장 깊은 필연을 가지고 행해지는 살아 있는 행위는 모든 살아 있는 것과 똑같이 방향, 감동, 돌아오지 않는 것——이것들에 대한 의식이 시간이라는 말의 참된 내용을 이루는 것이다——을 소유하고 있다. 이 행위에 의해 깊이가 부가되고, 따라서 현실, 즉 세계가 창조된다. 생명 자신은 제3차원으로서 체험된 것 속에 깊이 파고들어간다. 미래로서, 또 지평선으로서 두 가지 뜻을 지니는 멂이라는 말은 확대 그 자체를 불러일으키는 이 차원의 더욱 깊은 의미를 밝힌다. 이제 막 지나가 버린, 응결된 이루어지는 것은 이루어진 것이고, 이제 막 지나가 버린 응결된 생명은 인식된 것의 공간의 깊이이다. 데카르트와 파르메니데스는 사고와 존재, 즉 표상된 것과 확대된 것이 동일하다는 점에서 일치하고 있다. Cogito, ergo sum은 단지 깊이의 체험의 법식화에 불과하다. 즉 나는 인식한다, 따라서 나는 공간 속에 있다는 것이다. 그러나 개개의 문화의 근원 상징은 이 '인식하는 것', 따라서 '인식된 것'의 양식 속에서 활동하고 있다. 실현된 확대는 그리스·로마의 의식에서는 감각적·체구적 현재의 것이고, 서양의 의식에서는 증대하는 공간적 초월성의 것이다. 거기에서 용량과 강도라는 전혀 비감각적인 극성이 그리스·로마적, 시각적 극성인 질료와 형상에서 구별되어 만들어진다.

  그러나 그 결과로 인식된 것 속에는 살아 있는 시간이 다시 나타날 수 없게 된다. 이 살아 있는 시간이 이미 깊이로서 인식된 것 속에, 즉 '존재' 속에 깊이 파고들어갔기 때문이다. 그러므로 영속, 즉 무시간과 확대는 동일한 것이다. 인식하는 것만이 방향의 특징을 지니고 있다. 하나의 단순한 차원, 즉 생각된, 계측할 수 있는 물리학적 시간은 오류이다. 이 오류가 피해질 수 있는가, 혹은 피해질 수 없는가만이 의문이다. 어떠한 물리학적 법칙이든 그 속에서 시간 대신 운명이란 말을 가지고 보면 순수한 '자연'에서 시간이 문제가 되고 있지 않다는 것이 느껴질 것이다. 물리학의 형식계가 도달할 수 있는 범위는 이에 대응하고 있는 수와 개념의 형식계가 도달할 수 있는 범위와 정확히 똑같다. 그리고 이미 밝혀졌듯이 칸트가 어떻게 논하든 수학적인 수와 시간 사이에는 아무런 관계도 없다. 하지만 주위의 세계상에 있어서의 운동의 사실은 이와 모순되고 있다. 이것은 아직 해결되지 않은, 또 해결될 수 없는 엘레아 학파의 문제이다. 존재 혹은 사고와 운동은 일치하지 않는다. 운동은 '존재하지 않는다'('겉보기일 뿐이다').

그리고 여기에서 자연과학은 다시 교의적이 되고 신화적이 된다. 시간과 운명이라는 말은 이것을 본능적으로 사용하는 자의 입장에서 보면 생명 자체——체험된 것으로부터 분리할 수 없는 전체의 생명——의 가장 깊은 깊이에 닿는 것이다. 하지만 물리학, 즉 관찰하는 오성은 이것을 분리하지 않으면 안 된다. 사고에 의해 관찰자의 살아 있는 행위에서 분리되어 대상이 되고, 죽어 무기적이 되고, 응결되고 체험된 것 '자체'——이것이 바야흐로 '자연'이고, 수학적으로 깊이 추구할 수 있는 것이다. 이런 의미에서 자연 인식은 계측하는 활동이다. 그런데 우리는 관찰하고 있을 때조차 살아 있다. 그러므로 관찰된 것도 우리와 함께 살아 있다. 자연을 단지 순간에서 순간으로 '존재'시킬 뿐만 아니라 끊임없이 흐름을 이루며 우리의 주위에서, 또 우리와 함께 '이루어지게' 하는 자연의 상에 있어서의 세력은 하나의 각성하고 있는 생물과 그 세계가 같은 종류의 것이라는 증거이다. 이 세력이 운동이라 칭해지고 상으로서의 자연과 모순된다. 그러나 그것은 이 상의 역사를 대표하기 때문에, 그 결과로 우리의 이해가 언어에 의해 감각에서 추상되고, 수학적 공간이 빛의 저항, 즉 '사물'에서 추상되는 것과 똑같이, 물리학적 시간이 운동의 인상에서 추상되는 것이다.

'물리학'은 '자연'을 깊이 추구한다. 따라서 물리학은 시간을 단지 길이로밖에 모른다. 그러나 '물리학자'는 이 자연의 역사 한가운데에서 살아가고 있다. 거기에서 운동을 수학적으로 확정될 수 있는 양으로 생각하고, 실험에 의해 얻어지고 법식으로 씌어진 순수한 수의 명칭으로 생각지 않을 수 없게 되어 있다. "물리학이란 운동의 완전하면서도 단순한 서술이다"(키르히호프). 이것은 언제나 물리학이 의도하는 바였다. 그러나 그것은 상 속에 있어서의 운동이 아니라 상의 운동이다. 물리학적으로 파악된 자연 속에서의 운동은 계차(繼次) 의식을 일으킬 수 있는 형이상학적인 무엇인가에 다름 아니다. 인식된 것은 무시간적이고 운동을 모른다. 이것은 '이루어진 존재'를 의미한다. 인식된 것의 유기적 계차에서 운동이라는 인상이 생겨난다. 이 말의 의미를 느끼는 것은 '오성'으로서의 물리학자가 아니라 하나의 인간으로서의 물리학자이다. 그리고 이 중간의 불변의 기능은 '자연'이 아니라 전세계이고, 게다가 역사로서의 세계이다. '자연'은 그때그때의 문화의 표현이다. 모든 물리학은 생명의 문제 자체를 포함하고 있는 운동 문제를 다루는 것이다. 그것은 이 문제가 언젠가는 해결될 수 있을 것처럼 다루는 것이 아니라 그것이 해결될 수 없음에도 불구하고, 또 해결될 수 없기 때문에 이것을 다루는 것이다. 운동의 비밀은 죽음에 대한 불안을 인간 속에 일으킨다.

자연 인식이 정묘한 자기 인식이라고——상으로서, 인간의 거울로서 이해된 자연——한다면, 운동 문제를 해결하려는 노력은 인식이 자기의 비밀을 찾고 자기의 운명의 흔적을 찾으려는 노력이다.

5

이것을 할 수 있는 것은 창조적인 관상학적 박자뿐이다. 그리고 이것은 예로부터 이미 예술에서, 특히 비극 시작(詩作)에서 행해지고 있었다. 운동에 직면해 곤혹스러워하는 것은 단지 두뇌로 사고하는 인간뿐이고, 직관하는 자의 눈으로 보면 그것은 자명한 것이다. 그러나 역학적 자연관의 완전한 체계는 관상학이 아니고 체계, 즉 논리적으로 또 수적으로 정리된 순수한 확대이고, 살아 있는 것이 아니라 이루어진 것, 죽은 것이다.

시인이지 계산가가 아니었던 괴테는 그래서 "자연에는 아무런 체계도 없다. 자연에는 생명이 있고, 미지의 중심에서 인식될 수 없는 극한에 이르는 생명이고 계차이다"라고 말하고 있다. 그러나 자연을 체험하지 않고 이것을 인식하는 자의 눈으로 보면 자연은 체계를 지니고 있다. 자연은 체계이고 그 이상의 것이 아니다. 따라서 자연에 있어서의 운동은 모순이다. 이 모순은 인위적인 법식화에 의해 덮여 가려질 수 있지만, 그러나 근본 개념 속에 줄곧 살아 있다. 데모크리토스의 충돌과 반충돌, 아리스토텔레스의 엔텔레키아, 1300년경의 오캄파의 impetus에서 1900년 이후의 방사 이론의 기본적 작용 양자에 이르는 힘의 개념은 모두 이 모순을 포함하고 있다. 물리학적 체계의 내부에 있어서의 운동을 그 체계의 노년화로 간주한다면──사실 체계는 관찰자의 체험으로는 늙어 가는 것이다──운동이라는 말과 이 말에서 파생한 모든 관념이 지니는 숙명적인 것을 느끼고, 그 파괴될 수 없는 유기적 내용을 똑똑히 느낄 것이다. 그러나 역학은 나이와 아무 관계도 없고, 따라서 운동과 어떤 관계가 있을 리 없다. 그러므로──그 이유는 운동 문제가 없으면 자연과학은 생각할 수 없기 때문이다──빠짐없이 통합된 역학은 전혀 존재할 수 없다. 언제나 어딘가에 체계의 유기적인 출발점이 존재하고 있고, 거기에 직접적인 생명이 깊이 파고들어가는 것이다──지능인 자식을 어머니인 생명에 연결시키고, 사상을 사상가에게 연결시키는 탯줄이다.

여기에서 우리는 파우스트적, 아폴론적 자연 인식의 기초를 완전히 다른 측면에서 알 수 있다. 순수한 자연이라는 것은 없다.

역사의 본질의 얼마간은 그 자연 속에 있다. 인간으로서 그리스인처럼 무역사적이고 그 모든 세계 인상이 순수한 점 모양의 현재 속에 흡수되어 있을 경우에는 자연상은 정력학적이 되고, 어떤 순간에도 자기 자신 속에 틀어박히기에 이를 것이다. 즉 미래와 과거로부터 단절될 것이다. 그리스 물리학에 있어서는 아리스토텔레스의 엔텔레키아의 개념에 있어서처럼 시간은 크기로서 나타나지 않는다. 인간이 역사적 천성을 지닐 경우에는 동력학적인 상이 생긴다. 이루어진 것의 극한인 수는 무역사적일 경우에는 양과 크기가 되고, 역사적일 경우에는 함수가 된다. 계량되는 것은 현재적인 것뿐이고, 그리고 그 경과중에 추구되는 것은 과거와 미래를 지니는 무엇인가뿐이다. 이것이 운동 문제에 있어서의 내적 모순을 그리스·로마 이론에 있어서는 덮어 가리고, 서양 이론에 있어서는 쫓아내는 그 구별인 것이다.

역사는 영원히 이루어지는 것이고, 따라서 영원한 미래이다. 자연은 이루어진 것이고, 따라서 영원한 과거이다. 그 결과로 여기에서 기묘한 도착(倒錯)이 생겼다. 이루어진 것에 대한 이루어지는 것의 우월이 소멸한 듯이 보이는 것이다. 자기의 영역인 이루어진 것에서 회고하는 지능이 생명의 상을 뒤엎는다. 목표와 미래를 자기 안에 지니는 운명의 이념은 과거에 중점을 지니는 기계적 원인과 결과의 원리가 된다. 지능은 시간적인 생명과 공간적인 체험된 것의 위치를 전도시키고, 그리고 시간을 길이로서 공간적인 세계 체계 속에 이입한다. 세계 형성의 체험으로서 확대가 방향에서, 공간적인 것이 생명에서 생기는 것에 대하여, 인간의 두뇌적 이해는 생명을 과정으로서 자기의 응결되고 표상된 공간 속에 집어넣는다. 생명에 있어서 공간은 기능으로서 자기에 속하는 무엇인가이고, 지능에 있어서 생명은 공간에 있어서의 무엇인가이다. 운명은 '어디로'를 의미하고, 인과 관계는 '어디에서'를 의미한다. 과학적으로 기초지우는 것은 기계적으로 파악된 길——길이로서 이루어지는 것——을 과거로 거슬러올라감으로써 이루어진 것과 실현된 것에서 '근거'를 찾는 일이다. 그러나 과거로 거슬러올라가 살 수는 없다. 가능한 것은 단지 과거로 거슬러올라가 생각하는 것뿐이다. 시간도 운명도 역전될 수 없다. 다만 물리학자가 시간이라고 명명하는 것만 분할할 수 있는 '양' (가능하면 마이너스 양, 혹은 허수량으로서 자기의 법식 속에 집어넣게 하는 것만)이 역전될 수 있는 것이다.

곤란하다는 것이 그 기원에서, 또 그 필연성에서 이해되는 일은 드물었다 해도 언제나 느껴지고 있었다. 그리스·로마의 자연연구에 있어서는 엘레아 학파가 사고는 하나의 존재이고, 그러므로 인식된 것과 확대된 것이 동일하고, 따라서 인식과 이루어지는 것이 일치하기 어렵다는 논리적 견해를 가지고 자연을 움직이고 있다고 생각하는 필연성에 대립시켰다. 그들의 이론(異論)은 결코 만만히 다루어지지 않았고, 또 만만히 다루어질 수 없는 것이다. 그러나 그들의 이론은 그리스·로마 물리학의 발전을 저지하지 않았다. 즉 그리스·로마 물리학은 아폴론적 정신의 표현으로서 불가결한 것이고, 따라서 논리적 모순 이상의 것이었기 때문이다. 갈릴레이와 뉴턴이 건설한 바로크의 고전 역학에서는 동력학적 의의에서 이론의 여지가 없는 해결책이 수없이 시도되었다. 힘의 개념의 역사는 운동을 수학적으로 또 개념적으로 남김없이 정의하려는 시도의 역사에 다름 아니다(이 힘의 개념의 정의가 끝없이 되풀이되었다는 것은, 이 난점 때문에 자기 자신의 입장이 위태로워졌다는 것을 알게 된 사고의 정열을 나타내는 것이다). 최후의 중요한 시도는 헤르츠의 역학이다. 그러나 이 시도도 그 이전의 것과 마찬가지로 필연적으로 실패로 돌아갔다.

헤르츠는 모든 곤란의 참된 근원을 찾아내지 않고——이것은 어떤 물리학자도 아직껏 성공하지 못한 것이다――힘의 개념을 모조리 없애 버리려고 했다. 이것은 모든 역학적 체계의 결함은 근본 개념의 어느 것 속에서 추구되지 않으면 안 된다는 올바른 감정에 바탕을 두었던 것이다. 헤르츠가 기도한 것은 물리학의 상을 시간, 공간, 질량의 양만으로 구성한다는 것이었다. 그러나 방향 인자로서 힘의 개념 속에 들어와 있는 시간 그 자체가 유기적 요소이고, 이 유기적 요소 없이는 동력학 이론이 표명되지 않고, 그리고 그 유기적 요소를 갖고는 순수한 해결책이 얻어지지 않는다는 것을 깨닫지 못했다. 그리고 이 점을 떼어놓고 생각해 보면 힘, 질량, 운동의 개념은 독단적 단위를 형성한다. 이들 제 개념은 서로 조건지워져 있고, 그 하나의 적용이 이미 다른 두 가지의 적용을 암암리에 승인하고 있을 정도이다. $\alpha\rho\chi\acute{\eta}$라는 그리스·로마의 근원어 속에는 운동 문제의 아폴론적 파악이 모두 포함되고, 힘의 개념 속에는 그 서양적 파악의 모든 것이 포함되어 있다. 질량의 개념은 힘의 개념의 보충물에 불과하다. 깊은 종교적 인물인 뉴턴은 힘과 운동이라는 말의 의미를 분명히 하기 위해 질량이 힘의 작용점이고 운동의 담당자라고 말하고, 그것으로 극히 단순하게 파우스트적 세계감정을 표현했다. 13세기의 신비가가 이해한 신의 세계에 대한 신의 관계는 이런 것이었다. 뉴턴은 유명한 "hypotheses non fingo(나는 가설을 만들지 않는다)"라는 말로 형이상학적 요소를 떨쳐 버렸다. 그러나 그의 역학의 기초는 철두철미 형이상학적이다. 힘이 서양인의 역학적 자연상에서 차지하는 위치는, 의지가 그 정신상에서 차지하는 위치와 똑같고, 무한한 신성(神性)이 그 세계상에서 차지하는 위치와도 똑같다. 이 물리학의 근본 사상은 최초의 물리학자가 태어나기 오래 전에 이미 확정되어 있었다. 이 근본 사상은 우리 문화의 가장 오래 된 종교적 세계의식 속에 존재하고 있었던 것이다.

6

이와 함께 필연이라는 물리적 개념도 종교적 기원을 지니는 것이 밝혀진다. 이 필연은 우리가 이지적으로 자연이라 해석하는 것, 그 속에 있어서의 기계적 필연을 말한다. 그리고 이 필연의 근저를 이루는 것이 생명 지체 속에 존재하는 또 하나의 유기적이고 운명적인 필연이라는 것을 잊어서는 안 된다. 후자는 창조하고, 전자는 제한한다. 하나는 내적 확신에서 생기고, 다른 하나는 증명에서 생긴다. 이것이 비극적 논리와 기술적 논리의 차이이고, 역사적 논리와 물리학적 논리의 차이이다.

자연과학이 요구하고, 또 가정한 필연, 즉 원인과 결과의 필연에 있어서는 이제는 그 이상의 차이가 존재하는데, 이 차이는 오늘날에 이르기까지 아무런 주의도 끌지 못한 것이다. 이 문제는 가늠할 수 없을 정도의 의미가 있는 극히 까다로운 견해이다. 자연 인식은 철학이 이 관계를 어떻게 말하든 일정한 양식을 갖춘 인식의 작용이다. 따라서 자연의 필연은 그것이 속하는 지능의 양식을 지닌다. 그리고 여기에서 역사적·형태학적 차이가 생기는 것이다. 엄밀한 필연은 자연법칙으로 표현되지 않더라도 자연 속에서 간파될 수 있는 것이다. 이 자연법칙이라는 것은 우리의 입장에서 보면 자명한 것이지만, 다른 문화의 인간의 입장에서 보면 전혀 그렇지 않다. 그것이 전제로 삼고 있는 이성 일반의 (따라서 또한 자연 인식의) 형식이 완전히 특수한 것이고, 파우스트적 지능의 특색을 나타내고 있기 때문이다. 본래 개개의 모든 경우가 형태적으로 그 자체로 완결되고, 하나의 경우일지라도 정확히 되풀이되지 않고, 따라서 인식의 모든 결과가 영속적으로 타당한 법식의 형태를 이룰 수 없다고 구상하는 기계적 필연이 있을 수 있다. 그런 경우에는 (예컨대 유추해 보면) 자연은 순수한 순환소수가 아니고, 무한이기는 하지만 순환적이지 않은 소수를 연상시키는 상 속에 나타날 것이다. 그리스·로마는 의심할 나위도 없이 이처럼 느꼈던 것이다. 그 감정은 분명히 그리스·로마의 물리학적 근본 개념의 근저가 되고 있다. 예컨대 데모크리토스에 있어서의 원자의 고유 운동은 사전에 계산하는 것을 제외하고 있는 것 같다.

자연법칙은 인식된 것의 형식이고, 그 형식 속에서는 개개의 경우의 총계가 고도의 한 단위로 요약된다. 살아 있는 시간은 무시된다. 즉 그 경우가 나타나는지 어떤지, 언제 나타나는지, 몇 번 나타나는지는 아무래도 좋은 것이다. 그리고 사건의 연대적 계차가 문제가 아니고, 수학적 개별 존재가 문제인 것이다. 그러나 세계의 어떤 힘도 이 계산을 움직일 수 없다는 의식 속에 자연을 지배하려는 우리의 의지가 존재하고 있다. 이것이 파우스트적이다. 이런 견지에서 비로소 나타나는 것이 자연법칙의 배반으로서의 기적이다. 마기적인 인간은 이 기적 속에서 자연과 모순되지 않고, 그리고 누구에게도 존재하고 있지 않은 하나의 힘만을 인정한다. 그리고 그리스·로마의 인간은 프로타고라스에 의하면 단지 사물의 척도에 불과하므로 그 창조자가 아니다. 거기에서 그리스·로마의 인간은 법칙을 발견하고 이것을 응용해 자연을 정복하는 것을 무의식적으로 단념하는 것이다.

여기에서 수학, 물리학, 인식 비판이 서로 일치하여 근본적인 진리로 삼는 형식, 우리에게 자명하고 또 필연적인 형식에서의 인과율이 서양의 현상, 나아가 정확히 말하면 바로크 현상이라는 것이 분명해진다. 이 현상은 증명될 수 없다. 왜냐하면 서양의 언어로 이루어지는 어떤 증명도, 서양의 지능의 어떤 실험도 이 현상을 이미 일찍부터 전제로 하고 있기 때문이다. 모든 문제 제기는 이미 그 해결을 내포하고 있다. 하나의 과학의 방법은 그 과학 자체이다. 자연법칙의 개념 속에, 또 로저 베이컨 이후 생긴 scientia experimentalis(실험과학)로서의 물리학의 개념 속에 이 특수한 필연이 이미 포함되어 있다는 것은 이상스런 일이 못 된다. 그러나 자연을 보는 그리스·로마적 방법──그리스·로마적 존재 방법의 alter ego(다른 일면)──은 이것을 포함하고 있지 않다. 게다가 이것에 의해 자연과학의 확립 속의 논리적 약점이 생기지 않는다. 데모크리토스, 아낙사고라스, 아리스토텔레스는 그리스·로마적 자연관의 모든 것을 말하고 있는데, 그 말을 면밀히 생각해 보면, 특히 ἀλλοίωσις, ἀνάγκη 혹은 ἐντελέχεια와 같은 아주 결정적인 개념의 내용을 살펴보면, 그 세계상이 우리의 그것과 전연 다른 천성을 지니고, 그 자체로 완성되고 있으며, 따라서 이런 종류의 인간에 있어서는 무조건적으로 진리라는 것을 알고 놀라지 않을 수 없다. 이 세계상에 있어서는 우리의 의미에서의 인과 관계란 조금도 문제가 되지 않는 것이다.

아라비아의 연금학자는 마찬가지로 세계 공동 속에서 깊은 필연을 가정하는데, 이 필연은 동력학적 인과 관계와 전혀 다른 것이다. 법칙적 형식에 의한 인과 관계가 아니라, 단지 신이라는 하나의 원인만이 있고, 그 원인이 직접적으로 모든 결과의 근저가 되고 있다. 자연법칙을 믿는 것은 신의 만능력을 의심하는 것이다. 규칙이 생긴다면 그것은 신의 마음에 들었기 때문이다. 그러나 이 법칙을 필연으로 생각하는 자가 있다면, 그것은 악마에 유혹당한 자이다. 카르네아데스, 플로티노스, 신(新)피타고라스파는 바로 그렇게 느꼈던 것이다. 그리고 이 필연은 복음서 및 탈무드와 아베스타의 기초를 이루는 것이다. 연금술은 이 필연에 바탕을 두고 있다.

함수로서의 수는 원인과 결과의 동력학적 원리와 관련을 맺고 있다. 양쪽 모두 같은 지능이 창조한 것이고, 같은 정신 상태의 표현 형식이며, 대상화된 동일 자연의 형성 원리이다. 사실상 데모크리토스의 물리학은 뉴턴의 물리학과 다르다. 왜냐하면 하나는 시각적으로 주어진 것을 출발점으로 선택하고, 다른 하나는 거기에서 발전해 온 추상적 관계를 출발점으로 선택했기 때문이다. 아폴론적 자연 인식의 '사실'은 사물이고, 인식된 것의 표면에 존재하고 있다. 파우스트적 자연 인식의 '사실'은 관계이고, 이 관계는 속인의 눈이 전혀 이르지 못하는 것이며, 지능에 의해 비로소 정복되어야 하는 것이고, 그리고 이것을 전달하기 위해서는 자연과학의 식자(識者)만이 완전히 이해하는 하나의 비밀스런 언어를 필요로 한다.

그리스·로마의 정력학적인 필연은 변화하는 현상 속에 직접적으로 나타나고, 동력학적인 인과율은 사물을 넘어선 저쪽에 존재하고 있고, 그 감각적인 사실성을 약화시키거나 혹은 폐기한다. 모든 현대 이론의 가정하에서 '자석(磁石)'이라는 표현과 결부되어 있는 의미가 어떤 것인지 생각해 보는 것이 좋다.

에너지 보존(保存)의 원리는 율리우스 로베르트 마이어(Julius Robert von Mayer)가 확립한 이래 극히 진지하게 단순한 사고적 필연으로 간주된 것으로, 사실상 힘이라는 물리학적 개념을 이용해 동력학적인 인과율을 고쳐 쓴 것이다. '경험'을 원용하는 것은 서양적 사고의 특징이고, 또 하나의 판단이 사고적 필연인가 혹은 경험적인가, 즉 그 판단이 (칸트의 명칭에 따라 말하면──칸트는 이 두 가지 사이에서의 막연한 한계와 관련하여 큰 실수를 저지르고 있었던 것이다──) 아 프리오리적으로 확실한가 혹은 아 포스테리오리적으로 확실한가 하는 논쟁도 똑같이 서양적 사고의 특징을 이루는 것이다. 정확 과학의 원천으로서의 '경험'은 우리의 입장에서 보면 뻔한 것이고 의심할 나위가 없는 것이다. 작업 가설에 바탕을 두고, 그리고 계측적 방법을 이용하는 파우스트 양식의 실험은 이 경험을 남김없이 체계적으로 다루는 것에 다름 아니다. 그러나 동력학적이고 또 공격적인 내용을 지니는 이러한 경험의 개념이 하나의 전세계관을 포함하고 있다는 것, 또 이 시사적인 의미에서의 경험이 다른 여러 문화의 인간에게는 존재하지 않고, 또 존재할 수 없다는 것, 이것을 아무도 깨닫지 못했던 것이다. 우리는 아낙사고라스 혹은 데모크리토스의 과학적 성과를 가지고 참된 실험의 결과라고 인정하길 주저하는데, 그것은 이들 그리스·로마의 인간이 자기 직관의 해석을 이해하지 못해 단지 환영을 그려 낸 데 불과했다는 것이 아니라, 우리가 우리에 있어서의 실험이라는 말의 의미를 만드는 인과적 요소를 그들의 직관의 일반화 속에서 발견할 수 없다는 것을 의미하는 것이다. 이 순수한 파우스트적 개념의 특수성이 충분히 생각되지 않았던 것은 분명하다. 표면 위에 있는 신앙과의 대립은 이 개념에서는 특별히 의미 있는 것이 아니다. 이에 반해 정확한 감각적·지능적 경험은 그 구조상 서양의 깊은 종교적 인물(예컨대 동일한 내적 필연에 바탕을 두고 수학자임과 동시에 얀센주의자였던 파스칼)이 자기 존재의 중요한 계기에서 마음의 경험으로 깨달아 알게 된 것과 완전히 일치하고 있다. 경험이란 우리에게는 지능의 활동을 의미하는 것이다. 이 활동은 순간적인, 순수한 현재적 인상 내에만 국한되지 않고, 이들 인상을 그대로 받아들이고 승인하고 순서지우는 것이 아니며, 이것을 찾고, 이것을 불러일으키고, 그리하여 그 감각적 현재에서 정복하는 것이고, 이것을 무한계의 통일 속에 도입하고, 그것으로 그 구체적인 개별화를 용융(溶融)해 버리는 것이다. 우리가 경험이라 이름붙이는 것은 특수한 것에서 무한한 것에 이르는 경향을 지니고 있다. 바로 그 때문에 경험은 그리스·로마의 자연 감정과 모순되는 것이다. 우리가 경험을 얻는 길이 그리스인에게 있어서는 이것을 잃는 길이다. 때문에 그리스인은 실험이라는 강제적인 방법에 손을 대지 않는 것이다. 또 그 때문에 그리스인이 물리학이란 이름하에(감각적 사실을 강압하여 이것을 따르게 하는, 노력해서 얻어진 추상적인 법칙과 법식의 강력한 체계――이 지식만이 힘이다!――의 이름하에서가 아니라) 지니고 있었던 것은 상에 의해 감각적으로 강화되고, 잘 질서지워지고, 용해되지 않는 인상의 합계(이것은 그 완성된 존재 그대로 방치하는 인상이다)이다. 우리의 정확한 자연과학은 명령법적이고, 그리스·로마의 그것은 문자 그대로의 의미에서의 θεωρία, 즉 소극적인 정관(靜觀)의 성과이다.

7

하나의 자연과학의 형식계가 이에 속하는 수학, 종교, 조형미술의 형식계와 완전히 상응하고 있다는 것은 이미 의심의 여지가 없다. 심오한 수학자――숙련된 계산가가 아니라 누구든 수의 정신을 자기 안에서 생생하게 느끼는 자――는 자기가 이것에 의해 '신을 안다'는 것을 이해한다. 피타고라스와 플라톤은 파스칼과 라이프니츠와 마찬가지로 이것을 알고 있었다. 테렌티우스 바로는 그의 카이사르에게 바친 고대 로마의 종교에 관한 연구에서 로마적 간결함으로 공공연히 승인된 신앙의 합계인 theologia civilis와, 시인과 예술가의 관념계인 theologia mythica와, 철학적 고찰인 theologia physica를 구별했다. 이것을 파우스트적 문화에 적용해 보면 토마스 아퀴나스와 루터, 칼뱅과 로욜라가 가르친 것은 첫번째에 속하고, 단테와 괴테는 두번째에 속하지만, 과학적 물리학은 상을 법식에 따르게 하는 한 세번째에 속한다.

단지 원시인과 아이뿐만 아니라 고등동물도 스스로 일상의 사소한 경험에서 하나의 자연상을 전개하고 있다. 이 상은 언제나 되풀이된다고 인정되는 기술적 징후의 요점을 포함한다. 독수리는 어떤 순간에 먹이를 향해 덮쳐 가야 하는지를 '알고 있다'. 새끼를 품어 기르는 울새는 족제비가 다가오는 것을 '알아챈다'. 사슴은 먹이가 있는 장소를 '찾아낸다.' 인간에 있어서는 이 모든 감각의 경험은 좁혀지고 심화되고 육안의 경험이 되고 있다. 하지만 말을 사용하여 이야기하는 습관이 덧붙여지게 되고, 이해가 보는 것에서 추상되고, 그리고 독립해서 사고가 되게 된다. 순간적으로 이해하는 기술에 성찰을 나타내는 이론이 부가된다. 기술은 보일 수 있는 가까움과 필요로 향해지고, 이론은 멀리 보이지 않는 것의 두려움으로 향해진다. 이론은 일상생활의 사소한 지식에 신앙을 병존시키고, 게다가 더 나아가 고도의 새로운 지식과 새로운 기술을 발전시킨다. 즉 신화에 종의(宗儀)가 덧붙여지는 것이다. 전자는 numina(신령)를 알고, 후자는 이것을 쫓아내는 것을 가르친다. 왜냐하면 숭고한 의의에 있어서의 이론은 철두철미 종교적이기 때문이다. 완전히 후기 상태에 들어가 방법이 인식되기에 이르러 종교적 이론에서 자연과학적 이론이 발전한다. 그 점을 제외하면 거의 달라지는 것이 없다. 물리학의 심상계는 신화로서 남고, 그 취급 방법은 사물 속에 있는 모든 힘을 쫓아내는 종의로서 남고, 그리고 이런 종류의 심상과 취급 방법은 그것이 속하는 종교의 그것들에 의존하고 있다.

　후기 르네상스 이래 모든 중요한 사람들의 두뇌에서 신의 관념은 순수한 무한공간의 이념에 점점 가까워졌다. 이그나티우스 로욜라의 exercitia spiritualia(정신의 단련)의 신은 또한 루터의 노래의 '견고한 성'의 신이고, 팔레스트리나의 임프로페리아의 신이며, 바흐의 교성곡의 신이다. 이 신은 아시시의 프란체스코와 높은 돔이 있는 대성당의 아버지가 아니고, 조토와 슈테판 로흐너와 같은 고딕의 화가가 느꼈듯이 인격적으로 현존하고 배려심이 있는 상냥한 존재가 아니라, 표상하기 어렵고 파악하기 어려운, 신비적으로 무한 속에서 활동하는 비인격적인 원리이다. 인격적인 부분은 용해되어 비직관적인 추상이 되고 신의 이념이 된다. 이 이념을 모사할 수 있는 것은 결국 대양식의 기악뿐이고, 18세기의 회화가 감당할 수 없어 수수방관하고 뒤로 물러선 그런 것이다. 이 신의 감정이야말로 서양의 자연과학적 세계상, 우리의 자연, 우리의 '경험', 따라서 우리의 이론과 방법을 그리스·로마의 인간의 그것과 대립적으로 형성하는 것이다. 질량을 움직이는 힘, 이것이야말로 미켈란젤로가 시스티나 성당의 천장에 그린 것이고, '일 제주(Il Gesù)'의 모범 이래 대성당의 정면을 델라 포르타와 마데르나에서의 강력한 표현으로 높이고, 그리고 하인리히 쉬츠 이래 18세기의 교회 음악의 정화된 음계로 높인 것이며, 세계의 사상(事象)으로서 셰익스피어의 비극에서 무한으로까지 확대된 무대를 채우는 것이고, 그리고 최후로 갈릴레이와 뉴턴이 법식과 개념 속에 포착한 것이다.

신이라는 말은 고딕 대성당의 천장 밑에서, 또 마울브론과 상크트 갈렌의 승원에서는 시리아의 바실리카와 공화 시대의 로마의 신전에서와 다른 울림을 전해 주고 있다. 지붕이 평평한 바실리카와는 반대로 예배단이 익랑(翼廊) 위에 두드러지게 높아져 있는 것. 주각(柱脚)과 주두(柱頭)에 의해 완성된 개체로서 공간 속에 놓인 기둥이 복잡하게 얽히고 설켜 무한 속에 높이 갈라져 들어가는 가지와 선을 지니고, 땅에서 솟아나오는 기둥과 기둥의 묶음으로 변하고 있는 것. 벽의 존재가 사라지게 한 거대한 창으로 희미한 빛이 공중에 가득 넘쳐 있는 것. 이들 대성당의 삼림(森林) 상태야말로 하나의 세계감정의 건축적 실현인 것이다. 이것은 북방 평원의 교목림을 자기의 가장 본원적인 상징으로 삼고 있는 세계감정이다. 게다가 그 숲은 크고 작은 나뭇가지가 은밀히 뒤섞이고, 영원히 움직이는 나뭇잎이 보는 사람의 머리 위에서 살랑거리고, 우듬지가 줄기를 통해 지상 높이 떨어지려 하는 숲이다. 여기에서도 로마네스크 장식술을 생각하고, 숲의 의미에 대한 그 깊은 관계를 생각하는 것이 좋다. 무한히 쓸쓸한 석양의 숲은 서양의 모든 건축 형식의 은밀한 동경이 되어 남아 있다. 거기에서 후기 고딕에서도, 또 완전히 똑같이 종말적인 바로크에서도 양식의 형식 에너지가 시들자마자 억제되어 있던 추상적 언어가 또다시 용해되어 직접적으로 자연주의적인 나뭇가지, 덩굴, 작은 가지, 나뭇잎이 되어 간다.

실측백나무와 소나무는 체구적이고 에우클레이데스적인 감명을 준다. 따라서 결코 무한공간의 표상이 될 수 없을 것이다. 떡갈나무, 너도밤나무, 보리수는 그림자 속에서 점점이 움직이는 빛 때문에 무체구적이고 무한계적인 정신적 감명을 준다. 실측백나무의 줄기는 분명한 원추 기둥 모양을 하고, 그 수직 경향을 완전히 종결시키고 있다. 떡갈나무의 줄기는 꾸준히 우듬지 위로 높이 나가려 애쓴다. 물푸레나무에서는 우뚝 솟은 나뭇가지가 수관(樹冠)의 취합에 대해 바로 승리를 거두고 있는 듯이 보인다. 그 외관은 용해된 무엇인가를 지니고, 공간 속에 자유로이 확대되는 모양을 하고 있다. 그 때문에 이그드라실(yggdrasil)이 북방 신화의 상징이 되었을 것이다. 숲의 술렁거리는 소리는 아폴론적 자연 감정의 가능성 밖에 있으며, 그 매력은 어떤 그리스·로마 시인도 느끼지 못했던 것이다. 이 술렁거리는 소리는 은밀히 '어디에서'와 '어디로'를 묻고, 순간을 영원 속에 가라앉히기 위해 깊이 운명과 관계하고, 역사와 영속의 감정과 관계하며, 무한히 먼 미래를 향하는 혼의 우울하고 고뇌 많은 파우스트적 방향과 관계하고 있다. 거기에서 오르간이 서양적 경건의 기관이 된 것이다. 그 깊고 밝은 울림은 우리의 교회에 가득 차고, 그 음조는 그리스·로마의 하프와 피리의 명랑한 진한 소리와는 달리 무한계적인 것과 헤아릴 수 없는 것을 지니고 있다. 대성당과 오르간은 그리스 신전과 조상과 마찬가지로 상징적인 통일을 이루고 있다. 우리 음악사에서 가장 의미가 깊은 감동적인 한 장(章)인 오르간 구성의 역사는 숲을 동경하고, 서양적 경신(敬神)의 이 참된 신전의 언어를 동경하는 역사이다. 이 동경은 볼프람 폰 에셴바흐의 시에서 〈트리스탄〉의 음악에 이르기까지 변함 없이 풍부한 과실을 탄생시켰다. 18세기 관현악의 음색은 오르간의 음색에 점점 가까워지려고 끊임없이 노력하고 있다. 그리스·로마의 사물에 있어 전혀 무의미한 schwebend(부동하고 있다)라는 말은 음악 이론에서도, 유화, 건축, 바로크의 동력학적 물리학에서도 똑같이 중요한 말이다. 거목들이 아주 무성하게 자란 삼림 속에 서서 폭풍우가 머리 위에서 포효하는 소리를 들을 때, 인간은 갑자기 질량을 움직이는 힘이라는 관념의 의미를 깨닫게 될 것이다.

현존재는 사고적이 되고, 그 현존재의 원감정에서 외계에 있어서의 신성(神性)의 표상이 생기고, 그 표상은 점점 명확한 것이 되어 간다. 인식하는 자는 외부의 자연에 있어서의 운동의 인상을 받아들인다. 그는 자기의 주위에서 미지의 여러 힘을 느끼고, 저 필설로 다하기 어려운 미지의 생명을 느낀다. 그는 이들 감명의 기원이 numina에 있다고 보고, '다른 것'이 똑같이 생명을 지니고 있는 한 그 '다른 것'에 있다고 본다. 미지의 운동에 대한 놀라움에서 생기는 것이 종교, 그리고 물리학이다. 그것들은 자연(즉 외계의 상)의 해석인데, 후자는 혼에 의한, 전자는 오성에 의한 해석이다. '여러 힘'은 두려워하거나 혹은 사랑하는 최초의 대상임과 동시에 비판적 연구의 최초의 대상이기도 하다. 종교적 경험이 있고, 그리고 또 과학적 경험이 있다.

그런데 개개의 여러 문화의 의식이 어떤 식으로 본원적 누미나를 지적으로 응축시키는가에 주의를 기울여야 한다. 의식은 누미나에 의미 있는 말, 즉 이름을 붙이고, 그것으로 이것을 주술로 묶는다——파악하고 한정한다. ——거기에서 누미나는 이름을 마음대로 붙이는 인간의 지력(知力)에 굴복한다. 그리고 이미 말했듯이 모든 철학, 모든 자연과학, 모든 무엇인가 '인식'과 관련을 맺고 있는 것은 본질적으로 말하면 원시인의 이름의 마술을 '미지의 것'에 응용하는 방법이고, 단지 그것의 극히 세련된 것에 불과한 것이다. 올바른 이름(물리학에 있어선 올바른 개념)을 입에 담는 것은 하나의 주문이다. 그리고 신들과 과학적 근본 개념이 먼저 최초로 사람이 부르는 이름으로서 생겨나고, 감각적으로 언제나 확정된 표상이 이와 결부되는 것이다. numen은 deus(신)가 되고, 개념은 표상이 된다. 많은 학자들이 '물자체', '원자', '에너지', '중력', '원인', '진화' 등과 같은 말을 단지 붙이는 것만으로 얼마나 만족감을 얻는가. 이것은 라티움의 농민이 케레스, 콘수스, 야누스, 베스타 등의 말에서 느끼는 것과 똑같은 마력인 것이다.[5]

그리스·로마적 세계감정에서 보면 아폴론적 깊이의 체험과 그 상징적인 의의에 상응하여 개체가 '존재'였다. 때문에 빛 속에 나타나 있는 그 개체의 형태가 그 본질로 느껴지고 '존재'라는 말의 의미로 느껴졌다. 형태를 지니지 않은 것, 형태가 아닌 것은 결코 존재하고 있지 않은 것이다. 그리스·로마의 지성은 상상도 되지 않을 정도로 강대한 근본 감정에 바탕을 두고 형태에

---

5) 그리고 또 주장되어도 좋은데, 예컨대 헤켈이 원자, 물질, 에너지 등의 이름에 결부시킨 굳은 신앙은 네안데르탈인의 주물(呪物) 숭배와 본질적으로 다를 바가 없었던 것이다.

대한 대립 개념으로서 '다른 것', 무형태, 질료, 즉 αρχη 또는 ὕλη를 창조했다. 이것은 그 자체에 아무 존재도 갖지 않고, 단지 진짜로 존재하는 것의 보충물로서 보조적인 이차적 필연성을 나타내는 것이다. 그리스·로마의 여러 신의 세계가 어떻게 해서 형성되지 않으면 안 되었는지 쉽게 이해된다. 그것은 인간과 서로 나란히 놓여 있는 고도의 인간계이다. 그것은 완전히 형성된 체구이고, 육체적·현재적 형식의 최고의 가능성이고, 부차적으로는 그 질료에 의해 구별되지 않고, 따라서 동일 우주적이고 또 비극적인 필연에 따르는 것이다.

그러나 파우스트적 세계감정의 깊이의 체험은 이와 다르다. 여기에 나타나 있는 것은 참된 존재의 합계로서의 순수한 작용적 공간이다. 이 공간이 그대로 '존재'이다. 감각적으로 느껴진 것은 우열을 정하는 독특한 표현에 의해 '공간을 충전시키는 것'이라 명명되어 부차적인 사실로 간주되고, 그리고 자연 인식의 행위와 관련될 경우에는 철학자 혹은 물리학자가 존재의 참된 내용을 개명(開明)하려 할 때 극복해야 하는 의심스러운 것, 가상 또는 저항으로 간주된다. 서양의 회의주의는 결코 공간으로 향해지지 않고, 언제나 파악할 수 있는 사물로 향해져 있었다. 공간은 고도의 개념이고——힘은 이에 대한 추상적이지 않은 표현에 불과하다——그리고 그 대립 개념으로서 비로소 나타나는 것이 질량으로 공간 속에 있는 것이다. 질량은 논리적으로도 물리학적으로도 공간에 의거하고 있다. 빛을 에너지의 한 형식으로 보는 해석에 바탕을 두는 빛의 파동설에서 필연적으로 나온 것이, 이것에 속하는 질량, 즉 빛의 에테르의 가설이다. 질량의 정의는 그것이 지니는 모든 성질과 함께——게다가 상징적인 필연을 가지고——힘의 정의에서 생기는 것이고, 그 반대는 아니다. 모든 그리스·로마의 실체 개념은 그것들이 설사 서로 매우 다르든, 이상주의적으로 파악되든, 현실주의적으로 파악되든, 아무튼 '형성되어야만 하는 것'을 표시한다. 즉 어떤 경우에도 형태라는 근본 개념으로부터 더욱 정밀한 정의를 받아들이지 않으면 안 되는 하나의 부정을 표시하는 것이다. 모든 서양의 실체 개념은 '움직여져야만 하는 것'을 표시한다. 이것도 마찬가지로 하나의 부정이다. 그러나 하나의 다른 단위의 부정이다. 형태와 무형태, 힘과 무력(無力)——이것에 의해 양문화의 세계 인상의 기초를 이루고 있고, 그리고 그 형식을 철저하게 깊이 추구하는 극성이 가장 명료하게 표현될 것이다. 비교철학이 현재까지 부정확하게, 또 횡설수설하며 질료(물질)라는 말을 가지고 말하고 있었던 것은 한 경우에서는 형태의 기본을 의미하고, 다른 한 경우에서는 힘의 기본을 의미하고 있다. 이 이상으로 다른 것은 없다. 여기에서 말하고 있는 것은 신의 감정이고 가치 감정이다. 그리스·로마의 신성은 최고의 형태이고, 파우스트적 신성은 최고의 힘이다. '다른 것'은 지성이 이것에 존재의 위엄을 허용할 수 없는 '비신적(非神的)인 것'이다. 아폴론적 세계감정에 있어서 비신적인 것은 형태 없는 실체이고, 따라서 파우스트적 세계감정에서는 힘없는 실체인 것이다.

8

신화와 신의 감정을 원시인의 창조로 보고, 혼의 '문화가 진보함에 따라' 신화 형성력이 쇠퇴한다고 보는 것은 과학의 편견이다. 사실은 그 반대이다. 역사의 형태학이 오늘날에 이르기까지 거의 미개척의 영역이 아니었다고 한다면, 일반적으로 널리 퍼져 있다고 믿어지고 있는 신화 형성력이 특수한 시대에 한정되어 있었다는 것을 오래 전부터 알고 있었을 것이고, 그리고 마침내 하나의 혼의 이 힘, 즉 그 세계를 형태, 특징, 상징으로 채우는 힘, 게다가 통일적인 성격으로 채우는 힘이 원시인의 시대에 속하지 않고, 단지 대문화의 초기에만 속하고 있다는 것이 이해되었을 것이다. 대양식의 모든 신화는 눈뜨고 있는 정신태의 초기에 존재한다. 이 신화는 그 정신태의 최초의 형성적 행위이다. 신화는 거기에만 존재하고, 다른 곳에는 존재하지 않는다. 그러나 필연적으로 거기에만 있는 것이다.

 나의 가정에 따르면 원시민족, 예컨대 티니스 시대의 이집트인, 키로스 이전의 유태인과 페르시아인, 미케네 성채의 영웅, 또 민족 이동 시대의 게르만이 지니는 종교적 표상이라는 것은 아직 고도의 신화는 아니고, 산재하고 불규칙적으로 변화하는 특징, 이름에 고착하는 종의(宗儀), 단편적인 고담(古談) 등의 합계인데, 아직 신들의 질서가 아니고, 통일적인 얼굴을 하고 있는 완성된 세계상도 아니다. 이 단계의 장식을 예술이라 하지 않는 것과 마찬가지이다. 말이 나온 김에 말하면 이른바 원시민족이라 칭해지는 민족 사이에서 오늘날 행해지거나, 혹은 몇 세기 이래 행해지고 있었던 상징과 고담을 다룰 때에는 되도록이면 신중할 필요가 있다. 왜냐하면 수천 년 이래 지구상의 어떤 지방이든 다른 고도 문화의 영향을 전혀 입지 않은 지방은 존재하지 않았기 때문이다.

 그러므로 대신화의 형식계의 수는 존재하는 문화의 수만큼, 존재하는 초기의 건축의 수만큼 있다. 이것에 시간적으로 앞서는 것은 미완성의 형식계의 혼돈(근대 신화 연구는 지도 원리가 결여되어 있기 때문에 그 속에서 갈피를 못 잡고 있다)이고, 이것은 이런 전제하에서는 문제가 되지 않는다. 지방에서 아직 아무도 상상도 하지 못했던 형식계가 고려되기 시작하는 것이다. 호메로스 시대(1100~800년)와, 이에 대응하는 기사적·게르만 시대(900~1200년), 즉 서사시 시대에 (이보다 빠르지도 늦지도 않게) 새로운 종교의 커다란 세계상이 생겼다. 이에 해당하는 것이 인도에서는 베다 시대이고, 이집트에서는 피라미드 시대이다. 이집트 신화가 사실상 제3과 제4왕조 사이에 비로소 성숙해 깊이에 이르렀다는 것이 언젠가는 밝혀질 것이다.

이렇게 하여 비로소 독일 황제 시대의 3세기에 가득 넘쳐흐르는, 무한히 풍부한 종교적·직관적 창조가 이해되는 것이다. 여기에서 생겨난 것이 파우스트적 신화이다. 종래 우리는 이 형식계의 범위와 통일에 대해 장님이었다. 그 원인을 말하면 종교적 또 학자적 편견이 혹은 카톨릭적 요소만을, 혹은 북방적·비그리스도교적 요소만을 단편적으로 다루고 있었기 때문이다. 그러나 여기에는 조금도 그러한 차별이 없다. 그리스도교적 관념계에서의 깊은 의미 변화는 창조적 행위로서 민족 이동 시대의 옛 비그리스도교적 종교의 요약과 일치하여 일체가 되었다. 이에 속하는 것이 서구의 모든 민간 설화이다. 이것은 그 내용이 그보다 훨씬 일찍 생겨났든, 또는 훨씬 뒤에 새로운 외적 체험과 결부되어 좀더 의식적으로 풍부해졌든 간에 여전히 그 당시에 상징적으로 완성되어 있었던 것이다. 이 전설에 속하는 것은 에다 속에 존재하는 신들의 커다란 전설이고, 학식 있는 승려의 복음시 속의 약간의 동기이다. 이에 덧붙여지는 것은 지그프리트, 구드룬, 디트리히, 빌란트 등의 독일 영웅 전설이고, 니벨룽겐 전설에 이르러 그 극점에 이르렀다. 이와 나란히 옛 켈트 이야기에서 유래하고, 마침 그 당시 프랑스 땅 위에서 꽃을 피웠던 아주 풍부한 아서 왕과 원탁의 기사, 성 그랄, 트리스탄, 파르치팔, 롤랑 등의 기사 전설이 있다. 그리고 최후로 손꼽아져야 하는 것은 그리스도 수난 이야기를 부지불식간에, 그러면서도 그 때문에 점점 깊이 정신적으로 해석한 것 외에, 10세기와 11세기에 꽃을 피웠던 풍부한 카톨릭의 성도 전설이다. 당시 생긴 것이 마리아의 생애, 로크, 제발트, 세브랭, 프란체스코, 베르나르, 오딜리아의 이야기이다. 1250년경에 '황금 전설'이 지어졌다. 이 시기가 궁정 서사시와 아이슬란드의 스칼데 시(詩)의 전성기였다. 북방에 있어서의 위대한 발할라의 신들에 대응하는 것은 '14인의 구제자'이고, 이것은 같은 시기에 남부 독일에서 신화군으로서 요약되었다. 라그나뢰크, 신들의 황혼기의 이야기와 나란히 뵐루스파에서는 그리스도교적 형태가 남독일의 무스필리로 나타난다. 이 위대한 신화는 영웅시와 마찬가지로 초기 문화의 정상에서 발달한 것이다. 양자 모두 원시 계급인 귀족과 승려에 속한다. 그것들은 성채와 성당에서 비롯되고 있는 것이고 촌락에서 비롯된 것이 아니다. 마을의 민중에 있어서는 단순한 전설의 세계가 동화, 민간 신앙이나 미신이라 이름지어져 몇 세기에 걸쳐 전해지고 있는 것이며, 그럼에도 불구하고 높은 직관의 여러 세계와 분리되어서는 안 되는 것이다.

이들 종교적 창조의 마지막 의미를 밝혀 주는 사실이 있다. 발할라는 옛 게르만에 기원을 두고 있는 것이 아니라 민족 이동 시대의 여러 종족이 전혀 모르는 것이고, 서양의 땅 위에 새로 생긴 민족의 의식 내에 이때 비로소 갑자기 가장 깊은 필연에서 형성된 것이다. 거기에서 이것은 우리가 호메로스의 서사시에서 알 수 있는 올림포스와 '동시적'이다. 올림포스가 미케네에서 유래한 것이 아닌 것과 같이, 발할라도 옛 게르만에 기원을 두는 것이 아니다. 게다가 발할라는 두 개의 상류계급의 세계상에 있는 헬(Hel)의 관념으로부터 태어났다. 민간 신앙에서 헬은 죽은 자의 나라로 남아 있었다. 이것이 이러한 사실이다.

오늘날에 이르기까지 이 파우스트적 신화계와 전설계의 깊은 내적 통일과 그 형태어의 완전한 통일적인 상징적 의의는 주의를 받은 적이 없었다. 그러나 지그프리트, 발두르, 롤랑, 헬리안트는 동일한 모습에 대한 다른 이름이다. 발할라와 더없이 행복한 아발룬의 광야, 아서 대왕의 원탁과 아인헤리어의 향연, 마리아, 프리가, 프라우 홀레는 같은 것을 의미하고 있다. 반대로 동기와 요소를 이루는 재료가 외부에서 왔다는 것은 단지 역사의 표면상의 한 모습에 불과하고 깊은 의미를 지니지 않는다. 하지만 신화 연구는 이것에 지나친 열정을 쏟고 있다. 신화의 의미에서 그 기원은 아무 관련도 없다. 세계감정의 원형태인 numen 자체는 순수하고 필연적인, 또 무의식적인 창조이고, 달리 양보할 수 없는 것이다. 한 민족이 개종이라든가 모방에 의해 다른 민족으로부터 받아들이는 것은 그 특유한 감정에 대한 이름이고 겉포장이며 가면이지 결코 감정 자체는 아니다. 옛 켈트 및 옛 게르만의 신화 동기는 학식 있는 승려가 보존해 온 그리스·로마 신앙의 형식재와 마찬가지로, 또한 서양의 교회가 완전히 인계한 그리스도교적·동방적 신앙의 형식재와 마찬가지로 단지 파우스트적인 혼이 이 몇 세기 동안에 건설한 자기 특유의 신화적 건축의 소재로 간주되어야만 한다. 이 신화를 낳은 두뇌와 입의 소유자가 '개개의' 스칼데이든, 선교사이든, 신관(神官)이든, '민중'이든지 간에 그것은 바야흐로 눈뜨고 있는 정신태의 이 단계에서는 극히 하찮은 일이다. 그리스도교적 관념이 확고한 형태를 정했다는 것도 여기에 생겨난 것의 내적 독립에 있어서는 관계없는 일이다.

그리스·로마, 아라비아 그리고 서양 문화의 초기에는 각각 정력학적, 마기적, 동력학적 양식의 신화가 있다. 형식의 세부적인 면을 살펴보면 알 수 있다. 그리스·로마에서는 태도가, 서양에서는 행위가, 전자에 있어서는 존재가, 후자에서는 의지가 기초를 이루고 있다. 그리스·로마에서는 체구적으로 만질 수 있는 것, 감각적으로 포화된 것이 지배적이고, 바로 그렇기 때문에 숭배의 형식에 있어서 그 중심이 감각적으로 인상이 깊은 종의 속에 존재하고 있다. 이에 반해 북방에서는 공간이, 힘이, 따라서 특히 교의에 의해 채색된 종교성이 우위를 차지하고 있다. 이들 젊은 혼의 대단히 이른 시기의 창조 속에서 밝혀지고 있는 것은 올림포스의 신들과 아티카의 조상과 체구적인 도리스 신전의 관계이고, 다음으로 둥근 천장의 돔 바실리카와 '신령(神靈)'과 아라베스크의 관계이고, 마지막으로 발할라와 마리아 신화, 대성당의 우뚝 솟은 예배단과 기악의 관계이다.

아라비아의 혼은 카이사르에서 콘스탄티누스에 이르는 몇 세기 동안에 그 신화를 만들어 냈다. 즉 종의, 환영, 전설로 이루어지는 저 공상적인 일단이고, 오늘날에도 여전히 거의 개관될 수 없을 정도의 것이다. 시리아의 바알(Baal) 숭배, 이시스 숭배 및 시리아 땅에서 완전히 다시 만들어진 미트라 숭배와 같은 혼효교적(混淆敎的) 여러 종의, 놀랄 정도로 많은 복음서·사도전 및 묵시록, 그리스도교적·페르시아교적·유태교적·신플라톤파적·마니교적 여러 전설, 교부(敎父)와 그노시스파의 천사와 제령(諸靈)의 하늘의 교계제(敎階制) 등이다. 그리스도 유년 이야기와 사도전 사이에 있는 복음서의 수난 이야기는 그리스도교 국민의 참된 서사문학인데, 이 수난 이야기 속에서, 또 동시적으로 형성된 조로아스터 전설 속에서 그리스·로마의 아킬레우스, 서양의 지그프리트 및 파르치팔과 마찬가지로 초기 아라비아 서사시의 영웅의 모습이 발견된다. 겟세마네와 골고다의 장면은 헬라스와 게르만의 전설의 가장 숭고한 장면에 비교할 수 있다. 이들 마기적 환영은 거의 예외 없이 죽으려 하는 그리스·로마의 압력하에 일어났다. 그리스·로마는 그 일의 성질상 이들 환영에 내용을 주지 않았지만, 그러므로 더욱더 형식을 빌려 준 것이다. 원시 그리스도교의 신화는 아우구스티누스 시대에 확고한 형태를 취하기에 이르렀는데, 그 이전에 아폴론적인 것이 몇 번 해석이 바뀌어지지 않으면 안 되었는지는 거의 상상도 할 수 없는 일이다.

9

따라서 그리스·로마의 다신교는 하나의 양식을 지니고 있고, 이 양식에 의해 외적으로 아무리 비슷하다 할지라도 다른 모든 세계감정의 형태로부터 단호히 구별된다. 이런 종류의 (신성이 아니라) 신들을 소유하는 방법은 단 한 번만 존재하고 있었다. 게다가 이런 나체의 인간상을 모든 예술의 전 내용으로 느낀 문화에서만 존재하고 있었던 것이다.

그리스·로마의 인간이 자기 주위에서 느끼고 인식했듯이, 자연, 즉 정연하게 형성된 체구적 사물 전체는 이런 형태 이외로는 신화될 수 없었다. 로마인은 자기를 유일한 신으로 승인해야 한다고 하는 야훼의 요구를 무신론적인 것으로 보았다. 로마인의 입장에서 보면 하나의 신은 신이 아니었다. 전 그리스·로마의 민중 의식은 범신론자(汎神論者)이고, 따라서 무신론적이었던 철학자에 대해 강한 혐오감을 품고 있었는데, 그 원천은 여기에 있다. 신들은 체구이고, 가장 완전한 종류의 σώματα(많은 체구)이다. 그리고 수학적 어법(語法)에서도, 물리학적, 법률적 및 시적 어법에서도 αῶμα(하나의 체구)의 본질을 이루는 것은 다수이다. ζῶον πολιτικόν(사회적 동물)의 개념은 신들에게도 적용된다. 신들에게 있어 하나, 혼자, 자기만으로 되는 것만큼 인연이 먼 것은 없다. 그만큼 끊임없이 근접해 있다는 것이 신들의 존재의 결정적인 특징이다. 뭇의 numina로서의 별의 신들이 헬라스에 없다는 것은 대단히 의미 있는 일이다. 헬리오스(태양)는 반(半)동방적인 로도스에서만 종의를 지니고, 셀레네(태음)는 전혀 종의를

제6장 파우스트적 자연 인식과 아폴론적 자연 인식

지니고 있지 않았다. 양자 모두 이미 호메로스의 궁정시에 분명히 나타나 있듯이 단지 예술적 표현 수단에 불과하고, 로마적 명칭에 따라 말하면 Genus mythicum(신화적 종류)의 요소이지 genus civile(시민적 종류)의 요소가 아니다. 그리스·로마적 세계감정을 특히 순수하게 표명하고 있는 옛 로마 종교에서는 태양도 태음도, 폭풍도 구름도 신으로 인정되지 않는다. 숲의 술렁거리는 소리와 숲의 쓸쓸함, 뇌우와 바다의 부서지는 파도는 켈트와 게르만 시대부터 파우스트적 인간의 자연 감정을 완전히 지배하고, 그리고 그 신화 창조에 특유한 색깔을 덧붙이고 있지만, 그리스·로마적 인간의 자연 감정을 움직이는 것은 없다. 다만 그리스·로마적 인간의 눈으로 보면 구체적인 것, 아궁이와 문, 특수한 숲과 특수한 평야, 이 강과 저 산이 응집되어 생물이 된다. 몫을 지니고 있는 모든 것, 한계도 없고 체구도 없이 작용하고, 따라서 공간을 존재하는 것으로서, 신성한 것으로서 느껴진 자연 속에 끌어들이려는 모든 것이 그리스·로마 신화에서 제외되고 있다는 것은, 사람들이 인정하는 것이다. 바로크의 풍경화에 의의와 혼을 부여하는 구름과 지평선이 그리스·로마의 배경 없는 프레스코에 전혀 존재하고 있지 않는 것과 마찬가지이다. 그리스·로마의 신들의 무한한 군(群)──모든 나무, 모든 샘, 모든 집, 아니 집의 각 부분조차도 신이다──이것은 모든 만질 수 있는 사물이 그 자체로 존재하는 생물이고, 따라서 어떤 것도 다른 것에 기능적으로 종속되어 있지 않다는 것을 의미하고 있다.

아폴론적 자연상과 파우스트적 자연상의 기조가 되고 있는 것은 개개의 사물과 유일한 공간이라는 대립하고 있는 상징이다. 올림포스와 지하계는 분명히 감각적으로 일정한 장소이다. 난쟁이, 작은 요정, 요마(妖魔)의 세계, 발할라와 니플헤임──이것들은 모두 우주의 어딘가에 숨어 있다. 옛 로마의 종교에서는

Tellus mater(어머니 대지)는 '어머니의 어머니'가 아니라 접촉할 수 있는 벌판 자체이다. 파우누스는 '숲'이고, 볼투르누스는 '강'이고, 종자는 케레스라 불리고, 수확은 콘수스라 불린다. sub jove frigido는 호라티우스에 있어서는 순로마적으로 '차가운 하늘 아래에'란 의미이다. 이들 경우에 숭배의 장소에서 신을 우상적으로 재현하려는 기도는 결코 이루어지지 않았다. 왜냐하면 그것은 신을 이중으로 만들기 때문이다. 훨씬 뒤에 이르러서도 단지 로마적 본능뿐만 아니라 그리스적 본능도 마찬가지로 신의 우상에 대해 반항하고 있다. 이것을 증명하는 것은 점점 세속화하는 조소(彫塑)에 대한 민간 신앙과 경건한 철학의 반대이다. 집에서 야누스는 신으로서의 문이고, 베스타는 여신으로서의 아궁이이다. 집의 두 가지 기능은 그 목적에 의해 존재가 되고, 신이 되었다. 수소로 나타나는 아켈로스 같은 헬라스의 강의 신은 명백히 강 자체이고, 강 속에 살고 있는 것이 아니다. 판과 사티로스는 살아 있는 것으로 생각되고 있었던 것으로 분명히 구획된 한낮의 평야와 목장이다. 드리아데스와 하마드리아데스는 수목이다. 많은 장소에서 특히 잘 성장한 수목은 이름도 붙여지지 않은 채 화환과 공물로 장식되고 숭배되었다. 이에 반해 꿈속에 나타나는 악마, 작은 요괴, 난쟁이, 마녀, 발키리 및 이와 같은 종류의 밤마다 나와 돌아다니는 망령의 배회하는 무리는 이런 종류의 땅과 결부된 실체를 조금도 갖고 있지 않다. 나이아데스는 샘이다. 그러나 닉센과 알루넨과 나무의 요정과 엘벤은 샘, 수목, 집과 결부되어 있을 뿐인 영이고, 거기에서 해방되어 다시 자유로이 방랑하려 하고 있다. 이것은 조소적 자연 감정과 정반대되는 것이다. 여기에서 사물은 단지 다른 종류의 공간으로 체험될 뿐이다. 물의 요정, 즉 샘은 아름다운 목동을 찾아가려 할 때에는 인간의 모습을 한다. 그러나 닉센은 수련을 머리에 꽂은 둔갑한

왕녀이고, 한밤중에 그녀가 살고 있는 물 밑에서 나온다. 붉은 수염 황제(프리드리히 1세의 별명)는 키프호이저에 좌정하고, 프라우 베누스는 회르셀베르크에 좌정한다. 그것은 마치 파우스트적 우주에 실체적인 것, 관철할 수 없는 것이 아무것도 없는 것 같다. 우리는 사물 속에서 다른 세계를 느낀다. 사물의 밀도, 경도는 가상인 것 같고——그리스·로마의 신화에 전혀 생길 수 없고, 따라서 신화인 이유를 상실케 하는 특징인데——특별히 사랑받는 생물에게는 바위와 산을 꿰뚫고 깊이를 볼 수 있는 능력이 주어진다. 그러나 이것도 우리의 물리학적 이론의 비밀스런 의향이 아닐까. 새로운 가설은 언제나 일종의 용수철의 뿌리가 아닐까. 다른 문화에는 산이나 바다 밑에 잠겨 있는 보물에 대한, 다른 생물이 살고 있는 신비한 지하의 제국, 궁전, 정원에 대한 이 정도로 많은 전설이 없다. 보일 수 있는 세계의 실체는 모두 파우스트적 자연 감정에 의해 부정된다. 지상적인 것은 이미 존재하고 있지 않다. 다만 공간만이 현실이다. 동화가 자연의 물질을 녹이고 있는 것은, 고딕 양식이 무게도 없고 한계도 모르는 형식과 선의 충실 속에 유령처럼 떠 있는 저 성당의 돌덩어리를 녹이고 있는 것과 마찬가지이다.

그리스·로마의 다신교가 점점 힘을 들여 그 신을 소마로서 개별화하고 있는 것은 아마도 '미지의 신들'에 대한 태도에서 가장 명료하게 나타나고 있을 것이다. 그리스·로마의 인간의 눈으로 보면 이집트인, 페니키아인, 게르만인의 신들은 모습을 갖고 있다고 생각되는, 마찬가지로 현실에 존재하는 신들이었다. 이러한 신들이 '실존하고 있지 않았다'고 논하는 것은 이 세계감정 속에서는 아무런 의미도 없다. 그리스인은 자신이 그 신들의 땅과 접촉할 때에는 이것을 숭배한다. 신들은 조소와 마찬가지로, 폴리스와 마찬가지로, 에우클레이데스적 체구와 마찬가지로 장소와 결부되어 있다. 신들은 가까움의 생물이고 일반적인 공간의 생물이 아니다. 예컨대 사람이 바빌론에 체재할 때에는 제우스와 아폴론은 먼 것이 된다. 따라서 그 땅의 신들을 특히 존경하지 않으면 안 된다. 이런 의미를 지니는 것이 '미지의 신들에게'라는 명패가 있는 제단이다――바울로 사도전에서 이것을 대단히 오해해 마기적・일신론적으로 해석했다. ――이것은 그리스인들이 그 이름을 몰랐던 신들이지만, 그러나 예컨대 페이라이에우스 혹은 코린트처럼 큰 항구에서 외국인이 숭배했기 때문에 존경을 바쳤던 신들이다. 이것은 고전적인 명료함으로 로마의 종교법 및 예컨대 generalis invocatio(일반적 기원)와 같이 엄중히 지켜져 온 기원 방식이 밝혀 주고 있는 것이다. 우주가 사물의 총액(總額)이고, 신들이 사물이기 때문에, 로마인이 실제적으로도, 역사적으로도 아직 관계를 맺기에 이르지 못한 모든 신들도 또한 그렇다고 인정되는 것이다. 로마인은 이들 신을 몰랐던가 혹은 알고 있었다면 적(敵)의 신들로서이다. 그러나 여하튼 신들이다. 왜냐하면 그 반대는 생각할 수 없기 때문이다. 이것이 바로 리비우스(제8권 9장 6절)에 있어서의 신성한 구절인 di quibus est potestas nostrorum hostiumque(우리의 힘과 적의 힘을 지니는 신들)의 의미이다. 로마 국민은 자기의 신들의 범위가 단지 일시적으로 한정되어 있다는 것을 승인하고, 그리고 자기의 신들의 이름이 낭독된 뒤에 기도 말미에 있는 글귀를 통해 다른 신들의 권리를 침해하지 않을 것이라고 말하는 것이다. 종교법의 규정에 의하면 타국의 병합과 동시에 그 영토와 그 신들에 고유한 모든 종교적 의무가 로마 시(Urbs Roma)로 이관된다――이것은 첨가적인 그리스・로마의 신 감정의 당연한 귀결이다. 신의 승인과 그 제사 형식의 승인이 전혀 동의어가 아니었다는 사실을 증명하는 것이, 페시누스의 magna mater(위대한 어머니)의 경우이다. 마그나 마테르는 제2차 포에니 전쟁 때 시빌레(무당)의 예언에 바탕을 두고 로마에 맞아들여졌다. 그러나 이 지극히 비그리스·로마적인 제사——이 제사는 신과 함께 들어온 승려에 의해 집행되었다——는 엄중한 경찰의 감독을 받고, 그리고 단지 로마 시민뿐만 아니라 그 노예조차도 이 승적에 들어가는 것이 금지되고, 이것을 위반하는 자는 처벌받았다. 그리스·로마의 세계감정은 이 여신의 수용에 의해 만족되었지만, 로마인이 경멸하는 제사를 개인적으로 집행하는 것은 이 세계감정을 손상시켰을 것이다. 원로원의 태도는 이런 경우에 실수가 없었다. 그러나 민중은 동방적인 민속이 많이 뒤섞임에 따라 이들 제사에 흥미를 갖게 되었다. 그리고 제정 시대의 로마 군대는 그 구성상 점차 마기적 세계감정의 가장 중요한 지지자가 되었던 것이다.

이것에 의해 쉽게 이해되는 것은 신이 된 사람의 제사가 이 종교적 형식계에서 필연적인 요소라는 것이다. 그러나 그리스·로마적 현상과 이와 피상적으로 닮은 동방적인 현상을 엄밀히 구별하지 않으면 안 된다. 로마의 황제 숭배(즉 살아 있는 프린켑스〔元首〕의 수호신의 존경과 Divi〔神靈〕으로서의 죽은 선조의 존경)는 종래 소아시아 제국,[6] 특히 페르시아의 지배자의 의식적(儀式的) 숭배와 뒤섞이고, 그리고 또 더욱이 디오클레티아누스와 콘스탄티누스 시대에 이미 완성되어 있었으며, 칼리프의 신화(이것은 전혀 의미를 달리하는 것이다)와 뒤섞여 있었다. 사실상 이것들은 전연 다른 것이다. 로마 동방 여러 주에서는 이들 세 가지의 문화의 상징적 형식이 고도로 융합되어 있었는데, 로마에 있어서는 그리스·로마 양식이 명확히 또 순수하게 실현되고 있었

---

6) 이집트에 최초로 지배자 숭배를 도입한 것은 프톨레마이오스 필라델포스였다. 파라오 숭배는 전혀 의미가 달랐다.

던 것이다. 이미 일찍부터 소포클레스와 리산드로스, 특히 알렉산드로스와 같이 약간의 그리스인은 단지 아첨꾼에 의해 신으로 선포되었을 뿐만 아니라, 민중에 의해서도 또한 확연한 의미에서 신으로 믿어졌다. 하나의 사물, 하나의 숲, 하나의 샘, 최후로 신을 표현하는 하나의 조상(彫像), 이것들의 신화와, 처음에는 영웅이고, 이어서 신이 된 탁월한 인물의 신화 사이의 차이는 종이 한 장에 불과하다. 전자에 있어서도, 후자에 있어서도 존경받는 것은 완전한 모습이고, 세계 실체(즉 그 자체 신적이지 않은 것)는 그 형태를 취해 실현되고 있었던 것이다. 개선의 날의 콘술이야말로 그 전 단계이다. 그날 콘술은 주피터 카피톨리누스의 무구(武具)를 착용했다. 그리고 더 오래 전에는 주피터의 테라코타 상과 보다 닮게 하기 위해 얼굴과 팔을 적색으로 칠하고 있었다. 주피터 신의 누멘은 이 순간에 콘술로 체현되었던 것이다.

10

제정 시대 초기에 그리스·로마적 다신교가 붕괴되고 마기적 일신교가 되었지만, 많은 경우에 외적인 제사 형식 또는 신화 형식은 조금도 변화된 것이 없었다. 새로운 혼이 생기고, 그리고 그 혼이 낡아빠진 형식을 다른 식으로 체험한 것이다. 이름은 그대로이고, 그 내용은 다른 누미나였다.

이시스와 키벨레, 미트라, 솔, 사라피스 등의 후기 그리스·로마의 여러 제사들은 이제 장소와 결부된, 조소적으로 느껴진 존재가 아니다. 일찍이 헤르메스 프로필라이오스는 아크로폴리스의 입구에서 숭배되었다. 거기에서 몇 걸음 떨어진 뒤에 에렉테이온이 건립된 지점에 아글라울로스의 남편인 헤르메스의 제사당이 있었다. 카피톨리누스의 남쪽 봉우리에는 조소 대신 성스런 돌

(Silex)이 존재하는 주피터 페레톨리우스의 성묘(聖廟)와 인접하여 주피터 옵티무스 막시무스의 성묘가 있었다. 그리고 아우구스투스는 후자를 위해 거대한 신전을 건립할 때 전자의 누멘이 부착되어 있던 장소를 주의 깊게 피하지 않으면 안 되었다. 그러나 초기 그리스도교 시대에는 주피터 돌리케누스와 솔 인빅투스는 어디든 "두 사람 또는 세 사람이 이들 신의 이름으로 집합한" 곳에서 숭배될 수 있었다. 그리고 이들 신 모두는 점점 유일한 누멘으로 느껴지게 되었다. 그러나 각각의 제사의 어느 귀의자도 자기만이 이 누멘을 그 참된 형태로 알고 있다고 확신하고 있는 것이다. 이런 의미에서 '이시스는 백만(百萬)의 이름이 있는 것'이라 불렸다. 이때까지 이름은 체구로서도, 장소에 있어서도 다른 많은 신들의 명칭이었지만, 이제는 그것은 각자 마음으로 생각하고 있는 하나의 신의 칭호이다.

이 마기적 일신교는 알렉산드로스의 이시스, 아우렐리아누스가 특히 숭경한 태양신(팔미라의 바알), 디오클레티아누스가 보호한 미트라(그 페르시아 형태는 시리아에서 완전히 다시 만들어졌다), 셉티미우스 세베루스가 숭배한 카르타고의 발라트(하늘의 여신 타니트) 등과 같이 동방에서 넘쳐 나와 로마 제국을 채운 모든 종교적 창조 속에 나타나 있다. 이것들은 모두 이미 그리스·로마에서처럼 구체적인 신들의 수를 증가시키지 않고, 반대로 옛 신들을 상에 표현하지 않도록 하고 이것을 자기 속에 흡수한다. 이것은 정력학 대신 연금술이다. 이에 대응하여 상 대신 수소, 새끼양, 물고기, 삼각형, 십자가 등의 상징이 나타난다. "In hoc signo vinces(이 기호에 의해 너는 이길 것이다)"——이것은 이미 그리스·로마적 뉘앙스를 주지 않는다. 여기에서 인간을 묘출하는 예술, 그 예술을 혐오하는 소지가 생긴다. 이것이 뒤에 이슬람과 비잔티움에 있어서의 우상 금지가 되었던 것이다.

트라야누스 시대까지는(그리스 땅에서는 이미 오래 전부터 아폴론적 세계감정이 숨을 거두고 말았지만) 로마의 국교는 에우클레이데스적 경향을 유지하는 힘을 지니고 여러 신의 세계를 줄곧 증가시켰다. 정복된 나라와 민족의 여러 신은 로마에서 그 제사의 장소, 승려제와 의식이 승인되고, 그리고 과거의 신들과 함께 완전히 명확한 개개의 신으로서 나타나고 있다. 이때 이후 마기적인 혼은 이 점에서도 오래 된 소수의 귀족 가문에 뿌리를 내리고 있는 존경해야 할 저항에도 불구하고 승리를 차지하고 있다. 여러 신의 상은 상으로서, 또 체구로서는 의식 속에서 소멸하고, 그리고 이미 감각의 직접적인 실증에 기초하지 않는 초월적인 신의 감정에 자리를 양보하고 있다. 그 전례, 제례와 전설은 서로 융합하고 있다. 카라칼라는 217년에 로마의 신들과 타국의 신들 사이에 존재하는 종교법적 구별을 폐지했다. 이에 의해 사실상 이시스가 모든 옛 여성적 누미나를 포괄하는 로마 제일의 신이 되고, 따라서 그리스도교의 가장 위험한 적으로서 교부의 증오를 초래했다. 이 카라칼라의 행동으로 로마는 동방의 일부, 즉 시리아의 종교적 한 주가 되고 말았던 것이다. 마침 이때 돌리케, 페트라, 팔미라, 에메사의 바알이 융합되어 솔의 일신교가 되기 시작했다. 하지만 이 솔 신은 뒤에 제국의 신으로서 그 대표자인 리키니우스와 함께 콘스탄티누스에 의해 정복되었다. 문제는 이미 그리스·로마적인가 마기적인가가 아니라——그리스도교는 헬라스의 여러 신에게 일종의 무해한 동정조차 보낼 수 있었다——마기적 여러 종교 중 어느 것이 그리스·로마 제국의 세계에 종교적 형식을 부여해야 할 것인가 하는 것이다. 이 조소적 감정의 쇠퇴는 황제 숭배의 발달 단계 속에 극히 명료하게 나타나 있다. 즉 처음에는 죽은 황제는 원로원의 결의에 의해 divus(신)으로서 국가의 여러 신 속에 덧붙여지고——그 최초의 인물은 기원전 42

년의 디부스 율리우스였다——그리고 특별한 승려제가 부여된다
(거기에서 이때부터 그 황제의 초상이 그 가족적 제례에 즈음해
서는 이미 선조 대대의 초상 속에 덧붙여지지 않게 되었다). 이
어서 마르쿠스 아우렐리우스 때부터 신이 된 황제에게 봉사하는
새로운 승려제가 설치되지 않게 되고, 그 뒤 곧 새로운 신전의
봉헌도 행해지지 않게 되었다(왜냐하면 종교적 감정에 대해서는
일반적인 templum divorum[신전]으로 충분하다고 생각되기 때문이
다). 그리고 마지막으로 디부스라는 명칭이 황제 일가의 칭호가
되었다. 이 황제 숭배의 종말은 곧 마기적 감정의 승리를 이야기
하는 것이다. Isis-magna Mater-Juno-Astarte-Bellona 혹은 Mithras-Sol
invictus-Helios처럼 봉헌 비명에 이름이 중첩되어 있는 것이, 이미
오래 전부터 유일 존재의 신의 칭호라는 의미를 지니고 있었다는
것을 알 수 있을 것이다.[7]

11

무신론은 종래 심리학자 및 종교 연구자에 있어서는 거의 면밀

---

7) 칭호의 상징적 의미와, '사람'이라는 개념과 이념에 대한 그 관계는 여
기에서는 다룰 수 없다. 다만 한 가지, 그리스·로마 문화가 모든 문화 중
에서 칭호를 몰랐던 유일한 문화라는 것을 지적하는 데 그친다. 왜냐하면
이것은 그 명칭들이 엄밀히 체구적인 것과 모순되었기 때문일 것이다. 그리
스·로마의 문화에는 개인 이름과 가족 이름 외에는 단지 사실상 행사된 관
직의 기술적인 이름밖에 없었다. 'Augustus'는 개인 이름이 되고, 'Caesar'는
곧 관직명이 되었다. 마기적 감정이 침입한 것을, 후기 로마의 관직에서 vir
clarissimus(저명한 인물)와 같은 궁정적 관용구가 영구적인 칭호가 되고 있는
점으로도 알 수 있다. 이들 칭호는 혹은 부여되고, 혹은 박탈될 수 있는 것
이다. 마찬가지로 이방의 옛 여러 신의 이름이 지금 인정되고 있는 신의 칭
호가 되었다. '구세자(아스클레피오스)'와 '선량한 목자(오르페우스)'는 그

히 고찰할 만한 가치가 없다고 생각되고 있었다. 무신론와 관련해서는 자유 사상가적 순교자풍이든, 신앙이 독실한 광신자풍이든 극히 많이 쓰여지고 또 논해졌다. 하지만 무신론의 종류에 대해, 특수하고 명확한 현상 형식의 분석에 대해, 그 풍부함과 필연성에 대해, 강한 상징적 의의에 대해, 그 시간적인 제약에 대해서는 아직 일찍이 논해진 적이 없었다.

'무신론'——이것은 어떤 세계의식의 아 포리오리 구조적인가, 아니면 자유의지에 의한 확신인가. 인간은 무신론을 위해 태어난 것인가, 아니면 무신론으로 개종하는 것인가. 우주는 신을 잃었다는 무의식적 감정이 '위대한 판 신은 죽었다'는 지식을 인도하는 것인가. 예컨대 도리스 시대, 혹은 고트 시대처럼 초기에 무신론이 존재하고 있었던가. 열정적이기는 하지만, 그러나 잘못해 자기를 무신론자로 칭하는 자가 존재하는 것인가. 그리고 무신론자가 아닌, 적어도 전적으로는 아니라 해도 얼마간 무신론자가 아닌 문명화된 인간이 존재할 수 있는가.

이미 모든 언어에서 말의 구성이 밝혀 주고 있듯이 무신론의 본질을 이루고 있는 것이 부정이라는 것, 무신론이 이에 앞서는 지적 상태의 포기이고, 끊임없는 형성력의 창조적 행위가 아니라는 것은 움직일 수 없는 사실이다. 그러나 거기에서 부정되는 것은 무엇인가. 어떤 방법으로? 그리고 누구에 의해?

무신론은 올바로 이해하고 보면 그 자체로 완성되고, 그 종교적 가능성을 다하고, 붕괴되어 무기적(無機的)이 된 정신태의 필연적 표현이다. 무신론은 순수한 종교성을 동경하는 생생한 욕구와 아주 잘 일치한다.[8] 이 점에서 낭만주의와 비슷하다. 낭만주

리스도의 칭호이다. 그러나 그리스·로마에서는 로마 여러 신의 별명조차도 점차 독립된 신들이 되어 가고 있었다.

의도 마찬가지로 돌이킬 수 없이 잃어버린 것을, 즉 문화를 다시 불러들이려 하는 것이다. ──그리고 무신론은 그 귀의자가 전혀 모르더라도 존재할 수 있는 것이고, 귀의자의 사고 습관에 맞지 않는, 아니 그 확신과 모순되기도 하는 감정 형태이다. 이것은 왜 경건한 하이든이 베토벤의 음악을 들은 뒤에 베토벤을 무신론자라고 말했는지를 생각하면 곧 알 수 있는 일이다. 무신론은 아직 계몽 시대의 것이 아니라 시작되고 있는 문명 시대의 인간의 것이다. 그것은 대도시의 것이고, 문화 창조자인 자기의 선조가 유기적으로 체험한 것을 기계적으로 획득하는 대도시 '교양인'의 것이다. 그리스·로마적인 신 감정에서 보면 아리스토텔레스는 자신도 모르는 무신론자이다. 헬레니즘·로마적인 스토아주의는 서구적 근대성인 사회주의와 인도의 근대성인 불교와 마찬가지로 무신론적이다──'신'이라는 말을 종종 극히 경건하게 사용하고는 있지만.

  그러나 '제2종교성'에 이르러야 하는 세계감정 및 세계상의 이후기의 형식이 우리 안에 있는 종교적인 것의 부정을 의미한다면, 이 형식이 어떤 문명에서도 다른 구조를 갖고 있는 것은 당연한 일이다. 어떤 종교성도 자기에만 속하고, 자기에게만 향해진 무신론자의 반항을 지니고 있다. 사람은 자기 주위에 펼쳐져 있는 외계를 정교하게 순서지워진 체구의 코스모스로서, 세계 공동 혹은 무한의 활동적 공간으로서 계속 체험하고 있다. 그러나 거기에서는 이미 성스런 인과 관계를 체험하지 않는다. 다만 이 세계의 전 용모를 관찰할 경우에는 무기적인 것으로 완전히 변모

---

  8) '무신'적 저작을 이유로 아테네에서 사형에 처해진 디아고라스는 극히 경건한 디티람보스(도취 송가)를 남겼다. 그와 관련하여 헤벨의 일기, 또 그가 엘리제에게 보낸 편지를 읽어 보라. 헤벨은 '신을 믿지 않았다.' 그러나 기도는 했던 것이다.

한 모독적인 인과 관계만을 인식하거나, 혹은 그렇기를 바라고 또 믿는다. 그리스·로마적 무신론, 아라비아적 무신론, 서양적 무신론이 있다. 이들 무신론의 의미와 내용은 서로 전혀 다르다. 니체는 동력학적 무신론을 법식화하고 "신은 죽었다"고 말했다. 그리스·로마의 철학자라면 정력학적·에우클레이데스적 무신론을 "신성한 장소에 거주하는 신들은 죽었다"고 말할 것이다. 전자가 의미하는 바는 무한 공간의 신의 상실이고, 후자가 의미하는 바는 무수한 사물의 신의 상실이다. 그러나 공간과 죽은 사물은 물리학의 '사실'이다. 무신론자는 물리학의 자연상과 종교의 자연상 사이에서 아무런 차별도 체험할 수 없다. 예지와 지성이란 말은 올바른 느낌으로 지능의 초기 상태와 후기 상태, 지능의 시골적 상태와 대도시적 상태를 구별한다. 지성이란 말의 뉘앙스에는 무신론적인 것이 있다. 아무도 헤라클레이토스 혹은 마이스터 에카르트를 지성이라고는 말하지 않을 것이다. 그러나 소크라테스와 루소는 지성적이지 '영지(英智)'는 아니다. 지성이란 말속에 존재하는 것은 뿌리 없는 풀이다. 다만 전형적으로 무종교적인 인간인 스토아주의자와 사회주의자의 입장에서 보면 지성의 결핍은 경멸되어야 하는 것이다.

  모든 살아 있는 문화의 혼은 의식하든 의식하지 않든 종교적이고 종교를 갖고 있다. 이 혼이 현재 존재한다는 것, 이 혼이 생성해 가고 발전하고 실현되어 간다는 것이 이 혼의 종교인 것이다. 이 혼은 무종교적이 될 수 없다. 다만 메디치 가의 피렌체에 있어서처럼 사상적으로 이것을 희롱할 수 있을 뿐이다. 하지만 세계도시의 인간은 무종교적이다. 무종교적인 것이 그의 본질이고 그의 역사적 현상의 특색이다. 그는 내적인 공허와 빈곤을 절실하게 느끼고 진지하게 종교적이 되려고 하지만, 그럼에도 불구하고 그리 될 수가 없다. 모든 세계도시적 종교성은 자기 기만에

제6장 파우스트적 자연 인식과 아폴론적 자연 인식   185

바탕을 두고 있다. 각 시대가 각각 지닐 수 있는 신앙심의 정도는 관용에 대한 그 시대의 관계 속에 나타나 있다. 사람이 관용하는 이유는 혹은 상상도 못 할 만큼 이상한 일이 있어 사람 스스로 체험하는 신이라는 것을 형태어에 의해 말하기 때문이든가, 혹은 사람이 조금도 이런 신적인 것을 체험하지 못하기 때문이든가, 그 어느 한쪽이다.

  오늘날 그리스·로마적 관용이라 불리는 것은 무신론의 정반대적인 것을 말한다. 그리스·로마 종교의 개념 속에는 누미나와 제사의 다수라는 것이 있다. 그것들을 모두 똑같은 가치가 있는 것으로 보는 것은 관용이 아니고, 그리스·로마적 경건에서 오는 당연한 표현이다. 그 반대로 이 점과 관련하여 예외를 요구한 것은 바로 그 때문에 자기가 무신적임을 증명한 자이다. 그리스도교도와 유태교도는 무신론자라고 생각되었다. 그리고 개개의 체구의 합계를 가지고 세계상을 삼고 있었던 자의 입장에서 보면 확실히 틀림없었던 것이다. 제정 시대에 그렇게 느끼지 않게 되었던 것은 그리스·로마의 신 감정도 또한 사라져 버렸기 때문이다. 그렇지만 어떤 것이든 땅과 결부된 제사의 형식에 대한 존경, 여러 신의 우상, 신비, 희생, 제례에 대한 존경은 예상되고 있었다. 그리고 누구든 이것을 조롱하거나 혹은 모독한 자는 그리스·로마의 관용의 한계가 어떤 것인지를 알 수 없었던 것이다. 아테네에서의 헤르마이 파괴나 엘레우시스 비교(秘教)의 모독 때문에(즉 감각적 요소를 속화하듯이 모방했기 때문에) 열린 재판 등을 생각하면 알 수 있다. 그러나 파우스트적 혼은 본질적으로 교의이고 눈에 보이는 제사가 아니다. 이것은 공간 체구와의 대립이고, 외형의 정복은 그 승인과의 대립이다. 무신은 우리의 입으로 말하면 하나의 설에 대한 반항이다. 여기에서 이단이라는 공간적·지적 개념이 시작된다. 파우스트적 종교는 그 본질상 양심의 자유를 허용할 수 없었던 것이다──그럴 경우에는 공간을 꿰뚫는 동력학과 모순되기 때문이다. 이 점과 관련해서는 자유 사상조차도 예외가 아니다. 화형 뒤에 길로틴이 있고, 분서(焚書) 뒤에 금압이 있고, 설교의 권력 뒤에 저널리즘의 권력이 있다. 우리가 지니는 신앙에는 무엇인가 형태를 취한 종교재판을 예상하지 않는 것이 없다. 전기 역학 특유의 비유를 가지고 표현해 보면 확신의 힘의 장은 모두 그 장 속에 존재하는 두뇌를 그 강도에 따라 배열한다. 누구든 이것을 바라지 않는 자는 조금도 강한 확신을 갖고 있지 않은 자이다. 교회의 말을 빌려 말하면 무신이다. 그러나 그리스·로마의 입장에서 말하면 무신은 제사의 경멸──문자 그대로의 의미에 있어서의 $ασέβεια$(아세베이아, 무신앙)──이었다. 그리고 이 점에서 아폴론적 종교는 태도의 자유를 허용하지 않았다. 따라서 이 두 가지의 경우에 신 감정이 요구하는 관용과 그것이 금하는 관용 사이에 한계가 그어졌던 것이다.

그런데 이 점에서 후기 그리스·로마 철학, 즉 소피스트적·스토아적 이론(스토아적 세계 기분이 아니다)은 종교적 감정과 대립했다. 그리고 아테네──'미지의 신들'에게 제단까지 지어 주었던 저 아테네──의 시민은 스페인의 종교재판에 못지않을 정도로 가차없었다. 제사의 준수를 위해 희생으로 바쳐진 일련의 그리스·로마 사상가와 역사적 인물을 조사해 보기만 해도 충분하다. 소크라테스와 디아고라스는 아세베이아를 이유로 사형에 처해졌다. 아낙사고라스, 프로타고라스, 아리스토텔레스, 알키비아데스는 도망해 겨우 그것을 면할 수 있었다. 제사 불경을 이유로 처형된 자는 아테네에서만, 그리고 펠로폰네소스 전쟁이 벌어졌던 몇십 년 동안에만 수백 명을 헤아렸다. 프로타고라스의 유죄 뒤에 그의 저작을 집집마다 수색해 소각하였다. 로마에서 이런 행동이 시작된 것은, 역사적으로 지적할 수 있는 한, 181년에 원로원에 의해 명해진 피타고라스적인 '누마의 서(書)'의 공공연한 소각이었다. 그리고 이때부터 끊임없이 개개의 철학자와 학파 전체의 추방, 나아가 뒤에는 처형, 또 종교를 위험에 빠뜨리는 저작의 엄숙한 소각이 이어지고 있다. 이런 종류의 사실로서 카이사르 시대에만 이시스 제사의 장소가 콘술에 의해 다섯 번 파괴된 것, 티베리우스가 이 여신의 상을 티베르 강에 던져 넣게 한 것을 들 수 있다. 황제의 상에 희생을 바치는 것을 거부하는 자는 처벌되었다. 어떤 경우에도 이것은 그리스·로마의 신 감정에서 생긴 '무신론'이고, 그리고 보일 수 있는 제사를 이론적으로나 실제적으로나 경시한 '무신론'이다. 누구든 이런 일에 대해 자기의 서양적 감정을 버릴 수 없는 자는 여기에 뿌리를 내리고 있는 세계상의 본질 속에 결코 파고들어갈 수 없을 것이다. 시인과 철학자는 마음대로 신화를 창작하고, 그리고 신의 모습을 다시 만들어도 되었다. 감각적인 사실을 교설적으로 해석하는 것은 누구나 마음대로 했다. 여러 가지 신의 이야기를 사티로스극과 희극에서 조롱할 수 있었다——이것조차 신들의 에우클레이데스적 존재를 손상시키지 않았던 것이다. ——그러나 신들의 상, 제사, 제신(諸神) 숭배의 조소적 형태에는 손가락 하나 대어도 안 되었다. 초기 제정 시대의 뛰어난 학자가 어떤 신화도 진지하게 생각하지 않으면서도 국가 제사의 모든 의무를, 특히 일반적으로 깊이 침투해 있었던 황제 숭배의 모든 의무를 행하던 것을 위선이라고 한다면, 그것은 오해이다. 이와 반대로 '교회에 가지 않는 것', 참회를 피하는 것, 행렬 기도에 참가하지 않는 것, 프로테스탄트적 환경에서 교회의 관례와 관계없이 생활하는 것, 이것들은 성숙된 파우스트 문화의 시인과 사상가가 자유로이 할 수 있는 일이었다. 그러나 교의의 개개의 점에 대해 언급하는 것은 허용되지 않았다. 왜냐하면 이런 것은 모든 고백과 종파(재차 명언하지만 자유 사상주의를 포함해서)의 내부에서는 위험했기 때문이다. 신화의 신앙을 갖지 않고 신성한 형식을 경건하게 준수한 스토아주의의 로마인의 실례가, 교회의 종의는 행하지 않으면서도 '신앙의 근본 진리'를 일찍이 의심하지 않았던 레싱과 괴테처럼 계몽 시대의 사람들 속에서도 발견된다.

12

그러면 형태가 된 자연 감정에서 체계가 된 자연 인식으로 돌아가 보자. 성숙된 문화의 지능은 영상을 통해 외계를 개념적으로 획득하려고 한다. 우리는 그 영상의 기원이 신 혹은 신들인 것을 안다. 괴테는 일찍이 리머에 대해 이렇게 말했다. "오성이라는 것은 세계와 마찬가지로 오래 된 것이다. 아이들조차 오성을 가지고 있다. 그러나 오성은 어떤 시대에도 같은 방법으로 같은 대상에 적용되는 일이 없다. 초기의 몇 세기는 자기의 이념을 환상의 직관으로 지니고 있었다. 현 세기는 이것을 개념으로 바꾸고 있다. 생명의 커다란 광경이 그 당시는 여러 가지 모습으로, 또 신들로 나타나고 있었다. 오늘날에는 그것은 개념으로서 나타나고 있다. 그 당시에는 산출력 쪽이 크고, 오늘날에는 파괴력 혹은 분석 기술 쪽이 더욱 커져 있다." 뉴턴의 역학[9]의 강한 종교성과, 거의 완전할 정도로까지 무신론적으로 조직된 근대 동력학은 같은 색채를 지니고 있다. 그것은 같은 근원 감정의 긍정

---

9) 뉴턴의 광학(1706년)의 유명한 결론은 극히 강한 감명을 주었고, 또 전혀 새로운 신학 문제의 출발점이 되었는데, 이 결론에서 뉴턴은 기계적 원인의 영역을 신의 제일원인으로부터 구별했다. 그 원인의 지각 기관은 무한 공간 자신이지 않으면 안 되었다.

과 부정이다. 물리학적 체계는 그것이 속하는 형식계의 혼의 모든 특징을 필연적으로 갖추고 있다. 동력학과 해석기하학에 속하는 것은 바로크의 이신론(理神論)이다. 이 세 가지의 근본 원리인 신, 자유와 불멸은 역학(力學)으로 말하자면 관성의 원리(갈릴레이), 최소 작용의 원리(달랑베르), 에너지 보존의 원리(J. R. 마이어)이다.

우리가 오늘날 극히 보통으로 물리학이라 칭하는 것은 사실상 바로크의 예술품이다. 원격력과 (소박한 그리스·로마적 관념이 전혀 모르는) 원격 작용, 질량의 인력과 척력(斥力)의 가정에 기초한 표상 방법을 특히 비뇰라가 시작한 건축의 예수회 양식과 비교해 물리학의 예수회 양식이라고 이름지어도 그리 이상하지는 않을 것이다. 그것은 서양에서 바로 그 시대에만 일어나고, 그리고 거기에서만 일어날 수 있었던 미적분학을 수학에서의 예수회 양식이라고 칭해도 좋은 것과 똑같은 것이다. 이 양식 속에서 실험의 기술을 심화시키는 하나의 작업 가설은 '옳은' 것이다. 로욜라에 있어서도, 뉴턴에 있어서도 문제는 자연의 단순한 서술이 아니라 그 방법이다.

서양 물리학은 그 내적 형식에서 보면 교의적이며 제사적이 아니다. 그 내용은 공간 또는 거리와 동일한 힘에 관한 교의이고, 우주에서의 역학적 행위에 관한 학설이며, 역학적 태도에 관한 학설이 아니다. 따라서 그 경향은 외형의 전진적 정복이다. 서양 물리학은 여전히 극히 '그리스·로마적인' 물리학의 구분, 즉 눈(광학), 귀(음향학), 피부 감각(열학)의 구분에서 출발했지만, 점차 감각 인상을 완전히 제외하고, 그리고 추상적인 관계 체계로 이를 대체했던 것이다. 따라서 예컨대 복사열은 에테르의 동력학적 운동에 관한 표상의 결과로서 오늘날에는 광학에서 다루어지고 있다. 그러나 광학은 이미 눈과는 아무런 관계도 없다.

'힘'은 신화적인 양이고, 이것은 과학적 실험에서 온 것이 아니라 반대로 그 실험의 구조를 사전에 규정하는 것이다. 파우스트적 인간의 자연 이해에만 있는 것은 자석이 아니라 한 조각의 쇠를 그 힘의 장 속에 지니는 자력이고, 빛나는 물체가 아니라 복사하는 에너지이며, 그리고 나아가 '전기', '온도', '방사능' 등과 같은 의인화(擬人化)이다.[10]

이 힘 혹은 에너지가 사실상 개념으로서 응결된 누멘이고 결코 과학적 실험의 성과가 아니라는 것은, 역학적 열 이론의 유명한 제1주법칙인 동력학의 근본 원리가 에너지의 본질에 관해 조금도 말하는 바가 없다는 사실(이것은 종종 간과되고 있는 사실이다)을 증명하는 것이다. '에너지 보존'이 그 본질 속에 정착해 있다는 것은 본래 잘못이긴 하지만, 심리적으로는 매우 의미 있는 표현이다. 실험적 측정은 그 본질상 단 하나의 수만을 확정할 수 있을 뿐이고, 이 수가——마찬가지로 아주 의미 있는 일인데——일이라 이름지어진 것이다. 그러나 우리의 사고의 동력학적 성질은 이 일을 에너지차로 이해할 것을 요구했다. 그러나 에너지의 절대적 총액이라는 것은 단지 하나의 비유에 불과하므로 결코 어떤 일정한 수로 표시될 수 없는 것이다. 따라서 부가적 정수(定數)가 언제나 미확정 상태로 남아 있다. 즉 과학적인 실제

---

10) 위에서 말했듯이 feci 대신 ego habeo factum을 사용하는 서양의 어법에 의해 비로소 우리의 사고의 동력학적 구조가 밝혀진 것이다. 그 이후 우리는 모든 사건을 점점 단호히 동력학적 문구에 의해 확정한다. 우리는 '공업'이 판로를 개척한다고 말하고, '합리주의'가 지배력을 장악한다고 말한다. 그리스·로마의 언어는 그런 표현을 허용하지 않는다. 그리스인은 스토아주의자에 대해서는 논했을 것이지만, '스토아주의'에 대해서는 논하지 않았을 것이다. 이 점에서도 그리스·로마와 서양의 시가(詩歌)의 상 사이에 본질적인 차이가 존재한다.

상의 일과 아무 관계가 없음에도 불구하고 내적인 눈으로 파악된 에너지의 상을 보유하려는 노력이 이루어지는 것이다.

　이것이 힘의 개념의 유래이다. 거기에서 힘의 개념은 그리스·로마 언어에 결여되어 있는 의지와 공간과 같은 원어(原語)와 마찬가지로 정의하기 어려운 것이다. 느껴지고 직관된 잉여물이 언제나 잔존하고, 그것이 모든 개인적 정의를 그 저자의 거의 종교적인 고백으로 만드는 것이다. 바로크의 모든 자연 연구자는 이 점에서 내적인 체험을 갖고, 이 체험을 언어로 표현하고 있다. 괴테는 세계력(世界力)에 관한 자기의 개념을 정의할 수 없었을 것이고, 또 정의할 도리도 없었을 것이지만, 그러나 이것을 확신하고 있었다. 칸트는 힘을 그 자체로 존재하는 것의 현상이라고 이름지었다. "우리는 다만 힘을 통해서만 공간에서의 실체, 즉 물체를 아는 것이다"라고. 라플라스는 이것을 미지의 것이라고 보고, 우리가 인식하는 것은 단지 그 작용뿐이라고 보았다. 뉴턴은 비물질적인 원격력을 생각했다. 라이프니츠는 물질과 함께 모나드의 단위를 이루는 하나의 양으로서 vis viva(활력)에 대해 말했다. 데카르트는 18세기의 두세 명의 사상가(라그랑주)와 마찬가지로 운동과 움직여진 것을 근본적으로 나누려 하지 않았다. 이미 고트 시대에 potentia(가능력), impetus(원동력), virtus(덕력) 외에 conatus(노력), nisus(충동력)와 같은 환언(換言)이 있다. 이런 말들에서 명백히 힘은 해방 원인과 구별되고 있지 않았다. 힘의 개념을 카톨릭적, 프로테스탄트적, 무신론적으로 구별하는 것은 충분히 가능한 일이다. 스피노자는 유태인으로서, 즉 흔적으로는 마기 문화에 속하는 자로서 파우스트적인 힘의 개념을 조금도 자기 속에 받아들일 수 없었다. 스피노자의 체계에는 힘의 개념이 결여되어 있다. 최근 과거의 위대한 물리학자 가운데 유일한 유태인인 하인리히 헤르츠가 힘의 개념을 제외함으로써 역학의 딜레마를 해결하려고 기도한 유일한 사람이었다는 것은, 근원 개념이 비밀스런 지배력을 지니고 있다는 것의 놀라운 증거이다.

힘에 관한 교의가 파우스트적 물리학의 유일한 주제이다. 자연과학의 한 부문으로서의 정력학의 이름하에 모든 체계에 걸쳐, 모든 세기에 걸쳐 행해졌던 것은 한 편의 소설이다. '근대 정력학'은 '산술'과 '기하학'과 같은 위치에 있다. 즉 '산술'과 '기하학'은 문자적인 의미에서 말하면 헤아리고 또 측정하는 학문이란 뜻인데, 이것을 원래의 의미 그대로 해석할 때에는 근대 해석에서는 공허한 이름에 지나지 않게 되고, 그리스·로마 과학의 글자만의 잔존물에 지나지 않게 된다. 이것들을 정리해 버리는 것은 물론, 단지 가짜 모습으로 인정하는 것마저도 특히 그리스·로마에 대한 우리의 존경 때문에 오늘날까지 허용되지 않았다. 서양의 정력학이라는 것은 존재하지 않는다. 즉 공간, 시간, 질량, 힘에 기초를 두지 않고 형태와 실체(기껏해야 공간과 질량)라는 개념에 기초를 두고 있는 역학적 사실을 서양의 지능에서 자연스럽게 해석하는 방법은 존재하지 않는다. 이것은 개개의 어떤 경우에도 확인할 수 있다. 가장 일찍부터 수동적인 양이라는 그리스·로마적인 정력학적 인상을 주고 있었던 '온도'조차 힘의 상 속에 덧붙여져 처음으로 이 체계 속에 배열된다. 즉 한 물체의 원자의 극히 빠르고 미묘하고 불규칙적인 운동의 합계로서의 열량이고, 이 원자의 중위(中位)의 활력으로서의 온도이다.

후기 르네상스는 스스로 헬라스의 조소(彫塑)를 계속 이어 가고 있다고 믿고 있었던 것과 마찬가지로 아르키메데스의 정력학을 부활시켰다고 믿고 있었다──하지만 그 어떤 경우에도 고딕의 정신에 기초해 바로크의 결정적인 표현 형식을 준비하고 있었던 데 불과하다. 만테냐는 회화 주제의 정력학에 속하고, 후세가 딱딱하고 또 차갑게 느낀 선과 태도를 지닌 시뇨렐리도 마찬가지이다. 동력학은 레오나르도와 함께 시작된다. 그리고 루벤스는 이미 부풀어오른 육체의 움직임의 최고도에 도달했던 것이다.

　1629년에 이르러서도 여전히 예수회 수도사 니콜라우스 카베오는 르네상스 물리학이라는 의미에서 아리스토텔레스적인 세계 이해의 양식에 의한 자력(磁力)의 이론을 발전시켰다. 이 이론은 팔라디오의 건축에 관한 저작(1578년)과 마찬가지로 어떤 결과도 가져올 수 없었다. 그것이 '오류'였기 때문이 아니라, 파우스트적 자연 감정은 14세기의 사상가와 연구자에 의해 아라비아적·마기적인 지배에서 해방되어 있었고, 이때에는 자기의 세계 인식의 표현을 위해 특수한 형식을 필요로 하고 있었기 때문이다. 카베오는 힘과 질량이라는 개념을 포기하고, 소재와 형태라는 고전적인 개념 속에 틀어박혔다. 즉 만년의 미켈란젤로와 비뇰라의 건축 사상에서 미켈로초와 라파엘로의 건축 사상으로 돌아오고, 그리고 건축한 것이 완전히 그 자체로 완결되고는 있지만 미래에서는 아무 의미도 없는 체계였다. 한계 없는 공간에 있어서의 힘으로서가 아니라 개개의 물체의 상태로서의 자력——이것은 파우스트적 인간의 내적인 눈을 상징적으로 만족시킬 수 없었다. 우리가 필요로 하는 것은 멂의 이론이지 가까움의 이론은 아니다. 다른 예수회 수도사 보스코비치는 뉴턴의 수학적·역학적 원리를 포괄적인 참된 동력학으로 완성시킨 제일인자였다(1758년).

　르네상스 감정은 건축, 회화, 음악 등 여러 양식에 걸쳐 커다란 운동의 요소를 낳을 수 있는 힘과 질량이라는 대립을 미지의 것으로 느끼거나 또는 불쾌한 것으로 느끼고 있었는데, 갈릴레이조차 역시 이 르네상스 감정의 강한 영향을 받고 있었다. 갈릴레이는 힘의 개념을 여전히 접촉력(충돌)에만 한정하고, 그리고 단지 운동량의 보존을 공식화하는 데 머무르고 있었다. 따라서 그는 공간적인 감정을 제외하고 단지 '움직여진 것'만 고집했다.

가까스로 라이프니츠가 갈릴레이를 논박함으로써 무한 공간 속에 작용시키는 자유로운, 향해진 참된 힘(활력, activum thema)의 이념을 발달시키고, 그리고 이 힘을 자기의 수학적인 발견과 연결시켜 완전히 마무리했던 것이다. 운동량의 보존 대신 활력의 보존이 생겼다. 이것은 크기로서의 수 대신 함수로서의 수를 가지고 한 것에 상당한다.

질량의 개념은 약간 뒤늦게 겨우 명료하게 완성되었다. 갈릴레이와 케플러에게는 이것 대신 체적이 나타나고 있다. 그리고 이것을 처음으로 명확히 기능적으로 이해한 것은 뉴턴이었다. 즉 세계는 신의 기능이다. 질량——오늘날에는 물질적인 제점(諸點)의 체계와 관련하여 힘과 가속도의 불변의 관계로 정의되고 있다——이 결코 체적과 비례하고 있지 않다는 것(행성은 그 중요한 실례를 주었다)은 르네상스 감정과 모순되는 것이다.

그러나 갈릴레이는 이미 운동의 원인에 관해 의문을 품지 않으면 안 되었다. 이 의문은 질료와 형상이라는 개념에 국한된 본래의 정력학에서는 아무런 의미도 없었다. 아르키메데스의 입장에서 보면 위치의 변화는 모든 체구적 존재의 본질인 형태에 비하면 무의미한 것이었다. 공간이 '존재하지 않는다'고 한다면 무엇이——외부에서——체구에 작용할 수 있는가. 사물은 스스로 움직이므로 운동의 기능이 아니다. 처음으로 르네상스 감정에서 완전히 이탈하여 원격력, 즉 공간을 통하는 질량의 인력과 척력이라는 개념을 창조한 것은 뉴턴이었다. 거리는 그 자체 이미 하나의 힘이다. 이 관념에는 이미 감각적으로 파악할 수 있는 것이 없다. 그리고 뉴턴 자신도 이에 대해 약간의 불만을 느끼고 있었다. 이 관념이 뉴턴을 사로잡은 것이지, 뉴턴이 이 관념을 포착한 것은 아니다. 이 대위법적이고 완전히 비조소적인 이해를 내적 모순을 내포하면서 불러일으킨 것은 무한 공간으로 향해진 바로크의 지능 자신이다. 이들 원격력은 결코 충분히 정의될 수 없었다. 원심력이란 대체 무엇인가 하는 것은 아직 아무도 일찍이 이해하지 못한 것이다. 축을 중심으로 회전하는 지구의 힘이 이 운동의 원인인가. 아니면 그 반대인가. 혹은 이 양자는 동일한 것인가. 이런 원인은 그 자체로 생각될 때 하나의 힘인가. 아니면 다른 어떤 것의 운동인가. 힘과 운동은 어떻게 구별되는가. 행성계에서의 변화가 원심력의 작용이라고 하자. 그러면 물체는 그 궤도에서 방출되지 않으면 안 될 것이다. 그리고 사실 그렇지 않기 때문에 다시 구심력이 가정되는 것이다. 그러나 이런 말들이 의미하는 것은 무엇인가. 여기에서 질서와 명료함이 얻어지지 않기 때문에 하인리히 헤르츠가 힘의 개념 일반이라는 것을 단념하게 되고, 그리고 위치와 속도를 굳게 결합시키는 그런 극히 인위적인 가설에 의해 자기의 역학 체계를 접촉(충돌)의 원리로 만들게 되었던 것이다. 그러나 이것은 곤혹을 단지 숨긴 데 불과하고 결코 제거한 것이 아니었다. 이런 곤혹들은 오로지 파우스트적 성질의 것이고, 동력학의 가장 깊은 본질 속에 뿌리를 내리고 있는 것이다. "운동에 의해 처음으로 생기는 힘을 논해도 좋을까." 분명히 아니다. 그러나 우리는 서양의 지능에 내재하고 있는 근원 개념을 설사 정의될 수 없다고 해서 포기할 수 있을까. 헤르츠 자신도 자기의 체계를 실제로 응용하려고 시도하지는 않았다.

이 근대 역학의 상징적 곤혹은——물리학적 사상의 중심이 물질의 동력학에서 에테르의 전기 역학 속으로 옮겨진 뒤에도——패러데이가 창조한 포텐셜 이론에 의해서도 결코 제거되지 않는다. 완전히 공상가이고, 그리고 근대 물리학의 모든 대가 중에서 유일하게 비수학자였던 이 유명한 실험자는 1846년에 이렇게 말했다. "나는 이 공간의 어떤 일부에 있어서도 (그것이 보통 표현에 따라 공허하든, 또 물질로 채워져 있든) 힘과 그 힘이 행사되는 선 이외에는 그 무엇도 참[眞]이라고 생각되지 않는다"라고. 이 서술 속에는 경향——그 내용상 인식하는 자의 체험을 특징짓는 내적으로 유기적이고 역사적인 방향의 경향——이 명료하게 나타나 있다. 이것에 의해 패러데이는 형이상학적으로 뉴턴과 서로 관련되어 있다. 뉴턴의 원격력은 신화적인 배경을 암시한 것이고, 이 경건한 물리학자가 이것을 비평하는 것을 고의로 피한 것이다. 힘의 명확한 개념을 얻을 수 있는 제2의 역시 가능한 길——'신'으로부터가 아니라 '세계'로부터 나오고, 자연적인 움직여진 존재의 주관에서가 아니라 그 객관에서 나온 길——이 바로 그때에 즈음해 에너지의 개념을 구성시키게 되었다. 이것은 힘과는 달리 방향지워진 존재의 양자를 표시하는 것이고 방향을 표시하는 것이 아니다. 그리고 그 한에서는 라이프니츠와 그 불변의 양을 지니는 활력이라는 이념과 결부되어 있다. 간과해서는 안 되는 것은 여기에 질량 개념의 본질적인 특징이 도입되고, 그리고 에너지의 원자적 구조라는 기이한 사상까지 고려되고 있었다는 것이다.

그럼에도 불구하고 이 근원어를 바꾸어 놓아도 세계력과 그 기체(基體)가 존재하고 있다는 그런 느낌을 바꾸지 못했다. 거기에서 운동 문제를 해결할 수 없다는 것은 부정될 여지도 없다. 뉴턴에서 패러데이에——혹은 버클리에서 밀에——이르는 도상에서 종교적 행위의 개념은 '일(노동)'이라는 비종교적인 개념으로 대체되었다. 브루노, 뉴턴, 괴테의 세계상에서는 신적인 무엇인가가 행위로서 나타나고 있다. 근대 물리학의 세계상에서는 자연이 '일'을 행하고 있다. 그 의미는 기계적 열 이론의 제1주법칙의 의미에 있어서의 모든 '과정'은 에너지 소비에 의해 측정될 수 있고, 그리고 이 에너지 소비에 상당하는 것은 잠열 에너지 형태

제6장 파우스트적 자연 인식과 아폴론적 자연 인식 197

를 취한, 행해진 일량이라는 것이다.
 그러므로 J. R. 마이어의 결정적인 발견은 사회주의 이론의 출생과 때를 같이한다. 경제학적 체계 역시 동일 개념을 자의대로 다루고 있다. 아담 스미스 이래 가치 문제는 노동량과 관련을 갖고 있었다. 이것은 케네와 튀르고와 비교해 보면 경제상(經濟像)이 유기적 구조에서 기계적 구조로 전환하는 제일보이다. 이 분야에서 이론의 기초를 이루고 있는 노동은 순수한 동력학적인 것으로 생각된다. 그리고 에너지 보존, 엔트로피, 최소 작용 등의 물리학적 원리에 정확히 대응하는 경제학의 원리가 발견될 수 있을 것이다.
 힘이라는 중심 개념이 초기 바로크에 출생한 이래 대예술과 수학의 형식계를 극히 밀접하게 관련시키면서 경과해 온 단계를 관찰하면, 세 가지 단계가 존재하는 것을 알 수 있다. 이 개념은 17세기(갈릴레이, 뉴턴, 라이프니츠)에는 1680년경 소멸한 커다란 유화와 서로 나란히 회화적인 특징을 가지고 나타났다. 고전 역학(라플라스, 라그랑주)의 세기인 18세기에는 바로크 음악과 손을 잡고 푸가 양식인 추상적 성질을 얻었다. 예술이 종말을 고하고, 그리고 문명화된 지성이 혼을 압도하고 있는 19세기에는 그것은 순수한 해석, 게다가 특히 다원적 복소가변수의 함수라는 이론의 영역에 나타나고 있다(이 함수 이론이 없으면 이 개념은 그 가장 근대적인 의미에서 거의 이해될 수 없는 것이다).

13

 그러나 이와 함께——이것은 부정될 수 없는 일인데——서양 물리학은 그 내적 가능성의 극한에 다가갔던 것이다. 그 역사적 현상의 의미는 파우스트적 자연 감정을 개념적 인식으로 바꾸고,

초기 시대의 신앙 형태를 정확 지식이라는 기계적 형식으로 바꾼 점에 있었다. 당분간은 실제적 성과의 획득 혹은 학자적인 것이라 해도 좋은데, 그 학자적 성과의 획득——양쪽 모두 그 자체로는 한 과학의 표면적인 역사의 것이다. 근본적인 것에 속하는 것은 그 상징적 의의와 그 양식의 역사뿐이다——은 여전히 점점 더 증가할 것이지만, 그러나 그것은 과학의 본질이 급격히 붕괴하고 있는 것과는 아무 관계도 없다. 이것은 거의 말할 필요도 없는 것이다. 19세기 말엽에 이르기까지는 모든 진보는 동력학적인 자연상의 내적 완성, 그 순수화, 첨예화, 충실화의 방향으로 향해져 있다. 이론적 명료함의 최선의 것이 얻어진 이 순간부터 이 진보가 돌연 붕괴되기 시작했다. 이 붕괴는 의식적으로 생긴 것이 아니다. 이것은 아직 한 번도 근대 물리학의 높은 지성의 염두에도 떠오르지 않았던 것이다. 여기에 불가피한 역사적 필연성이 있다. 그리스·로마 물리학은 기원전 200년경 같은 단계에서 내적으로 완성되었다. 해석은 가우스, 코시, 리만에 의해 그 목표에 도달했다. 그리고 오늘날에는 단지 그 구조의 틈을 메우고 있는 데 불과한 것이다.

 그 결과 돌연 생기는 파괴적인 의혹은, 어제까지도 여전히 물리학적인 이론의 논의의 여지가 없는 기초를 이루고 있었던 사물에 대한, 즉 에너지 원리에 대한 질량, 공간, 절대 시간, 인과적 자연법칙 일반에 대한 의혹이다. 이 의혹은 이미 인식 목표를 향해 나아가는 초기 바로크의 저 창조적 의혹이 아니다. 이 의혹들은 자연과학의 가능성 일반에 관계되는 것이다. 계산적인 통계학적 방법의 이용의 급격한 증가일로 속에 어떤 깊이가, 또 그 과학의 창조자가 명백히 전혀 돌아보지 않았던 어떤 회의가 존재하는 것일까. 이런 방법은 그 결과의 개연성만을 얻으려고 노력하는 것이고, 그리고 희망에 찬 젊은 시대가 이해한 그런 자연법칙의 절대적 정확성을 전혀 고려에 두지 않는 것이다.

　우리는 그 자체로 모순이 없는 완성된 역학의 가능성을 결정적으로 버리는 순간에 다가가고 있다. 위에서 말했듯이 모든 물리학은 운동 문제에 직면할 때 파멸하지 않으면 안 된다. 왜냐하면 운동 문제에서는 인식자라는 살아 있는 인간이 인식된 것이라는 무기적 형식계 속에 뛰어들기 때문이다. 그러나 모든 최근의 가설은 이 모순을 지니고 있다. 그리고 300년이 넘는 사고적 일의 결과로 이것을 극도로 첨예화시키고 있기 때문에 이에 대해 이미 착각할 수 없을 정도이다. 뉴턴 이래 뒤집을 수 없는 진리가 되고 있던 만유인력 이론이 이제는 시대적으로 한정된 불안정한 가설로 인식되게 되었다. 에너지 보존의 원리는 에너지가 무한 공간 속에 무한하게 있다고 생각되면 아무 의미도 없다. 이 원리를 용인하는 것은 무한적인 에우클레이데스적 공간이든, 혹은 (비〔非〕에우클레이데스적 기하학 속의) 무한계이긴 하지만 유한한 체적이 있는 구체적(球體的) 공간이든 아무튼 우주 공간의 삼차원적 구조와는 도저히 일치하지 않는다. 거기에서 이 원리는 '외부에 대해 닫혀진 체구'에는 유효하지만, 그것은 현실적으로는 존재하지 않고 또 존재할 수 없는 인위적인 한계이다. 이 기초적 표상──기계적으로 또 외연적으로 의미를 바꾼 세계의 혼의 불멸성──을 낳은 파우스트적 인간, 그 세계감정이 표현하려 한 것은 바로 상징적인 무한이다. 그것은 감정이었다. 그러나 인식은 이 감정에서 어떤 순수한 체계도 형성할 수 없었다. 게다가 빛의 에테르는 근대 동력학의 이상적 공준(公準)이고, 모든 운동에는 어떤 움직여진 것이라는 표상이 필요하다고 본 것이다. 그러나 에테르의 성질에 관해 생각할 수 있는 모든 가설은 곧 내적 모순 때문에 부정되었다. 특히 로드 켈빈은 이 빛의 전달물의 절대 완전한 구조가 존재할 수 없다는 것을 수학적으로 증명했다.

프레넬의 실험의 해석에 의하면 광파(光波)는 횡파(橫波)이기 때문에 에테르는 고체(참으로 기괴한 성질을 지니는)이지 않으면 안 될 것이다. 그러나 그 경우에는 탄성의 법칙이 여기에 적용될 것이다. 따라서 광파는 종파(縱波)가 되어야 할 것이다. 빛의 전자기학적(電磁氣學的) 이론에 관한 맥스웰-헤르츠의 방정식은 사실상 의심할 여지도 없는 타당성을 지닌 순수한 무명수(無名數)이고, 에테르 해석에 관해서는 어떤 역학적 해석도 받아들이지 않는다. 그런데 에테르는 특히 상대성 이론의 결론의 영향에 의해 순수한 진공으로 정의되었다. 그러나 이것은 동력학적 원상의 파괴를 의미하는 것에 다름 아니다.

불변 질량――불변력의 대상이다――이라는 가설은 뉴턴 이래 움직일 수 없는 타당성을 지니고 있었다. 그런데 이 가설을 파괴해 버린 것은 원자의 정교한 구조에 관한 플랑크의 양자론과, 거기에서 발전해 온 닐스 보어의 결론이고, 이런 이론들은 실험적인 경험에 기초해 필연이 되고 있었다. 모든 완성된 체계는 운동 에너지 외에 역시 복사열의 에너지도 지니고 있다. 이 에너지는 운동 에너지와 분리할 수 없는 것이며, 따라서 질량의 개념에 의해서는 순수하게 표현할 수 없는 것이다. 왜냐하면 질량이 살아 있는 에너지에 의해 정의된다면, 그 질량은 열역학적 상태와 관련해서도 이미 불변이 아니기 때문이다. 그럼에도 불구하고 기본적인 작용 양자를 고전적 바로크 동력학의 가설군 속에 병합시킬 수는 없을 것이다. 동시에 모든 인과적 관련의 연속이라는 근본 원리와 함께 뉴턴과 라이프니츠가 창시한 미적분의 기초가 위험해진다.[11] 그러나 이러한 의혹들 이상으로 견유파적인 가차없는

---

11) 이들 원자 관념은 원자의 '현실의 존재'가 바야흐로 증명되었다는 상상에 이르렀다. 이것은 전 세기의 유물론으로의 불가사의한 복귀이다.

작업 가설인 상대성 이론은 동력학 속에 침입한다. 빛의 속도는 그것이 침투한 물체의 운동과 무관하다는 마이켈슨의 실험에 기초해 로렌츠와 민코프스키에 의해 수학적으로 준비된 이 이론은 본래 절대 시간의 개념을 파괴하려는 경향을 지닌다. 이 이론(이것에 관해 오늘날 세상 사람들은 중대한 오류에 빠져 있다)은 점성학적인 발견에 의해서는 실증도 되지 않고, 반박 개념도 성립되지 않는다. 올바름과 오류는 그런 가설을 비판할 수 있는 개념이 결코 아니다. 문제는 방사능의 연구와 열역학적 연구의 무수한 가설에서 생긴 서로 뒤얽히고, 또 인위적인 혼돈스런 많은 표상 속에서 이 이론이 작용하는 것을 견디는 것으로서의 지위를 유지하고 있는가 아닌가 하는 것이다. 그러나 그것이 어떤 것이든 이 이론은 시간을 그 정의 속에 포함하는 모든 물리학적 양의 불변을 폐지했다. 그리고 서양의 동력학은 그리스·로마의 정력학과는 달리 그런 양만을 지니고 있다. 절대적인 길이의 표준과 강체(剛體)는 이미 존재하지 않는다. 이와 함께 절대적인 양적 한정의 가능성도, 따라서 힘과 가속도의 항상 관계로서의 질량이라는 고전적 표준 개념도——에너지와 시간의 생산물인 기본적 작용 양자가 새로운 상수로 정해진 뒤에는——땅에 떨어진다.

러더퍼드와 보어[12]의 원자 개념은 종래 숙지되고 있었던 원자군이라는 관념에 반해 관찰의 수적 결과가 돌연 원자 속에 행성의 세계를 그리는 상을 갖추기에 이른 것을 의미하는 것이 된다. 그런데 사람은 이것을 명확히 할 때. 오늘날 가설의 전 계열로 이루어지는 공중누각이 얼마나 재빠르게 지어졌는지에 주의를 기울

---

12) 이것은 많은 경우 아톰에 의한 '현실의 실존'이라는 상상을 떠올리게 하는데, 그것이 이제는 증명되었다. 이것은 전 세기의 유물주의의 특별한 회귀이다.

이고, 따라서 어떤 모순도 새로운 것, 갑자기 만들어진 가설에 의해 뒤덮여 있는 것에 주의를 기울일 때. 이런 영상군이 서로 모순되고, 또 바로크 동력학의 엄밀한 영상과도 모순되는 사실에 거의 유의하는 자가 없는 것을 고려할 때.──사람은 최후로 표상의 대양식이 종말을 고하고, 그리고 건축과 조형미술에서와 마찬가지로 가설 형성이라는 일종의 공예미술에 자리를 양보했다는 확신을 얻기에 이를 것이다. 다만 이 세기에 해당되는 실험 기술의 비상한 숙련만이 상징적인 의의를 붕괴시킬 수 있는 것이다.

14

이 쇠퇴의 상징의 하나로서 헤아려지는 것은 특히 열역학의 제2주법칙의 주제를 이루는 엔트로피이다. 에너지 보존이라는 제1주법칙은 서양 지능의 구조라고까지는 말하지 않더라도 적어도 동력학의 본질을 단순히 법식화한 것이다. 서양의 지능에서 보면 자연은 아리스토텔레스의 정적·조소적 인과 관계와는 달리 필연적으로 대위법적·동력학적 인과 관계의 형태를 이루며 나타나고 있다. 파우스트적 세계상의 근본 요소는 자세가 아니라 행위이고, 역학적으로 보면 과정이다. 그리고 이 법칙은 이런 과정의 수학적 성질을 단지 변수와 상수라는 형태 속에 확정한다. 그러나 제2의 법칙은 그보다 깊이 파고들어 동력학의 개념적 기초가 결코 사전에 규정하지 않았던 자연 사상의 일면적 경향을 확정하는 것이다.

엔트로피는 수학적으로는 하나의 양으로 표현된다. 이 양은 그 자체로 완결되는 물체로 이루어지는 체계의 순간적 상태에 의해 확정되는 것이고, 그리고 모든 일반적으로 가능한 물리학적 혹은 화학적 변화에서 오직 증가할 뿐, 결코 줄어들 수 없는 것이다.

가장 좋은 조건의 경우에도 다만 불변인 채 머무르고 있는 것이다. 엔트로피는 힘과 의지와 마찬가지로 일반적으로 이 형식계의 본질을 파헤칠 수 있는 자의 눈으로 보면 내적으로 완전히 명확하고 또 명료한 무엇인가이지만, 그럼에도 불구하고 그 무엇인가의 법식화는 사람에 따라 다르고, 그리고 분명히 모든 사람이 접근할 수 없는 것이다. 여기에서도 지능은 세계감정의 표현욕에 직면해 무력해지고 있는 것이다.

자연 과정 전체는 엔트로피가 증가하느냐 아니냐에 따라 불환귀적인 것과 환귀적인 것으로 구분되었다. 전자에 속하는 모든 과정에서는 자유 에너지가 속박 에너지로 바뀌고 있다. 이 죽은 에너지가 다시 산 에너지로 변화되어야 할 경우에 그것은 동시에 산 에너지의 그 이상의 양이 제2의 과정에 결부됨으로써만 생길 수 있다. 가장 잘 알려져 있는 실례는 석탄의 연소이다(즉 물의 잠재 에너지가 증기의 압력으로 전치〔轉置〕되고, 다시 그 뒤에 운동으로 전치되어야 할 경우에는 석탄 속에 축적된 산 에너지는 탄소라는 가스체가 결부된 열로 변화되는 것이다). 그 결과로 전 세계에서의 엔트로피는 끊임없이 증가하고, 따라서 동력학적 체계는 아무리 다른 최종 상태라 하더라도 하나의 최종 상태에 다가가는 것이 분명하다. 불귀환적 과정에 속하는 것은 열의 전도, 확산, 마찰, 빛의 방사, 화학 반응이다. 귀환적 반응에 속하는 것은 만유인력, 전기 진동, 전자파, 음파이다.

오늘날까지 일찍이 결코 느껴지지 못했던 것이고, 그래서 내가 엔트로피설(1850년)을 서양 지성의 걸작인 동력학적 양식의 물리학의 파괴의 시작으로 간주하는 것은, 이론과 현실의 깊은 대립──여기에서 비로소 분명히 이론 자체 속으로 이입된 대립──이다. 제1법칙이 인과적 자연 사상의 엄밀한 상을 그려 낸 뒤에 제2법칙은 불귀환성의 도입에 의해 직접적인 생명에 속하는 경향을 나타내고 있다. 그런데 이 경향은 기계적인 것과 논리적인 것의 본질과 근본적으로 모순되는 것이다.

엔트로피 이론의 결론을 추구해 보면, 우선 첫째로 이론적으로 말하면 모든 과정은 환귀적이지 않으면 안 된다는 것이 된다. 이것은 동력학의 근본 요구이다. 이것을 다시 아주 엄밀히 요구하는 것은 제1주법칙이다. 그러나 둘째로는 현실에 있어서는 모든 자연 과정은 불귀환적이라는 결과가 된다. 실험적 처치라는 인위적인 조건하에서조차 가장 단순한 과정은 정확히 환귀될 수 없다. 즉 한번 경과한 상태는 환원될 수 없는 것이다. 현재의 체계의 상태가 가장 특징으로 삼고 있는 것은, 지적 요구와 현실의 사이에 존재하는 모순을 제거하기 위해 '기본적 난잡(亂雜)'이라는 가설을 도입한 것이다. 즉 물체의 '최소 부분'——하나의 영상이고 그 이상의 것이 아니다——은 완전히 환귀적인 과정을 거친다. 그러나 현실의 사물에 있어서는 최소 부분은 난잡 속에 있으며 서로를 교란하고 있다. 그 결과로 단지 관찰자만이 체험한 자연적인 불환귀 과정은 중위(中位)의 개연성을 가지고 엔트로피의 증가와 결합하고 있는 것이다. 이리하여 이론은 확률론의 한 장이 되고, 그리고 정확한 방법 대신 통계적 방법이 활동한다.

분명히 그 의미는 주의되지 않았던 것이다. 통계학은 연대학과 마찬가지로 유기적인 범위 내의 것이고, 변화하면서 움직여진 생명에, 운명과 우연에 속하고 법칙과 무시간적 인과 관계의 세계의 것이 아니다. 통계가 특히 정치적, 경제적 발전, 즉 역사적 발전을 특징짓는 데 도움을 주고 있다는 것은 주지의 사실이다. 갈릴레이와 뉴턴의 고전적 역학에는 통계가 차지할 만한 위치는 없을 것이다. 여기에서 그의 아 프리오리적 정확성(이 정확성은 바로크의 모든 사상가가 이구동성으로 요구했던 것이다)이 아니라 개연성을 가지고 통계적으로 돌연 이해되는 것은, 또 이해될 수 있는 것은 인식함으로써 이 자연을 체험하는 인간, 자연 속에서 자기 자신을 체험하는 인간 자신이다. 이론이 내적 필연을 가지고 제기하는 것, 즉 현실에는 전혀 존재하지 않는 환귀적 과정이 나타내는 것은 엄밀히 지적인 형식의 잔존물이고, 대위법적 양식의 자매인 대바로크 전통의 잔존물이다. 통계에 의지한다는 것은 이 전통 속에서 활동하고 있었던 통일적인 힘이 없어진 것을 나타내는 것이다. 이루어지는 것과 이루어진 것, 운명과 인과관계, 역사적 요소와 자연적 요소가 혼효되기 시작한다. 생명의 형식 요소, 즉 성장, 연령, 수명, 방향, 죽음이 고조되어 온다.

  이런 점에서 보면 이것이야말로 세계 과정의 불귀환성이 의미하지 않으면 안 되는 것이다. 이 불귀환성은 물리학적 기호인 t(시간)가 아니라, 운명과 일치하는 순수한 역사적인 내적으로 체험된 시간의 표현이다.

  바로크 물리학은 그 구조가 이런 이론에 의해 아직 동요되지 않는 한, 우연과 단순한 개연성을 표현한 무엇인가가 그 상 속에서 발견되지 않는 한 철두철미 엄밀한 체계학이었다. 그러나 바로크 물리학은 이 이론과 함께 관상학이 되었다. '세계의 경과'의 흔적이 추구되고 있다. 세계 종말의 이념은 법식의 옷을 입고 나타나지만, 그 법칙은 본질의 근저에 있어서 이미 법식이 아니다. 그와 함께 괴테적인 것이 물리학 속에 들어온다. 그리고 괴테가 색채론에서 뉴턴을 향해 격렬히 논박한 것의 의미를 분명히 할 때에는 이 사실의 중대성이 모두 이해될 것이다. 이 색채론에서 논하는 것은 오성이 아니라 직관이고, 죽음이 아니라 생명이며, 통일적인 법칙이 아니라 창조적인 형태이다. 자연 인식의 비평적 형식계는 모순을 통해 자연 감정에서 생기고, 신 감정에서 생긴 것이다. 이 형식계는 후기 시대의 종말에 즈음해 거리의 정점에 이르고, 그리고 그 기원으로 돌아간다.

이리하여 동력학 속에서 활동하고 있는 상상력이 또다시 파우스트적 인간의 역사적 정열의 커다란 상징을 불러일으킨다. 즉 영원의 배려이고, 과거와 미래의 가장 먼 거리를 향하는 경향이며, 과거를 회고하는 역사 연구이고, 앞길을 멀리 바라보는 국가이며, 고백과 자기 관찰이고, 모든 국민의 머리 저 높은 곳에서 울려 퍼지고 생명을 측정하는 종소리이다. 우리만이 느끼는 그런, 또 조상과 조소를 채우는 것이 아니라 기악을 채우고 있는 그런 시간이라는 말의 에토스는 하나의 목표에 향해져 있다. 이 목표가 서양의 모든 생활 영상에서 제3제국으로서, 새로운 시대로서, 인류의 임무로서, 하나의 발전의 종말로서 구체화되고 있었던 것이다. 그리고 이것은 파우스트적인 자연으로서의 세계의 존재 전체와 운명에 있어서는 엔트로피를 의미하는 것이다.

이 교의적 전 형식계의 전제로서의 힘, 그 힘의 신화적 개념 속에 말없이 존재하는 것이 방향 감정, 즉 과거와 미래에 대한 관계이다. 이 관계는 자연 경과를 과정으로 서술하면 한층 명확해진다. 따라서 이렇게 말해도 지장이 없을 것이다. 모든 자연 사상의 무한의 합계를 역사적 및 관상적 통일로서 요약하고 있는 지적 형식. 이런 지적 형식으로서의 엔트로피는 숨은 상태로 처음부터 모든 물리학적 개념 형성의 기초가 되고 있었던 것이고, 그리고 과학적 귀납의 도중에 언젠가는 '발견'으로서 나타나지 않으면 안 되고, 이어서 체계의 다른 이론적 요소에 의해 '철저하게 증명되지' 않으면 안 되었던 것이라고. 동력학이 그 내적 가능성을 없애면서 목표에 다가가면 다가갈수록 이 상의 역사적 특징이 점점 더 결정적으로 나타나고, 운명의 유기적 필연은 인과적인 것의 무기적 필연 밖에서, 방향의 인자는 순수한 확대의 인자——용량과 강도——밖에서 점점 강하게 세력을 펼치게 된다. 이것은 동일 구조를 지니는 대담한 가설의 전 계열에 의해 생긴다. 이들 가설은 실험적인 발견이 피상적으로만 요구한 것이지만, 현실에서는 이미 고딕의 세계감정과 신화가 예감하고 있었던 것이다.

이에 속하는 것이 특히 방사능의 현상을 밝히는 원자 붕괴라는 기묘한 가설이다──이 가설에 따르면 모든 외계의 영향에도 불구하고 수백만 년에 걸쳐 그 본질을 불변의 상태로 보존하고 있던 우라늄 원자가 갑자기, 게다가 어떤 추측할 수 있는 원인 없이 폭발하고, 그리고 수천 킬로미터의 초속(秒速)으로 그 가장 작은 부분을 우주 속에 산란시킨다. 이런 운명을 겪는 것은 일군의 방사능이 있는 원자 가운데 언제나 단지 약간의 개개의 원자이고, 그 이웃에 있는 원자는 이것에 의해 영향을 받는 일이 없다. 이 현상 또한 역사이고 자연이 아니다. 그리고 설사 여기에서도 통계의 응용이 필연인 것이 밝혀진다 하더라도 수학적인 수가 연대적[13]으로 바뀐 것이라고 말할 수 있을 것이다.

파우스트적인 혼의 신화 형성력은 이런 관념들과 함께 그 출발점으로 돌아온다. 마침 이때, 고딕 초기에 즈음해 역사적 세계감정의 상징인 최초의 기계 시계가 만들어졌을 때, 라그나뢰크, 세계 종말, 신들의 황혼기와 같은 신화가 생겼다. 우리가 뵐스파로서, 또는 그리스도교적 형태를 취한 무스필리로서 지니고 있는 이 관념이 이른바 원시 게르만의 모든 신화와 마찬가지로 그리스·로마의 동기, 특히 그리스도교적·묵시록적 동기를 모범으로 하여 생겨났다 해도, 그것은 그대로 파우스트적인 혼의 표현이고 상징이며, 결코 다른 혼의 표현과 상징이 아니다. 올림피아의 신들의 세계는 무역사이다. 이것은 이루어지는 것을 모르고, 기원

---

13) 사실상 원소의 수명이라는 관념은 3.85일이라는 반감 가치 시간의 개념을 낳았다.

을 모르며, 목표를 모른다. 그러나 몫을 향하는 열정적인 천성은 파우스트적이다. 힘, 의지는 목표를 지니고 있다. 그리고 목표가 있는 곳에는 탐구적인 안목과 식견의 눈으로 보면 종말도 존재한다. 위대한 유화(油畵)의 원근법이 복합점에 의해, 바로크의 공원이 point de vue에 의해, 해석이 무한급수의 n항을 통해 표현하고 있는 것(즉 원하던 방향의 종결이다)이 여기에서는 개념적 형식을 취해 나타나고 있다. 비극 제2부의 파우스트는 죽는다. 왜냐하면 파우스트는 자기의 목표에 도달했기 때문이다. 내적으로 필연적인 발전의 완성으로서의 세계 종말――이것은 신들의 황혼기이다. 따라서 이것이 신화의 최후의 형태로서, 무종교적 형태로서 엔트로피 이론이 의미하는 것이다.

15

아직 서양 과학의 종말을 소묘하는 것이 남아 있다. 그것은 서서히 내리막길로 내려가고 있는 오늘날, 확실히 대관(大觀)될 수 있는 것이다.

이것(즉 불가피한 운명의 앞길을 간파하는 것)도 또한 사적(史的) 안목과 식견의 결과이고, 이 결과는 파우스트적 지능만이 지니는 것이다. 그리스·로마도 마찬가지로 죽었다. 그러나 그리스·로마는 그 죽음에 대해 조금도 아는 것이 없었다. 그리스·로마는 영원한 존재를 믿고 있었던 것이다. 그리스·로마는 그 최후의 날에 이를 때까지 그날그날을 신들의 선물로 보고 거리낌없이 행복하게 지냈다. 우리는 자기의 역사를 알고 있다. 우리는 유럽·아메리카의 세계 전체를 덮치는 하나의 최후의 지적 위기에 직면하고 있다. 그 경과를 이야기하는 것은 후기 헬레니즘이다. 우리는 오성의 전제(專制)라는 것을 느끼지 못한다. 그것은 우리 자신이 그 정점을 대표하고 있기 때문이다. 하지만 이 오성의 전제는 어떤 문화에서도 장년과 노년 사이에 있는 하나의 기원이고 그 이외의 것이 아니다. 정밀 과학, 변증법, 증명, 경험, 인과 관계 등의 숭배가 그것의 극히 두드러진 표현이다. 이오니아 시대와 바로크 시대는 그 숭배의 비약의 시기이다. 그것이 어떤 형태를 취해 끝나 가느냐가 문제이다.

나는 예언한다. 이 과학적 · 비평적 알렉산드리아주의의 세기, 커다란 수확의 세기, 최종적 형성의 세기인 현 세기에 있어서도 내재성의 새로운 움직임이 과학이 지니는 승리에의 의지를 극복할 것이라고. 정확 과학은 자기의 문제와 방법의 정묘화에 의해 자기 파멸로 나아가고 있다. 우선 첫째로 그 방법이(18세기에), 이어서 그 힘이(19세기에) 검토되고, 마지막으로 그 역사적 역할이 음미된다. 그러나 회의로부터는 문화 이전에 나타나는 것이 아니라 문화 이후에 오는 '제2의 종교성'으로의 길이 있다. 증명은 포기되고, 사람은 믿으려 하지만 분석하려 하지는 않는다. 비판적 연구는 지적 이상이기를 중지한다.

개인은 책을 치우고 단념하고, 문화는 고도의 과학적 지식 계급 속에 나타나길 중단하고 단념한다. 그러나 과학은 위대한 학자 시대의 살아 있는 사상 속에만 존재하는 것이고, 책은 이에 필적하는 인간들 사이에서 살아 활동하지 않는 한 아무것도 아니다. 과학적 결과는 지적 전통의 요소에 불과하다. 과학의 사멸은, 과학이 누구에게서도 이미 사건이 아니게 되었다는 것이다. 그러나 과학성의 2세기에 걸친 난연(亂宴)——거기에 사람들은 신물이 나 있다. 개인이 아니라 문화의 혼이 신물이 나 있는 것이다. 혼은 역사적 세계 속으로 내보내는 연구자를 점점 작고, 점점 좁고, 점점 척박한 존재로 만들고, 그것으로 이 불만을 표명하고 있다. 그리스 · 로마 과학의 위대한 세기는 제3세기, 즉 아리스토텔레스의 사후(死後)이다. 로마인이 오고 아르키메데스가 죽었을 때, 이 위대한 세기는 이미 거의 끝나 가고 있었다. 우리의 위대한 세기는 19세기였다. 가우스, 훔볼트, 헬름홀츠와 같은 학자는 1900년에는 이미 존재하고 있지 않았다. 물리학에서도 화학에서도, 생물학에서도 수학에서도 대가는 죽고 없었다. 그리고 오늘날 우리가 경험하고 있는 것은, 로마 시대의 알렉산드리아인처럼 정리, 수집, 마무리를 일삼는 눈부신 낙오자의 데크레셴도(점점 여리게)이다. 이것은 생활의 사실 면에 속하지 않고, 정치, 기술, 경제에 속하지 않는 모든 것의 일반적 징후이다. 리시포스 뒤에는 그 출현이 운명이라 할 수 있는 위대한 조소가 나타나지 않았다. 마찬가지로 인상주의자 뒤엔 이미 화가가 없고, 바그너 뒤엔 음악가가 없었다. 카이사르주의 시대는 예술도 철학도 필요로 하지 않았다. 참된 창조자인 에라토스테네스와 아르키메데스의 뒤를 이은 것은 수집을 취미로 하는 포세이도니오스와 플리니우스이고, 그리고 최후로는 단지 모사만 일삼는 프톨레마이오스와 갈레노스이다. 유화와 대위법적 음악이 겨우 몇 세기 사이에 유기적 발전을 이루고 그 가능성을 다 써버렸듯이, 동력학의 형식계는 오늘날 붕괴하려 하고 있는 형성물이다.

그러나 그전에 파우스트적인, 극히 역사적인 지능에 있어서 아직 제출된 적이 없고, 이제껏 가능하다고 생각되지 않았던 문제가 생기고 있다. 정확 과학의 형태학이 쓰어질 것이다. 이 형태학은 모든 법칙, 개념, 이론이 어떻게 형식으로서 내적으로 서로 관련되어 있는지 조사하고, 그리고 파우스트적 문화의 생애에 있어서 그 자체로서 무엇을 의미해야 하는지를 조사하는 것이다. 이론 물리학, 화학, 수학을 상징의 총계로 보는 것——이것은 직관적이고 또 종교적인 세계관이 기계적 세계 외모를 결정적으로 극복하는 것이다. 이것은 체계학조차도 표현과 상징으로서 용해하고, 이것을 자기 속에 받아들이는 관상학의 최후의 걸작품이다. 우리는 미래에는 더 이상 일반적으로 타당한 어떤 법칙이 화학적 친화력, 혹은 반자성(反磁性)의 근저를 이루고 있는가 하는 것은 묻지 않을 것이다——이것은 19세기가 마음을 쏟고 있던 교의학이다.——게다가 우리는 그런 의문이 일찍이 최고의 두뇌를 차지할 수 있었던 것에 놀라기까지 할 것이다. 이 파우스트적 지능에 사전에 규정되어 있던 형태는 어디에서 온 것일까, 왜 이들 형태가 다른 어떤 문화의 인간에게 오지 않고 이 특수한 문화의 인간인 우리에게 오지 않으면 안 되었던 것일까, 우리가 얻은 수가 바로 이런 영상적 외관을 하고 나타났다는 사실 속에 어떤 깊은 의미가 숨어 있는 것일까, 우리는 이런 것들을 조사할 것이다. 그리고 이 점에서 우리는 오늘날 이른바 객관적인 가치와 경험의 모든 것이 단지 외관에 불과하고, 상과 표현에 불과하다는 것을 거의 깨닫지 못하고 있는 것이다.

개개의 과학, 즉 인식론, 물리학, 화학, 수학, 천문학은 서로 가속도적으로 근접하고 있다. 우리는 모든 결과의 완전한 일치를 향해 나아가고, 따라서 모든 형식계의 융합을 향해 나아가고 있다. 이 융합은 한편으로는 소수의 근본적인 공식으로 귀착될 수 있는, 함수적 성질이 있는 수의 체계를 나타내고, 다른 한편으로는 그 분모로서 일군의 이론을 탄생시킨다. 그리고 이런 이론들은 최후로는 초기 시대의 신화가 현대적 외관을 한 것으로서 재차 인식되고, 그리고 마찬가지로 약간의 영상적 원리로(게다가 관상적 의미를 가지고) 귀착될 수 있고, 또 귀착되지 않으면 안 된다. 이 복합은 오늘날까지 인식되고 있지 않다. 왜냐하면 칸트 이래, 본래부터 말하면 라이프니츠 이래 학자가 모든 정밀 과학의 문제성에 정통하고 있지 않았기 때문이다.

아직 겨우 100년 전에는 물리학과 화학은 서로 미지의 것이었다. 하지만 오늘날에는 이미 따로 다루어져서는 안 된다. 스펙트럼 분석, 방사능, 복사열의 영역을 보면 알 수 있다. 50년 전에는 화학의 중요 문제를 아직 거의 수학을 이용하지 않고 말할 수 있었다. 오늘날에는 원소는 가변적인 관계 복소수의 수학적인 상수 속에 용해되려 하고 있다. 그러나 원소는 감각적으로 이해할 수 있기 때문에 자연과학 속에서 그리스·로마적·조소적으로 생각되는 최후의 양이 되고 있다. 생리학은 유기화학의 한 장이 되고 있고, 그리고 미적분학이라는 수단을 사용하려 하고 있다. 음향학, 광학, 열학 등 감각 기관에 의해 구분된 옛 물리학의 구분은 용해되어 버리고, 물질의 동력학과 에테르의 동력학에 융합되었다. 게다가 이들 동력학 사이에 존재하는 순수한 수학적 한계는 이미 오래 전부터 유지되지 않게 되어 있다. 오늘날에는 인식론의 최후의 고찰은 고등해석과 이론 물리학의 고찰과 서로 손잡고 극히 접근하기 어려운 분야, 예컨대 상대성 이론이 되고 있다. 방사능의 에마나치온설은 더 이상 어떤 직관적인 것도 지니고 있지 않은 기호어에 의해 표현된다.

　화학 원소의 성질을 되도록이면 엄밀히 직관적으로 정의하는 (원자가, 중량, 친화력, 반응) 대신 이런 감각적인 요소들을 오히려 제거하려 하고 있다. 원소가 화합물로부터의 '유도체'에 따라 갖가지 다른 특징을 지니고 있다는 것. 이들 원소가 다양한 단위로 이루어지는 복합물을 나타내는 동시에 이들 복합물이 ('현실적으로') 고도의 단위로서 작용하고, 따라서 실제로는 분리할 수 없는 것이 되고 있고, 방사능이라는 점에서 보면 깊은 차이를 나타내고 있다는 것. 복사 에너지의 에마나치온에 의해 붕괴가 생기고, 따라서 원소의 수명을 논해도 좋다는 것(이것은 분명히 원소의 본래의 개념과 모순되고, 따라서 라부아지에가 창조한 근대 화학의 정신과 완전히 모순되는 것이다)──이것들은 모두 인과 관계와 운명, 자연과 역사라는 중대한 대립을 가지고 이런 화학적 관념을 엔트로피설에 근접시키고, 그리고 우리의 과학이 걸어야 할 길──한편으로는 그 논리적 혹은 수적 결과가 오성의 구조 자체와 일치하고 있는 것을 발견케 하고, 다른 한편으로는 이런 수들의 외관인 전(全) 이론이 단지 파우스트적 생명을 상징적으로 표현하고 있는 데 불과하다고 깨닫게 하는 길──을 보여 주는 것이다.

여기에서 마지막으로 순수한 파우스트적 이론인 집합론이 형식계 전체의 가장 중요한 효소(酵素)의 하나로 거론되어야만 한다. 집합론은 이전의 숫자와는 전혀 정반대적으로 이미 단독의 양이 아니고, 이것이든 저것이든 여하튼 형태적으로 같은 종류의 양의 합계(예컨대 모든 제곱수, 혹은 일정한 유형의 모든 미분방정식 전체)를 새로운 단위로서, 고차의 새로운 수로서 이해하고, 그리고 그 농도, 도(度), 등가, 가산성(加算性)[14]과 관련하여 전혀 새로운, 이전에는 전혀 모르고 있었던 고찰을 하는 것이다. 유한(헤아릴 수 있고, 한정된) 집합은 그 농도와 관련해서는 '기초'로서, 그 순서와 관련해서는 '순서학'으로서 특징지어지고, 그리고 그 법칙과 계산 방법이 정해진다. 이렇게 하여 서서히 전 수학을 자기의 형태어 속에 합병한 함수 이론이 최후의 확대를 이루고 있다. 이리하여 함수의 성질과 관련해서는 군론의 원칙에 따라, 변수치와 관련해서는 집합의 원리에 따라 다루는 것이다. 이 점에서 수학이 완전히 의식하고 있는 사실은, 수의 본질에 관한 최후의 고찰이 순수 논리의 고찰과 융합되어 있다는 사실이

---

14) 유리수의 '군'은 계산될 수 있다. 실수(實數)의 그것은 그렇지 않다. 복소수의 군은 2차원적이다. 거기에서 n차원적인 군의 개념이 나온다. 이 개념은 기하학적인 범위조차 군이론 속에 집어넣게 한다.

다. 때문에 논리학의 대수(代數)가 논해지는 것이다. 근대 기하학적 공리는 완전히 인식론의 한 장(章)이 된 것이다.

　이들 모두가 달성하려고 노력하고, 그리고 특히 모든 순수한 자연 연구자가 충동으로서 자기 안에서 느끼고 있는 침묵 목표는 순수한 수적 초월의 달성이고, 외형의 완전하고 철저한 극복이며, 그리고 이 외형 대신 속인이 이해할 수 없고 또 성취할 수 없는 영상어──무한 공간이라는 커다란 파우스트적 상징이 내적 필연성을 주고 있는 영상어──를 가지고 하는 것이다. 서양의 자연 인식의 순환이 완성된다. 이들 최후의 견해의 깊은 회의주의에 의해 지능은 다시 초기 고트 시대의 종교성의 여러 형식과 결부된다. 무기적이고 인식되고 분해된 주위의 세계, 즉 자연으로서, 체계로서의 세계가 깊어져 함수적 수라는 순수한 분야가 되었다. 우리는 수를 모든 문화의 가장 본원적인 특징의 하나로 해석했다. 따라서 순수한 수로의 길은 각성존재가 자기의 비밀로 복귀하는 것이고, 자기의 특유한 형태적 필연의 계시이다. 목표가 일단 도달되었을 때에는 자연과학 전체를 감싸고 있고, 점점 더 비감성적이 되고, 점점 더 투명해진 거대한 직물이 마침내 그 가면을 벗게 된다. 그것은 말과 결부된 이해의 내적 구조에 다름아니다. 이 이해는 외형을 정복하고, 그 외형에 의해 '진리'를 풀었다고 믿은 것이다. 그러나 그 속에 나타나 있는 것은 가장 초기의 것과 가장 깊은 것이고, 신화이며, 직접적으로 이루어지는 것이고, 생명 자체이다. 자연 연구가 스스로 인간 형태를 취하는 일이 적다고 믿으면 믿을수록, 그것은 점점 더 인간 형태를 취하게 된다. 자연 연구는 점차 자연상에 있어서의 개개의 인간적 특징을 없애지만, 마지막으로 그 안에 남는 것은 이른바 순수 자연이라 칭해지는, 순수하고 또 완전한 인간성 자체이다. 무종교적인 자연 인식의 '제2의 나'인 도시적 지능은 종교적 세계상의 그림자를 없애면서 고트의 혼에서 태어난다. 그런데 오늘날 과학적 기원의 저녁놀 속에서 회의주의의 승리의 단계에서 구름이 흩어지고, 그리고 아침의 풍경이 다시 극히 명료하게 나타나는 것이다.

 파우스트적 예지의 최후의 종말은 설사 그 최고의 순간에서만 보인다 할지라도 지식 전체를 용해해 형태학적 관계의 거대한 체계를 이룬다. 동력학과 해석은 의미, 형태어, 실질에 따라 보면 로마네스크 장식, 고트식 성당, 그리스도교적·게르만적 교의와 왕조적 국가와 동일한 것이다. 그 모든 것들이 말하고 있는 것은 동일한 세계감정이다. 그것들은 파우스트적인 혼과 함께 태어나고, 그리고 늙어 간다. 그것들은 자기의 문화를 역사극으로서 나날의 세계와 공간의 세계 속에 연출하고 있다. 각개의 과학적 외모는 합일하여 하나의 전체가 되고, 대위법이라는 커다란 예술의 모든 특징을 지니게 될 것이다. 무한계의 세계 공간의 미분적 음악──이것은 조소적, 에우클레이데스적 우주를 지니는 그리스·로마의 혼과는 달리 언제나 이 혼의 깊은 동경이 되었던 것이다. 이것은 파우스트적 세계 오성의 사고의 필연으로서 동력학적·명령법적 인과 관계로 법식화되고, 독재적·노동적·지구 개조적 자연과학으로 발전하게 된, 다가올 문화의 지능에 대한 위대한 유언이다──아마도 영원히 열리지 않는 가장 강력한 초월의 형식을 취한 유증(遺贈)일 것이다. 이와 함께 서양 과학은 자기의 노력에 녹초가 되어 언젠가는 그 혼의 고향으로 돌아갈 것이다.

서구의 몰락

세계사의 형태학의 스케치

제2권 세계사적 전망

제1장 기원(起源)와 토지

I. 우주적인 것과 소우주

1

해질녘에 잇달아 시들어 가는 꽃을 바라보라.[1] 뭔가 기분 나쁜 느낌이 들 것이다. 이 느낌은 새까만 꿈 같은, 게다가 땅과 결부된 현존재를 두려워하는 수수께끼 같은 불안이다. 침묵하고 있는 숲과 초원, 저 수풀, 이 덩굴이 움직이지 않는다. 이런 것을 희롱하고 있는 것은 바람이다. 오직 작은 등에만이 자유롭다. 등에는 석양빛 속에서 아직도 날아다니고 있다. 그것은 어디든 자기 좋을 대로 그 방향으로 움직여 간다.

식물은 그것만으로는 아무것도 아니다. 식물은 우연히 뿌리를 내리지 않으면 안 되었던 땅의 일부인 것이다. 희미한 빛, 차가움, 모든 꽃의 시듦──그것은 원인과 결과도 아니고, 모험과 결심도 아니고, 통일된 자연 과정이며, 식물 옆에서, 식물과 함께, 또 식물 속에서 행해지는 것이다. 자기를 위해 경계하고 바라고

---

1) 다음에서 암시적으로 기술하고 있는 것은 내가 가까운 장래에 공표하려고 생각하고 있는 형이상학적인 책에서 빌려 온 것이다(미완의 상태로 남겨졌다).

선택하는 것은 개개의 식물이 자유로이 할 수 없는 것이다.

그러나 동물은 선택할 수 있다. 동물은 자기 이외의 전세계의 속박에서 해방되어 있다. 아직도 길가에서 날아다니고 있는 등에 떼, 석양 속을 날아가는 한 마리의 새, 둥지로 살금살금 다가가는 한 마리의 여우――이것들은 그 자신이 다른 커다란 세계 속에 있는 소세계이다. 육안으로는 보이지 않지만 물방울 속에서 한 순간의 생명을 지니고, 이 작은 물방울의 한구석을 무대로 삼는 적충(滴蟲)――그것은 전 우주에 대해 자유롭고 독립되어 있다. 이 물방울을 잎에 머금고 있는 떡갈나무는 그렇지 않다.

속박과 자유, 이것이 식물적 존재와 동물적 존재를 구별하는 가장 깊은 최후의 특징이다. 단지 식물만은 그대로 전체이다. 동물의 본질 속에는 분열적인 것이 있다. 식물은 단지 식물에 불과하지만, 동물은 식물이고, 그 위에 무엇인가이다. 위험에 직면해 벌벌 떨면서 떼지어 모이는 가축 떼, 울면서 어머니에게 매달리는 어린애, 신 앞으로 밀고 나아가려 하는 절망한 인간, 이들은 해방되어 나온 그 자유로운 존재에서 저 속박된 식물적인 존재로 돌아가려 하는 것이다.

현화(顯花) 식물(꽃이 피어 씨로 번식하는 식물)의 종자에는 현미경으로 보면 두 개의 배엽과 또 제3의 것, 즉 근지(根枝)가 있다. 두 개의 배엽은 순환기관과 생식기관을 갖춘 것이 뒤에 빛을 향해 새싹을 형성하고 이것을 보호하는 것이며, 근지는 뒤에 다시 땅의 일부를 이룬다는, 돌이키기 어려운 식물의 운명을 암시하는 것이다. 고등동물에 있어 수태한 난(卵)은 그 개체화된 존재로서의 최초의 시기에 하나의 외배엽을 형성하는데, 이 외배엽은 미래의 순환기관과 생식기관(즉 동물체에서의 식물적 요소)의 기초가 되고 있는 중배엽과 내배엽을 감싸고, 이리하여 모체로부터, 따라서 모든 다른 세계로부터 이것을 차단한다. 외배엽은 참된 동물적 존재의 상징이다. 이것이 지질사에 나타난 두 종류의 생물을 구별하는 것이다.

이에 대해 오래 된 좋은 이름이 있다. 식물은 우주적인 것이지만, 동물은 더 나아가 대우주와 관련하여 소우주이다. 생물은 우주에서 분리되고, 그리고 우주에 대해 자기의 위치를 정할 수 있기 때문에 소우주가 된 것이다. 행성조차도 그 궤도 속의 커다란 운행에 속박되어 있다. 단지 이 소세계들만이 자기의 외계라고 의식하는 하나의 커다란 세계와 관련해 자유로이 움직이는 것이다. 바로 그 때문에 빛에 의해 공간 속에 나타나는 것이 우리의 눈에서 하나의 체구의 의미를 얻는 것이다. 식물도, 우리가 그 특유한 체구를 부여하려 할 때에는 우리 속에 있는 무엇인가가 이에 반항해 온다.

모든 우주적인 것에는 주기성(周期性)이라는 특징이 있다. 이것은 박자를 지닌다. 모든 소우주적인 것에는 극성(極性)이 있다. '에 대해'라는 말이 그 본질 전체를 밝혀 주고 있다. 그것은 긴장을 지니고 있다. 우리는 긴장된 주의, 긴장된 사색에 대해 말하지만, 그러나 모든 각성된 상태는 그 본질상 일반적으로 긴장이다. 감각과 대상, 나와 너, 원인과 결과, 사물과 성질, 이런 모든 것은 확산되어 있고 긴장되어 있다. 그리고 의미심장하게도 이완(弛緩)이라 불리는 것이 나타나는 곳에서는 곧 생명의 소우주적 측면인 피로가 생기고, 마침내 수면이 생긴다. 모든 긴장에서 벗어나 수면을 취하는 인간은 단지 식물적 존재를 영위하는 데 불과한 것이다.

그런데 우주적 박자는 방향, 시간, 율동, 운명, 동경(憧憬)과 같은 말로 바꿔 말할 수 있는 모든 것이다. 요컨대 두 마리의 순혈마(純血馬)의 말발굽 소리나 군대의 울려 퍼지는 발걸음에서 두 연인끼리의 암묵의 이해나 상류사회의 기지(機知)의 느낌이나,

또 앞에 관상적 박자라 이름붙인, 인간에 정통한 사람의 안목과 식견에 이르기까지 모두 그것이다.

　이 우주 순환의 박자는 공간 속의 소우주적인 움직임의 어떤 자유로움 아래에서도 아직 활동하고 있고, 때로는 모든 각성된 개개의 긴장을 풀어 하나의 커다랗게 느껴지는 조화로 만든다. 하늘을 나는 새의 궤적을 바라보며 그것이 언제나 같은 모습을 하고 날아오르고, 방향을 바꾸고, 또 돌고, 그리고 멀리 사라져 가는 것을 보면, 누구나 이 운동 전체 속에 있는 식물적 확실성, 즉 '그것'이라는 것, '우리'라는 것을 느낄 것이다. 이것은 '나'와 '너'의 의사소통이 아무런 중개를 필요로 하지 않는다는 것이다. 이것이 동물과 인간 사이에 있는 전투 무도(舞蹈), 연애 무도의 의의이다. 이처럼 적의 포화 한가운데로 돌진하는 군대는 통합되어 통일체가 되고, 흥분을 불러일으키는 사건 속의 군중은 돌연 모여 일체가 되어 급격하고 맹목적이며, 또 분수를 모르는 사고와 행동을 하지만 다시 곧 흩어져 버린다. 이 경우에는 소우주의 한계가 없어진 것이다. '그것'은 미친 듯이 날뛰고 또 위협한다. '그것'은 밀고 또 끈다. '그것'은 날고 돌고, 또 요동친다. 손발은 짝을 이루고, 다리는 내닫기 시작하고, 모든 입에서 하나의 외침이 울려 퍼지고, 하나의 운명이 모두의 위를 뒤덮고 있다. 개개의 소우주의 집합에서 돌연 하나의 전체가 일어난다. 우주적 박자를 깨닫는 그런 것을 감정이라 이름짓고, 소우주적 긴장을 깨닫는 것을 감각이라 이름짓는다. 감성이라는 부차적인 말이 생명의 일반적인 식물적 측면과 단순한 동물적 측면의 이 뚜렷한 구별을 모르게 만들었다. 한쪽을 성생활이라 하고, 다른 한쪽을 감각 생활이라고 하면, 둘 사이의 깊은 관계가 분명해진다. 전자는 언제든지 주기성, 박자라는 특징을 지니고 있다. 이것은 별들의 커다란 운행과도 일치하고, 여성의 특성과 달과의

제1장 기원(起源)과 토지   223

관계, 일반적으로 생명과 밤, 봄, 온난(溫暖)과의 관계와도 일치하고 있다. 후자는 긴장으로 이루어져 있으며, 빛과 비쳐진 것, 인식하는 것과 인식된 것, 고통과 이것을 일으킨 무기(武器)의 관계이다. 이 두 가지의 측면은 고도로 발달한 종족에서는 특수 기관이 되어 분명히 나타나고 있다. 이런 기관이 완전히 형성되면 될수록 생명의 두 가지 측면의 의미가 점점 분명해진다. 우리가 지니는 두 개의 우주적 존재의 순환기관은 혈액 순환과 성기관이고, 두 개의 소우주적 가동성(可動性)의 식별 기관은 감관(感官)과 신경이다. 우리는 신체 전체가 본래 순환기관이고, 동시에 촉각기관이었다는 것을 깨닫지 않으면 안 된다.

　혈액은 우리에게는 살아 있는 것의 상징이다. 혈액은 태어날 때부터 죽을 때까지 모체에서 아이의 신체 속으로, 눈뜨고 있을 때든 자고 있을 때든 결코 쉬지 않고 신체 안을 돌고 있다. 조상의 피가 그 종족의 사슬을 돌고 돌며 흐르고, 그것을 운명, 박자 그리고 시간이라는 커다란 관계에 연결시킨다. 본래 이것은 순환의 구분에 의해, 게다가 언제나 새로운 분할에 의해 생긴 것으로, 마침내는 자웅(雌雄)이라는 특수한 생식기관이 나타나게 되고, 이것이 하나의 순간을 영원의 상징으로 만든 것이다. 그런데 이들 생물이 어떻게 태어나고 임신하는가, 어떻게 이들 생물 속의 식물적인 것이 번식하도록 강제되고, 영구적인 순환을 자기 자신을 넘어 영속시키도록 강제되는가, 어떻게 하나의 커다란 맥박이 먼 혼 속을 통해 견인하면서, 몰아대면서, 방해하면서 또 파괴하기까지 하면서 활동하는가, 이것은 모든 생명의 비밀 중의 가장 깊은 비밀이고, 모든 종교적 신비와 모든 위대한 시(詩)가 그 속에 들어가려고 애쓰는 것이며, 그리고 이 비극성이야말로 괴테로 하여금 그의 시 〈지행(至幸)의 동경〉에서, 또 《친화력》에서 동요케 한 것이다. 《친화력》 속에서 아이는 어그러진 피의 순환으로부터, 즉 이를테면 우주적 죄과(罪過)에 의해 생존 속으로 끌려 나왔기 때문에 죽지 않으면 안 되었던 것이다.

　소우주가 대우주에 직면해 자유로이 움직이는 한, 소우주에는 '감관'이라는 식별 기관이 들어온다. 감각이라는 것은 본래 촉각이고 그 이외 아무것도 아니다. 오늘날 이토록 고도로 발달한 단계에서조차 완전히 일반적으로 '닿는다'고 이름붙이고 있는 것, 눈, 귀, 오성으로 닿는 것은 가장 단순하게 한 생물의 불안 동요를 말하는 것이고, 거기에서 주위에 대한 자신의 관계를 끊임없이 확정하려는 필요를 말하는 것이다. 그러나 '확정'('단단히 해 둔다')이란 장소의 결정을 의미하고 있다. 따라서 모든 감관은 설사 아무리 발달해 있다 해도, 또 아무리 그 기원에서 멀어져 있다 해도 본래 완전히 장소 감관이다. 그 이외의 감관은 없다. 모든 종류의 감각은 자기의 것과 타인의 것을 구별한다. 그리고 자기의 것과 관련해 다른 것의 위치를 확정하기 위해 개의 코는 사슴의 귀, 독수리의 눈과 같은 역할을 한다. 색, 눈부심, 소리, 냄새 등 모든 일반적으로 가능한 감각 방법은 거리, 넓, 확대를 의미하고 있는 것이다.

　본원적으로 말하면 감관의 식별 활동 역시 혈액의 우주적 순환과 마찬가지로 하나의 통일이다. 활동적 감관은 언제든 이해하는 감관이기도 하다. '찾는다'와 '발견한다'는 이런 단순한 관계에서는 하나이다. 정말이지 우리가 아주 이해하기 쉽게 '닿는다'라고 말하고 있는 것이다. 뒤에 발달한 감각에 큰 요구를 하게 되고부터는 감각은 그 감각의 이해와 같지 않게 되고, 그리고 점차 이해는 분명히 단순한 감각에서 분리되어 간다――그리고 이 감각기관은 곧 분명히 구별된 특수 감관이 된다. ――예컨대 성기관이 혈액 순환에서 분리되듯이. 모든 이해가 감각에서 나온다고 명확히 인정되고 있는 것, 그리고 이해도 감각도 인간의 경우에조차 그 식별 활동에서는 똑같이 작용하고 있다는 것은, 모두 '보는' 세계에서 유래되고 있는 '개념'이라든가 '결론'과 같은 논리학의 표현을 들지 않더라도 '명민(明敏)', '민감', '통찰', '유식한 체하는 것 탐지하기', '사실에의 안목과 식견'과 같은 말이 증명하는 것으로도 알 수 있다.

 개가 있다. 처음에는 멍하니 있다가 갑자기 긴장하더니 귀를 쫑긋 세우고 냄새를 맡으며 돌아다닌다. 단순한 감각에 이해가 덧붙여지는 것이다. 그러나 개조차도 생각할 수 있다——그때는 거의 이해만이 활동하며 피로한 감각을 희롱하고 있는 것이다. 옛말은 이 정도를 극히 명료하게 표현했다. 즉 각각의 새로운 정도를 특수한 활동으로서 분명히 구별하고 특유한 이름을 붙였던 것이다. 듣는다, 귀기울인다, 경청한다, 알아낸다, 뒤진다, 탐지해 낸다, 본다, 구경한다, 관찰한다 등이 그것이다. 이런 계열에서는 이해의 내용이 감각 내용에 비해 점점 강해져 간다.

 그러나 마지막으로 하나의 최고의 감관이 다른 모든 감관 중에서 발전해 간다. 우주에 있는 하나의 어떤 것(이것은 우리의 이해의 의지가 영구히 이를 수 없는 것이다)이 하나의 육체적 기관을 눈뜨게 한다. 즉 눈이 생긴다. 그리고 눈 속에서 눈과 함께 그 대극(對極)으로서 빛이 생긴다. 빛에 대한 추상적인 사고가 계속 빛을 고찰하려 하고 광파와 광선에 대해 사고상(思考像)을 그려 내려 해봤자, 현실적으로 눈과 빛이 생긴 이상, 생명은 눈의 빛의 세계에 의해 감싸이고 끌어들여진다. 이것은 경이(驚異)이고, 이 경이가 모든 인간적인 것을 그 밑에 거느리고 있다. 빛이라는 눈의 세계에 비로소 거리가 색과 눈부심으로 존재하고, 이 세계에 비로소 낮과 밤이 있고, 멀리 확대된 빛의 공간 속에 보일 수 있는 사물과 운동이 있고, 지구 위에서 회전하는 무한히 먼 별의 세계가 있고, 개개의 생활의 빛의 시야, 육체의 주위를 넘어 아득히 멀리 저편에 이르는 빛의 시야가 있다. 이 빛의 세계는, 모든 과학이 단지 간접적이고 내적인 눈의 표상만으로—즉 '이론적으로(θεορια)' 그 의미를 해석해 바꾸고 있다. 이 빛의 세계에서 일어나고 있는 것은, 작은 지구라는 별 위에서 사물을 보는 인간의 무리가 떠돌고 있다는 것, 이집트 문화와 멕시코 문화 위에 남방의 빛이 가득 넘치고 있는가, 아니면 북방의 빛이 부족한가에 따라 생활 전체가 결정되고 있다는 것이다. 인간은 자기의 눈 때문에 그 건물을 마법처럼 바꾸고, 그것으로 건축 구조라는 체구적인 촉각을 빛에서 태어난 모든 관계로 바꾸어 놓는다. 종교, 예술, 사상은 빛 때문에 생겼다. 그리고 모든 그 구별은 육안에 의지하든가 혹은 '두뇌의 눈'에 의지하든가, 거기에 국한되어 있다.

거기에서 수없이 '의식'이라는 불명확한 말 때문에 애매해지는 것이 예사였던 하나의 구별이 극히 분명해졌다. 나는 현존재(현재 있는 것)과 각성존재(눈뜨고 있는 것)를 구별한다. 현존재에는 박자와 방향이 있고, 각성존재에는 긴장과 확대가 있다. 현존재를 지배하는 것은 운명이고, 각성존재는 원인과 작용을 구별한다. 전자에 대한 근본 의문은 '언제'와 '왜'이다. 후자에 대한 근본 의문은 '어디'와 '어떻게'이다.

식물은 각성존재가 없는 현존재를 계속하고 있다. 수면중에 모든 생물은 식물이 된다. 주위의 세계에 대한 긴장이 소멸하고, 생명의 박자가 척척 나아간다. 식물은 단지 '언제'와 '왜'의 관계를 알 뿐이다. 얼어붙은 땅에서의 최초의 푸른 싹틈, 꽃봉오리의 부품, 개화, 방향, 눈부심, 성숙 등의 일체의 힘. 이런 것들은 모두 하나의 운명을 실현시키려는 원망(願望)이고, '언제'에 대한 끝없는 동경을 담은 물음이다.

'어디'는 식물적인 존재에게는 아무 의미도 없다. 각성된 인간은 이 의문에 부딪치면 날마다 수없이 자신의 세계를 상기한다. 왜냐하면 종족 전체에 걸쳐 영속하고 있는 것은 맥박뿐이기 때문이다. 각성존재는 어떤 소우주에 있어서도 새로 시작되는 것이다. 이것이 생식과 출생의 구별이다. 하나는 영속의 보증이고, 다른 하나는 시작이다. 그러므로 식물은 탄생되지만 태어나지는 않는다. 그것은 거기에 존재한다. 그러나 각성도, 태어난 최초의 날도 그 식물의 주위에 감각계를 넓히지 않는다.

2

이리하여 우리의 눈앞에 나타나는 것은 인간이다. 인간의 감각적 각성존재에 있어서 순수한 눈의 지배를 방해하는 것은 아무것도 없다. 밤의 소리, 바람, 동물의 숨, 꽃의 향기, 이 모든 것은 단지 빛의 세계에서의 '어디로'와 '어디에서'만을 자가시킬 뿐이다. 인간의 가장 친근한 동료인 개조차 그 시각 인상을 후각의 세계 속에 질서지우고 있지만, 우리는 그 후각의 세계에 대해 아무런 개념도 갖고 있지 않다. 나비의 정질안(晶質眼)은 상을 그리지 않지만 우리는 그 나비의 세계에 대해 아무것도 아는 바가 없고, 감각을 갖추고는 있지만 눈 없는 동물의 주위에 대해 아무 아는 바도 없다. 우리에게 남아 있는 공간은 눈의 공간뿐이다. 그리고 그 속에서 다른 감각계의 것, 예컨대 소리, 냄새, 열과 추위 등이 빛의 사물의 '성질' 및 '작용'으로서 위치를 차지하고 있다. 열은 보이는 불에서 나오는 것이고, 빛의 공간 속에서 보이는 장미가 향기를 풍기는 것이다. 그리고 소리에 대해 말하는 것은 '바이올린'이라는 것의 소리에 대해서이다. 별에 대해서 말하면 그것들에 대한 우리의 각성된 관계는, 우리가 그것들을 본다는 것에 한정되어 있다. 별은 우리 머리 위에서 빛나고, 그 보일 수 있는 궤도를 그리고 있다. 동물은 물론 원시인조차도 의심할 나위 없이 별에 대해 우리와 다르기는 하지만 명료한 감각을 지니고 있다. 이 감각에 대해 우리는 일부는 간접적으로 과학적 표상에 의해 알 수 있지만, 일부는 더 이상 전혀 알 수가 없다.

이 감각적인 것의 빈곤은 동시에 측정할 수 없을 정도의 심화(深化)를 의미한다. 인간적 각성존재는 이미 육체와 외계 사이의 단순한 긴장이 아니다. 그것은 이제 주위가 폐쇄된 빛의 세계 속의 생활이다. 육체는 보이는 공간 속에서 움직인다. 깊이의 체험은 하나의 빛의 중심으로부터 볼 수 있는 멂으로의 힘찬 침입이다. 이 빛의 중심은 저 우리가 '나'라고 이름붙이는 점이다. '나'는 하나의 빛의 개념이다. 이미 '나'의 생명은 태양 아래에서의 생명이고, 밤은 죽음과 친족(親族)이다. 그리고 이것에서 나오는 것이 새로운 불안 감정이고, 이 감정이 다른 모든 감정을 자기 속에 받아들이고 있다. 그것은 보이지 않는 것에 대한 불안, 즉 활동 자체로는 보지 않은 채 들리는 것, 느끼는 것, 예감하는 것에 대한 불안이다. 동물이 아는 불안은 인간에게는 수수께끼와 같은 전혀 다른 형태의 것이다. 왜냐하면 자연인이나 아이는 정적에 대한 불안을 소란이나 큰소리로 깨뜨리거나 쫓아내려 하지만, 그 정적에 대한 불안조차 고도의 인간 사이에서는 소멸하려 하고 있기 때문이다. 그러나 보이지 않는 것에 대한 불안은 모든 인간적 종교성의 특성을 나타내는 것이다. 신들은 예감되고 표상되고 보인 빛의 사실이다. '보이지 않는 신'은 인간적 초월의 최고의 표현이다. 빛의 세계의 한계가 있는 곳에 피안이 존재한다. 구제란 빛과 그 빛에 의한 사실의 마력(魔力)으로부터의 해방이다.

음악이 형용하기 어려운 매력과 참된 구제력을 우리 인간에 대해 지니고 있는 것은 어떤 이유에서일까. 빛의 세계는 오래 전부터 세계 일반과 동의어가 되어 있었고, 음악이야말로 그 세계 바깥에 그 수단을 지니는 유일한 예술이기 때문이다. 거기에서 음악만이 우리를 말하자면 이 세계에서 밖으로 데리고 나가고, 빛의 지배라는 강철 같은 위력을 부수고, 그리고 음악을 듣고 있으면 혼의 최후의 비밀에 닿는다는 달콤한 기만(欺瞞)을 우리에게 불어넣을 수 있다. 이 기만이라는 것은, 각성하고 있는 인간이 자기 감관의 단 한 가지에 의해 끊임없이 지배되고 있기 때문에 귀의 인상으로 더 이상 귀의 세계를 형성할 수 없고, 그 세계를 단지 자신의 눈의 세계에 적응시킬 뿐이라는 것이다.

바로 그 때문에 인간의 사상은 눈의 사상이고, 우리의 개념은 보는 것에서 오고, 논리의 전체는 상상적인 빛의 세계인 것이다.

이 국한화(局限化), 또는 바로 그 때문에 모든 감각을 시각에 적응시키는 심화는 동물에게 알려져 있는 무수한 감각적인 전달 방법(이것을 우리는 언어라는 이름으로 정리한다) 대신 단 하나의 언어를 가져왔다. 이 언어라는 것은 빛의 공간을 통해 두 사람 사이의 의사소통에 다리 역할을 하는 것이다. 두 사람은 서로 말하거나, 혹은 서로 마주 보거나, 혹은 이야기를 걸어 온 상대로서 마음의 눈에 비친다. 다른 이야기 방식 중에 남아 있는 것이 있는데, 낌새, 몸짓, 음의 강약으로서 일찍이 언어 속에 나타나 있었다. 일반적인 동물의 발성어와 순수한 인간 언어의 구별은 단어와 단어 결합이 내적인 빛의 표상의 영역을 형성하는 데 있는데, 이 영역은 눈의 지배하에 발달해 온 것이다. 말의 의미라는 것은 어느 것이나, 설사 '선율', '맛', '추위'와 같은 단어의 경우에도, 혹은 완전히 추상적인 명칭의 경우에도 하나의 빛의 가치를 지니고 있는 것이다.

고등동물 사이에서도 감각어에 의한 상호 이해의 습관의 결과로 단순한 감각과 이해적인 감각이라는 분명한 구별이 생겼다.

이 소우주적 활동의 두 종류를 감관 인상과 감관 판단(예컨대 냄새, 맛, 귀의 판단과 같은)이라고 이름붙인다면, 육식조(肉食鳥)라든가 말이라든가 개는 물론 개미나 벌마저도 중점이 종종 분명히 각성존재의 판단 측면으로 옮겨지고 있는 것을 알 수 있을 것이다. 그러나 언어의 영향에 의해 비로소 활동적인 각성존재의 내부에 나타난 것은 감각과 이해 사이의 공공연한 대립이다. 이것은 하나의 긴장이고, 이 긴장은 동물 사이에서는 전혀 생각될 수 없는 것으로, 인간 사이에서도 본래 실현되는 일이 극히 적은 가능성이라고 인정해도 좋을 것이다. 언어의 발달은 완전히 결정적인 무엇인가를 유도한다. 그것은 감각으로부터 이해를 해방시키는 것이다.

완전히 단순한 이해적인 감각 대신 감각의 인상이라는 것(이것은 오늘날까지 아직 거의 생각되지 않았던 것이다)에 대한 의미의 이해가 종종, 아니 자주 나타난다. 마지막으로 이런 인상은 자주 들어 익숙해진 말의 울림의 받아들여진 의미로 변해 버린다. 말이라는 것은 본래 보이는 사물의 이름인데, 이 말이 어느 틈에 사고의 사물, 즉 '개념'의 표지가 된다. 우리는 이런 이름의 의미를 전혀 엄밀히 이해할 수 없다──그런 것은 단지 완전히 새로이 나타난 이름의 경우에만 가능한 일이다. 하나의 말은 결코 동일한 의미로 다시 사용되는 일이 없다. 누구든 하나의 말을 타인과 완전히 정확하게 이해하지 못한다. 그래도 서로의 이해가 가능한 것은 같은 언어의 인간이 같은 언어의 사용에 의해 같은 세계관을 주입받았기 때문이다. 이 세계관에서는 양쪽이 아주 활기차게 활동하고 있어 비슷한 관념을 불러일으키는 데 있어 단지 말의 울림만으로도 충분할 정도이다. 이리하여 말의 울림에 의해 '보는 것'에서 추상된('뽑혀진') 이해는 독립된 상태로는 본래 인간 사이에 나타나는 일이 드물지만, 그럼에도 불구하고 그것은 일반 동물적인 각성존재와 거기에 나타나는 순수한 인간적인 각성존재 사이에 엄밀한 한계를 둔다. 마찬가지로 각성존재 일반은 초기 단계에서는 일반 식물적인 존재와 순수하게 동물적인 존재 사이에 한계를 두고 있었던 것이다.

감각으로부터 추상된 이해는 사고라고 불린다. 사고는 영원에 걸쳐 인간적 각성존재 속에 하나의 다툼을 가져왔다. 사고는 일찍부터 지성을 높은 정신력으로 평가하고, 감성을 낮은 정신력으로 평가했다. 그것은 눈의 빛의 세계(가상계라 명명되고, 오관의 미혹으로 명명되는 세계)와, 말 그대로의 의미로 곁에 놓인(표상) 세계(이 세계에서는 개념은 약간의 빛의 강조도 결코 중지하지 않고 활동하고 있다)를 숙명적으로 대립시켰다. 이것은 이후 인간이 '사고하는' 한 인간에게 있어 참된 세계이고 세계 자체이다. '나'는 보는 것에 의해 자신을 하나의 빛의 세계의 중심으로 받아들이는 한 처음에는 각성존재 일반이었다. 지금의 그것은 '지능', 즉 순수 이해가 되고 있다. 이 순수 이해는 자신을 그것 그대로라고 '인식'하고, 그리고 자기 주위의 미지의 세계는 물론 생명의 그 밖의 요소, 즉 '육체'를 바로 가치적으로 자기의 하위라고 보고 있다. 그 증거로 인간의 직립 보행뿐 아니라 그 두부(頭部)의 철저하게 이지화된 형성도 그러하다. 두부에서 눈빛과 이마, 관자놀이의 구조가 자꾸 표정의 기관이 되어 가고 있다.[2]

거기에서 독립된 사고가 사고 자신을 위해 새로운 활동을 발견했다는 것이 명확해진다. 실제적인 사고는 이 목적이라든가 저 목적이라든가, 아무튼 당면한 목적을 생각하고 '빛의 사물'의 상태로 향해지는데, 그 실제적 사고에 이론적, 통찰적 사고가 가담

---

2) 거기에서 자랑의 의미이든 경멸의 의미이든 사고하는 습관을 지니지 않은 인간의 용모를 '동물적'이라고 말하는 일이 있다.

하는 것이다. 요컨대 물자체의 이런 성질이라든가, '사물의 본질'을 알아내려는 천착이 가담하는 것이다. 보인 것에서 빛이 추상되고, 눈의 깊이의 체험이 좀더 발전해 빛으로 채색된 말의 의미의 영역에서 깊이의 체험으로 확실히 높여진다. 내적인 눈빛에 의하면 현실의 사물의 안을 바라보고 꿰뚫어 볼 수 있다고 믿어지고 있다. 표상 위에 표상이 조립되고, 마침내 대양식의 사상 건축이 된다. 그 건축은 충분히 분명하게 말하자면 내적인 빛 속에 서 있는 것이다.

 이론적 사고와 함께 인간적 각성존재의 내부에 일종의 활동이 일어났다. 그것은 바야흐로 현존재와 각성존재의 싸움을 피할 수 없게 만들었다. 동물적 우주에 있어서는 현존재와 각성존재가 생명의 자명한 통일과 결부되어 있지만, 그 동물적인 소우주는 각성존재를 단지 현존재에 봉사하는 것으로밖에 인정하지 않는다. 동물은 단순히 '살아 있으며' 생활에 대해 깊이 생각하지 않는다. 그러나 눈의 무조건인 지배는 생명을 볼 수 있는 생물의 생활로서 빛 속에 출현시킨다. 그리고 이해는 언어와 결부되자마자 곧 사고라는 개념을 만들어 내고, 그리고 대립 개념으로서 생명이라는 개념을 형성하고, 마지막으로 있는 그대로의 생활과 있어야 했던 생활을 구별한다. 순박한 생활 대신 '사고와 행위'라는 대립이 나온다. 이 대립은 동물에게는 가능하지 않지만, 어떤 인간에 있어서도 곧 사실이 되고, 마침내 양자택일이 된다. 이것이 성숙한 인류의 전 역사와 그 내용을 형성한 것이다. 그리고 하나의 문화가 취하는 형태가 고도화되면 될수록, 이 대립은 점점 그 문화의 각성존재의 중요한 순간을 지배한다.

 식물적 · 우주적인 것, 운명적인 현존재, 피 또 종족은 아주 오랜 예로부터의 지배권을 소유하고 또 보유하고 있다. 이런 것이야말로 생명인 것이다. 다른 하나의 지능은 단지 생명에 봉사할

제1장 기원(起源)과 토지

뿐이다. 그러나 지능은 봉사하려 하지 않는다. 거꾸로 생명을 지배하려 들고, 그리고 지배하고 있다고 믿고 있다. 육체를, '자연'을 자유로이 사용하려는 것이 인간 지능의 단호한 요구의 하나이다. 그러나 이 신념 자체가 생명에 봉사하고 있는지 아닌지는 의문이다. 우리의 사고는 왜 그런 식으로 생각하는 것일까. 아마도 우주적인 것, '그것'이 그것을 바라기 때문일까. 사고는 육체를 하나의 표상으로 이름짓고, 그것을 비참한 것으로 인식하고, 그리고 피의 목소리에 침묵을 명령함으로써 자신의 힘을 증명하고 있다. 그러나 피는 침묵하고 있어도 사고를 활동시키고, 또 그 활동을 중지시키며 사실상 그것을 지배하고 있다. 이것도 또한 '말하는 것'과 '살아 있는 것'의 구별이다. 현존재에는 각성존재가 없어도 되고, 생활에는 이해가 없어도 된다. 그러나 그 반대는 아니다. 아무튼 사고는 '사상의 영역'만을 지배한다.

3

사고를 인간의 창조물로 보는가, 아니면 고도의 인간을 사고의 창조물로 보는가는 단지 말만의 구별일 뿐이다. 그러나 사고 자신은 생명의 내부에서 자신의 위치를 언제나 착각하고 너무 높게 평가하고 있을 것이다. 왜냐하면 사고는 사고 이외에는 다른 종류의 확정을 인정하지 않고 또 모른다. 그래서 편견 없는 대국관(大局觀)을 포기하고 있기 때문이다. 사실상 모든 직업적인 사상가는――그리고 그들은 이 점과 관련해서는 어떤 문화에 대해서도 오로지 자기만이 대표자가 되어 있다――차갑고 추상적인 깊은 생각으로 '최후의 사물'에 도달할 수 있는 자명한 활동이라고 생각하고 있다. 그들은 또한 마찬가지로 이 방법으로 '진리'로서 도달하는 것이 진리로 추구한 것과 동일하며, 알 수 없는 비밀을 대신하는 상상적인 상이 아니라고 당연한 일처럼 확신하고 있다.
 그러나 인간이 사고하는 생물이라 하더라도 그 존재는 사고로 이루어져 있지 않다. 이것은 타고난 천착가(穿鑿家)가 식별하지 못한 것이다. 사고의 목표는 진리이다. 진리는 확정된다. 즉 빛의 세계의 살아 있는 불가해함에서 추상되어 개념의 형태를 이루고, 그리고 일종의 지적 공간인 체계 속에 영속적인 위치를 차지한다. 진리는 절대적이고 영원하다. 즉 생명과 아무 관계도 없는 것이다.
 그러나 동물의 입장에서 보면 존재하는 것은 단지 사실뿐이고 진리가 아니다. 이것이 실제적 이해와 이론적 이해의 차이이다. 사실과 진리의 차이는 시간과 공간의 차이와 마찬가지이고, 운명과 인과 관계의 차이와 마찬가지이다. 하나의 사실은 현존재에 봉사하기 위해 각성존재 전체에 대해 있는 것이지, 현존재를 제외했다고 생각되는 각성존재의 한 측면만에 대해 있는 것이 아니다. 현실의 생활이 아는 것, 역사가 아는 것은 단지 사실뿐이다. 인생 경험과 인간에 정통한 사람이 다루는 것은 단지 사실뿐이다. 날마다 사실의 힘에 저항하고, 이것을 자기에게 쓸모 있게 만들거나, 혹은 이것을 굴복시키지 않으면 안 되는 활동적인 인간, 행위하고 의욕을 불태우고 싸우는 인간은 단순한 진리를 무의미한 것으로 경시한다. 참된 정치가에게 존재하는 것은 정치적 사실뿐이지 정치적 진리가 아니다. 유명한 필라투스의 질문은 모든 사실인의 질문이다.
 니체의 가장 커다란 공적 중 하나는 진리, 지식, 과학의 가치에 관한 문제를 제기한 것이다——이것은 모든 타고난 사고가와 학자의 눈에는 하찮은 욕으로 보인다. 그들은 니체의 전 존재의 의미를 의심스러운 것으로 보는 것이다. 데카르트는 모든 것을 의심하려 했지만, 그러면서도 확실히 자기의 의문의 가치는 의심

제1장 기원(起源)과 토지   235

하려 들지 않았을 것이다.
 그러나 문제 제기는 하나의 사항이고, 그 해결을 믿는 것은 다른 사항이다. 식물은 살아 있지만 살아 있는 것을 모른다. 동물은 살아 있고 그것을 알고 있다. 인간은 자기의 생활에 놀라고, 그리고 의문을 일으킨다. 답은 인간조차 줄 수 없다. 인간으로 할 수 있는 것은 단지 자기의 답이 옳다고 믿는 것뿐이다. 그리고 이 점에서는 아리스토텔레스도 하찮은 야만인도 다를 것이 전혀 없다.
 그렇다면 왜 비밀의 수수께끼가 풀리고, 의문이 대답되지 않으면 안 되는 것일까. 그것은 이미 어린애의 눈이 말하고 있는 불안이 아닌가. 이 불안이야말로 인간의 각성존재의 무서운 지참금인 것이다. 각성존재의 이해는 감관에서 해방되고, 이제는 홀로 생각하고, 주위 세계의 깊이 속으로 침입하지 않으면 안 되고, 그리고 해결을 통해서만 구제될 수 있기 때문이다. 지식에 대한 절망적인 신앙이 커다란 의문의 악몽에서 해방될 수 있을까.
 "전율(戰慄)은 인류 최상의 부분이다." 운명에 의해 이것을 거부당한 자는 비밀을 폭로하고, 외경심을 일으키는 것을 공격하고, 해부하고, 파괴하고, 그리고 이것에서 지식의 먹이를 끌어내려 애쓰지 않으면 안 된다. 체계를 만드는 의지는 살아 있는 것을 죽이려는 의지이다. 살아 있는 것은 확정되고 고정되고 논리의 사슬에 묶인다. 지능이 승리를 얻는 것은 응결화의 작업을 끝마쳤을 때이다.
 이성과 지성, 이런 말들에 의해 구별되는 것은 한편으로는 단지 눈과 언어의 대화만을 사용하는 식물적인 예감과 느낌이고, 다른 한편으로는 동물적인 언어에 인도된 이해 자체이다. 이성은 이념을 살리고, 지성은 진리를 발견한다. 진리는 생명이 없는 것으로 전달된다. 이념은 그 창시자의 살아 있는 나의 것으로 단지 공감될 수 있을 뿐이다. 지성의 본질은 비판이고, 이성의 본질은 창조이다. 이성은 그것이 문제로 삼는 것을 낳고, 지성은 이것을 전제로 한다. 벨(Bayle)이 말하는, 이성은 오류를 발견하는 역할만 하고 진리를 발견하는 것은 아니라는 의미심장한 말은 이것을 의미하고 있다. 사실상 이해적 비판은 이것과 결부된 감성적 감각에서 먼저 훈련되고 발전되고 있다. 아이는 감각 판단에서 이해하고 식별하는 것을 배운다. 비판은 이 측면에서 추상되고, 그리고 자기를 대상으로 삼고 있었기 때문에 대상의 역할을 하고 있던 감각 활동의 대가를 필요로 한다. 이 대가는 이미 존재하고 있던 사고 방법에 의해서만 주어진다. 그리고 추상적 비판은 이제는 이 사고 방법에 대해 손을 쓰는 것이다. 그 이외의 사고, 자유로이 무(無)에서 쌓아올려진 사고는 존재하지 않는다.

왜냐하면 원시적 인간은 추상적으로 생각하기 훨씬 이전에 자신의 종교적 세계상을 창조하고 있었기 때문이다. 이것이 오늘날 지성이 비판적으로 종사하고 있는 대상이다. 모든 과학은 하나의 종교에 바탕을 두고, 또 그 종교의 모든 혼의 전제하에 생성했다. 그리고 과학은 이 허위로 간주된 교설, 추상적이지 않은 교설의 추상적 개선을 의미하는 것에 다름 아니다. 각 과학은 그 근본 개념, 문제 제기 및 방법의 총체 속에 종교의 중핵을 계속 지니고 있다. 지성이 발견하는 모든 새로운 진리는 이미 존재했던 다른 진리에 대한 비판적 판단에 불과하다. 현재와 과거 지식 사이의 극성이 가져오는 결과는 지성의 세계에서는 단지 비교적 옳은 것이 존재할 뿐이라는 것, 즉 다른 판단보다도 큰 설득력이 있는 판단이 존재한다는 것이다. 비판적 지식의 기초는 오늘의 이해가 어제의 이해보다 우월하다고 믿는 데 있다. 우리에게 이 신념을 강요하는 것은 또다시 생명이다.

그렇다면 비판은 커다란 문제를 풀 수 있을까. 아니면 단지 그것을 풀 수 없다는 것을 확정하는 데 그칠까. 지식의 초기에는 우리는 전자를 믿는다. 그러나 우리가 알면 알수록 두번째 것이 확실해진다. 우리는 희망을 갖는 한 비밀을 문제라고 이름붙이고 있다.

이리하여 각성한 인간에게는 이중의 문제가 있다. 즉 각성존재의 문제와 현존재의 문제, 혹은 공간의 문제와 시간의 문제, 혹은 자연으로서의 세계와 역사로서의 세계, 혹은 긴장의 세계와 박자의 세계이다. 각성존재는 자기 자신을 이해하려고 할 뿐만 아니라 그 이상으로 자기의 미지의 것을 이해하려고 한다. 내부의 목소리가 그에게 여기에서는 인식의 모든 가능성이 극복되었다고 말한다 해도, 그래도 불안은 모든 생물을 설득해 더욱 탐구의 발걸음을 내딛게 하고, 그리고 무(無)를 꿰뚫어 보는 안목과 식견보다 해결의 환영(幻影)에 만족하게 하는 것이다.

4

각성존재는 감각과 이해로 이루어져 있다. 이 감각과 이해에 공통된 본질은 대우주에 대한 관계의 영속적인 조정이다. 이 점에서 각성존재는 적충(滴蟲)의 촉각을 문제로 삼든, 최고의(最高義)의 인간적 사고를 문제로 삼든 '확정'과 동의어이다. 거기에서 자기를 느껴 아는 각성존재가 먼저 인식 문제에 도달한다. 인식한다는 것은 무엇인가. 인식하는 것을 인식하는 것은 무엇인가. 그리고 본래 그것이 의미하는 것은 뒤에 말로 이해된 것과 어떤 관계를 갖고 있는 것일까. ──각성존재와 수면은 낮과 밤과 마찬가지로 별의 행정에 따라 교체된다. 마찬가지로 인식은 꿈과 서로 교대한다. 이 두 가지는 어떻게 구별되는 것일까.

그러나 각성존재 또한 감각적인 각성존재든 이해적인 각성존재든 대립의 존재, 예컨대 인식과 인식된 것, 혹은 사물과 성질, 혹은 대상과 사건 사이에 있는 그런 대립의 존재와 동의어이다. 이런 대립의 본질은 어디에 있는 것일까——여기에서 두번째 문제로서 인과 문제가 생긴다. 두 개의 감성적 요소는 원인과 결과라 명명되고, 또는 두 개의 이해적 요소는 이유와 결론으로 명명된다. 이것은 힘의 관계와 품위의 관계의 확정이다. 만약 지금 하나가 있다면 다른 것도 지금 있지 않으면 안 된다. 이 경우에는 시간은 완전히 도외시된다. 문제는 운명의 사실이 아니라 인과적 진리이며, '언제'가 아니라 법칙적 종속이다. 이것은 의심할 나위도 없이 이해의 가장 희망적인 활동이다. 인간의 가장 행복한 순간은 이런 발견 덕분이다. 이리하여 인간은 직접적인 일상의 가까운 것, 눈앞에 있는 것에서 자기에게 닿는 대립으로부터 무한한 결론 계열에 있어서의 양 측면을 향해 나아가고, 신과 세계의 의미라 이름지어지는 것의, 자연 구조에 있어서의 제일원인과 최종 원인에 이르는 것이다. 인간은 법칙적 관련에 대해 자신의 체계, 자신의 독단을 모으고 정리하고 개관한다. 그리고 그 속에서 예견되지 않았던 것으로부터의 피난처를 발견한다. 누구든 증명할 수 있는 것은 더 이상 두려울 것이 없다——그러나 인과 관계의 본질은 어디에 있는 것일까. 그것은 인식 속에 있는 것일까, 아니면 인식된 것 속에 있는 것일까, 아니면 양쪽의 통일 속에 있는 것일까.

긴장의 세계는 그 자체로 응결되고 죽어 있는 것이지 않으면 안 된다. 즉 '영원의 진리'이고, 모든 시간의 피안에 있는 것이고, 하나의 상태이다. 그러나 각성존재의 현실계는 변화가 풍부하다. 동물은 이것에 대해 놀라지 않는다. 하지만 사상가의 사색은 당황하고 있다. 정지와 운동, 영속과 변화, 이루어진 것과 이루는 것——이런 대립이 나타내는 것은 이해의 가능성을 넘어서고, 따라서 모순을 내포하지 않으면 안 되는 부분이 있는 것은 아닐까. 이것은 더 이상 감각계에서 진리의 형태로 추상되지 않는 사실일까. 거기에서 무시간적으로 인식된 세계 속에 시간적인 것이 존재한다. 긴장이 박자로서 나타나고, 확대에 방향이 가담한다. 이해적 각성존재의 모든 문제는 최종적인 가장 중대한 문제, 즉 운동의 문제에 집중된다. 그리고 자유로워진 사고는 이 문제를 맞아 실패한다. 여기에서 분명해지는 것은 소우주적인 것이 현재든 영원히든 우주적인 것에 종속되고 있다는 사실이고, 어떤 새로운 생물의 초기에 있어서도 외배엽이 체구의 단순한 피복(被覆)이었다는 사실이다. 생활은 사고가 없어도 있을 수 있으며, 사고는 단지 생명의 하나의 방법에 불과하다. 사고는 스스로 커다란 목표를 정할지도 모른다. 실제로는 생활은 사고를 자기의 목적을 위해 이용하고, 그리고 이것에 추상적인 문제의 해결과는 전혀 무관한 살아 있는 목표를 부여한다. 사고에서 문제의 해결은 옳으냐 그르냐이지만, 생활에서는 가치가 있느냐 없느냐이다. 인식 의욕이 운동 문제를 맞아 실패한다 하더라도 바로 그 때문에 생활의 목적은 달성되었을 것이다. 그럼에도 불구하고, 아니 바로 그 때문에 이 문제는 모든 고도의 사고의 중심이 되고 있는 것이다. 모든 신화와 모든 자연과학은 운동의 비밀에 대한 놀라움에서 생긴 것이다.

운동 문제는 존재의 비밀에 닿고 있는 것인데, 이 비밀은 각성존재가 모르는 것이다. 그럼에도 불구하고 그 압박을 면하지 못한다. 이 운동 문제는 결코 이해되지 않는 것을 이해하려는 의지이다. 즉 '언제'와 '왜', 운명, 피를 이해하려 하고, 우리 모두가 마음 밑바닥에서 느끼고 예감하는 것을 이해하려는 의지이다. 그리고 우리는 보기 위해 태어났기 때문에 그것을 눈앞의 빛 속에서 보려 하고, 그리고 말 그대로 의미로 이것을 파악하고, 이것을 촉각에 의해 확신하려는 것이다.

왜냐하면 이것은 관찰자가 의식하지 못하는 결정적인 사실이기 때문이다. 즉 그의 모든 탐구는 생명으로 향해지지 않고 생명을 보는 것으로 향해지고, 죽음으로 향해지지 않고 죽는 것을 보는 것으로 향해지고 있다. 우주적인 것을 파악하려는 우리의 방법은, 그것이 출생과 죽음 사이, 생식과 사멸 사이에서 빛의 공간에 있어서의 육체의 생활로 대우주에 있어서의 소우주에 나타나게 한다. 게다가 저 육체와 영혼의 구별, 즉 가장 내적인 필연으로 내적인 자기의 체험에서 감각적인 타인의 것으로 생겨 나오는 저 육체와 영혼의 구별을 사용한다.

우리가 단지 생활할 뿐만 아니라, 더 나아가 '생활'을 안다는 것은 빛 속에서의 우리의 육체적 존재를 보는 결과이다. 그러나 동물은 삶을 알 뿐 죽음은 모른다. 우리가 순수한 식물적 생물이었다면 죽음을 모르는 채 죽을 것이다. 왜냐하면 죽음을 느끼는 것과 죽는 것은 하나일 것이기 때문이다. 그러나 동물도 또한 절규를 듣고 시체를 보고 부패를 냄새맡는다. 그들은 죽는 것을 보지만, 그러나 그것을 이해하지 못한다. 순수한 이해가 언어에 의해 눈의 각성존재에서 해방될 때에야말로 인간에게 죽음이 주위의 빛의 세계 속에 커다란 수수께끼로 나타나는 것이다.

이때부터 출생과 죽음 사이의 짧은 시간이 생활인 것이다. 죽음과 관련해 비로소 생식이 우리에게 또 하나의 비밀이 된다. 이때에야말로 동물의 세계 불안이 죽음에 대한 인간적인 불안이 되는 것이다. 그리고 이것이야말로 부부애, 어머니와 자식의 관계, 선조에서 자손에 이르는 계통, 그리고 또 그것을 넘어 가족, 민족, 마지막으로 인간 일반의 역사를 측정할 수 없을 정도로 운명의 문제 및 사실로 만드는 것이다. 빛을 향해 태어난 인간이 받아들여야 하는 죽음과 결부되어 있는 관념은 죄와 벌, 속죄로서의 현존재, 빛에 비쳐진 이 세계의 피안에 있어서의 신생(新生), 또 모든 죽음의 불안을 종결시키는 구제 등의 관념이다. 우리 인간이 동물과 달리 세계관으로서 지니고 있는 것에서 나오는 것은 분명히 죽음의 인식이다.

5

타고난 운명인과 타고난 인과인이 있다. 농부나 전사(戰士), 정치가, 장군, 세속인, 상인, 돈을 벌려고 하고, 명령하고 지배하고 싸우고 감행하려는 자, 조직자와 기업가, 모험가, 검사(劍士)와 도박사와 같은 진짜로 살아 있는 인간은 성자, 목사, 학자, 이상가와 공상가와 같은, 그 사상의 힘에 의해서든 피의 결핍에 의해서든 아무튼 '지능적'이도록 정해진 인간과는 하나의 전세계 전체에 의해 분리되고 있다. 현존재와 각성존재, 박자와 긴장, 충동과 개념, 순환기관과 촉각기관──중요도에서 그 한 측면이 다른 측면을 무조건적으로 능가하지 않는 의의 있는 인간은 존재하는 일이 드물 것이다. 모든 충동적인 몰아대는 것. 인간과 일의 형세에 정통한 눈. 하나의 별에 대한 신앙(이것은 천부적으로 행동성이 있는 자가 지니는 것으로 입장의 올바름의 확신과는 전혀 다른 것). 결단을 알리는 피의 목소리. 그리고 어떤 목적이든 어떤 수단이든 시인하는 확고부동한 양심. 이런 모든 것이 고찰하는 자에게는 거부되고 있다. 이미 사실인의 발걸음은 사상가와 몽상가의 발걸음과는 다르게 울리고 좀더 깊이 뿌리를 내리고 있다. 사상가, 몽상가에 있어서는 순수한 소우주적인 것은 땅에 대해 조금도 확고한 관계를 얻을 수 없는 것이다.

운명은 개인을 명상적이고 활동을 싫어하도록 만들거나, 혹은 활동적이고 사색을 경멸하도록 만들었다. 그러나 활동인은 하나의 전체적인 인간이다. 명상적인 인간은 하나의 기관이 육체도 없이, 또 육체에 반해서도 활동할 수 있을 것이다. 그보다 더 나쁜 것은 이 기관이 현실까지도 지배하려 할 때이다. 그렇게 되면 우리는 저 윤리적·정치적·사회적 개량안(改良案)을 손에 넣게 되는데, 그 안들은 모두 사물이 어때야 하는가, 또 어떻게 착수하지 않으면 안 되는가를 전혀 논박의 여지가 없을 정도로 증명하고 있다. 이 설들이 예외 없이 기초로 삼고 있는 가정은, 모든 인간이 그 저자(著者)와 마찬가지라는 가정, 즉 착상은 풍부하지만 충동은 빈약하다(저자가 스스로 알고 있는 그대로)는 가정이다. 그러나 그 설들 중 단 한 가지도 하나의 종교라든가 유명한 이름과 같은 충분한 권위로 나타났다 해도 오늘날에 이르기까지 생활 자체를 조금도 변화시키지 못했다. 그런 설들은 단지 인생에 대한 사고방식을 바꾸게 했을 뿐이다. 생활과 사고의 대립은 언제나 생활에 관한 사고와 사고에 관한 사고의 대립과 혼동되는데, 이것은 분명히 너무 많이 쓰고, 너무 많이 읽는 후기 문화의 숙명이다. 모든 세계 개혁자, 승려, 철학자가 일치를 본 의견에 따르면 생활은 엄밀한 명상의 사항이다. 그러나 세계의 생활은 자기 자신의 길을 나아가고 있고, 세계에 대해 생각되는 것에는 무관심하다. 그리고 설사 하나의 공동체가 '설에 따라' 생활하는 데 성공했다 하더라도, 그것으로 얻는 것은 기껏해야 미래의 세계사에서 처음에 본래의 아주 중대한 것이 다루어진 뒤에 주(註) 속에 기입되는 것이 고작이다.

　왜냐하면 행위자, 즉 운명의 인간만이 결국 현실의 세계에서 생활하기 때문이다. 이것은 정치적이고 전투적이며 또 경제적인 결단의 세계이고, 그곳에서는 개념이나 체계는 축에 들지 못한다. 그곳에서는 정교한 공격은 정교한 결론보다 가치가 있다. 그리고 세계사는 지성을 위해, 과학을 위해, 또는 예술을 위해 존재한다고 생각하는 삼류 문사나 책벌레를 모든 시대의 군인과 정치가가 경멸하고 있었는데, 그 경멸에는 이유가 있다. 우리는 그것을 확실히 말한다. 감각에서 멀어진 이해는 인생의 일면에 불과하고, 게다가 결정적인 측면이 아니다. 서양 사상사에서 나폴레옹의 이름은 없어도 좋을지도 모른다. 그러나 현실의 역사에서 아르키메데스는 그 모든 과학적 발견을 가지고도 저 시라쿠사의 공격에서 그를 타살한 병사보다 활동적이지 못했던 것이다.

이론적 인간이 범하는 중대한 오류는, 자신이 대사건의 정상에 위치해 있고 끝 쪽에 있지 않다고 믿고 있는 것이다. 그것은 아테네의 정치를 논하는 소피스트라든가, 프랑스의 볼테르나 루소가 수행한 역할을 완전히 잘못 평가하고 있다는 것이다. 정치가가 자신이 하고 있는 것을 '알지' 못하는 일이 종종 있다. 그럼에도 불구하고 그것은 그가 현실에서 성공을 거두는 것을 방해하지 않는다. 정치적 공론가는 무엇이 이루어지지 않으면 안 되는지 알고 있다. 그런데도 그의 활동은 일단 종이 위 바깥으로 나올 때에는 역사상 가장 성공을 거두지 못하고, 따라서 가장 가치 없는 것이 된다. 아테네의 계몽 시대, 혹은 프랑스 혁명이나 독일 혁명 시대와 같은 불안한 시대에 붓과 혀를 놀리는 공론가가 체계에서 활동하는 대신 국민의 현실적인 운명 속에서 활동하려는 것은 너무나 흔한, 분수에 넘치는 짓이다. 공론가는 자기의 위치를 잘못 평가하고 있는 것이다. 그는 그 원리와 강령에 의해 문학사 속에는 들어가지만 그 이외의 역사에는 들어가지 못한다. 현실의 역사는 이론가를 반박하며 비판을 가하지 않고, 이론가를 그 사상과 일괄해 포기하며 비판을 가한다. 플라톤과 루소(군소의 사상가는 완전히 제외하고)가 추상적인 국가 조직을 구성했다 해도——그것은 알렉산드로스, 스키피오, 카이사르, 나폴레옹, 또 그들의 계획, 전쟁, 명령에 있어서는 완전히 무의미하다. 사상가들이 운명에 대해 말한다면 말해도 좋다. 군인, 정치가에 있어서는 운명인 것으로 충분한 것이다.

  모든 소우주적인 생물 사이에는 수없이 혼이 있는 집단 단위가 형성되어 있다. 그것은 고차원적인 생물에 있어 천천히 태어나거나 혹은 뜻밖에 존재한다. 그것은 개인의 모든 감정과 정열을 지니고 그 내부에서는 수수께끼 같아, 지성이 도저히 알 수 없는 것이다. 하지만 식자는 그 활동을 잘 통찰하고 이것을 계량할 수 있다. 여기에서도 또 저 넓은 하늘의 철새의 이동이라든가 저 돌격하는 군대처럼 존재와 운명의 깊은 결합으로 이루어지는, 일반적으로 동물적인 느껴진 통일과, 같은 의견, 같은 목적 그리고 같은 지식에 바탕을 둔 순수한 인간적이고 지성적인 단체가 구별된다. 우주적 박자의 통일은 바라지 않아도 얻어진다. 이유의 통일은 바랄 때 얻어진다. 지적 단체에는 가입할 수도 있고 탈퇴할 수도 있다. 지적 단체에 가담하는 것은 단지 각성존재뿐이기 때문이다. 그러나 우주적 통일에는 사람은 몸을 맡기고, 게다가 그 전 존재를 들어 맡긴다. 이런 종류의 군집(群集)은 마치 심한 공포에 휩싸였을 때처럼 급격히 흥분의 발작에 휘말린다. 그들은 엘레우시스나 루르드에서 광란하고 또 황홀경에 잠기고 있다. 혹은 테르모필레의 스파르타인처럼, 베수비오 화산의 최후의 고트인처럼 남성적인 정신으로 불타오른다. 이들 군집은 찬가나 행진곡이나 무도곡의 음악 아래 뭉치고, 모든 같은 종류의 인간이나 같은 종류의 동물처럼 휘황한 색채, 장식, 복장 및 제복의 영향을 받는다.

  이런 혼들을 갖춘 군집은 태어나고, 그리고 죽는다. 산술적인 의미에서의 단순한 합계에 불과한 지적 단체는 집합하고, 때로는 증가하고 때로는 감소하고, 마침내는 때때로 단순한 일치가 그 인상의 힘에 의해 피 속에 도달하게 되고, 그리고 뜻밖에 이 합계에서 하나의 생물을 만들어 낸다. 어떤 정치적 전환기에서도 말이 운명이 되고, 여론은 열정이 될 수 있다. 우연한 군집은 길 위에서 한 무리가 되고, 하나의 의식, 하나의 감정, 하나의 말을 지닌다. 그러나 이 단명(短命)한 정신은 소멸하고 제각기 자기의 길을 간다. 이것이 1789년의 파리에서 '가로등으로'의 외침이 높아질 때 매일처럼 일어났던 일이다.

이들 혼은 특수한 심리를 지니고 있다. 공적인 생활을 할 때에는 이런 심리에 정통하지 않으면 안 된다. 모든 순수한 신분과 계급에는 하나의 혼이 있다. 십자군의 기사 계급과 승단, 로마 원로원과 자코뱅 클럽, 루이 14세 치하의 상류사회와 프로이센 귀족, 농민 계급과 노동조합, 대도시의 천민, 벽촌 골짜기의 주민, 민족 이동 시대의 여러 민족 및 종족, 마호메트의 귀의자와 당시 세워진 모든 종교 또는 종파, 혁명 시대의 프랑스인과 자유 전쟁 시대의 독일인, 이들은 누구 할 것 없이 하나의 혼을 지니고 있었다. 우리가 아는 한 이런 종류의 가장 커다란 존재는 커다란 혼으로서의 격류(激流)에서 태어난 고도 문화이고, 이 문화야말로 1천 년의 존재 속에 국민, 계급, 도시, 종족 등의 모든 소형의 무리를 하나의 단위로 통합해 내는 것이다.

모든 역사상의 큰 사건은 이런 우주적인 종류에 속하는 존재, 즉 민족, 당파, 군대, 계급이 담당하는 것이다. 하지만 지성의 역사는 산만한 단체와 무리, 학교, 교육층, 경향, '주의(主義)' 속을 달리고 있다. 그리고 여기에서도 이런 군집이 그 최고 활동력의 결정적인 순간에 지도자를 얻느냐 아니면 맹목적으로 앞으로 휘몰리느냐, 우연한 지도자가 제일의(第一義)의 인간이냐 아니면 폼페이우스 또는 로베스피에르처럼 사건의 물결 때문에 정상으로 밀려 올라온 전혀 무가치한 인물이냐는, 또다시 운명의 문제이다. 정치가가 정치가인 것은, 이 시대의 흐름 속에서 생멸하

는 모든 집단의 혼의 강약과 기간, 방향과 의향을 아주 확실하게
통찰하는 데 있다. 그럼에도 불구하고 이 점에서 또한 그 집단을
지배할 수 있는가 아니면 그들에 의해 압도되는가 하는가는 우연
의 문제이다.

Ⅱ. 고도 문화군

6

그런데 하나의 인간이 생활을 위해 태어나든 사고를 위해 태어
나든, 그것은 아무래도 좋다. 단지 그 인간이 행동을 하거나 명
상을 하고 있는 동안에는 각성을 하고 있는 것이다. 그리고 각성
자로서 끊임없이 '초점(焦點) 속에' 있다. 즉 하나의 의미에 자신
을 적응시키고 있는 것이다. 그 의미는 빛의 세계가 그를 둘러싸
고 마침 이 순간에 그를 위해 지니고 있는 것이다. 앞에서 말한
대로 인간의 각성존재 속에서 교체되는 무수한 초점의 적합은 분
명히 두 개의 군으로, 즉 운명과 박자의 세계, 그리고 원인과 긴
장의 세계로 나뉜다. 누구나 기억하겠지만, 예컨대 마침 물리적
실험을 하고 있을 때 뜻밖에 일상의 사건을 생각하지 않으면 안
될 때에는 완전히 고통에 가까운 전환을 느낄 것이다. 나는 이
두 가지 상을 '역사로서의 세계'와 '자연으로서의 세계'라 이름
지었다. 전자에서는 생명이 비판적인 이해를 이용한다. 생명은
눈을 자유로이 다루고, 느껴진 박자는 내적으로 보이는 물결 모
양의 선이 되고, 체험된 감동은 상 속에서 기원이 된다. 후자를

지배하고 있는 것은 사고 자체이다. 인과적 비판은 생명을 응결된 과정으로, 사실의 살아 있는 내용을 추상적인 진리로 그리고 긴장을 법식으로 만든다.

이것이 어떻게 가능한가. 양쪽 모두 눈의 상이다. 게다가 전자에서는 사람은 두 번 다시 돌아오지 않는 사실에 몸을 맡기고, 후자에서는 진리를 불변의 체계로 만들려고 하고 있다. 역사상은 단지 지식에만 의거하고 있는데, 그 역사상에서는 우주적인 것이 소우주적인 것을 이용하고 있다. 기억, 추상(追想)이라 이름붙여진 것 속에서 사물은 내적인 빛 속에 우리 존재의 박자에 꿰뚫린 듯이 나타나고 있다. 넓은 의미의 연대적 요소, 즉 사실, 이름, 수가 밝히는 바에 따르면, 역사는 생각되자마자 모든 각성존재의 근본 조건이 없어서는 안 되는 것이다. 자연상에서는 언제나 존재하는 주관이 '타인의 것'이고 기만적인 것이다. 역사로서의 세계에서는 마찬가지로 불가피한 객관, 즉 수가 거짓으로 속인다.

자연 초점 적합은 어느 정도까지 비개인적이어야 하고 또 비개인적일 수 있다. 이 점에서 사람은 나를 잊는다. 그러나 어떤 사람, 어떤 계급, 국민, 가족도 자기 자신과 관련된 역사상을 지니고 있다. 자연은 모든 것을 에워싸는 확대라는 특징을 지닌다. 하지만 역사는 어두운 과거에서 보는 자에게 가까이 다가오고, 나아가 보는 자에게서 멀리 미래로 의지하는 것이다. 이 보는 자는 현재자로서 언제나 역사의 중점이다. 그리고 사실을 의미지워 정리할 때 생명에 속하고 사고에 속하지 않는 방향을 제외하기가 완전히 불가능하다. 어느 시대, 어느 땅, 어떤 살아 있는 무리도 그 자신의 역사적 시야를 지니고 있다. 그리고 천부적인 역사 사상가라는 것은 자기 시대가 요구하는 역사상을 여실히 그려 내는 데 특징이 있다.

여기에서 자연과 역사는 순수한 비판과 사이비 비판이 구별되는 것과 마찬가지로 구별된다. 비판은 인생 경험에 대립하는 것으로 해석된 비판이다. 자연과학은 비판이고 다른 무엇도 아니다. 그러나 역사에서 비판이 창출할 수 있는 것은 지식의 전제에 불과하다. 역사적 안목과 식견은 그 지식에 의해 자신의 시야를 넓힌다. 역사는 이 안목과 식견 자체이고, 이것이 어디로 향하든 관계가 없다. 이 안목과 식견을 지닌 자는 어떤 사실이든 어떤 위치든 '역사적으로' 이해할 수 있다. 자연은 하나의 체계이고, 체계는 배워 얻을 수 있는 것이다.

역사적 초점 적합은 누구에게 있어서도 아이 시대의 가장 빠른 인상으로 시작되고 있다. 아이의 눈은 날카롭다. 그리고 도시와 그 주민이 그 시야에 들어오기 전에, 또 민족, 국토, 국가 등의 말이 아직 조금도 구체적인 내용을 지니지 않았는데도 가장 가까운 주위의 사실, 가족이나 집이나 변화가의 생활 등이 마음 밑바닥에서 느껴지고 예감된다. 마찬가지로 자신의 눈에 보이는 좁은 범위 안에 역사로서 생생히 눈앞에 나타나는 모든 것에 대해 근본적으로 아는 것은 원시인이다. 그런 역사는 특히 생활 자체. 출생과 죽음. 병과 늙음의 상태. 그리고 자기 자신이 경험하거나 타인 속에서 본 전투적이고 또 성적인 정열의 역사. 친척, 친구, 혈족, 마을의 운명. 그들의 행동과 그 마음 밑바닥. 오랜 적의나 전쟁이나 승리나 복수 등의 이야기. 그것들이 그러하다. 생활의 시야가 확대된다. 생멸하는 것은 하나의 생활이 아니라 '생명' 자체이다. 눈앞에 나타나는 것은 마을과 혈족이 아니라 먼 종족과 나라들이고, 몇 해가 아니라 몇 세기이다. 실제로 체험되고 그 박자 속에서 공감된 역사는 결코 조부의 시대 이상으로는 미치지 않는다. 이것은 옛 게르마니아인의 경우든 오늘날의 흑인의 경우든 마찬가지이고, 페리클레스의 경우든 발렌슈타인의 경우든 마찬가지이다. 여기에서 생활의 한 시야가 끝나고, 그리고 전설과 역사적 전통에 바탕을 둔, 상이 있는 새로운 층이 시작된다. 이 층은 직접적인 공감을 분명히 보고 오랜 관용에 의해 확고해진 기억상 속에 끼워 넣는다. 이 상은 다른 문화의 인간이 보면 아주 다른 넓이로 전개되어 있는 것이다. 우리의 입장에서 말하면 참된 역사는 이 상과 함께 시작되고 그 역사 속에서 영원한 상(相) 밑에서 살아가고 있지만, 그리스인, 로마인의 입장에서 보면 그 역사는 여기에서 끝난다. 투키디데스에게는 이미 페르시아 전쟁이라는 사건[3]이, 카이사르에게는 포에니 전쟁이 더 이상 아무 살아 있는 의미도 지니지 않게 되었던 것이다.

그러나 이 모든 것을 넘어 새로이 생기는 것이 동물계와 식물계, 땅, 별 등의 운명에 대한 개개의 역사상이고, 그것은 자연의 최후의 상과 융합하여 세계 창조와 세계 종말에 관한 신화적 표상이 된다.

아이와 원시인의 자연상은 일상의 사소한 기술에서 발전하고 있다. 즉 그 기술은 끊임없이 그들을 강화시키고, 넓은 자연을 불안감을 가지고 바라보았던 시선을 돌리게 하고, 가까운 주위의 상태를 비판하도록 한다. 아이는 어린 동물과 마찬가지로 유희를 통해 그 최초의 진리를 발견한다. 장난감을 살피고 인형을 부수고 거울을 뒤집고 그 뒤에 무엇이 있는지 보는 것, 무엇인가를 올바른 것으로 확정한 승리감, 이것은 언제든 그대로임에 틀림없다――자연 연구는 그 이상 나가지 않는다. 원시인은 이런 비판적 경험들을 획득하고 이것을 자신의 무기와 도구에, 의식주용의 재료에, 즉 사물이 죽어 있는 한 그 사물에 응용한다. 원시인은 이것을 동물에게도 적용한다. 그는 추적자로서 또는 피추적자로

---

3) 투키디데스는 자신의 시대 이전에는 어떤 중대한 사건도 일어나지 않았다고 그의 《펠로폰네소스 전쟁사》 첫 페이지에 썼다(400년경인데도!).

서 동물의 움직임을 보거나 생각하며 살아 있는 것으로 보았는데, 이제 돌연 이것을 생물이라 생각지 않고 살과 뼈의 덩어리로 간주하는 것이다. 그것은 이 살과 뼈의 덩어리를 정해진 목적에 따라 쓰려 하기 때문에 살아 있는 성질을 무시하고 완전히 기계적으로 보는 것이다. 마치 이 원시인이 방금 하나의 사건을 악령의 소행으로 해석했는데, 곧 그 뒤에 원인과 결과의 연쇄로 해석하는 것과 마찬가지이다. 이것은 성숙된 문화인조차 매일, 또 매시간 끊임없이 행하고 있는 것과 같은 태도 전환이다. 이 자연 시야의 주위에도 또 비, 번개와 폭풍, 낮과 밤, 여름과 겨울, 달의 차고 기움, 그리고 별의 운행 등의 인상에서 오고 있는 넓은 층이 놓여지고 있다. 여기에서는 불안과 외경으로 가득 찬 종교적 외포가 인간에게 완전히 다른 종류의 비판을 강요한다. 이 인간은 저 역사상에서 생명의 최후의 사실을 탐구하려고 했듯이 여기에서는 자연의 최후의 진리를 확정하려고 애쓴다. 이해의 모든 한계 저편에 있는 것을 그는 신이라 이름짓고, 그리고 이쪽에 있는 모든 것을 신의 활동, 창조 및 계시로서 인과적으로 이해하려는 것이다.

거기에서 자연적으로 확정된 것의 어떤 집합도 원시 시대부터 불변인 채 남아 온 이중의 경향을 지닌다. 한 가지 경향은 실제적, 경제적, 군사적 목적에 도움이 되는 기술적 지식으로 되도록 이면 완전한 체계를 준비하고 있다. 이 기술적 지식은 많은 동물 종이 고도로 발전시킨 것이고, 이때부터 초기 인류의 불과 금속의 지식을 거쳐 직접적으로 현대 파우스트적 문화의 기계 기술이 되는 것이다. 다른 경향은 순수한 인간적 사고가 언어를 통해 보는 것에서 해방됐기 때문에 비로소 형성된 것으로, 마찬가지로 완전한 이론적 지식을 얻으려고 애쓴다. 이 지식은 그 본질적 형태로는 종교적이라 명명되고, 그리고 도출되어 후기 문화 속에 집어넣어진 형태로는 자연과학적이라 명명된다. 불은 전사의 눈으로 보면 무기이고, 직인의 눈으로 보면 그 공구의 일부이며, 승려의 눈으로 보면 신성의 표지이고, 학자의 눈으로 보면 문제이다. 그러나 이것은 모두 각성존재의 자연적 초점 적합에 속하고 있다. 역사로서의 세계 속에 나타나는 것은 '불' 그 자체가 아니라, 카르타고 및 모스크바의 대화재, 또 후스와 조르다노 브루노를 불태운 화형용 장작의 불꽃이다.

7

되풀이해서 말하면 어떤 생물도 자기 자신과 관련해 비로소 다른 생물과 그 운명을 체험한다. 밭에 내려오는 비둘기를 보는 눈은 밭의 소유자의 눈과 노상의 자연 애호가, 혹은 넓은 하늘의 큰 매의 눈과는 전혀 다른 것이다. 농부는 자식을 자손의 상속인으로 보고, 이웃 사람은 농부로 보고, 장교는 병사로 보고, 외인은 토착인으로 본다. 나폴레옹의 인간과 사물에 대한 체험은 황제 때와 중위 때와 다르다. 한 인간을 다른 위치에 바꿔 놓아 보자. 혁명가를 대신으로 삼고, 병사를 대장으로 삼아 보자. 그러면 역사와 역사의 담당자는 즉석에서 그에게 다른 것이 될 것이다. 탈레이랑은 그 시대의 인간을 통찰했다. 왜냐하면 그는 그들의 일부였기 때문이다. 그가 갑자기 크라수스, 카이사르, 카틸리나나 키케로 사이에 놓여졌다면, 이 사람들이 취하는 모든 방책과 견해를 오해하거나 혹은 전혀 이해하지 못했을 것이다. 역사 그 자체라는 것은 존재하지 않는다. 한 가문의 역사는 그 가족 각자에게, 나라의 역사는 각 당파에게, 시대의 역사는 각 국민에게 각각 다르게 보인다. 독일인이 보는 1차 세계대전은 영국인이 보는 것과 다르고, 노동자가 보는 경제사는 기업가가 보는 것과 다르며, 서양의 역사가의 눈에 비치는 세계사는 아라비아 및 중국의 대역사가의 눈에 비치는 것과 다르다. 그리고 아주 먼 거리를 두고 아무런 선입견도 갖지 않을 때에만 한 시대의 역사가 객관적으로 서술되는 것이다. 그러나 현대의 최상의 역사가는 현대의 흥미와 관계없이는 펠로폰네소스 전쟁 및 악티움 전투를 비판할 수도 없고 서술할 수도 없다.

 심오한 인간 지식은 그 견해가 이것을 지니는 사람의 색채에 완전히 물들어 있는 것을 제외하지 않을 뿐만 아니라 도리어 그것을 요구한다. 인간 지식과 인생 경험의 결핍은 단지 역사의 개괄화에만 잠기고, 역사의 가장 중대한 사실, 즉 역사가 단 한 번에 한한다는 사실을 왜곡하거나 혹은 완전히 이것을 간과한다. 최악의 것은 저 유물사관이고, 이것은 관상학적인 천분의 결핍이라고 말하면 그것으로 남김없이 정의될 수 있다. 그럼에도 불구하고, 아니 바로 그 때문에 모든 인간에 있어 (그 인간은 한 계급, 한 시대, 국민 및 한 문화에 속해 있기 때문에) 자기와 관련해 존재해야 했던 그런 전형적인 역사상이 있고, 그리고 또 전체로서의 이 시대, 이 계급, 이 문화에 있어 그 자체와 관련해 존재해야 했던 그런 전형적인 역사상이 있다. 각 문화의 전 존재는 최고의 가능성으로서의 자기에게 상징적인, 역사로서의 세계의 원상(原像)을 지니고 있다. 그리고 개인의, 또 살아서 활동하고 있는 무리의 모든 적합은 그 모사이다. 사람이 타인의 직관을 무의미하다든가 천박하다든가, 독창적이라든가 진부하다든가, 틀렸다든가 낡아빠졌다고 말해도, 이것은 그 시대와 그 인간의 불변의 작용으로서 그 순간에 요구된 상과 관련해 언제나 일어나고 있는 것이다. 다만 아무도 그런 줄 모를 뿐이다.

 파우스트적 문화의 인간이 누구든 특유한 역사상을 지니고 있다는 것은 분명하다. 그리고 단지 하나뿐만 아니라 청년 시대부

제1장 기원(起源)과 토지   253

터의 무수한 상을 지니고 있다. 그 상들은 매일의, 또 매년의 체험에 따라 동요하고 변하고 있다. 그리고 여러 시대와 여러 계급의 인간의 전형적인 세계상은 얼마나 다른가. 오토 대제의 세계와 그레고리우스 7세의 세계, 베네치아의 총독의 세계와 가난한 순례의 세계! 메디치의 로렌초, 발렌슈타인, 크롬웰, 마라, 비스마르크, 고딕 시대의 농노, 바로크 시대의 학자, 30년 전쟁, 7년 전쟁, 해방 전쟁의 장교들은 얼마나 다른 세계에 살고 있었던가. 그리고 현대만 보아도 자기의 나라와 그 주민만을 상대로 해서 실제 살아가고 있는 프리슬란트의 농민, 함부르크의 대상인 그리고 물리학 교수는! 그럼에도 불구하고 그들 모두에게는 개인의 연령, 위치 및 시대와 관계없이 하나의 공통적인 특징이 있고, 그 특징에 의해 이들의 전체상, 그 원상(原像)이 다른 각 문화의 상과 구별되는 것이다.

그러나 그리스 · 로마와 인도의 역사상을 중국과 아라비아의 역사상과 완전히 구분하고, 그 이상 분명히 서양의 역사상에서 분리하는 것은 시야가 좁은 것이다. 그리스인은 고대 이집트의 역사에 대해 알 수 있고, 또 알지 않으면 안 되었던 것을 결코 자기 자신의 역사 속에 받아들이지 않았다. 그들의 역사상은 대다수 사람들에게는 살아 남은 자가 이야기할 수 있었던 것에만 한정되고, 최량의 두뇌조차 트로이 전쟁으로 한계가 그어져 있고, 그 한계를 넘어서는 더 이상 역사적 생활이 있어서는 안 되었던 것이다.

아라비아 문화는 일찍부터 유태인 및 거의 키로스 이후의 페르시아인의 역사 사고에서 놀랄 만한 일을 감행했다. 요컨대 세계 창조의 전설을 순수한 연대학으로 현대와 연결시키고, 게다가 페르시아인에 있어서는 최후 심판과 구세주의 출현을 연대적으로 확정했다. 이 인간 역사 전체를 명백하게 아주 좁게 한정하는 것

──페르시아의 계산으로는 전체적으로 1만 2천 년이고, 유태인의 계산으로는 오늘날까지도 아직 6천 년에 이르지 못하고 있다──은 마기적인 세계감정의 필연적인 표현이고, 바빌론 문화에서 많은 외적 특징을 차용했음에도 불구하고 그 깊은 의미에 의해 유태·페르시아적 창조 신화를 그 바빌론 문화의 관념에서 구별시키는 것이다. 중국과 이집트의 역사 사고는 전혀 다른 감정에서, 게다가 수천 년을 넘어 아득히 먼 태고 속으로 사라져 가는 한 계통의 여러 왕조를 연대적으로 확정함으로써 끝없이 넓은 전망을 펼쳤다.

세계사의 파우스트적 상[4]은 그리스도교 기원을 토대로 서양적 교회가 받아들인 마기적인 상을 극히 확대하고 또 심화하자마자 곧 생겼다. 이 마기적인 상은 플로렌스의 요아킴이 받아들여 1200년경에 의미 깊게 모든 세계 운명을 아버지, 아들 및 성령이라는 세 시대의 계별로 해석하는 그 해석의 기초가 되었다. 그에 덧붙여 지리적 시야가 점점 확대되어, 그 시야가 이미 고딕 시대에 바이킹과 십자군 전사에 의해 아이슬란드에서 아시아의 먼 부분에 이르기까지 확대되었다.[5] 1500년 이래 바로크의 발달한 인간에게 역사상 최초의 일이고, 게다가 다른 모든 문화 사람들이 생각도 못 한 일이지만, 지구 전 표면이 인류 역사의 무대가 되었다. 나침반과 망원경이 여기에서 비로소 이 후기의 학자들로 하여금 지구의 구형이 단순한 이론적인 가정이 아니고 세계 공간 속의 하나의 구 위에서 생활하고 있다는 것을 현실적으로 느끼게 했다. 지상의 한계가 없어졌다. 마찬가지로 시간적 한계도 그리

---

4) 522년 동고트의 로마 지배하에서 생겼지만, 샤를마뉴 이후에야 비로소 게르만적 서양에 급격히 퍼져 갔다.

5) 순수한 르네상스인의 의식 속에서 사실로서 경험된 역사상이 현저하게 협애화(狹隘化)됨과 동시에.

스도 출생 전후에 의한 이중의 무한성에 의해 없어졌다. 그리고 이 행성적인, 최후로는 모든 고도 문화를 포괄하는 상의 영향을 받아 오늘날 저 고딕적인, 이미 진부하고 공허한 것이 된 그리스·로마, 중세, 근대라는 구분이 붕괴하고 있는 것이다.

  모든 다른 문화에서 세계사의 상과 인간사의 상은 일치하고 있다. 세계의 시작은 인간의 시작이다. 인류의 종말은 또한 세계의 종말이기도 하다. 무한으로 향하는 파우스트적 성향은 바로크 시대에 비로소 두 개의 개념을 서로 분리시켰다. 그리고 인간 역사가 아직 알지 못하는 확대를 하고 있음에도 불구하고 이것을 세계사에 있어서의 단순한 한 삽화로 보고, 그리고 다른 문화가 그 표면의 일부만을 '세계'로 간주하고 있었던 지구를 수백만의 태양계 중의 하나의 작은 별로 보았다.

  이 역사적 세계상의 확대의 결과로 현대 문화에서는 대다수의 인간의 일상의 적합과 단지 최고의 두뇌만이 가능하고, 게다가 그 사람들 사이에서조차 단지 시간적으로만 완성되는 최고의 적합을 주의해 구별하는 것이, 다른 모든 문화에 있어서보다 더 필연적이 된다. 테미스토클레스의 역사적 시야와 아티카의 한 농부의 시야의 차이는 아마도 사소한 것이리라. 그러나 이미 앙리 6세의 역사상과 그 시대의 노복(奴僕)의 역사상의 차이는 대단한 것이다. 그리고 파우스트 문화가 상승함에 따라 최고도로 가능한 적합이 극히 확대되고 심화되고, 그 적합이 접하는 범위가 점점 좁아져 간다. 이를테면 가능성의 피라미드가 만들어지고, 각 개인은 자기의 소질에 따라 자기가 도달할 수 있는 최고의 적합이 나타내는 한 단계에 위치한다. 그러나 그 결과 서양의 인간 사이에는 역사적 생활 문제에 있어서의 상호 이해의 한계가 있다. 이 한계는 이 숙명적인 준엄함에서 다른 어떤 문화도 몰랐던 것이다. 오늘날 노동자는 농부를, 혹은 외교관은 직공을 현실적으로 이해할 수 있는가. 이들 양자가 자신의 아주 중요한 의문을 말하는 근원은 역사적, 지리적 안계(眼界)인데, 그 안계가 서로 무척 달라 내용의 전달이 아니라 지나가는 화제에 불과할 정도이다. 진실로 인간에 정통한 사람은 타인의 적합도 잘 이해하고, 그리고――아이와 이야기할 때처럼――자신이 전달해야 하는 것을 이에 순응시킨다. 그러나 사자공 하인리히 또는 단테와 같은 과거의 인간의 역사상에 친숙해지고 그 사상, 감정, 결단을 자명한 것으로 이해하는 수단은 양자의 각성존재가 아주 멀리 떨어져 있어 아주 적어, 이런 문제조차 1700년경에는 아직 전혀 손을 대지 못하고 1800년 이후에 이르러서야 비로소 역사 서술이 요구하게 되었을 정도이다. 게다가 그런 요구가 충족되는 일도 아주 드물었다.

참된 인간 역사가 아주 광대한 세계사로부터 순수한 파우스트적 분리를 한 결과 바로크의 종말 이래 우리의 세계상 밖에서 많은 시야가 분리되어 층을 이루고 전후에 배열되게 되었다. 그것들을 연구하기 위해 많든 적든 역사적 성격이 있는 개개의 과학이 형성되었다. 천문학, 지질학, 생물학, 인류학이 잇달아 별의 세계, 지각, 생물, 인간의 운명의 궤적을 추구하고 있다. 그런 연후에 비로소 고도 문화의 '세계사'(오늘날에도 아직 그렇게 불리고 있듯이)가 시작되는 것이다. 이것에는 더 나아가 개개의 문화 요소의 역사, 가족의 역사, 마지막으로 바로 서양에서만 극히 발달한 전기(傳記)가 덧붙여진다.

이들 여러 층 각각은 자기를 위해 하나의 초점의 적합을 요구한다. 그리고 그 초점이 집중되는 순간에는 이 층보다 좁은 층, 또 넓은 층은 살아 있는 '이루어지는 것'이 아니게 되고 단지 주어진 사실이 된다. 토이토부르크 숲의 전투를 연구할 경우에는 북독일의 식물계에 있는 이 숲의 생성이 전제가 된다. 독일의 활

제1장 기원(起源)과 토지   257

엽수림의 역사를 조사할 경우에는 지구의 지질학적 성층이 전제조건이지만, 그 성층의 특별한 운명과 관련해서는 그 이상의 연구를 필요로 하지 않는 하나의 사실이다. 백악(白堊) 형성의 기원을 조사할 경우에는 태양계 속의 한 행성으로서의 지구의 존재 그 자체는 조금도 문제가 되지 않는다. 혹은 다른 예로 생각해 보면 별의 세계에 지구가 있고, 지구상에 '생명'의 현상이 있으며, 이 현상 속에 '인간'이라는 형태가 있고, 인간사 속에 문화의 유기적 형식이 있다는 것은, 그때그때마다 다음의 고차의 층의 상에서의 우연이다. 괴테는 슈트라스부르크 시대부터 최초의 바이마르 시대에 이르기까지 세계사에 초점을 집중시키려는 강한 경향을 지니고 있었다──카이사르, 마호메트, 소크라테스, 영원한 유태인, 에그몬트의 구상이 이것을 증명한다.──그러나 대양식의 정치적 활동을 가슴아프게도 단념한 이래──이 단념은 주의 깊게 체념된 최후적 형식을 취한 《타소》에서조차도 이야기되고 있다──그는 이것들을 제외했다. 그리고 그 이후에는 거의 강제적으로라고 말해도 좋을 정도로 그의 '살아 있는 자연', 즉 식물의 역사, 동물의 역사, 또 지구의 역사의 상 속에 틀어박히고, 다른 한편으로는 전기 속에 틀어박혀 살아가고 있었다.

이런 모든 상은 같은 인간 속에서 발전할 경우에는 같은 구조를 지니고 있다. 식물과 동물의 역사도, 지각과 별의 역사도 또한 fable convenue이고, 자기 자신의 현존재의 경향을 밖의 현실 속에 반사하고 있는 것이다. 고찰하는 인간이 그 시대, 그 나라, 그 사회적 위치까지 포함해서 그 주관적 입장에서 해방되어 동물이라든가 또는 암석층을 고찰하는 것이 불가능한 것은, 프랑스혁명 또는 1차 세계대전을 고찰하기가 불가능한 것과 거의 마찬가지이다. 칸트와 라플라스, 퀴비에, 라이엘, 라마르크, 다윈의 유명한 이론에는 정치적, 경제적인 색채까지 있고, 그 이론들은 완전히 자연과학 이외의 범위에 큰 영향을 주었다. 이것을 통해 보더라도 이들 역사적 여러 층의 파악이 공통의 기원에서 나오고 있는 것을 알 수 있다. 그러나 오늘날 완성되고 있는 것은 파우스트적 역사 사고에 아직 남겨져 있는 최후의 일이다. 즉 이들 개개의 여러 층을 서로 유기적으로 결합하고, 이것을 개개의 인간 생활에서 중도에 끊기는 일 없이 우주 최초의, 또 최후의 운명에 이르기까지 볼 수 있는 통일적인 관상학에 의한 유일한 거대한 세계사 속에 배열하는 일이다. 19세기는――기계적인, 따라서 비역사적인 형태로――문제를 제기했다. 이것을 푸는 것이 20세기의 임무이다.

8

우리는 지각과 생물의 역사에 대한 상을 지니고 있다. 그 상은 현재도 아직 계몽기 이래 문명화된 영국 사고에 의해 영국의 생활 습관에서 발전해 온 관념에 지배되고 있다. 지층 형성에 관한 라이엘의 '무력(無力)한' 지질학적 이론, 또 종의 기원에 관한 다윈의 생물학적 이론은 사실상 영국의 발전 자체의 모상(模像)에 불과하다. 그것들은 위대한 레오폴트 폰 부흐와 퀴비에가 인정한 무수한 파국과 변태 대신 장기간에 걸친 조직적 진화를 확정하고, 그리고 원인으로서는 단지 과학적으로 도달할 수 있고, 게다가 기계적인 유용성 원인만을 인정하는 것이다.

이 원인에 대한 영국적 방법은 단지 천박할 뿐만 아니라 또한 너무나 협애하다. 그것은 우선 첫째로 가능한 인과 관계를 지표 상에서 전 과정이 행해지는 사건으로 제한한다. 거기에서 지구의 생명 현상과 태양계, 또는 별의 세계 일반의 사건 사이에 있는 모든 커다란 우주적 관계가 제외된다. 그리고 그 전제로 삼는 것은, 지구의 표면은 자연 사상(事象)이 전면적으로 고립된 영역이라는 전혀 불가능한 주장이다. 둘째로 오늘날의 인간적 각성존재의 수단——감각과 사고——을 사용하든 또 그 수단을 기계와 이론으로 추구하든 이해할 수 없는 관계가 존재하지 않는다고 가정한다.

바로크 시대의 합리주의에 근원을 두고 있는 이 피상적인 인과체계가 정리되고 순수한 관상학이 이것을 대신한다는 것이, 20세기의 자연사적 사고의 19세기의 그것과 다른 점일 것이다. 우리는 인과적으로 설명하는 모든 사고 방법에 대해 회의적이다. 우리는 사물로 하여금 말하게 한다. 그리고 그것을 지배하고 있는 운동을 느끼는 것만으로 만족하고, 인간적인 이해가 구명할 수 없는 그 형태를 직관하는 것으로 만족한다. 우리가 도달할 수 있는 극한은 원인도 없고 목적도 없는 순수하게 존재하는 여러 형식의 발견이다. 이들 여러 형식은 자연의 변화하는 상의 기초를 이루고 있는 것이다. 19세기는 '진화'를 생활의 유용성이 높아져 가는 의미에서의 진보로 해석했다. 라이프니츠는 하르츠의 은광에 관한 연구에 바탕을 두고 그 아주 가치 있는 《프로토가이아》(1691년)에서 완전히 괴테적으로 지구 초기의 역사를 그렸다. 아니, 그뿐만 아니라 괴테 자신도 형식 요소가 증가하는 의미에서의 완성으로 해석했다. 괴테적 형식 완성의 개념과 다윈의 진화의 개념 사이에는 운명과 인과 관계의 모든 대립이 있고, 나아가 독일적 사고와 영국 사고 사이에, 마지막으로 독일사와 영국사 사이에 대립이 있다.

고생물의 성과 이상으로 적절하게 다윈을 논박하는 것은 있을 수 없다. 화석 발굴물은 단순한 개연성에 따르면 단지 임의로 선택한 견본에 불과하다. 따라서 각 화석은 다른 진화 단계를 대표해야 할 것이다. 단지 '과도적'인 유형만이 있기 때문에 한계도 없고, 물론 종(種)도 없을 것이다. 하지만 그 대신 우리가 발견하는 것은 장기간에 걸쳐 완전히 고정된 불변적인 형태이다. 그것은 적응해 형성된 것이 아니라 갑자기 그리고 또 곧 최후적 형태를 취해 나타나는 것이고, 그리고 그 이상으로 적응적인 것으로 옮아가는 것이 아니라 점점 희소해져 가고, 그리고 소멸한다. 하지만 한편으로는 전혀 다른 여러 형태가 이미 나타나고 있었다. 점점 풍부한 형태를 이루며 발전하는 것은, 처음부터 존재하고 있고 조금도 오늘날의 무리로 옮아가고 있지 않는 생물의 커다란 유(類)와 종(種)이다. 어류 중에서 단순한 형태를 취한 교류(鮫類)는 많은 종을 이루며 처음에 역사의 전면에 나타나고, 그리고 또 서서히 물러간다. 경어류는 물고기의 유형의 보다 완성된 형태를 점차 우월하게 만들고 있다. 이것은 양치류와 목적류(木賊類)의 식물 형태에도 적용된다. 그 최후의 종들은 오늘날 충분히 발달한 현화 식물계 속에서 거의 소멸하려 하고 있다. 그러나 이런 사실과 관련해 유용성이 있는, 일반적으로 분명한 원인을 가정하기에는 조금도 실제상의 근거가 없다.[6] 생명 일반, 식물과 동물의 점점 커져 가는 대립, 모든 개개의 유형, 모든 종(種)과 유(類)를 이 세계 속으로 끌고 나오는 것은 운명이다. 그리고 이 존재와 함께 일정한 형태의 에너지와, 또한 동시에 이 형태의 수명이 주어진다. 이 에너지에 의해 그것들은 완성으로의 도중에 자기를 순수하게 유지하거나, 둔중하고 또 불명료해지거나, 그리고 많은 변종으로 나누어지거나, 또 사라져 간다. 한편

---

  6) 식물계와 동물계의 근본 형태가 진화하는 것이 아니라 돌연 존재한다는 것을 최초로 증명하는 것은 데 프리스이고, 1886년 이래 그의《돌연변이설》속에서 말하고 있다. 괴테는 이렇게 말하고 있다. "우리는 얼마나 하나의 각인된 형태가 발달하여 개개의 견본이 되는가를 보는 것이고, 그 형태가 얼마나 종류 전체를 위해 각인되는가를 보는 것은 아니다."

형태의 수명이 또다시 우연에 의해 단축될지 모르지만, 그렇지 않으면 종이 지니는 자연적인 연령을 거치고, 그리고 소멸하기에 이른다.

그런데 인간에 대해 말하면 홍적기의 발굴이 뚜렷이 명료하게 보여 주고 있는 대로, 이전에 존재하고 있었던 인간의 모든 형태가 현재 살아 있는 형태와 일치하고 있고, 유용하게 만들어진 인종을 향해 진화해 간 흔적이 조금도 없다. 그리고 제3기의 발굴에서 전혀 인간을 발견할 수 없는 것이 보여 주듯이 인간의 생명 형태의 기원은 다른 모든 것과 마찬가지로 돌연변이에 바탕을 두고 있고, 그 '어디에서', '어떻게', 또 '왜'는 미루어 알 수 없는 비밀로 남아 있다. 사실상 영국적인 의미에서 말하는 진화가 있었다고 한다면, 분명히 나누어진 지층도 없고, 특수한 동물종도 있을 수 없을 것이며, 단지 유일한 지자적(地資的) 덩어리와, 그리고 생존경쟁에서 살아 남았으리라 생각되는 살아 있는 개개의 여러 형태의 혼돈이 있을 뿐일 것이다. 그러나 우리에게 보이는 것은 모두 동물 존재와 식물 존재에서 깊고, 완전히 갑작스런 변화가 수없이 반복해서 행해지고 있는 것을 확신시킨다. 그 변화는 우주적인 것이고, 결코 지구의 표면 위에만 한정되어 있는 것이 아니다. 그리고 다른 점은 제외하더라도 그 원인과 관련해서는 인간의 감각과 이해를 넘어서고 있다.[7] 마찬가지로 이런 급격하고 깊은 변화들이 이렇다 할 뚜렷한 원인, 영향이나 목적도 없이 커다란 여러 문화의 역사 속에 파고들고 있다. 고딕 양식과 피라미드 양식의 형성은 완전히 갑자기 행해진 것이고, 그것은

---

7) 그러므로 인간의 원시적 시기의 사건에 광대한 시기를 가정하는 것은 쓸모 없는 짓이다. 그리고 오늘날까지 알려져 있는 최고(最古)의 인간과 이집트 문화의 최초와의 거리는, 역사적 문화의 5000년이 완전히 무시되고 말 정도의 길이로는 생각될 수 없다.

시황제(始皇帝) 치하의 중국 제국주의와 아우구스투스 치하의 로마 제국주의의 형성과 마찬가지이고, 헬레니즘, 불교, 이슬람의 형성과도 마찬가지이다. 그리고 그것은 어떤 중요한 개인의 생활에 있는 사건에서도 완전히 마찬가지이다. 이것을 모르는 자는 인간을 아는 사람이 아니고, 특히 아이를 아는 사람이 아니다. 어떤 활동적인, 혹은 고찰적인 존재도 그 완성의 기원 속으로 나아간다. 그리고 이런 기원이야말로 여러 태양계의 역사에, 또 항성계의 역사 속에 가정하지 않으면 안 되는 것이다. 지구의 기원, 생명의 기원, 자유로이 움직이는 동물의 기원은 이런 신기원이고, 바로 그 때문에 그대로 감수하지 않으면 안 되는 비밀인 것이다.

9

우리가 인간에 대해 아는 것, 그것은 분명히 그 존재가 2대 시기로 나뉜다는 것이다. 제1의 시기는 우리의 견해에서 말하면 한편으로는 행성의 운명 속에 있는 저 깊은 접합점에 의해, 다른 한편으로는 인간 존재의 전 의의를 갑자기 완성된 것으로 만든 나일 강 및 유프라테스 강변의 높은 문화의 초기에 의해 한정되어 있다. 이 접합점은 오늘날 빙하 시대의 초기라 명명되어 있는 것으로, 이것에 대해 우리는 지구 역사상의 내부에서 하나의 우주적 변화가 생겼다는 것을 확정할 수 있을 뿐이다. 우리는 어디에서도 제3기층과 홍적층의 명확한 한계를 발견한다. 그리고 그 바로 앞쪽에서 완전히 완성된 유형으로서의 인간을 발견하는 것이다. 그들은 풍속, 신화, 예술, 장식, 기술에 익숙해 있고, 그 체구 구조는 그 이후 오늘날까지 두드러진 변화를 보이지 않고 있다.

제1장 기원(起源)과 토지

제1의 시대를 원시 문화 시대라 명명한다면, 이 문화가 (극히 후기의 형태를 취하고 있는 것은 물론이지만) 제2의 시대 전체를 통해 계속되고, 게다가 거의 외적인 영향을 받지 않고 오늘날에도 역시 유지되고 있는 유일한 지역은 서북 아프리카이다. 이것을 명확히 인식한 것은 레오 프로베니우스의 위대한 공적이다. 그 전제로 여기에서 원시 생활의 하나의 전세계(그리고 단지 약간의 원시적 종족뿐만 아니라)가 높은 문화의 영향을 받지 않고 남아 있다고 본다. 이에 반해 민족 심리학자가 즐겨 오대주 전체에 걸쳐 찾고 모으는 것은 여러 민족의 단편이고, 그 단편에 공통되는 것은 그들이 높은 문화 한가운데에서 생활하고 있고, 게다가 내적으로 조금도 그에 가담하는 것이 없다는 순수한 소극적인 사실이다. 거기에서 그들은 일부는 낙오한, 일부는 열등한, 일부는 퇴화한 종족이고, 그 외적 표현들이 여전히 무차별적으로 혼동되고 있는 것이다.

그러나 원시 문화는 강하고 또 전체적인 것이며, 아주 활력 있는 효과적인 것이었다. 다만 그것은 우리의 고도 문화의 인간이 혼적 가능성으로서 지니고 있는 모든 것과 아주 다르다. 그래서 제2의 시대 속에서도 역시 깊이 제1의 시대를 유지하고 있는 이들 여러 민족조차 그 오늘날과 같은 각성존재 방법과 현존재 방법에서 과연 옛 시대의 상태에 대한 증거가 될지 어떨지 의심을 품어도 좋다고 생각될 정도이다.

인간의 각성존재는 수천 년 이래 종족과 민족의 끊임없는 상호 접촉이 자명한 일상의 평범한 일이라는 사실에 인상지워져 있다. 그러나 제1의 시대에 대해서 인간은 이 시대에는 극히 소수의 무리를 이루고, 동물 대군의 대집단이 완전히 지배하고 있는 무한히 넓은 땅 안에 사방으로 흩어져 있었다는 것을 생각하지 않으면 안 된다. 발견물이 드문 것이 확실히 이것을 증명한다. 호모 아우리그나켄시스 시대에는 아마도 수백 명 정도의 집단이 한 다스 정도 프랑스 땅 위를 유랑하고 있었을 것이다. 만약 그들이 인간 동료의 존재를 알았을 때에는 수수께끼 같은 사건으로서 아주 깊은 감명을 받았을 것이다. 거의 인간이 없는 세계에서 어떻게 생활했는가 하는 것을 대관절 우리는 생각할 수 있을까. 우리에게 자연 전체는 일찍부터 집단적인 인류의 배경이 되어 있었기 때문이다. 땅에서 숲이나 짐승의 무리 외에 '완전히 우리 자신과 같은' 인간을 종종 만날 때에는 세계의식이 어떻게 변하지 않으면 안 되었을까. 인간의 수의 증가는 의심할 나위도 없이 아주 갑작스럽게 이루어졌는데, 그것은 '동료 인간'을 보통의 평범한 체험으로 만들고, 놀람의 인상을 기쁨 또는 적의의 감정으로 바꾸었다. 그리고 이것을 통해 저절로 경험으로 이루어지고, 무의식적인 불가피한 관계로 이루어지는 전혀 새로운 하나의 세계를 불러일으켰다. 이 수의 증가는 인간의 혼의 역사에 있어 아마도 가장 중요한 사건이었을 것이다. 미지의 생활 형식을 만나자 비로소 사람은 자기 특유의 생활 형식을 알게 되었다. 동시에 씨족 내부의 구성에 매우 풍부한 여러 씨족간의 외적 관계 형식이 나타나고, 이것이 바야흐로 원시적인 생활과 사고를 지배하는 것이다. 그 시기에 아주 단순한 감각적 의사소통 방법에서 하나의 언어의(따라서 추상적 사고의) 싹이 생기고, 그리고 그 속에 약간의 아주 행복한 개념이 생겼다. 이 개념들의 성질에 대해 우리는 아무것도 상상할 수 없지만, 그러나 그것을 인도·게르만 어군과 셈 어군의 극히 초기의 출발점으로 간주해도 좋을 것이다.

이 종족간의 여러 관계에 의해 도처에서 관련되고 있는 한 인류의 원시적 문화에서 이제는 돌연 기원전 3000년경에 이집트 문화와 바빌론 문화가 성장했다. 아마도 이 시기 이전의 1000년 사이에 이 두 지방에서 발달의 종류와 지향에, 모든 표현 형식의 내적 통일에, 또 하나의 목표로 향하는 전 생활의 방향에 어떤 원시적 문화와도 완전히 구별되는 무엇인가가 준비되고 있었을 것이다. 그 시기에 지구의 표면 일반, 혹은 적어도 인간의 내적 본질 속에서 어떤 변화가 행해졌다는 것은 충분히 있을 수 있는 일이라고 내게는 생각된다. 그렇다면 뒤에 와서도 아직 원시적 문화로서 어디에서나 고도의 여러 문화 사이에 끼어 존재하고, 그리고 이에 면해 소멸해 가고 있는 것은 아마도 제1의 시대의 문화와는 다른 것이리라. 그러나 내가 전 문화(前文化)라고 이름짓고, 그리고 각 고도 문화의 초기에 즈음해 완전히 똑같은 경과를 취한다고 증명되는 것은 어떤 종류의 원시 문화와 비교해도 완전히 다른 종류의 것일 뿐만 아니라 새로운 것이다.

모든 원시적 존재에 있어서는 우주적인 것, 즉 '그것'이 직접적인 힘으로 활동하고 있기 때문에, 신화, 풍속, 기술 및 장식에 나타나는 소우주적인 것은 완전히 순간적인 충동에 따를 뿐이다. 이것들의 외적 표현의 발전의 수명, 속도, 행정에 관해서는 우리가 인정할 수 있을 만한 규준이 없다. 우리가 보는 것은 이를테면 장식적인 형태어(이것은 양식이라고 명명될 수 있는 것이 아니다)이고, 넓은 지역의 주민을 지배하고 확대되어 가고 변하고, 마침내 멸망하는 것이다. 이와 서로 나란히, 그리고 아마도 전혀 다른 분포 지역에 걸쳐 무기의 종류와 사용, 씨족의 구성, 종교의 의식이 각각 특유한 발전을 하고 있다. 이것은 다른 어떤 형식 범위에도 영향받지 않는 독립된 기원과 처음과 끝을 지니고 있다. 설사 어떤 선사 시대의 지층에서 우리가 잘 알고 있는 도자기의 종류를 확정했다 하더라도, 그것은 그것이 속하는 주민의 풍습 및 종교에 대해 아무런 단서도 주지 않는다. 그리고 때로 우연하게도 어떤 결혼 형식의 분포 지역이, 또 예컨대 일종의 문신(文身)의 분포 지역이 같다 하더라도, 그것은 화약의 발견과 회화 원근법의 발견을 결합시키는 그런 하나의 이념에는 결코 바탕을 두고 있지 않은 것이다. 장식과 연령층에 의한 계급 조직 사이라든가, 어떤 신의 신앙과 경작 방법 사이에는 아무 필연적인 관계도 없다. 이런 경우들의 발전은 언제나 원시 문화의 개개의 측면과 특징이고, 원시 문화 자체는 아니다. 이것이야말로 내가 혼돈적인 것으로 본 것이다. 원시 문화는 하나의 유기체도 아니고, 많은 유기체의 합계도 아니다.

고도 문화의 유형과 함께 저 '그것' 대신 나타나는 것은 하나의 강력한 통일적인 경향이다. 원시 문화의 내부에서는 개개의 인간을 제외하면 단지 종족과 씨족만이 혼이 있는 생물이다. 그러나 이 경우에는 바로 문화 자체가 생물이다. 모든 원시적인 것은 하나의 총계이고, 게다가 원시적 제군(諸群)의 표현 형식의 총계이다. 고도 문화는 유일한 거대한 유기적 각성존재이고, 유기체는 풍속, 신화, 기술 및 예술뿐만 아니라 자기에게 합체된 여러 민족 및 여러 계급조차도 통일적 역사를 지니는 통일적 형태어의 소지자로 만든다. 가장 오래 이야기되어 온 역사는 원시 문화에 속해 있고, 그 자체에 특유한 난잡한 운명을 지니고 있다. 이것은 예를 들면 장식의 운명이라든가 결혼의 역사로부터는 추론할 수 없는 것이다. 그러나 문자의 역사는 개개의 고도 문화의 표현 역사에 속한다. 각각 특수한 문자는 이미 이집트, 중국, 바빌론 및 멕시코 문화의 전(前) 시대에 완성되었다. 하지만 인도 문화와 그리스·로마 문화에서는 그런 일이 없고 옛 인접 문명의 고도로 발달한 문자를 훨씬 뒤에 차용했다는 것, 한편 아라비아 문화에서는 각 새 종교와 새 종파가 이미 특수한 문자를 만들어 냈다는 것, 이것은 이들 여러 문화의 전 형태사 및 그 내적 의의와 가장 밀접한 관계가 있는 것이다.

인간에 관한 우리의 실제 지식은 이들 두 시대에 한정된다. 그리고 이것은 (인간이라는 종족의 운명을 지배하고 있는 우주적 관계가 전혀 우리의 고려 밖에 있다는 것을 제외하더라도) 가능한 또는 어떤 새로운 시대에 대해, 혹은 또 그 '언제'와 '어떻게'에 대해 무엇인가 단안을 내리는 데는 충분하지 않다.

  나의 사고 방법과 관찰 방법은 현실적인 것의 관상학에 한정된다. 인간에 정통한 사람의 경험이 그 주위의 세계에 직면해, 활동인의 생활 경험이 사실에 직면해 활동을 중단하는 데 이 안목과 식견의 한계도 또한 존재하고 있다. 저 두 시대의 존재는 역사적 경험의 하나의 사실이다. 게다가 우리가 원시 문화에 대해 경험을 갖는 것은 거기에서, 그 유물 속에서 무엇인가 통일된 것을 개관할 수 있기 때문이고, 또 그 보다 깊은 의의를 우리와의 내적 근친에서 느낄 수 있기 때문이다. 그러나 제2의 시대는 또한 달리 전혀 다른 종류의 경험을 우리에게 허용한다. 인간 역사 속에 갑자기 고도 문화의 유형이 나타난다는 것은 하나의 우연이지만, 그 우연의 의미는 확증될 도리가 없다. 지구의 존재의 저 돌연한 사건이 전혀 다른 형태를 출현시킬지 어떨지도 또한 불확실한 일이다. 그러나 여덟 개의 이런 문화가 우리 면전에 있고, 모든 것이 같은 구조를 지니고, 같은 발전과 수명을 지니고 있다는 사실이 우리에게 비교 관찰을 허락하고, 그리고 그 때문에 소멸한 기원을 넘어 후방으로, 또 다가올 기원을 넘어 전방으로 확대해 가는 것을 허용한다(물론 다른 종류의 운명이 이 형태계 일반을 돌연 새로운 형태계로 바꾸는 일은 없으리라고 가정하고 하는 이야기이다). 이것을 행할 권리를 우리에게 주는 것은 유기적 존재에 대한 일반적 경험이다. 우리는 맹금류라든가 침엽수의 역사에서 새로운 종이 생기는지 어떤지, 또 언제 생기는지를 예견할 수 없다. 그와 마찬가지로 문화의 역사에서도 미래에 새로운 문화가 생길지 어떨지, 또 언제 생길지 예견할 수 없다. 그러나 새로운 생물이 모태에 깃들이거나, 또는 종자가 땅속에 묻힌 순간 이후에는 우리는 새로운 생명 과정의 내적 형식을 알게 된다. 이 형식의 발전과 완성은 모든 외적인 힘에 의해 그 평정함만은 방해받지만, 그 본질은 변화될 수 없는 것이다.

이 경험이 그 이상으로 가르쳐 주는 것은 오늘날 전 지구상에 확대되어 있는 이 문명이 제3의 시대가 아니라 오로지 서양 문화에만 특유한 하나의 필연적인 단계라는 것이다. 이 단계는 다른 그것과는 단지 확대의 힘이라는 점만이 다르다. 여기에서 경험은 끝난다. 미래의 인간이 어떤 새로운 형태를 취해 그 존재를 이어 나갈까, 일반적으로 다른 형태가 나타날까 어떨까를 사색하거나, 그렇지 않으면 종이 위에 '저래야 한다. 그리 이루어질 것이다'라는 장대한 계획을 세우는 것은 너무 무의미한 유희이고, 조금이라도 가치가 있는 생명의 힘을 쓸 만하다고 생각되지 않는다.

고도 문화의 군은 결코 유기적 통일이 아니다. 이들 문화가 이 숫자로 이 장소와 이 시기에 생겼다는 것은 인간의 눈에는 깊은 의미가 없는 우연사이다. 이에 반해 개개의 문화의 구성은 극히 명료하게 나타나고 있다. 그 때문에 중국, 아라비아 및 서양의 역사 기술, 또 종종 교육을 받은 사람의 일치하는 감정이 전혀 손볼 수 없는 일련의 이름을 만들어 낸 것이다.[8]

거기에서 역사적 사고에는 이중의 임무가 있다. 하나는 여러 문화 개개의 생명과 행정을 비교 관찰하는 것이고, 이것은 분명히 요구되고 있었음에도 불구하고 오늘날까지 고려되지 않았던 것이다. 다른 하나는 문화 상호간의 우연적이고 불규칙한 관계의

---

8) 괴테는 그의 소논문 〈Geistesepochen〉에서 각 문화의 네 가지 부분, 즉 전 시대, 전기 시대, 후기 시대 및 문명이라는 특징을 오늘날에도 여전히 아무것도 덧붙일 수 없을 정도로 심오하게 표현했다. 제1권에 있는 표를 참조하라. 그것은 이것과 정확히 일치하고 있다.

의미를 탐구하는 것이다. 이것은 오늘날까지 게으르고 피상적인 방법으로 행해지고 있었던 것으로, 전체의 혼잡을 원인 결과적으로 설명하고, 이것을 하나의 세계사의 '행정'에 가지고 들어왔다. 그러나 그 때문에 이들 관계의 극히 어렵지만 불분명한 점을 밝히는 바가 많은 심리가 불가능해지고, 또 여러 문화 자체의 내적 생활의 심리도 불가능해진다. 이 제2의 임무는 오히려 제1의 임무가 해결되었다고 가정한다. 이들의 관계는 무엇보다 우선 공간적 및 시간적 거리에 의해 아주 다르다. 십자군 속에서는 초기 시대가 성숙한 옛 문명에 직면하고 있고, 에게 해의 크레타·미케네의 세계에서는 하나의 문명 전기는 하나의 전정기에 이른 후기 시대에 직면하고 있다. 문명이라는 것은 예컨대 인도 문명이 동쪽에서 아라비아 세계로 방사되듯이 무한히 먼 곳에서 방사될 수 있거나, 또는 그리스·로마가 서쪽에서 아라비아 세계 위에 가로놓이듯 늙은 채 질식시키듯 청년 위에 가로놓일 수 있다. 그러나 관계는 또한 종류와 강도에 의해서도 달라진다. 서양 문화는 관계를 탐구하고, 이집트 문화는 그것을 회피한다. 전자는 수없이 비극적인 동요 속에서 이에 굴복하고, 그리스·로마는 고뇌도 없이 이것을 이용한다. 그러나 이것은 그 조건을 문화 자체의 혼 속에 지니고 있고, 그리고 때로는 그 특유한 언어보다도 더 잘 이 정신을 가르친다. 왜냐하면 그 언어는 전달하기보다도 오히려 숨기 때문이다.

10

문화의 군으로 시선을 던지면 문제가 잇달아 해결되어 간다. 19세기의 역사 연구는 자연과학의 지도를 받고, 역사 사상은 바로크 이념의 지도를 받았는데, 이 19세기는 우리를 단지 새로운 세계를 발 밑에서 볼 수 있는 정상으로 인도해 주었을 뿐이다. 우리는 이 새로운 세계를 일간 언젠가는 소유하게 될까.

　이런 커다란 생명 행정들을 똑같이 다룰 때에는 오늘날에도 역시 어쩔 수 없는 어려움에 부딪친다. 이 어려움은 먼 지역에 대해 진지한 작업이 전혀 이루어지고 있지 않는 데서 일어난다. 여기에 또다시 서유럽인의 독단적인 안계(眼界)가 나타나 있다. 이 안계는 어떤 고대로부터 하나의 중세를 통해 자기에게 다가오는 것만을 이해하려 할 뿐이고, 다른 특유한 길을 걷는 모든 것은 변변히 다루지 않는다. 중국과 인도의 세계에 대해서는 이제 겨우 예술, 종교 및 철학과 같은 약간의 분야에 손을 대고 있을 뿐이다. 정치사가 있다면 만담식으로 강술(講述)되고 있다. 중국 역사의 국법상의 대문제, 주나라 여왕(厲王)의 호헨슈타우펜적 운명(1842년), 659년의 최초의 제후의 회맹(會盟), '로마 국가' 진(秦)이 대표하는 제국주의(연횡)의 원칙과 국제연맹 관념(합종)의 원칙의 500~300년 사이에 걸친 싸움, 중국의 아우구스투스인 시황제의 발흥(221년) 등을 몸젠이 아우구스투스의 원수제를 다룬 것과 마찬가지로 철저하게 다루는 것은 아무도 생각하지 않는 일이다. 인도의 국가사를 설사 인도인이 완전히 잊어버렸다 하더라도, 그래도 불타 시대부터의 재료는 제7 및 제8세기의 그리스·로마의 역사 재료보다 많다. 그럼에도 불구하고 우리는 '인도인'이라는 존재가 완전히 그 철학에 몰두하고 있었던 것처럼 다루고 있다. 마치 그것은 우리 고전학자의 견해에 따르면 아테네인은 일리소스 강변에서 철학을 사색하면서 미(美) 속에서 생활하고 있었다고 하는데, 그와 마찬가지이다. 이집트의 정치와 관련해서도 또한 거의 고려된 일이 없다. 후기 이집트의 역사가는 힉소스 시대라는 이름의 배후에 중국의 역사가가 '전국 시대'로 다룬 것과 똑같은 위기를 숨기고 있다. 이것을 누구 한 사람

제1장 기원(起源)과 토지   271

아직 탐구한 일이 없다. 그리고 아라비아의 세계에서는 관심이 미치고 있는 범위는 그리스·로마어가 쓰인 지역에만 한정되어 있다. 디오클레티아누스의 국가 창조에 대해 써서 남기고 있지 않은 것이 무엇이었던가. 그리고 예컨대 소아시아 여러 주의 전혀 아무래도 좋은 그런 행정사에 대해서는 어떤 종류의 재료가 모여졌던가——왜냐하면 그것은 그리스어로 씌어져 있었기 때문이다. 게다가 모든 점에서 디오클레티아누스의 모범이 되고 있었던 사산조 국가가 고려되는 것은 다만 그들이 로마와 전쟁을 벌일 때뿐이었다. 그것이 그 특유한 행정사 및 법률사와 어떤 관계가 있는 것일까. 이집트, 인도와 중국의 법률 및 경제에 대해 그리스, 로마의 법률에 관한 저작에 비견할 수 있을 만한 어떤 것이 모여졌던가.[9]

---

9) 마찬가지로 5000년 동안 인간 역사의 무대가 되고 있던 땅의 역사(즉 지면, 식물층, 기상의 역사)도 빠져 있다. 그러나 인간의 역사는 땅의 역사에서 그 몸을 떼치려고 몹시 애쓰고 있지만, 수천 개의 뿌리로 땅에 단단하게 깊이 묶여 있다. 그것이 없으면 생활, 정신, 사상이 전혀 이해될 수 없을 정도이다.
　남유럽의 땅에 대해 말하면 빙하 시대가 끝난 이래 식물계는 극히 과다했던 것이 점차 빈약해졌다. 이집트, 그리스·로마, 아라비아, 서양의 여러 문화가 이어지고 있는 사이에 지중해 주위에 기후의 변화가 일어났다. 그 때문에 농민은 식물계에 대한 싸움에서 식물계를 위한 싸움으로 들어가지 않으면 안 되게 되었던 것이다.
　사하라 사막은 한니발 시대에는 카르타고의 남쪽 멀리 가로놓여 있었지만, 오늘날에는 이미 북부 스페인과 이탈리아에 침입하고 있다. 그것은 부조(浮彫)에 숲과 사냥하는 것을 그린 이집트의 피라미드 건축사의 시대에는 어디에 있었던가.
　스페인인이 무어인을 쫓아냈을 때에는 삼림지 및 경작지로서 단지 인위적으로만 유지되었던 땅의 특징이 소멸했다. 도시는 사막 속의 오아시스가 되었다. 로마 시대에는 이런 일이 없었을 것이다.

기원전 3000년경[10]에 긴 '메로빙조 시대'(이것은 이집트에서는 아직도 명료하게 보인다) 뒤에 두 개의 가장 오래 된 문화가 나일 강 하류와 유프라테스 강 하류의 극도로 좁은 지역에서 일어났다. 이들 경우에 초기 시대와 후기 시대는 오래 전부터 고제국과 중제국, 수메르와 아카드라는 이름으로 구별되고 있었다. 이집트 봉건 시대의 종말은 그 세습 귀족의 발생과 이 때문에 생긴 제6왕조 이래의 고제국의 붕괴에 의한 것인데, 이것은 주나라 의왕(懿王, 934~949년) 이래의 중국 초기 시대와 하인리히 4세 이래의 서양의 초기 시대에 있어서의 추세와 놀랄 만큼 유사성을 보여 주기 때문에 다시 한 번 비교 연구가 이루어져야 한다고 생각케 할 정도이다. 바빌론의 '바로크' 초기에 즈음하여 사르곤 대왕(2300년)이 나타났다. 대왕은 지중해 연안까지 밀고 나아가 키프로스 섬을 정복하고, 유스티니아누스 1세나 카를로스 5세처럼 자신을 '사대주(四大州)의 주인'으로 칭했다. 나일 강변에서는 1800년경에, '아카드 및 수메르'에서는 그보다 약간 일찍 최초의

---

10) 비교형태학이라는 새로운 방법은 옛날의 여러 문화에 대해 종래 전혀 다른 방법으로 시도되었던 연대 확정을 확실히 시험할 수 있다. 다른 모든 기록이 사라졌을 경우에조차 괴테의 출생을 《파우스트》보다 100년 빠르게 정할 수 없고, 또 알렉산드로스 대왕의 경력을 다른 보다 나이 많은 사람의 경력이라고 추정할 수 없다. 그와 같은 이유에서 정치적 생명 개개의 특징에서, 예술, 사상 및 종교의 정신에서 이집트 문화의 서광이 3000년경에, 중국 문화의 서광이 1400년에 나타났다는 것이 증명될 수 있는 것이다. 프랑스 연구자의 선정, 또 최근에는 보르하르트(Borchardt, Die Annalen und die zeitliche Festlegung des Alten Reiches, 1917)의 산정은, 중국의 역사가가 전설적인 하은(夏殷) 시대의 기간에 대해 오산하고 있다고 똑같이 본래 처음부터 오류를 범하고 있다. 마찬가지로 이집트의 역법이 4241년에 채용되었다는 것도 전혀 있을 수 없는 일이다. 어떤 연대학이든 하나의 발전에는 근본적인 역법 개혁이 수반되는 것을 인정하지 않으면 안 되기 때문에 개벽(開闢) 연대의 산정은 완전히 무의미해진다.

문명이 또한 시작되고 있는데, 그 속에서 아시아 문명이 강대한 확장력을 보여 주고 있다. '바빌론 문명의 공적'이라 불리는 것, 즉 계획, 계산, 감정에 관한 많은 것이 거기에서 아마도 북해에, 또 황해(黃海)에까지 미쳤을 것이다. 기구에 붙여진 바빌론의 많은 상표가 게르만 야만인에 의해 마법의 기호로 외경되고, '원시 게르만'의 장식의 기원이 되었을 것이다. 게다가 그사이에 바빌론의 세계 자체는 손에서 손으로 옮겨지고 있었다. 코사크인, 아시리아인, 칼데아인, 메디아인, 페르시아인, 마케도니아인 등이 강력한 지휘자의 지도하에 있는 극히 소수[11]의 군대로 교대로 이 수도에 나타났는데, 주민은 이에 대해 진지하게 저항하지 않았다. 이것은 '로마 제정 시대'의 최초의 하나의 실례이다. 이집트의 사태도 이와 다를 바가 없었다. 코사크인 밑에서 근위병은 지배자를 세우고 또 폐했다. 아시리아인은 코모두스 이래의 군인 황제처럼 옛 국법적 형식을 유지하고 있었다. 페르시아인 키로스와 동고트인 테오드리히는 스스로를 제국의 관리자라 믿고, 메디아인 및 랑고바르드인은 이민족 사이에 있어서의 지배 국민으로 믿었다. 그러나 이것은 국법상의 구별이고 사실상의 구별은 아니다. 아프리카인 셉티미우스 세베루스의 군단은 알라릭의 서고트인과 완전히 같은 것을 원했다. 그리고 아드리아노폴리스(하드리아노폴리스)의 전투에서는 '로마인'과 '야만인'이 거의 구별되지 않게 되어 있었다.

  1500년 이래 세 개의 새로운 문화, 우선 첫째로 인도 문화가

---

  11) 에두아르트 마이어는 (《고대사》 제3권, 97) 페르사이인을 바빌론 제국의 5천만에 대해 50만으로 계산했다(그래도 아마 여전히 너무 많을 것이다). 같은 크기의 관계가 로마 제국의 인구에 대한 제3세기의 게르만 민족과 군인 황제의 군단 사이에, 또 이집트 인구에 대한 프톨레마이오스와 로마인의 군대 사이에 존재한다.

펀자브 상류에서, 1400년경에 중국 문화가 중부 황하에서, 1100년경에 그리스·로마 문화가 에게 해에서 생기고 있다. 중국의 역사가는 3대 왕조——하(夏), 은(殷), 주(周)——에 대해 말하고 있는데, 그것은 나폴레옹이 자신을 메로빙 왕조, 카롤링 왕조, 카페 왕조의 뒤를 이은 제4왕조의 창시자로 간주한 의미에 거의 상당하고 있다. 실제 제3왕조는 각각 문화의 전 경과를 몸으로 보호했다. 441년경 주왕실의 실권 없는 지위를 지닌 왕이 '동(東)의 공백(公伯)'의 국가 은급자가 되었을 때, 또 1792년에 '루이 카페'가 사형에 처해졌을 때 어느 문화나 또한 문명으로 옮아 가고 있었다. 후기 은 시대의 약간의 아주 오래 된 청동이 보존 되고 있는데, 그것은 뒤의 예술에 대해 마치 미케네 도기(陶器)가 초기 그리스 도기에 대해 갖는 관계, 또 카롤링 왕조 예술이 로마네스크 예술에 대해 갖는 관계와 동일한 관계를 갖고 있다. 베다, 호메로스 및 중국의 초기 시대는 그 '궁중 백령(伯領)' 및 '성채(城塞)'을 통해, 기사도 및 봉건 지배를 통해 고딕의 모습을 여러 가지로 보여 주고 있다. 그리고 '패자(覇者, 맹주)의 시대' (685~591년)는 완전히 크롬웰, 발렌슈타인, 리슐리외 및 그리스 의 참주 시대에 해당하고 있다.

중국의 역사가는 480~230년을 '전국 시대'라고 명명하고 있다. 이것은 마침내 대군대와 무서운 사회적 동요를 수반하는 100년에 걸친 끊임없는 전쟁이 되고, 그리고 여기에서 '로마 제국'진이 중국 제국의 건설자로 나타났던 것이다. 이집트는 이것을 1800~1550년(1675년 이래의 '힉소스 시대') 사이에, 그리스·로마는 이것을 카이로네아 이후, 또 그라쿠스 형제에서 악티움(133~31년)에 이르는 사이에 무서운 형태로 체험했다. 그것이 19세기 및 20세기의 유럽·아메리카 세계의 운명이다.

그 사이에 중점이 아티카에서 라티움으로 옮겨진 것과 마찬가지로, 황하[何南府]에서 양자강(오늘날의 호남성)으로 옮겨졌다. 그 당시에 주강(珠江)이 중국의 식자들에게 불분명했던 것은, 알렉산드리아의 학자들에게 엘베 강이 불분명했던 것과 마찬가지였다. 그리고 그들은 인도의 존재에 대해 아직 아무런 관념도 지니고 있지 않았다.

지구의 다른 쪽에 율리우스 클라디우스 가의 황제가 나타났듯이, 중국에서는 강력한 왕 정(政)이 나타났다. 정은 수많은 결전을 통해 진나라를 유일한 지배자로 만들고, 그리고 221년에 '시(始)'라는 아우구스투스('시'는 바로 이것을 의미한다)[이것은 착각으로서 아우구스투스는 본래 '존엄한'을 의미한다]의 칭호를 취하고, '황제'라는 카이사르의 이름을 채용했다. 시황제는 '중국의 평화'를 확립하고, 피폐한 제국 내에서 대사회개혁을 행하고, 그리고 로마에 앞서 완전히 로마적인 중국의 리메스(Limes, 국경의 성벽)인 유명한 만리장성의 축조를 시작했다. 그는 이를 위해 214년에 몽고의 일부를 정복했다(로마인 사이에서는 바루스 전투 이후 야만인에 대해 확고한 경계선을 만들려는 생각이 시작되었다. 그리고 성벽이 축조된 것은 서기 1세기였다). 그는 대원정을 감행해 양자강 남쪽에서 야만족을 굴복시키고, 군사 도로, 이주, 성채를 통해 그 영토를 확보한 제1인자였다. 게다가 그의 가족사도 마찬가지로 로마적이다. 즉 그의 집안에서는 황제의 어머니의 첫 남편인 승상 여불위(呂不韋)와, 그의 시대의 아그리파이며 중국의 문자를 통일한 대정치가 이사(李斯)가 일역을 담당하고 있었지만, 네로적인 난행으로 급격히 몰락했던 것이다. 그에 뒤이은 두 한(漢)왕조(서한은 기원전 206~서기 23년, 동한은 25~220년) 사이에 판도는 점점 더 확대되고 있었지만, 그 반면에 수도에서는 환관과 재상, 장군 및 병사들이 그 지배자를 임의로 세우거나 폐했다. 무제(武帝, 기원전 140~86년)와 명제(明帝, 서기

58~76년) 밑에서 중국·공자적, 인도·불교적, 또 그리스·로마·스토아적 세계 세력이 뒷바다에서 서로 가까워지고 쉽게 접촉할 수 있었을지도 모를 정도의 시기는 정말 드문 순간이다.[12]

우연의 섭리에 의해 그 당시 흉노의 격렬한 공격이 그때마다 강력한 황제가 지키고 있는 장성에 부딪쳐 좌절했다. 흉노는 기원전 124~119년에 중국의 트라야누스인 무제 때문에 결정적인 패배를 맛보았다. 무제는 인도로 가는 길을 손에 넣기 위해 남중국을 마지막으로 병합하고, 그리고 타림에 이르는, 거대한 성채에 의해 지켜지는 군사 도로를 축조했다. 거기에서 흉노는 마침내 서방으로 향하고, 뒤에 게르만 여러 종족을 몰아내면서 로마의 변경 성벽 앞에 나타났다. 여기에서 그들은 성공을 거두었던 것이다. 로마 제국은 몰락했다. 그리고 그 결과 단지 중국과 인도 제국만이 아직 오늘날에도 남아 끊임없이 교대로 열강의 좋은 먹이가 되고 있다. 오늘날에 서방의 '붉은 털의 야만인'은 고도로 문명화된 '바라문'이나 '중국 관리'의 눈으로 보면, 몽고인이나 만주인과 아무런 차이도 없고, 또 최소한 그보다 나을 것이 없는 역할을 하고 있는 것이다. 그리고 또 마찬가지로 그 뒤에는 그 후계자가 올 것이다. 이에 반해 깨어 부서진 로마 제국의 식민 지역 위에서는 북서쪽에서는 서양 문화의 전기가 준비되고, 동쪽에서는 이미 아라비아의 초기가 발달하고 있었다.

이 아라비아의 문화는 하나의 발견이다. 그 통일은 뒷날의 아라비아인은 이미 느끼고 있었지만 서양의 역사 연구가들은 전혀 돌아보지 않았던 것으로, 그에 붙일 적당한 명칭이 한 번도 발견

---

12) 그것은 인도조차도 그 당시 제국주의적 경향이 마우리아조 및 숭가조에 나타났기 때문이다. 그러나 이것은 인도의 본질에 있어서는 단지 분란과 무익함을 가져왔을 뿐이다.

되지 않았을 정도이다. 지배적인 언어를 기초로 하여 말하면 문화 전기(前期) 및 초기 시대는 아랍적이고, 후기 시대는 아라비아적이라고 이름붙여도 좋을 것이다. 실제 이름은 없다. 모든 문화는 여기에서 분명히 서로 인접해 가로놓였고, 그 때문에 확대된 모든 문명은 몇 겹으로 서로 중첩되어 있었다. 아라비아의 전기는 페르시아 및 유태인 사이에서 인정될 수 있는데, 이것은 완전히 옛 바빌론 세계의 범위 내에 가로놓여 있었다. 그러나 초기 시대는 마침 이때 완전히 성숙한 그리스·로마 문명의 강대한 매력에 사로잡혀 있었다. 이집트 및 인도 문명은 분명히 느껴질 정도로 여기에 이르고 있다. 하지만 이번에는 아라비아 정신이 대부분 후기 그리스·로마의 가면 아래 그 매력을 태어나고 있는 서양의 문화에 미쳤다. 그리고 아라비아 문명은 남스페인, 프로방스 및 시칠리아 민중의 혼 속에서 오늘날에도 여전히 사멸하지 않은 그리스·로마 문명 위에 겹쳐 쌓여 있고, 고트 정신의 교육의 모범이 되었다. ──이 문화에 속하는 땅은 놀랄 만큼 확대되고 또 토막토막 끊겼다. 팔미라 또는 크테시폰에 몸을 두고 그곳에서 외부를 생각해 보자. 북에는 오스로에나가 있다. 에데사는 아라비아 초기 시대의 피렌체가 되었다. 서쪽에는 신약성서와 유태의 미슈나를 낳은 시리아와 팔레스타인이 있고, 알렉산드리아는 언제나 변함 없는 전초기지이다. 동쪽에서 마즈다교는 커다란 부활을 경험했다. 이것은 유태인 사이의 그리스도의 출생에 상당하는 것인데, 이에 대해 우리는 아베스타 문헌의 단편으로부터 그것이 태어났음에 틀림없다는 결론을 얻을 수 있을 뿐이다. 여기에서는 또한 탈무드와 마니교도 태어났다. 이슬람의 미래의 고향인 남방 깊숙한 곳에서는 기사(騎士) 시대가 사산조 때와 마찬가지로 충분히 발전할 수 있었다. 그곳에는 오늘날에도 여전히 성채나 거성(居城)의 유적이 미탐사 상태로 그대로 남아 있는데,

아프리카 연안의 악숨의 그리스도교국과 아라비아 연안의 힘야르인의 유태국 사이에, 로마와 페르시아가 외교적으로 부추겨 결전이 벌어졌다. 가장 북쪽에 있는 것은 비잔티움으로, 이것은 후기 문명화된 그리스·로마적 형태와 초기 기사적 형태의 기묘한 혼합이다. 그것은 특히 비잔티움의 군제사(軍制史) 속에 아주 혼란스럽게 나타나 있다. 마지막으로 이슬람은 게다가 너무도 뒤늦게 이 세계에 통일의 의식을 주었다. 이 통일 의식에 바탕을 두고 있는 것이 그리스도교도, 유태인, 페르시아인을 거의 무의지적으로 귀의시킨 그 승리의 자명함이다. 그리고 이슬람에서 아라비아 문명이 발전해 그 지적 완성의 최고봉에 달했을 때, 일시적으로 서양의 야만인이 침입해 예루살렘으로 진격했던 것이다. 이 침입이 일류의 아라비아인의 눈에 어떻게 보였을까. 아마도 볼셰비즘적인 것이든가, 아라비아 세계의 정치에 있어서 '프랑키스탄'에 있어서의 관계가 경멸되는 것이었으리라. 이 땅에서 보아 '극서'라 불리는 곳에서 일어난 30년 전쟁시, 콘스탄티노플 주재 영국 공사가 터키로 하여금 합스부르크 가에 대항해 싸우게 하려 했을 때조차, 아라비아 세계의 수평선 저편에 있는 이 작은 도적 국가들은 모로코에서 인도에 이르는 커다란 정치 관계에서는 거의 문제가 되지 않는다고 생각되었던 것이 분명하다. 미래에 관한 예상은 나폴레옹이 이집트에 상륙했을 때에도 아직 다수의 사람이 지니지 못한 것이었다.

그사이 멕시코에서 새로운 문화가 생겼다. 이 문화는 다른 모든 문화로부터 극히 멀리 떨어져 있어서 상호간에 아무런 교류도 행해지지 않았을 정도이다. 그럼에도 불구하고 더욱더 놀라운 것은 그 발전이 그리스·로마 문화와 비슷하다는 것이다. 고전학자로서 이 테오칼리(Teocalli, 계단식 피라미드와 그 위의 아스텍족의 신전) 앞에 서서 그 도리스식 사원을 생각한다면 두려움에 깜짝 놀라 쓰러질 것이다. 게다가 기술에 대해 권력의지가 없었다는 것이야말로 바로 그리스·로마적 특징의 하나로, 그것이 무장(武裝)의 방법을 정했기 때문에 마침내 파국이 가능해진 것이다.

왜냐하면 이 문화는 폭력적으로 살해된 유일한 실례이기 때문이다. 이 문화는 쇠퇴한 것이 아니라, 금압당하거나 방해받거나 한 것이 아니라 마침 우연히 지나가는 자에게 머리를 잡아 뽑힌 해바라기처럼 한창 발전하고 있을 때 학살당하고 파괴되었던 것이다. 모든 이 아메리카 여러 국가는 그 속에 하나의 세계 강국과 하나 이상의 국가연합을 내포하고 있다. 그 넓이와 자원은 한니발 시대의 그리스·로마 제국의 그것을 훨씬 능가하고 있다. 정치는 포괄적인 고도의 것이고, 재정은 세심한 주의 아래 조직되고, 입법은 고도로 발달되고, 행정 사상, 경제적 관례는 카를로스 5세의 대신들이 상상도 하지 못했던 것이며, 문학은 수많은 언어에 의한 풍부한 것이고, 대도시의 총명하고 고상한 사회는 서양이 그 당시 단 하나도 보일 수 없는 것이었다――이것들은 모두 절망적인 전쟁에 의해 부서진 것이 아니라 소수의 강도들에 의해 몇 년 사이에 완전히 절멸당했기 때문에 살아 남은 주민이 그 문화를 기억조차 하고 있지 못할 정도였다. 거대한 도시 테노치티틀란의 땅 위에는 한 조각의 돌도 남아 있지 않다. 유카탄의 원시림 속에는 마야 제국의 대도시가 잔뜩 늘어서 있었는데, 곧 식물로 뒤덮여 버렸다. 우리는 그 이름을 단 하나도 알지 못한다. 문학상으로는 세 권의 책이 남아 있지만, 아무도 이것을 읽을 수가 없다.

이 사건에서 가장 무서운 것은, 그것이 전혀 서양 문화의 필연에 기초한 것이 아니었다는 것이다. 그것은 모험가의 개인적인 사건이었다. 그리고 그 당시 독일, 영국 및 프랑스에서 아무도 여기에서 무엇이 행해지고 있었는지 예감하지 못했다. 인간 역사에는 아무런 의의가 없고, 다만 개개의 문화의 생명 행정 속에 하나의 깊은 의미가 있다는 것을 보여 주는 것이 지상 어딘가에 있다면, 이것이야말로 그것이다. 여러 문화 상호간의 관계는 무의미하고 우연이다. 멕시코 문화의 경우에는 우연은 무서울 정도로 평범하고 웃을 수밖에 없는 것이며, 어리석고 열등하기 짝이 없는 익살극 속에도 집어넣어서는 안 될 정도의 것이다. 이 비극은 23문의 조악한 대포와 수백 정의 화승총으로 시작되고, 그리고 그것으로 끝났던 것이다.

이 세계의 극히 개략적인 역사조차 확실히 알기란 영원히 불가능하다. 십자군, 종교개혁에 버금가는 사건이 흔적도 없이 완전히 잊혀져 버렸다.

단지 최근 수십 년 사이에 비로소 후기의 발전의 윤곽이 연구되고 확정되었다. 그리고 이런 사실들을 단서로 하여 비교형태학은 이 문화의 상을 다른 문화의 상에 의해 확대하고 심화할 수 있다. 이에 따르면 이 문화의 기원은 아라비아의 그것보다 200년 뒤늦고, 서양 문화의 그것보다 대략 700년 빠르다. 중국과 이집트처럼 문자와 역법을 발전시킨 문화 전기(前期)가 존재하고 있었지만, 그러나 우리는 더 이상 알 수 없다. 연대 계산은 하나의 시발점의 연대로 시작되었는데, 이것은 그리스도의 출생보다 훨씬 이전의 것이다. 그러나 그리스도의 출생을 이 연대의 어디쯤에 두어야 하는지를 결코 확실히 정할 수 없다. 아무튼 이것은 멕시코인의 특히 강하게 발달된 역사 감각을 증명하는 것이다.

'헬라스'적인 마야(Maya) 국가의 초기 시대는 옛 여러 도시[13] 코판(Copan, 남부)과 티칼(Tikal), 그리고 약간 뒤늦게 치첸이트

---

13) 이 이름들은 폐허 곁에 있는 오늘날의 촌락 이름이다. 본명(本名)은 사라졌다.

사(Chichen Itza, 북부), 나란호(Naranjo), 세이발(Seibal)에 있는, 날짜가 새겨진 부조(浮彫) 기둥에 의해 증명된다(약 160~450년). 이 기간의 끝 무렵에는 치첸이트사는 그 건물로 수백 년에 걸쳐 모범이 되고 있다. 이와 나란히 팔렝케(Palenque) 및 피에드라스 네그라스(Piedras Negras, 서부)의 호화로운 전성기를 본다. 이것은 후기 고딕 및 르네상스에 해당하는 것이리라(450~600년, 서양에서는 1250~1400년?). 후기 시대(바로크)에는 참프툰이 양식 형성의 중심점으로 나타난다. 이때에 아나후악의 고원에서 '이탈리아적인' 나후아 여러 민족에 대한 영향이 시작된다. 이들 민족은 예술적, 또 지능적으로는 단지 수용적인 데 불과하지만, 그 정치적 본능에서는 마야를 훨씬 능가하고 있다(약 600~960년, 그리스·로마에서는 750~400년, 서양에서는 1400~1750년?). 이어서 마야의 '헬레니즘'이 시작된다. 960년경 욱스말이 건설되고, 곧 일류 세계도시가 되었다. 이것은 마찬가지로 문명의 초기에 건설된 세계도시(바그다드나 알렉산드리아)와 똑같다. 이와 나란히 라브나 마야판, 착물툼, 그리고 또 치첸이트사와 같은 빛나는 대도시의 계열이 있다. 그것들은 대규모적인 건축의 정점을 이루는 것이고, 그 이후 전혀 새로운 양식을 산출하지 않지만, 그럼에도 불구하고 옛 동기를 고아한 취미로 대규모적으로 응용하고 있다. 정치는 유명한 마야판 연맹(690~195년)에 의해서 지배되었다. 이것은 세 지도 국가의 동맹이고, 많은 대전쟁과 빈번한 혁명에도 불구하고 인위적이고 강압적이긴 하지만 형세(形勢)를 유지하고 있었던 것 같다(그리스·로마에서는 350~150년, 서양에서는 1800~2000년).

 이 기간의 종말을 특징짓는 것은 대혁명이다. 이와 관련하여 '로마적인' 나후아 여러 나라가 결정적으로 마야 사태에 간섭했다. 후낙 세엘은 이들 여러 나라의 도움을 빌려 일반적인 혁명을 야기시키고, 그리고 마야판을 파괴했다(1190년경. 그리스·로마에서는 대략 150년). 그 후의 사건은 성숙된 문명의 전형적인 역사이고, 각각의 국민은 군사적인 패권을 다투고 있었다. 마야의 여러 큰 도시들은 로마 시대의 아테네 및 알렉산드리아처럼 명상적인 행복에 잠겨 있었다. 그러나 그사이에 나후아 지역의 저편에서 이들 민족 가운데 가장 젊은 아스텍족이 야생 그대로 야만스럽게, 그럼에도 불구하고 만족할 줄 모르는 권력에의 의지를 가지고 발전하고 있었다. 그들이 1325년에 건설한 테노치티틀란(그리스·로마에서는 아우구스투스 시대)은 곧 전 멕시코 세계의 지배적인 수도로 높여졌다. 1400년경에는 대규모적인 군사적 팽창이 시작되었다. 정복된 영토가 군사적 식민과 군사 도로망에 의해 확보되고, 종속된 여러 나라가 탁월한 외교에 의해 억제되고 서로 분리되었다. 제국적 테노치티틀란의 영역은 거대한 것이 되고, 그 주민은 국제적이고, 이 세계 제국의 언어를 사용하지 않는 자는 없었다. 나후아 여러 주가 정치적으로도 군사적으로도 확보되었다. 남방 진출이 급격해지고, 바야흐로 마야 제국을 수중에 넣으려 했다. 다음 수백 년에 있어서의 사태의 추이 여하는 예단을 허락지 않는 면이 있었다. 이때에 종말이 왔던 것이다.

  그 당시의 서양은 마야가 700년경에 이미 통과한 단계에 있었다. 프리드리히 대제의 시대가 되어 비로소 마야판 연맹의 정책을 이해할 수 있을 정도로 성숙했을 것이다. 아스텍이 1500년경에 조직한 것은 우리에게는 아직 먼 미래 속에 있다. 그러나 그 당시에 이미 파우스트적 인간을 다른 모든 문화의 인간으로부터 구별시키는 것은 억제할 수 없는 명에의 충동이고, 이것이 마지막으로 멕시코 및 페루 문화의 절멸을 야기시켰던 것이다. 이 충동은 유례가 없다. 그리고 모든 분야에서 나타나고 있다. 확실히 이오니아 양식은 카르타고 및 페르세폴리스(Persepolis)에서 모방되고, 헬레니즘적 취미는 인도의 간다라 예술 속에서 칭송되고 있다. 얼마나 많은 중국적인 것이 고도(高度) 북부의 원시 게르만 목조 건축술 속에 들어가 있는지 아마도 미래의 연구가 발견할 것이다. 회교 사원의 양식은 인도, 중국에서 북러시아에 이르기까지, 또 서부 아프리카 및 에스파니아에 이르기까지 미치고 있었다. 그러나 이것들은 모두 서양 양식의 확대에 비하면 무(無)와 같다. 이 양식사 자체가 그 모태 위에서만 완성되는 것은 물론이지만, 그러나 그 영향이 미치는 것은 한계가 없다. 테노치티틀란이 서 있었던 장소에 스페인인은 스페인 회화와 조각으로 장식된 바로크 양식의 회당을 세웠다. 포르투갈인은 일찍부터 먼저 인도에서 일을 하고, 후기 바로크의 이탈리아와 프랑스의 건축사는 폴란드와 러시아 깊숙이 들어가 일했다. 영국류의 로코코, 특히 앙피르는 북미의 식민 여러 주 속에서 넓은 세력권을 지니고 있다. 그러나 그 훌륭한 방과 가구가 독일에는 그다지 알려져 있지 않다. 고전주의는 일찍부터 캐나다의 희망봉에서 큰 활동을 하고 있고 한계를 모를 정도이다. 그리고 어떤 형태 분야에서도 이 젊은 문명과 아직 잔존하고 있는 옛 문명과의 관계는, 젊은 문명이 옛 문명을 서유럽·아메리카적 생활 형태의 점점 두터워져 가는 층으로 뒤덮고, 그 속에서 오래 된 특유한 형태가 천천히 소멸해 가는 그런 관계가 되고 있다.

11

인간 세계의 이 상(像)은 그리스·로마, 중세 및 근대라는 오늘날에도 아직 가장 좋은 두뇌 속에 들러붙어 있는 상을 붕괴시키는 임무를 지니고 있는데, 이 새로운 상을 앞에 놓아둘 때 "역사란 무엇인가"라는 오래 된 문제에 대해 하나의 새로운 대답,

그리고 내가 믿는 바에 따르면 우리의 문명에 있어서 최종적인 대답이 가능해진다.

랑케는 (그의 《세계사》의 서문 속에서) "역사는 기념비가 해석될 수 있게 되고, 그리고 믿음을 둘 수 있는 문서의 기록이 존재하는 곳에서 시작된다"고 말하고 있다. 이것은 사실을 수집하고 정리하는 자의 대답이다. 분명히 여기에서는 일어난 것이 시대시대의 역사 연구의 안계(眼界) 내에서 일어난 것과 혼동되고 있다. 마르도니오스가 플라타이아이에서 패배했다는 것──이것이 2000년 뒤에 한 학자가 뭔가 이에 대해 아는 바가 없게 되었을 경우에는 역사가 아니게 되는 것일까. 그렇다면 생활은 책 속에서 논해질 때만 하나의 사실일까.

랑케 이후 가장 탁월한 역사가인 에두아르트 마이어는 말하고 있다. "역사적이라는 것은 활동적인 것, 혹은 활동적이었던 것이다. ……역사적 관찰이 동시대의 무수한 여러 사건 중에서 특히 문제삼는 개개의 사건은 이 역사적 관찰을 통해 비로소 하나의 역사적 사건이 되는 것이다"라고. 그가 말하고 있는 것은 완전히 헤겔류의 취미와 정신에 따르고 있다. 첫째로 사실이 문제이고, 사실에 대한 우리의 우연적인 지식이 문제는 아닌 것이다. 이 새로운 역사상이야말로 커다란 여러 결과를 수반하는 중요한 사실, 게다가 학자적인 의미에서는 결코 아는 바 없는 사실이 현존하고 있다는 것을 우리로 하여금 가정케 한다. 우리는 되도록이면 넓은 범위에 걸쳐 미지의 것을 고찰하는 것을 배우지 않으면 안 된다. 그리고 둘째로는 진리는 지능 때문에 존재하고, 사실은 생활과 관련해서만 존재한다. 역사적 고찰은 내 표현법에 따르면 관상학적 박자이다. 그것은 피가 결정하는 것이고, 과거와 미래에 미치는 인간 지식이며, 인물과 위치에 대한, 사건에 대한, 필연이었던 것에 대한, 존재하고 있었던 것이 틀림없는 것에 대한 천부적인 안목과 식견이고, 사실의 단순한 과학적 비판 및 지식이 아니다. 과학적 경험은 모든 참된 역사가에 있어서는 내친 걸음에 하는 것이고 덧붙여지는 것이다. 그것은 계시가 순간적으로 존재에 대해 이미 증명한 것을 이해와 전달을 이용해 자세히 다시 한 번 각성존재에 대해 증명하는 것이다.

파우스트적 현존재의 힘이 오늘날 다른 인간이나 다른 시대가 결코 얻을 수 없었던 그런 내적 모든 경험의 범위를 만들어 냈기 때문에, 우리에게서 아주 먼 사건이 다른 모든 인간에 있어서도, 또 그것을 가장 가깝게 체험하는 인간에 있어서조차도 존재할 수 없었던 의미와 관계를 점점 크게 갖기 때문에, 바로 그 때문에 100년 전까지만 해도 역사가 아니었던 많은 것이 오늘날에는 우리에게 역사(즉 우리의 생활과 조화되는 생활)가 된 것이다. 타키투스는 티베리우스 그라쿠스의 혁명의 사실을 아마도 '알고 있었을' 것이다. 그러나 타키투스에게는 그것은 조금도 현실적인 의의가 없었던 데 반해, 우리에게는 충분한 의미가 있다. 이슬람의 신봉자 누구에게나 그리스도 단성론자의 역사와 그 마호메트의 주위에 대한 관계는 아무런 의미도 없다. 하지만 우리는 거기에서 영국 청교주의의 발전을 다른 조건하에서 다시 한 번 알게된다. 전 지구를 하나의 무대로 삼게 된 하나의 문명, 그 문명의 세계에서는 결국 완전히 비역사적인 것은 이미 아무것도 없다. 19세기가 이해한 그런 그리스 · 로마──중세──근대라는 도식은, 단지 좀더 알기 쉽고 분명한 모든 관계로부터의 선택의 하나를 포함하는 데 불과하다. 그러나 오늘날 초기 중국의, 또 멕시코의 역사가 우리에게 영향을 미치기 시작하고 있는데, 그 영향은 그보다 정묘하고, 그보다 지적인 것이다. 즉 우리는 거기에서 생활 일반의 최후의 필연성에 대해 경험하고 있는 것이다. 우리는 거기에서 다른 생활 행정을 접해 보고 우리 자신을, 우리가 어떤지, 어떠하지 않으면 안 되는지, 또 어떨 것인지를 알게 되는 것이다. 그것은 우리 미래의 커다란 학교이다. 아직 역사를 갖고 있고 역사를 만들고 있는 우리, 그 우리는 여기에서 인류 역사의 최후의 한계 속에서 역사가 무엇인지 경험하는 것이다.

만약 수단의 흑인 두 종족 사이에, 또는 카이사르 시대의 케루스키족 및 카티족 사이에, 혹은 본질적으로는 같지만 두 개미족 사이에 싸움이 벌어졌다 하더라도, 그것은 단지 살아 있는 자연의 하나의 드라마에 지나지 않는다. 그러나 서기 9년에 케루스키족이 로마인을 쳐부수거나, 혹은 아스텍족이 틀라스칼란족을 쳐부순 것은 역사이다. 여기에서는 '언제'라는 것이 중요하다. 여기에서는 몇십 년도, 아니 몇 해도 중요하다. 왜냐하면 커다란 생활 행정에서는 어떤 결정도 하나의 기원의 위치를 취하는데, 그 생활 행정의 진행이 문제이기 때문이다. 거기에는 모든 사건이 향하는 목표가 있고, 자기의 사명을 실현시키려는 존재가 있으며, 하나의 속도가 있고, 하나의 유기적인 수명이 있다. 그것은 스키타이인, 갈리아인, 카리브인의 어수선한 흥망이 아니다. 그런 흥망의 개개의 사건은 비버 떼나 산양 떼가 많은 스텝 초원의 사건과 마찬가지로 하찮은 것이다. 이것들은 동물학적 사건이고 전혀 다른 종류의 초점 내의 것이다. 여기에서 문제가 되는 것은 개개의 민족이나 집단의 운명이 아니라 종으로서의 '인간', '산양', 또는 '개미'의 운명이다. 원시인은 역사를 단지 생물학적 의미를 지니고 있는 데 불과하다. 모든 전사적(前史的) 연구는 그런 결과가 된다. 불, 석기(石器), 금속 그리고 무기의 효력의 기계적 법칙 등에 부쩍부쩍 익숙해진다는 것은, 단지 틀과 그 틀 사이에 잠재되어 있는 가능성이 발전해 가는 것을 밝혀 줄 뿐이다. 두 종족 사이의 전투에서 이 무기들을 사용하는 목적, 그런 것은 이런 종류의 역사적 테두리 안에서는 아무래도 좋은 것이다. 석기 시대와 바로크, 이것은 하나의 속(屬)과, 그리고 하나의 문화——즉 초점 범위를 근본적으로 달리하는 두 개의 유기체——의 존재에 있어서의 연령 단계이다. 나는 여기에서 두 가지의 가정에 대해 항의한다. 두 가지의 가정은 오늘날까지 모든 역사 사상을 부패시켰던 것으로, 즉 전 인류가 최후 목적을 지니고 있다는 가설과, 최후 목적이라는 것을 전반적으로 부정하는 것, 두 가지이다. 인생에는 목적이 있다. 그것은 그가 어머니의 태내에 깃들일 때 정해진 것의 실현이다. 그러나 개인은 그 출생에 의해 혹은 고도 문화의 하나에 속하거나, 혹은 단지 인간의 유형 일반에만 속한다. 그에게는 그 외의 제3의 커다란 생활 단위는 존재하지 않는다. 거기에서 그의 운명은 동물학적 역사의 범위 내에나 '세계사'의 범위 내, 그 어느 한쪽에 있다. 내가 이해하는, 또 모든 역사가가 언제나 생각하고 있었던 그런 '역사 인간'은 완성되려 하고 있는 한, 문화의 인간이다. 그 앞, 그 뒤 또 그 밖에 있어서는 그는 무역사적이다. 따라서 그가 속하는 민족의 운명이 무의미한 것은, 마치 지구의 운명이 지질학적 상 속에서가 아니라 천문학적 상 속에서 관찰되었을 때 무의미한 것과 마찬가지이다.

 그리고 그 결과 오는 것은 완전히 결정적인, 여기에서 비로소 확정되는 하나의 사실이다. 즉 인간은 한 문화의 발생 이전에 무역사적인 것은 물론, 한 문명이 그 완전한 최후적 형태를 완성하고, 이것에 의해 문화의 살아 있는 발전을 종결시키고, 의미 있는 존재의 최후의 가능성을 다 써버림과 동시에 다시 무역사적이 된다는 사실이다. 세토스 1세(1300년) 이후의 이집트 문명에서, 또 오늘날에도 역시 중국, 인도 그리고 아라비아 문명에서 보이는 것은, 설사 아주 지적인 종교적, 철학적 그리고 특히 정치적 형태를 취하고 있다 하더라도 또다시 원시 시대의 동물학적 흥망이다. 바빌론을 코사크인의 야만적인 병사들이 점령하든, 우아한 후계자인 페르시아인이 점령하든, 언제, 얼마나 오래 점령하고 또 어떤 결과를 가져오든 바빌론의 입장에서 보면 무의미한 일이다. 주민의 안녕과 관련해서는 그것은 확실히 무관심할 수 없는 일이었다. 그러나 이 세계의 혼이 소멸해 버리고, 그 때문에 모든 사건에서 깊은 의미가 사라지게 되었다는 사실에는 어느 쪽이든 그리 변함이 없다. 이집트의 외래 왕조나 국내의 신왕조, 중국의 혁명이나 정복, 로마 제국 내에 들어온 새로운 게르만 민족, 이것은 동식물 상(相)에 있어서의 변화라든가 새떼의 이동과 마찬가지로 땅의 역사에 속하는 것이다. 고도 인간의 현실의 역사에서 언제나 내걸리고, 그리고 모든 동물적인 세력 문제의 근저가 되고 있었던 것(설령 주동자이든 피동자이든 자신의 행위, 의향 그리고 운명의 상징적인 의의를 조금도 몰랐다 하더라도)은 완전히 혼적인 어떤 것의 실현이고, 하나의 이념을 살아 있는 역사적 형태로 바꾸는 것이었다. 이것은 마찬가지로 예술에 있어서의 커다란 양식 경향 사이라든가——고딕과 르네상스 철학자 사이라든가——스토아파와 에피쿠로스파——국가 사상 사이라든가——과두정치와 참주정치——경제 형식 사이라든가——자본주의와 사회주의——의 싸움에도 적용되는 것이다.

그것이 지금은 더 이상 없다. 잔존하고 있는 것은 단순한 세력 투쟁, 동물적 이익 자체의 투쟁이다. 그리고 옛날에는 외면상으로는 이념이 전혀 없는 세력도 어딘가에서 이념에 봉사하고 있었다. 하지만 후기 문명에서는 이념의 가장 설득적인 외형도 순수한 동물학적 세력 문제를 위한 가면에 불과하다.

불타 이전과 이후의 인도 철학을 구별하는 것은, 전자에서는 인도의 혼에 의해 그 혼 속에 정해진 인도 사상의 목표가 있고 그것으로 향해진 커다란 운동이 있다는 것이고, 후자에서는 아무리 이리저리 달라져도 조금도 변함이 없는 하나의 사상 재고(在庫)가 있고, 그것이 끊임없이 새롭게 변하며 달라지고 있다는 것이다. 해결은 존재하고 있다. 그러나 이것을 표현하는 방법의 취미가 변하는 것이다. 이것은 한(漢)왕조의 초기 이전과 이후의 중국화(中國畵)와 관련해서도——우리가 알고 있든 모르고 있든——마찬가지이며, 또 신제국의 초기 이전과 이후의 이집트 건축과 관련해서도 마찬가지이다. 기술의 경우에도 마찬가지이다. 서양의 증기기관과 전기의 발명은 오늘날 중국인 사이에서는 마치 4000년 전에 청동이나 가래가, 좀더 오래 전에는 불이 받아들여졌던 것과 똑같이——또 같은 종교적 외경으로——받아들여지고 있다. 이 양자는 주나라 시대의 중국인이 스스로 만들어 내고, 그리고 만들어 낼 때마다 자기의 내적 역사에서 하나의 기원을 의미하고 있었던 발명과는 혼으로서 전혀 다르다.[14] 이때 이전이든 이후이든 그 몇 세기는 이미 문화 내에서의 수십 년, 때로는 종종 몇 년만큼도 중요한 역할을 수행하지 못하고 있다. 왜냐하면 생물학적 기간이 다시 한 번 점점 세력을 회복해 가기 때문이다. 이것은 극히 후기의 상태(이 후기의 상태는 그 속에서 생활하고 있는 자에게는 완전히 자명한 것이다)에 저 장중한 영속(永續)이라는 특징을 부여한다. 이 영속은 순수한 문화인, 예컨대 이집트에 온 헤로도토스나 중국에 온 마르코 폴로 이후의 서유럽인이 자기 자신의 발전의 속도와 비교해 깜짝 놀랐던 것이다. 이것은 무역사성의 영속이다.

    그리스·로마의 역사는 악티움과 Pax Romana(로마에 의한 평

---

14) 일본인은 이전에는 중국에 속해 있었지만 오늘날에는 또한 서양 문명에 속해 있다. 본래 의미의 일본 문화는 존재하지 않는다. 따라서 일본적 아메리카니즘에는 다른 판단이 내려져야 한다.

화)로 종말을 고하지 않았던가. 한 문화 전체의 내적 의의를 압축하고 있는 그런 커다란 결정은 더 이상 나타나지 않는다. 무의미한 동물학이 지배하기 시작한다. 하나의 사건이 저렇게 끝나든 이렇게 끝나든——활동하고 있는 개인에 있어서가 아니라 세계에 있어서——아무래도 좋게 된다. 모든 정치상의 큰 문제가 해결된다. 그것은 모든 문명에 있어서 문제가 더 이상 문제로 느껴지지 않게 되고 이미 의문도 제기되지 않게 되기 때문에 흐지부지 남겨지는데, 그런 의미에서 해결되는 것이다. 그러나 그것도 오래 지속되지는 않는다. 그리고 이전의 파국에서 문제의 참된 근원이 되어 있었던 것이 더 이상 이해되지 않는다. 자기 자신에게 체험되지 않은 것은 타인에게도 체험되지 않는다. 후기 이집트인이 힉소스 시대에 대해 말하고, 후기 중국인이 이에 해당하는 '전국 시대'에 대해 말할 때, 그들은 그 외적인 상을 이미 아무런 신비도 없는 자신의 생활 방법에 의해 판단하고 있는 것이다. 그들이 거기에서 보는 것은 단순한 세력을 위한 싸움뿐이고, 외국인을 몰아내고 동국인을 적으로 삼는 이 절망적인 대내전, 대외전이 하나의 이념을 위해 벌여졌다는 것을 보지 못한다. 우리는 오늘날 티베리우스 그라쿠스와 클로디우스의 학살에 대해 무서운 긴장과 이완 속에 행해진 것을 이해한다. 1700년에는 우리는 아직 이것을 이해할 수 없었다. 그리고 2200년에는 더 이상 이해하지 못할 것이다. 저 나폴레옹적 인물인 키안에 대해서도 마찬가지이다. 이 사람에 대해 뒷날의 이집트의 역사가는 단지 '힉소스 왕'이라는 이름밖에 발견하지 못했던 것이다. 게르만족이 나타나지 않았다면, 로마 역사 기술은 1000년 뒤에 아마도 그라쿠스, 마리우스, 술라 그리고 키케로로부터 하나의 왕조를 만들어 냈을 것이다. 그리고 이것을 카이사르가 전복시켰다고 했을 것이다.

티베리우스 그라쿠스의 죽음과, 갈바의 모반 소식이 로마에 이르렀을 때의 네로의 죽음을 비교해 보는 것이 좋다. 아니면 술라의 마리우스당에 대한 승리와, 셉티미우스 세베루스의 페스켄니우스 니게르에 대한 승리를 비교해 보는 것이 좋다. 두 가지 예의 두번째 경우에 정반대의 결과가 생겼다 하여 제정 시대의 행정이 얼마쯤이라도 바뀌었을까. 몸젠과 에두아르트 마이어는 카이사르의 '왕제(王制)'와 폼페이우스 또는 아우구스투스의 '원수제'를 세심하게 구별하고 있지만, 그것은 이미 너무 앞서간 것이다. 이것들은 이때에는 공허한 국법적 법식이다. 50년 이전이었다면 그것은 아직 두 이념의 대립이었을 것이다. 빈덱스와 갈바가 68년에 '공화국'을 회복하려 했을 때에는, 그들은 순수한 상징으로 의의 있는 개념이 이미 없어져 버린 한 시대에 하나의 개념을 가지고 장난을 친 것이다. 단지 문제는 순수한 물질적 세력이 누구의 수중에 떨어질 것인가 하는 것뿐이었다. 카이사르 칭호를 둘러싼 전쟁은 점점 흑인종적(黑人種的)인 것이 되고, 그리고 점점 원시적인, 따라서 점점 '영원한' 형태를 취하며 몇 세기에 걸쳐 펼쳐졌을 것이다.

　이들 주민에게는 이미 혼이 없다. 거기에서 그들은 더 이상 자기 특유의 역사를 지니지 못한다. 기껏해야 다른 문화의 역사 속에서 대상으로서의 의미를 지니는 데 머물 것이다. 그리고 이 관계의 좀더 깊은 의의를 결정하는 것은 오로지 그 밖의 생활이다. 따라서 옛 문명의 땅 위에서 여전히 역사로서 활동하고 있는 것은 이 땅의 인간 자신이 참가하는 사건의 움직임이 아니라, 다른 인간이 그 일을 하는 한의 사건의 움직임이다. 그러나 그와 동시에 '세계사'라는 전체 현상은 다시 그 두 가지의 요소에서 분명히 나누어지게 된다. 즉 대문화의 생명 행정과 그것들 사이의 관계라는 두 가지 요소이다.

Ⅲ. 여러 문화 사이의 관계

12

　여러 문화 사이의 관계는 두번째 문제이고 문화 자체가 첫째임에도 불구하고, 근대의 역사 사상은 반대로 생각하고 있다. 이 사상은 세계 사상(事象)의 외양만의 통일을 조성하는 참된 생명 행정을 인식하지 못하므로 점점 더 열심히 생명을 여러 관계의 그물 속에서 탐색하지만, 물론 점점 더 이 관계를 이해하지 못하게 된다. 이 탐색, 방어, 선택, 재해석, 유혹, 삼투(滲透), 제공 등의 심리가 서로 직접 접촉하고 칭송하고 싸우는 여러 문화 사이에 있어서는 물론, 살아 있는 문화와, 그 유물을 아직도 지방에 분명히 남기고 있는 죽은 문화의 형식계 사이에도 얼마나 풍부한가. 이에 반해 역사가가 영향, 계속 또는 활동의 연속 등의 언어와 결부시키고 있는 관념은 얼마나 협소하고 빈약한가.
　이것이야말로 순수한 19세기인 것이다. 거기에 있는 것은 단지 원인과 결과뿐이다. 모든 것이 이어져 있다. 그 무엇도 시원적(始原的)이 아니다. 도처에 옛 문화의 표면적인 형태 요소가 젊은 문화 사이에서 발견되기 때문에, 이들 요소가 '활동을 계속한' 것이다. 그리고 만약 이런 작용의 한 계열이 통일되어 있는 경우에는 올바른 것이 이루어졌다고 믿어지는 것이다.
　이 고찰법의 근저에는 일찍이 위대한 고트인의 두뇌에 깃들였듯이 의의 있는 통일적인 인간사의 상이 있다. 거기에서 그들이

본 것은 지상에서는 인간과 민족이 변해 갔지만 사상은 남았다는 것이다. 이 상의 인상은 강대해서 오늘날에도 여전히 사라지지 않을 정도이다. 원래 그것은 신이 인간 종족을 이용해 수행한 계획이었다. 게다가 뒤에 이르러서도 여전히 그리스·로마——중세——근대라는 공식의 마력(魔力)이 지속되는 한, 사물은 그처럼 보일 수 있었다. 그리고 단지 표면상 영속하는 것만이 인정되고, 사실상 변화하는 것은 인정되지 않았던 것이다. 하지만 그사이에 우리의 인식이 변해 보다 냉정해지고, 보다 넓어지고, 그리고 우리 지식이 이미 이 공식의 한계를 넘어서 버렸다. 오늘날에도 아직 그처럼 보는 것은 잘못이다. 창조된 것이 '영향을 미치는' 것이 아니라, 창조하는 것이 '받아들이는' 것이다. 현존재와 각성존재가 혼동되고, 생활과 생활을 표현하는 수단이 잘못 이해되고 있다. 이론적 사고는, 아니 단순한 각성존재조차 도처에서 계속 움직이고 있는 이론적인 통일을 보고 있다. 이것은 완전히 파우스트적, 동력학적이다. 다른 어떤 문화에서도 인간은 역사를 이처럼 생각하지 않는다. 그리스인은 세계를 완전히 체구적으로 이해한다. '아테네 극'이라든가 '이집트 예술'과 같이 단순한 표현 통일을 결코 그것들의 '작용' 속에서 추구하지 않았을 것이다.

첫째로는 표현 형식의 체계에 하나의 이름이 붙여진다는 것, 이것이다. 이것에 의해 관계 전체가 눈앞에 떠오른다. 그것은 오래 지속되지는 않는다. 그리고 이름 아래에서 하나의 생물이, 관계 아래에서 하나의 작용이 생각된다. 그리스 철학에 대해, 불교에 대해, 스콜라 철학에 대해 실수를 저지르는 사람은 아무튼 살아 있는 무엇인가를 예상한다. 즉 성장하고 강력해지고, 그리고 바야흐로 인간을 소유하고, 그 각성존재는 물론 그 현존재까지도 종속시키고, 그리고 마침내 인간으로 하여금 이 생물의 생활 방향 속에서 더욱 작용을 계속하게 하는 하나의 힘의 통일을 예상한다. 이것은 완전히 신화이다. 그리고 특기할 만한 것은 역시 이런 종류의 많은 수호신——전기(電氣), 위치의 에너지를 알고 있는, 신화를 지니는 서양의 인간만이 이 상 속에서 살고, 또 이 상과 함께 살아가고 있다는 것이다.

실제로는 이들 체계는 인간적 각성존재 안에만 있고, 게다가 활동 양식으로서 존재하고 있다. 종교, 과학, 예술은 각성존재의 활동이고 현존재를 기초로 하고 있다. 신앙, 명상, 형성, 그 밖에 이 보이지 않는 활동들에 의해 보일 수 있는 활동이 되는 것, 즉 희생, 기도, 물리학의 실험, 조상(彫像) 제작, 전달할 수 있는 언어로 경험을 말하는 것, 이 모든 것은 각성존재의 활동이고 그 이외의 것이 아니다. 그 밖의 인간은 단지 그 보일 수 있는 것만을 보고, 단지 언어만 듣는다. 그들은 그때 자기 자신 속에서 무엇인가를 체험하지만, 그것과, 창조자가 자기 속에서 체험한 것과의 관계에 대해서는 아무런 설명도 할 수 없다. 우리는 하나의 형태를 본다. 그러나 그 형태가 타인의 혼 속에 생기게 한 것은 알 리 없다. 우리는 그에 대해 단지 무엇인가를 믿을 수 있을 뿐이다. 그리고 우리 자신의 혼을 그 속에 집어넣고 그것을 믿는 것이다. 하나의 종교가 아무리 명료한 언어로 알린다 해도 그것은 언어이고, 듣는 사람이 자기의 의의를 그 언어 속에 집어넣는 것이다. 예술가가 그 소리, 그 색깔을 가지고 아무리 효과적으로 활동하더라도, 보는 사람은 그 속에서 자기 자신만을 보고 또 듣는다.

그것이 가능하지 않을 때에는 그 작품은 그에게 무의미하다. 자기를 '타인 속에 이입한다'는 극단적으로 역사적인 인간의 극히 드문, 완전히 근대적인 방법은 여기에서는 문제삼지 않는다. 보니파티우스가 개종시킨 게르만인은 이 전도사의 정신 속에 이입된 것이 아니다. 당시 북방의 젊은 세계 전체에 넘쳐흐르고 있던 저 봄과 같은 전율이 이 개종에 의해 돌연 자기 자신의 종교성을 위해 하나의 언어를 발견했다는 것을 의미하는 것에 다름 아니다. 아이의 손에 들려 있는 것에 이름을 붙여 주면 아이의 눈이 빛난다. 여기에서도 또한 그대로였다.

즉 소우주의 통일이 이동하는 것이 아니라, 우주적 통일이 이것을 선택하기 시작하고 이것을 자기 것으로 만드는 것이다. 그렇지 않았다면, 이들 체계가 활동을 할 수 있는(왜냐하면 '영향'은 유기적인 활동이기 때문이다.) 실제의 존재였다면, 역사의 상은 전혀 다른 것이 되어 있었을 것이다. 모든 성장하는 인간, 또 모든 살아 있는 문화가 끊임없이 무수히 가능한 영향에 둘러싸여 있다는 것에 주목하라. 이들 영향 중에서 극소수의 것만이 받아들여지고, 대다수는 그렇지 않다. 선택당하는 것은 인간인가, 아니면 작품인가.

인과 계통에 몹시 마음이 끌리고 있는 역사가는 현재 존재하고 있는 영향만을 헤아리고 있다. 결여되어 있는 것은 검산(檢算)이다. 적극적인 영향의 심리에는 '소극적'인 그것이 속해 있다. 이것이야말로 아직 어느 누구도 손을 댄 일이 없는 전체 의문을 처음으로 해결하는 극히 계발적인 문제일 것이다. 만약 이것을 피한다면 그 빠짐없는 계속적인 세계사적 사상(事象)이라는 근본적으로 잘못된 상이 생길 것이다. 두 문화는 인간에서 인간으로 서로 접촉할 수 있고, 혹은 한 문화의 인간은 다른 문화의 죽은 형태에, 그것을 전달할 수 있는 유물에서 직면할 수 있다. 어느 경우이든 활동하고 있는 것은 인간뿐이다. 한 인간이 한 행위는 다른 한 인간을 통해 그 인간의 존재로부터만 생기를 얻을 수 있다. 이것에 의해 그 이루어진 행위는 제2의 인간의 내적 소유가 되고, 그의 일이 되고, 그 자신의 일부가 된다. '불교'가 인도에서 중국으로 건너간 것이 아니라, 인도 불교도의 관념계의 일부가 특수한 감정 방향이 있는 중국인에게 받아들여지고, 오로지 중국 불교도에게만 뭔가 의미가 있는 종교적 표현의 새로운 방법이 된 것이다. 형태의 본원적인 의의가 문제가 아니라, 관찰자의 활동적인 지각과 이해로 하여금 그 특유한 창조를 이루어 낼 수 있는 가능성을 발견케 하는 형태 자체가 문제인 것이다. 의미라는 것은 양도할 수 없는 것이다. 종류를 달리하는 두 인간 사이에 존재하는 깊은 혼적인 고독은 결코 완화될 수 없다. 그러므로 그 당시 인도인과 중국인이 자신을 똑같이 불교도로 느끼고 있었다 하더라도, 그들은 내적으로는 매우 멀리 떨어져 있었던 것이다. 같은 말, 같은 예식, 같은 기호가 있다. 그러나 두 개의 다른 혼이 자기 특유의 길을 나아가는 것이다.

거기에서 모든 문화를 통관(通觀)해 보면 어디에서나 실증되는 것은 초기의 창조물이 후기의 문화 속에 영속하고 있는 것은 겉보기일 뿐이고, 극히 소수의 관계를 옛 문화에 결부시킨 것은 언제나 젊은 문화이며, 게다가 자신을 위해 획득한 것의 본래의 의미를 잊고 있다는 것이다. 그렇다면 철학과 과학에 있어서의 '영원한 성과'란 어떤 것인가. 우리는 그리스 철학 가운데 얼마나 많은 것이 오늘날에도 여전히 계속 살아 있는가 하는 말을 분명히 들을 수 있다. 그러나 그것은 공허한 말이며, 처음에는 마기적인 인간이, 그리고 파우스트적인 인간이 견고한 본능의 깊은 영지(英智)를 가지고 거부한 것, 혹은 인정하지 않았던 것, 혹은 법식에 다른 해석을 가했던 것, 그런 것을 근본적으로 조립하지 않은 것이다. 따라서 영원한 성과 따위는 없다. 카탈로그는 아주 길 것이다. 그리고 다른 카탈로그는 완전히 소멸해 버릴 것이다. 우리는 데모크리토스의 원자적 소상론(小像論), 플라톤의 극히 유체적인 이데아 세계, 아리스토텔레스의 세계의 52개의 구(球)의 층과 같은 사물을 중요하지 않은 오류로 늘 간과한다. 이것은 죽은 사람의 의견을 죽은 사람 자신이 아는 것보다 더 잘 알려고 하는 것이다. 이런 것들은 본질적인 진리이다——다만 우리에게는 그렇지 않을 뿐이다. 우리는 실제로 그리스 철학에 대해 피상적으로만이라도 소유하고 있는 것은 없다고 말해도 지장이 없다. 먼저 정직하게 고전 사상가를 말 그대로 받아들여 보라. 헤라클레이토스, 데모크리토스, 플라톤의 한 구절이라도 이것을 먼저 고치지 않으면 우리에게는 진리가 아니다. 그렇다면 우리는 결코 이해하기 어려운 근원어는 물론, 그리스 과학의 방법, 개념, 의향, 수단에서 무엇을 받아들였는가, 르네상스는 완전히 고전 예술의 '영향' 아래 있었는가, 게다가 그것은 도리스식 신전의 형식, 이오니아식 기둥과 들보의 관계, 색채의 선택, 회화의 배경의 취급 방법과 원근법, 군상(群像)의 원리, 병 그림, 모자이크, 납화(蠟畵), 조각의 구조, 리시포스의 비례와 어떤 관계를 갖고 있었는가, 왜 이 모든 것들이 아무 영향도 미치지 못했는가.

왜냐하면 사람이 표현하려 한 것은 처음부터 확정되어 있었기 때문이다. 그리고 눈앞에 있는 죽은 형태재 속에서 자기가 보려 한 숫자의 것만 실제로 보았다. 게다가 그가 원했듯이, 즉 창조자의 의향의 방법으로 본 것이 아니라 자기 자신의 의향의 방향으로 보았다. 이 창조자의 의향과 관련해 살아 있는 예술은 진지하게 고려한 적이 없었다. 이집트 조소가 초기 그리스 조소에 미친 영향을 세밀하게 보지 않으면 안 된다. 그러면 마침내 영향이라는 것은 전혀 존재하지 않고, 그리스의 형식 의욕이 저 옛 예술재에서 약간의 특징을 차용했다는 것, 게다가 그 특징은 이 예술재가 없더라도 그리스의 형식 의욕이 어떻게든 발견했으리라는 것을 알 수 있을 것이다. 그리스·로마의 지방 주위에서는 이집트인, 크레타인, 바빌론인, 아시리아인, 히타이트인, 페르시아인, 페니키아인이 일을 하고 있었다. 그리고 그리스인은 건물,

장식, 예술품, 제사(祭祀), 국가 형식, 문자, 과학 등 그들의 작품을 다수 알고 있었다. 이들 중에서 고전의 혼은 자기의 표현수단으로서 무엇을 집어 들었던가. 되풀이하지만 단지 받아들여진 관계만이 언제나 보이는 법이다. 그러나 받아들여지지 않은 것은 무엇일까. 왜 그것들 가운데 예컨대 이집트의 피라미드, 탑문(塔門), 오벨리스크, 상형문자, 설형문자가 발견되지 않을까. 고딕 예술, 고딕 사상은 비잔티움에서, 무어적 동양에서, 스페인 및 시칠리아에서 무엇을 채용하지 않았을까. 그 선택과 그 선택한 것의 해석에 대한 무의식적인 예지가 충분히 평가되어야 한다. 받아들여진 모든 관계는 단지 예외일 뿐만 아니라 또한 오해이기도 하다. 그리고 하나의 현존재의 내적인 힘이 이 계획적인 오해의 예술에만큼 분명히 나타나 있는 경우는 아마 어디에도 없을 것이다. 외국의 사상의 원리를 높이 찬양하면 할수록 그 의의를 점점 더 근본적으로 바꾸고 있는 것이 확실하다. 서양에 있어서의 플라톤의 칭송을 한번 상세히 살펴보라. 샤르트르의 베르나르 및 마르실리우스 피키누스에서 괴테 및 셸링에 이르기까지! 외국의 종교를 받아들이는 것이 겸손해지면 겸손해질수록 점점 더 완전히 그것은 새로운 혼의 형태를 받아들인다. 실제로 일찍이 '세 명의 아리스토텔레스'(즉 그리스, 아라비아, 고트의)의 역사가 쓰어지지 않으면 안 되었다. 그들에 있어서는 하나의 개념, 하나의 사상도 공통되는 것이 없다. 혹은 마기적인 그리스도교가 파우스트적인 그리스도교로 변화한 그 역사! 우리는 이 종교가 본질적으로 불변인 상태로 옛 교회에서 서양으로 퍼져 왔다고 듣고 있고 또 그렇게 배우고 있다. 그러나 실제로는 마기적인 인간은 그 어원적인 세계의식의 근저에서 그 종교적인 각성존재의 하나의 언어를 발전시켰다. 우리는 이것을 '그리스도교'라 이름지은 것이다. 이 체험과 관련하여 전달할 수 있는 것, 즉 언어, 법식, 예식을 후기 그리스·로마 문명의 인간이 그 종교적 필요의 수단으로 채용했다. 그 형태어는 말의 울림에 있어서는 언제나 같은 상태이지만 의미에서는 언제나 다른 것으로서 사람에게서 사람으로 전해지고, 마침내 서양의 문화 전기의 게르만인에게까지 이르렀다. 신성한 말의 본래의 뜻을 개선하는 데에는 아무도 감히 손을 댈 수 없었을 것이다. 그러나 그 본래의 뜻이라는 것을 아무도 몰랐다. 이것을 의심하는 사람은 은총의 '이념'을 고찰하라. 그것은 아우구스티누스에 있어서는 이원적인 의미에서 인간의 본체로 향해지고, 칼뱅에 있어서는 동력학적 의미에서 인간의 의지로 향해지고 있는 것이다. 혹은 우리가 거의 이해하기 어려운 'consensus(동의)'(아라비아어로 idjma, 제3장을 참조하라)에 관한 마기적인 관념을 보라. 이것은 신의 'pneuma(신령)'의 넘쳐 나옴으로서의 하나의 pneuma를 각자 속에 가정하고, 그 결과로 사명 있는 자가 일치하는 의견을 가지고 직접적인 신의 진리로 삼는 것이다. 이 확신에 바탕을 두고 있는 것이 초기 그리스도교의 교회 회의의 결의의 존엄이고, 그리고 오늘날 여전히 이슬람 세계를 지배하고 있는 과학적인 방법이다. 서양의 인간은 이것을 이해하지 못했기 때문에, 후기 고트 시대의 교회 회의가 교황의 정신적 운동의 자유를 제한할 수 있는 일종의 의회가 된 것이다. 이 교회 회의적 관념은 15세기에도 여전히 이처럼 해석되었다――콘스탄츠, 바젤을, 사보나롤라 및 루터를 생각해 보자. 그리고 그것은 마침내 교황의 불오류성이라는 사상에 직면하여 평범하고 의미 없는 것으로서 소멸하지 않으면 안 되었다. 혹은 마찬가지로 인간의, 또 신의 프네우마의 관념을 가정하고 있는 육체의 부활에 관한 일반적인 초기 아라비아 사상을 보라. 그리스·로마의 인간은 혼은 육체의 형식과 의의로서 어떻게든 육체와 함께 생긴다고 가정했다. 그리스 사상에서는 이와 관련하여 거의 말하는 것이 없다. 이런 상태는 다음과 같은 두 가지 이유 중 어느 한 가지로 귀착될 수 있다. 즉 이 사상이 알려져 있지 않았든가, 아니면 그 사상이 너무 자명하기 때문에 문제로 생각되지 않았든가 둘 중 하나이다. 아라비아 인간에 있어서 그와 마찬가지로 자명한 것은, 그의 프네우마가 신적인 것으로부터의 넘쳐 나옴으로서 그의 육체 속에 주거지를 얻었다는 것이다. 그 결과 만약 최종 심판 때 인간의 영혼이 부활하지 않으면 안 된다고 한다면, 무엇인가가 존재하지 않으면 안 된다는 것이 된다. 거기에서 ἐκ νεκρῶν(사체로부터의 부활)이 있다. 이것은 그 근저에서는 서양적 세계감정이 전혀 이해할 수 없는 것이다. 신성한 교설의 원문에는 의문을 품을 여지가 없었다. 그러나 영적으로 뛰어난 카톨릭 교도에 있어서는 무의식의 뒤편에서, 루터에 있어서는 아주 분명하게 다른 의의가 이것을 대치해 간다. 그 의의란 우리가 오늘날 불멸, 즉 모든 영원에 걸쳐 있는 순수한 힘의 중심점으로서의 혼, 그 혼의 영속이라는 말로 표현하고 있는 것이다. 바울로 또는 아우구스티누스가 한 번이라도 그리스도교에 관한 우리의 관념을 알았다면, 그들은 모든 책, 모든 교설 및 모든 개념을 가지고 그것을 오류이자 이단적인 것으로서 거부했을 것이다.

나는 여기에서 2000년에 걸쳐 그 원리에 있어 표면상으로는 불변인 채 이동해 가고, 실제적으로는 세 문화에서 세 가지의 완전한 발전을 이루어 내고, 그때마다 전혀 다른 의미를 지닌 체계의 가장 유력한 예로서 로마법을 들어 보겠다.

13

그리스·로마법은 서민에 의해 서민을 위해 만들어진 법률이다. 그것은 자명한 국가 형식으로서 폴리스(도시국가)를 전제로 하고 있다. 이 공적 존재의 근본 형식에서 또한 당연한 것으로서 결과하는 것은 전체로서 국가의 체구(σῶμα)와 일치하는 인간으로서의 사람(Person)의 개념이다. 이 고대 그리스의 세계감정의 형식적 사실에서 발전한 것이 전(全) 그리스·로마법이다.

 Persona(사람)는 그러므로 그리스·로마에 특유한 개념이고, 이 개념은 이 하나의 문화 속에서만 의의와 가치를 지니는 것이다. 개개의 사람은 하나의 체구(σῶμα)이고 폴리스의 요소를 이루는 것이다. 폴리스의 법률은 단지 개개의 사람에게만 관계된다. 그것은 밑으로 향해서는 물권(物權)에――한계를 이루는 것은 체구이지만 사람이 아닌 노예의 법 관계이다――위를 향해서는 신의 법에 이른다――한계를 이루는 것은 영웅이고, 영웅은 사람에서 신이 되고, 그리고 그리스의 여러 도시에서는 라산드로스 및 알렉산드로스처럼, 또 로마에서는 Divi(신)가 된 황제처럼 바야흐로 종의(宗儀)의 법률적 요구를 지니고 있다. 서양인에게 아주 이상하게 느껴지는 capitis deminutio media(시민권의 상실)와 같은 개념도 또한 이런 경향을 향해 점점 명확히 발달한 그리스·로마의 법 사상에서 설명된다. 우리의 의미에 있어서의, 사람으로부터 약간의 권리, 혹은 모든 사람의 모든 권리마저 빼앗을 수 있다는 것은 상상할 수 있을 것이다. 그러나 그리스·로마의 인간은 설사 신체적으로는 생활을 계속하더라도 이 형벌에 의해 사람임이 중단된다. 그리스·로마에 특유한 물(物, res)이라는 개념은 사람이라는 이 개념과 대조되어 그 대상으로서만 비로소 이해된다.

 그리스·로마 종교는 완전히 국가 종교이기 때문에 법 창작에 있어서도 아무 구별이 없다. 물권법과 신권법이 똑같이 시민에 의해 창조된다. 사물과 신은 사람에 대해 정확히 규정된 법 관계에 서 있다. 그리스·로마법이 직접적인 공적 경험에서 제정된다는 것, 게다가 법학자의 직업적인 경험에서가 아니라 일반적 경험에서 제정된다는 것은 그리스·로마법에서는 결정적인 의미가 있다. 로마에서 관직의 경력을 거치는 사람은 필연적으로 법률가, 군대 지휘자, 행정관 및 재정관이 되었다. 그는 전혀 다른 분야에서 경험을 쌓은 뒤 프라에토르(집정관)로서 재판했다. 직업적으로, 게다가 이론적으로 이 한 가지 일에 전문화된 신분으로서의 재판관을 그리스·로마는 전혀 몰랐다. 이것이 뒷날의 법률학 전체를 이 정신에 따라 결정했다. 로마인은 여기에서는 조각가도 아니고 역사가도 아니며 이론가도 아니고, 단지 빛나는 실제가였다. 그들의 법학은 개개의 사건으로 이루어지는 경험과학이고 지적인 기술이며, 추상으로 이루어지는 구조가 아니다.

그리스 및 로마의 법률을 같은 종류의 두 개의 양으로서 대립시킬 때에는 잘못된 관념이 생기게 된다. 로마법은 전반적인 발전에 있어서 수백 개의 도시법이 있는 가운데 그 하나의 도시법이었다. 그리고 단위법으로서의 그리스법이라는 것은 결코 존재하지 않았다. 그리스어를 사용하는 여러 도시가 종종 아주 비슷한 법률을 완성했다 하더라도, 각 도시가 그 특유한 법을 지니고 있다는 사실에는 변함이 없다. 일반적인 도리스 입법은 물론, 헬라스 입법이라는 사상은 결코 나타나지 않았다. 그리스·로마의 사고와 이런 관념은 전혀 인연이 없었다. 로마의 jus civile(시민법)는 로마 퀴리테스(Quirites) 시민에게만 적용되었다. 외국인, 노예, 로마 시 이외의 전세계는 시민법상으로는 고려의 대상이 되지 않았다. 그러나 이미 Sachsenspiegel(옛 작센 법전)에서는 본래 단 하나의 법률이 있을 수 있다는 사상이 깊이 느껴지고 있었다. 뒷날 제정 시대에 이르러 로마에 시민을 위한 jus civile와 로마의 권력 범위 내에 그 재판의 대상으로서 체재한 '타국인'을 위한 jus gentium(제민족법)——이것은 오늘날의 국제법과는 전혀 다른 것이다——사이에 엄중한 구별이 생겼다. 다만 로마가 하나의 도시로서 그리스·로마권 제국을 지배하기에 이르렀을——이것은 상태의 발전이 달랐을 경우에는 알렉산드리아에서도 불가능하지 않았다——때에만 로마법이 그 내적 우월 때문이 아니라 처음에는 정치적 결과 때문에, 이어서 대규모적인 실제적 경험의 독점 때문에 유력해졌던 것이다. 헬레니즘식의 일반적인 그리스·로마법——많은 개개의 법률의 유사한 정신을 나타내기 위해 이렇게 말해도 좋다면——의 형성은 로마가 아직 제3류의 정치적 국가였을 때의 일이다. 그리고 로마법이 대규모적인 형태를 취하기 시작한 것은 단지 로마의 지능이 헬레니즘을 종속시켰다는 사실의 일면에 불과했다. 후기 그리스·로마법의 형성은 헬레니즘에서 로마로 옮아갔다. 따라서 어느 도시나 실제상의 권력을 지니고 있다는 사실을 느낀 여러 도시국가 전체로부터 이 패권의 실행에 오로지 모든 활동력을 쏟아 넣고 있었던 유일한 국가로 옮아갔다. 거기에서 그리스어에 의한 법률학의 형성을 보기에 이르지 못한 것이다. 그리스·로마가 모든 학문 중에서 최후의 학문인 이 학문을 위해 성숙한 단계에 이르렀을 때에는 고려되어야 할 법률 제정 도시가 단 하나밖에 없었다.

  그리스법 및 로마법에 있어서 문제는 병립 관계가 아니라 전후 관계라는 것이 충분히 주목되지 않고 있다. 로마법은 가장 젊고, 오랜 경험을 지닌 다른 법을 전제로 하여[15] 그 모범에 의해 늦게, 게다가 아주 급격하게 완성된 것이다. 법률 사상에 깊은 영향을 준 스토아 철학의 전성 시대가 그리스의 법률 형성의 전성기를

---

15) 그리스·로마법이 이집트법에 '의존'했다는 것이 우연히도 역시 확립될 수 있다. 대상인(大商人) 솔론은 그의 아테네의 입법 속에 채무 노예제, 채무법, 노동 혐오 및 실업에 관한 조항을 이집트 입법에서 받아들였다.

뒤잇고 로마의 그것에 앞서 있었다는 것은 중요한 일이다.

14

 그러나 이 형성은 극단적으로 비역사적인 인간종의 사상 속에서 이루어졌다. 그 결과 그리스·로마법은 완전히 나날의 법, 아니 순간의 법이 된다. 그것은 그 이념상 모든 개개의 특별한 경우를 위해 만들어진 것으로, 그 해결과 함께 법이 아니게 되어 버린다. 이것을 장래의 기회에 적용하는 것은 그리스·로마의 현재감에 모순되는 것이었으리라.
 로마의 프라에토르는 그 관직에 오른 해 초기에 법령을 반포하고, 자기가 행해야 하는 일을 정하는 법규도 공포한다. 그러나 그의 후임자는 결코 이에 속박되는 일이 없다. 그리고 이 법률의 유효 기간이 1년으로 한정되어 있는 것조차 사실상의 기간과 일치하지 않는다. 반대로 프라에토르는 각 개개의 경우에 배심관에 의해 내려져야 할 판결에 대해——특히 lex Aebutia 이래——구체적인 법규를 법식화했다. 뒤에 이 판결이, 그리고 이 하나의 판결만이 내려진다. 프라에토르는 이것을 통해 엄격한 의미에서 조금도 영속성이 없는 '현재적 법률'을 만드는 것이다.
 표면상으로는 아주 비슷하지만 그 의미가 전혀 다르기 때문에 그리스·로마법과 서양법의 차이를 보기에 적당한 것은, 영국법에 있어서의 천재적인 순수 게르만적 특징, 즉 재판관의 법 창조력이다. 재판관은 이념상 영원히 유효한 법률을 적용해야 한다. 재판관은 현행법의 적용조차 심리의 진행중에 명백해진 사정에 따라 자기의 재량에 의해, 저 rules, 즉 실시 규정(이것은 앞에서 말한 프라에토르의 법식과 아무 공통점이 없다)에 따라 정할 수 있다. 그러나 어느 특수한 경우에 현행법을 가지고서는 불충분한 사실이 있다고 인정될 경우에는 그는 그 결함을 곧 보완하고, 이리하여 심리가 한창 진행중일 때 새로운 법률을 만들 수 있다. 이 법률은——확정시키는 형식에 있어서 전 재판관의 동의를 전제로 하여——그 이후 영속적인 것이 된다. 이것 이상으로 비그리스·로마적인 것은 없다. 한 시대에 있어서의 공적 생활의 경과가 본질적으로 동일한 상태이고, 따라서 아주 중요한 법률적 관계가 언제나 되풀이되기 때문에, 단지 그 때문에 법령의 현재량(現在量)이 점차로 만들어진다. 이것이 경험적으로——이들 법령에 미래에 대한 힘이 부여되기 때문이 아니다——수없이 나타나고, 말하자면 그것이 새로 만들어지는 것이다. 이들 법령의 합계——체계가 아니라 수집이다——는 이제는 이후의 프라에토르의 법령 입법에서 보여지듯이 '법률'을 구성하게 된다. 각 프라에토르는 편의상 그 법령의 본질적인 요소를 다른 프라에토르의 것에서 이어받았다.

따라서 그리스·로마의 법률 사상에 있어서의 경험의 의미는 우리의 그것과는 다르다. 즉 그것은 모든 가능한 경우를 예상한 빠짐없는 법률군에 대한 통찰과 그 적절한 때에 즈음하여서의 숙련이 아니라, 약간의 판결 관계가 몇 번 생기고, 따라서 그때마다 법률을 새로 제정하는 수고를 덜 수 있는 그런 지식이다.

때문에 법률 재료가 서서히 모여 이루어지는 순수한 그리스·로마 형식은, 로마의 프라에토르의 직권법(職權法) 시대에 있어서처럼 개개의 νομοι(법률), leges[政律], edicta[政令]가 거의 저절로 이루어진 합계이다. 솔론, 카론다스, 십이표법(十二標法)과 같은 이른바 입법은 모두 유효한 것으로 알게 된 이런 법령의 우연적인 총괄에 다름 아니다. 십이표법과 거의 동시대의 고르틴의 법률은 이전의 수집의 보완이다. 새로 건설된 도시는 곧 이런 수집을 준비하는데, 그때 많은 도락(道樂)이 섞여 든다. 거기에서 아리스토파네스는 〈새〉 속에서 법률 제조인을 조롱하고 있다. 체계 따윈 어디에도 없다. 하물며 이것에 의해 오랜 기간에 걸쳐 법률을 정하려는 의향은 더욱 없다.

서양에는 이와 정반대로 본래 처음부터 살아 있는 법률 재료 전체를 장래를 위해 정리된, 남김없는 일반적인 법전으로 만들려는 경향이 존재하고 있다. 그 법전에서는 미래의 모든 생각할 수 있는 경우가 미리 결정되어 있다. 서양의 법률은 모두 미래를 위해서 제정되고, 그리스・로마적 법률은 현재를 위해서 제정되고 있다.

15

실제로는 그리스・로마의 법률 업적이 전문가에 의해, 게다가 영속적으로 적용되도록 이루어졌다는 사실이 이와 모순되고 있는 것처럼 보인다. 물론 우리는 초기 그리스・로마법(200~700년)에 대해서는 조금도 아는 바가 없다. 그리고 농촌과 초기 도시의 관행법이 고트 시대 및 초기 아라비아 시대의 그것(옛 작센 법전, 시리아의 법률서)과는 달리 기술되어 있지 않았다는 것도 확실하다. 우리가 아직도 알 수 있는 가장 오래 된 층은 리쿠르고스, 잘레우코스, 카론다스, 드라콘, 약간의 로마 여러 왕[16]과 같은 신화적이거나 또는 반신화적인 인물로 보아야 하는, 700년 이후에 생긴 여러 수집이다. 이것들은 있었다. 이것들을 밝혀 주는 것은 구비(口碑)의 형태이다. 그러나 참된 저자도, 법전 편찬의 참된 경과도, 또 최초의 내용도 페르시아 전쟁 시대의 그리스인은 아

---

16) 그것들의 배후에 있는 것은 옛 로마법의 원형태인 에트루리아법이다. 로마는 에트루리아의 도시였다.

직 여전히 몰랐다.

　유스티니아누스 법전이나 독일의 로마법 채용(採用)에 상당하는 제2의 층은 솔론(60년), 피타코스(550년), 그 밖의 이름과 관련이 있다. 그것은 이미 도시적 지능에 의해 완성된 법률이다. 이것들은 법률에 thesmoi(법) 또는 rhetrai(불문법)라는 옛 명칭 대신 politeia(헌법), nomos(법률)라 쓰여 있었다. 그러므로 우리가 알고 있는 것은 후기 그리스·로마의 법률사뿐이다. 그런데 갑자기 일어난 법률 편찬은 어디에서 달성되었을까. 이미 이 이름들을 보면 문제는 결국 이것들의 경과에 있어서 순수한 경험의 결과로 받아들여져야 할 하나의 법률의 문제가 아니라 정치적 권력 문제의 결정 여하임을 알 수 있다.

　법률이라는 것이 완전히 사상(事象)에서 유리되어 있고, 정치적·경제적 이해와 전혀 관계가 있을 수 없다고 믿는 것은 커다란 오류이다. 이런 것은 상상 속에나 있을 수 있다. 그리고 정치적 가능성의 상상을 가지고 정치적 활동이라고 믿는 사람들은 언제든지 법률이란 그런 것이라고 생각하고 있었다. 그러나 그렇게 생각하는 데서 추상에서 태어난 이런 법률이 역사적 현실 속에 없다는 사실에는 아무 변함도 없다. 모든 법률은 추상적 형태 속에 그 창작자의 세계상을 내포한다. 그리고 모든 역사적 세계상은 정치적·경제적 경향을 내포하며, 이 경향은 이 사람 저 사람이 이론적으로 사고하는 바에 의거하는 것이 아니라 사실상의 권력을 장악하고 있는 계급이 실제적으로 의도하는 바에 따르는 것이다. 거기에서 모든 법률은 일반의 이름으로 하나의 계급이 만든 것이다. 아나톨 프랑스는 일찍이 "우리의 법률은 당당한 평등을 가지고 부자에게나 가난한 자에게나 빵을 훔치고, 또 거리의 모퉁이에서 구걸하는 것을 금한다"고 말했다. 의심할 것도 없이 그것은 한쪽의 정의이다. 그러나 이에 대해 '다른 한쪽'은 자기의 생활 시야에서 벗어난 법률을 단지 올바른 법률로서 실시하려고 언제나 힘쓸 것이다. 따라서 모든 입법은 모두 정치적인, 게다가 정당정치적인 행위이다. 그것들은 혹은 솔론의 민주주의적인 입법처럼 같은 민주적 정신에 의한 사법(私法, nomoi)과 결합된 헌법(politeia)을 전제로 한다. 서양의 역사가는 자신의 영속적인 법률에 익숙해 있기 때문에 이 관계를 경시하는 것이다. 그리스·로마의 인간은 거기에 실제로 생겨나 있는 것을 잘 알고 있었다. 십인회(十人會)가 창작한 것은 로마에서는 단호한 귀족적 정신에 의한 최후의 법률이었다. 타키투스는 이것을 공정한 법률의 끝(finis aequi juris, 《연대기》 3, 27)이라고 기록했다. 왜냐하면 십인회가 무너진 후 극히 명료한 상징적 의의를 가지고 십인으로 이루어지는 호민관이 나타난 것과 마찬가지로, 십이표법의 jus 및 이에 바탕을 두는 헌법에 대하여 lex rogata, 즉 민중의 법률의 점점 더 파괴적인 일이 나타났기 때문이다. 이 법률은 솔론이 드라콘의 일, 즉 아테네 과두정치의 법 이상인 πάτριος πολιτεία(국민적 헌법)에 대해 단 하나의 행위에 의해 완성된 것을 로마적인 완강함으로 얻으려 애쓴 것이다. 드라콘과 솔론은 이후 과두정치와 데모스, 즉 민중 사이의 오랜 투쟁에 있어서의 표어였다. 로마에서는 그것은 원로원과 호민관 제도였다. 스파르타('리쿠르고스')는 드라콘 및 십이표법의 이상을 단지 대표하고 있을 뿐만 아니라 이것을 확립했다. 이들 두 왕은 아주 비슷한 로마의 관계와 비교해 보면 타르퀴누스 여러 왕의 위치에서 서서히 그라쿠스적인 호민관의 위치로 옮아가고 있다. 즉 최후의 타르퀴누스 왕의 전복 혹은 십인회의 창설――이것은 뭐니 뭐니 해도 호민관제 및 그 경향에 대한 쿠데타였다――은 거의 클레오메네스(488년) 및 파우사니아스(470년)의 몰락에 상당하고, 아기스 3세 및 클레오메네스 3세(약 240년경)의 혁명은 몇 년 늦게 시작된 가이우스

플라미니우스의 활동에 상당한다. 다만 스파르타의 여러 왕은 원로원 당파에 상당하는 민선 장관 에포로스에 대해 철저한 성공을 거두지 못했다.[17]

그사이에 로마는 그리스·로마 후기적 의미의 대도시가 되었다. 농민적 본능이 점차 도시적 지능에 압도되었다. 따라서 법률 창조에 있어서는 약 350년 이래 민중의 법인 lex rogata와 함께 프라에토르의 행정법인 lex data가 나타났다. 십이표법의 정신과 lex rogata의 정신의 싸움은 뒷전으로 물러나고, 프라에토르의 법령 입법이 여러 당파의 장난감이 되게 되었다.

프라에토르는 로마 권력의 정치적인 증대와 함께 곧 입법 및 법률 실시의 무조건적인 중심이 되었다. 도시 프라에토르의 jus civile(시민법)는 그 적용 범위와 관련하여 praetor peregrinus의 jus gentium, 즉 '여러 국민'의 법에 압도되기에 이르렀다. 그리고 마침내 그리스·로마 세계 전 주민이 로마 시민권을 갖지 않으면 '타인'에 속하게 되었을 때, 로마 시의 jus peregrinum이 사실상 로마 제국의 법이 되었다. 그 밖의 여러 도시──그리고 알프스 여러 민족 및 유랑하는 베두인 여러 종족조차도 행정법적으로는

---

17) 우리의 입장에서 보아 십이표법에서 역사적으로 중요한 것은, 키케로 시대에 올바른 법문(法文)을 거의 하나도 남기지 않게 된 그 내용이 아니라, 원로원의 과두정치에 의한 타르퀴누스족의 참주정치의 전복에 상당하고, 그리고 의심할 나위 없이 위험에 처한 그 결과를 미래를 위해 확보해야 했던 법전 편찬이라는 정치적 행위 자체이다. 카이사르 시대에 아이들이 암기하고 있던 본문은 옛 시대의 집정관 표와 같은 운명에 빠졌다. 이 집정관 표 속에는 훨씬 뒤에 부와 세력을 얻은 가족의 이름이 잇달아 덧붙여 쓰어졌다. 최근 파리스와 람베르트가 이 입법 전체를 둘러싸고 논쟁을 벌이고 있는데, 뒤에 그 내용이라고 여겨진 것이 그 속에 존재하고 있어야 하는 한, 그들은 십이표법에 대해 올바르다. 그러나 450년의 정치적 사건과 관련해서는 올바르다고 할 수 없다.

'도시(civitates)'로서 조직되었다──는 로마의 외국인법이 아무 규정도 두지 않을 경우에만 자기 특유의 법을 유지하고 있었다.

그리스·로마의 법률 창작 일반의 종결이 되는 것은 edictum perpetuum이다. 이것은 하드리아누스(130년경)의 제의에 기초해서 프라에토르가 매년 반포하여 이미 확고한 요소가 된 법문을 마지막 형식으로 삼은 것으로 더 이상의 수정이 허용되지 않았다. 프라에토르는 이전처럼 '그의 해의 법률'을 공포할 의무가 있었다. 그것은 그의 관직상의 권한에 의한 노력일 뿐이고, 제국의 법률로서의 효력을 지니고 있지 않았다. 그러나 그는 확립된 법문을 준수하지 않으면 안 되었다. 이것은 후기 문명의 단호한 상징으로서의 유명한 '관직법(官職法)의 석화(石化)'이다.

헬레니즘과 함께 일어난 것은 적용할 수 있는 법률의 계획적 이해인 그리스·로마 법학이다. 수학적 이상이 물리적 및 기술적 지식을 실체로서 전제로 삼고 있듯이[18] 법률 사상도 정치적·경제적 관계를 전제로 삼고 있기 때문에, 로마는 곧 그리스·로마 법학의 도시가 되었다. 멕시코 세계에서도 마찬가지로 승리자 아스텍족이 예컨대 테스쿠코의 대학처럼 그 대학에서 법률 연구를 했다. 그리스·로마 법학은 로마인의 과학이고, 게다가 유일한 과학이 되었다. 아르키메데스와 함께 창조적 수학이 종말을 고했을 때, 아엘리우스의 트리페르티타(198년, 십이표법의 주석)와 함께 법률 문헌이 시작되었다. 100년경 M. 스카에볼라가 최초의 조직적 사법(私法)을 썼다. 기원전 200~0년은 그리스·로마 법학의 진정한 시기이다──오늘날에는 일반적으로 기묘하게도 초기 아라비아 법 시대를 가지고 그 시기로 삼고 있다.──두 문화의

---

18) 아이들의 구구단조차 계산에 있어서의 운동 역학의 초보 지식을 예상한다.

사상의 커다란 격차를 이 잔존 문헌을 통해 추측할 수 있다. 로마인은 단지 개개의 사건과 그 분류만 취급하고, 예컨대 법의 오류의 개념 같은 근본적인 개념의 분석은 다루지 않는다. 그들은 주의 깊게 계약의 종류를 구별하지만, 계약의 개념을 모를 뿐만 아니라, 예컨대 무효 또는 취소의 이치도 모른다. 요컨대 로마인은 전혀 우리에 대해 과학적 방법의 모범이 될 수 없다.

종말을 이루는 것은 아우구스투스에서 160년경에 이르는 사비누스파 및 프로쿨로스파 등 여러 학파이다. 그것은 아테테에 있어서의 철학 학파와 마찬가지로 과학적 학파이다. 그들 사이에 원로원법적 관념과 호민관(카이사르파)적 법 관념의 대항이 마지막으로 활발해진 것은 있을 수 있는 일이다. 최량의 사비누스파 사이에 카이사르 학살자의 후계자가 두 사람 있었다. 트리야누스는 프로쿨로스파의 한 사람을 자기의 후계자로 선정했다. 한편으로는 방법학이 본질적으로 종결되고 있는 사이에, 여기에서는 옛 jus civile(시민법)와 프라에토르의 jus honorarium(관용법)의 융합이 행해지고 있다.

우리가 알 수 있는 그리스 · 로마법의 최후의 기념물은 가이우스의 《법학 제요(Institutiones)》(161년경)이다.

그리스 · 로마의 법은 체구의 법률이다. 세계의 보유재(保有財)에서 그것은 체구적인 사람과 사물을 구별하고, 공적 생활의 에우클레이데스 수학으로서 그것들 사이에 모든 관계를 확립한다. 법 사상은 수학 사상과 가장 밀접한 관계가 있다. 양자 모두 시각적으로 주어진 경우로부터 감각적, 우연적인 것을 구별하고, 그리고 대상의 순수한 형식, 위치의 순수한 유형, 원인과 결과의 순수한 결합 등과 같은 사상적이고 원칙적인 것을 발견해 내려 한다. 그리스 · 로마의 비판적인 각성존재에 나타나 있는 그런 형태에 있어서의 그리스 · 로마의 생활은 완전히 에우클레이데스적인 특징을 지니고 있기 때문에, 거기에 생기는 상은 체구의 상이며, 체구간의 위치의 모든 관계의 상이고, 데모크리토스의 원자에 있어서와 같은 충돌과 반충돌에 의한 상호적 영향의 상이다. 그것은 법학적 정력학이다.[19]

16

아라비아 법이 최초로 창조한 것은 비체구적인 사람의 개념이었다. 이 새로운 세계감정에 있어 극히 의미 있는 중요성, 순수한 그리스·로마법에는 없이 모두 아랍인, 혹은 이른바 '고전' 법학자 사이에 갑자기 나타난 중요성을 완전히 평가하기 위해서는 아라비아 법이 미친 진정한 범위를 알지 않으면 안 된다.

새로운 지방은 시리아와 북방 메소포타미아, 남아라비아 및 비잔티움을 포함한다. 이들 지방에서는 도처에서 하나의 새로운 법률이 생기고 있었다. 《작센슈피겔》에서 알 수 있는 그런 초기의 양식을 취한 구전 혹은 씌어진 관습법이다. 그리고 거기에서 놀랄 만한 일이 생겼다. 그리스·로마의 땅에서 당연한 일로 여겨지고 있었던 개개 도시국가의 법률이 이들 지방에서는 암암리에 신앙 공동체의 법률이 되었다. 그것은 완전히 마기적이다. 언제나 하나의 Pneuma, 하나의 같은 정신, 유일한 진리에 대한 일치된 하나의 지식과 이해가 동일 종교의 신자를 의욕과 행위의 통일로 모으고, 하나의 법인으로 통합해 내는 것이다. 때문에 법인

---

19) 힉소스 시대의 이집트법, 전국 시대의 중국법은 그리스·로마법 및 다르마샤스트라의 인도법과는 반대로 체구적인 사람 및 사물이라는 근본 개념과 전혀 다른 근본 개념에 바탕을 두고 조직된 것임에 틀림없다. 독일의 연구가 이것을 확인할 수 있다면, 로마적 '고대'의 압박으로부터의 큰 해방이 될 것이다.

이란 하나의 집합적 생물이며, 전체로서 하나의 의향을 지니고 결심을 하고 책임을 진다. 그리스도교를 보면 이 개념이 이미 예루살렘에 있어서의 원시공동체[20]에 적용되고, 그리고 신적인 사람의 삼위일체에까지 이르고 있는 것을 알 수 있다.

이미 콘스탄티누스 황제 이전에 칙령이라는 후기 그리스・로마의 법(Constitutiones, Placita)이, 로마적인 도시 법률의 형식이 엄밀히 유지되어 오고는 있었지만, 본래 '혼효교적 교회'[21](즉 저 동일 종교성이 관철되고 있는 여러 제사의 집합)의 신자에 대해 효력을 갖는 것이다. 당시 로마에서는 여전히 대부분 주민이 법률이라는 것은 하나의 도시국가의 법률이라고 느끼고 있었는데, 이 감정이 동방에 한걸음 한걸음 다가감에 따라 소실되고 있었다. 신자를 하나의 법률 공동체로 통합해 내는 것이 황제 숭배(이것은 철두철미 신의 법이었다)에 의해 완전한 형태를 이루며 생겨났다. 황제 숭배와 관련해 말하면 유태인과 그리스도교도──페르시아 교회는 미트라 숭배의 그리스・로마적 형태를 취한 것에 불과하다. 그 때문에 혼효교의 일부로서 그리스・로마의 땅에 나타났던 것이다──는 독자적인 법률을 지니는 불신자로서 다른 법 분야 속에 할거했다. 아람인 카라칼라는 212년에 Constitutio Antoniana에 의해 dediticii(항복자) 이외의 모든 주민에게 시민권을 부여했는데, 이 행위의 형식은 순수하게 그리스・로마적이며, 이것을 이처럼 해석한 것이 다수였음이 분명하다. 로마 시는 이것을 통해 모든 다른 도시의 시민을 문자 그대로 자기에게 합병한 것이다. 그러나 황제 자신의 느낌은 전혀 달랐다. 그는 이것을

---

20) 〈사도전〉, 15. 여기에 하나의 교회법의 개념의 근원이 있다.

21) 법의 표현이 정도(正道)를 잃지 않고 있다고 생각한다. 왜냐하면 모든 그리스・로마적 숭배의 신자가 존경하고 사랑하는 공동 감정에 의해 통합되어 있었던 것은 그리스도교 개개의 교회와 마찬가지였기 때문이다.

통해 모든 사람을 '신자의 지배자'(즉 divus[신]로서 존경받는 숭배 종교의 수장)의 신하로 만든 것이다. 콘스탄티누스와 함께 커다란 변화가 일어났다. 그는 황제적인 칼리프 법률의 대상을 혼성교의 신앙 공동체가 아니라 그리스도교의 그것으로 삼고 이것을 통해 그리스도교적 국민을 구성했다. 신심과 불(不)신심이 그 장소를 바꾸었다. 콘스탄티누스 이후 '로마법'은 암암리에 점점 결정적으로 정통적 그리스도교도의 법률이 되었다. 그리고 그것은 개종한 아시아 및 게르만인에 의해 당연하다고 이해되고 승인되었다. 이것에 의해 낡은 형식 그대로 전혀 새로운 법률이 생긴 것이다. 그리스·로마의 결혼법에 따르면 로마 시민이 예컨대 카푸아의 시민의 딸을 아내로 맞아들이는 것이 이 두 도시 사이에 법률 결합이 없는 경우에는, 즉 아무 Connubium(혼인)도 없는[22] 경우에는 불가능하다. 이제는 그리스도교도 또는 유태교도는 로마인이든 시리아인이든 무어인이든 어떤 법률에 의해 불신앙자를 아내로 맞아들일 수 있는가가 문제가 되었다. 왜냐하면 마기적인 법률계에서는 이교도 사이에는 코누비움이 존재하지 않기 때문이다. 아일란드인이 비잔티움에서 흑인을 아내로 맞아들이는 것은, 양자가 그리스도교도인 경우에는 아무런 어려운 점이 없다. 그러나 같은 시리아의 마을에서 단성론적 그리스도교도가 네스토리우스파(경교도)의 여자를 아내로 맞아들이기 위해서는 어떻게 해야 했을까. 두 사람 모두 아마도 같은 종족 출신이었을 것이다―― 그러나 그들은 두 개의 법을 달리하는 '국민'에 속하고 있었던 것이다.

국민에 대한 이 아라비아적 개념은 하나의 새롭고, 게다가 완전히 결정적인 사실이다. 고국과 외국의 경계는 아폴론적 문화에

---

22) 십이표법은 귀족과 평민 사이의 Connubium(혼인)조차 금하고 있었다.

있어서는 두 도시 사이마다에, 마기적 문화에서는 두 개의 신앙 공동체 사이마다에 있었다. 로마인에게 Peregrinus(외국인)가 되고 hostis(적)가 되는 것은 그리스도교도에게 이교도가 되는 것이고, 유태인이 암하아레스로 삼는 것이다. 카이사르 시대의 갈리아인, 또는 그리스인에게 로마 시민권의 획득이라는 의미는 이제는 그리스도교의 세례라는 것이다. 즉 사람은 이것에 의해 지도적 문화의 지도적 국민 속에 들어가는 것이다. 사산조 시대의 페르시아인은 아케메네스조 시대의 페르시아인과 달리 페르시아 국민을 이미 혈통과 언어의 통일로 인정하지 않고, 불신자(그 불신자가 대다수의 경교도처럼 아직도 여전히 순수한 페르시아 기원의 것이었다 해도)에 대립하는 마니교 신자의 통일로 인정하고 있다. 마찬가지로 유태교도도, 뒤에는 만다야 교도 및 마니교도도, 나아가 뒤에는 경교도 및 단성론자의 그리스도 교회도 자신을 이 새로운 의미에서의 국민으로 보고, 법률 공동체로 보고, 법인으로 보고 있었다.

여기에서 일군의 초기 아라비아 법이 생겨난다. 이들 여러 법률은 그리스·로마법의 동아리가 도시국가에 따라 구분된 것과 마찬가지로 그것들이 따르는 종교에 의해 명확히 구분되고 있다. 사산조 제국에서는 조로아스터 법률의 특별한 법률학교가 발달하고 있다. 아르메니아에서 사바에 이르는 주민의 대부분을 차지하고 있는 유태인은 자신의 법률을 탈무드로 창조했다(탈무드는 《로마법 대전[Corpus Juris]》 몇 년 전에 완성되었다). 이들 교회는 각각 그때그때의 국경과는 관계없이 오늘날에도 여전히 동방에서 행해지고 있듯이 특유한 재판권을 지니고 있다. 그리고 다른 종교의 신자 사이의 다툼을 재판하는 것은 그 땅을 지배하는 자에게 속하는 재판관이다. 로마 제국 내에서는 유태인의 특유한 재판권에 대해 아무도 시비를 걸지 않았다. 그러나 경교도와 단성론자 역시 분리되자마자 곧 특유한 법률을 형성하고 특유한 재판을 하기 시작했다. 이리하여 '소극적'으로(즉 모든 다른 종교 신자가 서서히 분리됨으로써) 로마의 황제 법률은 마침내 황제 신앙을 신봉한다고 고백하는 그리스도교도의 법률이 되었다. 이로 인해 많은 언어로 보존되어 있는 시리아·로마의 법률서가 중요해지는 것이다. 이 책은 아마도 콘스탄티누스 이전의 것이고, 안티오크의 대교구장의 사무청에서 만들어졌을 것이다. 그것은 치졸한 후기 그리스·로마적인 형태를 취한 명백한 초기 아라비아의 관습법이고, 그것이 유포된 것은 여러 가지 번역물이 보여 주듯이 정통적인 제국 교회에 대한 반대를 위해서이다. 그것은 의심할 나위도 없이 단성론적인 법률의 기초를 이루고, 이슬람의 발생에 이르기까지 코르푸스 유리스의 유효 범위를 훨씬 넘어서는 구역으로 퍼져 갔다.

  라틴어로 씌어진 부분이 이들 여러 법률 속에서 어떤 실제적인 가치를 현실적으로 지닐 수 있었는가 하는 문제가 생긴다. 법률사가는 오늘날까지 전문성을 띤 문헌학적인 일방적 관찰로 이 라틴어로 씌인 부분에만 주의를 기울여 왔다. 따라서 여기에 두세 가지 문제가 있다는 것을 결코 인정할 수 없었다. 그들이 말하는 본문이란 법률이고, 로마로부터 우리에게 전해진 법률이었다. 그들의 관심의 대상은 단지 이들의 역사를 탐구하는 것뿐이고, 동방 여러 국민의 생활에서 그것이 사실상 중요했다는 것을 탐구하는 것이 아니다. 그러나 여기에서는 늙은 문화의 고도로 문명화된 법률이 젊은 문화의 초기 위에 강요된 것이다. 그것은 학자적 문헌으로서 전해진 것이고, 게다가 알렉산드로스 또는 카이사르가 좀더 오래 살았다면, 혹은 안토니우스가 악티움에서 승리를 거두었다면 전혀 다른 형세를 나타냈을 정치적 발전의 결과로 전해진 것이다. 우리는 초기 아라비아의 법률사를 크테시폰에서 보아야 하고 로마에서 보아서는 안 된다. 내적으로 이미 종결된 극서(極西)의 법률이 여기에서는 단순한 문헌 이상의 것이 된 것이다. 이 문헌은 이 지방의 현실적인 법률 사상에, 법률 창조에, 법률 실시에 어느 정도 관계하고 있었을까. 그리고 로마적인 것이, 아니 일반적인 그리스·로마적인 것이 이 책 속에 어느 정도 잔존해 있었을까.

이 라틴어로 씌어진 법률의 역사는 160년 이래 아라비아적 동방의 것이다. 그것이 유태 문학, 그리스도교 문학, 페르시아 문학과 정확히 평행해서 경과하고 있는 것은 의미 깊은 일이다. 그리스·로마의 법학자(160~220년)인 파피니아누스, 울피아누스, 파울루스는 아랍인이었다. 울피아누스는 티루스 출신의 페니키아인임을 스스로 자랑하고 있었다. 즉 그들은 200년 뒤에 곧 미슈나를 완성한 탄나임 및 그리스도교의 수많은 호교가(護敎家)〔테르툴리아누스, 160~223년)와 같은 민족에서 나오고 있다. 같은 시대에 그리스도교의 학자에 의해 신약성서의 경전과 본문이, 유태교의 학자에 의해 아베스타의 본문이 확정되었다.

이것이야말로 아라비아 초기 시대의 고도 스콜라 철학이다. 이 모든 법률가의 법전적 주석의 고정된 그리스·로마의 법률 재료에 대한 관계는, 미슈나의 모세의 토라(율법)에 대한 관계, 또는 훨씬 뒷날의 하디트의 코란에 대한 관계와 같다. 그것들은 권위를 가지고 전승된 법률 재료를 주석한 형식을 취한 새로운 관습법인 '할라카'이다. 결의론적(決疑論的)인 방법은 어디에서나 마찬가지였다. 바빌론의 유태인은 완성된 시민법을 갖고 이것을 수라 및 품바디타의 대학에서 가르치고 있었다. 도처에서 법학자 계급이 이루어졌다. 그리스도교 국민의 Prudentes〔知者〕, 유태 국민의 랍비(법학자), 뒷날에는 이슬람 국민의 울레마(페르시아어로는 몰라)가 이것이다. 그들은 법률가의 의견, 즉 responsa, 아라비아어로는 페트바를 개진한다. 울레마는 국가적으로 인정받을 때에는 무프티(비잔티움에서는 ex auctoritate principis)라 불린다. 형식은 어디에서나 똑같다.

200년경 그리스도교 호교가는 본래의 교부가 되고, 탄나임은 아모라에르가, 법률가적 법률(jus)의 대결의론자(大決疑論者)는 헌법적 법률(lex)의 설명자와 수집가가 되었다. 200년 이래 새로운 '로마'법의 유일한 법원(法源)이 되고 있었던 황제의 헌법은 다시 법률가의 책 속에 씌어진 것에 대한 새로운 '할라카'가 되고, 따라서 그것은 이미 미슈나의 주해(註解)로서 발전해 가는 게마라(Gemara)에 정확히 해당되고 있다. 양자의 방향은 동시에 코르푸스 유리스 및 탈무드가 되어 종결되었다.

아라비아적 라틴어의 용법에 있어서의 유스(jus)와 렉스(lex)의 대립은 유스티니아누스의 창조 속에 아주 명료하게 나타나 있다. 인스티투오스〔法學提要〕와 디게스〔學說類集〕는 유스이다. 그것은 완전히 정전적(正典的)인 본문의 의미를 지니고 있다. 콘스티투오스와 추법〔追法〕은 렉스이고 주석의 형태를 취한 새로운 법률이다. 동일한 관계를 이루는 것은 신약성서 정전 문서의 교부의 전통에 대한 관계이다.

콘스티투오스가 수천 가지의 동방의 특징을 지닌다는 것은 오늘날 어느 누구도 더 이상 의심하지 않는 사실이다. 그것은 아라비아 세계의 순수한 관습법이고, 살아 있는 발달의 압박을 받아 학자적 본문으로 바뀌어 버린 것이다. 정확히 이와 같은 의미를 지니고 있는 것이 비잔티움의 그리스도 교도의 지배자, 크테시폰의 페르시아 교도의 지배자, 바빌론의 유태교의 지배자(즉 레슈 갈루타), 마지막으로 이슬람의 칼리프 등의 무수한 칙령이다.

그러나 이 외형만 그리스·로마적인, 옛 법률가적 법률의 또 하나의 단편은 어떤 의미를 지니고 있었던가. 이 문제는 원전을 설명하는 것으로 충분치 않다. 원전의 법 사상과 판결이 어떤 관계를 지니고 있었는지 알지 않으면 안 된다. 동일 법률서가 두 개의 민족군의 각성존재에 있어서 근본적으로 다른 작품의 가치를 지닐 수 있다.

그 뒤 곧 수도 로마의 옛 법률이 더 이상 개개 사건의 사실 재료에 적용되지 않게 되고, 법률가의 원전이 성서처럼 인용되는 관례가 생겼다. 그것은 무엇을 의미하는가. 우리 로마 연구자의 눈으로 보면 그것은 법률학의 엄청난 쇠미의 징후이다. 아라비아 세계에서 보면 그 반대이다. 즉 이 사람들이 외부에서 강요된 문헌을 자기 특유의 세계에 적당한 유일한 형태로 만들고, 이것을 내적으로 자기 것으로 만들 수 있었다는 증거이다. 여기에 그리스·로마적인 세계감정과 아라비아적 세계감정의 모든 대립이 나타나 있다.

17

그리스·로마의 법률은 실제상의 경험에 기초해서 시민이 창작한 것이다. 아라비아 법은 소명을 받은 깨달은 자의 지능을 통해 이것을 전하는 신에게서 온 것이다. 따라서 로마의 jus(인간의 법)와 fas(신의 법)——신의 법이라 해도 내용은 여전히 언제나 인간적인 고찰에서 온 것이다——의 구별은 무의미해진다. 모든 법률은 유스티아누스의 《학설유집(學說類集)》 첫 구절에서 말하고 있듯이 세속적이든 종교적이든 deo auctore(신의 권위)에서 생겼다. 그리스·로마법의 위신(威信)은 성과에 기초하고, 아라비아 법의 위신은 그 법이 지니는 이름의 권위에 기초한다.[23] 그러나

―――――――
23) 따라서 모든 아라비아 문헌의 무수한 책에는 허구의 저자의 이름이

사람이 법률을 같은 인간의 의지 표현으로 받아들이느냐, 아니면 신의 질서의 요소로 받아들이느냐는 감정적으로 엄청난 차이가 있다. 전자에서는 인간이 법률의 정당성을 인정하든가, 아니면 힘에 굴복한다. 후자에서는 자신이 신에 복종(islam)하는 것을 드러낸다. 동방인은 자기에게 적용된 법률의 실제적인 목적도, 판결의 논리적인 근거도 음미하려고 하지 않는다. 따라서 카디(재판관)의 민중에 대한 관계와 프라에토르의 시민에 대한 관계는 전연 비교될 수 없는 것이다. 후자는 높은 지위에서 단련된 통찰에 의해, 전자는 아무튼 자기 안에서 활동하고 자기 입을 통해 발언하는 영에 의해 판결을 내린다. 그러나 그 결과 재판관과 씌어진 법률의 관계——프라에토르와 법령의 관계, 카디와 법률가 원전의 관계——는 전혀 다른 것이 된다. 법령은 프라에토르가 스스로 얻은 경험의 정수이고, 법률가의 원전은 비밀리에 물어보는 일종의 신탁이다. 왜냐하면 장구(章句)의 실제상의 의도나 그 본래의 동기는 카디에게는 전혀 문제가 되지 않기 때문이다. 카디는 말로, 때로는 문자로 그것이 지니는 의미가 아니라, 이 말들이 당면 사건에 대해 지녀야 하는 마기적 관계에 대해 묻는다. 이 영과 책의 관계는 그노시스에서 알 수 있고, 초기 그리스도교, 유태교, 페르시아교의 묵시문학 및 신비설에서, 신(新)피타고라스 철학에서, 카발라에서 알 수가 있다. 그리고 라틴어의 codices(법전)가 저부(低部) 아랍의 소송 실무에서 완전히 똑같이 사용되었다는 것은 의심할 나위도 없다. 신의 영이 문자의 비밀의 의미 속에 숨어 있다는 확신을 상징적으로 나타내고 있는 것

있다. 즉 디오니시오스 아레오파오기타, 피타고라스, 헤르메스, 히포크라테스, 헤노크, 바루크, 다니엘, 살로모, 많은 복음서와 계시문학의 사도의 이름 등이 그것이다.

은 위에서 말한 사실, 즉 아라비아 세계의 모든 종교가 신성한 책을 쓸 수 있는 각각 특유한 문자를 만들어 내고, 그리고 그 문자가 놀라울 정도로 완강하게 자기를 '국민'의 표지로 삼고(설사 그 국민이 사용하는 언어가 바뀐 뒤라도) 있다는 사실이다.

그러나 진리는 법률에 있어서도 또한 원전이 다수임에도 불구하고 영적으로 사명 있는 자의 콘센수스, 즉 이지마에서 생기는 것이다. 이 이론을 철저하게 깊이 추구한 것이 이슬람 과학이다. 우리는 모두 자신을 위해 자신의 고려에 의해 진리를 발견하려 한다. 그러나 아라비아의 학자는 그때마다 그 구성원의 일반적인 확신을 정밀하게 살피고 그것을 확인한다. 거기에서 그 확신은 오류를 범하는 일이 있을 수 없다. 왜냐하면 신의 영과 단체의 영은 동일하기 때문이다. 콘센수스가 발견되었을 때에는 진리가 확정된다. '이지마'는 모든 초기 그리스도교, 유태교 및 페르시아교의 교회회의의 진수이다. 게다가 그것은 정신적 근거를 완전히 오해하여 법률 연구자가 일반적으로 경시한 저 유명한 426년의 발렌티니아누스 3세의 인용법전의 진수이기도 하다. 이 법률은 원전을 인용해야 하는 대법률가의 수를 다섯으로 제한하고 있다. 이것에 의해 구약성서 및 신약성서의 의미에 있어서의 규준이 창작되었다. 이 양 성서는 마찬가지로 규준적인 것으로서 인용되고 있고, 원전의 합계를 포함하고 있는 것이다. 원전의 견해 속에 다른 것이 있을 경우에는 다수결로 결정하고, 동수일 경우에는 파피니아누스의 설에 따라 결정된다. 같은 견지에서 삽입구의 방법이 생겨났다. 그것은 트리보니아누스가 유스티니아누스의 《학설유집》에 대해 대규모적으로 이용한 것이다. 규준적 원전은 그 이념에 의해 당연히 무시간적으로 진리이고, 그렇기 때문에 개변(改變)을 허용하지 않는다. 그러나 정신의 사실상의 요구가 변하고 있다. 거기에서 외부적으로 불변이라는 의제(擬制)를 유지하기 위한 비밀적 변경의 기술이 생겨났다. 그것은 아라비아 세계의 모든 종교적 문서에서, 심지어 성서에서도 엄청나게 행해진 것이다.

유스티니아누스는 아라비아의 역사에서 마르쿠스 안토니우스 이래 가장 숙명적인 인물이다. 유스티니아누스는 그 '동시대인'인 카알 5세처럼 그가 사명으로 삼고 있는 모든 것을 괴멸시켰다. 서양에서 신성 로마 제국의 부활이라는 파우스트적 몽상이 모든 정치적 낭만주의 사이에서 요동치고, 그리고 나폴레옹 및 1848년의 어리석은 왕후들의 시대가 지난 뒤까지도 사실의 의미를 애매하게 만들었듯이, 유스티니아누스도 전 유럽 제국의 재정복이라는 돈 키호테적인 망상에 사로잡혔다. 그는 자신의 세계인 동방으로 시선을 돌리는 대신 먼 로마로 시선을 돌렸다. 그는 즉위 전에 일찍이 당시 그리스도교의 대교구장 밑에 있고, 일반적으로는 Primus inter pares(무리 중의 제일인자)로서도 인정받고 있지 못했던 로마 교황과 상의했다. 칼케돈의 그리스도 양성설적(兩性說的) 신앙 조목이 교황의 요구에 따라 집어넣어졌다──이와 함께 그리스도 단성설을 받드는 지방을 영원히 잃어버렸다. 악티움의 결과로 그리스도교는 그 결정적인 최초의 2세기에 서방으로 향하고 그리스·로마가 지역적으로 형성되었지만, 그곳에서는 상층 계급은 이에 관심 없는 태도를 취하고 있었다. 이어서 원시 그리스도교가 단성론자와 경교도(네스토리우스파) 사이에서 다시 발흥하기 시작했다. 유스티니아누스는 이것을 물리쳤다. 그리고 이것을 통해 이슬람을 동방 그리스도교 내의 청교적 사조로서가 아니라 새 종교로 받아들였다. 마찬가지로 동방의 관습법이 법전으로 편찬될 정도로 성숙한 순간에 라틴어 법전을 만들었다. 하지만 이 법전은 동방에서는 이미 언어적인 이유에서, 서방에서는 정치적인 이유에서 단순한 문자로 남아야 할 운명을 짊어지지 않을 수 없었다.

　이 업적 자체는 이에 상당하는 드라콘과 솔론의 업적과 마찬가지로 후기 시대의 초기에 즈음해 정치적인 의도하에서 생긴 것이다. 서방에서는 로마 제국의 영속이라는 허구 때문에 벨리사리우스 및 나르세스의 전혀 무의미한 전쟁이 일어났지만, 500년경 서고트, 부르군드 또 동고트의 여러 종족은 정복된 '로마인'용으로 라틴어 법전을 편찬했다. 이에 대해 비잔티움으로부터 본래의 로마 법전이 대립적으로 나오지 않으면 안 되었다. 마침 그때 동방에서는 유태 국민이 그 법전, 즉 탈무드를 완성했다. 비잔티움 제국에서 그 법 밑에 있는 무수한 유태인을 위해 황제의 고유의 국민용으로서의 법전이, 즉 그리스도교적 법전이 필요하게 되었던 것이다.

　왜냐하면 지리멸렬하고 기술적으로 결함이 있는 코르푸스 유리스는 어떻든간에 아라비아적 창작이고, 따라서 종교적 창작이기 때문이다. 이것을 증명하는 것이 많은 수정구(修正句)의 그리스도교적 경향이다. 즉 테오도시우스 법전에서는 여전히 권미에 붙여졌지만 여기에서는 권두에 내걸린 교회법에 관한 헌법이 그러하고, 또 특히 그 많은 신칙(新勅) 법전의 서문이 그러하다. 그럼에도 불구하고 법전은 시작이 아니라 종말이다. 이미 오래 전부터 무가치해진 라틴어가 이제 완전히 법률계에서 소멸──신칙 법전조차도 대부분 그리스어로 씌어졌다──함과 동시에 어리석게도 라틴어로 편찬된 저작도 소멸했다. 그러나 법률사는 그리스·로마의 법률서가 보여 준 길을 밟고 있었다. 그리고 제8세기에 있어서 황제 레오의 에클로가(Ekloga), 그 뒤의 페르시아의 대감독인 대법학자 예수보흐트의 코르푸스와 같은, 우리 18세기의 국법에 비견되는 저작에 이르렀다. 당시 이미 이슬람의 최대의 법학자 아부 하니파가 있었다.

18

 서양의 법률사는 당시 완전히 잊혀져 버린 유스티니아누스의 창조와는 전혀 다르게 시작되고 있다. 유스티니아누스 법전이 완전히 무가치한 것을 증명하는 것은 그 주요부, 즉 판데크타에(법령 전서)의 수사본(手寫本) 가운데 오직 하나만이 보존되고, 그것이 우연히도 1050년에——불행한 사실이지만——발견되었다는 사실이다.

 서양의 문화 전기는 500년 이래 일련의 게르만 종족의 법——동고트 및 서고트, 부르군드, 프랑크, 랑고바르드 등——을 탄생시켰다. 그것들은 아라비아의 문화 전기의 것에 상당하고 있다. 그것들 중에서 우리에게 전해지고 있는 것은 단지 유태의 그것에 불과하다. 즉 신명기(약 621년경, 모세의 제5서, 제12장~26장)와 제사 법전(450년경, 모세의 제2~4서)이다. 이것들은 양쪽 모두 가족과 재산이라는 원시적 존재의 근본적인 가치와 관계되고, 양쪽 모두 살아 있으면서도 교묘히 옛날의 문명화된 법률을 이용하고 있다. 유태인은 물론 페르시아인도 의심할 나위 없이, 또 그 밖의 민족은 후기 바빌론법을,[24] 게르만인은 도시 로마의 약간의 문헌적 잔존물을 사용하고 있다.

 농민적이고 봉건적이며 또 극히 간단한 도시 법률을 지니는 고트 초기 시대의 정치는 곧 나뉘어 세 개의 커다란 법률을 이루며 발전하고, 오늘날에도 여전히 명확하게 지적할 수 있을 정도이다. 이 발전의 의의의 근저를 깊이 연구할 만한 서양의 통일적인

---

24) 이와 관련해 시사하고 있는 것은 유명한 함무라비법이다. 그러나 우리는 이 단독의 저작이 그 내적인 가치에서 바빌론 세계의 일반에 도달한 법률과 어떤 관계에 있는지를 알 수 없다.

비교 법률사는 없다.

　프랑크법을 차용한 노르만법이 정치적 운명의 결과로 훨씬 중요한 것이 되었다. 1066년 영국의 정복 뒤에 귀족이 만든 작센법이 배척되고, 그 이후 영국에서는 '귀족의 법률이 전 국민의 법률'이 되었다. 그것은 순수한 게르만 정신을 조금도 손상시키지 않은 채 극히 엄중한 봉건적 형태에서 오늘날 여전히 유효한 형태로 발전하고, 그리고 캐나다, 인도, 오스트레일리아, 남아프리카, 미국에서 시행되는 법률이 되었다. 이런 세력 범위의 크기는 완전히 제외하더라도, 그것은 또한 가장 교훈이 풍부한 법이다. 그 발달은 그 밖의 법과 달리 이론적인 법률학자의 손으로 이루어진 것이 아니었다. 옥스퍼드에 있어서의 로마법의 연구는 실제와는 관련이 없었다. 머튼에서는 1236년에 명백히 이것을 거부하고 있다. 재판관은 스스로 창조적인 판례(判例)를 통해 옛날의 법률 재료를 계속 완성해 가고, 이어서 이 실제적인 판결록(reports)에서 브랙튼(1259년)의 법률서와 같은 법률서를 탄생시켰다. 그 이후 오늘날에 이르기까지 판결에 의해 생생하게 끊임없이 이어져 온 성문법과, 재판 실무에 의해 인정되고 있는 관습법이 서로 나란히 시행되고 있고, 한 번도 국회의 입법 행위를 필요로 하지 않았다.

　남방에서는 앞에서 말한 게르만·로만적 법전이 시행되고 있었다. 남프랑스에서는 북방의 프랑크적 droit coutumier(성문법)로서, 이탈리아에서는 그것들 가운데 가장 중요한 것, 즉 랑고바르드의 거의 순수하게 게르만적인 법전이 뒷날의 르네상스 시대까지 시행되었다. 파비아에는 독일법 대학이 설립되고, 거기에서 1070년 이 시대의 가장 중요한 법률학적 업적인 Expositio가, 그리고 그 직후에는 롬바르다라는 한 법전이 태어났다. 남방 전체의 법률 발전은 나폴레옹 법전에 의해 단절되고 이것으로 대치되었다. 이 법전은 모든 로만 여러 나라에서는 물론, 그것을 훨씬 넘어 그 이상의 형성의 기초가 되고, 따라서 영국법 이후에 가장 중요한 것이 되었다.

독일에서는 고트족의 법(작센슈피겔은 130년, 슈바벤슈피겔은 1274년)과 함께 강력하게 시작된 운동이 소멸했다. 혼잡한 작은 도시의 법과 영토의 법이 군생(群生)하고, 마침내 막시밀리안 황제와 같은 몽상가나 광신자의 정치적 낭만주의자가 사실의 빈곤 속에서 꽃을 피우고 법률도 유린했다. 보름스의 국회는 1495년에 이탈리아를 모범으로 하여 대심원 제도를 창설했다. 신성 로마 제국에서는 로마법이 독일 보통법으로 들어갔다. 옛 독일의 소송절차가 이탈리아의 그것으로 대치되고, 재판관은 알프스 저편으로 가서 연구하지 않으면 안 되었다. 그리고 그들은 자기의 주위 생활에서가 아니라 개념을 천착하는 고전 언어학에서 그 경험을 얻고, 그 이후 이 나라에서만 로마법의 공론(空論)이 존재하고, 코르푸스 유리스를 성스런 것으로 삼고서 현실에 대항해 이것을 소중하게 지키고 있었던 것이다.

그렇다면 이 이름에 의해 소수의 고트인 지적 소유로 옮아간 것은 무엇이었던가. 1100년경 볼로냐 대학에서 독일인 이르네리우스는 그의 유일한 판데크타에 수고본(手稿本)을 순수한 법률 스콜라학의 대상으로 삼고, 그리고 랑고바르드적 방법을 이 새로운 본문으로 넘겼다. 이 본문의 '진리는 ratio scripta(쎅어진 이성)로서 믿어졌다' (레넬). 진리이기는 하다――그러나 고트의 생활태도와 결부된 고트적 이해는 문명화된 세계도시적 생활의 원칙을 지니고 있었던 이들 법문의 정신을 조금도 헤아릴 수 없었다. 이들 주석 법학자파는 모든 스콜라학과 마찬가지로 개념적 현실주의――참된 현실, 세계의 본체는 사물이 아니라 일반적인 개념이다――에 사로잡혀 있었다. 그리고 그들의 눈으로 보면 참된 법

제1장 기원(起源)과 토지 327

률은 '가련하고 더러운' 롬바르다에 나타난 그런 관습 및 풍속으로 이루어지는 것이 아니라 추상적인 개념을 마음대로 조종해 얻어진다는 것이 의심의 여지도 없을 정도였다. 그들은 이 책에 순수한 변증법적 흥미를 지니고 있었던 것이고, 자기의 학문을 생활에 응용하는 것은 전혀 염두에 두지 않았던 것이다. 1300년 뒤에 비로소 그들의 반(反)롬바르디아법적인 주해와 총괄이 서서히 르네상스 제도시 속에 깊숙이 파고들어간다. 후기 고딕의 법학자, 특히 바르톨루스는 표준법과 게르만법을 융화시켜 실제로 쓸모가 있는 하나의 전체법으로 만들고, 그리고 이것에 현실의 사상——거의 드라콘의 입법과 디오클레티아누스에서 테오도시우스에 이르는 칙령에 상당하는, 시작되고 있는 후기 시대의 현실 사상——을 담았다. 바르톨루스의 창작은 스페인 및 독일에서 '로마법'으로서 행해지기에 이르렀다. 단지 프랑스에서 바로크의 법률학은 쿠야키우스 및 도네룰스 이래 스콜라적 본문에서 비잔티움 본문으로 돌아갔다.

 그러나 볼로냐에서는 이르네리우스의 추상적인 업적 외에 완전히 결정적인 일이 일어났다. 즉 여기에서 1140년경 수도사 그라티아누스가 그의 유명한 decretum(법령)을 쓰고, 그것으로 세례라는 초기 아라비아적 원시 성사(聖事)로 이루어지는 옛 카톨릭적——마기적인——교회법을 체계적으로 정리하고, 거기에서 서양적인 종교법의 과학을 창설했다. 이제 새 카톨릭적——파우스트적——그리스도교가 자기의 존재를 법적으로 표현할 수 있는 형식을 발견해 냈다. 이 그리스도교는 성찬단(및 그것을 지지하는 것으로서 승직 수임)이라는 고트의 원시 성사에서 생겼다. 1234년에 Corpus juris canonici(교회 법전)의 주요 부분이 Liber extra(외전)로서 완성되었다. 종족의 여러 법률의 풍부한 모든 맹아에서 일반 서양적인 Corpus juris germanici(게르만 법전)를 창조하는 것은 황제가 잘 이루어 낼 수 없었던 것이지만, 교황은 이에 성공한 것이다. 형법과 소송 절차법을 지니는 완전한 사법(私法)은 게르만적 방법에 의해 고딕의 종교적이고 또 세속적인 법 재료에서 생겼다. 이것이 '로마법'이고, 그 정신은 바르톨루스 이래 유스티니아누스의 작품의 연구에조차 스며들어 있었다. 그리고 이와 함께 법률 속에조차 황제와 교황 사이의 거대한 싸움을 불러일으킨 저 커다란 파우스트적 갈등이 나타나 있다. 법과 신법(神法) 사이의 모순은 아라비아 세계에서는 있을 수 없었지만 서양의 세계에서는 피할 수 없는 일이었다. 그것들은 무한한 것에 관한 하나의 권력의지의 두 가지 표현이다. 세속적인 법 의지는 풍습에서 생기고 미래의 모든 세대를 사로잡는다. 종교적인 법 의지는 신비적인 확실성에서 생기고 무시간적인 영원한 법칙을 부여한다. 이 동등한 상대끼리의 싸움은 결코 끝나지 않았다. 그리고 오늘날에도 여전히 결혼법에서 교회 결혼과 시민 결혼이라는 대립을 이루고 있다.

바로크의 시작과 함께 도시적 형식과 화폐경제적 형식을 취하기에 이른 생활은 솔론 이래의 그리스·로마 도시국가의 법과 같은 법률을 요구하고 있다. 여기에서 실제로 행해지고 있는 법률의 목적이 무엇인가가 이해되었던 것이다. 그런데 학자 계급이 '우리와 함께 태어난 법률'도 창조하는 것을 자기 특권으로 간주하는 것은 고딕 이래의 숙명적인 유전이고, 어느 누구도 이것을 바꿀 수 없었다.

도시적인 합리주의는 궤변철학과 및 스토아 철학에 있어서와 마찬가지로 올덴도르프 및 보디누스가 건설하고 헤겔이 파괴하기에 이르기까지 자연법에 몰두하고 있다. 영국에서는 그 최대의 법학자인 코크가 실무적으로 발전해 가는 게르만적 법률을 지키고, 튜더 왕조가 판데크타에법을 넣으려는 최후의 기도에 반대했다. 그러나 대륙에서는 학자적인 체계가 로마적 형식을 취해 발전해서 독일 국법이 되고, 나폴레옹 법전의 기초인 앙시앵 레짐의 윤곽이 되었다. 이리하여 블랙스톤의 《영국법의 주석》(1765년)이 서양 문명의 발단에 있어서의 유일하고도 순수한 게르만 법전이 되었던 것이다.

19

여기에서 나는 목적지에 도달했다. 그리하여 나는 주위를 둘러본다. 눈앞에 있는 것은 세 개의 법률사인데, 그 공통점은 단지 언어적 및 문장법적인 형식의 여러 요소에 불과하다. 이들 법률사는 각각 이 형식을 사용함에 즈음해 그 기초를 이루는 미지의 존재를 인식하지도 못한 채 이 형식을 다른 데서 빌리거나 또는 빌리지 않으면 안 되었던 것이다. 이들 법률사 중 두 가지는 완성되었다. 우리 자신은 제삼의 것 속에 있다. 게다가 대규모적인──오로지 로마인 및 이슬람에만 힘입게 되어 있었다──건설적 노작(勞作)이 갓 시작된 결정적인 위치에 있다.

오늘날에 이르기까지 로마법은 우리에게 있어 무엇이었던가. 그것을 엉망이 되게 만들어 버린 것은 무엇이었던가. 미래에서 그것은 우리에게 무엇이 될 수 있을 것인가.

근본 동기로서 우리의 법률사 속을 일관하고 있는 것은 책과 생활의 싸움이다. 서양의 책은 신탁도 아니고, 마술적인 비밀스런 의미가 있는 마법의 문구도 아니며, 한 조각의 압축된 역사이다. 그것은 미래이고자 하고, 게다가 우리 독자 속에 그 내용을 부활시키고, 그런 우리를 통해 미래이고자 하는 압축된 과거이다. 파우스트적 인간은 그리스・로마인처럼 자기의 생활을 그 자체로 통합된 것으로서 완성시키려고 하지 않고, 자기보다 훨씬 이전에 시작되고, 자기 이후 오래도록 종말로 나아가는 생활을 계속하려고 한다. 고트의 인간에 있어서는 자기 자신에 대해 깊이 생각하는 한 자기 존재의 역사적 관련이 문제가 아니라 단지 이것을 어디에 관련시켜야 할 것인가가 문제였다. 그가 과거를 필요로 하는 것은 현재에 의미와 깊이를 주기 때문이었다. 종교적 안목과 식견에는 옛 이스라엘이 나타나고, 비종교적 안목과 식견에는 도처에서 잔재가 보이는 고대 로마가 나타났다. 이런 잔재가 숭배된 것은 그것이 위대했기 때문이 아니라 오래 되고 아득했기 때문이다. 이 인간들이 이집트를 알고 있었다면 로마는 한 번도 돌아보지 않았을 것이다. 그리고 우리의 문화 언어는 완전히 다른 것이 되어 있었을 것이다.

이 문화는 책 문화이고 독자(讀者) 문화였기 때문에 그리스·로마 문서가 아직 존재하고 있는 곳에서는 어디서든 '수용'이 나타났다. 그리고 그 발전은 때늦은 본의 아닌 해방이라는 형태를 취했다. 아리스토텔레스의 수용, 에우클레이데스의 수용, 코르푸스 유리스의 수용은——마기적인 동방에서는 그것은 의미를 달리한다——자기 자신의 사상의 용기(容器)를 이미 만들어진 그대로 너무 빠를 정도로 빨리 발견해 낸다는 것이다. 그러나 그 결과 역사적 소질이 있는 인간은 개념의 노예가 된다. 미지의 생활 감정이 그의 사고 속에 들어가는 일은 없다(왜냐하면 감정이 들어가지 않기 때문이다). 그러나 그것은 그 자신의 생활 감정이 얽매이지 않는 언어를 발전시키는 것을 방해한다.

그런데 법률 사상이라는 것은 구체적인 것과 관계되지 않으면 안 된다. 그리고 법률 개념이라는 것은 무엇인가로부터 추상되지 않으면 안 되는 것이다. 바로 거기에 숙명이 있다. 즉 이들 개념은 사회적 존재 및 경제적 존재의 강하고 또 확고한 습속에서 얻어지는 대신, 그 시기가 오지 않았는데도 너무나 성급히 라틴어 문서에서 추상되었던 것이다. 서양의 법학자는 그리스·로마의 문학자가 되고, 그리고 실제적인 생활 경험 대신 나타난 것은 오로지 자기 자신에 기초를 둔 법률 개념의 순수한 논리적 분석과 결합에 관한 학자적 경험이다.

따라서 사법(私法)이라는 것은 각 시대에 있어서의 사회적 및 경제적 존재의 정신을 표현해야만 하는 것이라는 사실이 우리 사이에서는 완전히 사라져 버렸다. 나폴레옹 법전도 프로이센 국법도, 그로티우스도 몸젠도 이 사실을 분명히 알고 있지 않다. 법학자 계급의 수양(修養)도 문헌도 통용되고 있는 법률의 참된 이 '법원(法源)'에 대해 생각케 하는 것이 요만큼도 없다.

그 결과 우리가 지니는 사법은 후기 그리스·로마 경제의 막연한 기초 위에 서 있는 것이 되어 있다. 서양의 경제 생활이 문명화되었을 때 자본주의의 이름과 사회주의의 이름을 서로 대립시키는 깊은 적의가 유래하는 것은, 대부분 학자적 법 사상이, 그리고 그 영향을 받은 유식자 계급의 사상 일반이 사람, 사물 및 소유와 같은 아주 중요한 개념을 그리스·로마 생활의 상태 및 배치와 결부시키고 있다는 사실이다.

책이라는 것은 사실과 그 사실의 파악 사이에 몸을 두는 것이다. 유식자(有識者)──그리고 책을 통해 교육을 받은 사람을 의미한다──는 오늘날에 이르러서도 여전히 본질적으로는 그리스·로마적으로 평가하고 있다. 활동에만 몰두하는 자, 또 비판하기 때문에 교육받지 않은 자는 자기가 오해당했다고 느끼고 있다. 그는 시대의 생활과 그 생활의 법적 이해 사이에서 모순을 인식하고, 그리고 이기심(그의 생각에 따르면 그렇다)에서 이 모순을 낳은 것을 찾는다.

다시 의문이 생긴다. 그것은 서양의 법률이 누구에 의해, 또 누구를 위해 만들어졌을까 하는 것이다. 로마의 프라에토르는 행정 문제와 제정 문제에 경험을 쌓고 이것을 통해 비로소 자신의 재판관으로서의, 또 동시에 입법자로서의 활동에 적합하도록 훈련받은 토지 소유자이자 장교였다. praetor peregrinus는 외인법(外人法)을 후기 그리스·로마의 세계도시의 경제적 교통법으로 발전시켰다. 게다가 아무런 계획도 없이, 아무 의도도 없이 단지 현실에서 당면하고 있는 개개의 경우에서 발전시켰던 것이다.

그러나 영속에 대한 파우스트적 의지는 '현실에서 영원에 걸쳐 가치가 있는'[25] 책, 일반적으로 가능한 모든 경우에 대비할 수 있는 체계를 요구한다. 이런 책은 학자적 노작(勞作)이고, 대학의 박사들, 옛 독일의 법률가의 가계(家系), 프랑스의 노블레스 드 로브(법관 귀족) 등과 같은 입법자, 사법자로 이루어지는 학자 계급을 필연적으로 만들어 냈다. 100명이 넘지 않는 Judges는 높은 변호사 계급(barristers)에서 제외되고 있지만, 그러나 신분상으로는 장관 위에 위치하고 있다.

학자 계급은 세속을 떠난 사람이다. 그들은 사고에 바탕을 두지 않은 경험을 경멸한다. 실제 생활의 유동적인 풍습과 '학문의 입장' 사이에서 피할 수 없는 투쟁이 일어난다. 저 이르네리우스의 판테크타에 수고본(手稿本)은 수백 년에 걸쳐 학자적 법률가가 살고 있었던 '세계'이다. 법학부가 없는 영국에 있어서조차 오로지 후계자의 양성에 힘쓰는 것은 법률가 집단이었다. 따라서 법률 개념의 발전과 일반적 발전을 분리시킨 것이다.

따라서 오늘날까지 법률학이라 명명되어 있는 것은 법률어의 언어학이나, 그렇지 않으면 법률 개념의 스콜라학이다. 그것은 오늘날에도 여전히 생활의 의의를 '영원한' 근본 개념으로 우러

---

25) 영국에서 영구히 효력이 있는 것은 소송 실무에 의해 법률을 발전시킨다는 불변의 형식이다.

러보고 있는 유일한 과학이다. 오늘날의 독일 법학은 아주 높은 수준으로 중세기 스콜라학의 유산(遺産)을 대표하고 있다. 우리 현실 생활의 근본 가치를 법리적으로 고찰하는 것은 아직 시작되고 있지 않다. 우리는 이들 가치를 전혀 모르고 있는 것이다.

이것은 미래의 독일 사상에 남겨진 임무이다. 그것은 현대의 실제 생활에서 그 가장 깊은 원리를 발전시키고, 그리고 이 원리를 근본적인 법률 개념으로 높이는 일이다. 커다란 여러 예술은 우리의 배후에 가로놓여 있고, 법률학은 우리 앞에 있다.

왜냐하면 19세기의 노작은 스스로 아무리 창조적이라고 자부하고 있다 해도 단지 준비에 불과했기 때문이다. 그것은 우리를 유스티니아누스의 책으로부터는 해방시켰지만 개념으로부터는 해방시키지 못했다. 학자 중에서도 로마법의 관념학자는 이미 문제가 되지 않는다. 그러나 낡은 유형의 학식은 남아 있다. 우리를 이 개념의 도식에서조차 해방시키기 위해서는 다른 종류의 법률학이 필요하다. 그리스·로마 문헌학적인 경험이 사회적·경제적 경험으로 바뀌어져야 한다.

독일의 사법과 형법을 보면 이 상태가 드러난다. 그것은 부칙(附則)의 화환으로 둘러쳐져 있는 체계이다. 그런 부칙의 재료를 주된 법률에 합치시키기가 불가능했다. 여기에서 그리스·로마적 도식을 가지고 여전히 이해할 수 있는 것과 그렇지 않은 것이 개념적으로, 따라서 문장론적으로 개별적인 것으로 분리되고 있다.

전기(電氣)를 훔쳐 쓰는 것이 유형의 물체에 관한 것이냐 아니냐 하는 어리석은 논쟁 뒤에, 무엇 때문에 1900년 긴급 법령에 의해 형에 처해야 하는 것으로 하지 않으면 안 되었던가. 무엇 때문에 특허법의 내용이 물권법 속에 받아들여지지 않으면 안 되는가. 무엇 때문에 저작권법은 정신적 창작을 원고와, 또 그것을 전달할 수 있는 형태의 인쇄물을 개념적으로 구별할 수 없었던

가. 무엇 때문에 물권법과는 반대로 회화에서는 예술적 소유와 물질이 원판의 획득과 복제권의 획득의 분할에 의해 구별되지 않으면 안 되었던가. 무엇 때문에 업무상의 관념 혹은 조직 계획의 횡령이 무죄인 데 반해, 그 윤곽이 씌어져 있는 종이 조각의 횡령은 그렇지 않은가.

그 이유는 우리가 오늘날에도 여전히 유형적인 사물이라는 그리스·로마적 개념에 지배당하고 있기 때문이다. 우리의 생활은 다르다. 우리의 본능적인 경험은 노동력, 발명심, 기업심, 정신적, 육체적, 기술적 및 조직적인 에너지, 능력 및 재능 등의 함수적인 개념 아래 있다. 우리의 물리학(그 극히 진보한 이론은 현대 생활 방법의 정확한 모형이다)은 마치 그 전력(電力)에 관한 이론이 보여 주듯이 이미 물체라는 낡은 개념을 전혀 모른다. 무엇 때문에 우리의 법률은 현대 경제의 커다란 사실에 직면해 개념적으로 무력한 것일까. 왜냐하면 그것은 사람조차도 체구로서밖에 인정하지 않기 때문이다.

서양의 법률 사상이 그리스·로마어를 이어받고 있다 해도 거기에 부착되어 남아 있는 것은 그리스·로마적인 의미의 가장 표면적인 것뿐이다. 문장의 관련이 분명히 드러나 있는 것은 단지 논리적인 말투뿐이고 그 근저를 이루는 생활은 아니다. 낡은 법률 개념의 죽은 형이상학은 아무리 사용하더라도 다른 나라 사람들의 사색 속에서 눈뜨는 일이 없다. 최후의 것이자 가장 깊은 세계의 어떤 법률 속에도 나타나지 않는다. 왜냐하면 그것은 자명한 것이기 때문이다. 그것들은 각기 암암리에 본질적인 것을 전제하고 있다. 그것이 부르는 상대는 법문 외에 입으로 나타낼 수 없는 것을, 그리고 바로 그 나타낼 수 없는 것을 내적으로 이해하고 그것을 사용할 수 있는 사람들이다. 모든 법률은 과대 평가하지 않는 한 관행법이다. 법률은 말을 정의할 수 있을 것이다. 그러나 생활은 이것을 해석한다.

그러나 학자가 다루는 다른 나라의 법률어와 그 개념 규준이 자기의 법률을 속박하려 할 때에는 개념이 공허해지고, 생활은 무언(無言)의 상태가 될 것이다. 법률은 무기가 되지 않고 무거운 짐이 되고, 그리고 현실은 법률사와 함께 나아가지 않고 그것과는 다르게 나아갈 것이다.

그러므로 우리의 문명이라는 사실이 요구하는 법 재료는 법률서(法律書)의 그리스・로마적인 규준에 일부는 외적으로 통일되지만, 일부는 전혀 통일되지 않는다. 거기에서 법률 사색에 있어, 또 유식자의 사색에 있어 역시 무형식의 것이고, 따라서 존재하지 않는 것이다.

사람 및 사물은 오늘날의 입법의 의미에서 일반적으로 법 개념인가. 아니다! 그것들은 단지 인간과 그 밖의 것 사이에 평범한 한 선을 그을 뿐이고, 말하자면 자연과학적인 구별을 하는 데 불과하다. 그러나 일찍이 그리스・로마적인 존재의 전 형이상학은 로마의 개념인 persona에 부착되어 있었다. 사람과 신의 구별. 폴리스, 영웅, 노예의 본질. 질료와 형상으로 이루어지는 우주의 본질. 아타락시아라는 생활 이상. 이것들은 자명한 전제인데, 우리에 있어서는 완전히 소멸해 버린 것이다. 소유라는 말이 우리의 사상에서는 그리스・로마적인 정력학적 정의의 의미를 띠고 있기 때문에 모든 적용에 즈음해 우리의 생활 방법의 동력학적 성질을 왜곡한다. 우리는 이런 정의를 세속을 떠난 추상적인 윤리학자, 법률가, 철학자에게 맡기고, 또 정치적 공론가의 몰이해적인 논쟁에 맡기자. 게다가 현대 경제사의 완전한 이해는 이 하나의 개념의 형이상학에 달려 있는 것이다.

그러므로 여기에서 아주 명확하게 말해야 한다. 그리스・로마의 법률은 체구의 법률이고, 우리의 법률은 기능의 법률이라고,

로마인은 법학의 정력학을 창조했다. 우리의 임무는 법학의 동력학이다. 우리의 입장에서 말하면 사람은 체구가 아니라 힘과 의지의 단위이고, 그리고 사물은 체구가 아니라 이들 단위의 목표, 수단, 창조이다. 체구 사이의 그리스·로마적 관계는 위치였다. 그러나 여러 힘 사이의 관계는 작용이라고 명명된다. 로마인에게는 노예는 새로운 것을 낳는 하나의 사물이다. 지적 소유의 개념은 키케로와 같은 저작자는 생각지도 못했던 것이다. 하물며 실제적인 이념 혹은 커다란 천품(天稟)의 가능성의 소유의 개념 같은 것은 말할 나위도 없다. 그러나 우리에 있어서는 조직자, 발명가 및 기업가는 하나의 생산력이고, 이 힘은 다른 실행력에 그 특유한 작용에 대한 방향, 임무, 수단을 부여함으로써 이것을 활동시킨다. 이 두 가지의 힘은 경제 생활에 속하는 것이지만, 사물의 소유자가 아니라 에너지의 보유자이다.

모든 법률 사상을 고등 물리학 및 수학의 유추에 의해 전환하는 것이 미래의 요구가 된다. 사회적, 경제적, 기술적 생활 전체가 마침내 이런 의미에서 이해되기를 기다리고 있다. 우리가 이 목표에 도달하기 위해서는 한 세기 이상이나 아주 명민하고 깊은 사고를 필요로 한다. 그리고 그것을 위해 필요한 것은 전혀 다른 종류의 법학자의 준비 교육이다. 그것이 요구하는 것은,

1. 현대의 경제 생활에 있어서의 직접적인, 폭넓고 실제적인 경험.

2. 독일법, 영국법 및 로만법의 발전을 끊임없이 비교한 바탕 위에서의 서양 법률사의 정확한 지식.

3. 오늘날 유효한 개념의 모범으로서가 아니라, 얼마나 법률이 시대의 실제적인 생활에서 순수하게 발전하는가 하는 것의 빛나는 실례로서의 그리스·로마법의 지식.

로마법은 우리에 대해 영원히 타당한 근본 개념의 기원이 아니

게 되었다. 그러나 로마의 존재와 로마의 법 개념의 관계는 이것을 다시 우리에게 가치 있는 것으로 만든다. 로마법에서 우리가 배울 수 있는 것은 우리의 법률을 어떻게 자기의 경험에서 만들어 낼 수 있는가 하는 것이다.

제2장 도시와 민족

Ⅰ. 도시의 혼

1

　기원전 2000년 중엽 에게 해에는 두 세계가 마주 보며 가로놓여 있었다. 하나는 어렴풋한 예감 속에 희망에 눌리고 미래의 고뇌와 행위에 도취한 채 조용히 성숙해 가는 미케네 세계이고, 다른 하나는 쾌활하고 또 만족한 상태로 옛 문화의 재보(財寶) 아래 가로누워 우아하고 또 경쾌하게 모든 커다란 문제를 멀리 자기 배후에 둔 크레타의 미노스 세계이다.
　이 현상은 오늘날 연구의 중심에 들어와 있지만, 이 두 혼 사이에는 여러 가지 대립의 심연이 놓여 있다. 만약 이 심연을 올바르게 평가하지 않을 때에는, 이 현상이 결코 진실로 이해되지 않을 것이다. 그 시대의 인간은 이 심연을 깊이 느끼긴 했겠지만, 그러나 거의 '인식'하지 못한 것이 틀림없다. 나는 이것을 눈앞에서 본다. 티린스와 미케네의 성시(城市) 주민이 크노소스에 있어서의 유행(流行) 생활의 도저히 미칠 수 없는 재지(才知)에 대해 품는 외경적 존경. 크노소스의 성장 환경이 좋은 주민이 이들 족장과 그 종자(從者)에 던지는 경멸. 거기에다 또 게르만 병사가 로마의 늙은 현관(顯官)에 대해 품고 있었던 것과 같은,

이들 건강한 야만인 사이에 존재하는 남모르는 우월의 감정. 이런 것들이 그것이다.

우리는 이것을 어디서 알면 좋을까——두 문화의 인간이 서로 상대의 눈 속을 들여다보는 그런 순간이 올 때가 있었다. 우리는 '여러 문화 사이'를 수없이 알고 있다. 거기에 나타나 있는 것은 인간의 혼을 가장 분명히 드러나게 하는 정취(情趣)이다.

크노소스와 미케네의 관계는 또한 비잔티움 궁정과 오토 2세처럼 이와 인척이 된 독일 귀족과의 관계이기도 했다. 기사나 백작들의 노골적인 경탄, 이에 답하듯이 세련되고 약간 시든 피로한 문명이 독일 시골의 거친 이른 아침과 깨끗함에 대해 지니는 경멸 섞인 놀람——이것이 바로 셰펠의 《에케하르트》가 묘사한 것이다.

샤를마뉴(카알 대제) 속에 분명히 나타나 있는 것은 저 각성 직전의 원시인적 정신태와 그 위에 덧씌워져 있는 후기 지성의 혼합이다. 그는 그 통치의 약간의 특징으로 프랑키스탄의 칼리프라고 명명할 수 있지만, 다른 면에서는 아직 한 게르만족의 추장이다. 이 양자의 혼합 속에 이 현상의 상징적인 것이 있다. 그것은 마치 이미 회교 사원은 아니지만 그렇다고 아직 대성당도 아닌 아헨의 궁전 예배당의 형태 속에 있는 것과 똑같다. 게르만적·서양적 문화 전기는 그사이에 서서히 땅 밑에서 진행되어 가고 있었다. 하지만 서툴게도 카롤링조 르네상스라고 이름붙여져 있는, 저 돌연히 빛나기 시작한 빛이 바그다드로부터 날아온 빛에 의해 생겼던 것이다. 샤를마뉴 시대가 표면상의 한 삽화임을 간과해서는 안 된다. 그와 함께 우연적인 것, 결과가 없는 것이 똑같이 종말을 고했다. 900년 이후 큰 하강기 뒤에 새로운 것이 시작되고, 이것이 운명의 무게와 또 영속을 약속하는 깊이로 활동하게 되었다. 하지만 800년경에는 아라비아 문명이 태양처럼 동방의 세계도시로부터 여러 나라 위에 나타나 있었다. 마치 그것은 옛 헬레니즘 문명이 알렉산드로스 없이도, 아니 알렉산드로스 이전에도 그 빛을 인더스 강까지 던졌던 것과 마찬가지이다. 알렉산드로스가 이 헬레니즘 문명을 불러일으킨 것도 아니고, 또 퍼뜨린 것도 아니다. 그는 이 문명의 흔적을 좇아 동방으로 나아간 것이고, 그 선두에 선 것이 아니었다.

티린스와 미케네의 언덕 위에 서 있는 것은 원시 게르만풍의 백작령과 성채이다. 크레타의 궁전──왕성이 아니라 많은 신관과 여신관의 공동체를 위한 커다란 제사당이다──은 세계도시적인, 완전히 후기 로마적 호사함으로 꾸며져 있었다. 이들 성채의 언덕 기슭에는 경작 시민과 농노의 오두막이 밀집되어 있다. 크레타에서는──구르니아나 하기아 트리아다처럼──도시와 별장이 발굴되었는데, 이것들은 고도로 문명화된 욕망과 오랜 경험을 축적한 건축술을 상기시킨다. 이 건축술은 가구의 형태나 벽의 장식에 대해 갖는 세련된 요구에 응해 채광(採光), 상하수도, 계단, 그 밖의 것에 완전히 익숙해져 있다. 집의 설계는 티린스나 미케네에서는 엄밀한 생활 상징이고, 크레타에서는 정련된 '유용성'의 표현이다. 이 크레타의 카마레스 꽃병들과, 완전히 순수하게 미케네적인 평활(平滑)한 칠세공 위의 프레스코를 비교해 보는 것이 좋다. 그것은 완전히 공예품이고, 정묘하고 공허하며, 미케네에서 성숙해 기하학적 양식이 되어 가는 그런 엄숙하고 모양이 없는, 상징적 의의가 있는 크고 깊은 예술이 아니다. 그것은 결코 양식이 아니고 취미이다. 미케네에서 원시 종족은 그 주거지를 선택할 때 토지 수익과 적으로부터의 안전을 기준으로 삼았다. 미노스의 주민이 정착하는 것은 상업의 관점에 의해서이다. 이것을 분명히 보여 주는 것이 멜로스의 필라코피 시(市)로, 그 도시는 흑요석 수출을 위해 건설되었다. 미케네 궁전은 미래의 약속이고, 미노스 궁전은 최후적인 그 무엇이다. 그런데 마찬가지로 800년경에는 프랑크 및 서고트의 농가와 귀족의 저택이 루아르 강에서 에브로 강까지 퍼져 있었지만, 그 남방에는 코르도바와 그라나다의 무어식 성과 별장, 그리고 회교 사원이 가로놓여 있었다.

미노스적 호화의 전성기가 이집트 대혁명의 시기, 특히 힉소스 시대(1780~1580년)와 정확히 일치하는 것은 확실히 우연이 아니다. 그 당시 이집트의 공예 직인이 평화로운 섬들로 도피하고, 또 대륙의 성채로까지 도망치려 한 것은, 뒤에 비잔티움의 학자가 이탈리아로 도피한 것과 마찬가지이다. 왜냐하면 미노스 문화는 이집트 문화의 일부분이기 때문이다. 만약 이집트의 예술 창조의 결정적인 부분, 즉 서부 델타에 생겨난 모든 것이 땅의 습기 때문에 멸망해 버리지 않았다면, 우리는 이것을 더욱 잘 알게 되었을 것이다. 우리가 알고 있는 이집트 문화는 남쪽의 마른 땅 위에 꽃을 피웠던 것뿐이다. 게다가 발전의 중점이 여기에 없었다는 것은 오래 전부터 전혀 의심받고 있지 않다.

옛 미노스 예술과 미케네 예술 사이에는 명료한 선을 그을 수 없다. 이집트·크레타의 전세계에 걸쳐 이런 이국적이고 원시적인 사물에 대한 극도로 근대적인 취미가 발견된다. 그리고 그 반대로 대륙 성채의 군대(軍隊) 왕은 크레타 미술품에 경탄하여 기회만 있으면 이것을 강탈하거나 돈을 주고 입수하여 모방했다. 마치 이전에는 원시 게르만적인 것으로 칭송되었던 민족 이동 시대의 양식이 그 형태어 전체에서 보면 동방 기원의 것인 것과 똑같다. 그들은 그 왕성과 묘비를 남방의 포로나 초빙한 예술가로 하여금 짓고 장식하게 했다. 그래서 미케네의 '아트레우스의 묘'가 라벤나의 테오데리히의 묘와 똑같은 것이다.

이런 종류의 기적은 비잔티움이다. 여기에서는 세심한 주의력을 가지고 한겹 한겹 제거하며 보지 않으면 안 된다. 우선 첫째로 콘스탄티누스는 셉티미우스 세베루스가 파괴한 대도시를 326년에 제일류의 후기 그리스·로마적 세계도시로 재건했다. 그곳으로 서쪽으로부터는 아폴론적 노년 기분이, 동쪽으로부터는 마기적인 청춘이 밀려들었다. 그 뒤 다시 한 번 1090년에 이제는 후기 아라비아의 세계도시가 된 이 성벽의 눈앞에 고드프루아 드 부용이 이끄는 십자군——이에 대해 안나 콤네나가 그 역사적인 저작 속에서 용서 없이 경멸적으로 묘사했다——이 나타났다. 거기에서 이 문명의 종말로 치닫는 가을날 속으로 봄이 번뜩이며 들어온 것이다. 이 도시는 그리스·로마 문명의 가장 동쪽 끝으로서 고트인을 매료시키고, 1000년 뒤에는 아라비아 문명의 최북단으로서 러시아인을 매료시켰다. 모스크바에는 1554년에 거대한 바실리우스 회당이 지어졌는데, 이것은 '여러 양식 사이에' 있는 것으로 러시아의 문화 전기를 준비하는 것이다. 그것은 마치 2000년 전 살로몬 사원이 세계도시 바빌론과 초기 기독교 사이에서 있었던 것과 마찬가지이다.

2

원시인은 유랑하는 동물로 그 각성존재가 일생을 통해 쉬지 않고 모색하는 현존재이고 순수한 소우주이며, 장소에 속박되지 않고 고향도 없으며, 민감하고 겁 많은 감각을 지니고 끊임없이 적인 자연으로부터 무엇인가를 취하려 하고 있다. 깊은 변화는 농업과 함께 비로소 일어났다. 왜냐하면 이것은 사냥꾼이나 목자와는 전혀 관련이 없는 인위적인 것이기 때문이다. 땅을 갈거나 가래로 일구는 자는 자연으로부터 강탈하려는 것이 아니라 자연을 바꾸려는 것이다. 심는다는 것은 무엇인가를 취하는 것이 아니라 무엇인가를 탄생시키는 것이다. 그러나 이와 함께 인간 자신이 식물이 된다. 즉 농민이 되는 것이다. 사람은 그가 가는 지면에 뿌리를 내린다. 인간의 혼은 땅속에서 하나의 혼을 발견한다. 존재는 새로이 땅과 결합하고, 그리고 새로운 감정이 나타난다. 적인 자연은 친구가 되고, 땅은 어머니인 대지가 된다. 파종과 출산, 수확과 죽음, 자식과 낱알 사이에 깊은 느낌의 관계가 생긴다. 새로운 경건심이 대지 숭배의 형태를 취해 풍요로운 땅으로 향해진다. 이 땅은 인간과 함께 성장해 가는 것이다. 그리고 이 생명 감정의 완전한 표현으로서 도처에 생기고 있는 것이 농가(農家)라는 상징적 형태이다. 농가는 그 방의 배치로, 또 그 외적 형식의 모든 선으로 그 주민의 피에 대해 말하고 있다. 농가는 정착의 커다란 상징이다. 농가는 그 자체가 식물이다. 그것은 뿌리를 '자기의' 땅속 깊이 가라앉힌다. 그것은 가장 신성한 의미에서의 소유이다. 부엌과 문, 집터와 방의 착한 신령인 베스타, 야누스, 라레스 및 페나테스는 인간 자신과 마찬가지로 그 확정된 장소를 지니고 있다.

　이것은 그 자신 어머니인 땅으로부터 식물적으로 다시 성장하고, 그리고 인간과 땅의 정신적인 결합을 다시 한 번 심화시키는 모든 문화의 전제이다. 농민과 집의 관계는 문화인과 도시의 관계이다. 개개의 집과 착한 신령과의 관계는 도시와 그 수호신 또는 성자와의 관계이다. 도시 또한 식물적인 생물이다. 모든 유목민적인 것, 모든 순수한 소우주적인 것이 도시와 인연이 없는 것은 농민과 인연이 없는 것과 마찬가지이다. 거기에서 고도의 형태어의 모든 발전은 땅과 결부되어 있다. 예술도 종교도 그 성장 장소를 바꿀 수 없다. 거대 도시를 수반한 문명이 일어나기에 이르러 이 정신태의 뿌리가 다시 경멸되고, 그리고 사람은 이것에서 유리된다. 문명화된 인간, 즉 지적 유목민은 또다시 완전히 소우주가 되고, 고향 없이 사냥꾼과 목자가 감각적으로 자유로웠던 것과 똑같이 지적으로 자유로워진다. Ubi bene ibi patria(살기 좋은 곳은 이 내 조국)──이것은 한 문화 앞에서도 말할 수 있는 것이고, 또 뒤에서도 말할 수 있는 것이다. 민족 이동이라는 이른 봄 이전의 시기에는 미래의 문화의 둥지를 만들기 위해 남쪽에서 고향을 찾은 것은 처녀 같으면서도 이미 어머니 같은 게르만의 동경이었다. 오늘날 이 문화의 종말에 즈음해서는 뿌리 없는 지능이 모든 토지적이고 또 사상적인 가능성 사이에서 떠돌고 있다. 그러나 이 양자 사이에 존재하는 시기는 인간이 한 조각의 땅을 위해 죽는 시기이다.

모든 대문화가 도시 문화라는 것은 결정적인 사실이지만, 완전한 의미에서는 결코 평가되지 않았던 것이다. 제2시대의 고도의 인간은 도시를 건설하는 동물이다. 이것은 '세계사'의 참된 규준이고, '세계사'를 가장 명료하게 일반 인간사로부터 준별(峻別)하는 것이다. 세계사는 도시인의 역사이다. 민족, 국가, 정치, 종교, 예술, 과학은 인간 존재의 하나의 근원 현상에, 즉 도시에 바탕을 두고 있다. 어떤 문화의 어떤 사상가든 모두 도시에서 생활하고 있기 때문에──설사 육체적으로는 시골에서 살고 있다 해도──그들은 도시라는 것이 얼마나 기묘한 것인지 전혀 모른다. 돌로 둘러싸인 가로, 돌로 포장된 광장, 이 돌과 목재 덩어리, 인간이 밀집해 있는 아주 기묘한 형태의 용기를 시골의 한가운데에서 처음 본 원시인의 놀람을 상상해 보면 된다.

참된 기적이라는 것은 도시 혼의 출생이다. 이 혼은 완전히 새로운 종류의 집단 혼(그 최후의 근거는 우리에게는 영원히 비밀이다)으로서 그 문화의 일반적인 정신태에서 돌연 분리된다. 이 혼은 눈뜨자마자 눈에 보이는 체구가 된다. 각각 특유한 역사를 지니는 농가의 촌락적 집합에서 하나의 전체가 생긴다. 그리고 이 전체는 생활하고 호흡하며, 성장하고 용모를 지니며, 내적인 형태와 역사를 지닌다. 이렇게 되면 개개의 집, 사원, 대성당, 궁전 외에 도시가 단위로서 한 문화의 전체 발전 행로를 통해 동반자가 되는 양식과 형태어의 대상이 된다.

 도시와 시골을 넓이가 아니라 혼이 있느냐 없느냐로 구별하는 것은 당연하다. 오늘날의 아프리카 오지와 같은 원시적 상태뿐만 아니라 후기의 중국이나 인도에도, 또 근대 유럽과 아메리카의 모든 공업지대에도 아주 커다란 정착지가 있지만, 그것들은 도시가 아니다. 그것들은 시골의 중심지이긴 하지만 내적으로는 전혀 세계를 형성하고 있지 않다. 그것들에는 혼이 없는 것이다. 모든 원시적 주민은 완전히 농민적으로, 시골풍으로 생활한다. '도시'라는 생물은 그들에게는 존재하고 있지 않다. 외적으로 촌락과 대조적으로 나타나는 것은 도시가 아니고 시장이다. 이것은 시골의 생활 이해의 단순한 교류점에 불과하기 때문에, 그곳에서의 특수 생활은 전혀 문제가 될 수 없다. 시장의 주민은 직인이든 상인이든 역시 농민으로 생활하고 농민으로 늙는다. 이곳은 넓은 땅 안의 한 작은 지점에 불과하다. 원시 이집트, 원시 중국 혹은 게르만 등의 한 촌락이 하나의 도시가 된다고 한다면, 즉 외적으로는 다른 곳과 아무 틀린 점이 없지만 혼으로서는 인간이 그 속에서 살고 이후 시골을 '주위'로 느끼며, 다른 곳, 종속적인 곳으로 느끼는 장소인 도시가 된다고 한다면, 그 의미가 무엇인지 정확히 감득하지 않으면 안 된다. 그 후에는 안의 생활과 바깥의 생활이라는 두 가지의 생활이 있다. 그리고 농민은 이것을 도시인과 마찬가지로 똑똑히 느낀다. 시골의 대장간과 도시의 대장간, 촌장과 시장은 두 개의 다른 세계에서 생활한다. 시골 사람과 도시인은 다른 생물이다. 처음에는 그들은 차별을 느끼고, 그리고 차별에 지배되고, 마지막으로 그들은 서로 이해하지 않게 된다. 브란덴부르크 농민은 오늘날에는 베를린 사람보다 시칠리아 농민과 훨씬 더 비슷하다. 이런 관점에서 보면 참된 도시라는 것이 있다. 그리고 이 관점은 당연히 모든 문화의 전 각성존재의 기초가 되고 있다. 문화의 어떤 초기도 동시에 새로운 도시의 초기이다.

문화 전기의 인간에게 충만되어 있는 것은 이 형성체에 대한 깊은 외경이다. 그는 이것과 내적으로 아무 관계도 지닐 수 없는 것이다. 게르만인은 라인 강에서, 또 도나우 강에서 종종——예컨대 슈트라스부르크의 경우처럼——주민도 없이 남아 있는 로마 도시의 성문 앞으로 이주했다. 크레타에서는 정복자는 구르니아나 크노소스처럼 잿더미가 되어 버린 도시의 흔적 위에 촌락을 건설했다. 서양 문화 전기의 교단인 베네딕투스파, 특히 클루니파와 프레몽트레파는 기사처럼 자유로운 나라에 정착했다. 프란체스코파 및 도미니크파가 처음으로 초기 고트의 도시를 건설했다. 여기에서 새로운 도시의 혼이 겨우 눈을 떴다. 그러나 아직 모든 건물 속에, 전 프란체스코 예술의 모든 것 속에 은근한 우울함이 있고, 새로운 것, 빛나는 것, 눈을 뜬 것은 전반적으로 아직 어렴풋하게 느껴질 뿐이었다.

개인은 그것에 대해 신비적인 공포감을 품었다. 더 이상 농민이기를 그만두려는 사람은 거의 없었다. 순수한 대도시인의 성숙하고 우월한 각성존재를 가지고 생활한 것은 예수회 수도사가 처음이다. 영주가 봄마다 성으로 궁정을 옮기는 것은 아직 도시를 승인하지 않는 시골의 절대적 우세의 상징이다. 이집트 고제국에서는 인구가 조밀한 행정 소재지는 후기 멤피스의 프타 사원을 둘러싸는 '흰 벽' 가까이에 있었다. 그러나 파라오의 주거지는 수메르의 바빌로니아나 카롤링조 제국과 마찬가지로 끊임없이 바뀌고 있었다. 주나라 왕조의 초기 중국의 지배자는 1109년 이래 그 왕성을 통상 낙양(오늘날의 하남부)에 두고 있었는데, 서양의

16세기에 해당하는 770년 이래 이 장소는 항구적인 왕성(王城) 도시로 높여졌다.
  이런 초기의 작은 여러 도시는 하나의 시장이라든가 성채라든가, 또는 성전을 둘러싸는 몇 갈래의 길에 불과하다. 그러나 토지와의 결합의 감정, 식물적·우주적 감정이 극히 강하게 표현되어 있는 것은 이들 여러 도시의 건축 이외에는 없다. 어떤 대양식이든 모두 그 자체 식물임을 밝히고 있는 곳은 다름 아닌 바로 여기이다. 도리스식 기둥, 이집트의 피라미드, 고트의 대성당은 올곧게 운명적으로 땅에서 성장하고 있고, 각성존재가 없는 하나의 현존재이다. 이오니아식 기둥이나 이집트의 중제국과 바로크의 건물은 완전히 자의식에 눈뜨고, 자유롭고도 확실하게 땅 위에 머무르고 있다. 그곳에서는 땅의 힘에서 유리되고, 발 밑의 포도(鋪道)에 의해 단절되고 있기 때문에 현존재가 점점 더 약해지고, 감각과 이해는 점점 더 강해져 간다. 인간은 '지능'이 되고 '자유'가 되고, 그리고 다시 한 번 유목민과 비슷해지지만, 그러나 그들보다 좁고 또 차갑다. '지능'은 이해적 각성존재의 바로 도시적인 형식이다. 예술·종교·과학은 서서히 지능적이 되어 가고, 땅에서 유리되어 땅에 붙어 있는 농민은 모르는 존재가 된다. 문명이 시작됨과 동시에 갱년기가 나타난다. 극히 낡은 각성존재의 뿌리가 그 도시의 돌덩어리 속에서 완전히 썩어 간다. 자유로운 지능——치명적인 말이다!——은 불꽃처럼 출현해 화려하게 피어 오르고, 갑자기 공중에서 불타 없어진다.

3

  도시의 새로운 혼이 말하는 새로운 언어는 곧 문화 일반의 언어와 똑같은 가치를 지니는 것이 된다. 촌락 사람들로 이루어지는 넓디넓은 시골은 우물쭈물한다. 시골은 이제 이 언어를 이해하지 못한다. 어쩔 줄 모르고 침묵해 버린다. 순수한 양식사는 모두 도시에서 행해진다. 오로지 도시만의 운명, 또 도시인의 체험만이 보이는 형태를 취한 논리로 눈에 호소한다. 극히 초기의 고트 양식은 아직 땅에서 성장하고 있었다. 그리고 농가를 그 주민과 가재도구와 함께 억누르고 있었다. 하지만 르네상스 양식은 르네상스 도시에서만 성장하고, 바로크 양식은 단지 바로크 도시에서만 성장하고 있다. 완전히 대도시적인 코린트식 기둥과 로코코에 대해서는 말할 것도 없다. 아마도 이들 도시에서 시골 쪽으로 가벼운 교류는 있었을 것이다. 그러나 시골 자체는 더 이상 아주 조그만 창조조차 할 수가 없다. 시골은 침묵하고 그것을 피한다. 농민과 농가는 완전히 본질적으로 고트적인 상태이고, 오늘날에도 여전히 그렇다. 그리스의 시골은 기하학적 양식을, 이집트의 촌락은 고제국의 양식을 보존하고 있었다.

무엇보다 우선 도시의 '표정'의 표현에는 역사가 있고, 그 표정은 거의 문화 자체의 정신사이다. 처음에는 고딕을 비롯하여 그 밖의 모든 초기 문화의 작은 원시적 여러 도시가 있다. 이것들은 거의 시골에 매몰되어 있고, 아직 순수한 농가이며, 성채라든가 성전의 그늘 속에서 서로 밀고 당기고, 그리고 내적 양식을 조금도 바꾸지 않고 도시의 집들이 되어 간다. 그것은 단지 주변이 들판이나 목장에 둘러싸이는 대신 서로 이웃하는 집들로 이루어져 가기 때문이다. 초기 문화의 민족은 점점 도시 민족이 되어 갔다. 거기에서 오로지 중국적이라든가 인도적이라든가, 아폴론적이라든가 파우스트적이라는 도시상이 있고, 나아가 또 아르메니아적 혹은 시리아적, 이오니아적 혹은 에트루리아적, 독일적, 프랑스적, 영국적이라는 도시의 인상(人相)이 있다. 페이디아스의 도시, 렘브란트의 도시, 루터의 도시가 있다. 그러나, 베네치아, 뉘른베르크라는 것은 명칭이고 단순한 이름에 불과하지만, 이들 이름은 곧 분명한 상을 불러일으킨다. 왜냐하면 한 문화가 종교, 예술, 과학에서 탄생시킨 것은 모두 이런 도시에서 생겼기 때문이다. 십자군은 기사 성채와 시골 승원의 정신에서 튀어나왔다. 종교개혁은 도시적이고 좁은 도로와 지붕의 물매가 싼 집에 속하고 있다. 피를 말하고 피를 노래하는 대서사시는 왕성과 성채에 속하지만, 각성된 생활이 음미되고 있는 극(劇)은 도시의 시이다. 그리고 대장편소설은 세계도시를 전제로 하고 있는 것으로, 모든 인간적인 것을 해방된 지능이 보는 것이다. 순수한 민요를 제외하면 존재하는 것은 단지 도시 서정시뿐이고, 또 '영원'한 농민 예술을 제외하면 존재하는 것은 순간적인 짧은 역사가 있는 도시적인 회화와 건축뿐이다.

그런데 이런 커다란 돌의 생성물의 목소리 높은 형태어는 시골의 낮은 목소리의 언어와는 반대로 완전히 눈과 지능이 되어 있는 도시 인간 자신을 얼마나 자신의 빛의 세계로 옮겨 들이는가! 대도시의 실루엣, 굴뚝이 있는 지붕, 지평선상의 높고 둥근 지붕의 건물! 뉘른베르크와 피렌체, 다마스커스와 모스크바, 북경과 베나레스를 한눈에 보면 그것이 어떤 말을 하는가! 우리는 그리스·로마 도시의 선을 남방의 하늘에서, 대낮의 빛 속에서, 구름 아래로, 아침에, 별이 눈부시게 아름다운 밤에 보고 있지 않으니 그 정신에 대해 무엇을 알고 있을 것인가. 이런 똑바르거나 혹은 구부러진, 넓거나 혹은 좁은 도로, 그 정면에서, 그 표정에서 모든 서양의 도시에서는 도로를 내려다보고, 모든 동양의 도시에서는 창이 없고 틀격자를 끼우고 도로를 향해 등을 돌리는 낮고 높으며 밝고 어두운 집들. 광장과 길모퉁이, 막다른 골목과 앞이 툭 트인 길, 분수와 기념비, 교회 사당과 회교 사원, 원형극장과 정거장, 공설 시장과 시청 등의 영(靈). 그리고 또 교외에서는 정자와 쓰레기나 논밭 사이에 있는 연립주택 집단, 현대풍의 지역과 빈민굴, 로마의 수부르비아와 파리의 포브르 생제르맹, 옛날의 바이에른과 오늘날의 니스, 로텐부르크와 브루게의 작은 도시상과 바빌론, 테노치티틀란, 로마, 런던의 집의 대해(大海)! 이것들은 모두 역사를 지니고 있으며, 그리고 역사이다. 정치상의 하나의 큰 사건——그러면 도시의 얼굴은 다른 주름을 짓는다. 나폴레옹은 부르봉의 파리에, 비스마르크는 작은 나라의 수도인 베를린에 다른 용모를 부여했다. 그러나 농민태는 부동(不動)인 채 불쾌하고 화난 상태로 방관하고 있다.

가장 초기 시대에는 토지상(土地像)만이 인간의 눈을 지배하고 있다. 그것은 인간의 혼을 형성하고 인간과 함께 진동하고 있다. 인간의 감정과 숲의 술렁거림 속을 오가는 것은 동일한 박자이다. 그의 모습, 걸음걸이, 복장조차도 초원이나 숲에 적합하다. 촌락에는 조용한 언덕 모양을 한 지붕, 석양의 연기, 샘, 담, 동물이 있고, 완전히 땅속에 가라앉아 누워 있다. 시골 도시는 시골을 확증하고 그 상을 강화하고 있다. 후기 도시가 되어야 비로소 땅에 도전한다. 후기 도시는 그 실루엣으로 자연의 선에 반항하고 자연 전체를 부정한다. 그것은 뭔가 다른 것이 되려 하고, 좀더 높은 것이 되려 한다. 이 날카로운 박공널들, 이 바로크풍의 둥근 지붕의 건물들, 첨탑, 첨각은 자연 속에 조금도 비슷한 것을 갖지 않고 또 가지려 하지도 않는다. 그리고 마지막으로 시작되는 것은 거대한 세계. 도시, 즉 세계로서의 도시로 자기와 병존하는 다른 어떤 것도 용납하지 않는다. 이것은 시골의 상을 절멸하는 작업이다. 옛날에 도시는 이 시골의 상에 몸을 맡기고 있었다. 이제는 이것을 자기 자신의 상과 똑같이 만들려 한다. 거기에서 도시 바깥의 들길은 대국도(大國道)가 되고, 숲과 초원은 공원이 되며, 언덕은 전망대가 되고, 도시 안에는 인공적인

제2장 도시와 민족 351

자연이 만들어지고, 샘 대신 분수가, 초원, 못, 숲 대신 화단, 인공 연못 그리고 깎아 손질한 울타리가 만들어졌다. 마을에는 짚지붕이 아직 언덕처럼, 샛길은 논두렁 길처럼 남아 있다. 하지만 도시에는 높고 길게 뻗은 돌길의 협곡이 열리고, 갖가지 쓰레기와 기이한 소음으로 가득 차 있다. 인간은 그 안에서 어떤 자연의 생물도 한 번도 생각하는 일 없도록 살고 있다. 복장은 물론 용모조차 돌의 배경과 어울리게 되어 있다. 낮에는 도로 교통이 기묘한 소리와 색깔 사이에서 행해지고, 밤에는 달빛을 감추는 새로운 빛이 빛난다. 그리고 어쩔 줄 모르며 포도(鋪道) 위에 서 있는 농민은 우스꽝스런 모습이다. 아무것도 이해하지 못하고, 어느 누구에게도 이해되지 않는다. 완전히 희극에 적합하고, 그러면서도 이 세계에 빵을 공급하는 것이다.

그러나 그 결론은 다른 어떤 것보다 본질적인 것이다. 즉 모든 정치사와 경제사의 이해될 수 있는 것이 시골에서 점점 더 유리되고, 그리고 마침내 시골을 완전히 무가치한 것으로 만드는 도시를 고도 역사 일반의 행정 및 의의를 규정하는 생성물로서 인정할 때뿐이다. 세계사는 도시의 역사이다.

그리스·로마 인간은 그 에우클레이데스적인 현존재의 감정에서 확대를 최소한도로 한정시키는 요구에 국가 감정을 결합시키고, 거기에서 점점 더 강하게 국가를 개개 폴리스의 돌의 체구와 동일시했다. 이 예를 제외하면 어떤 문화에도 곧 수도(首都)라는 형식이 나타난다. 이것은 이 의미 깊은 명칭이 나타내듯이 그 정신이 정치적 또는 경제적인 방법, 목적 및 결정으로 시골을 지배하는 도시이다. 시골은 그 주민과 함께 이 지도적인 정신의 수단이 되고 목적이 된다. 시골은 문제가 무엇인지 이해하지 못한다. 시골은 자문(諮問)에도 관여하지 않는다. 모든 후기 문화의 모든 나라의 대정당, 혁명, 황제주의, 민주주의, 의회는 시골이 무엇을 바라지 않으면 안 되는지, 경우에 따라서는 무엇을 위해 죽지 않으면 안 되는지를 수도의 지능이 시골에 전하는 형식이다. 그리스 · 로마의 Forum, 서양의 신문과 잡지는 완전히 지배 도시의 지적 권력 수단이다. 시골에서 이 시대의 정치가 무엇인지 이해하고, 그리고 스스로 이것을 견뎌 낼 능력이 있다고 믿는 사람은 도시로 간다. 아마도 육체적으로 가는 것은 아니더라도 적어도 두뇌적으로 가는 것은 확실하다. 농민적인 시골의 기분과 여론은 (그런 것이 있다고 하고) 문서와 변설에 의해 도시가 규정하고 지도하는 것이 되고 있다. 테베는 이집트이고, 로마는 orbis terrarum(세계)이며, 바그다드는 이슬람이고, 파리는 프랑스이다. 어떤 초기 시대든 역사는 개개 지방의 많은 작은 중심점에서 행해진다. 이집트의 군현(郡縣), 호메로스 시대의 그리스 민족, 고트 시대의 백작령 및 자유시는 일찍이는 역사를 만들었다. 그러나 정치가 점점 극소수의 수도에 집중되고, 모든 다른 도시는 단지 정치 생활의 흔적을 남기고 있을 뿐이다. 이 점과 관련해서는 세계를 도시국가로 세분한다. 그리스 · 로마적 경향도 아무 다를 바가 없다. 이미 펠로폰네소스 전쟁에 있어서조차 아테네와 스파르타만이 실제 정치를 행하고 있었다. 에게 해의 다른 여러 도시는 단지 그 어느 한쪽의 정치권력 아래 속하고 있었다. 실제의 자기 정치와 관련해서는 이미 문제 밖이다. 최후로 그리스 · 로마사가 활동하는 곳은 오직 로마 시의 forum이다. 카이사르는 갈리아에서, 카이사르 살해자는 마케도니아에서, 혹은 안토니우스는 이집트에서 싸웠는지 모른다. 그러나 이들 지방에서 일어난 일이 의미를 지니는 것은 로마에 대한 관계에 의해서뿐이다.

4

모든 실제의 역사는 근원 신분인 귀족과 승려가 계급으로서 성립하고, 그리고 농민 계급에 군림한다는 것에서 시작된다. 대귀족과 소귀족, 왕과 가신, 세속적 권력과 종교적 권력 등의 대립이 초기 호메로스적, 고대 중국적, 고트적인 모든 정치의 근본 형식인데, 마지막으로 도시, 시민 계급, 제3계급과 함께 역사의 형식이 바뀌어 간다. 그러나 역사의 모든 의미의 중심이 되는 것은 오로지 이 계급의 계급의식이다. 농민은 무역사적이다. 농촌은 세계사의 바깥에 있다. 그리고 '트로이' 전쟁에서 미트리다테스 전쟁에 이르기까지, 또 작센 황제에서 세계대전에 이르기까지의 발전은 이들 지방의 작은 지점에는 눈길도 주지 않고, 때로 이곳들을 파괴하고 그 피를 소진시키면서도 그 내면에 한 번도 닿은 일이 없다.

농민은 영원한 인간이고 도시에 기생하는 문화와 전혀 무관하다. 농민은 그런 문화에 선행하고 그보다 오래 살아 남으며, 무감각한 채로 대대로 이어지고 번식하며, 땅과 결합된 사명과 능력만을 지키고 있다. 신비적인 혼이고 실제적인 일에만 집착하는 평탄한 오성(悟性)이며, 도시에서 세계사를 만들고 있는 피의 근원이고, 또 영원히 흐르는 원천이다.

문화가 도시에서 국가 형식이나 경제적 관습, 신앙 교의, 도구로서, 또 학문과 예술로서 구상하는 것을 농민은 의심하고 주저하면서 마침내 감수하지만, 그렇다고 해서 자신의 종(種)을 바꾸는 일은 없다. 따라서 서유럽의 농민은 라테라노에서 트리덴툼에 이르기까지의 교회 대회의의 모든 교의를 외적으로 받아들였지만, 마찬가지로 기계 기술이나 프랑스 혁명의 성과도 외적으로 받아들였다. 게다가 여전히 농민은 옛날 그대로이고, 샤를마뉴 이전에 이미 있었던 그대로이다. 오늘날의 농민의 신앙은 그리스 도교보다 오래 되고, 그 신들은 어떤 고도 종교보다 오래 되었다. 농민에게서 대도시의 압력을 제거하면, 농민은 아무런 부족함도 호소하지 않고 자기의 자연적 원시 상태로 돌아갈 것이다. 농민의 현실 논리, 현실의 형이상학은 어떤 도시 학자도 일찍이 발견할 만한 것으로 생각지 않았던 것으로 모든 종교사, 정신사의 틀 밖에 있다. 그것들은 전혀 역사를 지니고 있지 않다.

 도시는 지성이다. 대도시는 '자유'로운 지성이다. 시민 계급, 즉 지식 계급은 피와 전통의——'봉건적인'——힘에 대한 반항을 통해 자기의 특수한 현존재를 자각하기 시작한다. 지식 계급은 이성의 이름 아래, 특히 '민중'의 이름 아래 왕위를 전복하고 옛 권리를 제한하지만, 이제는 그 민중은 도시의 민중을 의미한다. 민주주의는 농민이 도시인의 세계관을 요구하는 정치 형식이다. 도시적 지성은 초기 시대의 대종교를 개혁한다. 그리고 옛 계급적 종교와 나란히 시민 종교, 즉 자연과학을 둔다. 도시는 농민의 생활과 사상으로부터 분리할 수 없는 땅이라는 원시 가치를 재(財)로부터 유리된 화폐라는 개념으로 대치하고, 이것을 통해 경제사의 지도권을 장악하게 된다. 재물의 교류를 나타내는 아주 오래 된 말은 물물교환이다. 어떤 것과 귀금속의 교환에서도 그 과정의 기초가 되고 있는 것은 '화폐 사상'이 아니다. 화폐 사상은 사물에서 가치를 개념적으로 분리하고, 그리고 이 가치를 '다른 것', 즉 '상품'의 측정을 그 임무로 하는 허구적인 혹은 금속적인 양으로 삼고 있다. 대상(隊商) 여행과 바이킹 항해는 초기에는 시골의 취락 사이에서 행해졌으며 물물교환과 약탈을 의미하고, 후기 시대에는 도시에서 행해졌으며 '화폐'를 의미한다. 이것이 십자군 이전의 노르만인과 이후의 한자 동맹 시민과 베네치아인의 구별이고, 미케네 시대의 고대 항해자와 대식민 시대의 그것의 구별이다. 도시는 단지 지성을 의미할 뿐만 아니라 화폐도 의미한다.

여기에 나타나는 기원은 도시가 아주 강력하게 발전하여 더 이상 시골에 대해, 농민에 대해, 기사에 대해 자기를 옹호할 필요가 없게 되고, 오히려 시골과 그 원시 신분이 도시의 전제(專制)에 대해, 지적으로는 합리주의에 대해, 정치적으로는 민주주의에 대해, 경제적으로는 화폐에 대해 절망적인 방어를 행하는 시기이다. 이 시기에는 역사적으로 말해 지도적이라고 생각되는 도시의 수가 극히 적어지고 있었다. 대도시와 소도시의 차이가 아주 크고, 특히 혼으로서 엄청난 차이가 있다. 소도시는 시골 도시라는 아주 의미 깊은 명칭 아래 적극적으로는 더 이상 고려되지 않는 시골의 일부가 된다. 시골 사람과 도시인의 대립이 이런 소도시에서 적어지지는 않지만, 소도시와 대도시 사이에 있는 새로운 현격함에 비하면 없는 것이나 마찬가지이다. 농민적·소도시적 교활함과 대도시적 지성은 이해적 각성존재의 두 형식인데, 그 사이의 양해(諒解)는 거의 불가능하다. 여기에서도 마찬가지로 문제는 주민의 수가 아니라 지능이라는 것이 분명하다. 그리고 모든 대도시의 일각에서는 거의 시골풍 그대로의 생활이 뒷골목에서 행해지고, 도로를 넘어 서로 거의 마을과 같은 관계를 이루고 있는 것도 분명하다. 언제든지 도시적으로 모방된 생물로 이루어지는 피라미드가 있다. 그것은 이런 거의 농민적인 인간에서 점점 층을 좁혀, 마침내 자기의 혼적인 전제가 충족되는 곳이면 어디든 안주하는 소수의 순수한 대도시인에까지 이르고 있는 피라미드이다.

이와 함께 화폐라는 개념도 완전한 추상성을 얻게 되었다. 이 개념은 더 이상 경제적 유통의 이해에는 도움을 주지 않는다. 그것은 상품 유통을 자기 자신의 발전의 지배하에 둔다. 그것은 사물을 사물 상호간의 관계가 아니라 자기와 관련하여 평가하는 것이다. 화폐와 땅의 관계, 땅과 결합되어 있는 인간과의 관계는 완전히 소멸되어 지도적 도시——'화폐 시장'——의 경제적 사고에서는 더 이상 문제가 되지 않을 정도이다. 화폐는 이제는 하나의 힘이 되었다. 게다가 경제적으로 활동하고 있는 주민의 상층의 각성존재 속에서 순수하게 지적인, 금속에 의해서만 대표되는 하나의 힘이다. 이 힘은, 일찍이 땅이 농민을 종속시킨 것과 마찬가지로 화폐에 몰두하는 인간을 자기에게 종속시킨다. 수학적인 사고, 법률적인 사고가 있듯이, '화폐에서의 사고'가 있다.

그러나 땅은 실제적인 것, 자연적인 것이지만, 화폐는 추상적인 것, 인공적인 것이고, 계몽 시대의 사고에서 말하는 '덕(德)'처럼 단순한 범주이다. 따라서 모든 본원적인 경제, 즉 무도시적인 경제가 우주적인 여러 힘, 땅, 기후, 인종 등에 의존하고 그것들에 의해 통제되고 있는 데 반해, 각성존재 내에 있어서의 순유통 형식으로서의 화폐는 수학적 세계나 논리적 세계의 양과 마찬가지로 현실에 의해 제한되지 않는 가능 범위를 지니고 있다. 임의의 수의 비에우클레이데스 기하학을 구성하는 것이 사실 여하에 의해 좌우되지 않듯이, 발달한 대도시적 경제에서는 '화폐'가 증가하는 것을, 이를테면 다른 화폐 차원에서 사고하는 것을 방해하는 것은 아무것도 없다. 이것은 정금(正金)의 증가라든가 일반 현실의 가치와 전혀 관계가 없는 것이다. 페르시아 전쟁 시대의 1탈란톤의 가치와 폼페이우스의 이집트 전리품에 있어서의 1탈란톤의 가치를 비교할 수 있는 표준도 없고, 또 재(財)의 종류도 없다. 화폐는 ζῷον οἰκονομικόν(경제적 동물)로서의 인간에게 더 이상 현존재 속에 결코 뿌리를 갖고 있지 않은 활동적 각성존재의 한 형식이 되었다. 그것이 모든 초기 문명에 대해 거대한 힘을 지니고 있는 것은 이에 바탕을 둔다. 이 힘은 각 문화마다 다른 형태를 취하고 있지만, 어느 경우든 무조건적인 이 화폐의 독재(獨裁)이다. 그러나 거기에는 안정감이 부족하다. 이에 의해 화폐는 마침내 그 힘과 의의를 잃고, 그리고 디오클레티아누스 시대와 같은 후기 문명의 사고에서 완전히 소멸해 버리고 땅의 고유한 원시 가치에 다시 자리를 양보하게 된다.

마지막으로 생기는 것이 세계도시이다. 이것은 완전히 자유로워진 지성의 거대한 상징이고 용기이며, 세계사의 진로가 마침내 완전히 집중되는 중심점이다. 즉 저 모든 성숙한 문명의 극소수의 거대 도시이다. 이들 거대 도시는 자기 문화의 모든 모태를 지방이라는 개념에 의해 파문(破門)하고 낮게 평가한다. 이제 지방은 전체이다. 농촌도 소도시도 대도시도 모두 그렇다. 다만 이들 두세 개의 지점만이 다르다. 이제는 귀족과 시민도 없고, 자유민과 노예도 없으며, 헬레네스(그리스인)와 바르바로이(이방인)도 없고, 올바른 신자와 불신자도 없으며, 있는 것은 단지 세계도시인과 지방인뿐이다. 그 밖의 모든 대립은 이 모든 사건, 모든 생활 습관, 모든 세계관을 지배하는 단 하나의 대립 앞에서 사라져 없어진다.

전 세계도시 중에서 가장 오래 된 것은 바빌론 및 신제국의 테베이다――크레타의 미노스의 세계는 그 찬연한 광휘에도 불구하고 이집트 지방에 속하고 있다. 그리스·로마 세계에서는 알렉산드리아가 최초의 실례이고, 옛 헬라스는 단번에 지방이 되어 버렸다. 로마도, 새로 식민지가 된 카르타고도, 비잔티움조차도 이것을 밀어낼 수 없었다. 인도에서는 거대 도시 우쟈인, 카나우디, 특히 파탈리푸트라는 중국, 자바에까지 그 이름이 알려져 있었다. 바그다드와 그라나다의 동화 같은 명성은 서양에도 알려져 있다. 멕시코 세계에서는 950년에 건설된 욱스말은 마야 제국 최초의 세계도시가 된 것 같다. 그 마야 제국 자신은 톨테크의 세계도시 테스쿠코 및 테노치티틀란의 발흥에 의해 지방이 되어 버렸다.

provincia라는 말이 최초로 어디에 나타났는지를 잊어서는 안 된다. 이것은 로마인이 시칠리아를 국법상 이름지은 명칭이고, 이 시칠리아의 예속에 의해 예전의 지도적인 문화 지방이 처음으로 무조건적인 객체로 전락한 것이다. 사실 시라쿠사는 로마가 아직 하찮은 지방 도시였을 때에는 그리스·로마 세계 최초의 대도시였다. 그러나 이제 그곳은 로마에 비하면 한 지방 도시일 뿐이다. 그리고 똑같은 의미에서 합스부르크의 마드리드와 교황의 로마는 17세기에는 지도적인 대도시였지만, 18세기 말 이래 세계도시 런던과 파리 때문에 지방의 수준으로 굴러 떨어지고 말았다. 뉴욕이 남북전쟁이 벌어진 1861~65년 사이에 세계도시로 비약한 것은 아마도 전 세기의 가장 중요한 사건이었을 것이다.

5

돌의 거상(巨像) '세계도시'는 모든 대문화의 생명 과정의 종말에 서 있다. 혼으로서 땅에 의해 형성된 문화인은 자기 자신의 창조물인 도시에 의해 소유되고 그에 사로잡히며, 그 피조물이 되고 그 집행기관이 되며, 마지막으로 그 희생물이 되고 만다. 이 돌로 만들어진 덩어리는 절대적인 도시이다. 이 도시의 상은 그 대규모적인 아름다움으로 사람 눈의 빛의 세계에 나타나지만, 그 상은 결정적인 '이루어진 것'의 숭고한 죽음의 상징적 의의를 모두 포함하고 있다. 혼이 통하는 고트식 건축물의 돌은 1000년의 양식사를 거친 뒤에 마침내 이 악마적인 돌의 사막의 혼이 제거된 재료가 되었다.

이들 최후의 여러 도시는 철두철미 지성이다. 그 집들은 이오니아 여러 도시나 바로크 여러 도시의 집들과는 달리 문화의 원천이 되었던 옛 농가의 후예가 더 이상 아니다. 그것들은 베스타나 야누스, 페나테스나 라레스가 어떤 장소를 차지하고 있는 집이 아니라 단순한 주소에 불과하고, 피가 만들어 낸 것이 아니라 실용이 만들어 낸 것이며, 감정이 만들어 낸 것이 아니라 경제적 기업심이 만들어 낸 것이다. 신앙심이 깊은 의미에서 부엌이 한 집안의 실제적이고도 중요한 중심을 차지하고 있는 동안에는 땅에 대한 최후의 관계가 소멸하지 않은 것이다. 이것조차 없어져 버리고, 그리고 다수의 차가인(借家人)과 숙박인이 이 가옥의 바다 속을 문화 전기의 사냥꾼과 유목인처럼 숙소에서 숙소로 계속 떠돌게 되었을 때, 비로소 지적 유목민이 완전히 이루어진 것이다. 이 도시는 하나의 세계이고 '세계'이다. 도시는 단지 전체로서 인간의 주거라는 의미를 지닌다. 집은 도시를 구성하는 원자에 지나지 않는다.

성숙한 옛 모든 도시에는 회당, 시청, 그리고 날카로운 맞배지붕의 골목길로 이루어지는 고딕적인 중핵(中核)이 있고, 그 문과 탑 주위를 바로크 시대의 보다 정신적이고 밝은 귀족의 집, 궁전, 교회가 둘러싸고 있다. 이들 성숙한 옛 여러 도시는 바야흐로 난잡한 집단을 이루며 모든 방향으로 흘러넘치기 시작해 겹쳐 쌓인 연립주택과 실용적인 건물로 황폐해 가는 농촌을 침식하고, 옛 시대의 존경할 만한 외관을 개축이나 정리를 통해 파괴하기 시작한다. 탑 위에서 이 집의 바다를 내려다보면, 유기적인 성장의 끝을 알리고 모든 안계(眼界)를 넘어서는 무기적인, 즉 무제한적인 퇴적이 시작되는 시기를 이 돌로 이루어진 생물의 역사 속에서 정확히 알아차릴 것이다. 그리고 지금 여기에 생기는 것은 유용한 것을 달갑게 받아들이는 순수한 지적 산물이고, 인공적이고 수학적이며 토지와 전혀 관계가 없는 것, 즉 도시 건축가의 도시이다. 그것은 모든 문명에 있어 혼의 상실의 상징인 장기판 같은 형식을 열망하는 것이다. 이 규칙적인 집으로 이루어지는 직사각형들은, 헤로도토스가 바빌론에서, 스페인인이 테노치티틀란에서 아연히 바라보았던 것이다. 그리스·로마 세계에서는 '추상적인' 도시의 계열은 밀레토스의 히포다모스가 441년에 '설계'한 투리오이에서 시작되고 있다. 지면의 높고 낮음을 완전히 무시한 장기판형에 의한 프리에네, 로도스, 알렉산드리아가 뒤를 이으며 제정 시대의 무수한 지방 도시의 모범이 되었다. 이슬람의 건축가는 762년 이래 바그다드를, 100년 뒤에는 거대 도시 사마라를 티그리스 강변에[1] 계획적으로 건설했다. 서유럽·아메리카 세계에서 최초의 큰 실례는 워싱턴의 설계(1791년)이다. 중국 한나라 시대의 세계도시, 또 인도의 마우리아 왕조의 그것이 같은 기하학적 형식을 지니고 있었다는 것은 의심할 여지도 없다. 구미 문명의 세계도시는 그 발전의 정상에 이르려면 아직 한참 멀었다. 내가 보기에는 2000년이 훨씬 지난 뒤에 1천만에서 2천만 명이 들어갈 수 있는 넓은 땅 위에 배치된 도시 계획이 있을 것 같다. 그 건물에 비하면 현대에서 가장 큰 것도 난쟁이처럼 보일 것이고, 그 교통 관념도 오늘날의 우리에게는 미치광이 같은 짓으로 생각될 것이다.

 그리스·로마인의 형식 이상은 그 현존재의 최후 형태에서조차 여전히 체구적인 점(點)이다. 현대의 거대 도시는 우리가 지니는 무한으로의 경향을 분명히 보여 주고 있다. 교외와 별장지가 넓

---

 1) 사마라는 로마의 황제 광장과 룩소르와 카르나크의 폐허와 마찬가지로 아메리카적 규모를 보여 주고 있다. 시(市)는 티그리스 강을 따라 33킬로미터나 뻗쳐 있다. 칼리프 무타와킬이 아들 한 명을 위해 건설한 발쿠와라 궁전은 모서리 길이가 1250미터인 사각형을 이루고 있다. 거대한 회교 사원의 하나는 260×180미터이다.

은 농촌으로 침입해 가고, 커다란 각종 교통망이 팔방으로 뻗치고, 밀집된 건축 지대 내에서는 규칙적인 고속 교통의 넓은 노선이 안으로, 위아래로 꿰뚫고 있다. 이에 반해 순수한 그리스·로마적 도시는 확대를 바라지 않고 점점 더 밀집되려 하고 있다. 도로는 좁고 가늘며 신속한 교통을 허락지 않는다(그런데도 로마의 군사도로 위에서는 이 신속한 교통이 이루어지고 있었다). 도시의 교외에 사는 것이나 혹은 교외를 만들려는 것조차 좋아하지 않았다. 도시는 이 시기에 이르러서도 하나의 체구여야 했다. 밀집하여 완성되고 말 그대로의 의미에서 σομα(체구)였다. 군집 생활지(집단지)는 그리스·로마의 초기 시대에 어디서나 농촌 주민을 도시로 끌어들이고 이것을 통해 비로소 폴리스의 유형을 창조했는데, 마지막으로는 또다시 불합리한 형태로 되풀이되었다. 누구나 도시의 가장 밀집된 중심에서 살고 싶어한다. 그렇지 않다면 자신을 도시인이라고 느끼지 않는 것이다. 이런 도시는 모두 단지 City, 즉 시내에 불과하다. 새로운 시노이키스모스는 교외 지대 대신 상부 계층의 세계를 형성한다. 로마는 74년에 거대한 황제 건축물이 있었음에도 불구하고 그 주위는 실로 우스꽝스러울 정도로 작은 19킬로미터 반에 불과했다.[2] 거기에서 이 도시체는 일반적으로 널리 퍼져 가지 않고 점점 높아 갔다. 악명 높은 Insula Feliculae(펠리쿨라 연립주택) 같은 로마의 임대 연립주택은 3미터에서 5미터[3] 넓이의 도로에 연한 채, 서구에는 물론 어디에도 없고 다만 아메리카의 극히 소수의 도시에 있는 그런 높

---

[2] 이것을 이만큼 인구가 많지 않은 사마라와 비교해 보는 것이 좋다. 아라비아적 땅 위에 있는 '후기 그리스·로마'적 대도시는 이 점에서도 그리스·로마적이지 않다. 안티오크의 전원 교외는 동방 전역에서 유명했다.

[3] 이집트의 '배교자 율리아누스'인 아메노피스 4세가 텔 엘 아마르나에 짓게 한 도시에는 가로 폭이 45미터나 되는 도로가 있었다.

이에 이르고 있다. 카피톨리움에서는 베스파시아누스 치세 무렵에 지붕이 이미 산등성이 높이에 이르러 있었다. 이들 호화로운 밀집 도시 어디에나 무서운 비참함과 온갖 생활 습관의 황폐가 숨어서 박공널과 지붕 밑의 방 사이에서, 지하실과 뜰에서 새로운 유형의 원시인을 기르고 있었다. 이것은 바그다드이든 바빌론이든 테노치티틀란이든 다를 바가 없고, 또 오늘날의 런던과 베를린도 다를 바가 없다. 디오도로스가 전하는 바에 따르면 어느 이집트의 폐왕(廢王)은 로마의 비참한 고층 셋방에서 살지 않으면 안 되었던 모양이다.

그러나 비참함과 강제력, 혹은 이 발전의 광기를 명료하게 통찰하는 힘조차도 이들 신들린 형성물의 견인력을 빼앗지 못한다. 운명의 수레바퀴는 종말을 향해 굴러간다. 도시의 출생은 그 죽음을 자기 쪽으로 부른다. 처음과 끝, 농가와 집합 단지의 관계는 혼과 지성, 피와 돌의 관계와 똑같다. 그러나 '시간'은 바로 돌아오지 않는다는 사실을 말하는 단어이다. 여기에 있는 것은 단지 전진뿐이고 귀환이 아니다. 농민 계급은 일찍이 도시를 낳고, 그리고 그들을 자신의 가장 좋은 피로 길렀다. 이제 거대 도시는 지칠 줄 모르고 언제든지 새로운 인간의 흐름을 요구하고 이것을 탐식하며, 농촌을 다 빨아들이고, 마침내 스스로 거의 주민이 없는 황야의 한가운데서 지쳐 죽어 간다. 누구든 일단 이 모든 역사의 최후의 기적의 죄 많은 아름다운 손안에 떨어지면 두 번 다시 그곳에서 빠져 나오지 못한다. 원시 민족은 땅에서 벗어나 멀리 이동할 수 있다. 지적 유목민은 이미 그럴 수 없다. 대도시를 동경하는 향수병은 다른 어떤 향수병보다 강할 것이다. 그에게는 어디가 되었든 이들 여러 도시가 고향이고, 타국이란 실로 가장 가까운 시골인 것이다. 사람은 시골로 돌아가기보다 포도(鋪道) 위에서 죽기를 좋아한다. 그리고 이 장려함에 대한 혐오, 수천 가지 색채에 대한 권태, 수많은 사람을 마지막으로 사로잡는 taedium vitae(삶의 권태)조차 그들을 해방시키지 못한다. 그들은 산 속에 있든 바다 위에 있든 도시를 몸에 지닌다. 그들은 자기 속에 있는 농촌을 상실하고, 그리고 밖에서도 이것을 발견하지 못한다.

　세계도시인이 이 인공적인 땅에서 벗어나 살 수 없는 것은, 각성존재의 긴장이 점차 위험해져 가고 있는 데 반해 나의 현존재 속에 있는 우주적인 박자가 감퇴하고 있기 때문이다. 잊어서는 안 되는 것은, 소우주에서는 동물적 측면인 각성존재가 식물적인 현존재에 첨가되는 것이지 그 반대가 아니라는 것이다. 박자와 긴장, 피와 지능, 운명과 인과율의 관계는 꽃필 수 있는 농촌과 화석화된 도시의 관계와 같고, 자기 자신을 위해 존재하는 것과 이에 의존하는 다른 것의 관계와 같다. 우주적 박자는 긴장에 혼을 넣는 것이지만, 그 박자가 없는 긴장은 무(無)에 이르는 과정이다. 그러나 문명이란 긴장에 다름 아니다. 뭔가 가치 있는 모든 문명화된 인간의 두부(頭部)는 오로지 극히 날카로운 긴장의 표현에 지배되고 있다. 지성이란 극도로 긴장된 이해 능력, 바로 그것이다. 이들 두부는 어떤 문화든 그 '최후의 사람'의 유형이다. 이것을 대도시 가로의 혼잡함 속에서 종종 발견되는 농민의 두부와 비교해 보라. 농민의 영리함——모든 지혜로운 동물에 있듯이 느껴진 박자에 바탕을 두고 있는 교활함, 타고난 지혜, 본능——에서 도회적 지능을 거쳐 세계도시적 지성——이 말은 날카로운 울림으로 이미 우주적 기초의 붕괴를 훌륭히 나타내고 있다——에 이르는 길은 또한 운명 감정이 점점 축소되어 가고, 또 인과율에 의한 욕구가 끝없이 증대되어 가는 것이라고 말해도 좋다. 지성이란 무의식적인 생활 경험을 사고(思考), 살이 없는 것, 빈약한 것의 정교한 숙련으로 바꾼 것이다. 모든 인종의 지성적인 용모는 서로 아주 비슷하다. 그들 속에서 퇴화되는 것은 인종 자체이다. 현존재의 필연과 자명함에 대한 감정이 적으면 적을수록, 관습이 모든 것을 '밝히려고' 애쓰면 애쓸수록, 각성존재의 불안은 점점 인과적으로 가라앉혀진다. 거기에서 지식과 증명 가능성이 동일시되고 종교적 신화, 즉 과학적 이론으로 대치되는 것이다. 거기에서 긴장의 체계가 아닌 농촌의 물물교환에 경제생활의 순수한 인과율로서의 추상적 화폐가 대립하는 것이다.

지적 긴장이 알고 있는 단 한 가지의 휴양 형식은 오로지 세계도시적인 것, 즉 이완이고 '기분 전환' 뿐이다. 순수한 놀이, 생의 기쁨, 쾌락, 만취는 우주적 박자에서 태어나고, 그리고 본질적으로 이미 전혀 개념적으로는 이해되지 않는 것이다. 그러나 극도로 강한 실제적인 사고 작업을 그 반대되는 것인, 의식적으로 행해진 우행(愚行)으로 해방시키는 것, 지적 긴장을 스포츠라는 육체적 긴장으로 해방시키고, 육체적 긴장을 '쾌락'이라는 감각적 긴장에 의해, 승부, 도박의 '흥분'이라는 정신적 긴장으로 해방시키는 것, 의식적으로 향락하는 신비주의를 가지고 일상 노동의 순수 논리를 대신하는 것——이것이 모든 문명의 모든 세계도시에서 되풀이되고 있다. 영화, 표현주의, 접신술(接神術), 권투, 흑인 무도(舞蹈), 포커 그리고 경마——이런 모든 것이 로마에서 발견될 것이다. 그리고 식자는 일단 연구의 폭을 인도, 중국, 아라비아의 세계도시 위로 넓혀 보는 것이 좋다. 단 한 가지 예를 들어 보면 알 수 있다. 《카마수트라》를 읽으면 어떤 사람들이 불교에서도 마찬가지로 취미를 발견해 냈는지 알 수 있다. 또한 크레타 궁전에 있어서의 투우 광경도 전혀 다른 눈으로 관찰될 것이다. 확실히 그 근저에는 제사(祭祀)가 있다. 그러나 그 위에 떠돌고 있었던 것은, 막시무스 투기장 인근에 있는 유행적인 도시 로마의 이시스 숭배 위에 떠돌고 있었던 것처럼 취미이다.

이렇게 될 때 현존재가 점점 그 뿌리를 잃고 각성존재가 점점 긴장해 간다는 사실에서 생기는 현상은, 저 문명화된 인간의 불임(不妊)이다. 이 현상은 침묵 속에서 오래 전부터 준비되고 있었다. 이제 돌연 역사의 밝은 빛 속에 나타나고, 그리고 극 전체를 끝맺게 하는 것이다. 여기에서 논하고 있는 것은 근대 과학이 당연한 것으로서 연구한, 극히 평범하게 인과적으로, 예컨대 생리학적으로 이해될 수 있는 무엇인가가 아니다. 여기에 존재하는 것은 완전히 형이상학적인 죽음에 이르는 것이다. 세계도시의 종말 인간은 개인으로서는 살려고 하지만 유형으로서나 무리로서는 더 이상 살려고 하지 않는다. 이 전체의 존재에 있어서는 죽음의 공포가 사라지기 때문이다. 순수한 농민을 설명할 수 없는 깊은 불안으로 엄습하는 것, 즉 가족과 이름의 멸망이라는 생각이 그 의미를 잃었다. 보일 수 있는 세계 속에 친족의 피를 영속시키는 것이 이미 이 피의 의무로 느껴지지 않게 되고, 최후의 인간이라는 우연이 이미 숙명으로 느껴지지 않는다. 아이가 태어나지 않는 것은 단지 아이 낳는 것이 불가능해졌기 때문만이 아니라, 극도로까지 강화된 지성이 이미 아이의 존재 이유를 발견해 내지 못하기 때문이다. 원시 시대부터 자기의 흙덩이 위에 살거나, 혹은 이것을 소유하며 자신의 피로 그에 고착되어 있는 농민의 혼 속에 들어가 깊이 생각해 보는 것이 좋다. 그는 조상의 자손으로서, 또 자손의 선조로서 여기에 뿌리를 내리고 있다. 그의 집, 그의 소유 등은 여기에서는 짧은 몇 년간의 육체와 재산의 일시적인 조합이 아니라 영구한 토지와 영구한 피의 영속적인 내적 결합을 의미한다. 이것을 통해서 비로소 신비적인 의미에서 말하는 정착에서 생식, 출생, 사망이라는 순환의 커다란 기원이 저 형이상학적인 마력, 땅과 결합된 주민의 풍속과 종교 속에서 그 상징적인 강점을 발견해 내는 형이상학적인 마력을 얻기에 이르는 것이다. 이것이 모두 '종말인'에게는 이미 존재하지 않는다. 지능과 불임이 노쇠한 가족, 노쇠한 문화에서 결부되어 있는 것은, 단지 각각의 소우주 내부에서 과도할 정도로까지 긴장된 동물적 생활 측면이 식물적 생활을 완전히 소모해 버리기 때문만이 아니라, 각성존재가 현존재를 인과적으로 규제하는 습관을 받아들이게 되었기 때문이기도 하다. 오성적인 인간이 아주 특징적인 말투로 자연 충동이라고 이름붙이는 것은, 그가 단지 '인과적'으로 인식했을 뿐만 아니라 또한 평가한 것이기도 하고, 그의 그 밖의 욕구 사이에 적당한 장소를 주고 있는 것이기도 하다. 고도로 교육받은 사람들의 일상 사고 속에서 아이의 존재에 대한 '이유'가 발견되자마자 곧 커다란 전기(轉機)가 생긴다. 자연은 이유 따윈 모른다. 현실 생활이 있는 곳이라면 어디든 이곳을 지배하고 있는 것은 하나의 내적 논리, 하나의 '그것', 하나의 충동이다. 원시적인 주민의 다산(多産)은 하나의 자연 현상이지만, 그 사실에 대해 고찰하는 자는 아무도 없다. 하물며 그 이해에 대해서는 더욱더 그렇다. 생활 문제에 대한 이유가 일반적으로 의식에 떠올라오는 곳에서는 생활이 이미 문제가 되고 있었던 것이다. 여기에서 시작되는 것이 교묘한 제한——이것은 폴리비오스가 일찍이 그리스의 숙명으로서 한탄한 것이기도 한데, 이미 그 훨씬 이전에 대도시에서는 당연한 일로 여겨지고 있었다. 그리고 로마 시대에는 무서울 정도로 광범위하게 퍼져 있었다——이것은 처음에는 물질적인 궁핍 탓으로 여겨지고 있었지만, 곧 그 이유가 설명되었다. 게다가 또 여기에서 지성적인 문제가 되기 시작하는 것이, 불교 시대의 인도나 바빌론이든, 혹은 로마나 현대의 대도회지든 '생활의 반려'의 선택——농민이나 모든 원시인은 그 아이의 어머니를 선택한다——이다. 입센적인 결혼, 즉 '높은 정신적 결합'이 나타난다. 이 결혼에서는 양 당사자는 '자유'이다. 즉 지성으로서 자유이고, 게다가 영속하려는 피의 식물적인 충동으로부터의 자유이다. 그리고 쇼는 "여성은 여성을 포기하지 않는 한, 또 자기 자신에 대한 의무는 제외하고 그 남편에 대한, 그 아이에 대한, 사회에 대한, 모든 사람에 대한 의무를 포기하지 않는 한 자신을 해방시킬 수 없다"고 말할 수 있었다. 원시적인 여성, 농부(農婦)는 어머니이다. 그 여성의 아이 시대부터 바라고 있던 사명은 이 말 속에 포함되어 있다. 하지만 오늘날 등장하고 있는 것은 입센의 여성이고 반려이며, 북구 극(劇)에서 파리의 소설에 이르는 모든 세계도시적 문학의 여주인공이다. 그 여자들은 아이 대신 정신적인 갈등을 지닌다. 결혼이란 공예적인 임무이고, 그리고 그것은 '서로 이해하는' 것이다. 아이를 갖지 않는 이유가 미국 여성의 경우처럼 시즌을 놓치고 싶지 않기 때문이든, 파리 여성의 경우처럼 그 연인에게 버림받는 것이 두렵기 때문이든, 혹은 입센의 여주인공의 경우처럼 '자기 자신에 속하기' 때문이든 아무래도 좋은 것이다. 그 여자들은 이미 자기 자신에 속해 있고, 그리고 모두 석녀(石女)이다. '같은 이유'를 지닌 같은 사실이 알렉산드리아와 로마 사회에서, 또 당연히 그 밖의 모든 문명화된 사회, 특히 불교인이 된 사회에서 발견된다. 그리고 도처에, 헬레니즘 시대에도 19세기에도, 노자 시대 및 차르바카론(論) 시대에도 아이가 없는 지식 계급을 위한 윤리가 있고, 노라와 나나의 내적 갈등의 문학이 있다.

　자식 부자라는 존경해야 할 광경을 괴테는 《베르테르》 속에서 아직 그려 낼 수 있었지만, 그것은 이제는 촌스러운 것이 되고 있다. 자식이 많은 아버지는 대도시에선 희화(戱畵)이다——입센은 그것을 잊지 않았다. 이 희화는 그의 《연애 희극》 속에 있다.

　이 단계가 되면 모든 문명에서 수백 년간에 걸친 무서운 인구 감소의 시기가 시작된다. 문화의 가능한 인류의 피라미드 전체가 소멸한다. 그것이 정상에서 붕괴하기 시작한다. 우선 첫째로 세계도시가, 이어서 지방 도시가, 마지막으로 농촌이 붕괴한다. 농촌의 최량의 주민이 지나치게 떠나 버리기 때문에 도시의 공허화가 뒤로 미루어진다. 하지만 그것은 당분간일 뿐이다. 최후로는 단지 원시적인 피만 남지만, 그 강하고 미래에 찬 요소는 없어진다. 여기에서 생기는 것이 펠라흐(종말기 농민)의 유형이다.

  인과율이 역사와 아무 관계도 없다는 것을 증명하는 것이 있다면, 게르만 이주 민족의 침입에 앞서 그 훨씬 이전에 완성된 '그리스·로마의 몰락'이 그것이다. 로마 제국은 가장 완전한 평화를 향유하고 있었다. 부유하고 활짝 꽃피어 있었으며 정교하게 조직되어 있었다. 네르바에서 마르쿠스 아우렐리우스에 이르기까지 다른 어떤 문명의 군주제도 보여 줄 수 없는 지배자의 한 계열을 지니고 있었다. 그런데도 인구가 급격히, 게다가 대량으로 소멸해 가고 있었다. 로마 사회를 바루스의 패배보다 더 놀래 준 lex de maritandis ordinibus와 같은 아우구스티누스의 결혼 입법 및 아동(兒童) 입법도, 다량의 양자(養子)도, 야만족 출신의 병사를 끊임없이 황폐한 지방에 이주시킨 것도, 재력(財力)이 없는 양친의 아이를 양육하기 위해 네르바 및 트라야누스가 낸 막대한 부양 구휼금도 아무 소용이 없었다. 사람이 살지 않고 황폐한 것은 이탈리아이고, 다음은 북아프리카와 갈리아이고, 마지막으로 초기 황제 치하에는 제국의 모든 부분 가운데 가장 인구가 조밀했던 스페인이었다. 그리고 근대 국민경제학에서 특히 의미 깊게 인용되는 latifundia perdidere Italiam jam vero et provincias(대사유지는 이탈리아를, 마침내 지방까지 멸망시켰다)라는 플리니우스의 말은 이 경과의 처음과 끝을 뒤바꾼 것이다. 일찍부터 농민 계급이 도시에 흡수되지 않고, 또 적어도 내적으로 농촌을 포기하지 않았다면, 대사유지는 결코 이처럼 확대되지 않았을 것이다. 193년

페르티낙스의 칙령은 마침내 무서운 사태를 드러냈다. 즉 이탈리아와 여러 주에서 누구에게나 황폐한 땅을 소유하는 것이 허용되었다. 만약 이것을 경작한다면 그 소유권을 확보할 수 있는 것이다. 역사 연구가가 진지하게 다른 문명을 바라보면 같은 현상을 어디서나 입증할 것이다. 이집트 신제국의 여러 사상(事象)의 배후에서는, 특히 19왕조부터는 인구의 현저한 감소가 분명히 발견된다. 아메노피스 4세가 텔 엘 아마르나에서 벌인 45미터 노선이 있는 도시의 건설은, 초기의 인구 조밀을 가지고서는 생각할 수 없는 일이었을 것이다. 마찬가지로 '바다 민족'의 임시 방편의 방어도, 리비아인의 델타로의 끊임없는 이주도 그러하다. 바다 민족이 제국을 손에 넣을 가망성은 그 당시에는 제 4 세기의 로마에 대한 게르만의 그것에 못지않게 확실한 것이었다. 또 945년경 리비아인 추장 한 명이——바로 서기 476년의 오도아케르와 같이——제국의 권력을 장악했다. 그러나 같은 일이 아소카 왕 이래의 정치적 불교의 역사에서도 느껴진다.[4] 마야 인구가 스페인인의 정복 이후 아주 짧은 기간 내에 소멸하고, 그리고 사람 없는 대도시가 원시림 속에 묻혀 버렸다는 것은, 단지 정복자의 폭학을 증명할 뿐만 아니라 이미 오래 전부터 시작되고 있던 내부로부터의 소멸을 증명하는 것이다. 사실 정복자의 폭학은 이런 점에서는 젊고 증식력이 있는 문화인에 대해서는 아무 효과가 없을 것이기 때문이다. 그런데 우리 자신의 문명을 돌아보면 옛 프랑스 귀족은 대부분 프랑스 혁명에 의해 근절된 것이 아니라 1815년 이래 절멸한 것이다. 불임은 귀족에서 시민 계급으로 확대되고, 나아가 1870년 이래 혁명에 의해 거의 새롭게 만들어진 농민

---

[4] 우리는 기원전 3세기의 중국——즉 중국의 아우구스투스 시대——에 있어서의 인구 증가의 방책을 알고 있다.

계급으로 확대되어 갔다. 영국에서, 또 나아가 널리 미국에서, 게다가 그 동부의 가장 가치가 있고 예로부터 이주해 온 주민 사이에서 '인종의 자살'이 오래 전부터 대규모적으로 행해지고 있었다. 루스벨트는 이에 반대해 유명한 글을 썼다.

여기에서 이들 문명에는 이미 일찍부터 도처에 황폐한 여러 지방 도시가 있고, 또 발전의 종말기에는 사람이 없는 채 서 있는 거인 도시가 있다. 그 돌덩어리 속에서 석기 시대의 인간이 동굴과 수상 가옥에서 살고 있듯이 작은 펠라흐 주민군이 살고 있다. 사마라는 이미 제10세기에 내팽개쳐졌다. 아소카 왕의 거성(居城)인 파탈리푸트라는 중국의 여행자 현장이 635년경에 이곳을 방문했을 때에는 거대한, 사람이 살지 않는 집의 황야였다. 그리고 마야의 여러 도시 대부분은 이미 코르테스 시대에 텅 비었을 것이 틀림없다. 폴리비오스 이래 수많은 그리스·로마의 서술이 있다. 옛날의 유명한 여러 도시의 집들이 텅 빈 채 서서히 무너져 내리고, 포룸이나 김나시움에는 가축 떼가 방목되고, 원형극장은 경작되고, 거기에는 여전히 조상(彫像)이나 주상(柱像)이 돌출되어 있었다. 5세기의 로마 인구는 한 마을의 주민수 정도에 불과했지만, 황제의 궁전은 아직 거주할 수 있었다.

도시의 역사는 이것으로 끝이다. 도시는 원시적 시장에서 문화 도시로, 마지막으로 세계도시로 성장해 가고, 그 창조자의 피와 혼을 이 대규모적 발전의 희생물로 삼고, 그리고 그 최후의 정화를 문명의 지성의 희생물로 삼고, 그리고 이것으로 마침내 자기 자신조차 절멸시킨다.

6

문화의 초기 시대가 농촌에서의 도시 출생을 의미하고, 그 후기 시대가 도시와 시골의 투쟁을 의미한다면, 문명은 도시의 승리이고, 문명은 이것을 통해 흙에서 해방되는 동시에 스스로 몰락해 가는 것이다. 뿌리도 없고, 우주적인 것에 무감각해지고 그리고 불가피하게 돌과 지능의 손에 떨어진 문명은, 자기 본질의 모든 특징을 재현하는 하나의 형태어를 발전시킨다. 즉 '이루어지는 것'의 언어가 아니라 '이루어진 것'의 언어, 바꿀 수는 있지만 발전시킬 수는 없는 '완성된 것'의 언어이다. 바로 그 때문에 인과율만 있고 운명은 없으며, 단지 확대만 있고 산 방향은 없는 것이다. 그 결과 한 문화의 각 형태어는 그 발전 역사와 함께 자기 본래의 장소에 고착한다. 게다가 문명화된 각 형식은 도처에 안주해 있고, 그래서 출현하자마자 끝없이 확대되어 간다. 한자 여러 도시가 그 북러시아의 중심 시장에서 고딕 건축을 행하고, 스페인인이 남아메리카에서 바로크 양식으로 건축한 것은 확실하다. 그러나 고딕 건축사의 아주 작은 한 절(節)이라도 서구 밖으로 확대되어 갈 수는 없다. 마찬가지로 아티카 극과 영국극의 양식, 혹은 푸가의 기술, 혹은 루터나 오르페우스 교단의 종교, 이것들은 다른 문화의 인간이 그 뒤를 이을 수 없는 것이다. 그렇지만 알렉산드리아 양태와 우리 낭만주의에 의해 생기는 것은 무차별적으로 모든 도시인의 것이다. 낭만주의와 함께 시작되는 것은, 괴테가 그 탁견으로 세계문학이라 명명한 것이다. 낭만주의는 지도적인 세계도시적 문학이고, 이에 비하면 땅에 고착되어 있기는 하지만 별 가치가 없는 지방 문학은 어디서나 아무리 자신을 주장해도 소용이 없다. 베네치아의 국가라든가, 프리드리히 대왕의 국가라든가, 현실적으로 활동하고 있는 영국의 의회는 되풀이되지 않는다. 그러나 '근대적 헌법'은 어떤 아프리카나 아시아의 여러 국가에도 '수입'되고, 또 그리스·로마의 도시국가는 누미디아인과 영국인 속에도 '수입'된다. 이집트에서 일반적으로 사용하게 된 것은 상형문자가 아니라 의심할 나위 없이 이집트 문명의 기술적 발명인 자모서법(字母書法)이다. 마찬가지로 어디서나 배울 수 있는 것은 소포클레스의 아티카어나 루터의 독일어 같은 순수한 문화어가 아니라 헬레니즘의 코이네나 아라비아어, 바빌론어, 영어처럼 세계도시의 일상 실용에서 생긴 세계어이다. 거기에서 모든 문명의 근대 여러 도시는 언제나 같은 유형을 취한다. 어디든 가고 싶은 곳으로 가보는 것이 좋다. 그러면 어디서나 베를린, 런던 그리고 뉴욕을 다시 만날 것이다. 로마는 여행에 나서기만 하면 팔미라, 트리에르, 팀가드를 비롯하여 인더스 강 및 아랄 해에 미치는 헬레니즘 여러 도시에서 로마의 주열(柱列)을 보거나 조상(彫像)으로 장식된 광장이나 신전을 볼 수 있었다. 그러나 거기에 전파된 것은 이미 양식이 아니라 취미이고, 순수한 풍속이 아니라 매너리즘이며, 한 민족의 복장이 아니라 유행이다. 거기에서 멀리 떨어진 국민이 이런 문명의 '영원한 성과'를 단지 채용할 뿐만 아니라 독립된 형태로 더욱 이것을 방사할 수 있게 된다. '월광(月光) 문명'의 지역은 남중국이고, 특히 한나라 시대(220년)의 종말 이후 비로소 '중국화'된 일본이며, 브라만 문명의 전파자로서의 자바이고, 자기 형식을 바빌론에서 도입한 카르타고이다.

이것은 모두 우주적인 힘으로서 이미 구속할 수도 없고 저지할 수도 없는 극단적인 각성존재의 한 형식이며, 순수하게 두뇌적이고 확대적이며, 따라서 강대한 전파력을 지니고 있다. 거기에서 최후의 일시적인 발광(發光)이 거의 전 지구상에 퍼지고 층층이 서로 겹쳤던 것이다. 문명화된 중국 형식의 단편이 아마도 스칸디나비아의 목재 건축에서 발견되고, 바빌론의 척도가 아마도 남해(南海)에서, 그리스·로마의 화폐가 남아프리카에서, 이집트와 인도의 영향이 아마도 잉카 제국에서 발견될 것이다.

제2장 도시와 민족 373

그러나 이런 문명이 확대되어 모든 경계를 돌파하고 있는 사이에 내적 완성이 뚜렷이 구별할 수 있는 세 단계를 거치고, 게다가 대규모적인 관계로 이루어진다. 요컨대 문화로부터의 분리와 ──문명화된 형식의 순수한 육성──경화(硬化)가 그것이다. 이 전개는 우리를 위해 정해진 것이다. 더욱이 나는 이 광대한 구조의 완성을 서양 최후의 국민으로서의 독일의 참된 사명으로 간주한다. 이 단계에서는 생활의 모든 문제, 즉 아폴론적, 마기적, 파우스트적 생활의 모든 문제가 마지막까지 생각되고, 그리고 지식이나 무의식의 최후 상태에 이끌려 들어가게 된다. 사람은 이미 이념을 위해서는 싸우지 않는다. 최후의 이론, 즉 문명 자체의 이념이 윤곽으로서 공식화된다. 또한 마찬가지로 기술과 경제가 문제로서의 의미에서 준비된다. 그러나 이와 함께 비로소 시작되는 것은 모든 요구를 실행하고 이들 여러 형식을 지구의 전 현존재 위에 응용한다는 큰 작업이다. 이 작업이 이루어지고, 그리고 문명이 단지 그 형태에 의해서뿐만 아니라 그 양에 의해서도 또한 최후적으로 확정될 때 형식의 응결이 시작된다. 양식은 문화에서는 자기 완성의 고동(鼓動)이다. 그렇지만 지금 생기고 있는 것은 완성 사실의 표현으로서의 문명화된 양식──이런 말을 써본다면──이다. 이 양식은 특히 이집트와 중국에서는 훌륭하게 완성에 도달했다. 이 완성은 그 이후 내적으로는 이미 변할 수 없는 생활의 모든 외적인 모습을 채우고, 의식과 안면의 표정에서 시작해 예술 수련의 극도로 훌륭하게 지능화된 여러 형식에 이르기까지 채우고 있다. 하나의 형식 이념을 끝까지 추적해 들어간다는 의미에서의 역사에 대해서는 논할 여지가 있을 수 없다. 단지 이것을 지배하고 있는 것은 표면상의 끊임없는 사소한 운동이고, 단 한 번만 주어진 언어에서 수없이 예술적인 작은 문제와 해결을 끌어내고 있다. 이에 속하는 것이 잘 알려진 중국화・일본화, 그리고 인도 건축의 전 '역사'이다. 그리고 이 피상적인 역사가 고트 양식의 참된 역사와 다르듯이, 십자군 기사는 중국의 관리와 다르고, 이루어지는 상태는 완성된 상태와 다르다. 하나는 역사이고, 다른 하나는 역사를 오래 전에 극복한 것이다. 왜냐하면 위에서 말했듯이 이들 문명의 역사는 그 외모를 끝없이 바꾸면서도 다른 것이 될 수 없는 대도시와 마찬가지로 단지 가상(假相)에 불과하기 때문이다. 그리고 이들 여러 도시의 영혼은 존재하지 않고 있다. 이들 여러 도시는 화석화된 형태를 취한 농촌이다.

여기에서 몰락해 가는 것은 무엇인가. 그리고 남는 것은 무엇인가. 게르만 여러 종족이 훈족의 압박을 받아 로마 여러 주의 땅을 점령하고, 이에 의해 그리스・로마의 '중국적' 종말 상태의 전개를 저지했다는 것은 단순한 우연에 불과하다. 기원전 1400년 이후 세부적인 점에서까지도 똑같이 이동을 해 이집트 세계에 침입한 '바다 민족'의 성공은 단지 크레타 섬의 범위 내에 한정되어 있었다. 그들은 바이킹 함대를 동반하고 리비아와 페니키아 해안에 강력한 원정을 시도했지만, 훈족이 중국을 향해 행한 것과 같이 실패로 끝났다. 이리하여 그리스・로마는 그 완전한 성숙의 순간에 중단된 문명의 유일한 실례가 되고 있는 것이다. 그럼에도 불구하고 게르만 여러 종족은 단지 형식의 상층을 파괴하는 데 그치고, 그리고 자기 특유의 문화 전기의 생활로 이것을 대치한 데 불과했다. '영원한' 하층에는 도달할 수 없었던 것이다. 그것은 숨겨진 채 새로운 형태어로 완전히 뒤덮인 상태로 잔존하고, 다음에 오는 전 역사의 지하에 존재하며 오늘날에도 여전히 남프랑스, 남이탈리아, 북스페인에 뚜렷한 자취를 남기고 있다. 여기에서는 카톨릭적 민중 종교이고, 그 후기 그리스・로마적 색채가 서구의 상층 교회적 카톨릭으로부터 아주 분명하게 이것을 구별하고 있다. 남이탈리아의 교회 제례에는 오늘날에도 여전히 그리스·로마적인, 또 그리스·로마 이전의 제사가 있고, 또한 마찬가지로 도처에 신들(성자)이 존재한다. 이들 신의 숭배는 카톨릭적 이름을 통해 고전적인 형태를 알리기에 충분하다.
 그러나 여기에 그 자체 특유한 의의를 지니는 다른 요소가 나타나 있다. 우리가 직면하고 있는 것은 인종 문제이다.

Ⅱ. 민족, 인종, 언어

7

 19세기 전체를 통해 과학적 역사상을 파괴해 버린 것은 낭만주의에서 유래하는 관념, 혹은 낭만주의에 의해 완성된 관념, 즉 도덕적 영감을 받은 말투에 의한 '민족'이라는 관념이다. 어디든 초기 시대에 새로운 종교, 장식술, 건축, 문자가 나타나거나, 혹은 하나의 제국 또는 커다란 황폐가 생기거나 할 때, 연구자는 곧 이 현상을 만들어 낸 민족은 무엇이라 불리는가라는 의문을 던진다. 이 질문은 현재 서구의 지적 상태에 특유한 것이지만, 모든 점에서 매우 잘못되어 있다. 따라서 사건의 행정에 관해 그것이 흔히 일으킨 상은 필연적으로 잘못된 것이 된다. 인간이 역사적으로 활동하고 있는 원형식으로서의 단순한 '민족', 원시 고향, 원시 주거지, '민족'의 이동——여기에 반영되어 있는 것은 1789년의 국민이라는 개념과 1813년의 민족이라는 개념의 대비약이고, 이 두 개념은 요컨대 영국적, 청교도적 자의식(自意識)에서 비롯되고 있다. 그러나 이 개념은 격한 감정을 포장하고 있기 때문에 비판을 면하고 있는 것이다. 명민한 연구자조차 그런 줄 모르고 이 말로 수백 가지의 전혀 다른 사항을 말하고 있다. 그리하여 '민족'이 상상적으로 일의적(一義的)인 양이 되고, 그것이 모든 역사를 만들고 있는 것이다. 세계사(이것은 자명한 것이 아니고, 그리스인 및 중국인이 전혀 생각지 못한 것이다)는 오늘날 우리에게는 여러 민족의 역사를 의미하고 있다. 그 밖의 모든 것, 문화, 언어, 예술, 종교는 여러 민족이 창조하는 것이다. 국가는 한 민족의 형식이다.

이런 낭만적 개념이 여기에서 파괴되어야 한다. 빙하시대 이래 지상에 살고 있는 것은 인간이지 '민족'이 아니다. 우선 첫째로 그 운명을 정하는 사실은 부모와 자식의 유체적 연계가, 즉 피의 관계가 자연적인 무리를 형식화한다는 사실이다. 이 자연적인 무리는 땅에 뿌리를 내리는 뚜렷한 경향을 보이고 있다. 유목민조차 그 운동이 어떤 땅의 한계 내에 한정되어 있다. 이에 의해 우주적, 식물적 생활 측면(즉 현존재)에 영속성이 주어진다. 나는 이것을 인종이라 명명한다. 종족, 씨족, 혈족, 가족——이 모든 것은 번식에 의해 좁은 땅이라든가 넓은 땅을 계속 돌고 있는 피의 사실을 가리켜 말하는 명칭이다.

그러나 이 인간들은 그 외에 또 각성존재, 지각, 이해라는 소우주적·동물적 생활 측면을 지니고 있다. 그리고 이 인간의 각성존재가 다른 인간의 각성존재와 관계해 가는 형식을 나는 언어라고 명명한다. 언어는 처음에는 무의식적인 살아 있는 표현에 불과한 것이고 감각적으로 받아들여지는 것이지만, 그러나 점차 발달해 기호에 대한 일치된 의미 감정을 토대로 하는 전달 기술이 된다.

마지막으로 어떤 인종도 단 하나의 커다란 체구이고, 어떤 언어도 다수의 개인을 결합하는 하나의 커다란 각성존재의 활동 형식이다. 이 양자를 한데 모아 끊임없이 비교하면서 다루지 않는다면, 그 최후의 개명(開明)이 불가능할 것이다. 나아가 인간이 한 인종의 요소이며 한 언어의 소유자라는 것, 혹은 인간이 피의 한 단위에서 유래하고 또 상호 이해의 한 단위에 가담하고 있다는 것, 즉 인간의 현존재와 각성존재가 각각의 특수한 운명을 지닌다는 것을 간과할 때에는, 고도 인류의 역사도 또한 결코 이해되지 않을 것이다. 게다가 동일 주민에 있어서의 인종 측면과 언어 측면의 기원, 발달 및 수명은 서로 전혀 관계가 없다. 인종은 우주적이며 혼적인 것이다. 아무튼 주기적이고, 그 내부에서는 커다란 천문학적 관계에 의해 규정되어 있다. 언어는 인과적 형성물이고 그 수단의 극성(極性)을 통해 작용한다. 우리는 인종 본능에 대해 말하고, 또 언어의 정신에 대해 말한다. 그러나 이것은 두 개의 다른 세계이다. 인종에 속하는 것은 시간과 동경이라는 말의 아주 깊은 의미이고, 언어에 속하는 것은 공간과 불안이라는 말의 깊은 의미이다. 이 모든 것이 현재까지 '민족'이라는 개념 밑에 매몰되어 있었던 것이다.

거기에서 현존재의 흐름과 각성존재 결합이 있다. 전자에 하나의 관상학이 있고, 후자의 근저를 이루는 것은 하나의 체계이다. 인종이란 외계의 상 속에서 보면 모든 육체적 특징이 각성하고 있는 생물의 지각에 존재하고 있는 한 그 모든 육체적 특징의 총계이다. 여기에서 고려하지 않으면 안 되는 것은, 육체는 그 출생과 함께 정해진, 내적으로 특유한 형태를 아이 시대부터 노년에 이르기까지 발전시키고 완성시키지만, 그와 동시에 그 형태에서 떨어져 보면 끊임없이 새로워지고 있다는 사실이다. 거기에서 어른 속에는 자기의 현존재라는 살아 있는 감각 이외에는 아이의 것은 현실적으로 아무것도 남아 있지 않다. 그리고 우리는 각성존재의 세계 속에 나타나는 것 이외에는 아이에 대해서 아무것도 인식하지 못한다. 고도 인간에 있어서는 인종의 인상은 거의 대부분 그의 눈빛의 세계 속에 나타나는 것에 한정되어 있다. 즉 인종은 본질적으로 시각적인 특징의 총계이다. 게다가 그런 그에게도 후각, 동물의 목소리, 특히 인간의 대화 방식 등과 같은 비시각적인 특징의 중요한 유물이 존재하고 있다. 이에 반해 고등 동물에 있어서는 상호 종(種)의 인상이 의심할 나위 없이 전혀 시각에 지배되지 않는다. 후각이 더 중대하다. 그러나 이것에는 인간의 지식이 전혀 발달할 수 없는 지각 방법이 덧붙여져 있다. 여기에서 분명한 것은, 식물은 현존재를 지니고 있기 때문에 종도 또한 지니지만——과수, 화훼의 재배자는 이것을 잘 알고 있다——그러나 종의 인상을 받아들이는 것은 동물뿐이라는 것이다. 내가 언제나 감동하는 것은, 봄이 되어 이 꽃피는 식물들이 번식과 수정을 갈망하며 그 꽃의 눈부심을 다 동원하더라도 서로 끌어당기지 못하고 서로를 알아보지 못하며 동물에 의지하는 것을 보는 것이다. 그런데 그 동물에 있어서는 이들의 색과 향기밖에 존재하지 않는다.

나는 각성한 소우주의 자유로운 활동 전체를, 그것이 다른 존재에 대해 무엇인가를 표현하는 한도 내에서 언어라고 명명한다. 식물은 각성존재를 지니고 있지 않고, 활동성도 지니고 있지 않다. 따라서 언어를 지니고 있지 않다. 그러나 동물적 생물의 각성존재는 철두철미 '이야기'이다. 개개의 행위가 의미하는 것이 '이야기'이어야 하든 아니든, 또 설사 행위의 의식적 또는 무의식적인 목적이 전혀 다른 방향으로 향하고 있더라도 그렇다. 공작은 그 꼬리를 펼칠 때 의식하고 말하는 것이 확실하다. 그러나 실꾸러미를 갖고 놀고 있는 고양이는 그 귀여운 동작으로 무의식 중에 우리에게 말을 걸고 있는 것이다. 보이는 것을 알고 있느냐 모르느냐에 따라 자신의 운동에 구별이 있는 것을 누구나 알고 있다. 사람은 그 모든 행위를 가지고 갑자기 의식적으로 '이야기하기' 시작한다.

그러나 이와 함께 언어의 종류에 아주 중요한 구별이 생긴다. 즉 단지 세계에 대한 표현에 불과한 언어와, 자기를 그곳에 있는 사람 앞에서 실현하고 자기의 현존재를 자기 자신에게 확증하려는 내적 필연성을 모든 생물의 동경 속에 갖고 있는 언어, 그리고 특정 존재에 의해 이해되려 하는 언어 이 두 가지이다. 즉 표현어와 전달어가 있다. 전자는 단지 각성존재만을 전제로 하고, 후자는 각성존재의 결합을 전제로 하고 있다. 이해한다는 것은 어떤 기호의 인상에 자기 특유의 의미 감정으로 대답하는 것이다. 서로 이해하는 것, '대화하는 것', 한 사람의 '너'에게 말을 거는 것 등 자기의 의미 감정에 상응하는 의미 감정을 그 안에 가정하는 것이다. 거기에 있는 사람 앞에서 표현어는 단지 하나의 '나'의 존재를 증거하는 데 불과하다. 전달어는 하나의 '너'를 둔다. '나'는 이야기하는 것이고, '너'는 '나'의 말을 이해해야 한다. 원시인의 입장에서 보면 하나의 나무, 하나의 돌, 한 조각의 구름은 '너'가 될 수 있다. 모든 신들은 '너'이다. 동화(童話)에서는 인간과 대화할 수 없는 것이 없다. 그리고 오늘날에도 아직 격한 흥분이라든가 시적 고양의 순간을 떠올리면 충분히 어떤 사물이든 우리에게 '너'일 수 있다는 것을 알 수 있다. 그리고 최후로 모든 생각하는 인간은 하나의 '너'와 이야기하듯이 자기 자신과 이야기한다. '너'에 부딪쳐야 비로소 '나'에 대한 지식이 눈뜰 수 있는 것이다. 즉 '나'란 다른 존재에의 다리가 존재하고 있다는 사실의 호칭이다.

종교적, 예술적 표현어와 순수한 전달어 사이에 엄밀한 한계를 긋기는 불가능하다. 이것은 특히 형태 분야에서 특수한 발전을 하고 있는 고도 문화에 있어서도 진실이다. 왜냐하면 누구나 한편으로는 자기조차 충분히 알고 있지 못하고, 아마도 전달하는 데 쓸모가 없는 의미 깊은 표현을 자신의 말투 속에 집어넣지 않고는 이야기할 수 없을 것이기 때문이다. 그리고 다른 한편으로는 우리 모두 극이나 회화나 호가스의 동판화나 기도를 알고 있지만, 극에서는 시인이 훈계에 의해서도 마찬가지로 잘, 혹은 그보다 더 잘 이야기할 수 있을 것이라는 것을 '이야기'하려 하고 있고, 회화는 그 내용을 통해 가르치고 충고하고 개선하려 하고 있고――그리스 정교회에 있는 어떤 연속적인 그림도 엄중한 교회 규칙을 만들고, 책도 읽을 수 없는 구경꾼에게 종교의 진리를 뚜렷이 밝히게 하는 목적을 수행하고 있다――호가스의 동판화는 설교 대용물이 되기도 하며, 마지막으로 기도, 즉 신과의 직접적인 대화는 눈앞에서 연기되는 종의적(宗儀的) 작품의 연출(이것은 보기만 해도 알 수 있다)로 대체될 수도 있기 때문이다. 예술의 목적에 관한 이론적인 논쟁은 예술적 표현어가 전달어이어서는 안 된다는 요구에 바탕을 두고 있는 것이며, 승려 계급이 생긴 근저에는 인간이 신과 상통하기 위한 언어를 아는 것은 단지 승려뿐이라는 확신이 있기 때문이다.

 모든 현존재의 흐름에는 역사적 각인(刻印)이 있고, 모든 각성 존재의 결합에는 종교적 각인이 있다. 모든 순수한 종교적 혹은 예술적 형태어와 관련해 확정되어 있는 것, 또 특히 어디서나 문자의 역사가 밝혀 주고 있는 것――문자는 눈에 호소하는 언어이다――이것은 의심할 나위도 없이 일반적으로 인간의 의성어 기원에도 해당된다. 원시어의 성질에 대해서는 우리가 아는 바가 적지만, 원시어가 종의적 색조를 지니고 있었던 것은 확실하다. 그러나 이에 상응하는 관계를 이루는 것이, 우리가 권력을 위한 싸움으로서의 인생이라 명명하고, 운명으로서의 역사라 명명하고, 오늘날에는 정치라 명명하는 모든 것과 인종과의 관계이다. 덩굴성 식물이 우듬지 위로 높이 뻗으려고 난간에서 모색하거나, 한 수목을 감아 그 저항을 물리치고 마침내 그 나무를 고사시킬 때 그 난간, 그 모색 속에 뭔가 정치적 본능이 있다고 보거나, 하늘 높이 나는 종다리의 노랫소리에 뭔가 종교적 세계감정이 있다고 보는 것은 물론 터무니없을 것이다. 그러나 여기에서부터 중단되는 일 없이 이어져 현존재와 각성존재의 표출, 박자와 긴장의 표출이 어떤 근대 문명에 있어서도 완성된 정치적, 종교적 여러 형태에까지 이르고 있는 것은 확실하다.

이것에서 마침내 저 토템과 터부라는 두 가지 주의해야 할 말을 밝히는 단서가 생긴다. 이 두 말은 민속학 연구에 의해 지구상의 전혀 다른 두 곳에서 발견된 것이고, 게다가 반드시 널리 사용되지는 않았지만 그 후 어느 틈엔가 점점 연구의 전면에 많이 내세워진 것이다. 이 말들이 수수께끼 같고 또 다의적이 되면 될수록 점점 원시 인류뿐만 아니라 최후의 생활 근거까지 이 말들에 의해 밝혀진 것처럼 느껴져 왔던 것이다. 그리고 여기에 제출된 연구에 의해 이제 양자의 본래 의미가 밝혀진다. 즉 토템과 터부는 현존재와 각성존재, 운명과 인과율, 인종과 언어, 시간과 공간, 동경과 불안, 박자와 긴장, 정치와 종교 등의 궁극적인 의의를 말하고 있는 것이다. 생활의 토템 측면은 식물적이고 모든 생물의 것이다. 터부 측면은 동물적이고 하나의 세계 속에서의 생물의 자유로운 운동을 예상하고 있다. 우리에게는 혈액 순환과 번식이라는 토템 기관이 있고, 감각과 신경이라는 터부 기관이 있다. 토템에 속하는 것은 모두 관상학을 갖고, 터부인 것은 모두 체계를 갖는다. 토템적인 것 속에 존재하는 것은 동일한 현존재의 흐름에 속하고 있는 생물의 공통 감정이다. 그것은 전달될 수 없고, 또 정리될 수도 없다. 그것은 하나의 사실이고, 최고 의미에 있어서의 '사실'이다. 터부인 것은 모두 각성존재의 결합을 특색으로 삼고 있다. 그것은 배울 수 있고 또 전달할 수 있다. 바로 그 때문에 그것은 모두 일종의 비밀어를 지니는 종의(宗儀) 공동체, 사상가 학파와 예술가 조합이 지키고 있던 비밀인 것이다.[5]

그러나 현존재는 각성존재 없이도 생각될 수 있지만, 각성존재는 현존재 없이는 생각될 수 없다. 거기에서 언어 없는 종(種)의 생물은 존재하지만, 종 없는 언어는 존재하지 않는다. 따라서 모든 인종적인 것은 자기 특유의 표현, 우연적인 각성존재에서 독립해 있고 식물이나 동물에 속하는 표현——이것은 표현의 활동적 변화로 이루어지는 표현어와 충분히 구별되지 않으면 안 된다——을 지닌다. 이 표현은 거기에 있는 사람을 위해 정해진 것이 아니라 단순히 거기에 존재하고 있는 것, 즉 용모이다. 그러나 깊은 의미에서 '살아 있다'고 할 수 있는 언어에서는 어느 것이나 배울 수 있는 터부 측면 외에 그 언어의 소유자가 죽는 동시에 없어지는, 전혀 배울 수 없는 인종 특징이 인정되지 않으면 안 된다. 그것은 선율, 리듬 또 어세(語勢) 속에, 발음의 색조, 울림 또 속도 속에, 말씨 속에, 이에 수반되는 몸짓 속에 존재하고 있다. 따라서 언어와 이야기는 구별되어야 한다. 전자는 그 자체로서 죽어 있는 기호의 총계이고, 후자는 기호와 함께 작용하는 활동이다.[6]

---

5) 토템적 사실은 각성존재가 인정하면 터부의 의미도 지닌다. 마치 성생활에 있어서의 많은 사항과 같다. 성생활은 인간의 이해력을 제거하므로 그 뒤 깊은 불안에 시달리기 때문이다.

6) 훔볼트는 언어가 사물이 아니라 활동임을 강조한 제일인자이다. 엄밀히 해석하면 언어가 존재하지 않는 것은 지능이 존재하지 않는 것과 같다고 할 수 있을 것이다. 그러나 인간은 이야기를 한다. 그리고 인간은 지적으로 활동하고 있다.

어떤 언어를 그것이 이야기된 그대로 직접 듣고, 그리고 볼 수 없을 때에는 그 언어에 대해 아는 것은 단지 골격뿐이고 그 육체는 아니다. 이것이 수메르어, 고트어, 산스크리트와 그 밖의 모든 언어의 경우이고, 우리는 이 말들을 단지 문서나 비문에서 해독하는 데 불과하다. 이것을 사어(死語)라고 명명하는 것은 아주 정당하다. 왜냐하면 이들 언어에 의해 형성되었던 인간적 공동체가 없어졌기 때문이다. 우리는 이집트 언어를 알고 있다. 그러나 이집트의 이야기는 모른다. 우리는 아우구스투스 시대의 라틴어에 대해 문자의 발음치(發音値)와 말의 의미를 거의 알고 있다. 그러나 키케로의 연설이 로스트라 연단에서 어떻게 울려 퍼졌는지 모르고, 또 그 이상으로 헤시오도스와 사포가 그 시구를 어떻게 이야기했는지, 또 아테네 광장에서 행해진 대화가 어떻게 들렸는지는 모른다. 라틴어가 고딕 시대에 실제로 다시 이야기되었다면, 그것은 뭔가 새로운 것이 생긴 것이다. 이 고딕적 라틴어의 완성은 오늘날에는 그와 똑같이 우리가 이미 상상할 수 없는 이야기 방식의 박자와 울림에서 시작되어 곧 어휘와 말의 결합에 미치고 있었다. 하지만 키케로적이어야 했던 인문학자들의 반(反)고트적 라틴어도 또한 전혀 부활이 아니었다. 니체와 몸젠의 독일어, 디드로와 나폴레옹의 프랑스어를 비교해 보면, 이야기에 있어서의 인종 측면의 전체 의미를 추측할 수 있다. 또한 레싱과 볼테르가 언어의 용법에서는 레싱과 횔덜린보다 더 가깝다는 것에 주의해 보면 알 수 있다.

그리고 모든 표현어 중에서 가장 중요한 표현어, 즉 예술과 관련해서도 마찬가지이다. 터부 측면——즉 형식재, 전통의 규칙, 확정된 기교의 총계를 의미하는 양식(이것은 언어의 어휘와 문장법과 비교되어야 한다)——은 배울 수 있는 언어 자체를 나타내고 있다. 터부 측면은 배울 수 있다. 그리고 그 응용에 즈음해서는 회화의 커다란 유파, 건축 직인 조합의 전통, 일반적으로 엄중한 직인 조합의 수업(修業) 속에서 전해지는 것이다. 이 수업은 어떤 순수한 예술에서도 당연한 것이며, 그것이 목적으로 삼는 것은 어떤 시대든 바로 그 시대에 살아 있다. 완전히 확정된 이야기 방식에는 숙달할 일이었다. 살아 있다는 것은 이 분야에도 살아 있는 언어와 죽은 언어가 있기 때문이다. 한 예술의 형태어가 살아 있다고 여겨지는 것은, 그 예술계 전체가 이것을 마치 공통의 모어(母語)처럼 이용할 때에만 한정된다(공통의 모어를 사용할 때에는 그 성질 따윈 생각도 하지 않는 것과 똑같다). 이런 의미에서 말하면 16세기의 고딕 양식, 그리고 1800년경의 로코코는 죽은 언어이다. 17세기 및 18세기의 건축가와 음악가가 자기를 표현하는 데 사용한 무조건적 확실성을 베토벤의 말더듬과, 이른바 자기 교육에 의해 겨우 얻은 싱켈과 샤도의 언어 지식과, 라파엘 전파와 신고트파의 한마디의 말, 그리고 마지막으로 오늘날 예술가의 구원할 길 없는 이야기의 기도(企圖)와 비교해 보라.

작품 속에 존재하고 있는 예술적 형태어의 '이야기'에 의해 토템 측면, 즉 인종을 알 수도 있지만, 개개의 예술가로부터도, 또 대대의 전 예술가로부터도 알 수 있다. 이탈리아와 시칠리아의 도리스식 신전의 창작자 및 북독일 벽돌 고딕의 창작자는 강한 인종이었다. 마찬가지로 하인리히 쉬츠에서 제바스티안 바흐에 이르는 독일 음악가도 그러했다. 토템 측면에 속하는 것은 우주적 순환의 영향이고, 봄과 연애 도취의 창조적 시기이다. 전자의 예술사 형태에서 중요성은 전혀 생각되지도 않았고, 그리고 세부적인 면에 걸쳐 확정된 것도 결코 아니었다. 후자는 형태 부여의 확실성에서 완전히 독립해 개개 작품과 전 예술의 착상의 깊이와 형태의 힘을 결정하는 것이다. 우리는 형식주의자를 세계 불안의 깊이에 의한다고 보거나 혹은 순종의 결핍에 의한다고 보고, 또 위대한 무형식주의자를 피의 과잉에 의한다고 보거나 혹은 수업 불충분에 의한다고 본다. 우리는 예술가의 역사와 양식의 역사 사이에 구별이 있는 것을 이해하고, 또 한 예술의 언어가 나라에서 나라로 옮겨질 수 있지만, 이것을 이야기하는 숙련은 그렇지 않다는 것을 이해하고 있다.

  인종에는 뿌리가 있다. 인종과 땅은 일체가 되어 있다. 식물은 그 뿌리를 내린 곳에서 죽는다. 어떤 인종의 고향이 어딘지 묻는 것은 물론 의의가 있다. 그러나 꼭 알아야 하는 것은, 한 인종은 육체나 혼의 완전히 본질적인 특징을 지니고 고향에 머물러 있다는 것이다. 인종이 그곳에서 발견될 수 없을 때에는 이미 어디에도 없는 것이다. 인종은 이동하지 않는다. 인간은 이동한다. 그때 인간은 대대로 언제나 변하는 땅에서 태어난다. 땅은 인간 속에 있는 식물적인 것에 대해 비밀스런 힘을 떨친다. 그리고 마지막으로 인종의 표현은 근저에서부터 바뀌고, 낡은 표현이 소멸하고 새로운 것이 나타난다. 영국인과 독일인이 아메리카로 이주한 것이 아니라, 이들 인간이 영국인 및 독일인으로서 이주한 것이다. 그 자손들이 이제는 미국인이 되어 있는 것이다. 그리고 인디언의 토지가 그들에 대해 그 힘을 보인 것은 이미 오래 전부터 비밀이 아니었다. 그들은 세대에서 세대를 거침에 따라 절멸된 주민을 닮아 간다. 굴드와 박스터가 보여 주는 바에 따르면 각종 백인, 인디언, 흑인은 똑같은 평균적인 몸통과 성장기를 지니게 되고, 그 영향의 빠르기는 젊을 때 이주한 아일랜드인(극히 긴 성장기를 지닌다)이 땅의 힘을 자기 한 대(代) 사이에서조차 느낄 정도라는 것이다. 보아스는 장두(長頭)의 시칠리아와 유태인, 단두(短頭)의 독일 유태인의 아메리카 태생 아이들이 이미 같은 두형을 갖고 있다는 것을 보여 주었다. 그러나 이것은 어디서나 정당하다. 그리고 역사적 이동에 대해 충분히 신중해져야 한다는 것을 가르치는 것이다. 그리스·로마 전사(前史) 시대의 다나이인, 에트루리아인, 펠라스기인, 아카이아인, 도리스인의 경우와 마찬가지로 이 역사적 이동에 대해 우리가 아는 바는 단지 이동 민족의 약간의 이름과 약간의 언어 파편에 불과하다. 이들 '민족'의 인종와 관련해 아무 결론도 끌어낼 수 없다. 고트, 랑고바르드, 반달 등의 이름 아래 남구 제국에 침입한 것은 의심할 나위 없이 그 자체 하나의 인종이었다. 그렇지만 이것은 르네상스 시대에는 이미 프로방스, 카스틸랴, 토스카나 땅의 뿌리가 있는 인종 특징 속에 완전히 들어가 성장했다.

 언어는 그렇지 않다. 한 언어의 고향은 단지 그것이 우연적으로 형성된 장소를 의미하는 데 불과하다. 그리고 그 장소는 그 언어의 내적 형식에 있어서는 아무 관계도 없다. 언어는 종족에서 종족으로 퍼져 가고, 각 종족이 이것을 계속 말하며 이동한다. 특히 언어는 교환된다. 그리고 인종의 언어 교환은 초기 시대에는 충분히 승인되고 지장이 없다. 되풀이해 말하지만 그 도입된 것은 언어의 형식재이지 그 이야기 방식은 아니다. 원시적 주민이 끊임없이 장식적인 동기를 받아들이고 완전히 확신하며 자기 자신의 형태어의 요소로 사용하는 것과 똑같다. 초기 시대에는 한 민족이 강자로서 나타났다는 사실, 혹은 그 언어가 사용면에서 뛰어나다는 감정――종종 참된 종교적 외경에서――이 타민족으로 하여금 그 자신의 언어를 폐기시키게 하는 데 충분하다. 노르만의 언어 변천의 흔적을 좇아 보라. 노르만인은 노르망디, 영국, 시칠리아, 비잔티움 앞에 다른 언어를 사용하며 나타나고, 그리고 그때마다 다시 한 번 이것을 다른 언어로 바꾸려 하고 있었다. 도덕적인 모든 힘은 '모어(母語)'라는 말에 부착되어 있고, 수없이 치열한 언어 투쟁을 야기하고 있다. 이 모어에 대한 외경은 후기 서양 혼의 한 특징이고, 다른 문화의 인간은 거의 모르는 것이며, 원시 인간도 전혀 모르는 것이다. 그렇지만 이 특징은 우리 역사가 암묵중에 어디서나 전제로 하는 것으로, 언어 발견이 '여러 민족'의 운명에 대해 지니는 의미와 관련해 무수한 잘못된 결론에 이르게 한다. 후기 그리스 여러 방언의 분포에서 '도리스인의 이동'을 재구성한 것을 생각해 보라. 이것에서 단순한 지명, 인명, 비명(碑銘), 방언 등 일반적으로 언어 측면에서 주민의 인종 측면의 운명과 관련해 결론을 내리기가 불가능하다는 것이 판연하다. 우리는 하나의 민족명이 하나의 언어체를 표시하는 것인지, 아니면 하나의 인종 구분을 표시하는 것인지, 양자를 표시하는 것인지, 아니면 그 어느 쪽도 표시하지 않는 것인지를 처음부터 모르는 것이다. 나아가 이에 덧붙여 민족명은 물론 국토명조차 그 특유한 운명을 지니고 있다는 것도 모르는 것이다.

8

가옥은 모든 것 중에서 가장 순수한 인종 표현이다. 이 어구(語句)는 정착하게 된 인간이 이미 임시 오두막으로는 만족하지 않고 영속적인 자신의 주거를 짓는 순간부터 나타나고 있다. 그리고 생물학적 세계상에 속하는 '인간'이라는 종의 내부에서 극히 혼적인 의미가 있는 현존재의 흐름인 본래의 세계사의 인간종을 구별한다. 가옥의 원시 형식은 어디까지나 느낌으로 이루어지고 성장한 것이다. 그것은 전혀 지식에 의한 것이 아니다. 그것은 앵무조개 껍질이나 벌집이나 새집처럼 내적으로 자명한 것이고, 현존재, 결혼 생활, 가족 생활, 종족 제도 등의 시원적 관습과 형식이 지니는 모든 특징은 부지(敷地)와 그 배치, 평지, 홀,

메가론(호메로스 시대의 남자 방), 아트리움(로마의 안마당에 딸린 중앙의 큰 방), 안뜰, 중세의 난로방, 기나이케이온(그리스의 여자 방)을 그대로 닮았다. 옛 작센 가옥의 윤곽과 로마 가옥의 윤곽을 비교해 보는 것이 좋다. 그러면 이들 인간의 혼과 그 가옥의 혼이 아주 똑같다는 것을 느낄 것이다.

예술사는 이 영역에 손을 뻗어서는 안 되었다. 주택 건축을 건축술의 일부로 보는 것은 잘못이었다. 이 형식은 현존하는 막연한 관습에서 생긴 것이지 빛 속에서 형태를 찾는 눈을 위해 생긴 것은 아니다. 그리고 어떤 건축가도 농가의 방의 비례를 대성당의 그것처럼 다루려 한 적이 없었다. 이 의미 깊은 예술의 한계를 예술 연구가 돌아보지 않은 것이다. 단지 우연히도 데히오(Dehio)가 고대 게르만의 목조 가옥은 후기 대건축과 아무 관계도 없고, 후자는 전자와는 완전히 독립해 생긴 것이라고 한마디 인정했을 뿐이다. 거기에서 방법적인 곤혹스러움이 언제까지고 이어진다. 예술학은 이런 곤혹스러움을 느끼기는 했지만 이해하지는 못했다. 즉 예술은 모든 전기 시대와 초기 시대를 통해 가구, 무기, 도자기, 직물, 묘지, 가옥을 무차별적으로, 게다가 형식이나 장식에 따라 모으고, 그리고 회화, 조각, 건축(즉 그 자체로 통일되어 있는 특수 예술)의 유기적 역사를 이용해서 비로소 견고한 기반을 얻고 있는 것이다. 그러나 이 분야는 혼의 표현 세계와 눈을 위한 표현어의 세계라는 두 개의 세계로 명백히 나뉘어 있다. 가옥, 그리고 마찬가지로 전혀 무의식적 근본 형식인 용기, 무기, 의복, 가구 등의 사용 형식은 토템 측면에 속한다. 그것들은 취미의 특징을 갖지 않고 전투 방법, 거주 방법, 노동 방법의 특징을 지닌다. 어떤 원시적인 방석도 인종적인 자세의 복제이다. 어떤 용기의 손잡이도 움직여진 팔을 뻗게 하는 것이다. 이에 반해 집에 있는 회화와 조각, 장식으로서의 의복,

무기와 가구의 장식은 생활의 터부 측면에 속한다. 초기 인간에 있어서는 이들 의장(意匠)과 동기 속에 마력(魔力)까지 존재하고 있다. 우리는 민족 이주 시대의 게르만의 검에 동방적 장식이 붙어 있고, 미케네 성채에 미노스적 공예가 있는 것을 알고 있다. 이렇게 피와 의미, 인종과 언어, 정치와 종교가 분리되어 있는 것이다.

이렇게 보면——그리고 이것이 미래의 연구가 행해져야 하는 가장 긴급한 임무가 될 것이다——가옥과 집의 인종의 세계사는 아직 존재하고 있지 않은 것이 된다. 이 세계사는 예술사를 다루는 것과는 전혀 다른 수단으로 다루지 않으면 안 된다. 농가는 모든 예술사의 속도에 비하면 농민 자신과 마찬가지로 '영원'하다. 그것은 문화의 담 밖에 있으며, 따라서 고도의 인간사 담 밖에 있다. 그것은 그 공간적, 시간적 한계를 모른다. 그리고 그 이념상 건축의 모든 변화를 통해 불변인 채 유지되고 있다. 이 건축의 변화는 농가의 옆에서 행해지고, 농가와 함께 행해지는 것이 아니다. 고대 이탈리아의 통나무집은 황제 시대 이후에도 여전히 알려져 있었다. 제2차 인종의 존재 기호인 로마의 사각형 가옥 형태는 폼페이에서도 발견되고, 팔라티노 언덕 위 황제의 궁전에서도 발견된다. 각종 장식과 양식은 동방에서 빌려 온 것이지만, 그러나 어떤 로마인도 시리아 가옥의 모방 따위는 생각도 하지 않았을 것이다. 티린스와 미케네의 메가론 형식도, 또 갈레노스가 기술한 고대 그리스 농가의 형식도 헬레니즘의 도시 건축가의 손이 닿지 않았다. 작센과 프랑켄의 농가는 시골 농지에서 옛 제국의 여러 자유 도시의 시민 가옥을 거쳐 18세기의 귀족 건축에 이르기까지 그 본질을 불변인 채 그대로 보유하고 있다. 고트, 르네상스, 바로크, 앙피르의 각 양식이 그 위를 미끄러지고, 정면이나 지하실에서 지붕에 이르는 모든 공간도 자신의 본질로 채웠지만, 가옥의 혼은 어지럽힐 수 없었다. 이것은 가구 형식에 있어서도 진실이다. 가구 형식은 심리적으로 말해 예술적 취급으로부터 신중히 구별되어야 한다. 특히 클럽의 팔걸이의자에 이르기까지 북유럽의 좌석 가구 발전은 한 조각의 인종사이고, 양식사 따위로 칭해져서는 안 될 것이다. 그 이외의 모든 특징은 하나의 인종과 관련해 사람을 미혹시킬 수 있다. 람세스 3세가 타파한 '바다 민족'에 있는 에트루리아 이름, 렘노스의 수수께끼 같은 비명(碑銘), 에트루리아의 묘에 있는 벽화는 이들 인간의 육체적인 관련에 대해 아무런 확실한 결론도 허락지 않는다. 설사 석기시대 말기에 카르파치아 산맥 동방의 광대한 지역에 아주 의미 깊은 장식이 생기고, 그리고 그것이 영속했다 하더라도, 인종에서 인종이 교대로 나타난 것을 방해하지 않는다. 서유럽의 트라야누스에서 클로비스에 이르기까지 몇 세기 동안 우리가 도자기밖에 갖고 있지 않았다고 한다면, 우리는 민족 이동이라는 사건에 대해 조금도 아는 바가 없었을 것이다. 그러나 에게 해 지역에 있어서의 달걀형 가옥의 존재,[7] 로디지아에 있어서의 또 하나의 아주 기묘한 달걀형 가옥의 존재, 작센의 농가와 리비아·카빌리아의 농가의 수없이 논해진 일치 등은 한 조각의 인종사를 나타내는 것이다. 장식은 한 주민이 이것을 그 형태어 속에 합체시킬 때 퍼져 간다. 그렇지만 한 가옥 형식은 인종과 하나가 되지 않으면 이식되지 않는다. 하나의 장식이 소멸했다 하더라도 단 하나의 언어가 변화한 데 그친다. 한 가옥 형식이 소멸했다면, 한 인종이 소멸한 것이 된다.

---

7) 후기 시대에도 아직 입증될 수 있는 에게 해·소아시아 지방의 가옥 설계가 그리스·로마 전기의 주민 상태를 정리하는 데 도움이 될 것이다. 언어의 파편은 그것이 불가능하다.

그 결과 예술사는 여기에서 필연적으로 개정된다. 그 진행중에 조차 인종 측면과 본래의 언어가 주의 깊게 분리되지 않으면 안 된다. 문화 초기에는 두드러졌던 고차(高次)의 형식이 성채와 대성당이라는 고차의 두 인종의 건물로 이루어지는 농촌 위에 현존재의 표현으로서, 또 각성존재의 언어로서 우뚝 솟는다. 그들 속에서는 토템과 터부, 동경과 불안, 피와 지능의 구별이 높아지고, 나아가 강력한 상징적 의의가 되어 간다. 고대 이집트, 고대 중국, 고대 그리스·로마, 남아라비아, 서양의 성채는 한 가문 대대로의 주택으로서 농가 가까이 서 있다. 성채도 농가도 현실의 생활, 생식 및 사망의 모사로서 모든 예술사 곁에 머물러 있다. 독일 성채는 완전히 한 조각의 인종사이다. 초기의 장식은 이 양쪽을 향하고, 후자에서는 골조(骨組)를, 전자에서는 문이라든가 계단을 미화하고 있다. 그러나 그 장식은 이것이냐 저것이냐 선택될 수 있고, 그렇지 않으면 완전히 없어도 된다. 건축체와 장식 사이에 내적으로 필연적인 관계가 결코 존재하지 않기 때문이다. 이에 반해 대성당은 장식되지 않는다. 대성당 자신이 장식인 것이다. 그것의 역사──마찬가지로 도리스식 신전과 모든 다른 초기 종교 건축의 역사──는 고트 양식의 역사와 일치한다. 그 일치는 아주 완전한 것으로, 서양 문화에 있어서도, 또 예술에 대해 다소라도 우리가 알고 있는 다른 모든 초기 문화에 있어서도 엄밀한 건축은 최고의 순장식에 다름 아니고, 그리고 그것은 오로지 종교 건축에만 한정되어 있기 때문이라고 말해도 놀랄 일이 아닌 것이다. 겔른하우젠, 고슬라르 및 바르트부르크에 나타나 있는 아름다운 건축 형태는 모두 대성당 예술에서 취해 온 것으로 장식이며, 내적 필연성이 있는 것이 아니다. 성채, 검, 토기에는 이 장식이 없어도 된다. 그래도 그 의의나 혹은 그 형태조차 잃는 일이 없다. 하지만 대성당 혹은 이집트의 피라미드 사원에서는 그런 것은 생각할 수도 없다.
  거기에서 구별되는 것은 양식을 갖는 건물과, 다음으로 그 건물 속에 양식이 있는 건물이다. 왜냐하면 승원과 대성당에서는 돌이 형식을 갖고, 그리고 이 형식을 자신에게 봉사하는 인간에게 전하지만, 농가와 기사의 성채에서는 농민 생활과 기사 생활의 모든 힘이 그 자체로 주거를 형성하고 있기 때문이다. 여기에서 첫째로 오는 것은 인간이고 돌이 아니다. 그리고 여기에서도 장식이 문제라면, 그것은 성장하여 움직일 수 없는 엄밀한 풍속과 관습의 형태가 그것이다. 이것을 살아 있는 양식과 응결한 양식의 구별이라 해도 좋을 것이다. 그런데 이 살아 있는 형식의 힘이 승려 위에 영향을 미쳐 베다 시대나 고딕 시대에 기사적인 승려의 유형을 형성한 것과 마찬가지로, 로만·고딕적인 신성한 형태어는 이 세속 생활과 관계 있는 것 전체, 예컨대 복장, 무기, 방, 가구를 거머쥐고 이것들의 표면을 양식화한다. 그러나 예술사는 이런 자기에게 미지인 세계에 대해 착각을 해서는 안 된다. 그것은 표면인 것이다.
  초기의 도시에서는 새로운 것이 추가되지 않는다. 인종 가옥은 여기에서 도로를 형성하고, 그 내부에 농가의 가구 집물과 풍속을 충실히 보존하고 있다. 그 인종 가옥 사이에 한 줌 정도의 제사 건물이 있다. 이것은 양식을 지니고 있다. 이것들은 물론 예술사의 장소이고, 자기의 형식을 광장, 정면, 내부 공간에 방사하고 있다. 성채가 발달해 도시 궁전이나 귀족의 집이 되고, 남자용 홀이 길드 회관이나 시청이 되었다 해도, 이것들은 모두 양식을 지니고 있지 않다. 단지 양식을 받아들이고 이것을 운반할 뿐이다. 순수한 시민 상태에는 이미 초기 종교의 형이상학적 형성력이 없다. 그것은 계속해서 장식을 만들어 내지만 장식으로서의 건물이 아니다. 이때부터 성숙한 도시와 함께 예술사는 붕괴하고 개개 예술의 역사가 된다. 회화, 조상(彫像), 가옥은 양식이 적용되어야 하는 개개의 목표이다. 교회조차도 오늘날에는 그런 가옥이다. 고딕식 대성당은 장식이다. 바로크의 회당 교회는 장식으로 뒤덮인 건물체이다. 이오니아 양식과 16세기의 바로크가 준비하는 것은 코린트 주식(柱式)과 로코코가 되어 끝난다. 여기에서 가옥과 장식은 결정적으로, 또 분명히 분리되었다. 그리고 18세기의 교회와 승원 속에서 걸작이라고 불리는 것조차도 이 예술이 모두 세속적인 것, 즉 장식이 되었다는 것을 여러 가지로 보여 줄 수 있다. 앙피르와 함께 양식은 하나의 취미가 되고, 그 종말과 함께 건축은 공예로 변해 간다. 이와 함께 장식적 표현어, 따라서 예술사는 끝난 것이다. 그럼에도 불구하고 농가는 그 불변의 인종 형식과 함께 계속 살아 있다.

9

가옥의 종적(種的) 표현에서 눈을 돌리면, 우선 첫째로 주의가 미치는 것은 인종의 본질에 접근하는 데 따르는 큰 어려움이다. 그 내적 본질에, 그 혼에 접근한다는 것은 아니다. 왜냐하면 이것에 대해서는 우리 감정이 충분히 분명하게 말하고 있기 때문이다. 종의 인간이 무엇인가는 우리 모두 한눈에 보고 안다. 그러나 우리는 우리의 지각, 특히 눈을 통해 종을 인식하고 구별하는 데 그 지각에 대한, 특히 눈에 대한 그 특징은 무엇인가. 확실히 이것은 관상학에 속하는 것이고, 언어의 분류가 체계학에 속하는 것과 똑같다. 그러나 이것들은 모두 존재하지 않으면 안 되고, 눈앞에 있었음에 틀림없다. 그토록 많은 것이 죽음과 함께, 나아가 또 그토록 많은 것이 부패와 함께 결정적으로 없어지고 말았을까. 우리는 전사적(前史的) 인간에 대해 기껏 가지고 있는 유일한 것은 해골인데, 그 해골이 분명히 알리지 않는 것은 무엇일까. 그것은 거의 전부라 해도 좋다. 전사적 연구는 소박한 열성을 가지고 당장이라도 턱에서, 혹은 팔뼈에서 믿지 않을 수 없는 것을 읽어 내려 준비하고 있다. 그러나 북프랑스에 있어서의 1차 세계대전 당시의 집단 묘소를 생각하면 충분하다. 이와 관련해 우리는 모든 인종의 인간, 백인, 유색인, 농민, 도시인, 젊은이, 장년 등이 그곳에 매장되어 있다는 것을 알고 있다. 하지만 미래에 이것을 다른 자료로 알 수 없을 때에는 인류학적 탐구는 확실히 이것을 발견하지 못할 것이다. 즉 어떤 땅 위에서 행해진 커다란 인종의 운명은, 연구자가 묘지의 해골의 파편을 손에 들고도 이것에 대해 조금도 모르는 채 사라져 갈지도 모르는 것이다. 거기에서 표정은 주로 살아 있는 체구에 존재하고 있으므로 부분의 구조가 아니라 그 부분의 움직임 속에 존재하고, 두개골이 아니라 얼굴 생김새에 존재하고 있다. 그러나 현대 인간의 극도로 예민한 감각에 있어서조차도 가능한 인종 표현이 어느 정도 존재할까. 어느 정도 많은 것을 우리는 듣지 않고, 또 보지 않을까. 많은 동물류와 달리 우리에게 결여되어 있는 것은 무엇에 대한 감각 기관일까.

 다원주의적인 시대의 과학은 이 문제를 가볍게 다루었다. 그것이 이용하는 개념이 얼마나 천박하고 조잡하며, 얼마나 기계적인가. 그 개념은 우선 첫째로 해부학적 견해 속에 이른바 시체 속에서조차 확인되어야 하는 감각적인 일군의 특징을 포괄한다. 체구의 관찰이라는 것은 그것이 살아 있다면 문제가 되지 않는다. 둘째로는 그다지 명민하지 못한 눈에 나타나는 징후만을, 이들 징후가 계측되고 계산되는 한계 내에서만 조사하는 것이다. 결정을 부여하는 것은 현미경이고 박자의 감정이 아니다. 언어를 구별적인 특징으로 보려 할 때에는 누구나 인간적인 인종이라는 것이 존재하는 것은 이야기 방식에 의한 것이며 언어의 문법적 구조에(이것은 단지 한 조각의 해부학과 체계에 불과하다) 의한 것이 아니라는 것을 조금도 생각하지 않는다. 이 이야기라는 종(種)의 연구가 연구의 가장 중대한 임무 중 하나여야 한다는 것이 아직도 전혀 인정받지 못하고 있다. 현실 세계에서 우리는 모두 인간에 정통한 자로서 일상 경험으로 이야기 방식이 오늘날 인간의 가장 뚜렷한 인종 특징의 하나라는 것을 알고 있다. 그 실례는 한이 없을 정도이고, 누구나 잘 알고 있다. 알렉산드리아에서는 같은 그리스어가 아주 다른 인종의 방식으로 발음되었다. 이것은 현재도 문장을 쓰는 방식에서 알 수 있다. 북아프리카에서는 이 땅에 태어난 사람은 영어든 독일어든 인디언어든 똑같이 이야기하고 있다. 동유럽의 유태인 이야기에 있는 지방적 인종 특징은 무엇일까. 즉 러시아인의 러시아어 이야기에 있는 지방적 인종 특징은 무엇일까. 피의 인종 특징은 무엇일까. 요컨대 그 숙주 민족의 생활 지역과 관계없이 유태인이 모두 그 유럽적 '모어'를 이야기할 때, 그들 유태인에게 공통되는 피의 인종 특징은 무엇일까. 여기에서 개별적인 것과 관련해 말하면 음의 구성, 악센트, 단어의 배치는 어떻게 되어 있을까.

그러나 과학이 일찍이 인정한 적이 없었던 것은, 종이라는 것은 뿌리를 내리는 식물과 움직일 수 있는 동물에서는 같지 않다는 것이고, 소우주적 생활 측면과 함께 일군의 특징이 새로 나타나고, 게다가 그것이 동물적 생물에 있어 결정적이라는 것이다. 또한 '인간'이라는 통일적인 인종의 내부에 있어서의 '인간종'이 전혀 다른 것이라는 사실을 모른다. 과학은 순응과 유전에 대해 논한다. 거기에서 혼 없는 피상적인 특징으로 이루어지는 인과적 연쇄에 의해 후자에서는 피의 표현이고, 전자에서는 피에 미치는 땅의 힘인 것을 파괴시킨다. 즉 볼 수도 없고 측정할 수도 없지만, 단지 눈으로, 눈에 의해 체험되고 느껴질 수 있는 비밀을 파괴시키는 것이다.
　과학자는 피상적인 특징의 등급과 관련해 한 번도 서로 일치한 적이 없다. 인종을 구분하는 데 있어 블루멘바흐는 두개골의 형태에 따르고, 프리드리히 뮐러는 완전히 독일적인 모발과 언어구조에 따르고, 토피나르는 순프랑스적으로 피부 색깔과 코의 형태에 따르고, 헉슬리는 순영국적으로, 이른바 스포츠적으로 이것을 행했다. 이 최후의 것은 의심할 나위도 없이 그 자체로서는 아주 유효한 것임에 틀림없다. 하지만 마필(馬匹)에 정통한 사람은 그에게 말할 것이다. 학술적 술어로는 종의 특성을 알아맞힐 수 없다고. 이들 인종의 인상서(人相書)는 어느 것이나 무가치한 것으로, 경찰이 그 이론적 인간 지식을 시험하는 데 사용하는 인상서와 똑같다.
　인체의 전체 표정 속에 있는 혼돈스런 것에 대해서는 누구나 알고 있는 그대로 조금도 생각된 일이 없다. 냄새는 예컨대 중국인에 있어서는 특징적인 인종 특징을 이루고 있지만, 이것은 제외하기로 하자. 소리도 이야기하거나 노래를 부르거나, 특히 웃을 때 느낌으로서 어떤 과학적 방법도 미치기 어려운 구별을 주지만, 이것도 제외하기로 하자. 눈에 미치는 영상의 소견은 당황할 정도로 풍부하며, 실제로 볼 수 있는 세부적인 면에서도 그러하고, 보다 깊은 안목과 식견, 이른바 느낄 수 있는 세부적인 면에서도 그러하다. 이것을 약간의 관점에 의해 총괄하는 것 따위는 전혀 생각할 수 없을 정도이다. 그리고 영상에 있어서의 이 모든 측면과 특징은 서로 독립해 있고 그 자체의 역사를 지니고 있다. 살 부분, 즉 얼굴 표정은 다르지 않은데 골격, 특히 두개골 모양이 완전히 변해 있는 경우가 있다. 같은 가족의 형제 자매는 블루멘바흐, 뮐러, 헉슬리에 의한 거의 모든 구별적 특징을 나타낼 수 있을 것이다. 그래도 그 살아 있는 인종의 표정은 어느 관찰자에게나 똑같다. 좀더 흔한 것은 살아 있는 표정이 철저하게 다름에도 불구하고 체격이 같은 경우이다. 나는 다만 프리슬란트인이나 브르타뉴인처럼 순수한 농민종과, 다른 순수한 도시종 사이에 있는 헤아릴 수 없는 차이를 상기시키는 데 그친다.[8] 그러나 몇 세기를 통해 언제나 같은 육체적 특징——'가족의 특징'——을 남기는 피의 에너지, 또 땅의 힘——'인간의 종'——에는 역시 저 밀접히 결합되어 있는 공동체의 동일 박자라는 수수께끼 같은 우주적 힘이 덧붙여져 있다. 임신부가 물체를 보고 놀랄 때에는 그 영향을 받는다고 하는데, 이것은 모든 종적인 것 속에 존재하는 가장 깊고 힘찬 형성 원리의 하나로서 거의 말하기에 부족하지 않은 한 예에 불과하다. 연로한 부부가 오랫동안 친밀한 동거생활을 한 뒤에는 놀랄 만큼 비슷해진다는 것은 누구나 이미 알고 있는 것으로, 계측적인 과학이 그 역(逆)을 '증명'하려 해도 소용없다. 이 살아 있는 박자의 형성력, 특유한 유형을 완성하려는 강한 내적 감정의 형성력은 아무리 높이 평가해도 부족하지 않을 정도이다. 인종미(人種美)에 대한 감정——이것은 지적이고 개인적인 특징에 대해 갖는 성숙된 도시인의 극히 의식적인 취미와는 반대이다——은 원시적인 인간에 있어서는 너무나 강해 전혀 의식에 떠오르지 않는다. 그러나 이런 감정이 인종을 형성하는 것이다. 의심할 나위 없이 이 감정이 유목민의 전사형(戰士型)과 영웅형을 점점 순수하게 육체적 이상 위에 남겼다. 바로 그렇기 때문에 노르만족 혹은 동고트족의 인종상에 대

---

8) 이것과 관련해서는 누군가가 완전히 농민적인 다수의 로마의 반신상, 초기 고딕 시대, 또 확실히 도시적이 된 르네상스의 초상, 나아가 그 이상으로 18세기 말 이후의 영국 귀족의 초상에 대해 관상가적인 연구를 해야 한다. 커다란 선조 화랑(畵廊)은 간과할 수 없는 재료를 포함하고 있다.

해 말하는 데 하나의 의의가 있었을 것이다. 그리고 이것은 어떤 옛 귀족의 경우에도 똑같다. 귀족은 강하고 또 깊이 자기를 통일로 느끼고 있기 때문에 부지불식간에 신체적 이상의 완성에 이른 것이다. 동배(同輩) 관계는 종(種)을 기른다. 프랑스의 노블레스(Noblesse, 귀족)와 프로이센의 란트아델(Landadel, 지주 귀족)은 순수한 인종적 명칭이다. 그러나 이것이야말로 커다란 인종 에너지를 지니는 유럽 유태인이라는 유형을 1천 년에 걸친 게토 생활 속에서 길러 낸 것이며, 또 하나의 주민을 그 주민이 운명에 직면해서 오랫동안 정신적으로 서로 단단히 결합하고 있는 한, 인종으로 단련해 낼 것이다. 인종 이상이 있는 곳, 그리고 이것은 최고도에서 모든 초기 문화의 경우이고, 베다, 호메로스, 슈타우펜의 기사 시대 등의 경우인데, 이때 이 이상을 마침내 실현시키는 것은 이 이상을 동경하는 지배 계급의 동경이고, 여성의 선택과 전혀 관계없이 그러려는 의지, 그 이외의 것이 되어서는 안 된다는 의지이다. 또 덧붙이지 않으면 안 되는 것은, 이 이상으로 주의가 기울여지지 않고 있는 숫자적인 고찰이다. 오늘날 살아 있는 인간은 각자 1300년경에는 이미 백만의 선조를 지니고 있고, 1000년경에는 10억의 선조를 지니고 있다. 이 사실은 현재 살아 있는 독일인은 모두 십자군 시대의 어떤 유럽인과도 예외없이 혈족이라는 것을 나타내고 있고, 또 이것이 지방의 범위를 좁게 취하면 취할수록 100배, 1000배의 밀접한 관계가 되어 가고, 어떤 땅의 주민은 거의 20대도 되지 않아 단 하나의 가족이 되고 만다는 것을 나타내고 있다. 그리고 이것은 완전히 무의식적으로 종의 의지를 실현하는 무수한 생식이 된다. 이것은 세대에서 세대로 돌고 있는 언덕, 종의 인간을 수없이 서로 몰아대고, 결혼을 해소하고 파괴하며, 모든 습속의 장애를 책략이나 폭력으로 극복하는 피의 선택의 요구와 마찬가지이다.

그것은 우선 첫째로 움직일 수 있는 것의 운동은 제외하고 식물적인 종의 특징, '위치의 관상학'이다. 즉 살아 있는 동물 체구와 죽은 동물 체구를 구별하지 않는 것이고, 또 응결한 부분 속에조차 표현되지 않으면 안 되는 것 모두이다. 의심할 나위도 없이 느티나무와 이탈리아 백양나무의 성장과 하나의 인간——'비대한', '마른'——의 성장 속에는 같은 것이 있다. 또한 마찬가지로 단봉 낙타의 등의 선과, 호랑이 또는 얼룩말 가죽의 줄무늬는 식물적인 종의 특징이다. 그에 속하고 있는 것은 또한 자연이 하나의 생물에 대해, 또 생물과 함께 행하는 운동의 작용이기도 하다. 바람에 흔들리는 약한 아이나 자작나무, 찢긴 꼭대기가 있는 떡갈나무, 바람 속을 불안한 듯이 날거나 혹은 조용히 도는 새는 종의 식물적 측면에 속한다. 그러나 이런 특징은 '식물화된' 동물종 또는 인간종의 내적 형식을 다루는 피와 땅의 싸움에서는 어떤 측면에 속하고 있을까. 그리고 혼, 습속, 가옥 등의 형태의 어느 정도가 이에 속하고 있을까.

 순수하게 동물적인 것의 인상을 보면, 곧 전혀 다른 상이 생긴다. 식물적인 현존재와 동물적인 각성존재의 구별을 상기해 보는 것이 좋다. 가장 중요한 것은 각성존재 자체와 그 언어가 아니라 여기에서 우주적인 것과 소우주적인 것이 하나의 자유롭게 움직이는 체구를 형성하고 있다는 것, 대우주와 관련된 소우주를 형성하고 있다는 것이다. 그 독립된 생활과 행동은 완전히 특유한 표현을 지니고 있다. 그러나 이 표현의 일부는 각성존재의 기관을 사용하고 있지만, 또 산호충의 경우처럼 대부분은 가동성(可動性)과 함께 재차 잃어버린다.

 식물의 종의 표현이 위치의 관상학으로 중요시되고 있다면, 동물적 표현은 운동의 관상학 속에 있다. 즉 움직이고 있는 형태 속에, 운동 자체 속에, 운동의 의미를 나타내고 있는 사지의 형태 속에 있다. 자고 있는 동물은 이 종적 표현을 그리 많이 나타내지 않는다. 죽은 동물(연구자는 그 각 부분을 학문적으로 탐구한다)은 좀더 적고, 유척추동물의 골격은 거의 아무것도 나타내지 않는다. 유척추동물에 있어서는 관절은 뼈보다 표현적이고, 따라서 사지는 늑골과 두개골과는 달리 표현의 진짜 소재지이고 ──다만 치열(齒列)만은 예외이다. 왜냐하면 그 구조상 동물의 영양의 성질을 나타내고 있기 때문이다. 하지만 식물의 영양은 단순한 자연 과정에 불과하다── 거기에서 곤충의 골격은 체구를 덮고 있기 때문에 단지 체구를 보유하고 있을 뿐인 새의 골격보다 표현적이다. 점점 강하게 종의 표현이 집중되고 있는 것은 특히 외배엽 기관이다. 즉 형태와 색깔을 보는 눈 자체가 아니라 시선이고 얼굴 표정이다. 이야기의 습관에 의해 이해의 표현을 담당하고 있는 것은 입이고, 일반적으로 두개골이 아니라 살만으로 조립된 선이 있는 '머리', 참으로 생활의 비식물적 측면의 자리가 되고 있는 두부이다. 무엇 때문에 한편으로는 난(蘭)이나 장미가 재배되고, 다른 한편으로는 말이나 개가 사육되는 것일까. 그리고 무엇 때문에 특히 하나의 어떤 종의 인간이 양육되는 것을 좋아하는 것일까를 숙고해 보라. 그러나 이 외관은 다시 한번 되풀이해 말하지만 눈에 보이는 모든 부분의 수학적 형태에서 생긴 것이 아니라 단지 움직임의 표현에서 온 것이다. 우리가 움직이지 않는 인간의 종적 표정을 한눈에 보고 이해한다면, 그것은 이미 손발 속에서 그 운동을 보고 있었던 눈의 경험에 바탕을 두고 있었기 때문이다. 들소, 송어, 검둥수리의 현실의 종적 외관은 윤곽과 크기의 계산에 의해서는 재현되지 않는다. 그리고 이것은, 종의 비밀이 혼을 통해서만 작품 속에 나타나고, 보이는 것의 모방을 통해서는 나타나지 않게 마련이지 않다면 결코 조형미술가에 대해 그토록 깊은 매력을 주지 못했을 것이다. 이 생명

제2장 도시와 민족 401

의 거대한 힘이 얼마나 두부와 턱에 집중되어 있는지, 또 이것이 붉은 빛을 띤 눈이나 짧게 줄어든 뿔이나, 독수리의 부리나 육식조의 옆얼굴 등에서 얼마나 말하고 있는지 보지 않으면 안 되고, 또 보고 느끼지 않으면 안 된다. 이것은 모두 언어로, 지적으로 전해지지 않는 것이고, 다만 예술 언어로만 타인에게 표현되는 것이다.

 그러나 이런 아주 뛰어난 동물종들의 특징에 의해 우리는 이미 종 개념에 접근한 것이다. 이 종 개념은 식물적인 것과 동물적인 것의 차별을 넘어 보다 정신적이고, 바로 그 때문에 과학적 방법이 훨씬 더 접근하기 어려운 차별을 인간이라는 유형의 내부에 만들어 내는 것이다. 골격이라는 조잡한 특징은 이미 결코 독립된 중요성을 지니지 못한다. 이미 레치우스(1860년 사망)는 인종과 두개 형성이 일치한다는 블루멘바흐의 신념을 종식시켰다. 요하네스 랑케는 자신의 결론을 요약해 이렇게 말했다. "전체로서 인류의 두개 형태는 여러 가지로 되어 있지만, 이것은 각 민족 사이에서도 마찬가지다. 아니, 그런 민족 가운데 보다 큰 공동체도 소규모로 그렇게 되어 있다. 즉 양 극단 사이에 세세하게 단계지워진 중간 형태가 존재하는 여러 가지 두개 형태의 집합이다." 물론 이상적인 기본 형태는 탐구될 것이다. 그러나 고백하지 않으면 안 되는데, 그것은 이상적이고, 게다가 그 계측 방법이 아무리 객관적이더라도 실제로 한계를 정하고 분류하는 것은 그 사람의 기호(嗜好)이다. 분류 원리를 발견하려는 모든 시도보다 훨씬 중대한 것은, 인간이라는 통일된 종의 내부에 이런 형태들이 모두 아주 이른 빙하시대부터 모두 생겨나고 있고, 두드러진 변화도 없이, 게다가 동일 가족에조차 무차별적으로 나타나고 있다는 사실이다. 과학의 단 하나의 확실한 결론은 랑케의 관찰이다. 이에 따르면 두개 형태의 순서를 좇아 계열적으로 배열할 경우에 나오는 약간의 평균 숫자는 '인종'의 특징이 아니라 완전히 땅의 특징이다.
　사실 한 인간의 머리의 종적 표현은 생각되는 어떤 두개 형태와도 일치하고 있다. 결정적인 것은 뼈가 아니라 살이며, 시선이고 얼굴 표정이다. 낭만주의 이래 인도·게르만 인종이 논해졌다. 그러나 아리아인 두개라는 것, 또 셈인 두개라는 것이 있을까. 켈트인 두개와 프랑크인 두개, 혹은 부르인 두개와 카페르인 두개가 구별될까. 만약 그런 구별이 없을 때에는 뼈 이외에 아무것도 남겨져 있지 않은 이 지상에서 아무 증거도 없으면 어떤 종적 역사가 행해지려 하는 것일까. 이런 것이 고도의 인간으로 종이라 명칭지어진 존재에 있어 얼마나 무관한 것인가는 대담한 실험에서 명백해질 수 있을 것이다. 즉 생각되는 한 종적으로 뚜렷하게 구별이 되는 인간을 뢴트겐 장치를 통해 관찰해 보라. 그 경우 지적으로 '인종'이라는 것을 눈으로 표시해 보라. 아주 어이없는 인상을 받을 것이다. 투사되자 곧 '인종'은 갑자기 완전히 소멸해 버릴 것이다.
　그리고 골격에 있는 특징적인 것은 수없이 강조해서 말했듯이 땅의 산물이지 피의 기능이 아니다. 엘리엇 스미스는 이집트에서, 폰 루샨은 크레타에서 석기시대부터 현대에 이르기까지 묘에서 나온 막대한 재료를 조사했다. 기원전 20세기경의 '바다 민족'에서 아라비아인과 터키인에 이르기까지 이들 지방은 끊임없이 새로운 인간의 흐름이 지나갔다. 그러나 평균 골격은 불변 상태 그대로였다. '인종'이라는 것은 땅이라는 튼튼한 골격 형태 위를 이른바 살로서 움직이고 있는 것이다. 알프스 지방에는 오늘날까지 다른 기원에서 이루어지는 게르만, 로만, 슬라브 등의 여러 민족이 살고 있다. 그리고 뒤를 돌아보기만 해도 언제든지 에트루리아인 및 훈족 같은 새로운 종족을 발견할 수 있다. 그러나 골격은 인간 형태로서 어디서나 언제든지 같아져 있고, 평원 지방으로 감에 따라 도처에서 다른 형태가 되지만, 그 형태도 또한 똑같이 확정되어 있다. 거기에서 네안데르탈인 두개에서 호모 아우리그나켄시스에 이르기까지의 유명한 전사적(前史的)인 뼈의 발견은 원시인의 인종과 인종 이동에 대해 조금도 증명하는 바가 없다. 그것이 나타내는 것은──영양의 방법과 관련해 두개 형태에서 얻어지는 약간의 결론을 제외하면──단지 오늘날에도 여전히 거기에서 발견되는 땅의 근본 형식뿐이다.

다윈주의 시대의 조잡하고 무엇이든 파악하려는 방법과 무관한 목표가 발견된다고 한다면, 그것은 어떤 살아 있는 것 속에서도 지적되는 토지의 똑같은 비밀스런 힘이다. 로마인은 포도나무를 남방에서 라인으로 가져왔다. 그리고 그 포도나무는 라인에서 확실히 눈으로 보기에는, 즉 식물학적으로는 변화하지 않았다. 그러나 '종'이라는 것은 이 경우에도 다른 방법으로 확정될 수 있는 것이다. 다만 남방의 포도주와 북방의 포도주 사이나, 라인 포도주와 모젤 포도주 사이뿐만 아니라, 각각 다른 산허리의 각각의 위치에서도 땅에 고착된 차이가 있다. 그리고 이것은 어떤 고급스런 과수종이나 차나 담배에도 해당되는 것이다. 이 냄새, 이것은 순수한 땅의 산물이고 측정할 수 없다. 바로 그렇기 때문에 점점 의미 깊은 진짜 종의 특징에 속한다. 그러나 고급 인간 종은 양질의 종의 포도주와 똑같이 정신적 방법에 의해 구별된다. 극히 섬세한 감정만이 맛볼 수 있는 같은 요소, 여러 가지 형태를 취한 희미한 냄새는 모든 고급 문화 밑에서 토스카나에서는 에트루리아인을 르네상스와 결합시키고, 티그리스에서는 3000년의 수메르인, 500년의 페르시아인 그리고 이슬람 시대의 다른 페르시아인을 결합시킨다.

이것은 모두 계측하고 저울로 재는 과학의 손길이 닿을 수 없는 것이다. 그것은 감정으로는 틀림없이 한눈에 알아볼 수 있도록 존재하고 있지만, 학자적 관찰에서는 존재하지 않는다. 이리하여 나는 결론에 도달했다. 그것은, 인종이란 시간과 운명과 마찬가지로 무엇인가이고, 모든 생명의 문제에서 결정적인 무엇인가라는 것이다. 그 무엇인가라는 것은 누구나 이것을 지성적인, 즉 혼을 뺀 해부와 분류로 이해하려고 시도하지 않는다면 명백하게 알고 있는 것이다. 인종, 시간, 운명은 하나의 것이다. 과학적인 사고가 이에 접근하면, 그 순간에는 시간이라는 말은 차원의 의미를 갖고, 운명이라는 말은 인과적 연쇄의 의미를 지닌다. 그런데 인종은——그렇게 되었을 때에도 우리는 그것에 대해 극히 확실한 감정을 지니고 있지만——아주 잡다하고 또 이질적인 특징으로 이루어지는 한없는 혼돈이다. 그리고 이 특징들은 토지, 시대, 문화, 종족에 따라 서로 어수선하게 파고들어간다. 그 약간의 특징은 아주 길게, 또 끈질기게 한 종족에 고착되어 계속 운반되고, 다른 약간의 특징은 구름의 그림자처럼 주민 위를 미끄러져 지나간다. 그리고 많은 특징은 토지의 혼처럼 누구나 그 땅에 머물고 있는 동안 붙잡는다. 약간의 특징은 서로 배척하고 다른 것을 서로 요구한다. 인종을 뚜렷이 구분하는 것은 모든 민속학의 야심이지만, 그것은 불가능하다. 단순한 그런 시도는 처음부터 종적인 것의 본질과 모순되어 있다. 그리고 어떤 생각될 수 있는 체계적 구상도 그것이 문제로 삼는 것을 불가피하게 변조하고 또 이것을 오인한다. 종은 언어와 달리 철두철미 비체계적이다. 결국 어떤 개인도, 또 그 존재의 어떤 순간도 그 자체의 종을 지니는 것이다. 거기에서 토템적 생활 측면에 접근하는 유일한 수단은 분류가 아니라 관상학적 박자이다.

10

　언어의 본질 속에 삼투하려고 하는 사람은 모든 학자적인 어구 탐색을 중단하고 사냥꾼이 그 개와 어떻게 이야기하는지 관찰하지 않으면 안 된다. 개는 손가락이 가리키는 방향으로 따라간다. 긴장해서 말의 울림을 잘 듣고, 그리고 머리를 흔든다. 개는 이런 종류의 인간어를 해독하지 못한다. 그리고 개는 약간 뛰어오르고, 자신의 이해를 보이려고 멈추어 서고, 그리고 짖는다. 이것이 개의 언어에 있어서의 어구이고, 그것은 주인의 의미가 먼저 이것이 아닐까 하는 의문을 품는 어구이다. 그리고 자신이 옳았다는 것을 알았을 때에는 이것 또한 개의 언어로 표현된 기쁨으로 이어진다. 단 한 마디의 말도 실제로 공통적으로 갖고 있지 못한 두 사람이 의사를 서로 소통하려 할 때에도 완전히 이대로이다. 시골 목사가 농촌 여성에게 무엇인가를 설명하려 할 때에는 그 여자를 가만히 응시하고, 그리고 여자가 교회풍의 표현법으로는 물론 이해하지 못할 것이라고 생각되는 것을 부지불식간에 모두 자기 몸짓으로 나타내려 한다. 오늘날의 언어는 모두 다른 종류의 이야기 방식과 결합해야 비로소 이해하는 데 도움을 줄 수 있다. 그것만으로는 결코, 또 어디서고 사용되지 않는다.

　그런데 개는 무엇인가를 바랄 때에는 꼬리를 흔든다. 주인이 이런 아주 분명하고 또 표현적인 언어를 알지 못할 정도로 우둔할 때에는 참지 못하고 음성어로 짖는다── 그리고 결국에는 몸짓 언어를──무엇인가를 해보인다──덧붙인다. 이쯤 되면 그 인간은 아직 이야기하는 것을 배우지 못한 어리석은 자이다. 마지막으로 아주 주목해야 할 일이 일어난다. 개는 그 주인의 여러 가지 말을 이해하려고 모든 짓을 다 했을 때 돌연 주인 앞에 앉는다. 그리고 개의 시선은 사람의 눈 속으로 돌진한다. 여기에서 극히 신비적인 일이 일어난다. '나'와 '너'가 서로 직접적으로 느끼는 것이다. '시선'이 각성존재의 제한으로부터 해방시킨다. 현존재가 아무 신호 없이 이해된다. 여기에서 개는 인간통이 되어 그 상대를 가만히 응시하고, 이리하여 이야기하는 것의 배후에서 이야기하는 것을 이해하는 것이다.

 이런 종류의 언어를 우리는 모두 오늘날에도 아직 그런 줄 모르고 말하고 있다. 아이는 처음 말을 배우기 훨씬 이전에 이미 말하고 있다. 그리고 어른은 그 일상의 어의(語義)를 조금도 생각하지 않고 아이와 이야기한다. 즉 여기에서는 발음 구성이 말과 전혀 다른 언어의 역할을 하고 있는 것이다. 이 말들에도 무리와 방언이 있다. 사람은 이 언어들을 배울 수 있고, 이에 숙달될 수 있으며, 이것을 오해할 수도 있다. 이 언어들은 우리에게 없어서는 안 되는 것으로, 우리가 음어(音語)와 몸짓 언어 없이 말만을 사용하려 할 때에는 이 말이 아무 쓸모도 없게 될 정도이다. 우리의 글자는 눈을 위한 말인데, 그것조차 구독법(句讀法)이라는 몸짓 언어가 없으면 전혀 알 수 없는 것이 될 것이다.

 언어학의 근본적인 오류는, 이론적으로는 아니더라도 모든 연구의 실제에서는 통례가 되어 있는 것으로 언어 일반과 인간의 말을 혼동하는 것이다. 그 때문에 동물과 인간 사이에 일반적으로 사용되고 있는 무수한 언어 종류에 대해 극단적으로 모르게 된다는 것이다. 언어 영역은 모든 연구자가 인정하는 것보다 훨씬 넓다. 그리고 말은 오늘날에도 아직 종속적인 처지를 면치 못하기 때문에 언어 영역 내에서 차지하는 위치가 아주 낮다. '인간 언어의 발생'에 대해 말하면, 이 문제의 제기 방식이 잘못되어 있다. 말――왜냐하면 그것은 이런 의미이기 때문이다――은 여기에 가정되어 있는 의미에서는 결코 발생하지 않았다. 말은 최초의 것도 아니고, 또 유일한 것도 아니다. 말이 인간의 역사 속에 어느 시기 이래 큰 의미를 얻은 것은 물론이지만, 그 큰 의미는 자유로이 움직이는 생물 일반의 역사에 있어서의 그 위치와 관련하여 현혹시키는 것이 있어서는 안 된다. 언어 탐구는 확실히 인간을 상대로 시작되어야 하는 것은 아니다.

그러나 '동물어의 시원'이라는 관념도 애매한 것이다. 이야기는 식물의 존재와 대립하는 동물의 살아 있는 존재와 아주 밀접히 결부되어 있기 때문에, 감관이 전혀 없는 단세포 생물조차도 언어가 없다고 도저히 생각할 수 없을 정도이다.

대우주 속에서 소우주라는 것과, 그것이 다른 것과 서로 전달할 수 있다는 것은 같은 것이다. 동물의 역사 속에서 언어의 기원에 대해 논하는 것은 아무 의미도 없다. 소우주적인 생물이 다수를 이루며 존재하고 있는 것은 아주 자명한 것이기 때문이다. 그 이외의 가능성을 고찰하는 것은 유희(遊戱)에 불과하다. 원시 발생과 최초의 양친에 대한 다윈주의적 공상은 '영원한 과거 사람들'의 취미에 맡겨 두면 된다. 그러나 자기 속에 언제나 '우리'라는 내적 감정을 생생히 지니고 있는 무리는 각성하고 있고, 또 서로 각성존재 관계를 얻으려 애쓰고 있다.

각성존재는 확대된 것 속에서의 활동이고, 게다가 의지적 활동이다. 각성존재는 소우주의 운동과 식물의 기계적 가능성을 구별하고, 그리고 동물이든 인간이든 그것이 식물, 즉 수면 상태에 있다면 그것의 기계적 가능성을 구별한다. 영양, 번식, 방어, 공격 등의 동물적 활동을 관찰해 보라. 그것의 일면은 단세포 생물의 분화하지 않은 지각이든 고도로 발달한 눈의 시각이든 감각에 의해 대우주와 접촉하는 것이다. 여기에 인상을 감수(感受)하려는 뚜렷한 의지가 있다. 이것을 정위(定位)라고 이름짓는다. 그러나 이것에는 처음부터 다른 인상 속에 인상을 생산하려는 의지가 가담한다. 그 다른 인상들은 유혹당하고 위협받고 구축되어야 한다. 이것을 표현이라 명명한다. 그리고 이 표현과 함께 이야기가 동물적 각성존재의 활동으로서 주어진다. 그리고 그 뒤에 근본적으로 새로운 것은 아무것도 덧붙여지지 않는다. 여러 고도 문명의 세계 언어는 단세포 생물의 의욕된 인상의 사실 속에서 이미 서로 겹쳐 포함되어 있는 가능성의 극히 미묘한 형성에 다름 아니다.

그러나 이 사실의 근저가 되고 있는 것은 불안이라는 원감정이다. 각성존재는 우주적인 것을 서로 분리시키고, 개별화된 것과 멀어진 것 사이에 공간을 넓힌다. 내가 단독이라고 느끼는 것은 나날의 각성의 첫인상이다. 여기에서 오는 것이 이 미지의 세계 속에서 서로 북적거리고, 타인의 접근을 감각적으로 확인하고, 타인과의 의식적 결합을 추구하려는 원시 충동이다. '너'는 고독한 존재의 불안으로부터의 구제이다. '너'의 발견은 '너'가 유기적인 혼으로서 미지 세계로부터 또 하나의 다른 자기로서 해방되는 것이며, 동물적인 존재의 초기 역사에 있어서의 커다란 순간이다. 그와 함께 동물이 있다. 물방울의 작은 세계를 현미경 밑에서 오랫동안 주의 깊게 관찰하기만 해도 '너'의 발견, 또 이와 함께 '나'의 발견이 생각될 수 있는 한 단순한 형태로 여기에서 이미 행해지고 있었다는 것을 확신하기에 충분하다. 이 작은 생물들은 다른 사물뿐만 아니라 다른 존재도 알고 있고, 각성존재뿐만 아니라 각성존재 관계도 지니고, 그리고 그와 함께 표현뿐만 아니라 하나의 표현어의 요소도 지니고 있다.

여기에서 우리는 두 개의 커다란 언어군의 구별을 상기하자. 표현어는 타인을 보는 자로 간주하고 이에 미친 인상만을 추구하고, 전달어는 타인을 이야기 상대로 보고 대답을 기대한다. 이해한다는 것은 인상을 자기 특유의 의미 감정을 가지고 받아들이는 것이다. 이것에 바탕을 두고 있는 것이 최고의 인간적 표현어,

즉 예술⁹⁾의 작용이다. 서로 이해하고 대화한다는 것은 타인 속에 동일한 의미 감정을 가정하는 것이다. 보는 자 앞에 있는 표현어의 요소를 동기라 이름짓는다. 동기를 지배하는 것은 모든 표현 예술의 기초이다. 다른 한편으로 의사소통을 목적으로 만들어진 인상은 기호라 불리고, 모든 전달 예술의 요소를 이루는 것이다.

인간의 각성존재에 있어서의 두 언어계의 범위에 대해서는 오늘날 거의 생각되고 있지 않다. 가장 초기 시대에 터부의 완전히 종교적인 진지함으로 어디에나 나타나고 있는 표현어는 엄숙하고 엄격한 장식(이것은 원래 예술의 개념과 단순히 일치하고, 그리고 모든 응결된 사물을 표현용으로 쓰게 하고 있다)뿐만 아니라 장중한 의식¹⁰⁾(이것은 그 형식으로 공적 생활의 모든 것을 포함하고, 또 게다가 가족 생활조차 포함하고 있다)이기도 하고, 통일적 의미를 지니는 '외장(外裝) 언어'(즉 의복, 문신, 장신구의 언어)이기도 하다. 19세기의 연구자는 의복의 기원을 수치 감정에서, 혹은 실용면에서 찾으려고 쓸데없는 노력을 기울이고 있었다. 의복은 표현어의 수단으로 해석해야 비로소 알 수 있게 된다. 그리고 모든 고도 문명에서는 아주 대규모적이고, 오늘날에도 아직 그러하다. 이것은 단지 공적 생활과 공적 활동의 모든 것을 지배하고 있는 유행을 생각하면 충분하다. 모든 중요한 식이나 축전에서의 규제 복장, 사교계 의복의 색채, 혼례의 장속

---

9) 예술은 동물 사이에서는 완성되어 있다. 유충을 통해 아는 한에서는 그것은 리듬적 운동('춤')과 음성 형성('노래')이다. 그러나 동물 자신에 미치는 예술적 인상은 이것만으로 결코 만들어져 있는 것은 아니다.

10) 〈누가복음〉 10장 4절에서 예수는 짝지어 보내는 70명의 제자에게 말한다. "그리고 누구와 인사하느라고 가던 길을 멈추지도 말라"고. 집 밖에서의 인사의 의식이 아주 어마어마해, 길을 서두르는 사람은 이것을 그만두지 않으면 안 될 정도였다.

(裝束), 상복, 군인의 제복, 승려의 정복을 생각하면 충분하다. 민중의 의장(衣裝), 꽃말, 색, 보석 등의 세세한 것은 말할 것도 없고, 훈장이나 휘장, 법모(法帽)나 삭발한 머리, 가발이나 지팡이, 백분(白粉), 반지, 조발(調髮)을 생각해 보라. 의미 있는 숨기는 물건이나 자랑스럽게 내보이는 물건을 생각해 보라. 중국 관리이나 원로원 의원, 오달리스크(여자 노예)나 여승의 복장을 생각해 보라. 네로, 살라딘, 몬테주마 등의 궁정복을 생각해 보라. 종교의 언어에 대해서는 말할 필요도 없다. 이 모든 것은 종교이기 때문이다. 전달어에는 일반적으로 생각되는 감각 방법의 어느 것도 간여하고 있지 않은 것이 없다. 이 전달어는 고도 문화의 인간에 대해 형상, 음성, 몸짓이라는 세 가지의 유력한 기호를 발전시켰다. 그것들은 서양 문명의 사자어(寫字語)에서 문자, 말, 구두점으로 이루어지는 통일로 정리되었다.

이 긴 발전의 경과 속에서 마침내 언어가 이야기에서 분리되게 되었다. 언어사에서 이보다 큰 의미가 있는 사건은 없다. 원래 모든 동기와 신호는 순간에서 태어나는 것이고, 그리고 각성존재 개개의 행위를 위해서만 결정되었다는 것은 의심할 나위도 없다. 그것의 실제의 의미, 느껴진, 따라서 또한 욕구된 의미는 동일하다. 신호는 운동이고 움직여진 것이 아니다. 그러나 확정된 신호의 현재고(現在高)가 '신호를 한다'는 살아 있는 행위의 뜻을 맞이하면, 금세 그것은 다른 것이 된다. 활동이 자기의 수단에서 떨어져 나갈 뿐만 아니라, 수단도 자기의 의미에서 떨어져 나간다. 양자의 통일은 자명해지지 않게 될 뿐만 아니라 불가능해질 것이다. 의미의 감정은 살아 있는 것이다. 그리고 시간과 운명과 관계하고 있는 모든 것과 마찬가지로 일회적이고 결코 돌아오지 않는다. 신호라는 것은 설사 아무리 숙지되고 관용(慣用)되었다 해도 정확히 같은 의미로 되풀이되지 않는다. 거기에서 어떤 신호도 결코 정확히 동일한 형태를 취해 돌아온 일이 없었다. 응결된 신호 영역은 무조건으로 '이루어진 것'이고 순수하게 확대된 것이며, 유기체가 아니라 체계이다. 이 체계는 자기 특유의 인과적 논리를 지니고, 두 개의 산물의 각성존재 결합 속에조차 공간과 시간, 지성과 피라는 일치하기 어려운 대립을 가지고 들어온다.

 이 겉으로만 확정되어 있는 의미를 지니는 신호와 동기의 확고한 어휘는, 사람이 그가 속하는 각성존재의 공동체에 참여하려 할 때에는 학습되고 연습되지 않으면 안 된다. 이야기에서 분리된 언어에는 불가피하게 학교라는 개념이 속한다. 그것은 고등동물 사이에서는 완전히 완성되어 있다. 그리고 어떤 완성되어 있는 종교도, 어떤 예술도, 어떤 사회도 사람이 실제로 신앙자이고 예술가이며, 혹은 교육받은 인간이라는 것에 대한 전제이다. 이 점에서 공동체에도 엄밀한 한계가 있다. 사람은 그 일원이 되기 위해서는 그 언어, 즉 그 신앙 조목, 풍속, 규칙을 알지 않으면 안 된다. 감정과 선의(善意)는 대립법에서도 카톨릭에서도 마찬가지로 축복이 되지 않는다. 문화는 모든 분야에 있어서의 형태어의 깊이와 엄격함의 전대미문의 강화를 의미한다. 거기에서 문화는 이 문화에 속하는 각 개인에게 그 개인적——종교적, 윤리적, 사회적, 예술적——문화로서 이 생활을 위한 전 생애를 보충하는 교육과 훈육에 존재한다. 거기에서 모든 대예술에 있어서, 큰 교회와 비교(秘敎)와 종단에 있어서, 상류계급의 높은 사회에 있어서 형태 지배의 숙련이 도달된다. 이것은 인류의 경이이고, 그 요구의 정점에서 마침내 파쇄(破碎)하는 것이다. 이것을 표현하는 말은 입 밖에 내든 내지 않든 모든 문화에서 '자연으로 돌아가라'이다. 이 숙련은 말에서도 확대되어 간다. 그리스 참주정치 시대나 트루바두르 시대의 상류사회와 나란히, 또 바흐의 푸가곡이나 엑세키아스의 병 그림과 나란히 아티카의 연설 및 프랑스의 회화(會話) 예술이 있다. 이 두 가지 모두 다른 모든 예술과 마찬가지로 엄중하고도 서서히 만들어진 전통을 전제로 하고 있고, 개인에 있어서는 장기간에 걸친 요구 많은 연습을 전제로 하는 것이다.

형이상학적으로 말하면 응결된 언어의 이 분리의 의미는 아무리 높이 평가되어도 부족하지 않을 정도이다. 견실한 형태에 의한 일상 교통의 습관, 그리고 그런 형태, 이것은 형성되고 있음에도 불구하고 아직 느껴지지 않지만, 그러나 단지 거기에 존재하고 있는 것이며, 이제 참된 의미에서 이해되지 않으면 안 되는 것이다. 형태에 의해 전 각성존재를 지배하는 것, 이것이 각성존재 내부에서 점점 날카롭게 이해와 감정이 멀어지게 하는 것이다. 시원적인 이야기는 이해되면서 느껴진다. 언어의 사용에서는 알려진 언어 수단을 느끼는 것이 요구되고, 다음으로 이 경우에 이 언어 수단에 부가된 의도를 이해하는 것이 요구된다. 그래서 모든 학교 교육의 핵심은 지식의 획득에 있다. 어떤 교회도 공공연히 또 분명히 그 구제 수단에 동반되는 것은 감정이 아니라 지식이라고 말하고 있다. 어떤 순수한 예술도(藝術道)도 형태에 대한 확실한 지식에 바탕을 두고 있는데, 이 형태는 개인이 발명해야 하는 것이 아니라 배우지 않으면 안 되는 것이다. '지성'이란 생물로서 생각된 지식이다. 그것은 피, 인종, 시간과 전연 무관한 것이다. 응결된 언어와 흐르고 있는 피의 대립, 또 이루어지는 역사와의 대립에서 생기는 것은 절대, 영원, 보편, 타당 등의 부정적인 이상이다──이것이 교회와 학교의 이상이다.

그러나 그것에서 나오는 것은 결국 모든 언어의 불완전함이고, 또 그것이 이야기하는 것과, 이야기하려 하거나 이야기하지 않으면 안 되었던 것 사이에 언제나 생기는 모순이다. 허언(虛言)이 세상에 나온 것은 언어가 이야기하는 데서 갈라졌기 때문이라 해도 좋을 것이다. 기호는 불변이다. 의미는 그렇지 않다. 사람은 처음에는 이것을 느끼지만, 다음에 그것을 알고, 마지막으로 이것을 이용한다. 사람이 무엇인가를 말하려고 해도 말이 '말하는 것을 듣지 않'거나 잘못 입 밖에 나오고, 그리고 실제로 생각했던 것과 다른 것을 말하거나, 올바로 이야기하고 있는데 잘못 이해되거나 하는 것은 예로부터 있는 오랜 경험이다. 마지막으로 '생각을 숨기기 위해 말을 사용한다'는 수법, 이것은 예컨대 고양이 같은 동물 사이에도 퍼져 있는 수법인데, 이것이 생겨난다. 사람은 모든 것을 말하지 않고, 무엇인가 전혀 다른 것을 말하고, 내용이 전혀 없는 것을 형식적으로 말하며, 전혀 말하지 않았던 것을 감격적으로 말하거나 혹은 타인의 말을 흉내낸다. 등이 붉은 백설조(Lanius collurio)는 우는 작은 새를 꾀어내기 위해 그 새의 노래를 모방한다. 이것은 어디에나 퍼져 있는 사냥꾼의 책략이지만, 그러나 이 책략은 고정된 동기와 신호를 전제로 하고 있으므로 고미술 양식의 모방이나 서명의 위조와 똑같다. 그리고 태도와 얼굴 표정 및 필적과 말주변 속에 있는 모든 이런 특징은 어떤 종교, 어떤 예술, 어떤 사회의 언어 속에도 다시 나타나고 있다. 생각해 보면 알 수 있다. 위선자라든가 올바른 신자라든가 이교 신자의 개념, 영어로 말하는 cant(위선적인 빈말), 외교관이라든가 예수회 수도사라든가 배우 등과 같은 말의 뒤에 있는 의미, 세련된 교제 사회의 가면과 빈틈없음, 또 현대의 회화, 이것을 생각하면 곧 알 수 있다. 그런 것 속에는 이미 순수한 것이 없다. 어떤 전람회에서도 생각할 수 있는 한의 허위의 형태가 눈앞에 표현되어 있는 것을 떠올리기만 하면 그것으로 족하다.

  더듬거리는 사람은 외교관이 될 수 없다. 하지만 언어에 정통해 있다는 것에는 수단과 의미의 관계를 새로운 수단으로 삼아 버릴 위험이 있다. 표현을 농락하는 지적 기교가 생긴다. 알렉산드리아파와 낭만파는 그에 속하고 있다. 서정시에선 테오크리토스와 브렌타노, 음악에선 레거, 종교에선 키에르케고르이다.

마지막으로 언어와 진리가 서로 배척한다.[11] 그러나 바로 그렇기 때문에 응결된 언어의 시대에는 인간통이라는 유형이 만연한다. 이것은 모두 종(種)이고, 이야기하는 생물을 어떻게 취급해야 하는지 알고 있다. 사람 눈 속을 날카롭게 주시하는 일이라든가, 통속 연설이나 철학 논문의 언어의 배후에서 발언자를 알아차리고, 기도의 배후에서 마음을 알아차리고, 게다가 즉석에서 직접적으로 모든 우주적인 것의 자명함으로 알아차리는 일 등은 적어도 하나의 언어를 믿는 순수한 터부 인간에게는 없는 것이다. 외교가인 동시에 승려인 인간은 순수한 승려일 수 없다. 칸트와 같은 종류의 윤리학자는 결코 인간통이 아니다.

말로 허언을 내뱉는 자는 스스로 깨닫지 못하는 사이에 몸짓으로 그 사실을 폭로한다. 몸짓으로 겉을 꾸미는 자의 본심은 말투에 나타난다. 응결된 언어는 수단과 의향을 분리시키기 때문에 식자의 눈을 결코 속일 수가 없다. 식자는 그 눈빛으로 뒤쪽을 꿰뚫어 본다. 그리고 사람의 거동이라든가 필적을 척 보기만 해도 곧 그 사람을 이해한다. 정신적 공동체가 좀더 깊고 긴밀해질수록 그 때문에 기호를 버리고 각성존재에 의한 결합을 버린다. 참된 우정은 침묵할 뿐이다. 또 언어를 넘어선 아주 순수한 해조 (諧調)의 상징은 저녁때 집 앞에 앉아 침묵한 채 서로 이야기하

---

11) "어떤 형태에도, 가장 잘 느껴진 것에조차도 진실이 아닌 것이 있다" (괴테). 체계적 철학에서는 사상가의 의향은 쓰여진 말과도 일치하지 않고, 또 독자의 이해와도 일치하지 않는다. 왜냐하면 그것은 기술(記述)이 진행되는 도중에 저절로 말의 의미로 생각해 가는 사고이기 때문이다.

는 늙은 농사꾼 부부이다. 서로 그 상대가 생각하거나 또 느끼는 것을 알고 있다. 말은 이 화합을 교란시킬 뿐일 것이다. 이 상호이해에서 무엇인가가 나오고, 고등동물계의 공동 생활을 멀리 초월해 모두 자유로이 움직이는 생활의 원시 역사 속에 깊이 이르고 있다. 여기에야말로 각성존재로부터의 해방이 순간마다 거의 도달되고 있는 것이다.

11

　모든 응결된 기호 가운데 오늘날의 상태에서 '말'이라 이름붙여져 있는 것 이상으로 중대한 결과를 내포하고 있는 것은 없다. 그것은 물론 순수한 인간의 언어사에 속해 있다. 그러나 보통 생각되고 취급되고 있는 그런 '말의 기원'이라는 이념은 모두 이것과 관련되어 있는 추론도 포함하여 언어 일반의 출발점에 대한 관념과 마찬가지로 무의미하다. 언어 일반은 소우주의 본질과 함께 생기고 그 본질 속에 포함되어 있기 때문에, 기원이라고 생각해도 좋은 기원이 없다. 말은 이미 처음부터 극히 완전한 다수의 전달어를 전제로 하고 있고, 또 그 전달어의 조용히 발전한 형태 속에서 단 하나의 요소의 위치를 차지하고 있는 데 불과하므로 (이 한 요소는 아주 서서히 우위를 차지하고 있기는 하지만), 역시 기원이 없는 것이다. 분트와 예스페르센[12]과 같이 완전히 정반대이긴 하지만, 그 이론들에는 오류가 있다. 그것은 말에 의한 이야기를 전혀 새롭고 그것만으로 독립해 있는 것처럼 탐구하기 때문이다. 이것이 필연적으로 완전히 잘못된 심리학을 이끌어 오

---

12) 예스페르센은 언어의 유래를 시가(詩歌)와 춤에서 찾고, 특히 구애(求愛)에서 찾고 있다.

는 것이다. 그러나 말에 의한 이야기는 아주 후기의 것이고 갈라져 나온 것이며, 음성어의 줄기에 핀 최후의 꽃으로, 요컨대 어린애가 아니다.

순수한 말이란 현실에는 결코 존재하지 않는다. 누구나 응결된 어휘 외에 강세, 가락, 표정 등과 같은 전혀 다른 이야기 방식을 사용하지 않으면 이야기할 수 없다. 그런데 이 다른 이야기 방식 쪽이 말보다 훨씬 본원적이고, 말을 사용할 때에는 이것과 완전히 결합하고 있는 것이다. 특히 주목하지 않으면 안 되는 것은, 현재의 말은 그 구조가 극도로 복잡해져 있기 때문에 이것을 통일적인 역사가 있는 내적인 단위로 간주하지 않도록 하는 것이다. 우리가 알고 있는 말은 어느 것이나 아주 다양한 측면을 지니고 있고, 그 측면은 전 역사의 내부에서 특유한 운명을 지니고 있다. 말의 사용의 역사에 대해 전혀 무관했으리라 생각되는 그런 감각은 없다. 성음어(聲音語)와 말은 극히 엄밀히 구별되지 않으면 안 된다. 전자는 극히 단순한 동물종에조차 알려져 있는 것이지만, 후자는 단지 개개의 특징에 있어, 그러나 개개인만큼 점점 중요한 특징에 있어 근본적으로 다른 것이다. 게다가 모든 동물의 성음어에서도 표현 동기(교미욕의 외침)와 전달 신호(경계의 외침)가 분명히 구별될 수 있다. 그리고 이것이 가장 초기의 말에도 해당되는 것이 확실하다. 그런데 말은 표현어로서 살아 있는 것인가, 아니면 전달어로서 살아 있는 것인가. 말은 아주 초기 상태에서는 눈에 대한 무엇인가의 언어(회화, 몸짓)에서 비교적 독립해 있었던 것일까. 이런 질문에 대해서는 답이 조금도 없다. 왜냐하면 우리는 참된 의미에서 말하는 '말'의 전(前) 형태에 대해 조금도 아는 바가 없기 때문이다. 그 연구가 오늘날 원시 언어라 불리는 것, 즉 극히 후기의 언어 상태의 불완전한 형성물에 불과한 것을 말의 기원에 대한 결론에 이용한다면 정말 순진한 것이다. 말은 그런 언어 상태에서 일찍부터 확립되고 충분히 발달한 자명한 수단이다. 그러나 그렇기 때문에 '기원'에는 적용되지 않는 것이다.

　미래의 언어를 일반적인 동물적 성음어에서 분리시킬 수 있는 기호를 우리는 이름이라 명명하고, 이것을 성음 형상이라 해석한다. 이 성음 형상은 주위 세계에서 생물로 느껴진 어떤 것(이것은 이름을 붙임으로써 numen〔신령〕이 된 것이다)을 표현하는 데 도움을 준다. 이런 최초의 이름이 어떻게 해서 나왔는지 고찰하는 것은 쓸데없는 짓이다. 우리 손이 닿을 수 있는 한, 어떤 인간 언어도 이에 대해 아주 약간의 지지점(支持點)도 주고 있지 않다. 내가 근대의 연구와 거꾸로 결정적인 것으로 보는 것은 인후의 변화라든가, 성음 형성의 특수한 방법이라든가, 그 밖의 생리적인 것——그런 것은 설사 일어났다 해도 실제로는 종적 특징이다——이 아닌, 예컨대 말에서 문장으로의 추이(헤르만 파울)[13]와 같은 현존하고 있는 수단의 표현 능력의 강화가 아니라 혼의 깊은 변화이다. 즉 이름과 함께 세계를 보는 새로운 안계(眼界)가 열린 것이다. 이야기 일반이 불안에서 태어났다고 한다면(이 외포〔畏怖〕는 모든 생물이 서로 쫓는 것을 보려 하고, 다른 것의 접근이 인상에 의해 증명되는 것을 보려 하는 것이다), 이 이름에 의해 커다란 비약이 나타난다. 이름에 의해 각성존재의 의의와 불안의 원천이 똑같이 촉지(觸知)된다. 세계는 단지 거기에 존재하고 있는 것이 아니다. 세계 속에서 비밀이 느껴지는 것이다. 사람은 표현어와 전달어의 목적을 넘어 수수께끼인 것에 이름을

---

13) 문장과 같은 성음 구성은 개도 알고 있다. 호주산 딩고는 가축 동물에서 야생 동물로 돌아가면 그 짖는 소리도 이리의 그것으로 돌아가는데, 그것은 아주 단순한 성음 신호로의 추이로 해석되어야 한다. 그러나 그것은 '말'과는 아무 관계도 없는 것이다.

붙인다. 동물은 수수께끼를 모른다. 최초의 명명이 얼마나 장중하고 또 외경적이었던지 상상도 할 수 없다. 이름은 언제나 입 밖에 내어서는 안 된다. 그것은 비밀로 해두어야 하는 것이다. 이름 속에는 위험한 힘이 숨어 있다. 이름과 함께 동물의 일상 생활의 물리학에서 인간의 형이상학으로 나아가는 길이 완성되었다. 이것은 인간적인 혼의 역사에 있어서 최대의 전기(轉機)였다. 인식론은 언어와 사고를 언제나 나란히 두고 있다. 이것은 오늘날에도 여전히 연구되는 언어만을 고려하면 올바르다. 그러나 나는 그보다 더 깊이 파악할 수 있다고 믿고 있다. 요컨대 언어와 함께 명확한 참된 종교가 형태 없는 단순한 종교적인 외포 내에 생겼다. 이런 의미에서 말하는 종교는 종교적 사고를 가리킨다. 그것은 감각에서 해방된 창조적 이해의 새로운 조립이다. 아주 두드러진 표현법으로 우리는 "무엇인가에 대해 깊이 생각한다"고 말한다. 명명된 사물을 이해하는 데 따라서 모든 감각적 생물 위에 하나의 좀더 높은 세계가 형성되기 시작한다. 좀더 높다는 것은 분명한 상징적 의의에 있어서나, 또 두부의 위치에 대해서도 말할 수 있다. 인간은 이 두부를 자기 사상의 고향으로서 종종 고통스러울 정도로 뚜렷이 인식하고 있다. 이보다 높은 세계는 불안의 원감정에 해방으로의 목표와 시야를 준다. 모든 후기 시대의 철학적, 학구적, 과학적 사고는 그 최후의 근거에 이르기까지 이 종교적 원사고에 의존하고 있다.

  우리는 그 최초의 이름을 고도로 발달한 성음어와 몸짓 언어의 신호재(信號財) 속에서 완전히 고립된 요소로 생각하지 않으면 안 된다(우리는 이들 성음어와 몸짓 언어의 풍부함과 그 표현 능력에 대해서도 이미 조금도 생각하지 않게 되어 있다. 그것은 말이 모든 다른 수단을 자기의 부속적인 것으로 삼고, 그리고 그것들의 발달을 자기에게만 관련시켰기 때문이다).[14] 그러나 전달 기술의 변화와 이지화(理智化)가 이름과 함께 시작되었을 때, 하나의 것이 이미 확보된 것이다. 즉 다른 감각에 대한 눈의 지배이다. 인간은 이 빛의 세계 속에서 각성하고 있었다. 그의 깊이의 체험은 광원(光源)과 빛의 저항으로 '보는 것'을 향하는 것이었다. 인간은 그 '나'를 빛 속의 중심으로 느꼈다. 볼 수 있는가 없는가라는 양자택일이 최초의 이름이 생기게 한 이해를 완전히 지배하고 있다. 최초의 Numina는 사람이 느끼고 듣고 그 작용을 관찰하기는 했지만, 그럼에도 불구하고 보지 못한 빛의 세계의 사물이 아니었을까. 이름의 무리는 세계 사상(事象)에서 기원을 만드는 모든 것과 마찬가지로 의심할 나위도 없이 아주 급속하고 강력한 발전을 이루었다. 각각의 사물은 모든 빛의 세계 속에서 공간에 있어서의 위치와 영속이라는 특성을 지니고 있다. 이 모든 빛의 세계는 원인과 결과, 사물과 특성, 사물과 나 사이에 있는 모든 긴장으로 곧 무수한 이름으로 불리게 되고, 그리고 그 때문에 기억 속에 단단히 묶였다. 왜냐하면 오늘날 우리가 기억이라 부르는 것은 이해를 위해 만들어진 이름을 보존하는 능력을 가리키기 때문이다. 이해된 가시(可視) 사물의 영역 위에서 이름을 붙인다는 좀더 지적인 영역이 생기는 것이다. 이 영역은 전자의 영역과 함께 논리적 특성――순수하게 확대적이고 극성적으로 배열되며, 그리고 인과율에 의해 지배된다는 논리적 특성을 나누어 지닌다.

---

14) 오늘날의 몸짓 언어는 모든 언어를 전제로 하고 완전히 그 사고적인 체계에 의존하고 있다. 거기에서 예를 들어 배우의 표정 따위가 그렇고, 혹은 종족마다 개개의 언어가 아주 다르고 또 변화하고 있는 것이다. 서로 이해하기 위해 북미 인디언이 만들어 낸 몸짓 언어 따위도 그렇다. 이 언어를 사용해 다음과 같은 복잡한 글을 표현할 수 있다. "지위가 높긴 하지만 지성이 부족한 장교가 지휘하는 백인 병사들이 메스칼레로 인디언을 포로로 잡았다"(분트).

모든——훨씬 뒤에 생긴——격(格), 대명사, 전치사 같은 단어 구성에는 명명된 여러 단위에 대해 인과적 혹은 국부적인 의의가 있다. 형용사, 그리고 동사조차도 대립의 쌍을 이루며 생겨났다. 그것은 베스터만이 연구한 서아프리카의 에베어에 있듯이 처음에는 종종 같은 말이 높게 혹은 낮게 발음되며, 그리고 예컨대 대소, 원근, 수동·능동 등이 표현된다. 뒤에는 이 몸짓 언어의 잔재가 그리스어의 μακρός나 μικρός나 이집트어에서 고통을 말하는 명칭에 있는 U음 등에서 여전히 뚜렷이 발견되듯이 완전히 어형(語形) 속에 나타난다. 그것은 대립에 의한 사고의 형식이고, 이 형식은 대립적인 대어(對語)에서 나오며, 모든 무기적 논리의 기초를 만들고, 그리고 진리에 대한 과학적 발견을 개념적 대립으로 이루어지는 운동으로 삼는다. 이런 대립 속에서 옛 견해를 오류로 보고 새로운 견해를 진리로 보는 대립이 항상 압도적이다.

두번째의 커다란 전기가 생긴 것은 문법의 발생 때문이다. 이름에 대해 문장이, 말의 기호에 대해 말의 결합이 나타났기 때문에, 성찰(省察)——말에 의한 명칭으로 표현되는 무엇인가가 지각된 뒤에는 말의 관계에 의한 사고——이 인간적 각성존재의 특징에서 확정적인 것이 된다. 순수한 이름이 나오기 전에 전달어가 이미 실제의 '문장'을 포함하고 있었는지 어땠는지 묻는 것은 소용없는 일이다. 오늘날 말하는 의미에서의 문장은 그 자체 시대와 함께 그 자체의 조건에서 이런 언어 속에서 발달한 것이기는 하지만 이름의 존재를 전제로 하고 있다. 지적 전기(轉機)는 이름의 출생과 함께 나타났기 때문에, 이 지적 전기야말로 사상적 관계로서의 문장을 가능하게 만드는 것이다. 게다가 우리가 승인하지 않으면 안 되는 것은, 아주 발달한 말이 없는 언어에서는 끊임없이 사용하고 있는 동안에 하나의 특징이 점차 말의 형태로 변하고, 그 때문에 모든 오늘날의 언어의 원형식인, 점점 더 확정된 구성에 통합되었다는 것이다. 그러므로 모든 말의 내적 구조는 아주 낡은 조립에 바탕을 두고 있으므로, 그 발달은 어휘와 그 운명에 의존하지 않는 것이다. 그 반대가 실제이다.

왜냐하면 문장 구성이 이루어지면 원래 개개 이름의 무리는 단어로 이루어지는 한 체계로 바뀌는데, 그 단어의 특성이 이미 고유한 의미에 의해 정해지지 않고 그 문법적 의미에 의해 정해지기 때문이다. 이름은 무엇인가 새로운 것으로서 완전히 독자적으로 나타난다. 그러나 품사는 글의 요소로서 생긴다. 그런데 각성 존재 내용이 압도적인 대군을 이루어 흘러 들어와 단어로 이루어지는 이 세계 속에서 표시되고 대표되길 바라므로, 마침내는 '모든 것'이 무엇인가의 형태를 취해 성찰을 위해 말이 된다.

이때부터 문장은 결정적인 것이 된다. 우리가 이야기하는 것은 문장으로 하는 것이지 낱말로 하는 것이 아니다. 이 두 가지를 정의하는 것이 끊임없이 자주 기도되었지만 결코 성공하지 못했다. F. N. 핑크에 의하면 단어 형성은 정신의 분석적 활동이고 문장 형성은 종합적 활동이며, 게다가 전자가 후자에 선행한다. 현실로 느껴진 것이 아주 다르게 이해되는 것은 분명하다. 거기에서 단어는 아주 다른 관점에서 한정될 수 있다. 그러나 통례의 정의에 따르면 문장은 사상의 언어적 표현이고, H. 파울에 따르면 발언자의 혼 속에 있는 많은 표상의 결합에 대한 상징이다. 이런 정의는 모두 서로 모순되고 있다. 문장의 본질을 내용에서 발견해 내는 것이 전혀 불가능하다고 생각된다. 사실은 단지 언어 사용에서 비교적 가장 큰 기계적 단위를 문장이라 이름붙이고, 비교적 가장 작은 것을 단어라 이름붙인다는 것이다. 문법적 규칙은 이 범위에 걸쳐 적용되고 있다. 연속하는 이야기는 이미 기계적이 아니며 법칙에 따르지 않고 박자에 따른다. 거기에서 인종 특징은 이미 전달되어야 할 것이 문장 속에 포함되어 있다는 방식 속에 존재하고 있는 것이다. 문장은 타키투스와 나폴레옹에 있는 것과, 키케로와 니체에 있는 것이 같지 않다. 영국인이 재료를 문장법으로 분류하는 방식은 독일인과 다르다. 원시적, 그리스·로마적, 중국적, 서양적 등의 언어 공동체에서 글 단위의 전형적 구분을 정하고, 그와 함께 문장과 단어의 기계적 관계를 정하는 것은 표상과 사상이 아니라 생각하는 것, 생활 방법, 피이다. 문법과 문장론의 경계는 언어의 기계적인 것이 끝나고 이야기의 유기적인 것이 시작되는 데 두어져야 했다. 즉 한 인간의 말씨, 풍습, 자기를 표현하는 방식의 관상학이다. 또 하나의 경계는 단어의 기계적 구조가 성음 구성과 발음의 유기적 요소로 옮아가는 데 존재하고 있다. 영어의 th 발음——이것은 땅의 종적 특징이다——을 들으면 역시 이주자의 자식이라는 것을 종종 알 수 있다. 다만 이 두 가지의 경계 사이에 있는 것이 '언어'로, 이것은 체계를 지닌 기술적 수단이며, 바로 그 때문에 발명되고 개량되고 변화되고 끝까지 사용되는 것이다. 발음과 표정은 인종에 부착되어 있다. 우리는 잘 알고 있는 인물을 그 모습을 보지 않고도 그 발음으로 알아차린다. 마찬가지로 설사 다른 인종이 완전히 올바른 독일어를 이야기하더라도 그가 독일인이 아니라는 것을 알 수 있다. 카롤링조 시대의 옛 고(高)독일어나 후기 고딕 시대의 중고(中高) 독일어에 있는 그런 큰 자음 이동은 땅의 한계가 있으며, 이야기에는 관계하지만 문장과 단어의 내적 형식에는 관계하지 않는다.

앞에서 말했듯이 단어는 문장에서 비교적 가장 작은 기계적 단위이다. 어떤 인간종의 사고에서는 이런 단위의 획득 방식보다 특색 있는 것은 없을 것이다. 반투 흑인에 있어서는 눈에 들어오는 한 가지 사물은 우선 첫째로 아주 많은 이해 범주의 하나에 속해 있다. 거기에서 이것을 나타내는 단어는 약간의 단철(單綴)

접두사가 있는 중핵(어근)으로 이루어져 있다. 그가 들판에 있는 한 여자에 대해 말할 때에는 그 말은 대체로 다음과 같다. 즉 "살아 있다――한――커다란――늙은――여자――집 밖의――인간"이라고 말한다. 이것은 7분철이지만, 그러나 유일하게 분명한, 그리고 우리에게 아주 미지인 이해 행위를 나타내고 있다. 단어가 거의 문장과 일치하는 언어가 있다.

따라서 문법적 몸짓이 신체적이거나 혹은 음성적인 몸짓을 점차 대신하는 것은 문장의 완성에 있어 결정적인 것이다. 그러나 이것은 결코 완성되지 않았다. 순수한 말은 존재하지 않는다. 단어에 의한 이야기의 활동은 점점 정밀하게 나타나지만, 이 이야기의 활동이란 우리가 단어의 울림에 의해 의미 감정을 불러일으키고, 이 의미 감정이 단어 결합의 울림에 의해 그 이상의 관계 감정을 일깨운다는 것이다. 우리는 이야기를 배우는 훈련을 받고 있으므로 이 단축되고 또 암시적인 형식으로 빛의 사물과 빛의 관계 및 그것에서 추상된 사고의 사물과 사고의 관계를 이해하게 되어 있다. 단어는 단지 입 밖에 나온다고 해서 정의적으로 사용되지 않는다. 그것으로 듣는 자는 그것이 의미하는 것을 느끼지 않으면 안 된다. 그 이외의 이야기는 존재하지 않는다. 바로 그렇기 때문에 몸짓과 말주변이 오늘날 이야기의 이해에 즈음해 보통 승인되고 있는 것보다 더 큰 역할을 수행하고 있는 것이다.

이 역사에 나타난 최후의 큰 사건――언어의 형성을 어느 정도까지 완결시키는 사건――은 동사(動詞)의 발생이다. 이것은 이미 아주 정도가 높은 추상을 가정한다. 왜냐하면 명사는 빛의 세계 속에서 감각적으로 한정된 사물――'보이지 않는 것'도 마찬가지로 한정되어 있는 것이다――의 성찰을 위해서라도 강조하는 낱말이지만, 동사는 변화의 유형――이 유형은 보이지는 않지만 빛의 세계의 무한한 '움직여진 것' 속에서 개개 경우의 특수한 특징을 확인해 확정되고, 그리고 개념으로 탄생되는 것이다——
을 표시하기 때문이다. '떨어지는 돌'이란 인상의 시원적인 통일
이다. 그러나 여기에서는 첫째로 움직임과 움직여진 것이 분리되
고, 다음으로 '떨어진다'가 무수한 음영——가라앉는다, 뜬다,
쓰러진다, 미끄러진다——이 있는 많은 다른 움직임에서 일종의
움직임으로 한정된다. 구별은 '보이지' 않지만 '인지'된다. 명사
적 기호는 아마도 많은 동물에 있을 것으로 생각되지만, 동사적
신호는 생각할 수 없다. 도망친다와 달린다, 혹은 난다와 나부낀
다의 구별은 보이는 것 이상의 것이고, 단지 단어에 익숙해진 각
성존재만이 이해할 수 있는 것이다. 그 근저가 되고 있는 것은
형이상학적인 무엇인가이다. 그러나 '동사로 하는 사고'와 함께
이제는 생명 자체조차 성찰의 손이 닿는 것이 된다. 각성존재에
미치는 살아 있는 인상에서, 요컨대 이루어지는 것——이것을 몸
짓 언어가 전혀 문제 없이 모방하고 있다. 거기에서 이것은 그
자체 본바탕 그대로 남아 있는 것이다——에서 '일회적인 것'(즉
생활 자체)이 부지불식간에 배제되고, 그 나머지는 하나의 원인
의 결과(바람이 분다, 번개가 번쩍인다, 농부가 밭을 간다)로서
순수하게 외연적인 규정에 따라 기호 체계 속에 통합된다. 주어
와 객어, 능동과 수동, 현재와 완료라는 견고한 구별 속에 완전
히 몰두하지 않으면, 이 경우 지성이 얼마나 느낌을 지배하고 현
실에서 생명을 빼앗고 있는지 알 수 없다. 명사에서는 사고 사물
(표상)은 보는 사물의 모사로서도 좋다. 그러나 동사에서는 유기
적인 것 대신 무기적인 것이 삽입된 것이다. 우리가 살아 있다는
'사실', 즉 우리가 지금 여기에서 무엇인가를 지각하고 있다는
'사실'은 지각된 것의 하나의 성질로서의 '영속'이 된다. 동사적
으로 생각해 보면 지각된 것이 영속한다는 것이다. 그것은 '있
다'. 거기에서 마침내 사고에 자연적인 것과 그렇지 않은 것의

정도에 따라 사고의 범주가 형성된다. 거기에서 시간은 차원으로서, 운명은 원인으로서, 살아 있는 것은 화학적 또는 물리적 기구로서 나타난다. 거기에서 수학적, 법학적, 교의론적 사고의 양식이 생기는 것이다.

  이와 함께 생긴 것이 저 불일치이다(이 불일치는 인간의 본질에서 분리할 수 없는 것으로 생각되지만, 실은 말이 인간의 각성 존재를 지배하고 있다는 것을 표현하고 있는 데 불과한 것이다). '나'와 '너'를 결합시키는 이 수단(언어)은 그것이 완전하기 때문에 감각의 동물적 이해에서 감각을 감독하는 '말에 의한 사고'를 만들어 냈다. 깊이 생각한다는 것은 자기 자신과 단어의 의미로 교제하는 것이다. 이것은 그 이외의 어떤 언어 방법으로도 전혀 불가능한 활동이고, 또 말의 완성과 함께 전 인간 계급의 생활 관습을 특징짓는 활동이다. 응결된, 혼이 없어진 언어가 이야기에서 분리됨과 동시에 진리는 '입 밖에 내어진 것'과 일치하지 않게 되는데, 이것이 숙명적으로 단어의 기호 체계에 적용된다. 추상된 사고는 유한적인 말 구성의 사용을 본질로 하고 있지만, 생명의 무한한 내용이 그 법식 속에 압축되어 있다. 개념은 현존재를 죽이고 각성존재를 왜곡시킨다. 이전에 언어사의 초기에는 이해가 아직 감각에 대항해 자기를 주장하려고 시도하고 있었는데, 그때에는 이 기계화는 생명에 있어서 무의미한 것이었다. 이제는 인간은 종종 생각하는 생물이 아니라 생각하는 생물이 되었다. 그리고 모든 사상 체계의 이상(理想)은 생명을 결정적으로 또 완전히 지능의 지배 아래에 두는 것이다. 이것이 이론 속에서 일어나는 것은 인식된 것만이 현실로 간주되고 현실적인 것은 가상과 착각이라고 낙인찍히기 때문이며, 또한 이것이 실천에서 일어나는 것은 피의 목소리가 일반적 윤리 원리에 의해 침묵당하기 때문이다.[15]

이 두 가지, 즉 논리와 윤리는 지성에서는 절대적이고도 영원한 진리의 체계이며, 그리고 그 때문에 역사에서는 진리가 아니다. 사상의 영역 내에서는 내적인 눈이 외적인 눈에 대해 무조건적이라고 말해도 좋을 정도로 승리를 얻는다면 얻어도 좋다. 그렇지만 사실의 영역 내에서 영원한 진리를 믿는다는 것은 개개 인간의 머리 속에서의 시시한 촌극이다. 참된 사상 체계는 존재할 수 없다. 왜냐하면 어떤 기호도 현실의 대용물(代用物)이 되지 않기 때문이다. 심오하고 정직한 사상가가 언제나 다다르는 결론은, 모든 인식은 그 특유한 형태에 의해 미리 정해져 있고 단어가 의미하는 것에는 결코 이를 수 없다는 것이다. 여기에서도 또한 기술은 예외이다. 기술에서는 개념은 수단이고 자기 목적이 아니다. 그리고 이 Ignorabimus(우리는 모를 것이다)와 일치하고 있는 것은 모든 참된 현인의 통찰로, 이것에 따르면 추상적인 생활 원리는 단지 미사여구로 받아들여지고 있을 뿐이고, 이것을 일상적으로 사용하고 있어도 생명은 예로부터 언제나 그랬듯이 현재 계속 흐르고 있는 것이다. 요컨대 인종은 언어보다 강하다. 그러므로 모든 위대한 이름 가운데서 생활에 영향을 미친 사상가라는 것은 단지 인격자였던 사상가뿐이고, 변화하는 체계였던 사상가는 아닌 것이다.

12

여기에서 말의 내적 역사는 오늘날까지 세 단계를 보여 주고

---

15) 단지 기술만이 완전히 참된 것이다. 왜냐하면 이 부문에서는 말은 현실을 해석하는 열쇠가 되고만 있으며, 문장은 활동적이 되기까지는 ('참'이 아니고) 언제까지고 변화되기 때문이다. 가설이 요구하는 것은 올바름이 아니라 실용성이다.

있다. 제1단계에서는 고도로 발달했지만 단어가 없는 전달 언어 내부에 새로운 종류의 이해 단위로서 최초의 이름이 나타난다. 세계가 비밀로서 눈뜨려 하고, 종교적 사고가 시작된다. 제2단계에서는 완전한 전달 언어가 점차 바뀌어 문법적인 가치가 된다. 몸짓이 문장이 되고, 문장은 이름을 단어로 바꾼다. 동시에 문장은 감각에 반대하는 이해의 커다란 학교가 되고, 문장 기구 내에서의 의미 감정은 추상적 관계에 대해 점점 미묘해지고 넘칠 정도로 풍부한 굴절을 생성시킨다. 이 굴절은 특히 명사와 동사(즉 공간과 시간)에 부착되어 있는 것이다. 여기서 나타난 것이 문법의 전성기이고, 그 시기는——아주 신중하게 말하는 것인데——아마도 이집트 문화와 바빌론 문화가 시작되기 2000년 전이라고 정해도 좋을 것이다. 제3단계의 특색은 굴절의 급격한 소멸과 이에 수반되는 문장법의 문법 대용이다. 인간의 각성존재의 이지화가 극히 진전되어 이미 굴절에 의한 구체화를 필요로 하지 않게 되고, 복잡한 어형에 의하지 않고 아주 간결한 어법(불변사, 단어의 위치, 리듬)에 의한, 거의 깨닫지 못할 정도의 암시를 사용하며 확실히 또 자유로이 통달할 수 있게 되었다. 단어에 의한 이야기에 의해 이해가 각성존재를 지배하게 되었다. 현재로는 지능의 순수한 기구에 유리하도록 감각적·언어적 구조의 제한에서 해방되고 있다. 감각이 아니라 지능이 접촉하는 것이다.

언어사의 이 제3단계는 그 자체로는 생물적 세계상 속을 나아가고, 따라서 유형으로서의 인간에 속해 있다. 이것에 바야흐로 고도 문화의 역사가 완전히 새로운 '뭔의 언어', 즉 문자를 가지고 개입해 그 내재성의 힘을 통해 말의 운명에 갑작스런 전기를 부여하는 것이다.

이집트의 문자어는 이미 3000년경에 급격히 문법적으로 붕괴하고 있었다. eme sal(여성어)라 명명된 수메르의 문자어도 마찬가지이고, 중국의 문자어는 중국 세계의 모든 구어(口語)에 대응하여 오래 전부터 그 자체로 독립된 언어를 형성하고 있었는데, 가장 오래 된 문서에서조차 이미 완전히 굴절을 잃고 있다. 그것은 극히 최근에 이르러서야 비로소 이전에 실제로 굴절이 있었다는 것이 확정되었을 정도이다. 인도・게르만어 체계에 대해 우리는 단지 그 완전한 붕괴 상태로 알 뿐이다. 고(古)베다어──1500년경──의 격(格)에 대해 말하면 1000년 후의 그리스・로마의 여러 언어 속에 그 자취가 포함되어 있을 뿐이다. 알렉산드로스 대왕 이후 헬레니즘 구어에서는 격변화에서 양수(兩數)가 소멸하고, 또 수동의 모든 것이 활용에서 소멸했다. 서양의 언어는 그 유래는 다르지만(예컨대 게르만어는 원시적 상태에서, 로만어는 고도로 문명화된 상태에서 생겼다) 같은 방향으로 변하고 있다. 로만어의 격은 한 개로 줄고, 영어의 격은 종교개혁과 함께 모두 소멸했다. 독일어의 구어는 19세기 초엽에 결정적으로 속격(屬格)을 잃고, 그리고 지금은 여격을 버리려 하고 있다. 타키투스든 몸젠이든 그 어려운 함축이 있는 산문의 한 절을 아주 오래 된 굴절이 풍부한 언어로 '역(逆)' 번역하려다 보면──우리의 번역 작업은 모두 좀더 오래 된 언어 상태를 좀더 젊은 상태로 바꾸는 것이다──그것을 하고 있는 사이에 기호 기술이 소멸하고 사고 기술이 된다는 증거를 잡게 될 것이다. 이 사고 기술은 단축되어 있고, 게다가 의미 내용으로 가득 찬 기호를 필요로 하지만, 그것은 말하자면 암시에 도움이 되게 하기 위한 것일 뿐이고, 더욱이 그 암시는 그 언어 공동체의 가입자만이 이해하는 것이다. 이것이 서양 사람들이 중국의 신성한 서적을 무조건적으로 이해하지 못하는 이유이다. 그러나 다른 각 문화 언어의 원어, 예컨대 그리스어의 λόγος, ἀρχή, 산스크리트의 atman, brahman의 이해와 관련해서도 마찬가지이다. 이런 단어는 하나의 세계관을 지시하고 있는 것으로, 이 기호들을 이해하기 위해서는 그 세계관 속에서 자라나야만 하는 것이다.

 외적인 언어사는 우리에 있어서는 그 가장 중요한 부분이 사라졌다고 해도 좋다. 언어사의 초기 시대는 멀리 원시 시대에 있다. 그리고 다시 한 번 지적하지만 이 시대에는 '인류'가 따로따로 아주 작은 무리를 이루어 넓은 공간에 흩어져 있었다고 상상하지 않으면 안 된다. 혼의 변화가 생긴 것은 상호 접촉이 상례가 되고, 마침내 자명한 것이 되었을 때이다. 그러나 바로 그렇기 때문에 의심할 수 없는 사실은 이 접촉이 우선 첫째로 언어에 의해 추구되고, 그리고 조정되거나 혹은 보호된다는 것이다. 그리고 인간으로 충만된 땅의 인상이 처음으로 개개의 각성존재를 더욱 긴장시키고, 더욱 이지적이며 현명하게 만들며, 또한 말을 강제적으로 표면화시키게 되고, 그 때문에 아마도 문법의 기원이 대다수 사람의 인종적 특징과 일치하게 되리라는 것이다.

 그때부터 문법 체계는 더 이상 생기지 않았다. 단지 현존하고 있는 것에서 새로운 종류가 분파로서 나타났을 뿐이다. 이 본원적인 원언어의 구조와 음에 대해 우리가 아는 바는 전혀 없다. 우리가 회고할 수 있는 한에서는 완성된 언어 체계가 완전히 자연적인 것으로서 모든 사람에게 사용되고, 모든 아이에 의해 학습되고 있다. 그것이 언제 다른 것이 되었는지도 모른다는 것, 옛날에는 이런 기묘하고 비밀스런 언어를 들을 때 깊은 외포심(畏怖心)이 수반되었을 것이라는 것——역사적 시대에 문자의 경우에 그랬듯이, 또한 오늘날에도 그렇듯이——이것은 우리에게는 믿을 수 없는 것으로 생각된다. 게다가 우리는, 언어가 단어 없는 전달 방법의 세계에서 일찍이 계급 특권이고 배타적으로 보호된 비밀 소유였으리라는 점을 고려하지 않으면 안 된다. 이런 경향이 있는 것을 무수한 실례가 보여 주고 있다. 외교관어로서의 프랑스어, 학자어로서의 라틴어, 승려어로서의 산스크리트 등이 그것이다. '다른 사람들' 모르게 서로 끼리끼리 이야기할 수 있다는 것은 순수한 종으로서의 일당의 자랑거리이다. 누구나 아는 언어는 비속하다. '어떤 한 사람과 이야기해도 된다'라는 것은 특권이나 자부심이다. 또한 나아가 교양인 사이에서 행해지고 있는 문어(文語)의 사용과 방언의 경멸은 순수한 시민적 긍지의 표지이다. 단지 우리는 아이들이 쓰는 것을 걷는 것과 마찬가지로 당연한 것으로 배우고 있는 문명 속에서 살고 있다. 모든 초기 문화에서는 그것은 드문 기예(技藝)로 누구나 할 수 있는 기예가 아니었다. 일찍이는 언어의 경우에도 그와 별로 다르지 않았을 것이라고 나는 확신한다.

언어사의 속도는 엄청날 정도로 빠르다. 거기에서는 한 세기라도 이미 많을 정도이다. 나는 저 북미 인디언의 몸짓 언어를 떠올리는데, 이 언어는 필연적인 것이 되었다. 왜냐하면 방언이 급격히 변화했기 때문에 여러 종족간의 의사소통을 위해서는 그 길 밖에 없었기 때문이다. 또 최근 발견된 포룸 비명(500년경)을 플라우투스의 라틴어(200년경)와 비교해 보는 것이 좋다. 또한 후자를 키케로의 언어와 비교해 보아도 좋다. 최고(最古)의 베다 원문이 기원전 1200년의 언어 상태를 확증해 주고 있다고 믿는다면 이미 2000년경의 상태는 전혀 다른 것이었음에 틀림없는 것으로, 어떤 인도·게르만어 연구자도 그 역추론의 방법을 사용해도 쉽게 추측할 수 없을 정도이다. 그러나 이 빠른 속도가 문자, 즉 영속의 언어가 들어와 언어 조직을 전혀 다른 시대 단계에 고착시켜 움직일 수 없게 하는 순간 완만한 속도로 변한다. 이것이 이 진화를 아주 분명치 않은 상태로 만드는 것이다. 우리가 소유하는 것은 단지 문어(文語)의 잔재뿐이기 때문이다. 이집트와 바빌론의 언어 세계로부터는 오늘날에도 아직 기원전 3000년의 원문이 남아 있지만, 최고(最古)의 인도·게르만어의 자취는 사본이고 그 언어 상태는 그 내용보다 훨씬 젊다.

 이런 모든 것이 문법과 어휘의 운명을 각각 전혀 다른 식으로 정한 것이다. 문법은 지능에 부착되어 있지만, 어휘는 사물과 장소에 부착되어 있다. 자연적인 내적 변화에 종속하는 것은 문법 조직뿐이다. 반대로 낱말 사용의 심리적 전제가 되고 있는 사실은, 발음은 변해도 내적인 기계적 성음 구조는 점점 더 단단히 유지되고 있다는 것(왜냐하면 명명의 본질은 이 성음 구조에 바탕을 두고 있기 때문이다)이다. 대언어족이라는 것은 문법적 어족에 지나지 않는다. 낱말은 이 언어족 속에서는 말하자면 고향이 없는 것으로, 하나의 어족에서 다른 어족으로 옮아가는 것이다. 문법과 어휘를 단위로서 취급한다는 것은 언어학 연구, 특히 인도·게르만어 연구의 근본적인 결함이다. 모든 전문어, 사냥꾼말, 군대어, 스포츠어, 선원어, 학자어는 실제로는 어떤 문법 조직 속에서도 사용될 수 있는 어휘재에 불과하다. 화학의 반(半) 그리스·로마 어휘, 외교의 프랑스 어휘, 경주장의 영어 어휘는 모든 근대어 속으로 똑같이 귀화하고 있다. 여기에서 외래어에 대해 논한다면 논해도 좋다. 그런데 오래 된 이 모든 언어의 '어근'은 그 대부분이 외래어에 속하는 것이다. 모든 이름은 그것이 표현하고 있는 사항에 고착되어 있고 그 역사를 공유하고 있다. 그리스어에 있어서는 금속명은 외래의 것이다. ταῦρος, χιτών, οἶνος와 같은 낱말은 셈어이다. 보그하즈쾨이의 히타이트어 본문에는 인도의 수사(數詞)가 나타나 있는데, 게다가 말의 사육과 함께 거기에 초래된 전문적인 표현 속에 나와 있다. 라틴어의 행정용어는 그리스 동부에 다량으로 침입하고, 독일어는 표트르 대제 이후 러시아어에, 아라비아어는 서양의 수학, 화학 및 천문학에 들어와 있다. 그 자신 게르만족인 노르만인은 영어에 프랑스

어휘를 범람시켰다. 게르만어 지역의 은행 용어는 이탈리아어의 표현으로 가득 차 있다. 그리고 좀더 아주 정도가 높게 원시 시대에는 곡물 경작, 목축, 금속, 무기와 관련해서도, 또 일반적으로 그 직업과 관련해서도, 물물교환 및 종족 상호간의 모든 법률적 관계와 관련해서도 다수의 명칭이 하나의 언어에서 다른 언어로 옮아갔음에 틀림없다. 마치 그것은 지리적 명칭이 언제나 그곳을 지배하는 언어 속에 들어가는 것과 마찬가지이다. 그리스의 지명 대부분이 갈리아어이고, 독일의 그것이 켈트어인 것이 그 예이다. 과장하지 않고 말해도 좋은 것은, 인도·게르만어의 한 낱말이 한층 널리 퍼져 가면 갈수록 그 낱말은 점점 젊어지고, 점점 외국어다워진다는 것이다. 가장 고풍스런 이름이야말로 엄중히 보호된 사유재산이다. 라틴어와 그리스어가 공통으로 갖고 있는 것은 단지 아주 젊은 낱말뿐이다. 아니면 Telephon('전화'), gas('가스'), Automobile('자동차')은 '원시 민족'의 어휘재일까. 아라비아어의 '원시어' 중 4분의 3이 기원전 3000년의 이집트어 혹은 바빌론어에서 유래하고 있었다고 가정한다면, 산스크리트로 문자 없이 발달을 한 1000년 후에는 이런 사실의 흔적을 더 이상 깨닫지 못할 것이다. 왜냐하면 독일어에 있는, 무수한 라틴어로부터의 전화어(轉化語)는 오래 전부터 완전히 알 수 없게 되어 있기 때문이다. Henriette에 있는 어미 ette는 에트루리아어이다——얼마나 많은 '순아리아' 혹은 '순셈' 어미가 외래의 것인데도 이미 외래어로서 증명될 수 없는가. 오스트레일리아어와 인도·게르만어에 있는 많은 낱말의 놀랄 만한 유사는 어떻게 설명될까.

  인도·게르만어의 체계는 확실히 가장 새로운 것이다. 따라서 또한 가장 이지적인 것이다. 이것에서 유래한 여러 언어가 오늘날에는 지구를 지배하고 있지만, 그것이 기원전 2000년경에 문법적인 특수 구조로서 이미 현존하고 있었을까. 주지하는 바와 같이 오늘날에는 아리아어, 셈어, 함어에 대해 단지 하나의 시발 형식이 있다고 개연적으로 승인되고 있다. 최고의 인도 문서의 유편(遺片)은 아마도 기원전 1200년경의 언어 상태를 확정하고 있을 것이고, 최고의 그리스 유편은 아마도 기원전 700년의 그것을 확정하고 있을 것이다. 그러나 인도의 인명과 신들의 이름은 말〔馬〕과 함께 이미 그보다 일찍 시리아와 팔레스타인에서 발견된다. 게다가 이 이름들의 소유자는 처음에는 용병으로서, 다음으로는 권력자로서 나타나고 있다.[16] 스페인의 화기(火器)가 멕시코인에게 어떤 작용을 미쳤을까 상기해 보는 것이 좋다. 이들 육상의 바이킹, 이들 최초의 기병──말과 합성된 인간, 그 무서운 감명이 켄타우로스 신화에 반영되어 있다──이 기원전 1600년경 북방 평원 도처에서 모험하면서 정착하고, 그리고 인도의 기사 시대의 언어와 신들의 세계를 가져왔다고 말해도 좋을까. 그와 동시에 인종과 생활 태도에 대한 아리아적인 신분 이상도 가져왔을까. 위에서 인종에 대해 말한 것에 따르면 이것은 '원시 민족'의 '이동' 없이 아리아어를 이야기하는 지역의 인종 이상을 해명할 것이다. 기사적 십자군은 이와 마찬가지로 동방에 그 여러 국가를 건설했다. 게다가 2500년 전에 미탄니라는 이름을 지닌 영웅들이 있었던 똑같은 장소이다.

아니면 이 3000년경의 체계는 소실된 언어의 중요하지 않은 한 방언에 불과했을까. 로만어족은 서기 1600년에 모든 바다를 지배했다. 기원전 400년경에는 로만어의 '원언어'는 테베레 강변에 50평방 마일의 지역을 갖고 있었다. 4000년경에는 문법적 어족의 지리적 모습이 좀더 복잡했을 것이 틀림없다. 셈·함·아리아어

---

16) 슈펭글러는 여기에서는 아직 전차(戰車)와 뒤의 기사 민족을 구별하고 있지 않다(코른하르트의 주석).

군——만약 그것이 일찍이 한 단위였다고 한다면——은 그 시기에는 거의 큰 중요성을 지니고 있지 않았다. 우리는 한걸음마다 에트루리아어, 바스크어, 수메르어, 리구리아어, 고대 소아시아의 여러 언어 등, 일찍이 아주 널리 퍼져 있었던 체계에 속하는 언어족의 유물과 만난다. 보그하즈쾨이의 기록에서는 오늘날까지 기원전 1000년경 사용되고 있었던 8개의 새로운 언어가 확정되어 있다. 그 시기의 변화 속도에서 생각하면 기원전 2000년경의 아리아어는 오늘날에는 추측할 수 없는 그런 여러 언어와 함께 한 단위를 형성하고 있었을 것이다.

13

문자는 완전히 새로운 언어종이다. 그리고 인간적인 각성존재 관계의 완전한 변화를 의미하고 있다. 그것이 인간의 각성존재 관계를 현재의 압박에서 해방시키기 때문이다. 대상을 그리는 회화어(繪畵語)는 그보다 훨씬 오래 되고, 아마도 어느 언어보다 오래 되었을 것이다. 그러나 여기에서 그림은 이미 보는 사물을 직접적으로 그리는 것이 아니라 우선 첫째로 낱말, 즉 감각에서 이미 추상된 것을 그리는 것이다. 그것은 훈련을 쌓은 사고(그리고 그 자체 필연적으로 지니고 있지 않다)를 존재하는 것으로서 요구하는 한 언어의 최초이자 유일한 예이다.

거기에서 문자는 충분히 발달한 문법을 전제로 한다. 왜냐하면 읽고 쓰는 활동은 이야기하고 또 듣는 활동보다 무한히 추상적이기 때문이다. 읽는다는 것은 문자상을 거기에 붙어 있는 어음(語音)에 대한 의미 감정으로 찾는 것이다. 문자 속에 포함되어 있는 기호는 사물을 나타내는 기호가 아니라 다른 기호를 나타내는 기호이다. 문법적 의의는 순간적인 이해에 의해 보충되지 않으면 안 된다.

　말은 일반 인간의 것이다. 문자는 오로지 문화 인간의 소유이다. 문자는 말과 대조적으로 세계사의 정치적·종교적 운명에 의해 부분적일 뿐만 아니라 전체적으로도 제약되어 있다. 문자는 개개의 문화 속에서 생기고, 그 문화의 가장 깊은 상징 속에서 헤아려진다. 게다가 포괄적인 문자사(文字史)가 아직 완전히 결여되어 있다. 그리고 그 형태와 형태 변화의 심리학에 대한 시도가 결코 이루어진 적이 없다. 문자는 멂의 커다란 상징이고, 거기에서 단지 넓이뿐만 아니라, 또한 특히 영속, 미래, 영원의 의지의 상징이다. 이야기하는 것과 듣는 것은 단지 가까운 곳에서 현재에만 일어난다. 그러나 문자를 통해 사람은 만난 적이 없는 사람에게, 또는 아직 태어나지 않은 인간에게 이야기한다. 그리고 한 사람의 인간의 목소리는 그 사람 사후 수백 년이 되어도 아직 들을 수 있다. 문자는 역사적 천분(天分)의 제일의 특색 중 하나이다. 그러나 그렇다면 한 문화에 있어서 그 문화가 문자에 대해 갖는 내적 관계보다 특징적인 것은 없다. 우리가 인도·게르만어에 대해 아는 바가 아주 적은 것은, 인도, 그리스·로마라는 이 언어 체계를 사용하는 두 개의 가장 이른 문화가 자신의 무역사적 소질 때문에 자기 자신의 문자를 창조하지 못했을 뿐만 아니라 외국 문자조차 후기가 될 때까지 채용하지 못했기 때문이다. 사실 그리스·로마 산문 예술은 모두 직접 귀를 위해 창조된 것이다. 사람은 말하듯이 낭독한다. 이에 비하면 우리는 모든 것을 '책을 읽듯이' 말한다. 거기에서 우리는 문자상과 어음(語音) 사이에서 영구히 동요하고 있고, 아테네적 의미에서 말하는 완성된 산문 양식에는 결코 이르지 못한 것이다. 이와 반대로 아라비아 문화에서는 어떤 종교도 각각 특유한 문자를 발달시키고, 그리고 언어가 교체된 경우에도 이것을 보존하고 있었다. 종교서와 교설의 영속, 그리고 영속의 상징으로서의 문자. 이것은 일체를 이루고 있다. 자모 문자의 최고(最古) 증거는 남아라비아의 의심할 나위도 없이 종파에 따라 분리된 미나와 사바 문자에서 발견된다. 그것은 아마도 기원전 10세기까지 거슬러올라갈 것이다. 바빌론의 유태교도, 만다야 교도, 마니교도는 동아람어로 말하고 있었지만, 모두 특유한 문자를 지니고 있었다. 아바스조 이래 아라비아어가 지배적이 되었다. 그렇지만 그리스도 교도와 유태교도는 이것을 특유한 문자로 계속 쓰고 있다. 이슬람은 그 신자가 셈어, 몽골어, 아리아어 또는 흑인어로 말해도 그것과 관계없이 어디에서나 아라비아 문자를 그 신자 사이에 퍼뜨렸다. 쓰는 것이 관습이 되면 어디에서나 문어와 구어 사이에 차이가 생기는 것은 필연적인 일이다. 문어는 영속의 상징적 의의를 그 자신의 문법 상태에 가져오게 한다. 이 상태는 구어의 변화에 끊임없이 새로운 상태를 현출한다. 다만 서서히, 또 그 뜻에 반해 복종해 간다. 그리스어의 코이네는 하나가 아니라 둘이다. 그리고 제정 시대에 있어서의 썩어진 라틴어와 살아 있는 라틴어 사이의 거대한 간격은 초기 로만 여러 언어의 구조가 충분히 증명하고 있다. 문명이 오래 되면 될수록 그 차이가 점점 뚜렷해지고, 마침내는 오늘날 중국의 문어와 북경 교양인의 언어인 관화(官話) 사이에 있는 그런 간격처럼 된다. 이것은 이미 두 개의 방언이 아니라 서로 전혀 관계가 없는 두 개의 언어이다.

　그러나 여기에서도 이런 사실이 나타나고 있다. 즉 문자가 최고도에 있어서 신분의 사항이고, 게다가 승려 신분의 아주 오래 된 특권이라는 것이다. 농민태는 무역사적이고, 따라서 문자가 없다. 게다가 문자에 대한 뚜렷한 혐오가 인종 속에 있다. 이것은 필적학(筆跡學)에서 아주 중요하다고 생각된다. 쓴 사람에게 인종이 많으면 많을수록 문자 기호의 장식적 구조를 점점 더 호걸스럽게 다루고, 그리고 그 대신 완전히 개인적인 선을 사용한다. 다만 터부 인간만이 쓸 때에 고유의 형태에 약간의 경의를 표하고, 언제나 무의식적으로 이것을 재현하려고 애쓴다. 이것이 역사를 만드는 활동적인 인간과, 역사를 단지 기록하고 이것을 '영원화' 하는 학자의 차이이다. 문자는 어떤 문화에서도 승려 계급의 것이고, 시인이나 학자도 그 속에 열거해도 좋다. 귀족은 쓰는 것을 경멸한다. 그는 쓰게 한다. 이 활동은 예로부터 지능적이고 종교적인 것이다. 무시간적 진리가 되는 것은 결코 변설(辯舌)에 의한 것이 아니라 완전히 문자에 의한 것이다. 그것은 다시 말하지만 성채와 대성당의 대립이다. 여기에서 영속해야 하는 것은 무엇인가──행위인가, 아니면 진리인가. 기록은 사실을 보존하고, 신성한 문자는 진리를 보존한다. 전자에서 연대기 및 기록소인 것은 후자에서는 교과서나 도서관이다. 그러므로 종교 건축물 외에 아직 무엇인가가 있다. 그것은 장식으로 꾸며지는 것이 아니라 장식──요컨대 책이다. 모든 초기 시대의 예술사는 문자에서 시작되어야 하고, 게다가 직립 비명(碑銘) 문자보다는 오히려 사체(斜體) 문자에서 시작되어야 했다. 여기에서 고트 서체 양식이 무엇인지, 또 마기적 서체 양식이 무엇인지가 가장 뚜렷이 인지된다. 어떤 장식에도 문자의 형태 혹은 원고의 페이지의 내재성이 없다. 아라베스크가 가장 잘 완성되어 나타나는 것은 회교 사원 벽의 코란 잠언 외에는 어디에도 없다. 그리고 다음으로 두문자(頭文字)의 대예술, 외화(外畵)의 건축, 장정(裝釘)의 조형예술! 쿠파 문자로 씌어진 코란은 어떤 페이지든 벽걸이 융단 같은 감명을 주고 있다. 고트의 복음서는 작은 대성당과 같다. 그리스·로마 예술에서 특색이 되고 있는 것은 어떤 대상이든 붙잡아 이것을 미화하고 있다는 것이다──문자와 서적 두루마리만은 예외였다. 거기에는 영속에 대한 혐오가 있고, 기술 이상의 기술에 대한 경멸이 있다. 헬라스에도 인도에도 이집트에 있는 그런 비문(碑文) 예술은 없다. 그리고 플라톤의 필적이 있는 종이 조각이 기념물이라는 생각이나, 아크로폴리스 위에 소포클레스의 극의 귀중한 일부가 보존되어야 했다는 생각을 아무도 하지 않았을 것으로 여겨진다.

  도시가 농촌 위에 나오고, 시민 계급이 귀족이나 승려와 어깨를 나란히 하며, 도시적 지성이 지배권을 요구하고 있는 사이에, 문자는 귀족적인 명성과 영원한 진리의 전파자가 아니라 상업적, 경제적 교통의 수단이 되고 있다. 인도 문화와 그리스·로마 문화는 전자를 거부하고 후자가 외국에서 들어오는 것을 인정했던 것이다. 자모 문자는 하찮은 일상의 도구로 천천히 들어온다. 이 사건과 동시적이고 또 같은 의미에서 중국에서는 800년경 발음되는 기호의 채용이 있고, 서양에서는 15세기의 서적 인쇄 발명이 있다. 영속과 넓의 상징이 다수자에 의해 극도로까지 강화된다. 마지막으로 문명은 최후의 걸음을 내디디 문자를 실용적 형태로 만들었다. 앞에서 말했듯이 2000년경의 이집트 문명에 있어서의 자모 문자의 발명은 순수한 기술적 개신(改新)이다. 같은 의미에서 중국의 아우구스투스의 승상 이사(李斯)는 227년에 중국의 통일적인 문자를 채용했다. 그런데 마지막으로 우리 사이에서는 소수의 인간밖에 그 실제적 의의를 인정하지 않는 것, 즉 새로운 종류의 문자가 생겼다. 이집트 자모 문자가 결코 최후의 것이 아니고 완성된 것이 아니라는 것을, 알파벳의 발명과 동등한 속기술의 발명이 증명하고 있다. 속기술은 단지 생략 문자가 아니라 극도로 추상적인 새로운 전달 원리에 의해 자모 문자를 정복하는 것이다. 이런 종류의 문자 형태가 다음 몇 세기 동안에 문자를 완전히 구축하고 말 가능성이 충분히 있다.

14

오늘날에도 여러 문화 언어의 형태학을 쓰려는 시도가 이루어져도 좋을까. 확실한 것은, 과학이 이 일을 지금까지 조금도 발견하지 못했다는 것이다. 문화 언어는 역사적 인간의 언어이다. 그 운명은 생물적 주기 속에서는 실현되지 않고 엄밀히 측정된 수명의 유기적 발전에 따르고 있다. 문화 언어는 역사적 언어라는 의미는 이렇다. 즉 역사적 사건이나 정치 제도 속에서 사용되는 언어에는 정신이 있는데, 그 정신이 규정조차 하지 않은 역사적 사건이나 정치 제도도 없고, 또 한편으로 이들 언어의 정신과 형태에 영향을 주지 않은 역사적 사건이나 정치 제도는 없다는 것이다. 라틴어의 문장 구조는 로마의 여러 전투의 결과이기도 한데, 그 여러 전투가 국민의 전 사고를 피정복자의 행정을 위한 쪽으로 향하게 했기 때문이다. 독일 산문은 확립된 규준이 결여되어 있는데, 이것은 오늘날까지도 아직 30년 전쟁의 흔적을 간직하고 있다는 것이다. 그리고 초기 그리스도교의 교의학은, 그 최고 문서가 모두 그리스어가 아니라 만다야 교도의 그것처럼 시리아어로 편찬되고 있었다면 전혀 다른 형태를 취했을 것이다. 그러나 이것에는 그 이상의 의미가 있다. 즉 세계사는 의지 전달의 참된 역사적 수단인 문자의 존재에 의해 지배되고 있는데, 그것은 연구자가 아지 거의 생각도 해보지 못한 정도이다. 고도의 의미에서 말하는 국가는 문자에 의한 교통을 전제로 하고 있다. 모든 정치적 양식은 한 국민의 정치적·역사적 사고 속에서 공문서, 기록집, 서명, 출판서의 그때그때의 의미에 의해 정해진다. 법을 둘러싼 투쟁은 씌어진 법에 찬성하거나 혹은 반대하는 투쟁이다. 헌법은 물질적 폭력을 장구(章句)의 찬성으로 바꾸고, 한 조각의 문서를 무기로 높인다. 이야기와 현재가 하나가 되고, 문자와 영속이 하나가 된다. 그러나 구두의 의사 전달과 실제적 경험의 관계, 문자와 이론적 사고의 관계도 그와 다를 바 없다. 모든 후기 시대의 국내 정치사 대부분은 이 대립으로 환원될 수 있다. 영구히 변화하는 사실은 문자에 항거하지만, 진리는 이것을 요구한다. 이것은 모든 문화의 대위기 때 무엇인가 형태를 취해 존재하고 있는 두 당파의 세계사적 대립이다. 하나는 현실 속에서 살고, 다른 하나는 이 현실과 문자를 대립시킨다. 모든 대혁명은 하나의 문학을 전제로 한다.

서양의 여러 문화 언어의 무리는 10세기에 나타났다. 현존의 언어 단체, 즉 게르만 방언과 승원 라틴어를 포함한 로만 방언은 통일적 정신에 바탕을 두고 문자어로 만들어졌다. 900년에서 1900년까지의 독일어, 영어, 이탈리아어, 프랑스어, 스페인어의 발달 속에는 공통된 특징이 있었음에 틀림없다. 그리고 기원전 1100년부터 제정 시대까지의 헬라스어와 에트루리아어를 포함한 이탈리아 여러 언어의 역사 속에서도 마찬가지이다. 그러나 여기에서 언어족과 인종의 전파 지역은 관계없고, 다만 문화의 땅의 경계에 의해 통일되는 것은 무엇일까. 300년 이후의 헬레니즘어와 라틴어가 발음과 말투에서 운율적으로, 문법적으로, 문체적으로 공통으로 이룬 변화는 어떤 것일까. 1000년 이후의 독일어와 이탈리아어는 어떤 변화를 하고 있을까. 게다가 이탈리아어와 루마니아어는 어떤 변화를 하지 않을까. 이런 것은 아직 결코 조직적으로 탐구되지 않은 것이다.

어떤 문화도 그것이 눈떴을 때에는 농민어 앞에 있다. 이것은 도시가 아닌 시골의 언어이고 '영원한 것'이며, 커다란 역사 사건과 거의 관계하지 않고 문자 없는 방언으로서 후기 시대와 문명을 통해 행해지고, 그리고 깨닫지 못하는 완만한 변화를 겪는다. 그리고 그 위에 서는 것이 두 개의 원시 신분의 말로, 이것이 문화를 지니고 문화인 각성존재 관계의 첫 나타남이 된다. 이 경우 이 귀족과 승려의 범위 내에서의 언어가 문화 언어가 된다. 게다가 이야기는 성채의 것이고, 언어는 대성당의 것이다. 이리하여 발전 초기에 식물적인 것이 동물적인 것에서 갈라지고, 살아 있는 것의 운명이 죽은 것의 운명에서 갈라지고, 의사 전달의 유기적 측면의 운명이 그 기계적 측면의 운명에서 갈라진다. 왜냐하면 피와 시간을 긍정하는 것은 토템 측면이고, 이것을 부정하는 것은 터부 측면이기 때문이다. 거기에 이미 아주 일찍부터 어디에나 있는 것은 불변이기 때문에 그 신성이 보증되고 있는 응결된 종교어이고, 무시간적이며 오래 전부터 죽어 있거나 혹은 생명에서 유리된, 인공적으로 왜곡된 언어 조직이다. 이 언어 조직에는 영원한 진리에 없어서는 안 되는 엄중히 보존된 어휘가 있다. 이리하여 고(古)베다어가 종교어로서, 또 이와 나란히 산스크리트가 학자어로서 응결되었다. 고제국의 이집트어는 승려어로서 영속적으로 확립되었기 때문에, 신성한 법식은 신제국에서는 이미 이해되지 않았다. 그것은 마치 아우구스투스 시대에 Carmen Saliare(살리 신관의 노래)나 아르발레스 형제의 노래가 이해되지 않게 된 것과 마찬가지이다.[17] 아라비아 문화의 전기에는 바빌론어, 헤브라이어 그리고 아베스타어가 때를 같이하여——아마도 기원전 2세기 사이에——일상어로서는 사멸했다. 그러나 바로 그렇기 때문에 이들 여러 언어가 아랍어와 펠레비어에 대립하여 칼데아인, 유태인, 페르시아인의 성서 속에 사용된 것이다. 같은 의미가 교회용 고딕 라틴어, 바로크의 학문용 인문학자의 라틴어, 러시아의 교회 슬라브어 그리고 또 바빌론의 수메르어에

---

17) 그 때문에 나도 또한 로마의 승려 학원에서 에트루리아어가 훨씬 뒤에도 중대한 역할을 하고 있었으리라 믿는다.

있다.

 이와 반대로 이야기를 보호하는 것은 초기의 궁정과 왕성의 일이 되어 있었다. 여기에서 살아 있는 문화 언어가 형성된 것이다. 이야기는 언어의 관습이고 훈육이며, 발음과 어구의 좋은 가락이고, 단어의 선택과 표현법의 미묘한 박자이다. 이것은 모두 인종의 특징이다. 이것은 승원의 승방이나 학자의 서재에서는 배울 수 없는 것이고, 고상한 교제나 살아 있는 모범으로부터 배울 수 있는 것이다. 귀족 사회에서, 그리고 또 신분 특징으로서 호메로스의 언어,[18] 마찬가지로 십자군 시대의 고(古)프랑스어, 또 슈타우펜 시대의 중고(中高) 독일어가 시골의 관용어로부터 높이 완성되었다. 이런 언어의 창조자가 스칼덴이라든가 트루바두르 같은 대서사시인들이라고 할 때 잊어서는 안 되는 것은, 그들이 출입하고 있던 신분에 의해 이 일을 위해 언어적으로 훈육되었다는 것이다. 문화가 성숙된 것은 이 위대한 행위에 의한 것이지만, 이 행위는 인종이 이루어낸 것이지 직업이 이루어 낸 것은 아니다.

 승려의 언어 문화가 지향하는 것은 개념과 결론이다. 그것은 단어와 문장 형식상의 변증법적 능력을 최고도로까지 발휘시키려고 한다. 거기에서 말씨에서 스콜라적인 것과 궁정적인 것의 차이, 지성적인 것과 사회적인 것의 차이가 점점 증대해 가고, 언어족 사이의 모든 경계를 넘어 플로티노스와 토마스 아퀴나스의 어구에, 또 베다와 미슈나에 공통된 것이 있는 것이다. 여기에 서양에서 말하면 독일어든 영어든 프랑스어든 오늘날에도 아직

---

 [18] 바로 그렇기 때문에 확실히 해두지 않으면 안 되는 것은, 식민 시대에 비로소 문자상으로 확정된 이 호메로스의 노래가 단지 도시적 문학어로서뿐이고, 그 최초로 낭송되었던 궁정 구어로서였던 것은 아니라는 것이다.

제2장 도시와 민족 443

그 원천인 스콜라적 라틴어가 최후의 흔적을 남기고 있는 모든 성숙된 학자어의 출발점이 있고, 따라서 전문 표현과 논리적 추론의 문장 형식의 모든 법론(法論)의 기원도 또한 있다. 교제 사회의 의사 전달과 과학의 의사 전달 사이에 있는 이 대립은 후기 시대에까지 깊이 이어져 뿌리내리고 있다. 프랑스 언어사의 중점은 결정적으로 인종 측면, 즉 이야기의 측면에 있고, 베르사유 궁전에, 또 파리의 살롱에 있다. 여기에서는 아서 이야기의 esprit précieux(뽐내는 재지)가 계속 전해져 전 서양을 지배하는 회화(會話)로 높여지고, 이야기라는 고전적인 기교로 높여졌다. 이오니아·아티카어도 완전히 참주의 궁정과 향연에서 완성된 것이다. 이것은 그리스 철학에 아주 큰 곤란을 주었다. 뒤에 가서 알키비아데스의 언어로 삼단논법을 논하는 것이 거의 불가능하게 된 것은 이런 이유 때문이다. 다른 한편으로 독일의 산문은 바로크의 결정적 시대에 고도의 완성을 이루는 데 필요한 중심점을 갖지 못했기 때문에, 문체라는 점에서 말하면 정교하게 표현하려 하거나 정확하게 표현하려 하는 데 따라 오늘날에도 아직 프랑스어적인 표현과 라틴어적인 표현──궁정적과 학자적──사이에서 동요하고 있다. 그리고 우리 고전 작가도 또한 언어적인 원천이 강단과 서재에 있는 덕분에, 또 교육자로서 왕성과 소궁정에 머문 덕분에 모범으로 삼을 수 있는 개인적 문체에 이르기는 했지만, 그러나 만인이 법으로 삼을 만한 진정한 독일적인 산문을 창조하기에 이르지는 못했다.

　이들 신분 언어에 도시의 발생과 함께 제3의, 그리고 최후의 언어가 가담했다. 그것은 평민 신분의 언어로 참된 문자어이고, 오성적이고 공리적이며, 가장 엄밀한 의미에서 말하는 산문이다. 이것은 고상하고 사교적인 표현법과 학자적 표현법 사이에서 조용히 동요하고 있는 것으로, 전자의 경우에는 언제까지나 새로운 표현과 유행어를 생각하고, 후자의 경우에는 어디까지나 기존의 개념을 견지하고 있다. 그러나 그 본질은 경제적 성질의 것이다. 이 언어는 '민중'의 무역사적인 영원한 표현(이것은 루터나 그 밖의 사람들이 사용한 것으로, 그 당시 고상한 사람들의 분개를 불러일으켰다)에 대해 완전히 신분 기호임을 자각하고 있다. 도시가 결정적인 승리를 차지하고 있는 도시 언어는 상류사회와 과학 언어까지도 자기 속에 받아들인다. 세계도시적 주민의 상층 속에 κοινή(공통어)가 태어난다. 이것은 모든 문명의 상징이고 완전히 기계적인 것으로 정확하고 차가우며, 몸짓을 최소한도로 잘라 낸 것이고, 같은 유형의 것으로 이지적이고 실제적이며, 방언과 시를 혐오하는 것이다. 고향도 없고 뿌리도 없는 이 최후의 언어는 어떤 상인이나 어떤 사람도 배울 수 있는 것이고, 카르타고 및 옥숨에 있어서의 그리스어, 자바의 중국어, 상해의 영어 등이 이것이다. 그리고 이것을 이해하는 데 있어 '이야기'는 조금도 중요하지 않다. 이 언어를 진실로 만들어 낸 것은 인종이라든가 종교의 지능이 아니라 단지 경제의 지능인 것이다.

Ⅲ. 원시 민족, 문화 민족, 펠라흐 민족

15

마침내 '민족'이라는 개념에 큰 주의를 기울이며 접근할 수 있고, 그리고 혼란한 민족 형태를 정리할 수 있다(현대의 역사 연구는 이 혼란을 단지 악화시키는 데 불과하다). 이 민족이라는 말만큼 자주, 게다가 동시에 전혀 무비평적으로 사용된 말도 없고, 또 이 말만큼 아주 엄밀한 비판을 어떻게든 필요로 하는 말도 없다. 아주 신중한 역사가조차도 이론적으로 해명하려고 노력하고 어느 정도까지 온 뒤에는 그 이상의 탐구를 계속해 가는 사이에 민족, 인종 구분 그리고 언어 공동체를 또다시 완전히 동일시한다. 한 민족의 이름과 만나면 그것은 곧 언어의 명칭으로 간주되고, 세 가지 말로 이루어지는 비명이 발견되면 하나의 인종 관계가 확정되며, 약간의 '어근'이 일치하면 원주지가 먼 곳에 있는 원시 민족이 나타난다. 근대적 국민 감정은 이 '민족 단위로 생각하는 것'을 오직 강화시킬 뿐이다.

그러나 헬라스인은 민족일까. 도리스인은? 또는 스파르타인은 민족일까. 켈트인, 갈리아인 혹은 세노네스인은 민족일까. 로마인이 한 민족이었다면 라틴인은 무엇이었을까. 그리고 약 400년경의 이탈리아 주민 속에 있는 에트루리아 이름을 무슨 단위로 해석해야 될까. 그들의 '국민태'는 바스크인이나 트라키아인의 국민태와 마찬가지로 그 언어 구조에 바탕을 두고 정해지지 않았을까. 그리고 아메리카인, 스위스인, 유태인, 부르인이라는 말의 근저에는 어떤 민족 개념이 있는 것일까. 피, 언어, 신앙, 국가, 토지——이것들 중 어느 것이 민족 형성에 결정적인 것일까. 일반적으로 말하면 언어 관계와 혈액 관계는 학문적 방법만으로 확립된다. 개인은 이 관계를 전혀 모른다. 인도·게르만인은 과학적 개념, 아니 언어학적 개념 이상으로는 나가지 않는다. 그리스인과 페르시아인을 융합시키려던 알렉산드로스 대왕의 기도는 완전히 실패했다. 그리고 우리는 오늘날 영국·독일의 공동 감정의 강도를 경험하고 있다. 그러나 민족은 의식되는 관계이다. 그러나 관용 말투에 주의해 보면 알 수 있다. 어떤 인간도 자신에게 내적으로 가장 가까운 공동체를——그리고 그는 많은 공동체에 속해 있는데──열정적으로 자신의 '민족'[19]이라 칭하고 있다. 그 다음에 그는 개인의 체험에서 유래하는 완전히 특수한 이 개념을 전혀 종류가 다른 단체에 적용하려 한다. 카이사르에게는 아르베르니는 하나의 civitas(나라)였다. 우리에게 중국인은 하나의 '국민'이다. 그런 것을 생각하면 민족은 그리스인이 아니라 아테네인이라는 것이 된다. 그리고 그들 중에서 예컨대 이소크라테스 같은 약간의 개인만이 특히 자신을 헬라스인으로 느꼈을 뿐이다. 그러므로 두 사람의 형제 중 한 사람은 스스로 스위스인이라고 말하고, 다른 한 사람은 같은 권리로 독일인이라고 말할 수 있다. 그것은 학자적인 개념이 아니라 역사적 사실이다. 민족은 사람들의 결합이고, 그 결합이 자기를 하나의 통합체로 느끼는 것이다. 그 느낌이 소멸했을 때에도 이름과 개개의 어떤 가족도 영속할 수 있다. 그러나 민족은 존속하는 것을 중단하지 않으면 안 된다. 스파르타인은 이런 의미에서 자신을 민족으로 느꼈다. 도리스인은 기원전 1100년에는 아마도 그렇게 느꼈을 것이지만, 400년경에는 확실히 그렇지 않았다. 십자군은 클레르몽 서약에 의해, 모르몬 교도는 미주리로부터의 축출(1839년)에 의해 한 민족이 되고, 아가토클레스의 용병이었다가 해고된 마메르티니는 그 피난 장소를 싸워 빼앗을 필요에서 순수하게 한 민족이 되었다. 민족 형성의 원리가 자코뱅 당원의 경우와 힉소스의 경우에 크게 달랐을까. 얼마나 많은 민족이 추장의 수행자들에서, 혹은 망명자 일군에서 생겼을까. 이런 집단은 몽골인으로서 소아시아에 나타난 오스만처럼 인종을 바꾸고, 시칠리아의 노르만인처럼

---

19) 더 나아가면 대도시 노동자 계급은 자기를 '민족'으로 삼기 때문에, 자기와 아무런 공통 감정을 지니고 있지 않은 시민 계급을 이 개념에서 제외하게 된다. 그러나 1789년에 시민 계급이 한 일도 이와 조금도 다를 바가 없었다.

이름을 바꿀 수 있다. 공통 감정이 계속되고 있는 동안 민족은 그런 민족으로 존재한다.

　민족의 운명과 민족이란 이름의 운명은 구별되어야 한다. 이름이라는 것이 우리가 알고 있는 유일한 것일 때가 종종 있다. 그러나 하나의 이름에서 그 이름을 지니고 있는 자의 역사, 유래, 언어, 혹은 그 이름과 동일한지 어떤지조차 추론할 수 있을까. 여기에서도 연구자의 결점이 되는 것은 양자의 관계를 이론적으로가 아니라, 예컨대 오늘날의 개인 이름과 마찬가지로 실제적으로 아주 단순하게 이해한 것이다. 여기에 존재하는 가능성의 숫자에 대해 무엇이 생각되고 있을까. 초기의 결합 단체에서 명명이라는 행위는 그것만으로 이미 아주 중대한 것이다. 이름이 붙여지면 인간의 일군은 일종의 신성한 단위로서 자각적으로 일어선다. 그러나 여기에서는 종의(宗儀)의 이름과 전사(戰士)의 이름이 서로 나란히 존재할 수 있고, 그 밖의 이름은 토지 속에서 발견되거나 또는 상속될 수 있다. 그리고 마지막으로 모든 경계 지방에서는 무수한 외국 이름이 생길 수 있다. 이 외국 이름은 아마도 민족 내부의 일부에게만 알려지고 통용되었을 것이다. 이런 이름만이 전해질 때에는 그 이름의 소유자에 대한 거의 모든 결론이 필연적으로 오류에 빠질 것이다. 프랑크, 알레만, 작센이라는 이름은 의심할 나위도 없이 종교적인 이름이지만, 이것이 바루스 전투 시대에 다수의 이름으로 바뀌었다. 만약 이것을 몰랐다면 우리는 오랫동안 이렇게 확신하고 있었을 것이다. 여기에서는 옛 종족이 새로 침입해 온 종족에 의해 축출되었든가 혹은 절멸당했을 것이라고. 로마인과 퀴리테스인, 스파르타인과 라케다이몬인, 카르타고인과 포에니인, 이 두 개씩의 이름들은 서로 나란히 존재한다——거기에서 두 민족이 있었다고 간주할 가능성이 있었다. 펠라스고이, 아카이오이, 다나이오이의 이름이 상호간에 어떤 관계에 있었는지, 그리고 어떤 사실이 그 기초가 되어 있었는지 우리는 전혀 몰랐을 것이다. 이 말밖에 남아 있지 않았다고 한다면, 연구자는 일찍부터 각각의 이름에 하나의 민족을──언어와 인종 소속을 포함해서──할당했을 것이다. 도리스라는 지명에서 도리스인의 이주 행정과 관련된 결론을 끌어내려 하지 않았을까. 하나의 민족은 여러 차례 땅 이름으로 대체되고, 그리고 그 이름과 자신의 이름을 계속 지녔을 것인데, 그 예는 오늘날의 프로이센이라는 명칭에도 있지만, 또한 근대의 파르시스인, 유태인, 터키인의 경우에도 있다. 그 반대의 예는 부르고뉴 및 노르망디에 있다. 헬레네스란 이름은 650년에 생겨났다. 따라서 민족 이동은 이것과 아무 관계도 없다. 로트링겐(로렌)은 전혀 쓸모없는 군주의 이름을 보존하고 있었다. 게다가 상속재산 분할의 결과로 이루어진 것이고 이주한 민족에 바탕을 둔 것이 아니다. 1814년의 파리에서는 독일인을 알레망이라 부르고, 1870년에는 프뤼시앙이라 부르고, 1914년에는 보슈라고 불렀다. 후세에는 이들 말의 배후에서 세 가지의 다른 민족을 발견할지도 모른다. 서유럽인은 동방에서는 프랑크인이라 불리고, 유태인은 스파뇰이라고 불렸다──이것은 역사적 사정으로 귀결되는 것이다. 하지만 언어학자는 말에서 어떤 결론을 얻을까.

 학자들이 3000년이 지나서도 오늘날의 방법에 따라 이름, 언어의 유물, 원거주지와 이주라는 개념을 다룬다고 한다면 어떤 결과에 다다를까. 상상도 되지 않는다. 독일 기사는 13세기에 비그리스도 교도인 프로이센인을 쫓아냈다. 하지만 이 프로이센 민족이 1870년에 그 이동중에 갑자기 파리 전면에 나타났다고 할지도 모른다. 로마인은 고트인에게 압박을 받아 테베레 강에서 저(低)도나우 강으로 이동해 갔다. 그와 함께 그 일부는 폴란드에 도착했을지도 모른다. 그곳에서는 국회에서 라틴어가 쓰이고 있었기 때문이다. 샤를마뉴는 베저 강에서 작센을 격파했다. 그래서 작센은 드레스덴 지방으로 옮겨 갔다. 그런데 하노버인이——왕조명에서 생각하면 그 원주지는 템스 강으로, 그곳에서 와서——그 작센의 땅을 점령했다. 이렇게 말할지도 모른다. 역사가는 민족의 역사 대신 이름의 역사를 썼다. 그러나 이름은 그 자체의 운명을 지니고 있다. 그리고 이와 마찬가지로 언어의 이동, 변화, 승리 및 쇠퇴는 그 언어를 사용하는 민족의 존재와 관련해서 무엇인가를 증명하는 것이 정말로 적다. 이것이 특히 인도·게르만어 연구의 근본적인 오류이다. 역사적 시대에 프팔츠라는 이름, 칼라브리아라는 이름이 이동해 가고, 헤브라이어가 팔레스타인에서 바르샤바로, 페르시아어가 티그리스에서 인도로 밀려갔다고 한다면, 에트루리아 이름의 역사에서나 렘노스의 이른바 '티르세니아' 어의 비명에서 어떤 결론이 끌어내어질까. 혹은 또 프랑스인과 아이티 혹인은 공통적인 언어가 증명하듯이 이전에는 하나의 원민족을 형성하고 있었던 것일까. 부다페스트와 콘스탄티노플 사이의 지역에서는 현재 두 개의 몽골어, 하나의 셈어, 두 개의 고전어 그리고 세 개의 슬라브어가 쓰이고 있다. 그리고 이들 언어 공동체는 모두 스스로 민족이라고 믿고 있다.[20] 이런 사실로 민족 이동사를 조립하려 한다면, 잘못된 방법의 기묘한 산물이 그 결과로 나타날 것이다. 도리스어는 하나의 방언의 이름이다. 우리는 그 이상의 것은 모른다. 의심할 나위도 없이 이 무리 속의 약간의 방언이 곧 퍼져 갔다. 그러나 이것은 이들 방언을 사

---

20) 마케도니아에서는 19세기에 세르비아인, 불가리아인, 그리스인이 반터키적 주민을 위해 학교를 세웠다. 어딘가의 마을에서 우연히 세르비아어를 가르쳤을 경우에는 다음 세대는 이젠 완전히 열광적인 세르비아인으로 이루어진다는 것이 될 것이다. '국민'의 현대적인 강점은 이런 식으로 단지 이전의 학교 정책의 결과에 다름 아니다.

용하는 인종의 분포를 증명하기는커녕 그 존재조차도 전혀 증명하지 못한다.

16

그런데 우리는 근대 역사 사상(思想)의 마음에 드는 개념 앞에 서 있다. 오늘날 역사가는 무엇인가를 해낸 민족을 만날 때에는 "이 민족은 어디에서 왔을까"라는 질문을 할 의무가 있다고 생각한다. 어디에서 왔는가 하는 것, 또 원주지를 지닌다는 것은 한 민족의 존엄의 문제이다. 그 민족이 현재 있는 곳에 토착해 있었을 것이라는 것은 거의 모욕적이라고 말해도 좋은 가정이다. 이주하는 것은 원시 인류가 좋아하는 전설 주제이다. 그러나 이것을 진지한 연구에 응용하는 것은 종당에는 미친 짓이 되었다. 즉 중국인이 중국에, 이집트인이 이집트에 침입해 왔는가 아닌가 하는 것에 대해서는 묻지 않는다. 다만 '언제'와 '어디에서'가 문제가 되고 있다. 원주지의 개념을 단념하기보다는 오히려 셈족이 스칸디나비아에서 왔다고 하고, 아리아인이 가나안에서 나왔다고 하는 것이 마음에 들지도 모른다.

그런데 모든 초기의 주민의 큰 움직임은 의심할 나위도 없는 사실로 보고 있다. 리비아인 문제에는 그런 비밀이 숨겨져 있다. 리비아인 또는 그 조상은 함어로 이야기했지만, 신체적으로는 일찍이 고이집트의 부조(浮彫)가 증명하듯이 신장이 크고 금발에 벽안이며, 그것은 의심할 나위 없이 북유럽에서 유래한 것이었다. 소아시아에서는 1300년 이래 적어도 세 이동층이 확인되고 있는데, 그것은 아마도 북방의 '바다 민족'의 이집트 공격과 관계가 있을 것이다. 또한 같은 일이 멕시코 세계에서도 지적된다. 그런데 우리는 이런 움직임의 본질에 대해서 전혀 모른다. 그리고 밀집된 여러 민족이 큰 집단을 만들어 각지를 통과하고, 서로 축출하고, 서로 싸우고, 마침내 어딘가에 정착한다는, 역사가가 오늘날 즐겨 상상하고 있는 이동과 관련해서는 확실히 문제가 있을 수 없다. 민족 본질에 대한 우리의 견해를 엉망으로 만든 것은 변화 그 자체가 아니라 변화에 관한 이 관념이다. 오늘날의 의미에서 말하는 민족은 이동하지 않는다. 그리고 옛날에 이동한 것은 아주 세심한 표시를 필요로 하는 것이고, 어디에서나 같은 표시라고 할 수 없는 것이다. 그리고 이들 이동의 동기는 언제나 되풀이된 평범한 것이고, 바로 전(前) 세기의 유물이다. 그것은 물질적인 필요라는 것이다. 굶주림은 이동 따위와는 전혀 다른 노력을 하게 하는 것이리라. 그리고 명확히 종의 인간을 그 둥지에서 밀어내는 모든 이유 가운데서 가장 맨 뒤에 오는 이유였다──물론 이런 무리가 갑자기 군사적인 장애에 부딪쳤을 때에는 그것도 아주 유력한 이유가 되리라는 것은 이해되지만. 의심할 나위도 없이 이 강하고 단순한 인간들에 있어서는 동기는 넓은 공간 안을 움직이려는 본원적인 소우주적 충동이고, 그것은 모험욕, 대담, 운명적 흡인으로서, 힘과 전리품의 편애로서, 이젠 전혀 상상도 할 수 없는 그런 행위나 즐거운 살육이나, 용감한 음에 대한 불타오르는 동경으로서 혼의 깊은 밑바닥에서 솟아오른 것이다. 동기는 또한 종종 고향에서의 다툼이나 강자의 복수를 피하는 일이었다. 그러나 언제나 남자다운 일이고, 또 씩씩한 일이었다. 그리고 이것은 전염되어 간다. 자기 땅에 남는 것은 비겁자였다. 그렇지 않다면 십자군이라든가, 코르테스와 피사로의 원정이라든가, 현대의 경우 미국 서부 황야에 있어서의 사냥꾼의 모험은 생활의 비속(卑俗)한 필요에서 야기된 것일까. 역사에서 작은 일군(一群)이 개가를 올리며 넓은 지역을 침입한 곳에서는 그들을 몰아대는 것은 보통 피의 목소리이고, 커다란 운명에 대한 동경이며, 순수한 종의 인간의 영웅적 행동이다.
 그러나 또한 그 침입당한 여러 나라의 정세도 알지 않으면 안 된다. 이들의 특징은 끊임없이 변하고 있었다. 그 변화는 단지 이입자의 정신 탓일 뿐만 아니라 토착 주민의 본성 탓인 경우가 더 많다. 이 토착 민족은 결정적인 다수가 되어 있었던 것이다. 거의 사람이 없는 공간에서는 약자가 간단히 도피할 수 있고, 또 보통은 분명히 그렇다.
 하지만 후기의 조밀 상태가 되면, 약자는 고향을 잃는 것이 문제가 된다. 그들은 자기를 방어하든가, 아니면 새로운 땅을 획득해야 한다. 공간은 이미 꽉차 있다. 어떤 종족도 모든 측면과 끊임없이 접촉하지 않고서는 살아갈 수 없고, 언제나 정신을 차리고 저항하려는 준비를 하지 않고서는 살아갈 수 없다. 전쟁이라는 가혹한 필연이 남자를 훈육한다. 민족은 민족과 접촉하고 대항하면서 내적인 위대함으로까지 성장한다. 무기는 인간에 대한 무기가 되고 동물에 대한 것이 아니게 된다. 마침내 그 이동 형식이 나타나고 있는데, 이것은 역사 시대에서만 문제가 될 수 있는 것이다. 침략하는 무리는 사람이 완전히 살고 있는 지역 내에서 활동한다. 그 주민은 정복된 땅의 기초 성분으로 정착한 채 보존되어 남아 있다. 승리자는 소수이다. 거기에서 전혀 새로운 정세가 생겨난다. 강한 내적 형식을 지니는 민족이 훨씬 크면서도 형태 없는 주민 위에 층을 이루며 확대된다. 그리고 민족, 언어, 인종의 그 이상의 변화는 극히 복잡한 사정에 따라 변해 간다. 벨로흐와 델브뤼크의 결정적 연구 이래 우리는 이런 일을 알게 되었다. 모든 이동 민족──이런 의미에서 말하는 민족은 키루스의 페르시아인, 마메르티니인과 십자군과 동고트족과 이집트 비명에 있는 '바다 민족'이었다──이 그들이 점령한 영토의 주민에 비해 극소수이고, 하나의 운명이 되려 하고, 운명을 감수하지 않으려는 결의에 의해서만 토착 민족보다 뛰어난 강한 수천의 전사가 된다는 것을 알게 되었던 것이다. 그들의 손에 들어온 것은 살 수 있는 땅이 아니라 현재 살고 있는 땅이다. 거기에서 양 주민의 관계는 계급 문제가 되고, 이주는 출정이 되며, 정착은 정치적 활동이 되어 간다. 그런데 적은 무리의 전사들이 얻은 성공으로 승리자의 이름과 언어를 전파시키는 결과를 낳았지만, 여기에서 역사적으로 멀리 떨어져 있기 때문에 너무 쉽게 '민족 이동'으로서 나타나는 것이다. 여기에서 문제가 다시 한 번 제기되지 않으면 안 된다. "무엇이든 이동할 수 있는 것인가" 하고.

어떤 땅이라든가 어떤 패거리의 이름――그것은 또한 종자가 딸린 그 주인 영웅의 이름이었다 해도 좋다――이 퍼져 가는 사이에 또 지명을 본떠 인간에게 붙여지고, 그 인간과 함께 이동하거나 그 반대이거나 하는 사이에 어느 곳에서는 소멸하고 어느 곳에서는 완전히 다른 주민에게 채용되거나, 혹은 그에 주어지는 그런 이름. 승리자의 언어라든가 피정복자의 언어――그렇지 않으면 양쪽이 그 의사소통을 위해 채용하는 제3의 언어. 국가들 전체의 정복. 그리고 사로잡은 부녀자들을 통해 번식한 어떤 수장(首長)의 신하들. 혹은 태생이 전혀 다른 모험자들의 우연적인 일군. 혹은 기원전 2000년경 완전히 게르만식으로 네 마리 소가 끄는 마차를 타고 페니키아 해안을 따라 이집트에 도착한 블레셋인처럼 아내와 자식을 거느린 민족. 이들이 이동할 수 있는 것이다. 그러므로 다시 한 번 묻지 않으면 안 된다. 언어 혹은 이름의 운명에서 민족 혹은 인종의 운명을 추정할 수 있는 것일까 하고. 단 하나의 대답만이 가능한데, 그것은 결정적인 부정이다.

13세기에 몇 번이나 이집트를 공격한 '바다 민족' 속에는 다나이오이와 아카이오이란 이름이 나타나 있다. 그러나 호메로스에서는 이 두 가지는 거의 신화적인 명칭이다. 그리고 루카란 이름이 있다. 이것은 뒤에 리키아에 붙여지고 있는데, 리키아의 주민은 스스로 트라밀라에라 칭하고 있다. 마지막으로 에트루리아인, 사르디니아인이란 이름이 있다. 그러나 이것에서 이들 투르샤인이 후기 에트루리아어를 사용했다는 결과는 나오지 않고, 또 이탈리아의 같은 이름의 주민과 신체적으로 관계가 있다는 결과도 나오지 않는다. 그리고 설사 그런 결과가 나온다 해도 '하나의 같은 민족'으로 논할 권리는 없다. 렘노스의 비명(碑銘)이 에트루리아어이고, 에트루리아어가 인도·게르만어였다고 가정하면 언어사에서는 많은 것이 끌어내어질 것이지만, 인종사에서는 전혀 얻는 바가 없을 것이다. 로마는 에트루리아의 도시이다. 이것은 로마 민족의 혼에 있어 완전히 무관한 것일까. 로마인이 우연히도 라틴의 한 방언을 쓰고 있었다고 해서 인도·게르만족일까. 인종학자는 지중해 인종과 알프스 인종을 구별하고, 그 남쪽과 북쪽에서 북게르만인과 리비아인 사이에 놀랄 만한 신체적 유사성이 있다고 인정하고 있다. 그렇지만 언어학자는 그 언어를 근거로 바스크인이 '전기 인도·게르만'――이베리아――주민의 후예라는 것을 알고 있다. 이 두 가지 견해는 서로 용납되지 않는다. 미케네와 티린스의 건설자는 '헬라스인'이었을까. 마찬가지로 동고트인이 독일인이었을까 하고 물어도 좋다. 나는 고백하는데 이런 질문의 진의가 이해되지 않는다.

  내가 말한다면 '민족'은 혼의 단위이다. 모든 역사의 대사건은, 사실 민족이 수행한 것이 아니라 그 대사건이 민족을 처음으로 탄생시킨 것이다. 어떤 행위도 행위하는 자의 혼을 바꾼다. 최초에 유명한 이름의 주위에 사람이 모였다 해도 그 명성의 배후에 있는 것은 군중이 아니라 민족이라는 것, 이것은 대사건의 전제가 아니라 결과이다. 고트족과 오스만족은 그 이동의 운명에 의해 비로소 뒷날의 그런 존재가 된 것이다. '아메리카인'은 유럽에서 옮아간 것이 아니다. 피렌체의 지리학자 아메리고 베스푸치의 이름이 오늘날엔 한 대륙 이름이 되어 있지만, 그 밖에 1775년의 정신적 동란에 의해, 특히 1851~65년의 남북전쟁에 의해 특성을 보유한 순수한 한 민족의 이름이 되어 있는 것이다.

민족이라는 말에는 그 이외의 내용은 없다. 언어의 통일도 육체적·혈통적이 아니다. 민족과 주민을 구별시키고, 민족을 주민에서 뚜렷이 부각시키고 이것을 다시 한 번 주민 속에 용해해 넣는 것은 언제나 '우리'의 내적 체험이다. 이 감정이 깊어지면 깊어질수록 결합체의 생활력이 점점 더 강해져 간다. 민족 형태에는 정력적인 것, 무력한 것, 파괴할 수 없는 것 등이 있다. 이들 형태는 언어, 인종, 이름 및 토지를 바꿀 수 있고, 그 혼이 영속하는 동안 그 혈통 여하를 불문하고 모든 인간을 내적으로 자기 것으로 삼고 개조한다. 로마의 이름은 한니발 시대엔 민족을 표시하고, 트라야누스 시대엔 단지 주민을 표시하는 데 불과하다.

그럼에도 불구하고 많은 이유에서 민족과 인종이 하나로 묶인다 해도, 그것은 오늘날 관용(慣用)되고 있는 다윈 시대의 인종 개념을 의미하는 것은 아니다. 게다가 하나의 민족이 단순한 육체적 기원의 통일에 의해 통합되어 있고, 이 형태를 10세대 동안만이라도 보유할 수 있었을 것이라고 믿어서는 안 된다. 이 생리학적 기원이 단지 과학을 위해서만 존재하고 결코 민족의식을 위해 존재하지 않는다는 것, 그리고 어떤 민족도 아직 일찍이 이 '순혈(純血)'이라는 이상에 감격한 일이 없다는 것은 아무리 되풀이해도 부족하지 않다. 인종을 지닌다는 것은 물질적이 아니라 우주적인 것, 방향지워진 것이고, 운명이 느껴지는 조화이며, 역사적 존재에 있어서의 동등한 보조와 진행이다. 이 완전히 형이상학적인 박자의 불균형에서 프랑스인과 독일인 사이에서도, 독일인과 유태인 사이에서도 마찬가지로 강한 인종 증오가 생긴다.

그리고 다른 한편으로 동일한 고동(鼓動)에서 남녀간의 사랑, 증오와 동류인 참된 사랑이 태어난다. 인종을 지니지 않는 것은 이 위험한 사랑을 모른다. 오늘날 인도 · 게르만어를 사용하는 인간 집단의 일부가 어떤 인종 이상에 아주 가깝게 접근하고 있다 해도, 그것은 훈육의 결과로 생긴 이 이상의 형이상학적 힘을 의미하는 것이지 학자적 취미에 있어서의 인도 · 게르만 원시 민족을 의미하는 것은 아니다. 마찬가지로 아주 중요한 것은, 이 이상이 결코 전 주민 사이에 나타나지 않고 주로 그 전사(戰士)의 요소, 특히 순수한 귀족 사이에, 즉 역사적으로 이루어지는 것에 매혹되어 완전히 사실의 세계 속에서 사는 인간, 무엇인가를 바라고 감행하는 운명인 사이에 나타난다는 것이다. 바로 초기의 후대에는 내적으로나 외적으로 종족에서 벗어난 인간에 있어서는 지배계급에 들어가는 것이 어렵지 않고, 특히 부녀자가 그 '종'에 의해 선택되고 분명히 그 혈통에 의해 선택되지 않았음에도 불구하고, 또 오늘날에도 여전히 볼 수 있듯이 승려와 학자가 타인과 아마도 밀접한 혈통 관계를 맺고 있을 것임에도 불구하고 순수한 그들 사이에 나타나는 것은 가장 약한 것이다.[21] 강한 혼은 육체를 예술품처럼 길러 낸다. 로마인은 이탈리아 여러 종족의 아주 종류가 다른 혈통의 혼효 한가운데에서 에트루리아인도 아니고 라틴인도 아니며 일반적인 '그리스 · 로마'인도 아닌, 완전히 특종적으로 로마적인, 아주 강한 내적 통일성이 있는 한 인종을 구성하고 있다.[22] 한 민족태의 강점을 눈앞에서 역력히 보일 수 있

---

21) 그래서 그들은 정신적 귀족이라는 우둔한 개념을 발명한 것이다.
22) 일반적으로 완전히 외국 피의 인간인 해방민이 로마에서 시민권을 획득하고, 그리고 이미 켄소르 아피우스 클라우디우스(310)가 이전의 노예의 자식을 원로원에 넣었다 해도. 그들 가운데 하나인 하비우스는 당시 이미 Curulis aedilis(신전 관리관)가 되어 있었다.

는 것은 후기 공화 시대의 로마 흉상이다.

 나는 또 실례로서 페르시아인을 인용하겠다. 이것은 민족, 언어 및 인종에 관한 이들 학자적 관념의 오류를 낳게 한 가장 좋은 실례이다. 여기에 또한 아라비아 문화라는 유기체가 오늘날에 이르기까지 인정되지 않은 최후적인, 아마도 결정적인 근거가 있을 것이다. 페르시아어는 아리아어이다. 따라서 '페르시아인'은 '인도·게르만 민족'이다. 따라서 페르시아의 역사 및 종교는 '이란' 언어학의 주제인 것이다.

 우선 첫째로 페르시아어는 공통의 원시 언어에서 유래한 인도어와 동등한 언어인가, 아니면 단지 인도어의 한 방언에 불과한 것인가. 인도 원문의 고(古)베다어와 다리우스의 베히스툰 비명 사이에는 700년에 걸친 문자가 없고, 따라서 매우 신속한 언어 발전이 있다. 타키투스의 라틴어와 슈트라스부르크 서약(842년)의 프랑스어의 차이는 이보다 크지 않다. 그런데 2000년 중엽부터—즉 베다의 기사 시대부터—아마르나 서한과 보그하즈쾨이 기록집을 통해서 보면 무수한 '아리아' 인명과 신의 이름이 시리아와 팔레스타인에서 발견된다. 하지만 에드 마이어가 말하는 바에 따르면 이 이름들은 인도어이고 페르시아어가 아니며, 최근 발견된 수사(數詞)도 마찬가지라는 것이다. 페르시아인과 관련해서는 문제삼을 것이 없고, 나아가 우리 역사가가 말하는 의미에 있어서의 '민족'과 관련해서도 마찬가지이다. 서쪽을 향해 말을 타고 가고, 그 값비싼 무기, 승마를 가지고, 또 그 행위 충동을 가지고 노쇠한 바빌론 세계의 도처에서 하나의 힘임을 보여 준 것은 인도의 영웅이었다.

 600년 이후에 이르러 정치적으로 통일된 농민적이고 야만적인 주민으로 이루어진 소지방 페르시스가 이 세계 한가운데에 나타났다. 헤로도토스가 전하는 바에 따르면 이 종족 가운데 단 세

개만이 참된 페르시아 국민이었던 것 같다. 그 기사들의 언어는 이 산 속에 보존되어 있었을까. 그리고 '페르시아인'은 지명이고, 그것이 민족명으로 바뀐 것일까. 마찬가지로 아주 비슷한 메디아인은 단지 하나의 땅 이름을 취하고 있었던 것이고, 그 땅의 전사로 이루어지는 상층은 커다란 정치적 성공의 결과로 자기를 단위로 느끼는 것을 배운 것이다. 사르곤과 그 후계자(700년경)의 아시리아어 문서에는 비(非)아리아 지명 외에 예외 없이 지도적인 인물명이 있는데, 다수의 '아리아' 인명이 있다. 티글라트 필레세르 4세(745~727년)는 그 민족을 흑발(黑髮)이라 칭하고 있다. 키루스와 다리우스의 '페르시아 민족'은 그 후에 이르러 비로소 조상을 달리하고 있지만 체험에 의해 강하게 통일된 인간으로 형성될 수 있었던 것이다. 그러나 마케도니아인이 겨우 2세기 뒤에 그 지배를 종식시켰을 때——이 형태를 이룬 페르시아인이 일반적으로 여전히 존재하고 있었을까. 900년경 이탈리아에서 실제로 아직 랑고바르드 민족이 존재했을까. 확실한 것은 페르시아 제국어가 널리 유포되고, 페르시스에서 수천의 장년 남자가 군사적·행정적 임무의 광대한 범위에 배분되고, 그 결과 페르시아 국민이 오래 전부터 붕괴되고 그 대신 페르시아 이름을 지닌 자로서 자기를 정치적 통일로 느끼는 상층이 놓여졌지만, 극히 소수의 인간만이 페르시아 출신의 선조를 갖고 있는 데 불과했던 것이다. 아니, 페르시아사의 활동 무대로 간주될 수 있는 땅은 일찍이 한 번도 존재한 적이 없었다. 다리우스에서 알렉산드로스에 이르는 사이의 사건은 일부는 북메소포타미아, 즉 아람어를 쓰는 주민 사이에서 일어나고, 일부는 고대 시네아르에서 일어났던 것으로, 아무튼 페르시스는 아니었다. 그 페르시스에서는 크레르크세스가 착수한 화려한 건물이 전혀 계속 건축되지 않았다. 파르티아인은 몽골종으로 페르시아어를 채용하고, 그리고 주민

사이에서 페르시아 국민 감정을 자기 속에 체현하려고 애썼던 것이다.

그런데 여기에서 문제로 나타나는 것은 페르시아 언어와 인종 외에 종교이다. 학자는 당연한 것처럼 언어와 종교를 한데 묶고, 따라서 인도와 끊임없이 관계시키며 이것을 다루고 있다. 그러나 이 육상 바이킹들의 종교는 보그하즈쾨이 본문의 한 쌍의 신(神)인 미트라 바루나와 인드라 나사티아가 증명하듯이 베다교와 근친이 아니고 동일한 것이다. 그리고 이 바빌론의 세계 속에서 유지된 종교의 내부에 바야흐로 조로아스터가 개혁자로 하층민 속에서 나타났다. 그가 페르시아인이 아니었다는 것은 주지의 사실이다. 그가 창조한 것——나는 그것을 증명하고 싶은데——은 베다 종교를 아주 희미하지만 이미 마기적인 종교성이 준비되고 있었던 아람적 세계 사고의 여러 형태 속에 가져온 것이다. 인도 신앙의 신들인 daevas는 셈 신앙의 신령이 되고, 아라비아인의 dschins가 되고 있다. 야훼와 바알세불은 완전히 아람적인, 즉 윤리적, 이원론적 세계감정에서 생긴 농민 종교에 있어서의 아후라 마즈다와 아리만에 다름 아니다. 에드 마이어는 인도 세계관과 '이란' 세계관의 구별을 완전히 올바르게 기록했지만, 잘못된 전제의 결과로 그 기원과 관련해 알아낸 것이 없는 것이다. 조로아스터는 마찬가지로 또한 동시에 모세·가나안적 민간 신앙을 변화시킨 이스라엘 예언자들의 여행 동반자이다. 세계 종말론이라는 것은 모든 페르시아와 유태 종교의 공동재이고, 그리고 파르티아 시대의 아베스타 본문이 본래 아람어로 씌이고, 이어서 펠레비어로 번역된 것이라는 사실에 주목해야 한다.

그러나 이미 파르티아 시대에는 유태인이나 페르시아인 사이에서 국민의 개념을 더 이상 종족의 소속에 의해 결정하지 않고 정교(正敎)에 의해 결정하는 저 깊은 내적 변화가 완성되었다. 마즈다 신앙으로 귀의한 유태인은 이것을 통해 페르시아인이 되었다. 그리스도 교도가 된 페르시아인은 네스토리우스파의 '민족'에 속했다. 북메소포타미아——아라비아 문화의 모태인——의 극히 조밀한 주민은 인종과는 아무 관계도 없고 언어와도 거의 관계가 없다는 의미에서 일부는 유태 국민이고, '불신자'는 그리스도 출생 때조차도 비페르시아인, 또 비유태인을 일컫는다.

이 국민이 사산조 제국 '페르시아 민족'이다. 이와 관련해 펠레비어와 헤브라이어가 동시에 사멸하고, 아람어가 양 공동체의 모어가 되고 있다. 아리아인 또는 셈인이라는 명칭을 사용하려 한다면, 아마르나 서한 시대의 페르시아인은 아리아인이었지만 '민족'은 아니고, 다리우스 시대에는 민족이지만 인종은 아니며, 사산조 시대에는 신앙 공동체이지만 셈 혈통이었다. 아리아 종족에서 갈라져 나온 페르시아 원민족이란 존재하지 않고, 또 일반적인 페르시아사(史)라는 것도 존재하지 않는다. 그리고 단지 약간의 언어 관계에 의해 연계되어 있는 세 개의 다른 역사에서 통일적인 무대가 존재한 적이 일찍이 한 번도 없었다.

17

마지막으로 이것에 의해 민족 형태학의 토대가 구축되었다. 이 형태학의 본질이 인식되자마자, 역사의 민족 흐름 속에서 내적 질서가 발견된다. 민족은 언어적 단위도, 정치적 단위도, 동물적 단위도 아니고 혼적인 단위이다. 바로 이 감정에 바탕을 두고 나는 여기서 문화 이전, 문화 내, 문화 이후의 민족을 구별한다. 문화 민족이 그 밖의 민족보다 명확한 존재라는 것은 예로부터 느껴진 사실이다. 문화 민족에 앞서는 것을 나는 원시 민족이라 이름붙인다. 이것은 저 한없이 동요하는 이질적인 단체이고, 사물이 변전(變轉)하는 사이에 별로 주목할 만한 규칙도 없이 형성되고 또 해체되며, 마지막으로 아직 태어나지 않은 문화를 예감해 (예컨대 호메로스 전 시대, 기원전 시대, 게르만 시대에 있어서와 같이) 무리를 이루는 주민을 점점 명료해져 가는 유형의 층 속으로 통합해 내지만, 그 주민의 인종은 거의 변하지 않는다. 이런 층의 연속은 킴브리족과 테우톤족에서 시작되어 마르코만니족과 고트족을 거쳐 프랑크인, 랑고바르드인, 작센인에 이른다. 원시 민족은 셀레우코스조 시대의 유태인, 페르시아인, '바다 민족', 메네스 시대의 이집트의 여러 군현이다. 나는 문화 뒤에 오는 것의 극히 유명한 실례로서 로마 시대 이래의 이집트인을 들고, 이것을 펠라흐 민족이라 이름붙인다.

 10세기에 이르러 파우스트적인 혼이 갑자기 눈을 뜨고 무수한 형태를 취하며 나타나고 있다. 이들 형태 속에서 장식과 건축과 나란히 뚜렷한 특색이 있는 민족 형식이 생겨나고 있다. 카롤링조 제국의 여러 민족 형성에서, 즉 작센인, 슈바벤인, 프랑크인, 서고트인, 랑고바르드인에서 갑자기 독일인, 프랑스인, 스페인인, 이탈리아인이 생겼다. 오늘날까지의 모든 역사 연구는 의식하든 의식하지 않든 이 문화 민족들을 그 자체로 존재하는 것, 1차적인 것으로 간주하고, 문화 자체를 2차적인 것으로 보고 그들의 산물로 다루었다. 인도인, 그리스인, 로마인, 게르만인은 단지 역사의 창조적 단위로 여겨지고 있었다. 그리스 문화는 헬라스인의 일이었다. 따라서 헬라스인은 이미 아주 일찌감치 헬라스인으로서 존재하지 않으면 안 되었다. 즉 다른 데서 이주해 온 존재이지 않으면 안 되었다. 창조자와 창조와 관련해 다른 식으로는 생각할 수 없는 것처럼 여겨졌다.

 나는 여기에 존재하는 사실에서 반대의 결론이 얻어진다는 것을 결정적인 발견으로 인정한다. 큰 문화는 완전히 시원적인 것이며 정신태의 가장 깊은 근원에서 일어나는 것으로서, 이것은 극히 엄밀히 확정되지 않으면 안 되는 것이다. 이에 반해 문화의 고삐 안에 있는 민족은 그 내적 형식과 그 모든 현현(顯現)에 의해서도 이 문화의 창조자가 아니라 그것의 산물이다. 인류를 재료로 붙잡아 이것을 형성하는 이들 생산물은 예술종이나 사고법과 똑같이 양식과 양식사를 지닌다. 아테네 민족은 도리스식 신전과 마찬가지로, 영국인은 근대 물리학과 마찬가지로 하나의 상징이다. 아폴론 양식, 파우스트 양식, 마기적 양식의 민족이 있다. '아라비아인'이 아라비아 문화를 창조한 것이 아니다. 오히려 그리스도 시대에 시작된 마기적 문화가 그 최후의 큰 민족 창조로서 유태, 페르시아 민족과 마찬가지로 이슬람이라는 신앙 공동체를 대표하는 아라비아 민족을 낳은 것이다. 세계사는 대문화의 역사이다. 그리고 민족은 단지 상징적 형태에 불과하며, 이 문화의 인간은 이들 형태 속에 모여 자기의 운명을 실현하는 것이다.

  이들 각각의 문화 속에는, 멕시코 문화, 중국 문화, 인도 문화, 이집트 문화의 속에는 우리의 지식이 미치든 미치지 않든 완전히 같은 양식의 일군의 대민족이 있다. 이 무리는 초기 시대의 초엽에 생기고, 국가를 형성하고 역사를 담당하면서 발전의 전 과정에서 자기의 기초적 형태를 하나의 목표를 향해 전진시켜 간다. 그들은 서로 전혀 다르다. 아테네인과 스파르타인, 독일인과 프랑스인, 진나라와 주나라의 대립보다 격렬한 대립은 생각할 수 없을 것 같다. 그리고 모든 전쟁사가 가르치는 바에 따르면 역사적 결정을 야기하는 최상의 수단은 국민적 증오이다. 그러나 문화와 인연이 없는 민족이 시계(視界) 안에 나타나자마자 혼으로서의 근친이라는 강렬한 감정이 도처에서 눈을 뜬다. 그리고 내적으로 어떤 문화에 속해 있지 않은 인간으로서의 야만인이라는 개념이 이집트의 군현(郡縣) 민족 사이에서도, 중국의 국가 세계에서도 그리스·로마에서와 마찬가지로 아주 명료하게 나타나 있다. 형식의 에너지는 아주 강대해 인근 여러 민족을 붙잡아 이들을 개조시킬 정도이다——이런 것이 로마사에 나타난 반(半)그리스·로마 양식의 민족으로서의 카르타고인이고, 우리 역사에 나타난 대카탈리나 여왕에서 표트르의 차르 정치의 몰락에 이르는 서양 양식의 민족으로서의 러시아인이다.

　어느 문화의 양식을 만들고 있는 민족을 나는 국민이라 명명하고, 이 말에 의해 그 이전과 그 이후의 형태에서 이것을 구별한다. 모든 큰 단체 속에서 이 가장 중요한 것을 내적으로 결합시키는 것은 단지 '우리'라는 강한 감정만이 아니다. 국민의 기초를 만드는 것은 하나의 이념이다. 그 전체 존재의 흐름은 운명에 대해, 시간에 대해, 또 역사에 대해 극히 깊은 관계를 갖지만, 이 관계라는 것은 각각 개개의 경우에 따라 다르고, 게다가 인종, 언어, 땅, 국가, 종교와 민족태의 관계를 결정하는 것이다. 중국 민족과 그리스·로마 민족의 정신이 구별되듯이, 중국과 그리스·로마 역사 양식도 구별된다.

　원시 민족과 펠라흐 민족이 체험하는 것은 저 자주 이야기된 동물학적 흥륭과 쇠퇴이고, 아무 목표도 없고 아무 절도 있는 기간도 없으며, 아주 많은 일이 일어나지만 중요한 의미에서는 결국 아무 일도 일어나지 않는 그런 무계획적인 사건이다. 역사적인 민족, 즉 자기 존재가 세계사인 민족만이 국민이다. 그 의미가 충분히 이해되어야 한다. 동고트는 큰 운명을 겪었다. 그런데도——내적으로는——아무 역사도 지니지 않았다. 그들의 전투와 이주는 아무 필연이 아니었다. 그것은 삽화적이었다. 그들의 종말은 무의미했다. 1500년경 미케네와 티린스에서 생활했던 것은 아직 국민이 아니고, 미노스의 크레타에서는 더 이상 전혀 그렇지 않았다. 티베리우스는 로마 국민을 역사적으로 지도하고 이들의 역사를 위해 구제하려 애쓴 최후의 지배자였다. 마르쿠스 아우렐리우스는 사건은 지니고 있었지만 이미 아무 역사도 지니고 있지 않았던 로마 주민을 방어하는 데 그친다. 메디아 민족, 혹은 아카이아 민족, 혹은 훈 민족이 몇 세대에 걸쳐 존재하고 있었던가, 이에 선행하고 또 뒤를 잇는 종족이 어떤 민족 단체를 만들어 살고 있었던가는 결정해서도 안 되고, 또 의거해야 할 아무런 근거도 없다. 그러나 한 국민의 수명은 정해져 있다. 그리고 그 역사를 실현시키는 보폭과 박자도 마찬가지이다. 주나라 왕조 초기부터 시황제의 치세에 이르기까지, 트로이 전설의 기초가 되고 있는 사건에서 아우구스투스에 이르기까지, 티니스 시대에서 제18왕조에 이르기까지의 세대수는 대략 똑같다. 솔론에서 알렉산드로스에 이르기까지, 루터에서 나폴레옹에 이르기까지의 문화의 후기는 대략 10세대 이상은 되지 않는다. 순수한 문화 민족의 운명, 이와 함께 세계사 일반의 운명은 이런 기간 내에 실현된다. 로마인, 아라비아인, 프로이센인은 후기에 태어난 국민이다. 파비우스 가나 유니우스 가의 어느 정도의 세대가 칸나에 시대에 이미 로마인으로 살아가고 있었을까.

　그러나 국민은 참된 도시 건설 민족이다. 국민은 성채 속에서 태어나 도시와 함께 성숙하고, 그 세계의식과 사명의 정상에 이르고 세계도시에서 소멸한다. 각 도시상은 성격을 지니고, 또 국민적 성격도 지닌다. 촌락은 완전히 인종적이며 아직 이것을 지니지 못하고, 세계도시는 이미 지니고 있지 않다. 한 국민의 모든 공적 존재를 어떤 색채로 물들이고, 나아가 아주 작은 외모조차 특징으로 높이는 이 본질이 얼마나 강하고, 얼마나 자주적이며, 얼마나 고독한지는 상상도 할 수 없다. 두 개의 문화 혼 사이에 서로 통할 수 없는 간격이 있고, 그 때문에 인도인 또는 중국인을 전적으로 이해하는 것이 서양의 인간으로서 바랄 수도 없는 일이라면, 이것은 완성된 국민에 대해서도 최고도로 해당되는 것이다. 각 국민이 서로 거의 이해할 수 없다는 것은 개인의 경우와 마찬가지이다. 각 국민이 이해하는 것은 단지 타국민에 대해 스스로 창조한 상뿐이다. 그리고 소수의 완전히 고립된 식자(識者)가 보다 깊이 통찰한다. 각 그리스 민족은 이집트인을 상대로 할 때는 서로 근친이고 일체라는 것을 느꼈을 것이 틀림없지만, 서로는 결코 이해하지 못했다. 아테네 정신과 스파르타 정신의 대립보다 심한 대립이 있을까. 독일, 프랑스, 영국의 철학사고 방법은 베이컨, 데카르트, 라이프니츠 이후에 이르러 비로소 생긴 것이 아니라 이미 스콜라 철학 속에 존재하고 있었던 것이다. 그리고 근대 물리학과 화학에 있어서조차 과학적 방법, 실험과 가설의 선택과 종류, 연구의 방향과 목표에 대한 의미 등이 각 국민마다 현저히 다르다. 독일과 프랑스의 신앙, 영국과 스페인의 도덕감, 독일과 영국의 풍습, 이들 사이에 존재하는 간격은 엄청나고, 거기에서 모든 타국민의 가장 내적인 것은 자국의 평범한 인간, 즉 여론에 영원한 비밀이고 끊임없는 중대한 오류의 원천이다. 로마 제정 시대에는 도처에서 서로 이해하는 것이 시작되었다. 그러나 바로 그 때문에 그리스·로마 여러 도시에서 서로 이해할 만한 것이 이미 없어졌던 것이다. 이들 인간은 상호 이해를 가지고 국민으로서 살아가는 것을 중단했다. 그와 함께 역사적이길 그만둔 것이다.

 이런 체험들의 깊이 때문에 한 민족 전체가 한결같이 문화 민족이고 국민이기가 불가능한 것이다. 원시 민족에 있어서는 각 개인은 민족적 결합이라는 동일 감정을 지니고 있다. 그러나 한 국민이 자기 의식에 눈뜨는 것은 예외 없이 단계적으로 일어나는 것이고, 따라서 주로 최강의 혼을 지니고 그 체험의 힘에 의해 타인을 속박하는 특수한 계급 속에 생긴다. 모든 국민을 역사 앞에서 대표하는 것은 소수이다. 초기 시대의 초엽에는 그것은 여기에, 게다가 민족의 정화로서 생긴 귀족이고, 그 사회에서는 무의식적이면서도 그 우주적 박자에서 점점 더 강력하게 느껴지는 국민적 성격이 대양식을 보유하고 있다. '우리'는 2700년의 이집트 봉건 시대에서도, 그리고 1200년의 인도 및 중국의 그것에서도 기사 계급이다. 호메로스의 영웅은 즉 다나오스인이다. 노르만의 남작은 곧 영국이다. 나아가 약간 고(古)프랑크적인 생시몽 공은 늘 "전 프랑스는 왕의 아치형 방에 모여 있었다"고 말했다. 그리고 로마와 원로원이 실제로 동일할 때가 있었다. 도시와 함께 시민사회는 국민적인 것의 소유자가 되고, 게다가 지성의 발달에 따라 국민 의식을 귀족에게서 인계받아 이것을 완성시키고 그 소유자가 된다. 민족을 대표하여 생활하고 느끼고 행동하고 그리고 죽는 것을 아는 것은 언제나 무수한 단계를 이루고 있는 특수한 패거리이다. 그러나 이들 패거리가 점점 더 커져 간다. 18세기에 국민이라는 서양의 개념이 생겼는데, 이 개념은 예외 없이 각 사람에 의해 대표되어야 할 요구를 내걸고 경우에 따라서는 강력하게 이것을 추구했다. 사실 주지하듯이 망명 귀족도 자코뱅 당원도 저마다 자기가 프랑스 국민의 민중이고 대표자라고 확신하고 있었다. '만인'과 일치하는 문화 민족은 존재하지 않는다. 그것이 가능한 것은 원시 여러 민족과 펠라흐 여러 민족뿐이고, 깊이가 없고 역사적 가치가 없는 민족의 현존재뿐이다. 민족이 국민이고 한 국민의 운명을 실현하는 동안, 그 민족 안에는 만인을 대표하고 자기의 역사를 대표하며 이것을 완성하는 소수가 존재하고 있다.

18

　그리스·로마 여러 국민은 그 문화의 정력학적, 에우클레이데스적 혼에 어울리게 생각할 수 있는 한 작은 체구적 단위이다. 국민은 헬라스인이나 이오니아인이 아닌 각 도시의 데모스이고, 위를 향해서는 영웅의 유형에 대해, 아래를 향해서는 노예에 대해 법률적으로, 따라서 국민적으로 한정되어 있는 성인의 결합이다.[23] 어떤 땅의 주민이 자기들의 마을을 내팽개치고 도시로 몰려든다는 저 불가사의한 초기 시대의 과정인 시노이키스모스가 자기 의식에 도달한 그리스·로마 국민이 국민으로서 구성되는 순간이다. 호메로스 시대[24]부터 대식민 시대에 이르기까지 이 국민 형성이 어떻게 확보되고 있는지도 역시 추구될 수 있다. 이 형식은 완전히 그리스·로마적 원상징에 상당하고 있다. 각 민족은 보일 수 있고, 그리고 전망할 수 있는 체구이고, 지리적 공간의 개념을 철저하게 부정하는 $σω̃μα$이다.

　그리스·로마사에서는 이탈리아의 에트루리아인이 신체적으로 혹은 언어적으로 바다 민족 중에서 이 이름을 지니는 자와 동일한가 어떤가, 혹은 펠라스고이 또는 다나오이라는 호메로스 이전의 단위와, 후기의 도리스 또는 헬레네스의 이름의 소유자 사이에 어떤 관계가 있었는지는 아무래도 좋다. 1100년경에 아마도 도리스와 에트루리아 원시 민족이 존재하고 있었겠지만, 도리스 국민과 에트루리아 국민은 전혀 존재하지 않았다. 토스카나와 펠

---

23) 노예는 국민에 속하지 않는다. 비시민을 도시 군대에 편입시키는 것은 위급할 경우 필연적인 것이지만, 이것은 당연히 국민적 사상의 동요로 느껴졌다.
24) 이미 이탈리아는 소규모로, 또 최소규모로 자기를 민족으로 느끼는 경향을 나타내고 있다.

로폰네소스에 존재하고 있었던 것은 단지 도시국가에 지나지 않는다. 즉 국민적인 점(點)이며, 식민 시대에는 이주에 의해 증가할 수 있었지만 확대될 수는 없었다. 로마의 에트루리아 전쟁은 언제나 하나의 도시 혹은 다수의 도시에 대해 행해졌다. 그리고 페르시아인이든 카르타고인이든 그 '직면하는' 국민이라는 것은 이런 종류 이외의 것은 아니었다. 18세기의 관용(慣用)을 오늘날에도 빌려 와 '그리스인과 로마인'에 대해 논하는 것은 완전히 오류이다. 우리 의미에서의 그리스 '민족'은 오해이다. 그리스인은 이 개념을 전혀 몰랐다. 650년경 나타난 헬레네스라는 이름은 민족을 표시하는 것이 아니라 이방인에 대해 여러 국민의 합계를[25] 표시하는 것이다. 그리고 순수한 도시 민족인 로마인은 자신의 제국을 무수한 국민적인 여러 점의 형태로밖에 '생각할' 수 없었다. 이것이 civitates(도시)이고, 로마인은 그 제국 내의 모든 원시 민족을 법률적으로도 그 안에 용해해 들인 것이다. 이 형태를 이룬 국민 감정이 소멸하는 순간, 그리스·로마의 역사 또한 종말을 고한 것이다.

 미래의 역사 연구의 가장 곤란한 임무가 될 만한 것은, 그리스·로마 후기 시대에 마기적 국민 감정이 점점 강하게 하나로 모이는 사이에 어떻게 그리스·로마 여러 국민이 어느 틈에 소멸하는가를 지중해의 동방 여러 나라에서 세대에서 세대에 걸쳐 추적하는 일이다.

 마기적 양식의 국민은 신앙자의 공동체이고, 구제에 이르는 바

---

25) 플라톤도 아리스토텔레스도 그 정치적 저작 속에서 이상적 민족을 도시국가 형식으로밖에 생각할 수 없었던 것에 주목해야 한다. 그러나 마찬가지로 18세기 사상가인 샤프츠베리나 몽테스키외 등이 '그리스·로마인'을 국민으로 보고 있었던 것은 당연하다. 다만 우리는 이 점과 관련해 그 이상으로 나아가야 한다.

른길을 알고, 이 신앙의 이지마(idjma)에 의해 내적으로 결합된 만인의 단체이다. 사람은 시민권의 소유에 의해 그리스·로마 국민에 속하고, 어떤 성례(聖禮) 행위에 의해 마기적 국민에 속한다——유태 국민의 경우에는 할례, 만다야교 국민 또는 그리스도교 국민의 경우에는 완전히 특정한 세례 방법을 통해서이다. 그리스·로마 민족이 외국 시민으로 보는 자는 마기적 민족이 불신자로 보는 자이다. 그들과는 왕래도 결혼도 하지 않는다. 그리고 이 국민적 격리가 얼마나 넓어져 갔는지 팔레스타인에서 유태교적 아람 방언과 그리스도교적 아람 방언이 따로따로 형성되었을 정도이다. 파우스트적 여러 국민은 사실 어떤 종류의 종교성과 결부되어 있기는 하지만, 어떤 고백과 필연적으로 결부되어 있지는 않다. 그리스·로마 국민은 결코 개개의 종의와 배척 관계를 갖고 있지 않다. 하지만 마기적 국민은 교회의 개념과 단순히 합치하고 있다. 그리스·로마 국민은 한 도시와 결합하고, 서양 국민은 땅과 내적으로 결합되어 있다. 아라비아 국민은 조국도 모국어도 인정하지 않는다. 그 세계감정의 표현은 단지 문자에 불과하고, 각 '국민'은 성립하자마자 그 특유한 문자를 발전시킨다. 그러나 바로 그 때문에 말의 가장 완전한 의미에서의 마기적 국민 감정은 극히 내적이고 또 확고하며, 고향의 개념이 없는 것을 깨닫는 우리 파우스트적 인간에게 완전히 수수께끼 같은, 또 기분 나쁜 느낌을 준다. 이 암묵상의 자명한 결합(예컨대 서양 여러 민족 사이에 있어서의 오늘날의 유태인)은 아라비아인이 다룬 '고전적' 로마법 속에 법인(法人)의 개념으로서 들어온 것이다. 이 법인은 마기적 공동체의 의미에 다름 아니다. 추방 이후 유태교는 법인이라는 개념이 발견되기 오래 전부터 한 개의 법인이었다.

  이 진화 이전의 원시 민족은 주로 부족 공동체이다. 그 속에서 헤아려질 만한 것은, 기원전 1000년 초엽 이후 나타나고 기원전 100년경 그 이름이 소멸한 남아라비아의 미네아인, 마찬가지로 1000년경 부족군으로 나타나고 625~539년에 바빌론 세계를 지배한 아람어를 쓰는 칼데아인, 추방 이전의 이스라엘인,[26] 키루스의 페르시아인 등이다. 그리고 이 형식이 주민의 감정에서 아주 강해서, 알렉산드로스 이후 도처에서 발전하고 있었던 승려 계급이 망각되어 버린 부족, 혹은 가공의 부족 이름을 붙일 정도이다. 즉 그들은 유태인과 남아라비아의 사바인 사이에서는 레위인이라 불리고, 메디아인과 페르시아인 사이에서는 마기족——절멸한 메디아의 부족——이라 불리고, 신바빌론 종교의 귀의자 사이에서는 마찬가지로 붕괴한 부족군을 좇아 칼데아인이라 불리고 있다. 그러나 여기에서도 모든 다른 문화에서와 마찬가지로 국민적 공동 감정의 정력(精力)이 이들 원시 민족의 낡은 조직을 마침내 완전히 극복했다. Populus Romanus, 즉 로마 국민 속에 아주 다른 혈통으로 이루어지는 민족 부분이 포함되어 있는 것은 의심할 나위도 없고, 또 프랑스 국민은 살리안프랑크와 마찬가지로 로만 토착민과 고(古)켈트 토착민을 받아들이고 있었다. 마찬가지로 마기적 국민은 더 이상 혈통을 구별적인 특징으로 인정하지 않는다. 이것은 아주 완만히 완성되었다. 그리고 마카베우스 시대의 유태인 사이에서는 마호메트의 초기 후계자 사이에서와 같이 부족이 여전히 큰 역할을 하고 있다. 그러나 탈무드 시대의 유태인처럼 이 세계의 내적으로 성숙된 문화 민족에 있어서는 그것은 이미 아무런 의미도 지니지 않는다. 이 신앙에 속하는 자는 이 국민에 속하는 자이다. 그 이외의 특징을 인정하는 것은 단지 그

---

26) 그 당시 모압인, 아말렉인, 이스마엘인 등과 상당히 같은 형태의, 헤브라이어를 쓰는 주민을 형성하고 있었던 에돔 여러 종족의 산만한 무리.

것만으로도 모독적인 일이 될 것이다. 아디아베네 공작[27]은 원시 그리스도교 시대에 그 전 민족을 이끌고 유태교로 개종했다. 따라서 그들은 유태 국민에 합체된 것이다. 이것은 그 당시 대부분이 유태교도가 되어 있었음에 틀림없는 아르메니아 귀족은 물론, 코카서스의 여러 부족에게도 말할 수 있는 것이고, 다른 한편으로는 남방의 아라비아의 베두인족과 그들을 넘어 차드 호에 이르는 아프리카 여러 종족에게도 말할 수 있는 것이다. 그 증거는 아비시니아의 흑인 유태인인 팔라샤이다. 국민의 통일 감정은 분명히 이런 인종 구별에 의해 동요되지 않는다. 유태인 사이에서 오늘날에도 한눈에 전혀 다른 인종을 구별할 수 있다는 것, 또 동유럽의 게토에서 구약적 의미에서의 '부족'이 분명히 인정된다는 것은 확실하다. 그러나 이것이 국민을 구별하는 것은 아니다. 폰 에케르트에 따르면 서유럽적 유태형은 비유태적 코카서스 여러 민족 사이에 완전히 보편적으로 퍼져 있는 데 반해, 바이센베르크에 따르면 장두형(長頭形)의 남아라비아 유태인 사이에서는 거의 존재하지 않는다. 남아라비아의 묘석 조각(彫刻)의 사바인의 두부는 거의 로마적 혹은 게르만적이라 해도 좋은 인간종을 나타내고 있다. 적어도 그리스도 출생 이래 전도에 의해 생긴 유태인은 이 인간종에서 유래하고 있는 것이다.

그러나 이 부족으로 이루어지는 원시 민족이 해체되어 페르시아인, 유태인, 만다야 교도, 그리스도 교도 등의 마기적인 여러 국민이 된 것은 완전히 일반적으로, 또 대규모적으로 행해졌음에 틀림없다. 나는 이미 페르시아인이 그리스도교 기원이 시작되기 오래 전에 단지 종교적 공동체를 나타내고 있는 데 불과하다는 결정적인 사실을 지적했다. 그리고 그 숫자가 마즈다 신앙으로의

---

[27] 반 호(湖) 남쪽. 수도는 아르벨라이며, 이슈타르 여신의 옛 고향.

개종에 의해 무한히 증가한 것이 확실하다. 그 당시 바빌론 종교는 소멸했다. 즉 그 귀의자의 일부는 '유태인'이 되고, 일부는 '페르시아인'이 된 것이다. 그러나 거기에서 생긴 아스트랄교라는 것이 있다. 이것은 그 내적 본질에서 말하면 하나의 새로운 종교로 페르시아교나 유태교와 흡사한 것이다. 그것은 칼데아 이름을 지니고, 그 귀의자는 아람어를 쓰는 순수한 국민을 형성하고 있다. 이 칼데아・유태・페르시아적 국민의 아람 주민에서 바빌론의 탈무드, 그노시스, 마니교가 생긴 것은, 이슬람 시대에 이들 주민이 거의 완전히 아라비아 국민으로 변한 뒤 수피즘과 시아가 생겨난 것과 똑같다.

바야흐로 나아가 또 에데사에서 그리스・로마 세계의 주민이 마기적 양식의 국민으로서 나타나고 있다. 즉 동방의 표현법에 의한 '그리스인'이다. 이들은 혼효교적 종의에 귀의하고, 후기 그리스・로마 종교성의 이지마에 의해 통합된 모든 인간 전체이다. 헬레니즘 여러 도시의 국민은 더 이상 인정되지 않고 단지 '신비교 숭배자'의 한 신앙자 조합이 있을 뿐이다. 그들은 헬리오스, 주피터, 미트라, θεὸς ὕψιστος(최고신)의 이름 아래 일종의 야훼 또는 알라를 숭배하는 것이다. 그리스 양태는 전(全) 동방에서 확고한 종교적 개념이다. 그리고 그것은 그 당시의 현실에 딱 들어맞았다. 폴리스의 감정은 거의 소멸했다. 그리고 마기적 국민은 조국도 혈통의 통일도 필요로 하지 않는다. 투르케스탄에서, 또 인더스 강변에서 개종자를 구한 셀레우코스조 제국의 헬레니즘조차 그 내적 형식에서 말하면 추방 뒤의 유태교와 흡사했다. 플로티노스의 제자인 아람인 포르피리오스는 뒤에 이 그리스 양태를 그리스도교와 페르시아교에 의해 종의 교회로 조직하려 했다. 그리고 율리아누스 황제는 이것을 국가 교회로 높였다. 이것은 단지 종교적 행위에 그치지 않고, 특히 국민적 행위이기도

하다. 유태인이라 하더라도 솔 또는 아폴론에 희생을 바칠 때에는 그리스인이 된 것이다. 거기에서 플로티노스의 스승이고, 또 아마도 오리게네스의 스승일 암모니오스 사카스(242년 사망)는 '그리스도 교도에서 그리스인으로' 바뀌었다. 또 로마 법학자 울피아누스[28]와 마찬가지로 티루스 출신의 페니키아인이고, 본명이 마르쿠스였던 포르피리오스도 마찬가지이다. 법학자와 관리는 이 경우 라틴 이름을 채용하고, 철학자는 그리스 이름을 채용한다. 그들을 그리스·로마 도시 국민의 의미에서의 로마인과 그리스인으로서 다루려 한다면, 오늘날 문헌학적 관점이 지배하는 역사 연구와 종교 연구에서는 이것으로 충분하다. 그러나 위대한 알렉산드리아인 가운데 얼마나 많은 사람이 단지 마기적 의미에서의 그리스인이었는지 모를 것이다. 플로티노스와 디오판토스는 아마도 그 출생에 의해 유태인이었을까, 아니면 칼데아인이었을까.

그러나 마찬가지로 그리스도 교도도 각각 처음부터 자기를 마기적인 양식의 국민으로 느끼고 있었다. 그리고 그들은 다른 국민, 즉 그리스인('이교도')과 유태인에 의해 그렇다고 인정받고 있었다. 후자는 완전히 논리적으로 그 유태교로부터의 탈퇴를 대모반이라 보고, 전자는 그리스·로마 여러 도시로의 전도적(傳道的) 침입을 정복으로 보았다. 그러나 그리스도 교도는 타교도를 $\tau\grave{\alpha}\ \acute{\epsilon}\theta\nu\eta$(종족, 이교도)라 칭하고 있었다. 그리스도 단성론자와 네스토리우스 교도가 정교에서 분리되었을 때, 새 교회와 함께 새 국민이 생겼다. 네스토리우스 교도는 1450년 이래 마르 샤문이 지배하게 되었다. 마르 샤문은 민족의 공작(公爵)인 동시에 총교주이고, 술탄과 상대해 일찍이 유태의 레슈 갈루타가 페르시아 제국에서 지니고 있었던 위치를 정확히 차지하고 있었다. 뒷날의

---

28) 디게스타(학설유집), 유스티니아누스 법전 50, 15.

그리스도 교도 박해를 이해하려 한다면, 이 완전히 확정된 세계 감정에서 유래하고, 따라서 자명하게 존재하는 국민 의식을 간과해서는 안 된다. 마기적인 국가는 올바른 믿음이라는 개념과 떼려야 뗄 수 없이 결합되어 있다. 칼리프제, 국민과 교회는 하나의 내적 통일을 이루고 있다. 아디아베네는 국가로서 유태교로, 오스로에네는 이미 200년경 그리스 양태에서 그리스도교로, 아르메니아는 6세기에 그리스 교회에서 그리스도 단성론 교회로 개종했다. 이에 의해 국가는 법인으로서의 정신도(正信徒)의 공동체와 동일하다는 것이 그때마다 밝혀지고 있다. 그리스도 교도가 이슬람 국가에서 생활하고, 네스토리우스 교도가 페르시아 국가에서 생활하고, 유태인이 비잔티움 국가에서 생활할 때, 그들은 불신자로서 그 국가에 속하지 않고, 따라서 자기 자신의 재판권에 위임된다(351쪽 이하). 그들의 경우에도 그 숫자를 믿고, 혹은 전도에 의해 국가와 정교회의 일치를 위협할 경우에는 그들을 박해하는 것이 국민적 의무가 된다. 그 때문에 페르시아 제국에서 처음에는 정교도('그리스인')가, 뒤에는 네스토리우스 교도가 박해 받았다. 디오클레티아누스는 칼리프──dominus et deus(주와 신)──로서 비그리스도 교도적 종의 교회와 제국을 결합시키고, 그리고 자기를 완전히 이 신자들의 지배자로 느끼고 있었기 때문에, 제2교회를 탄압하는 의무에서 벗어날 수 없었다. 콘스탄티누스는 '참된' 교회를 바꾸었다. 그리고 이에 의해 동시에 비잔티움 제국의 국민성을 바꾼 것이다. 이때부터 그리스 이름이 점점, 또 전혀 모르는 사이에 그리스도교 국민으로 옮겨 가고, 게다가 신자의 지배자로서의 황제가 승인하고, 대종의회의로 대표하게 하는 국민으로 옮겨 간다. 그 때문에 비잔티움 제국의 역사적 상에 있어서의 불분명한 점이 명확해진다. 즉 290년경 그리스·로마적 제국으로서 조직되었음에도 불구하고 처음부터 마기적 국가였던 것이다. 그리고 그 직후(312년 이래)에 이 국민 국가는 이름을 바꾸는 일 없이 국민을 바꾼 것이다. 그리스 인명(人名) 아래 처음에는 국민으로서의 이교주의가 그리스도교와 싸우고, 이어서 국민으로서의 그리스도교가 이슬람과 싸웠다. 후자, 즉 '아라비아' 국민에 대한 방어전에서 국민성이 점점 첨예하게 표시되었다. 거기에서 오늘날의 그리스인은 마기적 문화의 형성물인 것이다. 이것은 처음에는 그리스도 교회에 의해, 이어서 이 교회의 성스런 언어에 의해, 마지막으로 이 교회의 이름에 의해 발전된 것이다. 이슬람은 그 국민적 통일의 명칭으로서 마호메트의 고향에서 아라비아 이름을 가져왔다. 이 '아라비아인들'을 사막의 베두인족과 동일시하는 것은 오류이다. 이 정열적이고 또 강한 성격의 정신이 있는 새로운 국민은 새로운 신앙의 consensus에 의해 창조되었다. 그리스도교 국민, 유태 국민, 페르시아 국민과 마찬가지로, 이 국민은 인종의 통일도 아니고, 또 하나의 고향과 결부되어 있지도 않았다. 그러므로 그들은 '이주' 조차 하지 않았다. 오히려 그 거대한 팽창은 초기의 마기적인 여러 국민 대부분을 자기 단체 안에 끌어들임으로 해서 얻어진 것이다. 이들 여러 국민은 제10세기 말엽과 함께 모두 펠라흐 민족의 형태로 바뀌어 간다. 그리고 그 이래 터키 치하의 발칸 반도의 그리스도교 여러 민족, 인도의 파시(Parsi)와 서유럽 유태인은 펠라흐 민족으로 생활해 온 것이다.

파우스트적 양식의 여러 국민은 오토 대제 이래 점점 명확한 형태를 이루며 나타나고, 그리고 곧 카롤링조 시대의 원시 민족을 해체시키고 있다.[29] 1000년에는 이미 더욱 중요한 인간이 도처

---

29) 내가 확신하는 바에 따르면, 주나라 시대의 초기에 중부 황하 지역에서 많이 생긴 중국 여러 국민, 그리고 이집트 고제국 군현의 여러 민족(그

에서 독일인, 이탈리아인, 스페인인 혹은 프랑스인으로서 자각하고 있었다. 그렇지만 겨우 6대 전의 그들 조상은 그 혼의 깊은 밑바닥에서 프랑크인, 랑고바르드인, 혹은 서고트인으로 느끼고 있었던 것이다.

이 문화의 민족 형식의 기초를 만드는 것은 고트 건축과 미적분의 기초와 마찬가지로 공간적 및 시간적 의미에 있어서의 무한으로의 경향이다. 다른 쪽에서 보면 그 국민 감정이 포괄하는 지리적 시야가 초기 시대와 그 교통수단에 비해서는 거대하다고 말하지 않으면 안 되고, 다른 문화에는 이에 비견될 만한 것이 없다. 넓이로서의 조국, 개인이 그 경계를 거의 바라본 적이 없는데도 그 방위를 위해 죽음을 각오하고 있는 영토로서의 조국, 이 조국의 상징적 깊이와 힘은 다른 문화의 인간은 결코 이해할 수 없는 것이다. 마기적 국민은 이런 것으로서의 지상적 고향을 갖고 있지 않다. 그리스·로마 국민은 이것을 갖고 있지만, 그것은 자기가 그 위에 밀집해 있는 점에 불과하다. 이미 고트 시대에 아디제 강 계곡의 인간과 리타우엔 기사단의 성(城)의 인간으로 하여금 한 단체의 구성원임을 느끼게 하는 무엇인가가 현실에 존재하고 있었던 것은 고대 중국과 이집트에서는 생각할 수 없는 것이고, 이것은 데모스의 모든 구성원이 서로, 말하자면 끊임없이 주시하는 로마 혹은 아테네와 현저한 대조를 이루고 있다.

더욱 강대한 것은 시간적 의미에 있어서의 넋의 격정(激情)이다. 이 격정은 국민적 존재의 결과로서 생기는 조국의 이념에, 파우스트적 여러 국민 일반을 먼저 낳은 제2의 이념, 즉 왕조적

각각은 수도와 특별한 종교를 지니고, 로마 시대에조차 본격적인 종교전쟁을 서로 벌이고 있었다)은 그 내부 형식에서 말하면 그리스·로마 여러 국민과 아라비아 여러 국민보다도 서양 여러 민족에 보다 가깝다. 그러나 이런 문제의 연구 역시 전혀 주목받지 못하고 있다.

이념을 선행시켰다. 파우스트적 민족은 역사적 민족이고, 장소 혹은 consensus에 의해 결부된 것이 아니라 역사에 의해 결부되었다고 느끼는 공동체이다. 그리고 공동 운명의 상징과 소유자로서 지배자 가문이 뚜렷이 나타난다. 이집트인과 중국인에 있어서는 왕조는 전혀 다른 의미를 지니는 상징이었다. 여기에서는 그것은 의도하고 행위하고 있는 한, 시간을 의미한다. 사람이 있었던 것, 사람이 있으려 한 것, 그것은 한 종족의 존재 속에서 간취된 것이다. 이런 의미가 느껴지는 것은 극히 깊은 것으로, 한 통치자가 존엄을 잃어도 왕조적 감정을 동요시킬 수 없을 정도였다. 문제는 이념이지 사람이 아니다. 그리고 수천 명이 가계(家系)의 투쟁을 위해 신념을 갖고 죽음으로 달려가는 것은 바로 이 이념 때문에 일어난 것이다. 그리스·로마 역사는 그리스·로마의 눈으로 보면 순간에서 순간으로 일어나는 우연의 연쇄였다. 마기적 역사는 마기적 인간의 입장에서 보면 신이 설계한 세계 계획의 점진적인 실현이고, 이 계획은 창조와 몰락 사이에 여러 민족에서, 그리고 여러 민족에 의해 성취된 것이었다. 파우스트적 역사는 우리의 안목과 식견에서 보면 의식적 논리의 한 커다란 의욕이고, 그 완성에 즈음해서 모든 국민은 그 지배자에 의해 지도되고 대표된다. 그것은 인종의 용모이다. 그것은 증명될 수 없다. 그것은 그렇게 느껴질 뿐이다. 그러므로 게르만 이동 시대의 신하의 충성에서 발달해 고트 시대의 봉건적인 충성이 되고, 바로크의 충의(忠義)가 되고, 또 19세기의 단지 표면상으로만 비왕조적으로 보이는 국민 감정이 되었다. 봉신(封臣)과 국민의 무수한 선서 위반, 궁신(宮臣)의 아첨과 비굴한 복종의 영원한 연극이 있었다 해서 이 감정의 깊이와 위엄을 오해해서는 안 된다. 모든 커다란 상징은 혼적인 것이며, 다만 그 최고의 형식에서 이해될 수 있는 것이다. 교황의 사생활은 교황권의 이념과 아무 관계도 없다. 하인리히 사자공(獅子公)의 배반은 이 국민 형성 시대의 시대에 걸출한 지배자가 '자기' 국민의 운명이 자기 안에 체현되고 있는 것을 얼마나 강하게 느꼈는지를 증명하는 것이다. 이 배반은 이 운명을 역사 앞에서 대표하고, 그리고 때에 따라 그의 명예도 희생시키는 것이다.

서양의 모든 국민은 왕조적 기원을 갖고 있다. 로마네스크 건축과 초기 고딕 건축에 있어서조차 카롤링 왕조 시대의 원시 민족의 혼이 희미하게 보이고 있었다. 프랑스 고딕 양식이나 독일 고딕 양식이라는 것은 없고, 다만 살리프랑크 고딕 양식, 라인프랑크 고딕 양식, 슈바벤 고딕 양식이 있을 뿐이다. 마찬가지로 서고트——남프랑스와 북스페인을 포함해서——로마네스크, 랑고바르드 로마네스크, 작센 로마네스크가 있다. 게다가 이미 그 위에는 한 국민에의 귀속을 커다란 역사적 사명의 의미로 느끼는 종적인 인간 소수가 퍼져 있다. 십자군은 그들에서 비롯되고 있다. 그 안에는 실제로 독일 기사와 프랑스 기사가 있다. 그들이 자기 역사의 방향을 의식하고 있다는 것이 파우스트적 민족의 특징이다. 그러나 이 방향은 세대의 연속에 부착되어 있는 것이다. 인종 이상(理想)은 계보적 성질——이 점에서 유전설과 진화론을 지니는 다윈주의는 완전히 고딕적 문장학(紋章學)의 희화(戲畵)이다——의 것이다. 그리고 각 개인이 그 상 속에서 생활하고 있는 역사로서의 세계는 지배자 가문을 선두로 개개 가문의 계도(系圖)뿐만 아니라 모든 사건의 근본 형식으로서의 모든 민족의 계도를 포함하고 있다. 혈통의 평등과 순혈이라는, 특히 역사적 개념이 있는 파우스트적·계도적 원리는, 로마 귀족과 비잔티움 황제가 모르는 것과 마찬가지로 이집트인 및 중국인도 모르는 것이다. 이것을 관찰하기 위해서는 아주 정확히 주의하지 않으면 안 된다. 하지만 우리의 농민과 도시의 귀족도 이 이념이 없이는 생각될 수 없다. 앞에서 내가 해부한 민족이라는 학자적 개념은 본질적으로 고딕 시대의 계보적 감각에서 나온다. 민족의 계도라는 사상은 이탈리아인으로 하여금 로마인의 후계자임을 자랑하게 하고, 또 독일인으로 하여금 그 게르만 선조를 증거로 내세우게 한다. 그리고 이것은 무시간적으로 영웅과 신들의 후예라는 그리스·로마적 신앙과 전혀 다른 것이다. 이 사상은 마침내 1789년 이래 모어(母語)가 왕조적 원리에 부가되었을 때, 인도·게르만 원시 민족에 관한 순수한 과학적 환상을 '아리아 인종'이라는 깊이 느껴진 계보학으로 발달시켰다. 이 경우 인종이라는 말은 거의 운명을 표시하는 명칭이 되었다.

그러나 서양의 '인종'은 많은 대국민의 창조자가 아니라 그 결과이다. 인종은 모두 카롤링조 시대에는 아직 존재하지 않고 있었다. 기사도의 신분 원리야말로 독일에 있어서도, 영국, 프랑스 및 스페인에 있어서도 모든 방면에서 훈육에 의해 작용을 미친 것이고, 그리고 광범위하게 오늘날 개개 국민 속에서 인종으로서 느껴지고 체험되는 것을 완성한 것이다. 이에 바탕을 두고 있는 것은 이미 말했듯이 순혈과 혈통의 평등이라는 역사적인, 따라서 그리스·로마가 전혀 모르는 개념이다. 지배족의 피가 전 국민의 운명, 즉 현존재를 체현하고 있기 때문에 바로크 국가 체계가 순수한 계보적 구조를 받아들이고, 대위기의 대부분이 계승전쟁의 형태를 취했던 것이다. 1세기에 걸쳐 세계에 정치적 조직을 준 나폴레옹의 파국조차 모험자가 자기의 피에 의해 낡은 왕조의 피를 배제하려고 기도한 형태로 행해지고, 또 하나의 상징에 대한 이 공격이 그에게 저항하는 것을 가지고 역사적으로 봉헌케 하는 형태로 행해졌던 것이다. 왜냐하면 이 모든 민족은 왕조적 운명의 결과였기 때문이다. 포르투갈 민족이 존재하고, 따라서 스페인적 남미 한가운데에 포르투갈 국가인 브라질이 있다는 것은 부르고뉴 백작 앙리의 결혼(1095년)의 결과이고, 스위스인과 네덜란드인이 존재하고 있는 것은 합스부르크 가에 대한 반항의 결과이다. 로트링겐이 땅 이름으로는 존재하지만 민족으로서는 존재하지 않는 것은 로타르 2세에게 자식이 없었던 결과이다.

카롤링 왕조 시대의 약간의 원시민족을 독일 국민으로 융합시킨 것은 황제 사상이다. 독일국과 황제위, 이것은 나눌 수 없는 개념이다. 슈타우펜 가의 몰락은 하나의 대왕조를 대신하여 아주 작은 여러 왕조가 생기는 것을 의미한다. 그것은 고딕 양식의 독일 국민을 바로크 초기 이전에 이미 내적으로 파괴한 것이다. 마침 지도적 도시——파리, 마드리드, 런던, 빈——에서 국민적 의식이 좀더 높은 지적 단계로 높여진 바로 그때이다. 30년 전쟁이 독일의 정화(精華)를 파괴한 것이 아니라, 반대로 이 절망적인 형태밖에는 가능하지 않았던 것이다. 그것은 장기간에 걸쳐 행해지고 있던 쇠퇴를 단지 확증하고 있는 데 불과하고, 명확히 한 데 지나지 않는다. 이것은 호엔슈타우펜 가의 최후 붕괴의 결과였던 것이다. 파우스트적 여러 국민이 왕조 통일의 증명으로 삼은, 이보다 강한 것은 아마도 없을 것이다. 그러나 살리족과 슈타우펜 가는 로만인, 랑고바르드인 및 노르만인에서 적어도 이념에서 말하면 이탈리아 국민을 창조했다. 이탈리아 국민은 황제위를 넘어 비로소 로마 시대에 접촉할 수 있었던 것이다. 설사 여기에서 외국 권력이 시민의 저항을 야기하고, 이에 의해 두 개의 원시 계급을 분열시키고 귀족을 황제측에, 교회를 도시측에 가담시켰다 해도, 설사 이 기벨린당과 겔프당의 싸움에서 귀족이 일찌감치 그 중요성을 잃고 교황이 반왕조적 도시에 의해 정치적 패권을 얻었다 해도, 그리고 마지막으로 설사 자그마한 도둑 국가의 분란만이 남고, 그리고 일찍이 밀라노가 바르바로사의 의지에 반항했던 것과 같은 적의를 가지고 제국적 고딕이 고양하는 세계 정책적 정신에 반하는 '르네상스 정책'을 갖고 있었다 해도, 단테가 그 일생의 평화를 희생으로 바친 Una Italia(하나의 이탈리아)라는 이상은 실로 위대한 독일 여러 황제의 순수한 왕조적 창조이다. 르네상스는 도시적 귀족의 역사적 시야를 가지고 국민을 되도록이면 자기 실현에서 멀리했다. 그리고 바로크 전체를 통해 국토를 외국의 왕가 권력 정책의 대상으로 전락시켰다. 1800년 이후의 낭만주의가 비로소 고트적 감정을 정치적 권력의 중요성으로 강하게 재차 눈뜨게 했다.

프랑스 민족은 그 여러 왕에 의해 프랑크인과 서고트인으로부터 융합되고 통일되었다. 그것은 1214년 부빈에서 비로소 자기를 전체로 느끼는 것을 배웠던 것이다. 이보다 중요한 것은 언어도 민속도 전통도 공통되지 않은 한 주민으로부터 오스트리아 국민을 낳은 합스부르크 가의 창립이다. 오스트리아 국민은 처음에는 마리아 테레지아의 보호에서, 마지막으로는 나폴레옹에 대한 전쟁에서 이것을 실증했다. 바로크 시대의 정치사는 본질적으로는 부르봉 가와 합스부르크 가의 역사이다. 벨펜 가를 대신해서 베티너 가가 흥륭한 것이, '작센'이 800년경에는 베저 강변에 있고, 그리고 오늘날에는 잘레에 있는 이유이다. 왕조적인 사건, 마지막으로 나폴레옹의 간섭은 바이에른의 반을 오스트리아 역사에 덧붙이게 하고, 또 바이에른국의 대부분을 프랑켄과 슈바벤에서 성립케 했다.

서양의 가장 후기 국민은 호엔촐레른 가의 창조인 프로이센이다. 마치 로마인이 그리스·로마의 폴리스 감정의 마지막 창조이고, 아라비아인이 종교적 consensus의 최후의 창조인 것과 마찬가지이다. 이 젊은 국민은 페르벨린에서 승인되고, 로스바흐에서 독일을 위해 승리를 얻었다. 괴테는 역사적 기원에 대한 오류 없는 안목과 식견을 가지고 당시 나타난 민나 폰 바른헬름을 오로지 국민적 내용을 지니는 최초의 독일시(獨逸詩)라고 말했다. 나아가 독일이 이때에 즈음해 갑자기 그 시적 언어를 재발견한 것은 서양 여러 국민이 왕조적으로 규정되고 있다는 것의 극히 깊은 증거이다. 슈타우펜 황제위의 와해와 함께 고트 양식의 독일 문자도 종언을 고했다. 이후의 몇 세기, 즉 모든 서양 문학의 황금 시대에 도처에서 나타난 것은 이 이름에 상당하지 않는다. 프리드리히 대왕의 승리와 함께 하나의 새로운 문예가 시작된다. 레싱으로부터 헤벨, 즉 로스바흐로부터 스당이 이것이다. 그 당시 잃은 관련을 회복하려고 의식적으로 처음에는 프랑스인, 이어서 셰익스피어, 민요, 마지막으로 낭만주의자에 의해 기사 시대의 시가에 연결하려고 기도되었지만, 이것은 적어도 거의 완전히라고 말해도 좋을 정도로 천재적인 소질로 이루어지는, 예술사상 유일한 현상을 낳았다. 게다가 아직 일찍이 실제로 목표에 도달한 적이 없었던 것이다.

 18세기 말엽에 이르러 국민 감정을 왕조적 원리에서 해방시키려는 저 주목해야 할 정신적 전향이 완성되고 있었다. 피상적으로 보면 이 전향은 이미 일찍이 영국에서 생겼다. 많은 사람이 1215년의 마그나 카르타를 생각할 것이다. 그러나 이 다수의 사람 이외의 사람에게 있어서는 이 대표자를 통해 국민이 승인되었다는 것은 왕조적 감정을 극히 순수하게 심화시키고 순화한 것이다. 이것은 숨길 수 없는 사실일 것이다. 대륙의 여러 국민은 그런 심화와 순화와는 전혀 인연이 없었던 것이다. 만약 근대 영국인이 세계 속에서 가장 보수적인 인간이라(그렇다고는 생각되지 않지만)고 한다면, 그리고 그 결과 그 정책이 공공연한 의론에 의하지 않고 암묵 속에서, 또 국민적 박자에 의해 많은 중요한 일을 처리하고, 따라서 오늘날까지 가장 효과적이었다고 한다면, 그것은 일찍이 왕조적 감정을 군주적 권력의 표현에서 해방시킨

데 바탕을 두고 있는 것이다.

　이에 반해 프랑스 혁명은 이 점에서는 단지 합리주의의 결과에 불과하다. 그것은 국민을 해방시켰다기보다 오히려 국민의 개념을 해방시킨 것이다. 서양 인종의 피 속에는 왕조적인 것이 들어 있다. 바로 그 때문에 지능에 있어서는 울화(鬱火)의 원인인 것이다. 왜냐하면 왕조는 역사를 대표하고 땅의 살이 된 역사이고, 그리고 지능은 무시간적이고 '영구'하며 '진리'이기 때문이다. 일반적인 인권, 자유, 평등은 문자이고 추상이며 결코 사실이 아니다. 이것을 모두 공화적이라 이름붙인다면 붙여도 좋다. 그러나 만인의 이름으로 새로운 이상을 사실의 세계 속에 도입하려 한 것은 여기에서도 소수라는 것이 확실하다. 그들은 권력이 되었다. 그러나 이상을 발판으로 해서이다. 그들은 사실 단지 느껴지는 충성 대신 19세기의 설득된 애국심과, 프랑스에 있어서조차도, 그리고 오늘날에도 여전히 무의식적인 왕조적 국민주의, 우리 문화에서만 가능한 문명화된 국민주의, 그리고 처음에는 나폴레옹에 대한 스페인 및 프로이센의 반항으로서, 이어서 독일과 이탈리아의 왕조적 통일 전쟁으로서 나타난 왕조적 통일로서의 조국 개념을 수단으로 삼았던 것이다. 오늘날 계보적인 것과 마찬가지로 오로지 서양적인 모어(母語)라는 이상이 대립하고 있는 것은 인종과 언어, 피와 두뇌의 대립에 바탕을 두고 있는 것이다. 두 나라에는 황제 관념과 국왕 관념이라는 통일력을 공화국과 시가(詩歌)의 결합으로 대치할 수 있다고 믿고 있던 열광자가 있었다. 그 안에는 자연으로의——역사로부터의——귀환이 있었다. 왕위 계승 전쟁은 한 국민이 다른 여러 국민에게 자기 언어와 자기의 국민성을 강제하려고 애쓰는 언어 전쟁으로 변했다. 그러나 언어 통일로서의 국민이라는 합리주의적 개념조차도 왕조적 감정을 무시하는 것 정도는 가능하지만 그것을 배제할 수는 없다는 것, 마치 헬레니즘 시대의 그리스인과 근대의 유태인이 내적으로는 폴리스 의식과 이지마를 극복하고 있지 못하는 것과 마찬가지라는 것을 누구도 간과하지 않을 것이다. '모어'라는 것이 이미 왕조적 역사의 산물이다. 카페 왕조가 없으면 프랑스어도 없고, 다만 북방에는 로만 프랑크어가, 남방에는 프로방스어가 있었을 것이다. 이탈리아의 문장어는 독일 여러 황제, 특히 프리드리히 2세 덕분이다. 근대의 여러 국민은 우선 첫째로 옛 왕조 영역의 주민이다. 그런 문장어 통일로서의 국민이라는 제2의 개념이 19세기가 지나는 동안 오스트리아 국민을 멸망시키고, 아마도 아메리카 국민을 창조했을 것이다. 이때 이래로 모든 나라에는 두 개의 당파가 생겼다. 그것은 국민을 정반대의 방향에서 왕조적·역사적 통일로서, 또 지적 통일로서——인종의 당파와 언어의 당파——대표하는 것이다. 그러나 이 고찰들은 이미 정치 문제에 들어가 있는 것이다(제4장).

19

도시가 아닌 농촌에서는 우선 처음에 높은 의미에서 국민을 대표하고 있던 것은 귀족이었다. 무역사적이고 '영원한' 농민은 문화의 서광 이전에는 민족이었다. 그것은 극히 본질적인 특징에서 원시 민족 그대로이고, 국민 형식이 소멸한 뒤에도 잔존한다. '국민'은 문화의 모든 커다란 상징과 마찬가지로 소수 인간의 내적 소유이다. 철학적 재능을 구비하고 태어나는 인간이 있는 것과 마찬가지로, 그것을 위한 천재를 지니고 태어나는 인간이 있게 마련이다. 창조자, 식자, 보통 사람이라는 구별에 해당하는 무엇인가가 이 영역에도 존재하고 있고, 그리스·로마의 폴리스에서도, 유태의 콘센수스에서도, 서양의 민족에서도 발견된다.

제2장 도시와 민족 485

　국민이 격노해 일어나 자유와 명예를 위해 싸울 때, 말의 참된 의미에서 다중(多衆)을 감격시키는 것은 언제나 소수이다. '민중이 눈을 뜬다'. 이것은 평범한 말을 훨씬 넘어선다. 전체 인간의 각성존재가 바로 이때 나타나기 때문이다. 어제는 아직 가족과 직업, 그리고 아마도 고향밖에 생각하지 않는 '우리 감정'을 지니고 돌아다녔을 이들 개인이 모두 오늘은 그 민중이다. 그들의 감정과 사상, 그들의 '나'와 그들 속에 있어서의 '그것'이 밑바닥까지 변했다. 그것은 역사적이 되었다. 그때에는 무역사적인 농민조차도 그 국민의 일원이 되고, 그리고 그를 위해 열리기 시작하는 한 시대에서 그는 역사를 경험하는데, 이것을 단지 경험시킬 뿐만이 아니다.
　세계도시에서는 역사를 지니고, 국민을 자기 안에서 체험하고 대표하는 것을 느끼고, 그리고 이것을 지도하려는 하나의 소수 외에 제2의 소수가 태어나고 있다. 무시간적이고 무역사적이며 문학적인 인간이고 운명의 인간이 아니며, 근거와 원인의 인간이고 내적으로 피와 존재와 전혀 관계없으며, 단지 사고하는 각성존재이고, 더 이상 국민의 개념을 위해 조금도 '이성적' 내용을 발견하지 않는 인간이다. 그들은 현실에서 더 이상 국민에 속해 있지 않다. 왜냐하면 문화 민족은 현존재의 흐름의 형태이기 때문이다. 세계주의는 '지식 계급'으로 이루어지는 단순한 각성존재의 단체에 불과하다. 그 안엔 운명에 대한 증오, 특히 운명의 표현으로서의 역사에 대한 증오가 있다. 모든 국민적인 것은 인종적인 것이고, 아무 언어도 발견하지 않을 정도이며, 또 사고를 요구하는 모든 것에서 숙명적일 정도로 졸렬하고 믿음성이 없는 상태이다. 세계주의는 종이 조각이고, 그리고 근거지우는 데 있어선 극히 유력하지만 자기를 변명할 때 새로운 근거를 갖고 하지 않고 피를 갖고 할 때엔 아주 무력한 종이 조각에 불과하다.

그러나 그 때문에 이 지적으로 극히 우수한 소수는 지적 무기를 가지고 싸운다. 그리고 그것은 당연한 일이다. 왜냐하면 세계 도시는 순수한 지능이고 뿌리가 없으며, 그 자체에 있어 이미 문명화된 공동 소유이기 때문이다. 생래적인 세계시민이나 세계평화와 민족 화해의 광신자——전국 시대의 중국에서, 불교 시대의 인도에서, 헬리니즘과 현대에서——는 펠라흐층의 지적 지도자인 Panem et circenses(빵과 서커스)——이것은 평화주의의 표현이 다른 법식에 불과하다. 반국민적 요소는 우리가 알든 모르든 모든 문화의 역사 속에 언제나 존재하고 있었다. 자기에게 향해진 순수한 사상은 언제나 생활에서 유리된 것이고, 따라서 역사의 적이며, 인종이 없는 것이었다. 종교적, 철학적 세계관을 지지하는 대인물이 얼마나 열렬하게 모든 국민적 명예심을 경멸했는지는 별도로 하더라도, 인문주의와 고전주의를 상기하고 아테네의 궤변학자, 불타 및 노자를 상기하면 된다. 이런 사례들은 여러 가지가 있겠지만, 그것들이 서로 비슷한 점은 인종적인 것의 세계 감정, 정치적인, 따라서 국민적인 사실감——right or wrong, my country!——역사적 발전의 객체가 아니라 주체이려 하는 결심이——왜냐하면 그 이외의 것은 존재하지 않기 때문이다——즉 권력에의 의지가 하나의 경향에 무너지고——종종 독창적인 충동은 없지만 그럴수록 점점 논리에 열중하게 되고, 진리, 이상 및 유토피아의 세계를 집으로 삼는 인간을 선두로 하고, 현실 대신 논리를 갖고, 사실의 힘 대신 추상적인 정의를 갖고, 운명 대신 이성을 갖고 할 수 있다고 믿는 독서인을 선두로 하는 하나의 경향에 무너지고 있다는 점이다. 그 시초가 되는 것은 현실에서 도피하여 승원이나 서재나 지적 단체 속에 틀어박히고, 세계사를 아무래도 좋은 것으로 설명하는 영원한 불안의 인간이고, 그 끝이 되는 것은 어떤 문화에서도 세계평화의 전도자이다. 각 민족은 이런——역사적 관점에서 말하면——쓰레기를 만들어 내고 있다. 그들은 '지성의 역사' 속에서——그 안에는 유명한 일련의 이름이 있다——높은 위치를 차지하고 있다. 현실의 역사 관점에서 보면 그들은 열등하다.

자기 세계의 여러 사건 한가운데 있는 한 국민의 운명은 그 여러 사건을 역사적으로 무력화시키기 위해 인종이 얼마만큼 역할을 하고 있는지 보면 된다. 중국의 국가 세계에서 진 제국이 기원전 250년경 결정적 승리를 얻은 것은, 그 국민이 오로지 도교의 기분에서 해방되어 있었기 때문이라는 것이 아마도 오늘날에 지적되어도 좋을 것이다. 그것은 여하튼, 로마 국민이 그리스·로마 세계의 잔편(殘片)에 승리를 거둔 것은 자기의 정치적 태도를 위해 헬레니즘의 펠라흐 본능을 배제할 수 있었기 때문이다.

국민은 살아 있는 형태로 모아진 인간태이다. 세계 개량 이론의 실제적 결과는 통상 무형태의, 따라서 무역사적인 대중이다. 모든 세계 개량가와 세계시민은 자각하고 있든 아니든 펠라흐 이상을 대표한다. 그들의 성공은 국민이 영원한 평화를 위해서가 아니라 다른 국민을 위해 역사 내부에서 해체되는 것을 의미한다. 세계평화는 어떤 경우에도 일면적인 결정이다. Pax Romana는 뒷날의 군인 황제나 게르만 군대 왕에 있어서는 단지 실제적인 의미가 있는 데 불과하다. 즉 수억의 무형태 주민을 소전사군(小戰士群)의 권력의지의 목적으로 삼는 것, 이것이다. 이 평화를 위해서는 평화적인 희생이 필요했다. 이 희생에 비하면 칸나에 전투의 그것은 무(無)라 해도 좋을 정도이다. 바빌론, 중국, 인도 및 이집트 세계는 한 정복자의 손에서 다른 정복자의 손으로 넘어가고, 그 전투의 대가로 자신의 피를 바쳤다. 이것이 그들의 평화이다. 1401년 몽골인은 메소포타미아를 정복할 때 저항도 하지 않는 바그다드 주민의 10만 두개골로 승리의 기념탑을 쌓아

올렸다. 물론 국민의 소멸과 함께 펠라흐 세계는 지적으로 역사를 초월하고, 마지막으로 문명화하고 '영원'해지고 있다. 그것은 사실의 영역에서는 긴 인종(忍從)과 일시적인 격노 사이에서 동요하고, 어떤 유혈——이것은 세계평화가 한 번도 없앤 적이 없는 것이다——도 아무것도 변화시키지 않는 자연 상태로 돌아가는 것이다. 일찍이 그들은 자기를 위해 피를 흘렸다. 이제는 타인을 위해, 그리고 종종 타인의 위안을 위해 피를 흘리지 않으면 안 된다. 이것이 그 차이이다. 결연한 지도자는 수만 명의 모험자를 모아 원하는 대로 지배할 수 있다. 전세계가 유일한 제국이라고 가정하자. 그렇다면 활동 무대는 이런 정복자의 영웅 행위에 있어 생각할 수 있는 한 최대의 것이 될 것이다.

 Lever doodt als Sklaav(노예가 되느니 죽는 것 낫다). 이것은 옛 프리슬란트 농민의 속담이다. 이 반대가 모든 후기 문명의 표어이다. 그리고 각 문명은 이 표어가 얼마나 가치가 있는지를 경험하지 않으면 안 되었던 것이다.

✽ 옮긴이 | 박광순

충북 청주 출생.
서울대학교 사범대학 역사교육학과 졸업.
범우사, 기린원 등에서 편집국장 및 편집주간 역임.
현재 저술 및 전문 번역가로 활동중임.
역서로는 《헤로도토스 역사》《역사학 입문》《펠로폰네소스 전쟁사》
《갈리아 전기》《수탈된 대지》《조선사회 경제사》《새로운 세계사》
《역사의 연구》《세계의 기적》《서구의 몰락》《나의 생애(트로츠키)》
《게르마니아》《타키투스의 연대기》《콜럼버스 항해록》《사막의 반란》
《카이사르의 내란기》《인생의 힌트》《제갈공명 병법》 등이 있다.

서구의 몰락 ❷

1995년 7월 10일   초판 1쇄 발행
2019년 12월 30일   초판 5쇄 발행

지은이   슈 펭 글 러
옮긴이   박   광   순
펴낸이   윤   형   두
펴낸데   범   우   사

출판등록 1966. 8. 3. 제406-2003-000048호
10881   경기도 파주시 광인사길 9-13 (문발동)
대표전화 (031)955-6900, 팩스 (031)955-6905

✽ 파본은 교환해 드립니다.   편집·교정 / 이 정 가

ISBN 978-89-08-01036-× 03900   (인터넷)www.bumwoosa.co.kr
      978-89-08-01000-9 (세트) (이메일)bumwoosa1966@naver.com